上海乒乓球运动纪事录 上

1949—2024

上海通志馆　主编

金大陆　孙培初　编著

复旦大学出版社

目录

序一　上海：乒乓球世界冠军的"摇篮"..............徐寅生 / 1
序二...吴潮 / 1

上册

1949 年..1
1950 年..5
1951 年..15
1952 年..22
1953 年..42
1954 年..57
1955 年..67
1956 年..82
1957 年..98
1958 年..110
1959 年..123
1960 年..151
1961 年..172
1962 年..206
1963 年..220

1964 年	253
1965 年	274
1966 年	309
1967 年	326
1968 年	332
1969 年	337
1970 年	341
1971 年	349
1972 年	377
1973 年	392
1974 年	409
1975 年	421
1976 年	436

下册

1976 年	445
1977 年	448
1978 年	462
1979 年	478
1980 年	498
1981 年	509
1982 年	528
1983 年	536
1984 年	550
1985 年	558
1986 年	571

目　录

1987 年 *582*
1988 年 *597*
1989 年 *616*
1990 年 *633*
1991 年 *640*
1992 年 *650*
1993 年 *664*
1994 年 *683*
1995 年 *703*
1996 年 *727*
1997 年 *745*
1998 年 *761*
1999 年 *776*
2000 年 *792*
2001 年 *797*
2002 年 *799*
2003 年 *802*
2004 年 *806*
2005 年 *808*
2006 年 *815*
2007 年 *817*
2008 年 *820*
2009 年 *824*
2010 年 *827*
2011 年 *828*
2012 年 *830*

2013 年 ... 832
2014 年 ... 835
2015 年 ... 838
2016 年 ... 840
2017 年 ... 843
2018 年 ... 849
2019 年 ... 853
2020 年 ... 858
2021 年 ... 863
2022 年 ... 866
2023 年 ... 869
2024 年 ... 876

附录 ... 887

一、上海市培养输送的乒乓球世界冠军列表 ... 887

二、上海"红双喜"向奥运会乒乓球项目提供器材列表 ... 889

三、新民晚报"红双喜杯"迎新春乒乓球公开赛历届冠军 ... 889

参考文献 ... 899

一切由历史来记载（代后记） ... 金大陆 / 903

序一

上海：乒乓球世界冠军的"摇篮"

徐寅生

乒乓球运动较早传入上海

上海通志馆把乒乓球作为一个专题来编写，我觉得很有意义。回顾和了解上海乒乓球运动发展的过程，可以从中得到有益的启示。编者问我的第一个问题是：为什么上海被人们称为乒乓球世界冠军的"摇篮"？

我的回答是，新中国成立至今，我们共获得115个世界冠军（包括奥运会冠军），来自上海的运动员、教练员就有20人之多，在全国排名第一。细想一下，之所以能取得这样的成果，又与上海这个城市的历史、经济发展，以及传统文化等因素息息相关。

乒乓球运动起源于英国，它是从网球演变过来的，故有"桌上的网球"之称。1926年，在英国成立了国际乒乓球联合会，并开始举办世界锦标赛，规模由小到大，逐渐成为受人欢迎的竞技体育项目。

乒乓球是从哪里传到中国来的？有的说是从欧洲，最初是在上海的教会学校等洋人的圈子里玩起来的；有的说是从日本传过来的。据说上海有一个经营文具的商人在日本看到有人在桌子两边打球，发出"乒乓"的声音，觉得蛮有趣，就把它带到上海。他找来几个人学打，并在商店里进行展示。以后这项运动就在上海逐步流行起来，并扩展到其他城市。当时上海人打乒乓，直握球拍，和日本人相似，很少有像欧洲横握球拍打球的人。从这点分析，从日本传过来的说法比较靠谱。

上海获得了先机，乒乓球运动自然开展得比其他城市要好。上海人打乒乓球按理说受日本的影响较大，但从以后的发展情况来看，上海人跟日本人走的不是一个路子。同样是直握球拍，日本人使用长方形球拍，握拍方法僵硬，限制了手腕用力，反手击球比较困难，只能依靠正手进攻，所以被称为"独角龙"。日本人打球的动作大，速度较慢，从小孩到世界冠军，几乎是从一个模子里刻出来的，多少年不变。

上海人打乒乓球也不知道从哪年开始，演变成为用圆形球拍，握拍方法顺其自然，手腕灵活，正反手运用自如，打法各种各样，各显神通。中国人聪明、智慧，接受新鲜事物快，引进、学习外来的东西，不单纯模仿照搬，跟着人家后面转，而是根据自己的情况，有所发现，有所创新。这种与生俱来的特质，同样反映在上海人打乒乓球上。中华人民共和国成立以前，上海已有薛绪初、傅其芳等直拍进攻打法的好手自成一派。他们在全国以及远东、亚洲的比赛中初露锋芒，并影响着后人的技术风格。

1953年，我开始做起了"乒乓梦"

我是在小学读书时对小小的乒乓球产生兴趣的。那时学校设在弄堂里，没有体育设施，只能在地上用粉笔画个长方形的框当作乒乓球台,有时蹲着打,有时站着打。直到上中学时,才见到一张没上油漆的球台,条件算有了改善。随着水平的提高,我就到处去找打球的地方。

上海有个精武体育会,我第一次在那里看到永安百货公司队和邮电局队的乒乓球比赛。上海名将刘国璋的直拍快攻打法给我留下了深刻的印象。那时上海还有不少私人经营的乒乓球馆,里面放上几张球台,出租给人打球。还有教练和陪打,不过请他们打球需要付费。球馆也会举行一些比赛。延安路上的太湖乒乓球馆曾举办过民间高手乒乓球比赛,在不大的馆内临时搭起看台,观众需买票进场。

新中国成立后,毛主席发出了"发展体育运动,增强人民体质"的号召,在政府部门的推动下,上海群众性乒乓球活动广泛地开展了起来。上海工人文化宫摆着六张球台,很多职工和球迷到那里活动,打球的人排着队打擂台,三分球决定胜负。我也想方设法拿着"工会会员证待发"的明函,混进去打擂台,接触到了五花八门的打法。上海市的乒乓球赛特别多,尤其是体委组织的全市性的赛事,各行各业都组队参加。我曾代表学生队参加过比赛,还获得上海市第三名。

1953年中国乒协成为国际乒联的正式会员,中国队参加了世界锦标赛。听到了这个消息,我开始做起了"乒乓梦"。1956年,上海市体委决定在上海体育学院竞技指导科设立乒乓球专业,开始向国外职业化俱乐部的形式靠拢。我与杨瑞华(上海汽轮机厂职工,曾获全国锦标赛第三名,参加过1956年东京世乒赛)成了第一批学员,开始了强化训练。那时我们常用"红队"的名义,与上海的高手组成的"蓝队"对抗,水平相当,相互促进,类似男子排球队与复旦大学队的比赛,成了吸人眼球的赛事。另外值得一提的是，归国华侨对上海的乒乓球运动的发展也做出了不可磨灭的贡献。上海第一个女子世界冠军林慧卿是印尼归国华侨，20世纪60年代，她和张秀英、李光祖等人先后归国，把最好的青春年华献给了上海的乒乓球事业。

等到我进国家集训队，准备参加1959年德国世乒赛时，中国男女队已经从乙级队上升到甲级队第三名，进入世界一流水平行列。第一代国手为来自上海的王传耀、孙梅英，以及后来参加世乒赛的杨瑞华。他们的直拍快攻打法让人耳目一新，为后人攀登世界冠军的"高峰"打下了扎实的基础。1959年4月，来自广东的容国团一举夺得了德国世乒赛男子单打冠军，打开了中国运动员通向世界冠军的大门。

为备战两年后的北京世乒赛，老将傅其芳出马执教，和姜永宁、梁焯辉、王锡添、梁友能、陆汉俊等资深教练组成了强有力的教练班子，以"快、准、狠、变"作为指导思想，集国内各路好手"108将"的长处，开展对日本、欧洲强队的针对性训练。又有来自上海的薛伟初、余长春以及来自其他省市的队员，发扬风格，甘当无名英雄，模仿日本选手最新发明的弧圈球，帮助主力队员训练，使得直拍快攻打法有了新的突破。中国男队终于战胜了乒坛霸主日本队，第一次获得团体冠军，参赛的容国团、王传耀、庄则栋、李富荣、徐寅生等五名队员全是直板快攻打法。庄则栋还获得了男子单打冠军，同样直握球拍的邱钟惠获得了女子单打冠军。从此，中国的直拍快攻打法引领了世界乒乓球技术发展的新潮流。

李富荣的迅速成长，得益于早期接受了正规的训练。1959年末，在国家体委的倡导下，青少年业余体校在上海如雨后春笋般地出现。很多中小学生在放学以后去附近的业余体校打球。

有的区县还办起了"三集中",即读书、训练、住宿在一起的学校。体教结合很受学生和家长的欢迎。不少基层学校被命名为重点乒乓球学校,上海体育宫是市级乒乓球训练基地,硬件设施最好。李宗沛、刘桐芳、池惠芳、徐介德、黄增基、戴龙珠等一批老将在各个体校担任教练,以后又带出了一批年轻的教练。上海的世界冠军几乎都在体校受过正规训练,不但进步快,而且身体素质好。李富荣最早就在市体育宫训练,我在与李富荣等年轻人一起集训时,除了有紧迫感外,在踢足球、打篮球和游泳时,老受他们"欺负"。当时,巨鹿路一小尽管设施较差,但柯元炘老师克服了种种困难,一心扑在训练上,多年来培养出一批批的好苗子,他本人也被教育部门评为特级教师。

王励勤、许昕横空出世

以后,当传统的直拍快攻受到欧洲选手冲击,甚至面临危机、急需改革创新的时刻,虹口体校教练及时让曹燕华从正贴改为反贴,学习掌握弧圈球技术。曹燕华很快跳跃式地进入国家队一线阵容,她的成功也为乒乓球界提供了新鲜经验。若干年后,曹燕华退役后,在宝山区委区政府的关心支持下,与该区杨行镇杨泰实验学校合作,办起了曹燕华乒乓培训学校,体教结合,培养后备人才。这是一所民办性质的培训学校,在办学过程中,面临资金不足等各种困难。曹燕华四处奔波,到处游说,得到了各方面的理解和支持。当年曹燕华得益于创新,现今她作为校长积极支持许昕从直拍横打开始学起。要知道直拍横打在世界乒坛的历史上还从来没有出现过。经过不断摸索与总结,许昕同八一队的王皓终于为传统的中国直拍快攻闯出了一条新路子。

上海鲜有横拍打法的高手。直拍多横拍少，除了传统观念，人才选拔方面重视不够也是原因。欧洲人人高马大，身体素质好，手臂力量强，上海人比较吃亏。中国男队也曾一度在欧洲横拍全攻型的压力下处于下风。闸北区（今属静安区）体校教练重视选拔人才。王励勤身材高挑，身体素质好，动作协调，爆发力强（被同伴们称为"大力"）。王励勤被发现后，我们予以了重点培养，加上王励勤兢兢业业，训练刻苦，作风顽强，终于"横"空出世。

除此之外，一些高等院校也为上海的乒乓球发展做出了贡献。上海体育学院（现更名为上海体育大学）除给学生上乒乓球理论、实践课外，还设有乒乓球教研室，进行科学研究，帮助运动队攻克难关，写出不少高质量的论文。学院的徐增祺老师不求名利，几十年来一直在那里辛勤工作。该院也是中国乒协的培训基地，主要为中外教练员、裁判员及后备运动员提供培训服务。经教育部门批准，上海交通大学、华东理工大学将乒乓球作为重点开展项目，并建立了高水平运动队。他们在国际大学队的比赛中一直取得优异成绩，有些运动员担任相关国际组织的主要领导。在招生和学习方面，这些高校对一些世界冠军和退役运动员就读网开一面，解除了他们的后顾之忧。很多运动员毕业以后走上社会，成为推动乒乓球运动的骨干。

上海因所处的地理位置和方便的交通，吸引着很多国外的球队来访。1956年，世界强队罗马尼亚队在东京世乒赛后，在上海体育馆（今改为巴黎春天商场）与上海队进行了友谊赛。当时我还在技校念书，市体委让我参加比赛。第一次与外国人交手，双打是我和薛伟初搭档，我们连赢了两场。这既让我看到了差距，也感觉到世界高手并非高不可攀，增强了自信。以后民主德国队、匈牙利队也先后来沪。1961年北京世乒赛后,日本队也以原班人马来到上海,开始执行每年一来一往互访的协议(在日本队处于世界乒坛霸主地位的年代,梅兰芳先生率京剧团访日时,曾代表中方邀请日本乒乓球队访华,日方没回音)。世界强队的不断来访,让上海的球迷大饱眼福,更让上海的乒乓球界开阔了眼界,了解了世界乒乓球技术的发展趋势。

"红双喜"成为世乒赛、奥运会指定器材

乒乓球技术的提高,离不开器材的进步。上海有家"红双喜"企业,1961年北京举办第26届世乒赛,"红双喜"球台和球作为比赛用器材,一举成名。那时国产球拍还不过关,"红双喜"引进人才和机器,不断提高质量。如今,狂飙系列的球拍成了著名品牌,其厂方还跟踪为国家队员服务。国际乒联有意改革使用40毫米大球,"红双喜"闻风而动,冒着风险率先试制(改变生产线需要费用,原有的球面临卖不出去等风险),最后被国际乒联批准。

除了最早占有国外国内市场,国际上生产大球都要以"红双喜"的各种数据作为标准,这在中国轻工业领域内也是很少有的。在球台上,"红双喜"首先推出拱形底座的球台,造型色彩让人耳目一新。国内外厂商纷纷受到启发,继而做出了各种造型的球台。随着企业的发展,李宁集团入驻,"红双喜"更有经济实力与国际同行竞争,多次成为世乒赛、奥运会指定器材。可以设想,中国队员常在自家生产的器材上训练比赛该是多么地有利。

上海乒乓球运动的发展离不开社会各界的关心。上海海上世界企业最早在1992年与市体委合办海上世界乒乓球俱乐部;

近几年，上海地产集团、光明乳业集团等也给予大力支持。

此外，上海作为国际化大都市，还曾举办过世界乒乓球锦标赛。2010年，中国乒乓球学院落户上海，还在欧洲成立分院；目前，国际乒联博物馆和中国乒乓球博物馆也已在世博园区落成开馆。

综上所述，乒乓球在上海有着良好的氛围和环境，为冠军"摇篮"创造了很多有利的条件。当然，"摇篮"也存在一定的问题和不足。比如，一方面上海的世界冠军数量在减少，女子项目多年不见上海姑娘站在领奖台上，上海青少年投身专业队伍的越来越少，另一方面准入条件（对比赛成绩的要求）又被拔高等。

期待现任上海市竞技体育训练管理中心主任王励勤发"大力"开创新局面。

序二

吴 潮

大陆兄近日寄来新作《上海乒乓球运动纪事录（1949—2024）》（以下简称《纪事录》）的打印稿，嘱我作序。大陆兄是国内知名的历史学者，我建议他还是另请名家作序。大陆兄不允，他再三对我说：你是这本书最合适的作序者。"最"字愧不敢当，"合适"二字还是可以欣然受领，因为的确合适。

我和大陆兄当年均居住和成长于上海的江湾五角场地区，他长我几岁，我俩并没有同学经历，完全因乒乓球而结缘。

20世纪60年代，中国乒乓球队连连夺得世界锦标赛冠军，在中国激发全民打乒乓的热潮。我就读的上海育鹰小学大礼堂里摆放了几张乒乓球桌供师生课余挥拍。此地曾是驻沪空军队帮助训练宝山少年队的场所，大陆兄作为队员也来这里打过球，其球技招得我们这些在相邻球台打球的小学生们频频引颈相望，这大概可算是我们最早的神交了。

70年代，我初中毕业之后被安排到长江口外的宝山县横沙人民公社（今崇明区横沙乡）插队落户。从海岛回家探亲之时，我兄弟吴维（他与大陆兄同为徐寅生先生 2022 年出版的《我的乒乓生涯》一书的整理者）告诉我，金大陆借用了空军政治学校的一间仓库作为训练房，带领着一支由小学生组成的乒乓队（后来我们将其称为"小乒乓队"）埋头苦练，他在那里帮衬大陆，给小队员们当当陪练，做做指导。听闻之后，酷爱乒乓运动的我立刻寻迹来到球场，从此——借用如今时尚的说法——我成为这支小乒乓队的"志愿者"，由此与大陆兄成为莫逆之交。

大陆兄这支"体制外"的小乒乓队和乒乓训练房在"文革"年代简直是一个神奇的存在。这支 10 余人的小乒乓队既无编制更无经费，全凭大陆兄一腔热情苦心经营而生存数年；并且，这支小乒乓队犹如一块磁石，把江湾五角场地区爱好乒乓球的有志青少年们吸拢于此，钻研切磋球技，交流社会信息。我每次从海岛农村回家探亲，几乎将吃饭睡觉之外的所有时光消磨于此，这里成为我知青时期最好的精神田园和运动场所。其间，我的小学和初中同学程兆奇也经常在此出没，挥拍打球之余，我们几人坐在球桌旁评点时事，直抒胸怀。我从兆奇兄那里得到"文革"时期最著名的手抄本《第二次握手》，如获至宝般传抄诵读，伴我在农村挨度着那个精神食粮极度缺乏的荒芜岁月。

大陆兄的奋斗目标是将队员培养成才，进入省市队甚至国家队。在他的精心调教下，小队员们球技日进，声名鹊起，眼见他的愿景就要成为现实。然而时乖命蹇，在那个年代里，在各种势力打压之下，这支"体制外"的小球队虽经苦苦支撑，最终难逃崩离解体之命运。不过，这支小乒乓队中虽然没能产生大陆兄心心念念的国手级球员，但小队员们自幼得此营养滴灌,历经磨砺,心怀执念,成年之后,涌现了既是乒乓业余高手又是事业有所建树的佼佼者,其中有曾任深圳报业集团出版社社长的杨桦女士,有上海广播电视台首席主持人、现任上海乒协副会长的吴四海先生,以及在中国乒乓球业余选手中以球风独特、攻守兼备而著称的直板削球手左华荣先生。当然,若仅以球艺论英雄,大陆兄这支小乒乓队在上海乒乓球运动的滔滔历史长河中只是一朵不起眼的小小浪花,难以进入《纪事录》的文字记述,我愿在此为他补叙这段人生际遇,帮助读者明了大陆兄与体育历史尤其是乒乓球运动历史研究之间的神妙渊源。

不无巧合的是,因乒乓球而结缘的我们三人(金大陆、程兆奇和笔者),"文革"结束之后都就读历史专业并走上了历史研究之路,大陆兄和兆奇兄造诣不凡,如今已成为各自研究领域的名家巨擘(程兆奇,时任上海交通大学东京审判研究中心主任、教授)。大陆兄作为中国当代历史尤其是上海"文革"史料研究专家享誉学术界,但很多人不知道的是,他人生的第一部学术专著却是《体育美学》(中国青年出版社1990年版,上海人民出版社2008年再版),他早期的学术论文也是以体育领域为多,其中第一篇有影响力的论文是1986年就入选国际和平年学术讨论会的优秀论文《奥林匹克运动的和平精神》(国际和平年中国组委会编:《国际和平年学术讨论会资料汇编》,社会科学文献出版社1986年版)。现今,大陆兄依然在体育史研究领域笔耕不辍,成果斐然,尤其在中国乒乓球运动历史研究方面,不断有著述问世,《纪事录》的出版即是明证。大陆兄的这些丰硕成果,绝非水中浮萍、空中楼阁,实乃厚积薄发、水到渠成。

《纪事录》的出版，对于中国乒乓球运动历史的研究，有着非常重要的学术价值。首先，100多年来，上海作为"我国乒乓球运动的发祥地……上演着呼风唤雨的精彩剧情"（熊月之先生语，见金大陆、吴四海编：《国球之"摇篮"——上海乒乓名将访谈录》，复旦大学出版社2020年版，序二）。中国的第一个乒乓球组织、第一次正式的国内乒乓球联赛、第一次国际乒乓球比赛、中国乒乓球运动的第一部规则，均诞生在上海［宗锐球：《上海乒乓球运动的兴起和发展》，收录于《体坛先锋：上海文史资料选辑》第65辑（体育专辑），上海人民出版社1990年版］。1949年（《纪事录》一书的时间上限）之后，乒乓球项目得到政府的高度重视和投入，逐渐成为中国的第一运动，中国也逐渐成为世界乒坛霸主。我个人的观点是：中国对世界乒乓球运动垄断性地位的形成过程，始于1965年第28届世乒赛——获得全部7项冠军中的5项；成于1981年的第36届世乒赛——包揽男女团体2项冠军和全部5个单项的冠亚军，创造了世界乒乓球运动史空前绝后的战绩（之后中国乒乓球队又在第43届和第46届世乒赛中包揽全部7项冠军，但分别只获得4个单项的亚军；自第47届世乒赛始，世乒赛团体赛和单项赛分家，从此再无7个冠军杯汇于一届的赛事）。几十年来，中国乒乓球选手在世界大赛中虽有低谷和失手，但中国作为世界乒坛霸主之地位，为世人所公认，难以撼动。

世界乒坛的霸主并不是仅仅靠着一群运动员和教练员一番征战就能拿下来并坐稳的，这是一个旷日持久、精细复杂的系统工程。从《纪事录》中我们可以看到，从乒乓球运动员、教练员、相关机构的领导者和从业人员，到体育科研人员、乒乓球器材厂商以及无数的乒乓球运动爱好者……构成了这一系统工程的不同组件,他们在各自的领域,以自己的方式尽职敬业。《纪事录》中对这一切,通过逐年逐月甚至逐日的记述,以及汇集诸多研究成果和口述历史的"注",做了精彩呈现;《纪事录》布局经纬编织之周密,资料爬梳剔抉之细致,甚至"琐碎"到某一时期上海产乒乓球的售价和产量、配发基层的数量……从而详尽地为我们铺陈展现了这一系统工程是如何建构和实施的。《纪事录》以无出其右的史料价值和别具一格的研究视角,堪称上海乃至中国乒乓球运动史的万宝全书。

其次,乒乓球号称中国之"国球",但迄今为止,国内尚没有一部中国乒乓球运动发展演变历史的学术专著。《纪事录》虽不是学术意义上的通史专著,但该书以编年体的形式,如水银泻地般全方位地覆盖了1949年以来以上海为核心的中国乒乓球发展的各个历史阶段。通阅此书,我们得以对中国乒乓球运动的历史一窥全貌。因此,《纪事录》一书的出版,在一定程度上弥补了我国乒乓球通史专著暂付阙如这一缺憾。

试举一例:关于乒乓球之"国球"地位的建立,20世纪60—70年代的"文革"时期相当关键。然而,中国乒乓球运动在"文革"时期的生存与发展状况,资料稀缺散佚,鲜有研究成果,《纪事录》则在这方面做出了自己的贡献。《纪事录》集录了丰富资讯,对这一时期中国乒乓球事业的艰难处境进行了细致记录与描述。例如,这一时期我国青少年的乒乓球训练工作受到严重冲击,水平急剧下降,下降幅度究竟有多大?我清楚地记得:某一年,我在江湾体育馆观看了一场中日两国少年乒乓队的比赛,双方各派出男女4支队伍出场。因为是友谊比赛,是为了锻炼队伍,所以4场比赛均按照男子团体赛制进行,并且全部打满9盘(当时男子团体赛制为9盘5胜制)。这场比赛的结果为0比36，我方的少年选手居然1盘未胜，在场的中国观众看得目瞪口呆。这场比赛，我印象极深，但几十年过去，却怎么也想不起具体的比赛时间。《纪事录》清楚地记述了这一历史事件：1971年8月23日，"日本少年乒乓球代表团和日本乒乓球协会参观团由京抵沪，并在江湾体育馆与上海少年乒乓球运动员进行了友谊比赛……共打男女四组的团体赛，每组打满九盘。结果，上海队输了个0比36。陆元盛、岑仰健等坐在看台上目睹了这场惨败……"

鉴于乒乓球项目为国家争得的巨大荣誉，中国乒乓球队在"文革"之前就享有其他项目运动队难以企及的政治地位，在国务院总理周恩来的直接过问下，乒乓球成为"文革"时期最早重返国际赛场的体育项目，并带动了"文革"中一度停摆的中国体育事业缓慢复苏。更为机缘巧合的是——第31届世乒赛上"乒乓外交"石破天惊，小球转动大球，中美交往大门訇然打开，使乒乓球运动与中国政治和外交紧密结合；再加上中国乒乓球项目已经具备的全民普及程度和顶尖竞技水平，"国球"之地位瓜熟蒂落，"国球"之美誉应运而生。《纪事录》里诸如此类弥足珍贵的历史资讯比比皆是，忠实地记述了这一重要历史阶段中发生的各类事件，有助于读者和研究者直观地审视在当时严峻的环境中，我国的乒乓球运动员、教练员以及从业者绝不放弃、艰难前行的步履。

乒乓球运动诞生于19世纪的英国，于20世纪初传入中国。关于乒乓球运动传入中国的具体时间，迄今的研究著述一般都采用1904年之说，这是根据上海中国乒乓球研究会1936年出版的《乒乓须知》一书中的记载：1904年（清光绪三十年），上海四马路大新街（今福州路湖北路）一家文具店的王姓商人

（有资料说名叫王道平）到日本采买文具，带回了一批乒乓球器材进行贩卖，这是目前所能看到的关于乒乓球传入我国准确时间的最早文字记载（关于王姓商人的姓名和店铺地址有不同说法。熊月之先生称：该商人为上海河南路昭通路合记文具店老板王道午。见金大陆、吴四海编：《国球之"摇篮"——上海乒乓名将访谈录》，序二）。不过有资料显示，近年国外发现了一张1902年1月22日从中国天津寄往比利时布鲁塞尔的明信片，该明信片用法语写就，信中描述侨居中国的欧洲人家庭客厅里"有一种网球，玩起来十分有趣。它在一张大桌子中间安放一个网，两只拍子用鼓皮做成，球是赛璐珞的。就像在网球场那样进行比赛。但以桌子的尺寸为限，运动者站在桌子两端"（赵致真：《一张明信片改写乒乓球传入中国历史》，《中国青年报》2007年9月11日）。这一资料反映出乒乓球似在不晚于1902年之前已传入中国，作为一项闲暇消遣的娱乐活动，其流传范围大致局限在外国侨民家庭内。我们从常理推测，乒乓球应该是在王姓商人1904年赴日采买文体器材之前的年份传入中国，但具体时间不详，范围和影响也很有限，不过却触发了中国商人的生意兴趣。上海的王姓商人赴日之前对乒乓球已有一定的了解和体验，否则他不会批量性地进口数量较多的乒乓球器材（据有关资料记载，他购进了10张球桌）。正是王姓商人120年前的这一举动，将乒乓球运动从外国侨民的客厅带入中国民众的社会生活，开乒乓球运动在中国正式开展之滥觞。所以，依据到目前为止所发现的史料，我们不妨将1904年视为乒乓球运动正式入华的年份。

从这一意义上说，《上海乒乓球运动纪事录（1949—2024）》的出版，恰逢乒乓球运动正式入华120周年，可谓是一份绝佳的纪念之作。

是为序。

2024 年 6 月

写于杭州候潮门外贴沙河畔

（作者为浙江师范大学历史学系教授，前系主任）

1949 年

5月27日

□ 上海解放。

5月28日

□ 上海市人民政府正式成立。

［注］上海市人民政府决定把5月27日定为上海解放纪念日。

下半年

□ 年少的杨瑞华与同学组织的"神鹰队"在上海崭露头角。糖业队（上海市糖业公司创办）的老板顾尔承（后为国际裁判）提出联合意向，提供所需的经费和装备。经小伙伴们商量后，一致同意改编为"糖童队"，参加如精武体育、太湖乒乓馆等组织的比赛。"糖童队"曾应邀赴无锡市比赛，杨瑞华战胜了江苏省冠军。此后，号称"沪上五强"的队伍（晓光队、联星队、广东队、雪队和《新民晚报》的新联队）纷纷使出手段争夺神鹰小将，杨瑞华加盟了晓光队（一玩具商人组办的球队）。

［注1］杨瑞华家住上海纱布交易所一间阁楼里（中华人民共和国成立后改成上海自然博物馆）。楼里一家公司有三张乒乓球台。杨瑞华等就用三夹板锯成乒乓板，用书包代替球网（后改进

用粗铁丝做成网架,一根线拉住两头,当中挂着一块块手帕当作球网)打起乒乓球。当时的乒乓球便宜的是"三角牌",贵的是连环牌,还有铜牌、铁军牌、盾牌等。买球的钱是从早餐大饼油条的钱中省下来的。一次,大楼里公司员工举行活动。一公司老板让观战的杨瑞华与另一公司的老板比赛,条件是若胜出则送一块乒乓板。杨瑞华打赢了,得到一块带橡皮面的乒乓板。这是杨瑞华人生的第一块球板。

[注2]徐寅生读书的浙江路明惠小学是一座三层楼房,学校没有操场,学生只能在弄堂里刮香烟牌子、抽陀螺、打弹子、互相追逐。最吸引徐寅生的是打乒乓球。那时,打乒乓没有球台,就在水泥地上用粉笔画个长方形框,双方蹲在地上推来挡去,有时出了高球还站起来抽杀。还有一种打法是门板一搁成了球桌,网子是用两块碎砖架起一根竹竿。小朋友中,谁有一块球拍、一只新球,是很得意的事。球打破了,用胶布粘,踩瘪了,用开水烫。一次,徐寅生用零花钱买了新球,踩瘪了,用开水烫也鼓不起来,便捏着球贴着炉子烤。"呼"的一声,火球滚到墙角的杂物堆里,徐家二哥几脚把火踩灭了,险些闹出一场火灾。少年时代的徐寅生感觉打球有输有赢,要取胜还得动点脑筋,真是其乐无穷。

[注3]张燮林所读的涵德小学有一张不太平整的乒乓台,学校规定三年级才能够上球台。所以,一二年级的时候,张燮林只能和同龄的小孩,在住家的人行道上,用粉笔画个乒乓台,中间再画根线,打地面乒乓球。三年级可以上台了,就是在课间休息时,同学围成一圈,谁失误就下来。那时打的是光板,只能挡来挡去。张燮林经常是最后两人中的一个。因打球欲望升高了,便变着法儿找地方打球,有时把桌子拼起来打,有时在菜场的摊位

上,找来两块砖和一根竹竿搭成一个球台打。张燮林生活和学习在新闸路区域,不少高手都在附近活动,比如孙梅英在长沙路,李富荣在新闸路的另一头。升入小学高年级后,张燮林时常去一些球馆看高手们打球,并由攻球改换成直板削球。张燮林还组织了一支球队,对外进行交流。那时,南京路九江路有新华乒乓馆,延安路大世界对面有太湖乒乓馆,新世界楼上也有乒乓球馆。这些球馆都是私人老板开的,场面大的有十来张球台,打球要付台费,请指导还要加钱。张燮林觉得看高手打球蛮过瘾,印象深的是杨开运打球(杨是后来的国手,还任上海队教练),直板削球动作潇洒,且技术全面,攻守兼备。张燮林便弃攻为守,改换了打法。当时,上海球坛优秀的直板削球选手还有俞诚和水涵高,正是这些选手的技术和表演,促成张燮林学削球的志向。见了世面,张燮林产生了出去打比赛的冲动,便在同学中成立"红旗"乒乓队,由校方开具证明刻了队章。接着,四下打听球讯,写下"挑战书",图章一敲,利用休息日和大人打交流赛。

7月23日

□ 上海市各界劳军总会召开劳军总动员委员会会议,职工界、青年界、妇女界、工商界、文艺界、自由职业界等汇报动员工作状况。其中,青年界分会工作重心在体育义赛方面,如组织乒乓球、足球、篮球等的表演与比赛,门票收入用来慰劳解放军。

8月14日

□ 下午,劳军乒乓义赛在市体育馆举行。先由新新队与先施队对抗,继由乒乓老将陈霖笙对孙梅英打表演赛,更有沪上第一流乒乓球选手组成的华美队与上海联合队对抗。门票分三百、一千两种,在市体育馆、慈淑大楼精武体育会销售。

[注]华美队阵容如下:韩线慧(领队)、薛绪初(队长)、陆谨后(管理)、傅其芳、李宗沛、王九庆、秦家楠、薛伟初、张英。上海联合队阵容如下:邵义元(领队)、欧阳维(队长)、胡一萍(管理)、吴作昌、邓秀荣、葆浩、李党、刘造时、张志鸿、张善达、王传耀。

10月1日

□ 中华人民共和国成立。

10月26日(至27日)

□ 中华全国体育总会第一次代表大会在北京举行,会议决议改组中华全国体育协进会为中华全国体育总会,并推选冯文彬为主任,马约翰、吴蕴瑞、徐英超、荣高棠为副主任。荣高棠兼任秘书长。

12月

□ 国际乒联的创始人伊沃·蒙塔古(英国共产党党员)出席在伦敦举行的中国会议,并准备与中国进行联系。

1950年

1月1日

□ 英国乒乓球协会主席伊沃·蒙塔古（国际乒联的创始人）致函中华人民共和国朱德将军，称从埃德加·斯诺的著作《西行漫记》中得知朱德在延安时曾通过打乒乓球娱乐，准备邮寄英国制造的球拍和球，作为象征性的礼物，并问候毛泽东主席。

［注］徐寅生提供的英国乒协主席伊沃·蒙塔古先生致朱德将军的信全文如下：

　　致：朱德将军
　　　中华人民共和国　北京
　　　1950年1月1日

亲爱的将军同志：

　　许多年前，我在埃德加·斯诺先生所著一书中读到：当年驻扎在延安的解放军部队有时通过打乒乓球娱乐，包括您本人也从乒乓球运动中获得了很多乐趣。

　　这些描述让我们暗下决心，一旦我们双方可以通过书信联系，我们将以个人的名义致信给您，向您表达我们的问候、鼓励和良好的祝愿。

　　现在这一天终于到来了，这令我们多么高兴！上个月，我出席了在伦敦举行的伟大中国会议，现在终于可以向您表达我个人的问候、祝贺和欢迎，也祝愿中华人民共和国在未来更加幸福和成功。

一旦确认了邮寄小型包裹的方式，我们将给您寄去少量的乒乓球拍和乒乓球，作为象征性的礼物。这些都是英国本土制造的最好的球拍和球。随信还附寄一些国际乒联的官方资料，也许中华人民共和国体育管理部门会对这些资料感兴趣。我们同时将这封信的副本，通过中国新华社伦敦分社以平信的形式邮寄给您，希望能够双倍增加您收到这封信的概率。

再一次向您表达我本人对您本人、对中华人民共和国和对毛泽东主席的问候，祝你们幸福、成功！

英国乒乓球协会主席：伊沃·蒙塔古
秘书：娄达费

1月2日

□ 国际乒联主席伊沃·蒙塔古先生致函中国体育文化部，并抄送朱德将军，希望"将中国吸纳进国际乒联宪章和国际乒乓球组织"。

［注］徐寅生提供的国际乒联主席伊沃·蒙塔古先生致中国体育文化部的信如下：

中国　北京
　　1950年1月2日

亲爱的朋友：

我们得知在中华人民共和国境内已经开始开展乒乓球运

动了,但是,我们还不能确定这个消息是否准确。

鉴于我们依然面临很多问题,现在谈论建立贵国乒乓球运动与国际乒联的关系还为时尚早。但是,我个人坚信,世界上许多国家的乒乓球运动员都会非常乐意与中国乒乓球运动员和中国体育组织建立起和平、友好的关系。最终,将中国吸纳进国际乒联宪章和国际乒乓球组织。

如果需要国际乒联方面提供任何能服务于乒乓球的建议和信息,请告诉我们,我们将尽全力做到。

国际乒联下届代表大会定于这个月末在布达佩斯市举行。如果贵方能够提供联络方式,我们将非常高兴地立刻寄去所有最新决定和有关章程修改方面的信息。

同时,随信附寄国际乒联最新指南,希望贵方能够了解并对此感兴趣。

为了乒乓球,为了友谊,送上我们的祝福。

伊沃·蒙塔古
国际乒联主席

抄送:朱德将军

1月23日

□《文汇报》发表文章《英电职工的体育活动》称:过去所谓体育,是资产阶级专有的"娱乐",提倡体育的先生们,目的也不过是造就几个体育明星和几个职业选手罢了。广大的劳动人民终日受着沉重的剥削,做着机械的工作,根本就没有运动机会。解放后,各业职工们,为了锻炼强壮的体魄,以担负起发展生产的重大任务,普遍展开体育活动。在体育活动中,发扬了职工们集体主义的精神,培养起勇往直前、战胜困难的勇气，各单位职工因此在感情上更进一步融洽，更进一步团结起来。解放后的体育再不是资产阶级的专有品，而逐渐在广大劳动人民中普及。

［注］报道说，英电职工体育活动开始于1944年。那时在敌伪统治下，遭受浪人流氓欺侮，他们为了自卫，就组织了国术（武术）组。所以当时有人说："国术组是英电职工向恶势力斗争的骨干。"解放后，国术组扩大为体育组，项目除了原有的摔角、举重、健身、杠子以外，又增加篮球、足球、乒乓球等。现参加人数已达300余人，其中乒乓球方面也有20余人等。

3月

□ 上海乒乓球界的名将薛绪初离沪去香港，并一直为港队南征北战，屡获殊荣。

薛绪初获得新加坡乒乓球邀请赛冠军，被印上了明信片

4月19日

□ 为庆祝"五一"国际劳动节，上海总工会浦东办事处、浦东区工人俱乐部足、篮、乒乓球联赛举行揭幕典礼，现场请专家演讲，名球队组织表演赛等。浦东各厂球队正在加紧练习，准备一显身手。

5月1日

□ 为纪念"五一"国际劳动节，并检阅工人文娱体育活动，上总沪中区办事处、市体育馆举行庆祝大会。第一部分为文娱表演，有信谊分会乐队的演奏，百人大合唱"进军大西南"，百货业子弟学校秧歌剧"兄妹开荒"和百货业文工团"进军大腰鼓"。第二部分为乒乓球和排球比赛。百货、新药、金融、五金、进出口、酒菜各业工会乒乓球队，共计十二场单打和一场双打，如百货—新药（单打）、金融—五金（双打）、进出口—金融（单打）、酒菜—金融（单打）等。

6月1日

□ 国际乒联主席蒙塔古致函刘宁一，提出"非常希望成为向新中国表示欢迎的头一个运动组织"。

［注］徐寅生提供的国际乒联主席伊沃·蒙塔古先生致中国体育文化部的信如下：

亲爱的刘宁一先生：

我不揣冒昧，将1月份邮至北京的两封信附上，假如没有太多的麻烦，敬烦帮助将它们带到目的地。

原信系已于1月付邮。我们非常希望成为向新中国表示欢迎的头一个运动组织。因为，假如它们未能到达目的地，我将感到非常遗憾。

谨致问候。

国际乒乓球协会主席爱尔兰·伊沃·蒙塔古
1950年6月1日

7月17日

□ 复旦大学体育部暑期体育活动计划于8月10日开始实施，运动方面分田径、篮、足、排、垒球及乒乓球、国术、拳击、游泳、舞蹈各项，由同学任选两种参加活动。各项运动规定每星期举行比赛一次，并每隔两星期请本市各体育团体作示范表演。

8月15日

　　□ 据《新民晚报》消息，运动器具店乒乓球货品甚少，尤以盾牌101及其他硬球最缺货，每人限购一枚，不知原因何在。

8月18日

　　□ 据《劳动报》消息，公用局委员会和上粮公司乒乓球队，在公用局俱乐部作友谊赛，公用局以4比1获胜。

8月31日

　　□ 上海市青年界保卫世界和平体育活动委员会在市体育馆正式开幕。上海市领导到会讲话，勉励球员练好身体，搞好生产，"把美国强盗赶出台湾"。

　　□ 据《劳动报》消息，上海铁路乒乓球队为了和各厂兄弟队加强联系，切磋球艺，欢迎拨44020转67号分机向范翰青同志约赛。

9月13日

　　□ 据《劳动报》消息，上海电机厂已有乒乓球、篮球、足球队的组织，各厂球队可拨52382电话向该厂体育组约赛。

9月

　　□ 沪西区第一届工人乒乓联赛举办。

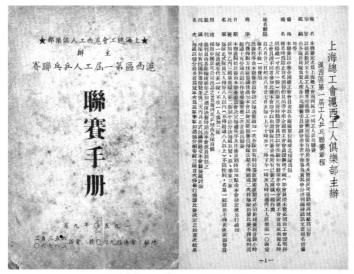

沪西区第一届工人乒乓联赛手册

10月19日

□ 本市店员工会体育大会，将于11月4—5日在南市体育场举行。所属百货、新药、中药、五金、三联、伙食、四联、金融、衣着、山海土产、烟皂烛箔、进出口、典仪等业会员均将参加。竞赛方面为男女组织田径项目。会后举行足、篮、乒乓球比赛。

10月27日

□ 为提高少年乒乓技术，八仙桥青年会学生少年部发起第一届学生"少年杯"个人乒乓竞赛。凡在校学生或十二至十八岁之少年会友均可参加。报名费包括盾牌101乒乓球及水电费每人4000元（旧币）。每逢星期六下午二时比赛，名额限32名。

11月7日

□ 仪韵女中举办首届乒乓联赛,已进入决赛并在决赛阶段举行乒乓球义卖。为此,各班展开挑战,共卖得人民币100多万元,全部充作寒衣代金。

12月17日

上海总工会、上海工人文化宫主办的抗美援朝乒乓联赛纪念章

□ 1951年元旦,上海总工会、上海工人文化宫将主办"抗美援朝乒乓联赛"。市橡胶工会拟产生两队(每队10人)参加比赛,现通知各基层单位即日起至本月22日,选派代表来本会文教部登记,以便正式组织代表队。

□ 同日,市五金工会通知,为积极准备参加"抗美援朝乒乓联赛"竞赛,凡会员同志有一定乒乓球艺水平者,希于12月18、19两日内,备厂文教委员会介绍信,前来汉口路561号本会文教部顾荣赛同志处报名参加选拔。

12月27日

□ 上海总工会、上海工人文化宫主办的"抗美援朝乒乓联赛",将于元旦举行。医务工作者工会拟参加二队(每队十人),凡新药、中药、医务工会各基层委员会,如有乒乓组织请选出代表三名,报名即日开始,可向工会文教部登记,便于正式选出代表。又,新药业工会主办的团体个人乒乓球联赛,经数月角逐已告结束。26日假中西乒乓室举行给奖典礼,并邀请上海劲旅表演，情况热烈。

12月28日

□ 下午六时，本市财政金融工会保险分会主办第一届保险杯乒乓赛，假座虎丘路20号亚洲文会大礼堂举行闭幕赛，届时由本市乒乓劲旅红队及绿队出席表演。该会为结合抗美援朝运动，决定出售入场券，并由该会分发各单位劝销，捐献子弹支援中国人民志愿部队及朝鲜人民军。

□ 上海总工会、上海工人文化宫主办"抗美援朝工人乒乓联赛"，报名本于26日截止。兹因各产业工会产生代表颇费时日，故决定延期三天至29日止。当日下午七时将召开各产业工会体育负责同志会议。

本年

□ 印度乒协主席拉马奴詹（兼任国际乒联委员）率印度乒乓球队访问中国。

□ 徐寅生进入大光中学读书。学校有一张未油漆的球台，徐在那里"摆大王"。其四哥常带着兄弟去永安百货俱乐部、精武体育会等观看乒乓球比赛，其中上海名将刘国璋速度快、变化多，给他留下深刻印象。此时，徐寅生千方百计寻找有乒乓球桌的地方。当发现弄堂后的皮革厂买了乒乓球台，先是混进去看，后跟传达室的人搞熟了，就常去与职工打球，学会了注意击球落点、手腕发力制造旋转等技术。

□ 初中阶段，张燮林家所在的新闸路一带的店员们，组成了颇有实力的"健身"乒乓球队，还配了统一的绒球衣。张燮林为球队的一员，常与店员们于早晨六时（赶在八时开门前）

去新城游泳池所属乒乓房练球。同时，他也常去工人文化宫守擂。故初中毕业时，张燮林的乒乓球水平已在上海滩崭露头角。

［注］工人文化宫是上海乒乓球业余高手的聚集地，那里有五张球台，第一张台水平最高，围观者成群。张燮林是在读学生，因有店员供票，一得空就往那里跑。随着技术的提高，张燮林从打擂到守擂，接触各种球路，适应各种打法，铸就了扎实的基础。同时，张的祖父非常严格，规定张燮林完成一张大楷和一张小楷，若字迹潦草必须重写，否则不得出去打球。这样，张必须认真地写完最后一个字，这对磨炼意志、培养责任心产生了很大的影响。

1951年

1月13日

　　□ 晚,"太湖杯"乒乓赛举行,中星队以4比3胜邮工队,金融队亦以4比3胜华星队。今日六时帆声队对中星队,八时太湖队对海熊队,仍在无锡同乡会球室开战。

1月14日

　　□ 复旦大学工会为使同人们养成爱好运动的习惯,特举办个人乒乓赛,报名至本月19日止,20日开赛。

2月10日

　　□ 为扩大春节工人体育活动,上海工人文化宫体育组举办乒乓球表演。

2月13日

　　□ 公交公司文教委员会乒乓球组举办的"抗美援朝乒乓赛",已有18支队参加,并在东长治路举行开幕典礼,由市政工会聘请广东队、绿队等劲旅参加表演。

2月16日

　　□ 上海总工会、上海工人文化宫主办"抗美援朝工人乒乓联赛"，第六周竞赛程序业已开始。晚六时，有印工红队对财金黄队，市政一队对橡胶甲队。明日则有财金红队对食品队，海员红队对上建红队。

2月21日（至30日）

□ 军事工业工会为展开春节文娱活动，提倡人民体育，特举办首届"军工杯"篮球、乒乓球联赛。报名参加的有14支篮球队、16支乒乓球队。为了不影响各单位的生产，第一阶段循环赛决定分区举行，乒乓球赛分沪东与沪西两区。第二阶段集中比赛。结果，军械一分厂红队获得乒乓球冠军。

3月23日

□ 建设新中国需要壮健的人民，乒乓运动值得我们提倡和发扬。1945年，华联乒乓球制造厂出品惠尔康乒乓球。现该厂正集合专家，斥巨资，提高品质，为乒乓运动前途而努力。

□ 浦东工人俱乐部体育组发起的乒乓球赛，已有20多家单位报名参加。现定于4月1日起，在该部开始比赛（时间为每晚六时至八时，星期日整天在大俱乐部比赛），欢迎各厂工友前来参观。

3月30日（至4月1日）

□ 沪西工人俱乐部"劳动杯"乒乓赛，本周比赛程序如下：本月30日（女子组）——一印对和半（六时），马实山对富中（六时半），熊蜂对集队（七时）（以上在俱乐部）。31日（甲组）——永三对三星红（六时一刻在俱乐部），屈臣氏对人行（七时半在俱乐部），金双马对一印（六时半在申新九厂）。4月1日（甲组）——永三对邮电（六时一刻在永安三厂），金双马对公交（七时半在申新九厂），大无畏对申新（六时半在俱乐部），熊蜂对人行（七时半在俱乐部）。

3月

□ 上海商务印书馆出版马瑜的《体育设备》。该书第93页文字、第94页图示两处均称：乒乓球台长274厘米，宽142厘米，高78厘米。这反映当时中国乒乓器材尚未完全与国际接轨。

5月8日

□ 本市协丰面粉厂文教委员会乙组乒乓队，为联络感情与交流经验，欢迎各厂兄弟乒乓球队约赛（但限乙、丙两组），地址在澳门路四号，电话为64124。本市申新一厂工会文教委员会乒乓队，欢迎兄弟工厂乒乓队函约比赛，该厂地址在沪西长宁路周家桥，电话为29496，由应钟裕同志接洽。

6月7日

□ 晋元中学特邀中国人民解放军探照兵团某部来校作乒乓球、篮球交流活动，结果篮球比分为43比39，乒乓比分为3比2，晋元中学胜。比赛时同学们都认为体格不及解放军强壮，一致表示要向他们学习、看齐，将来为人民服务。

6月19日

□ 最近申新一厂开了一个俱乐部，里面有图书、象棋、乒乓球、克朗球和高尔夫球等，还有许多漫画和报纸。这所群众所喜爱的俱乐部，却是以前工人们最最痛恨的"抄身棚"。以前，工人每次走过这里，就好像过一次鬼门关。现在这个"抄身棚"也"翻身"了。

6月23日

□ 经过三个月的赛程，上海工专年级球类赛结束，其中乒乓球赛有12支队参赛，冠军为高土三，亚军为纺二上。该校举行了五四体育大会及球类赛给奖典礼，由校长给各项冠亚军颁发锦旗及纪念章。

7月22日

□ 据《劳动报》消息，本市某些厂工会在文娱活动中，存在严重铺张浪费的现象，军乐队、腰鼓队满天飞，如江南造船所仅仅乒乓球一项支出，每月就要300万元（旧币）。

□ 上海中国运输公司停泊在陆家嘴锚地的部分驳船，因没有适当的娱乐场所，船员们常常赌博，或者上马路兜圈子。为了纠正这个偏向，工会就通过资方，将锚地的一只坏驳船改为俱乐部，设有乒乓球、康乐球、跳棋等，两边又贴了许多时事图片。自从有了这个娱乐场所，船员们有空就到俱乐部来玩，也不赌钱了。

8月7日（至24日）

□《新民晚报》提出问题讨论：今天，我们工余到工人文化宫、店员俱乐部，在参加康乐活动（文娱活动）时（如打乒乓球、弈棋、康乐球等），都得出示会员证登记，还得将会员证交与该场的负责同志,直到玩毕时才可领回。如此,似乎对会员弟兄们不信任,会员证是否作了抵押品呢?下旬,当记者回访时,店员俱乐部负责人说:已接受会员们的意见,取消了以会员证抵押。凡来参加打球、弈棋的会员,只要出示会员证登记便可。

8月12日

□ 据《文汇报》消息,乒乓球销路颇为广阔。仪器文具公会联购筹备处第一批对会员配货,申请乒乓达4149罗又9打半,结果仅能配发1500罗,可见供不应求。

8月

□ 上海广益书局出版钱昌年编著的《乒乓》一书。

10月16日

□ 常见学校或社团因地方狭窄、人多桌少的缘故,想玩一次乒乓球不容易。《文汇报》介绍了一种有趣的乒乓球游戏。

[注]这种乒乓球游戏如下:有一张球桌,先把参加的人组织起来,编成人数相等的甲、乙两队。两队各成纵队站在球桌的两端,并取球拍六块分给两队,每队由站在前三名的持拍(每人均持球拍则更佳)。比赛时由甲队为首的人发球,每人轮着击球一次;当球击过网后,击球人即须将球拍交给本队站第四位的人,自己亦跟着走到排末去,让站在背后的人接上参与比赛。

10月29日

□ 解放日报工会、邮电工会、华东师大附中、上海市财经

上海乒乓球运动纪事录(1949—2024)

学校等30个单位,推派代表1000余人组成四个慰问团,分别慰问在沪疗养的中国人民解放军以及志愿军伤病员。慰问团分别演出歌舞、音乐、相声、短剧等余兴节目,并赠乒乓球、连环画、小黑板、棋类等,共2059件。伤病员一致表示,美帝国主义的侵略只能伤残我们的身体,但绝不能摧毁我们保家卫国的决心和意志。

12月13日

□《劳动报》刊登读者来信,指出中国银行工会最近"举行了一次乒乓球比赛,工会买了两面锦旗和奖状、纪念簿等作奖品"。来信认为"应纠正浪费现象"。

本年

□ 蒙塔古主动与中国接触。但整整一年,他都没有向国际乒联成员提议,直到1951年在维也纳的会议纪要中透露他"已经与中国进行了通信"。

〔注〕据尼克拉斯·格里芬所著《乒乓外交:一个改变世界的运动背后的隐秘历史》(Nicholas Griffin, *Ping Pong Diplomacy: The Secret History Behind the Game that Changed the World*, p.62)的材料:"蒙塔古急于改变规则,如果不行,就完全打破规则,以便使国际乒联过渡成为第一个欢迎共产主义中国加入的国际体育组织。他希望中国球员在印度孟买参加1952年的世界比赛,即使申请截止日期早已过去,他写信说他愿

《乒乓外交》一书书影

意考虑新中国作为一个正式的会员第一次申请加入国际体育组织。对蒙塔古来说，这很令人困惑，为什么中国人迟迟不接受他的邀请？……其中一个原因是他们不确定自己的技能水平如何，如果他们简单地出现在世乒赛上，并被美国和英国人击败，那么将如何反映新中国的荣耀呢？蒙塔古不理解，中国人正非常认真地思考将乒乓球作为向世界展示自己的绝佳方式。……起初，中国的表现就像共产党同胞一样，通过各种方式把体育视为政治，被各种各样的选择分散了注意力。苏联的目标是在篮球、冰球和田径方面领先于美国。中国将会关注速滑、体操、足球、游泳、排球，但他们很快就会把精力集中在'小球运动'上……多亏了蒙塔古的贡献，使乒乓球成为中国进入国际政治舞台的意外的途径。"（卢宇扬译）

1952年

1月17日

□《文汇报》发表读者来信《乒乓球运动缺乏领导造成混乱现象》,反映乒乓球运动在蓬勃开展的时候存在着的几个问题。

［注］具体问题如下:第一,场地问题。各单位内部的场地和设备远不敷应用,市上营业性的乒乓房数量少,而取费竟有高至每小时7000元(旧币)的。这限制了乒乓球运动的推广。第二,乒乓球价格太贵,一般工厂单位每月文教经费中,乒乓球消耗要几十万元,而且很难买到。其中一个原因是有人囤积居奇。第三,最严重的是乒乓球运动缺乏有组织的领导和推动。如许多单位的球队为了技术上的进步,聘请了乒乓指导。但多是旧社会中的一些职业乒乓球员。他们如何培养新的运动道德和明确人民体育运动的意义却不大谈得到。又如最近几个乒乓房举办的杯赛中,存在着很严重的锦标主义作风。有很多球队拉兵请将,造成了比赛前"讲斤头"(上海方言,即讲条件、讨价还价),比赛后提抗议的混乱现象,在群众中产生非常不良的影响。故建议领导组织有系统的联赛,及时纠偏,引到新体育的道路上去!

1月20日

□《文汇报》发表读者上海电机厂吴萍一来信,继续反映乒乓球运动中的情况。

[注] 来信称：本月16日开幕的全羽春乒乓馆，在开幕前很做了一些宣传，并印了"预约定台登记证"分送给许多机关、企业。在这张登记证上印着广告，用"名将指导，女子伴打"作号召以广招徕，这是一种极其恶劣的作风。这个乒乓房开幕的时候，球室挤得水泄不通。后来有公安同志上来劝说：这间屋子年久失修，现在负担重量过度，恐有危险。（楼板已有摇动现象）于是表演赛宣告停止，观众一哄而散。像这样抱单纯营利观点，不顾群众安全，也是非常不应该的。本市还有不少同样的乒乓房存在，希望有关方面加强领导和教育。

1月26日

□ 春节期间，沪西工人俱乐部照常开放，并举行婚姻法和苏联人民幸福生活图片展览。剧场放映"抗美援朝"电影。此外，还有乒乓球等比赛。

2月9日

□ 亚洲乒乓球联合会在印度孟买成立。同年10月12日，中华全国体育总会加入该会。后于1958年8月19日宣布退会。

2月

□ 由薛绪初、傅其芳、钟展成、姜永宁等组成的香港队，在印度孟买举行的第19届世乒赛上获男子团体第三名（铜牌）。来自上海的薛绪初为夺标功臣。就此，迎来了香港乒乓球运动的全盛时期，薛绪初担任香港乒乓总会义务秘书一职长达20年，积极推动了香港乒乓球运动的发展。

2月18日

□《文汇报》发表本报记者高文尹、静星采访记《乒乓运动存在严重混乱现象》。文章指出：有着极大群众面的乒乓球运动，存在严重的混乱现象。由于旧社会遗留下来的一批职业乒乓球员们的把持，在市体育会放松领导的状况下，完全成为营业性、赌博性的了。职业乒乓人开设乒乓馆，背后有着中国乒乓公司的支持，享有特别权利，从中进行暴利剥削，广大工人学生群众想开展乒乓活动而受到了阻碍。

［注］该采访记指出乒乓球的供销情况：中国乒乓公司一面说原料缺乏，市面缺货；另一方面对乒乓馆给予特别折扣，且无限制供给。据初步调查，厂方负责人说，比赛标准球盾牌101，最近每月只生产三四十罗，102每月出品50多罗。此外可供比赛用的"冠军"及"钢军"牌球，还能适量地供应。售价方面：（一）盾牌101：定价每罗70万元（每罗12打，平均每打约58300元，每只约4860元），批发价八折九五扣，即每罗532000元，平均每打约44300元，每只约3700元。目前体育用品店零售价一般为每只5000元至5500元，已在四分毛利以上。去年秋季，几家较大的体育用品店曾以每只7000元出售，经政府查出，结果集体登报悔过。（二）盾牌102批发定价每罗63万元，批发价亦八折九五扣。目前店家零售每只约4500元至5000元（以前曾售每只6000元）。（三）冠军牌批发价同盾牌101。（四）钢军牌批发价每罗60万元。（五）201号定价每罗40万元。（六）202号每罗36万元（均八折九五扣批发）。

据厂方说，盾牌的原料全为进口，来路早已断绝，全靠存底生产，因此出品减少。又说，凡是体育用品店、文具店及乒乓房每月约配售一二罗,此外工会、机关、团体等备函直接向厂方购买,亦适量供应一二打。至于个人方面,鉴于少数技术较好,现在乒乓馆或其他单位担任指导员的如张英、胡一萍、周维新、陆汉俊等,也照批发价酌量配售给他们。该文点名指认"张英、胡一萍等暴利剥削"。本报读者反映:"中国乒乓公司任由广大群众所喜爱的101盾牌球流入少数人的手里,实有公开说明的必要";"这批家伙借着所谓'代买''转让'等名称,做不法的漏税交易,以达到从中剥削图利";"乒乓厂利用这些'名将''指导',可能是化整为零,实行暴利和逃税交易";我们要求乒乓厂商坦白说明。张英、胡一萍等所谓"指导员",将厂方派给的球转卖给用户,利用市面缺货的空子,盘剥暴利达百分之百。去年12月7日及28日,张英两次售给某厂工会文教科的盾牌101球每打为9万元(批发价只44300元);冠军牌每打8万元。又胡一萍售给某乒乓队盾牌101为每打84000元。这种非法交易,是不能容许的。

该文指出"中国乒乓公司之'谜'",认为中国乒乓公司的供销制度是不合理的。为什么不改变供销办法,便利广大基层群众和各学校青年学生,减少中间剥削?为什么不尽量供应体育及文具商店门售,而却给予营利的乒乓馆享受特权(给乒乓馆的售价为六折,商店的批价反是八折九五扣)?中国乒乓公司的负责人说:"我们对正式团体如为举行比赛而要用球时,照批发定价打八折卖给他们","类于这样的交易,共有八九十户之多"。这种办法是对的。但两个月前,沪西工人俱乐部举办第二届工人乒乓联赛时,曾向中国乒乓公司老板王一申请配给盾牌101球,王一说原料缺乏,盾牌101球缺货,结果配到了冠军牌。而在同时举行的"中体杯"赛中,却全部用的是盾牌球。

该文还揭示"乒乓馆的丑恶面目"。文章认为:开设乒乓馆和担任指导，为便利广大市民作娱乐活动，当然不能完全否定，有一定的意义，问题在于它的作风非常不正派，如进行赌博性的比赛，利用"女子伴打"招徕生意。生意清淡时，就举办杯赛来挽救。像中国乒乓馆举办营业性的"中体杯"比赛，凑足了50个队，每队收报名费5万元，主持者根本不理会新体育的精神，争吵事故经常发生，尤其是拉兵请将专心来夺银杯的球队更为嚣张。

3月16日

□《新民晚报》刊发文章《可怕的"软刀子"》。

［注］该文称：天津有位干部"是一位身经大小三百次战役的青年共产党员，向来在敌人的炮火下毫无惧色"。解放初期，他在天津市供应局主管几家厂的面粉加工。这些厂家的奸商再三向他联合围攻，都计不得逞。后来，他们看到此干部打得一手好乒乓，认为有空子可钻，就恶毒地设下"美人计"，设法买通了球社里专陪人打球的女子，一次、二次、三次，直到第七次，此干部终于跌进了奸商所收买的"女乒乓球手"的怀抱了。文章说：这是一颗可怕的"糖衣炮弹"。

6月10日

□ 毛泽东为中华全国体育总会成立大会题词：发展体育运动，增强人民体质。

8月

□ 当时在团中央工作的荣高棠，率中国体育代表团参加赫尔辛基奥运会归来，向中央写报告，提出政府应设立专门管理体育工作的部门，并建议由贺龙当体委主任。不久，时任政务院副总理的邓小平找荣高棠谈话，肯定了此建议，并作出五条指示。

［注］五条指示如下：（1）体委现在就搭架子，暂时由荣高棠领头准备，先找几个人开始办公；（2）军队、地方各招300名运动员，从华东、华北、华南、东北按标准选拔，可以在北京、成都、武汉、上海等地集训；（3）要建设体育运动场，立即对先农坛体育场进行设计；（4）办体育院校，今年已无法建筑校舍，先找临时地点；（5）可以批准明年开全国运动大会。

9月7日

□ 沪西工人剧场原名奥飞姆大戏院，经花费四亿多元新修重开，增设书报和乒乓球台等，使江宁、普陀、长宁等区的劳动人民，又多了一个文体活动的场所。

9月17日

□ 亚洲乒乓球比赛大会预定于11月间在印度举行，届时中国将派代表队参加。10月间将进行全国乒乓球比赛大会选拔代表。武汉和天津均已开赛选拔。上海市体育会筹备会为了选拔上海优秀乒乓运动员，并结合庆祝第三届国庆节和亚洲及太平洋区域和平会议的召开，决定自9月21日起举行全市乒乓球选拔赛，以求进一步推动全市乒乓球运动的开展。

［注］选拔和竞赛办法如下：

项目：男、女单打。

选拔者资格和手续：首先是居住本市的中华人民共和国公民；其次是身体健康和乒乓球技术较好者。凡工人、机关干部、学生,由所属基层工会、机关或学校备函介绍报名参加。不属于此范围的本市市民,可由所属公安分局派出所证明报名参加。报名者须向报名处缴交最近半身一时照片两张及填交报名单。

报名时间:九月十七日、十八日上下午,十九日上午九时至十一时半。

报名地点:(一)陕西南路一四一号上海市体育馆,(二)南市方斜路五〇五号沪南体育场,(三)通北路霍山路沪东区工人俱乐部,(四)常德路九四〇号沪西区工人俱乐部,(五)南京东路慈淑大楼三一〇号精武体育会分会,(六)四川北路横浜桥精武体育会总会。

竞赛日期:九月廿一日至卅日,必要时得延长之。

地点:另定。

竞赛制度:(一)初赛分组单淘汰制,每组选出优胜者两名,参加分组单循环赛(如参加者过多时,初赛将用二级或三级分组单淘汰赛)。在分组单循环赛中,选拔本市代表队队员,其名额由本会决定宣布之。(二)初赛采用三赛二胜制,分组单循环赛采用五赛三胜制。

竞赛规则:采用中华全国体育总会印发的"一九五二年乒乓球比赛暂行规则"。

裁判员:初赛由本会指定球员轮流担任裁判;分组单循环赛由本会聘请裁判员担任裁判工作。

本办法由上海市体育会筹备会公布施行。

华东区乒乓球选拔赛第五名奖章

9月20日

□ 上海市体育会筹备会定在陕西南路141号上海市体育馆，召开乒乓球选拔赛工作人员会议，并公布竞赛程序及规则。报名参赛的男子运动员293人，女子乒乓运动员20人。男子初赛分32组比赛，在上海法商电车公司大礼堂、四川中路青年会、四川北路精武体育会总会三处举行。男子各组优胜者共71人，将分为八组进行第二级单淘汰赛。女子则进行第一级循环赛。部分报名参加选拔的运动员，因通知不达或其他特殊原因而未曾参加第一级淘汰赛，现定于23日下午7时在四川北路横浜桥精武体育会总会举行补赛。

9月27日

□ 华东暨上海各界人民庆祝第三届国庆节体育表演赛28—30日各场的入场券，除部分赠送有关单位外，今日起开始在上海市体育馆和青年会两处发售。团体票凭机关、部队、工会、学生会及其他群众团体介绍信，每单位限购10张至30张；个人票每人限购一张，依次排队购买，售完为止。票价一律每张1000元。

［注］28日售票3000张。下午二时在虹口体育场举行田径、摩托车、飞机模型、马术表演及足球比赛。29日售票3000张。下午二时在青年网球场举行网球比赛；晚上六时半在市体育馆举行武术、摔角、柔道、拳击表演赛。30日售票2000张。晚七时起在市体育馆举行全市乒乓球选拔决赛。

9月30日

□ 华东暨上海市各界人民庆祝第三届国庆节的体育活动

全市乒乓球选拔赛在市体育馆举行决赛。赛前由上海市人民政府教育局局长戴白韬作简短讲话。比赛结果为孙梅英、蔡秀娱（女子）和俞诚、冯浩、杨开运、王传耀、李震、李宗沛等均战胜对手。比赛直至深夜十二时结束，从中选拔出上海市代表队，参加即将在上海举行的华东区乒乓选拔赛。

10月1日

□ 亚洲及太平洋区域和平会议理事会在北京召开，国际乒联主席蒙塔古作为世界和平理事会的英国代表前来中国。

［注］据尼克拉斯·格里芬所著《乒乓外交：一个改变世界的运动背后的隐秘历史》(Nicholas Griffin, *Ping Pong Diplomacy: The Secret History Behind the Game that Changed the World*, p.64）的材料：1952年，蒙塔古访华时正值中华人民共和国成立三周年之际。北京市中心的建筑物被鲜红的标语所笼罩，蒙塔古和他的一些代表被迎进天安门城楼上的贵宾区，站在毛泽东、周恩来和党中央委员会附近。在来中国之前，蒙塔古一直在英格兰和欧洲各地不停地演讲，但通常都是三四十人的单调小聚会。现在，演讲者迎来了一生中最盛大的集会：五万万人聚集在"皇宫的金顶下"，齐声高呼"和平万岁！和平万岁！"蒙塔古听说"中国已经没有失业"，"2000万原本游手好闲的地主中的大多数人失去土地，并成为新的劳动力"。（卢宇扬译）

10月2日

□ 为选拔华东区优秀乒乓运动员（男子5名、女子4名），参加10月中旬在北京举行的全国乒乓球选拔赛，中华全国体育总会华东总分会举行常委会，通过了1952年华东区乒乓球选拔赛规程：规定上海、南京各选出运动员男子5名、女子4名；山东选出运动员2人；福建、安徽、苏南、苏北、浙江等省（区）得各选出一人参加华东区选拔赛。竞赛项目为男子单打和女子单打。

［注］选拔赛自10月3日到6日在上海举行，男子单打，初赛采用分组单循环制，决赛采用单循环制；女子单打，采用单循环制。前两天，选拔赛入场券开始发售。票价为楼下每张1000元，楼上每张500元。

10月3日

□ 华东区乒乓选拔赛在上海市体育馆开幕，并举行了隆重的运动员入场仪式。大会主席沈体兰发表讲话。晚七时，全场分四桌同时比赛。参赛运动员为：上海市，男子，王传耀、陆汉俊、杨开运、李宗沛、欧阳维；女子，柳碧、孙梅英、蔡秀娱、沈英。南京市，男子，林小鹤、曹之华、姜寿彰、刘国俊、谢瑞堂；女子，刘云刘、李克乔、姜静蓉。山东，颜兴俊、王瑞庭。安徽，孙海涛。苏北，李仲发。苏南，马廷亮。福建，周自西。浙江，郑时澜。比赛结果为，上海籍运动员全部获胜。

［注］沈体兰讲话摘要如下：这次选拔赛在庆祝第三届国庆节时举行有很大意义。乒乓球在市民群众中间广泛地流传，却没有受到充分的重视和有组织的领导。由于帝国主义和封建买办反动统治所遗留下来的影响，它在都市的有些场所中还没有完全摆脱庸俗、低级的思想作风的倾向，有待大力纠正和改进。故希望通过选拔赛，乒乓球能从一种旧的单纯娱乐，提高到新的人民体育的水平，使新体育的精神能够更好地发展起来，从而使体育运动

更好地为国防建设、生产建设的伟大事业服务。

10月4日

□ 姜永宁（曾获香港单打冠军，列远东乒乓第六位名手）由穗转京，将参加在北京举行的1952年全国乒乓球比赛大会。

［注］据1952年10月17日《南洋商报》报道，姜永宁将代表新中国出席11月底在新加坡举行的首届亚洲国际乒乓球比赛。又闻，新中国原亦有意拉拢香港之薛绪初及傅其芳北返，唯其后又予放弃。

10月5日

□ 中华全国体育总会决定于10月12日在北京举行全国乒乓球比赛大会。参加比赛的有各大行政区及全国铁路工会等七个代表队。比赛项目分男子单打、女子单打。同时选出本年全国乒乓球选手。

□ 华东区乒乓球选拔赛经过多轮比赛，上海选手成绩优异，尚没有一次败北。现已选出九人进入决赛。名单顺序如下：上海市，杨开运、陆汉俊、李宗沛、王传耀、欧阳维；苏南，马廷亮；安徽，孙海涛；福建，周自西；南京，刘国俊。

10月6日（至8日）

□ 上海市人民政府直属机关体育运动大会举行球类比赛。其中，乒乓球比赛在北京西路新成游泳池，第一组，劳动局对港务局（黄），卫生局（红）对公用局；第二组，工务局（红）对检察署，财政局对市府办公厅。结果，工务局（红）胜检察署（3比0），财政局胜市府办公厅（4比1），港务局胜劳动局

（4比1），卫生局（红）胜公用局（4比1）。

10月7日

□ 为了参加全国乒乓球比赛大会，全国铁路乒乓球选拔赛在上海铁路局举行。共选出乒乓球运动员男子5名，即卢良、仇良俭、朱匡明（以上上海局）、萧安民（郑州局）、董毅（铁道部直属机关）；女子4名，即徐玲珍、瞿容（以上上海局）、马秀云、杨金兰（以上吉林局）。

10月8日

□ 下午，华东区乒乓球选拔赛筹备处假上海大厦欢送华东区代表队赴京参加全国乒乓球比赛大会。各地参加华东区乒乓球选拔赛的运动员和体育界代表60余人出席。华东体育总分会秘书长黄辛白指出：通过这次比赛，对整个乒乓界是一个新的、正确的开始。他要求华东代表队在全国比赛中，应在搞好人民体育的正确道路上争取胜利。

□ 据《新民晚报》消息，廿余年来，我国制造乒乓球所用原料依靠进口，现以国产棉花及硝酸等化学炼制，解决了乒乓球的原料问题。大新公司橱窗中，陈列着实物及文字说明，已引起行人注目。

10月9日

□ 晚，华东区乒乓球选拔赛在上海市体育馆举行给奖闭幕典礼。华东体总分会副秘书长陈震中宣布华东区乒乓球选拔赛的名次和参加全国乒乓球比赛大会的华东区代表名单：男子组第一欧阳维，第二至第五为王传耀、陆汉俊、杨开运、李宗沛。

华东区代表队准备赴京参加全国乒乓球比赛大会。
图为领队胡昌荣（左一）、管理员吉嘉（左七）与队员合影。男选手（后排左起）：李宗沛、陆汉俊、王传耀、欧阳维、杨开运；女选手（前排左起）：孙梅英、李克乔、蔡秀娱、柳碧。其中除李克乔外的8名选手均出自上海。

女子组第一孙梅英，第二至第五为蔡秀娱、沈英、柳碧、李克乔（女子组沈英因病不克赴京）。会后，举行华东区男子代表队对上海混合队的五场比赛，华东队均获得了胜利。比赛完毕，由领队胡昌荣率领华东区代表队一行11人（男代表5人，女代表4人）搭十一时半快车离沪赴京。

10月12日

□ 全国乒乓球体育大会在北京清华大学西体育馆开幕，此为全国第一届乒乓球比赛。参加大会的有各大行政区及中国火车头体育协会等7个单位的运动员62人（男38名，女24名）。中华全国体育总会主席马叙伦致开幕词。他说，举行全国性单项的乒乓球比赛大会，说明了中国共产党和人民政府对体育运动的重视。这必将促使我国乒乓球运动进一步地发展与提高。同时，要选拔出全国第一批乒乓球选手，代表我国参加第一届亚洲乒乓球锦标赛。正在北京参加亚洲及太平洋区域和平会议理事会的国际乒联主席蒙塔古等到会致辞。

[注1] 国际乒联主席蒙塔古在大会上说：中国是乒乓球技术世界上最好的国家之一，解放后新中国人民的每件事情进步都很快，因此我相信新中国的乒乓球运动的进步也会很快。下届的世界乒乓球比赛将在布加勒斯特举行，我相信全世界的乒乓球运动员一定愿意和你们做朋友，和你们在一起比赛。欢迎你们的运动员能够参加。

[注2] 据尼克拉斯·格里芬所著《乒乓外交：一个改变世界的运动背后的隐秘历史》（Nicholas Griffin, *Ping Pong Diplomacy: The Secret History Behind the Game that Changed the World*, p.65）的材料：中国共产党人真正想从蒙塔古那里得到的是建议——不是关于和平的建议，而是关于乒乓球的建议。10月12日，蒙塔古应邀到北京郊区作了一次短途旅行。在开幕式上，各省代表队身着不同颜色的服装在蒙塔古面前列队。蒙塔古起身向观众致辞，谈

全国乒乓球体育大会开幕式照片

到了中国在乒乓球运动中取得成功的可能性，并提到了"香港选手在孟买取得的辉煌成就"。最后，他希望中国很快就能与世界其他国家一争高下。随后，蒙塔古坐在贵宾区观看了中国最优秀的乒乓球运动员的比赛。他的报告简单而令人沮丧："他们打得不怎么样。"这正是中国人所担心的：按照20世纪亚洲的惯常模式，日本人抢了他们的先机。那一年，一个日本人突然成为第一个赢得世界锦标赛的亚洲人。

□ 庆祝第三届国庆节华东一级机关体育文娱比赛表演大会在衡山路十号广场举行。大会执行主席、华东军政委员会吴克坚秘书长致开幕词，他说这次体育文娱比赛表演大会，是响应毛主席"发展体育运动，增强人民体质"的号召而召开的。我们要求在现有的体育文娱活动的基础之上，发挥集体主义的精神，发挥群众的组织性和纪律性。其中球类项目有乒乓球、篮球、排球、羽毛球等。

10月18日

□ 全国乒乓球比赛大会闭幕。大会连续举行了236场比赛，观众达7000余人，中华全国体育总会代理秘书长黄中致辞。大会期间，正在北京参加亚洲及太平洋区域和平会议理事会的国际乒联主席蒙塔古等到会参观。大会宣布比赛结果：男子第一名姜永宁（中南），第二名冯国浩（中南），第三名杨开运（华东），第四名欧阳维（华东）；女子第一名孙梅英（华东），第二名李麟书（东北），第三名柳碧（华东），第四名邱宝云（东北）。

［注］黄中致辞摘要如下：此次大会检阅了我国乒乓球运动的优异成绩，对我国乒乓球运动的进一步普及和提高起着极大的鼓

舞作用。全体乒乓球运动员在中国共产党、人民政府和各地体育分会的领导下，不仅应该继续努力提高自己的技术，还要成为开展这项运动的积极宣传者和组织者，以增强人民体质，为祖国的生产和国防建设服务。

10月26日

□《文汇报》发表文章，介绍1952年全国乒乓球冠军姜永宁和孙梅英。男子组冠军姜永宁，24岁，曾获香港乒乓球冠军，回内地后当选参加全国乒乓球赛的中南区代表。他说，回内地后所看到的和反动派所宣传的完全不同。他处处感到祖国的强盛和新生。女子组冠军孙梅英，十二三岁在学校读书时，就喜欢打乒乓球，现在国际书店上海分店工作，是青年团员。在上海时，她参加了一个业余的乒乓球队，经常练习和参加比赛。

10月29日

□ 为开展沪南区工人体育运动，迎接祖国大规模经济建设，沪南工人俱乐部特举办嵩山、卢湾、蓬莱、邑庙四区工人乒乓球联赛。凡以上四区工人乒乓队伍，均可备工会证明信至该俱乐部索取章程及报名。

10月

□ 经过第一届全国乒乓球比赛大会的选拔，第一支国家乒乓球选手队组建。教练员为梁焯辉。男子正式选手八名：姜永宁（中南）、冯国浩（中南）、杨开运（华东）、欧阳维（华东）、王传耀（华东）、李宗沛（华东）、岑淮光（中南）、陆汉俊（华东)。男子候补选手三名:夏芝仪(中南)、李仁苏(中南)、王吉禄(东北)。女子正式选手六名:孙梅英(华东)、李麟书(东北)、柳碧(华东)、邱宝云(东北)、蔡秀娱(华东)、方亚珍(华北)。女子候补选手三名:赵迺才(东北)、郭应伟(中南)、邱钟惠(西南)。

11月15日

□ 周恩来总理在中南海怀仁堂主持召开中央人民政府委员会第19次会议,通过增设中央体委的决议,并任命贺龙为体委主任。

[注]贺老总上任后,立即调兵遣将,组建体委领导班子和机构。贺龙对三大球极为关心。1950年,苏联国家篮球队访华,我国篮球队一下子输七八十分。1952年,我国足球队访问波兰,被克拉科夫市队踢成1:7。贺龙采取了许多措施,如派足球队到匈牙利学习,派篮球队到苏联训练。

11月19日

□ 据新华社电讯稿,中华全国体育总会关于英国政府拒发中国乒乓球代表队赴新加坡入境签证发表声明。声明称:中华全国体育总会应亚洲乒乓球联合会的邀请,于本年10月12日以唯一能代表中国的全国性体育运动组织的资格,正式加入亚洲乒乓球联合会为会员,并收到新加坡乒乓球协会10月18日来函,欢迎我会派选手参加在新加坡举行的第一届亚洲乒乓球锦标赛。我会组织了中国乒乓球代表队,于11月6日完成报名手续,并指定代表出席亚洲乒乓球联合会第一届会议。但英国政府竟在11月10日拒发中国乒乓球代表队赴新加坡的入境签证。中华全国体育总会对此表示抗议。

［注］据《星洲日报》《南洋商报》报道，11月7日为新加坡乒乓协会主办之第一届亚洲乒乓锦标赛报名截止日期，现正式参加者计有中国、日本、缅甸、印度、马来亚、新加坡及印度尼西亚以及香港、澳门地区等9个单位。北京方面来电，告知详细队员名单，新中国乒乓球选手队约有男女球员及职员10人（原香港男子单打冠军姜永宁现为北京队第一号选手）。新加坡乒乓协会即按正式手续，向当地移民厅申请入境准字。再据10日报道，当地移民厅致函新加坡乒乓协会称："由于目前本坡仍在紧急状态之下，所以对于新中国乒乓代表队来星参加首届亚洲国际乒乓球锦标赛之申请，不能获准。"首届亚洲乒乓锦标赛宣传部主任林子安发表书面谈话称：政府不能考虑北京乒乓球队入境申请书，致彼不能前来参加比赛，深感抱歉。新加坡乒乓协会接到移民厅的来函后，已去电北京，嘱其乒乓队切勿来星。19日，中华全国体育总会发表声明，强烈指责英国拒绝发给中国队入境签证。（此处"星""坡"均指新加坡）

11月30日

□ 据《星洲日报》第4版报道，昨（29日）亚洲乒乓总会在新加坡羽球馆召开第二次会员大会。大会决定：1953年第二届亚洲乒乓球锦标赛在日本东京举行。香港因缺乏标准体育馆，放弃请求主办权。

11月

□ 时任国际乒乓球联合会主席蒙塔古（英国共产党员）出于对新中国的友好感情，给朱德总司令发信，邀请中国加入国际乒联,并参加在罗马尼亚布加勒斯特举行的第20届世界乒乓球锦标赛。

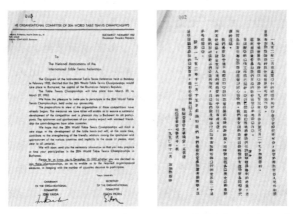

11月第20届世乒赛组委会主席询问中国是否参加的信函(右图为译稿)

12月3日

□ 下午,精武体育总会为展开"中苏友好月"体育活动,在该会大会堂举行乒乓球表演赛,运动员有王传祺、杨汉宏、刘造时、俞诚、陆汉俊、刘国璋、李宗沛、章宝娣等。观众600余人。赛前由陆汉俊讲解乒乓规则。

12月6日

□ 据《星洲日报》第8版报道,北京中华全国体育总会致电印度乒乓队领队拉马奴詹(其为亚洲乒乓总会秘书),邀请该选手队前往北京观光并进行表演赛。同时,新中国政府赠首届亚洲乒乓锦标赛混合双打冠军之"和平杯"运抵新加坡,已经有亚洲乒乓总会副会长颁给了获胜的印度选手。

12月9日（至27日）

□ 以拉马努金为领队的印度乒乓球队访问我国，先后在北京、上海、广州进行比赛。此为新中国成立后第一支来华访问的外国乒乓球队。19日，印度乒乓球队与上海的乒乓球队进行友谊比赛。

12月19日（至22日）

□ 由领队朗加·拉马努金（亚洲乒乓球联合会秘书及印度乒乓球联合会名誉秘书）率领的印度乒乓球队一行8人（6男，1女为亚洲女子乒乓球冠军）由京抵沪。在上海的第一场比赛，印度队获胜，他们认为"上海缺少好的教练"。上海方面改变战术，最终以4比1获胜。

本年

□ 国家队最初叫"中央体训班"。在1952年至1953年时，只有零星的几名队员。1955年四五月份队伍才初具规模，唯一的教练员是梁焯辉。

［注］先是澳门的王锡添归来，爱国少年郭毅萍从印度尼西亚来队。乒乓球队到云南下基层，邱钟惠被选中。不久，西南军区乒乓球队的胡炳权、梁玉海、叶佩琼（女）调入国家队；傅其芳从香港引进，庄家富则从广州中南体育学院调入国家队。

1953年

1月4日（至8日）

□ 应天津市体育分会的邀请，乒乓球男女家选手队在天津与该市乒乓代表队作表演赛，以19比1获胜。这次国内巡回比赛，目的在于吸收经验，通过比赛方式推广乒乓球运动。国家队选手还与天津乒乓球代表队和体育工作者进行了座谈，交流经验。8日离津来沪。

1月9日

□ 国家乒乓球选手队到达上海。男队员有姜永宁、冯国浩、杨开运、欧阳维、王传耀；女队员有孙梅英、蔡秀娱、柳碧、方亚珍（这些队员有革命干部、人民教师、青年学生、产业工人和职员等）。市教育局、市体育会等派代表到车站欢迎。球队将继续访问广州和武汉。

1月10日

□《文汇报》发表全国乒乓球比赛大会冠军姜永宁的文章。

［注1］该文说：我很荣幸地从香港回来，到处受到祖国人民的欢迎。中南区乒乓球选拔比赛时，使我惊异的是运动员们良好的组织性和纪律性，从没有发生争执和不服从裁判的事情。在比赛后，还开座谈会交流经验。在全国乒乓球比赛大会上，运动员

的体育道德作风更好了，经验丰富的运动员毫无保留地把自己的经验告诉别人。当听了中华全国体育总会代理秘书长黄中的报告以后，我认识到了祖国的运动员所以表现出这样优良的道德作风以及他们运动技术的飞快进步，是因为他们有一个崇高的目的，就是为了祖国的生产建设和国防建设而服务。

在香港，体育成为少数有钱人玩乐和赚钱的工具，为了金钱、名誉、出风头，把胜负看成生命一般。许多球队与球队间，运动员与运动员间互相攻击、互相排斥，甚至故意伤人、打骂裁判。有一次，香港和澳门进行乒乓球埠际赛，在决赛时就是为了一分而大肆争吵起来。我这次在祖国看见了运动员们优良的新体育道德作风，真是感动极了。

在这次全国乒乓球比赛中，我获得了第一名，并被选为1952年度全国乒乓球选手。我要感谢祖国人民、首长们和各位运动员给我的关怀、帮助和鼓励。今后，我要继续不断地提高技术，为祖国争取光荣，为祖国高尚的体育事业而努力。

［注2］姜永宁受中华全国体总广东分会邀请，代表中南区参加第一次全国乒乓球赛夺得冠军。贺龙托人捎话希望他留下来为祖国打球。姜永宁到国家乒乓球队后，曾要求把工资降下来。经领导做工作，他收下每月135元的工资。

1月11日

□ 晚，中国乒乓球代表队莅沪表演比赛在市体育馆举行，大会欢迎仪式后，中国乒乓球代表队领队吴江平致辞。三场表演比赛，中国乒乓球代表队获得全胜。上海乒乓球联队出场的队员是戴明珠、王伟民、张逸倩、李宗沛、陆汉俊、俞诚等。

［注］中国乒乓球代表队领队吴江平致辞摘要如下：这次全国

体育总会决定在天津、上海、广州等各大城市作巡回表演比赛，到各地推广人民体育和乒乓球运动。在提高技术当中，必须提高政治思想认识，也就是发扬人民体育的新思想、新作风和新的体育道德。我们反对资产阶级性的、为少数人服务的、商业化的体育，我们也反对与政治脱节的体育，我们应该克服那些个人英雄主义的、锦标思想的腐朽作风。大家胜不骄、败不馁，互相学习，总结经验，提高技术，发扬爱国主义和集体主义的战斗意志，为开展祖国人民体育而欢呼。

□《新民晚报》记者采访了国家选手队中上海籍运动员杨开运，杨说："这次在北京集训，对于我真是收获太大了。通过学习，我了解到新体育的意义，了解人民政府对体育的重视和对体育运动员的爱护，使我不只在技术上而且在认识上都提高了一步。"当领队介绍上海籍运动员孙梅英的成绩时，孙表示："这是党和领导鼓励我，我才获得了这样成绩的。"

继而，《文汇报》也采访了这两位上海籍运动员。

［注］杨开运说：我过去受旧社会影响是很深的，名利观点也很严重，因此我在比赛中常常表现个人英雄主义，锦标思想也很严重，最初对集体生活、集体学习都不习惯；通过学习运动员怎样为人民服务后，我体会到组织上和同志们对我进行教育的好处，初步明确了新体育的精神，开始痛恨过去的资产阶级的思想作风。为了做一个真正的人民运动员，我一定学习政治，提高思想认识，更好地为人民服务。同时希望上海的乒乓运动能够进一步地开展，希望上海从事乒乓运动的同志们在思想上和技术上飞快地提高，一起为人民体育事业而努力。

孙梅英说：在北京与印度乒乓球代表队的娜丝华拉（亚洲女子乒乓冠军）比赛前，我的信心不强，后来体总的黄中同志告诉我，你是一个青年团员，应该把这次球赛当作任务来完成它，只要你有信心，拿出勇气来，胜利是不难取到的，这几句话鼓舞了我、启发了我，为了要完成这一个祖国交给的任务，首先在思想上做好了准备，果然以 2 比 0 战胜了印度代表娜丝华拉。我要充实自己、锻炼自己，并且要争取更大的胜利。

1月12日

□ 晚，中国乒乓球代表队莅沪表演的第二次比赛在市体育馆举行。中国代表队（孙梅英、李麟书、柳碧、蔡秀娱）在女子团体赛中以 3 比 2 胜上海联队（章宝娣、陈惠娟、池惠芳）。男子团体赛中国代表队（姜永宁、冯国浩、杨开运、王传耀）以 5 比 0 胜上海联队（刘国璋、薛伟初、杨汉宏、马庚尧、陈崇禄）。

［注］本场表演比赛入场券公开出售。票价：楼上券1000元，楼下券2000元。个人购票，每人限购 2 张。团体购票，凭各单位介绍信限购 5 张至 15 张。全部入场券，楼上 500 张，楼下 2400 张，售完为止。

1月14日

□ 下午，上海市体育会筹备会召开中国乒乓球队与本市乒乓球运动员座谈会，相互交流经验。晚，中国乒乓球队与上海联队在市体育馆作最后一次表演比赛，中国乒乓球队以 8 比 1 胜上海联队。售票方法如前。

1月15日

□ 下午，中国乒乓球代表队乘车离沪，去广州访问。

2月19日

□ 由中华全国体育总会秘书晏福民为领队的中国乒乓球代表队（教练：梁焯辉。男队员：姜永宁、冯国浩、杨开运、王传耀、岑淮光；女队员：孙梅英、李麟书），前往罗马尼亚参加在布加勒斯特举行的第20届世界乒乓球锦标赛。途中，该代表队将访问捷克斯洛伐克、匈牙利，作友谊比赛。

2月20日

□ 曾率领印度乒乓球队访问中国的全印度乒乓球协会秘书朗加·拉马努金对记者发表谈话：中国的一切体育部门有了巨大的进展。中央人民政府在过去三年中很注意促进体育运动，使它成为大众化的运动。差不多所有大城市都在建造运动场、游泳池等设施。中国今后几年内在任何体育活动上都将成为强有力的竞争者。

3月20日（至4月6日）

□ 中国乒乓球队参加在罗马尼亚举行的第20届世乒赛，这是我国运动员第一次参加世界大赛，并报名了七个项目。我国代表队在男子与女子团体赛中都获得第四名，男子组胜瑞典、奥地利和瑞士代表队，女子组胜德国代表队。在单项比赛中，中国所有选手在第三轮均被淘汰。中国男队评为一级第十名，女队为二级第三名。国际乒乓球联合会年会同时在布加勒斯特举行。会议同意接受中华全国体育总会为正式会员，并选举中华全国体育总会副主席荣高棠为协商委员会委员。正式比赛结束之后，我国代表队又在布加勒斯特进行了友谊比赛和参观活动。

1953年

为准备参加第20届世界乒乓球锦标赛,中国乒乓球队首批国手前往天津、上海、广州等地进行拉练赛。前排左起:梁焯辉(教练)、柳碧*、蔡秀娱*、李麟书、孙梅英*、方亚珍、吴江平(领队)。后排左起:郭德观、姜永宁、欧阳维*、王传耀*、岑淮光、冯国浩、杨开运*(全队共11名队员,其中6位带*号运动员的原籍为上海)

[注]据尼克拉斯·格里芬所著《乒乓外交:一个改变世界的运动背后的隐秘历史》(Nicholas Griffin, *Ping Pong Diplomacy: The Secret History Behind the Game that Changed the World*, p.66)的材料:"在布加勒斯特举行的会议上,晏福民(Yan Fumin)领队以中国首位ITTF代表的身份郑重声明:'中国乒乓球协会是一个全国性组织,而非地区性组织。'蒙塔古的想法总是像个理想主义者,行动总是像个愤世嫉俗者,他从一开始就答应了中国的要求。在未来的几十年里,台湾都将处于被遏制的状态。蒙塔古会告诉台湾人,他们完全有权加入,但前提是他们必须接受'中华人民共和国台湾省'的名称。这一战略是周恩来直接告诉他的。中国人非常清楚蒙塔古帮了他们多大的忙。一位官员说:'对我们来说,

上海乒乓球运动纪事录（1949—2024）

中国乒乓球队第一次参加世乒赛（右二为中国队）

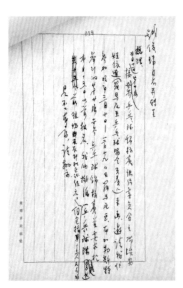

1952年请示周总理关于中国乒乓球队拟参加第20届世乒赛的函件

这是一次历史性的机遇。蒙塔古先生是一个思想非常开放的人。'思想开放，在中国人眼中无疑也是一个奇怪的人。还有谁会在1952年坚持划船进入颐和园的湖中央，然后脱光衣服在四英尺深的浑水中游泳？"（卢宇扬译）

3月27日

□ 中国人民银行上海分行举办乒乓球联赛，男子组27队、女子组9队参赛。开幕式邀请陆汉俊、李宗沛、胡一萍、陈宗禄、俞诚、傅其芳等进行表演。

3月28日

□ 为进一步开展群众性的乒乓运动，中国店员工会上海市委员会将举办第一届国营商业、合作社职工乒乓球联赛。

4月28日

□ 因国际乒联主席伊沃·蒙塔古先生的邀请，国际乒乓球联合会通知中华人民共和国成为该组织的正式成员。就此，乒乓球运动成为新中国最早加入的国际体育组织的项目。中国乒协成立于1955年。

4月8日

□ 上海总工会沪南工人俱乐部举办嵩山、卢湾、邑庙、蓬莱四区"加强抗美援朝"乒乓联赛，初赛结束公布六个组的冠亚军名单。之后，各队自4月15日每晚六时半开始决赛，同时开始女子乒乓球联赛。

4月27日（至30日）

□ 中央人民政府体育运动委员会召开各大行政区体育运动委员会负责人会议。会议听取各地体育运动的情况汇报，着重讨论了本年体育工作的计划。中央人民政府体育运动委员会主任贺龙讲话。会议结束后，出席世界乒乓球锦标赛返国的我国乒乓球代表队向与会代表作了表演。

[注]贺龙讲话摘要：解放三年多来，由于中国共产党和人民政府的正确领导与全体体育工作人员的积极努力，体育工作已有了正确的方向和明确的目的。体育运动的普及，已开始在改善人民健康状况及为生产、学习和工作服务方面收到了一定的效果，

从而改善了过去"为体育而体育",体育运动只限于少数人范围之内的情况。同时,我国的体育组织还参加了多次的国际体育活动,并在学习苏联先进经验方面获得不少的成绩。但是,我们的工作还远远落后于目前客观形势的需要,必须大大努力做好这件工作。体育运动是新民主主义教育的重要组成部分。它不仅可以增进人民的健康,而且可以帮助培养人民的勇敢、坚毅、机敏、纪律性等优良品质。毛主席曾号召我们把体育事业当作一项政治任务去对待。这就是说要使体育运动为增强人民体质、为国家的经济建设和国防建设而服务。今后体育工作的主要方针是开展群众性的体育运动,并且要首先在厂矿、学校、部队、机关中普遍地开展起来,然后再依照条件逐步推广。

□ 为了开展基层的乒乓球运动,华东一级机关体育文娱委员会决定举行乒乓球比赛,并准备选出华东一级机关男女乒乓球代表队。参加比赛的有华东行政委员会机关、中共中央华东局机关及政法、财经、文教等系统的共24个竞赛单位,男子25队,女子16队,男女运动员共276人。比赛分初赛与决赛两个阶段。结果,中图公司和华东卫生局分获男女冠军。大会给奖闭幕仪式后,邀请乒乓球出国代表杨开运、王传耀、孙梅英及欧阳维、李宗沛、傅其芳及全国铁路女子乒乓球冠军瞿容等参加表演。

4月

□ 上海中国文化事业出版社出版陆汉俊编写的《怎样打好乒乓球》。

□ 春末,亚洲乒乓球赛将在新加坡举行,我国选手已经准备出国参加,却因为英国当局拒发护照,使得我选手不能参加。

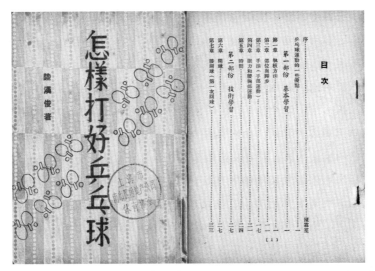

陆汉俊著《怎样打好乒乓球》

5月20日（至21日）

□ 晚七时，上海市体育馆举行乒乓球表演赛，由本市乒乓球运动员傅其芳、陆汉俊、李宗沛、欧阳维、俞诚等作表演赛，最近返国的乒乓球国手王传耀等也参加演出。入场券在市体育馆窗口出售。票价：楼下3000元，楼上1500元。个人票限购两张，单位团体票凭介绍信每单位限购5张至15张。

5月30日

□ 第一次人民体育大会开幕。上海市体育会筹备会总结并报告了上海解放四年来上海的体育运动，由于中国共产党和人民政府的正确领导，工会、青年团与各有关部门有力的支持，以及体育工作者的努力和广大群众的积极参加，上海的体育运动如同全国的体育运动一样，正在遵循着正确的道路向前发展着。

［注］报告认为：解放前，上海的体育运动只限在狭小的圈子

内，而且受着资本主义与美国恶劣习气的严重影响，把运动员当商标，体育运动成了招揽生意的广告牌。运动员中存在着严重的损人利己、宗派主义、锦标主义等恶劣倾向，使体育运动脱离广大人民群众。解放后，在毛主席"健康第一""发展体育运动，增强人民体质"的号召下，运用各种会议、竞赛表演、报纸、广播、宣传画等各种方式，向广大群众反复说明新体育的方针、办法以及它的重要意义，同时又在体育工作者与运动员中提倡集体主义、反对个人锦标主义与骄傲自满情绪，反对单纯技术观点，与脱离政治、脱离实际的倾向，发扬革命英雄主义，强调体育为国防、为生产、为人民健康服务。目前在运动场上出现的是勇敢、快速、愉快、活跃、团结友爱等优良的现象，到运动场上去的群众都是排队入场，有时长达二三华里，观众中恶意嘘叫者已逐渐减少，从而改变了旧体育的恶劣风气，基本上树立了新体育的道德作风。

6月23日

□ 据《文汇报》报道，在第20届布加勒斯特世乒赛中，各人民民主国家的运动员们在这次比赛中获得了优异的成绩；在七个竞赛项目中赢得了六个世界冠军的称号。评论认为：这些成就与人民民主国家的无比优越的社会制度是分不开的，同时也说明了各兄弟国家的乒乓运动已达到了国际水平。比如，罗马尼亚选手罗齐亚努成为世界上第一个在一次比赛中连得四项世界冠军称号的女运动员。匈牙利选手西多·费伦茨连续在39场比赛中战胜对手，第三次赢得世界男子单打冠军的称号。

□ 印尼华侨回国球队（内有乒乓队、男子羽毛球队、排球队和男女篮球队）抵达上海，将与上海市联队、工联、学联、公安局等的球队进行比赛。比赛至30日结束，其中，男子乒乓球友谊赛共举行了四场单打、两场双打。印尼华侨球队胜一场单打，其余各场均为上海队获胜。

7月19日

□ 下午，上海市体育馆召开会议，讨论上海市优秀乒乓球运动员集中练习事项。出席者如下：（男）杨开运、欧阳维、陆汉俊、李宗沛、刘国璋、薛伟初、姜清、王伟民、王伟忠、王传祺、钮福民、徐寅生、杨瑞华、乌顺康、水涵高、俞诚；（女）柳碧、蔡秀娱、沈英、陈惠娟、池惠芳、张逸倩、严嘉瑛、戴明珠、戴龙珠、杨月英、杨珍芳、吴绿水。

8月18日

□ 为普及工厂体育活动，并选拔榆林区工人乒乓球代表队，沪东工人俱乐部举办榆林区工人第一届乒乓球联赛。结果，同丰印染厂荣获冠军，亚军是永安五厂。

9月3日

□ 缅甸华侨体育代表团一行40人到达上海。该团内有乒乓球和男子篮球、排球队等运动的选手。

9月30日

□ 为庆祝国庆节，上海总工会沪南工人俱乐部已排定文体活动节目。其中，10月1日至4日，每晚邀请上海市级乒乓选手作表演赛。

10月3日

□ 晚，全市体育界为庆祝国庆，市体育馆共进行八场男女单打、双打乒乓球表演赛。参赛者均为全国最优秀的运动员，其中包括全国男子冠军姜永宁、女子冠军孙梅英和体训班的傅其芳、王传耀、章宝娣等。比赛结果为，姜永宁以0比2败于傅其芳，蔡秀娱以2比0胜柳碧，欧阳维与杨开运以2比0胜李宗沛与陆汉俊，王传耀与傅其芳以2比0胜姜永宁与俞诚，孙梅英以2比0胜章宝娣，李宗沛以2比0胜陆汉俊，杨开运以2比1胜欧阳维，王传耀以2比0胜俞诚。

［注］继香港乒乓球选手姜永宁加入国家队，获悉在香港的傅其芳也有回内地打球的愿望。贺龙爱才惜才，做了许多工作欢迎回归。对傅其芳还采取了特殊政策，不仅替他还清了在香港的债务，还给他每月200元的薪金。此后，由于傅其芳的个人历史和社会关系复杂，不能入党。贺龙提出严肃批评："他历史复杂难道还有我复杂？你们不介绍他入党，我和荣高棠介绍。"终于解决了傅其芳的入党问题。

10月18日

□ 晚，上海市体育馆举行乒乓球表演赛，由国手姜永宁、杨开运等6人分为红绿两队竞技（3人轮赛制，共赛9盘，以先胜5盘为胜）。红队：傅其芳、杨开运、李宗沛。绿队：姜永宁、欧阳维、俞诚。楼上票价1500元、楼下2500元，个人票限购两张，团体票凭介绍信每单位限购5张至10张。

10月29日

□ 上海铁路局直属火车头体育协会举办的男女乒乓球联赛，共计男子48队、女子8队，运动员356人参赛。联赛邀请姜永宁、孙梅英等国家选手作示范表演。

11月8日

□ 精武体育会主办的第三届"职青杯"乒乓球联赛开战。本赛采取邀请方式，共有19支队参加，多为本市水平较高的职业青年球队，包括产业工会代表队和工厂、店员、医务工作者、机关干部等队。在上海的国家乒乓选手和华东、上海市代表等，分别隶属各个队。本联赛的上海优秀女子乒乓球运动员组队，与男子队共同角逐。女子队中有国家选手柳碧、蔡秀娱和上海市代表沈英等。19支队分为职、青两组进行循环赛，产生各组冠亚军队再作决赛。初赛在精武体育会分会南京路（慈淑大楼）举行。分组名单如下：

职组：广东、晓光、友好、海马、邮电、裕盈、群力、青邻、女队、信谊。

青组：新体、耀辉、精武、凯联、联友、太湖、机联、青萍、水产。

12月3日

□ 精武体育会主办的第三届"职青杯"乒乓球联赛，经过1月来70场比赛，进入分组决赛阶段。决赛于四川北路横浜桥精武大会堂举行。门票2000元。

四队阵容如下：

新体队，刘造时、马庚尧、水涵高、方兴民、戴懿星、张菊臣、王传祺、陈文盛、秦家楠。

耀辉队，冯浩、苏字元、刘文涛、严明德、方明康、王永金、薛伟初、赵国全、姜清、吴祚昌。

广东队，欧阳维、陈振安、李震、卢伟、杨汉宏、卢文良、黄绍淞、邓秀荣、彭桂生、张志鸿。

晓光队，俞诚、徐寅生、王德芳、黄增基、王伟民、张堃、王伟忠、陈兴权、刘桐芳、翁志超。

本年

□ 徐寅生从报纸上读到一条消息，中国国家乒乓球队成立，并将赴罗马尼亚参加第20届世界乒乓球锦标赛。徐寅生自信打球很灵，能够有所作为。就此，他有了目标，看到了前途，心中筑起了"乒乓梦"，并开始关注报纸，搜寻中国队参加世乒赛的报道。

□ 随着技术水平的提高，徐寅生走向社会寻求打球的机会。一是去上海工人文化宫"打擂台"；二是去乒乓球房会高手，直至被邀请参加水平较高的"晓光队"。

［注］上海工人文化宫"打擂台"，新上来者出球。徐寅生不愁出球，是愁没有工会会员证，只好央求看门人放行。后来托人弄到一张"工会会员证待发"的证明，就可顺畅进入了。乒乓球房是私人开的，需花钱租台打球。徐寅生技高一筹，常被邀请交手。他就此接触了各种球路，提高了应对的能力。当时，社会上有各种比赛，有企业主出于爱好和商业目的，出钱组织球队，给队员发运动衣，比赛完了请吃夜宵等。徐寅生从儿童队一直打到颇有名声的晓光队，几乎天天晚上外出比赛，弄得上课迟到，成绩下降，至今难忘。

□ 杨瑞华在闵行的上海汽轮机厂工作，任设计科绘图员。因坚持练习乒乓球，工会便送杨瑞华参加"上海工人乒乓球运动员集训班"，一切费用都由厂里报销。"集训班"的学员有刘造时、杨汉宏、欧阳维、刘国璋、冯浩、张世德等12人。训练场所在靠近外滩的黄浦游泳池，有六张台子，一周训练两次。

1954年

1月10日

□ 澳门乒乓球队一行九人访问首都，与中央体育学院乒乓球队进行表演比赛。澳门队出场队员为王锡添、邝权、林金源；中央体育学院队出场队员为傅其芳、姜永宁、杨开运。中央体育学院队以5比0取胜。

1月15日

□ 精武体育会举办第六期单项运动训练班，具体为乒乓球、武术、摔角、拳击、举重、器械操等。凡本市青年店员、工人、学生均可向该会报名参加。

1月下旬（至2月上旬）

□ 春节期间，全市开展广泛的群众性的体育活动。国棉十九厂工人绝大部分不回乡，厂里成立了"春节活动筹备委员会"，准备搞"春节游艺会"，以及乒乓球、足球、排球等比赛。上钢三厂工会则订出文体联欢活动的具体计划，其中包括举办各车间的乒乓球、篮球、棋类联赛。上海的优秀球队和优秀运动选手将举行体育表演。市体育馆有男女篮球比赛和乒乓球表演赛。沪西、沪南和静安区工人俱乐部有乒乓球比赛等。

上海乒乓球运动纪事录（1949—2024）

1月30日

□ 为参加上海的春节联欢，中央体育学院乒乓球队一行11人由广州抵沪。该队多是1952年乒乓球国家队选手，女队员有孙梅英、章宝娣、邱钟惠，男队员有姜永宁、冯国浩、杨开运、傅其芳、王传耀、岑淮光。

2月4日

□ 晚，中央体育学院乒乓球队与上海的运动员进行表演比赛。在九场单打中，中央体育学院队胜了七场，上海队胜两场。中央体育学院女子队的邱钟惠、章宝娣、孙梅英分别胜上海的蔡秀娱、张逸倩、柳碧；中央体育学院男子队的姜永宁、冯国浩、王传耀、傅其芳胜水涵高、陆汉俊、欧阳维、李宗沛。上海的杨汉宏和俞诚战胜中央体育学院乒乓球队的岑淮光、杨开运。

3月14日（至5月14日）

□ 市府直属机关体育文娱委员会筹备会将举行乒乓球联赛。所属单位建工局、港务局、文化局、人民银行、市财委、公安局、财政局等17个单位均于2月初进行了选拔赛。经过了150多场比赛，男子组前三名为工务局、人民银行和建筑工程局，女子组前三名为人民银行、中共市府机关一人事局联队和工务局。

4月17日

□ 中共辽东省委员会致函中共上海市委员会，提出省工业厅与上海市私营乒乓公司合营其硝化棉及赛璐珞工厂的报告。报告称,赛璐珞的生产对东北的轻、重工业发展都很重要。据省工业厅去沪调查,资本家王一曾书面向上海市府提出公私合营的请求,该厂总工程师与资方有矛盾,有进步要求。若批准上海市私营中国乒乓公司之硝化棉及赛璐珞两部分与我省合营,教育总工程师随厂来东北;同时,将争取资本家王一协助建厂。

4月24日

□ 中国人民银行上海分行工会举办全行乒乓球联赛,通过联赛选拔男女乒乓球代表队。参加联赛的男子有65队、女子有21队,运动员840余人。

6月6日

□ 据《劳动报》报道,华东建筑公司第二工程处俱乐部华绍洲来信反映,该单位买了华南乒乓厂出品的几打乒乓球,使用时发现每盒球竟有四五只是废品,主要原因是圆度不够,有的像鸽蛋、鸭蛋,还有的像荸荠。读者希望厂家爱护商标的信誉。

6月7日

□ 继"职青杯"联赛后,精武体育会为开展群众性的体育运动,将举办乒乓球个人比赛。定额男子组200名,女子组40名。凡本市爱好乒乓且有相当程度的同志,均可向横浜桥精武体育总会和南京路慈淑大楼分会报名参加。

6月23日

□ 据统计,今年本市轻工业工人约可生产3000万只乒乓球，比解放前的产量提高了8倍。过去制造乒乓球的原料都靠进口。1950年，本市各厂开始改用国产的原料，产品在色彩、弹性和耐用等方面，都比采用进口原料制造出来的好。

7月1日

□ 精武体育会主办的第六届个人乒乓球比赛，报名运动员男子有163人、女子有16人，包括工人、学生、机关工作者、医生和工商界。比赛将在精武体育会横浜桥总会及慈淑大楼分会两处进行。初赛男子分16组，女子分两组。男子每组产生前两名参加复赛，复赛分四组产生前三名，再进行最后决赛。全部比赛预定在三周内结束。

7月2日

□ 上海市人民政府文化事业管理局接管了大世界。大世界结束了39年"在流氓资本家管理下的罪恶经营"，开始了它的新生。大世界内部将装修一新，这里将开展乒乓球、棋类、康乐球、气枪、拉力机、拉洋片等活动。

8月8日

□ 中国体育代表团参加的、在布达佩斯举行的第十二届世界学生夏季运动会闭幕。其中，在乒乓球比赛中，我国的男女选手取得好成绩。傅其芳和王锡添获得男子单打第三名和第四名。孙梅英获得女子单打第三名。傅其芳、王传耀获得男子双打第三名。中国运动员在世界学生夏季运动会乒乓球项目中获得总分第二名。

参加第十二届世界学生夏季运动会的运动员合影，
左起：王传耀、傅其芳、梁焯辉（教练）、王锡添、孙梅英

10月9日

□ 今年1月，全国总工会发出《关于开展厂矿企业中职工群众体育运动的指示》，指出，"体育是共产主义教育的一部分"。按照这一指示精神，中国纺织机器厂工会预备组织一次全厂性的篮球、足球、乒乓球的友谊赛，以检阅开展职工群众体育运动的成绩。

10月24日

□ 上海市轻工业局体文公司携带不同规格的42只"红双喜"乒乓球，在全国锦标赛期间经王传耀、庄则栋、孙梅英、李富荣、周兰荪（攻球为主）和叶佩琼、庄家富、李仁苏、郭毅萍（守球为主）试打，尽管运动员们对各种硬度不一的球的意见不一致，但普遍倾向于稍硬的球。

11月7日

□ 杨浦区工人第一届乒乓球联赛，共有68支厂代表队参加。经过200多场比赛，亚细亚钢铁厂获冠军，上海锅炉厂获亚军。

11月8日

□ 为选拔1955年上海市工人男女乒乓球代表队，上海总工会将于明年2月中旬举行全市工人乒乓球联赛。该次联赛是以上总各区办事处男女代表队为竞赛单位。

11月18日

□ 为了广泛开展乒乓球运动，上海市体育会筹备会决定举行全市乒乓球联赛，并通过联赛选拔优秀运动员、组建上海市乒乓队。联赛分工人、机关干部、学生、市民等四个部分举行预赛。关于市民组的说明如下：凡居住本市的中华人民共和国公民，身体健康、作风正派，具有一定的技术水平者均可参加。可凭上海市人口调查登记表向精武体育会报名，并随交本人最近半身照片一张，报名费每人3000元。

［注］上海市乒乓球联赛学生组开始报名，本市高等学校、中等学校及中等技术学校的学生均可参加。高等学校每校至多参加男女各四名，中等学校及中等技术学校至多参加男女各二名，均须由学校体育组和学生会在报名单上盖章证明确系本校运动员。报名自今日起至11月23日止，在南京西路580号新成游泳池报名。比赛均采用单循环制。初赛、复赛采用三局二胜制，决赛采用五局三胜制，每局均用20平计分法。

11月24日

□ 根据上海总工会的指示，各区办事处和各产业工会正积极进行乒乓球、足球联赛。通过基层的竞赛选出代表队，参加全市工人乒乓球、足球联赛。江宁区的工人乒乓球初赛已结束，有85个基层单位、共92支代表队参加，目前已进入复赛阶段。杨浦区工人乒乓球联赛已全部结束，现正筹备女子选拔赛的工作。在常熟区，有50支工人乒乓球队和23支小型足球队，正在进行紧张的比赛。

12月1日（至13日）

□ 上海市乒乓球联赛市民组选拔赛在精武体育会总会和分会球室开始比赛。据统计：报名者男子组计有108名，女子组有5名。市民组选拔赛初赛结束，李宗沛、俞诚、水涵高等获得决赛权。复赛在南京东路慈淑大楼精武分会进行，每日限售门票200张，每张1000元。《新民晚报》称：参加竞赛的运动员，通过这次有组织有领导的比赛，将进一步提高组织性和纪律性，更明确新体育运动的意义，从而促进乒乓运动的开展，并且通过交流经验，提高技术水平。

12月7日

□ 本市新成区的震寰、伊光、万华、新宜、新生、忠光、大沽、上海女小和店员子弟小学等9个小学联合举行乒乓球赛。每校规定推选9名小学生参加，分为3个小组进行比赛，产生冠军队。竞赛规则如下：各代表队都是经过本校选拔产生的，每个队员不仅技术要好，学习也要优秀。比如店员子弟小学的周同学，乒乓球技术很高，但平时骄傲自满，最近学科测验中有多门功课不及格,因此没有被选作正式队员。周同学很难过。经过老师、同学的帮助和教育,他想通了,他说:"我一定要好好学习,争取做一个正式队员。"

12月15日

□ 为迎接明年2月全市工人乒乓球、足球联赛,本市17个产业工会和21个区的上总办事处,正在积极开展乒乓球、足球联赛活动。参加联赛的各厂代表队大都通过本厂车间与车间的竞赛产生。

12月18日(至25日)

□ 上海市乒乓球联赛学生组比赛共有3个高等学校、55个中等学校和7个中等技术学校的156名同学参加(男子124人,女子41人)。男子分为18个小组、女子分为6个小组进行初赛。然后,每组由六个在初赛中获得分组优胜的同学参加复赛。现复赛全部结束,共有男子12人、女子10人获得决赛权。决赛即日起在新成游泳池展开,采用5局3胜制、20分计分法,比赛时不能穿白色或浅色球衣。

[注]获得决赛权的男女名单如下:第一组,王传祺、戴子臣、许剑平、重华棠;第二组,徐寅生、杨国柱、梁友能、曹纪康;第三组,钮福民、王伟忠、康泰兆、谢铨元(以上男子);第四组,万廷钰、刘韵秋、陈云裏;第五组,傅孝贞、沈秀玉、黄镜涵;第六组,王菊芬、吴秀玲、陈翠兰、黄振慧(以上女子)。

12月28日

□《新民晚报》发表署名海歌的文章《为了分组冠军》。文章称,江宁区乒乓球联赛时,有一工厂单位球队连胜三场,但第四场的实力可能不及对方。为了获得分组冠军,该单位不是从如何加强信心、提高技术来战胜对方,而是通过私人关系到某工厂请了两名技术较好的队员参加"作战"。这两名被请来的运动员穿着别人家的球衣,装得十分镇定。结果,此事被群众揭穿了。文章评论:这种投机取巧、冒名顶替的方式,是十分不名誉的事情。在我们新体育运动中是无论如何不能容许存在的。如果用不正当的手段来夺得一个"锦标"的话,那有什么荣誉可言呢?

12月29日

□ 中央体育学院竞技指导科乒乓球、足球、篮球、羽毛球队一行120人来到上海。他们将在沪作较长时间的停留,进行冬季锻炼,并将与本市的球队进行友谊比赛。

本年

□ 上海的乒乓球运动开展得很好,各区都有乒乓房。有些球房是私人老板开的。如同仁路旁边的群众乒乓房,有五张球台。十岁不到的郑敏之在父亲的启蒙下开始学习打乒乓。

[注] 郑敏之自述 [书中涉及的自述与口述均据金大陆、吴四海编《国球之"摇篮":上海乒乓名将访谈录》(复旦大学出版社2020年版),以下不另注明——编者]:每天放学后,我到乒乓房打球一个小时左右,每隔一天的早上六点钟,爸爸就把我喊起来,到乒乓房拉开窗帘开始训练,这样不开灯就不用付钱。训练是严格的,家中兄弟姐妹5人,我每天多吃个荷包蛋,目的是增加营养,把运动量打上去。爸爸的思路与众不同,他说中国人多打直

板攻球，你就要打横板削球。我在静安区第一中心小学念书，结果，获得了区少年冠军。后来进市体育宫集训，又拿了上海市少年冠军。容国团获得世界冠军后，不少外国球队来上海访问。其中有匈牙利队的西多、别尔切克、高基安和罗马尼亚队的亚历山德鲁等世界名将。爸爸买了票，让我去现场观摩。那时是抱怨，现在感恩了。

1955年

1月1日

□ 元旦，市体育馆由中央体育学院乒乓球队对上海的优秀选手进行表演比赛。两队的名单排定如下：

中央队男子：傅其芳、王锡添、王传耀、杨开运、岑淮光。女子：孙梅英、邱钟惠。

上海队男子：陆汉俊、欧阳维、李宗沛、俞诚、王传祺。女子：柳碧、蔡秀娱。

中央队中的优秀运动员大部分是上海人民所熟悉的，最近，他们在世界青年运动会上代表中国获得了荣誉。

□ 下午六时半，精武体育会有上海市乒乓联赛市民组选拔决赛。入场券2000元。

1月11日

□ 全市乒乓球联赛将于3月开赛。上海工人、学生、机关干部及市民均先后举行了分层的选拔赛。工人代表队的选拔，由上总各区办事处分别筹备进行。机关干部的选拔，分市委直属机关（男子181人，女子24人）、市府直属机关（男子166人，女子56人。其中有顾尔承、李连生、薛伟初等名将）和其他机关（男子70人，女子7人。其中有陆汉俊等）三个小组进行，均已产生代表队，三个小组的代表队再进行全市机关选拔赛。学生组的比赛包括高校及中学的选手，联赛工作委员会将根据运动员的技术水平、道德作风和学习成绩选拔学生代表队。市民组的比赛已进入决赛阶段。

1月21日

□ 据《劳动报》消息，从正月初三（26日）下午一时半起，上海市体育馆有中央体院队与上海队的乒乓球、羽毛球表演赛。票价：楼下每张3000元，楼上每张2000元。团体凭介绍信每单位限购10张。售票地点：基层工会在沪东、沪西工人俱乐部，市一级机关在市府文体委员会购票，部队、其他机关团体在体育馆购票。个人票每人限购两张，在体育馆出售，每日上午九时起售票。

2月4日

□《劳动报》消息：上海市第一届工人乒乓球联赛将于明日起分别在沪西、沪南、静安工人俱乐部举行。据统计，自去年11月份开始，全市23个区级、7个产业工会，共有1855支男、女基层球队参加了选拔赛。经过两个多月比赛，各区、产业工会已正式产生了参加联赛的代表队。

2月7日

□ 上海市人民政府直属机关乒乓球代表队成立。该队是经过904场选拔比赛组成的（参加选拔的男运动员166人、女运动员56人）。

2月8日

□《劳动报》刊登读者（国营上海机床厂一工会干部）来

信：文娱体育会议尽量不要占用生产时间。信中说，我厂工会接到上海市工会联合会郊区工作委员会的通知，让工具车间的一个工票员（乒乓队员）在2月4日下午4时到郊区工委去开会，通知上写着：为了做好工人乒乓球联赛前的准备工作和其他有关准备工作，召开全体球员会议。1月份两位职工请假去参加江湾区的乒乓球比赛。来信认为，有些规模比较大的文娱体育活动的会议、比赛，是需要占用生产时间的，但是像郊区工委为了做好乒乓球比赛前的准备工作，是否也一定要开个会呢？所以，希望各产业工会和区办事处今后召开文娱体育会议要照顾工厂生产情况，尽量不要占用生产时间。

2月19日

□《劳动报》刊登读者来信，反映北四川路区有三个乒乓球队在京华印书局里举行联谊赛。当时，乒乓室隔壁的车间里正在进行生产，工人们纷纷跑出来看球赛，弄得车间的一扇小门几乎被挤坏，甚至还增加了废品率。

3月2日

□ 据《劳动报》读者来信组的调查，郊区工人的文化生活条件确实比市区的差，像吴淞区有2万多工人却没有一个俱乐部或文化馆。有的厂工会重视开展文体活动，情况就不同了。例如上钢二厂虽没有俱乐部或文艺室，但小小图书馆有4000多册书籍，70%的工人经常借书。在一座不大的礼堂里，年放映电影就达60多部。在体育活动方面，有7支足球队、1支篮球队和3支乒乓球队。目前，工会准备组织各球队联赛、评奖，以提高工人对体育活动的兴趣。

3月3日

　　□市体育馆举行乒乓球友谊赛，由中央体育学院竞技指导科对阵上海的乒乓运动员。比赛采用三人轮赛制，共赛9场。中央由傅其芳、姜永宁、岑淮光出场，上海由欧阳维、陆汉俊、李宗沛出场。入场券定二角五分、一角五分两种（新币）。

3月10日

　　□上海市第一届工人乒乓球联赛进行决赛。自上月5日到本月6日止，共举行了110场初赛。有各区及产业单位男子队30队、女子队25队，运动员共550人参加。女子组财金、医务、黄浦、新成、嵩山获得分组冠军，男子组邮电、老闸、市政、新成、黄浦、江宁荣获分组冠军。今日起，决赛每日下午七时在沪南工人俱乐部进行。今晚由嵩山对新成（女），邮电对黄浦（男）。明日由医务对黄浦（女），市政对新成（男）。入场券每张五分，当日下午二时至七时出售。

3月26日

　　□人民银行上海市分行工会举办第四届乒乓球联赛。男子甲组30队，男子乙组43队，女子组23队，共908名运动员参加。

3月28日

　　□上海市第一届工人乒乓球联赛结束。老闸、黄浦分获男子组冠、亚军，财金、医务分获女子组冠、亚军。同时，上海市工会联合会为参加全市乒乓球联赛，已组建了上海工人乒乓球男女代表队，名单如下：

女子队：指导为张菊臣，队员为蔡秀娱、沈英、柳碧、朱淑芬、张逸倩、陆萍、沈玲娣、池惠芳、徐介德、徐玲娣。

男子队：杨瑞华、刘国璋、王德芳、黄绍淞、金疆、杨汉宏、苏宇元、冯浩、刘造时、张振昌、秦家楠、徐伯英、欧阳维、邓秀荣、张世德。

□《劳动报》刊登四川綦江土台地质勘探队来信，称本单位工会购买了12打红旗牌（上海私营华强公司乒乓厂出品）乒乓球，让勘探队职工在冬训期间开展文娱活动。照理说，这144只球足够用两个月，可是竟在一星期内全部打坏了，其中有的还没有打到一小时就破裂了。他们只好把坏球拿到医务室去，请医生在上面贴一块橡皮膏。故希望上海私营华强公司乒乓厂要为打球的人着想，不要让一打就破的球出厂。

6月11日

□ 上海市乒乓球联赛定于今日举行，这是解放后上海第一次大规模的乒乓联赛。预赛分别在上海市体育馆、精武体育总会与分会、沪南工人俱乐部、黄浦游泳池等五处举行。这次经工会、学校、机关、市民等各方面选拔参赛的运动员，有工会男子16名、女子10名，机关男女各10名，学校男子10名、女子8名，市民男子6名、女子2名，共计72名男女运动员（他们是从1688支乒乓球队，1.6万多名运动员当中选拔出来的）。这次联赛将试评运动员技术等级。

［注］今日球讯：联赛女子组中，合作印刷厂女工、全国乒乓球选手柳碧对同德医院护士徐玲娣的比赛打得十分精彩。柳碧（三十七岁）擅长削球和滑板等技巧。1952年10月，她赴北京参加全国乒乓球选拔赛，获得第三名，被选为全国乒乓球选手。在

北京期间，得到梁焯辉的指点。今年3月，她又被选为上海市工人女子乒乓球队队员。二十岁的徐玲娣只有三年练球史。1952年9月，她在上海市举行的乒乓球选拔赛中看到孙梅英（全国女子乒乓球冠军）打得非常漂亮，下决心向她学习。那时她还是公共汽车上的售票员，经常与男队员一起打。后来调到同德医院后，仍旧坚持练习，球技得到很大提高。

上海市乒乓球联赛二级奖牌

6月21日

□ 上海市乒乓球联赛初赛阶段结束。男子组举行了120场，女子组举行了60场比赛；观众达17293人次。

7月

□ 世界青年联欢节在波兰华沙举行，中国青年代表团中国乒乓球队出访。出国前一周开全体大会，宣布参加华沙乒乓球赛的名单。当时规定，名单公布前，每个队员都要表示出去或不出去应抱的态度。临行前，中共青年团中央第一书记胡耀邦作动员报告："这次的任务主要是增进与各国青年的友谊，广交朋友，扩大我国的政治影响。""做友好工作不要像热水瓶，内热外冷，而要像热水袋，内外都热。"

［注］邱钟惠第一个站起来发言："如果能出去参加联欢节乒乓球赛，一定尽力打好，为国争光（庄家富说：这是我第一次听到这句振奋人心且分量很重的话）。如果留在家里要认真刻苦训练，尽快提高技术水平，不闹个人情绪。"

8月10日

□ 据《劳动报》消息，8月2日，第五届世界青年联欢节暨第二届国际青年运动会上举行乒乓球比赛。有13个国家的59名选手参加了男子单打比赛。在第一轮淘汰比赛中，中国选手姜永宁以3比1战胜了德国选手皮亚尔；王传耀以3比2战胜了波兰选手邓博夫斯基。第二轮淘汰比赛中，姜永宁又以3比0战胜波兰选手鲍德拉萨克，王传耀以3比1战胜德国选手马尔克，均取得了第三轮复赛权。最后，王传耀和姜永宁均败于捷克斯洛伐克选手维尼纳夫斯基，而分别取得第四名和亚军。

有14个国家的选手参加了女子单打比赛。中国选手孙梅英以3比0战胜了波兰选手克帕夫西克，邱钟惠以3比0战胜了著名的英国选手伊萨克，均已取得女子乒乓球单打比赛中前八名的决赛权。最后，孙梅英获得第三名，邱钟惠获得第四名。在男女混合双打比赛中，中国选手王传耀和孙梅英战胜了捷克斯洛伐克选手而获得冠军决赛权。

8月17日

□ 据《劳动报》消息，公私合营新光内衣厂图书馆的借书统计数字显示，每天有一百三四十人来借书，这是因为图书馆在买新书之前,就通知广播台转告各车间职工,希望大家提出购书需求。工会小组长建议买一本《怎样做一个共产党员》;爱好打乒乓球的李善卿急需一本《乒乓球规则》,乒乓球队的其他队员也要这本书。新书一到,图书馆马上通知有需求的职工来借。

9月13日

□ 全市乒乓球联赛分别在市体育馆和横浜桥、延安东路精武体育会举行一、二、三级决赛。精武体育会出售的入场券为一角五分,个人票限买5张,团体凭介绍信限买10张至30张。市体育馆的入场券楼下二角,楼上一角,个人限买2张,团体票可买5张到50张。

9月27日

□ 市工联黄浦区办事处举办了黄浦区私营企业工人第一届乒乓球联赛。报名参加的有20支队,共计280人,国际贸易"国"字组和"贸"字组分获冠亚军。

9月29日

□ 上海市乒乓球联赛结束。上海汽轮机厂杨瑞华获得全市男子冠军,戴龙珠获得女子冠军。今年度的第一、二、三级运动员均已决出。联赛共举行了男子266场、女子147场,吸引了观众41599次。

[注] 杨瑞华获得冠军后,便代表上海进京打全国比赛,杨瑞华赢了王传耀,列第五名。

10月15日

□《新民晚报》发表文章《人人可以参加的运动——乒乓》。文中提出，请向中国文化用品公司或中百公司选购下列各牌乒乓球：三好牌、三角牌、六合牌、白猫牌、光明牌、光荣牌、回力牌、红星牌、红旗牌、盾牌、连环牌、熊牌。

10月28日

□ 晚，毛泽东在贺龙的陪同下，来到刚落成的首都体育馆，接见第一代乒乓球运动员王传耀等，并观看了表演。

11月10日

□ 据《劳动报》消息，近年来，上海工厂企业中的体育运动有了很大的发展。根据去年在1191个工厂中的统计，在46万左右的职工中，经常参加体育活动的有14万人左右。目前，上海工人中已成立乒乓球队3858支，篮球队2325支，排球队807支，足球队1093支，运动员达6万多人。

11月23日（至28日）

□ 全国大中城市乒乓球联赛（上海竞赛区）在市体育馆开幕。上海市副市长宋日昌出席并发表讲话。参加上海竞赛区比赛的有上海、济南、福州、南京、徐州、厦门、杭州、苏州、无锡、常州、新海连等11个城市，乒乓运动员共40人，其中有21名是工人运动员。上海代表队的12名运动员当中，有10名是工人，他们是从1818支乒乓队1.1万多人中选拔出来的。又，当天一共进行了38场比赛，吸引了3000多名观众。经过5天160场比赛后，上海竞赛区选出了男女18人（其中13名

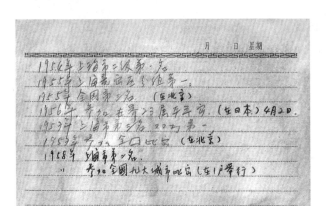

20世纪50年代中期，上海美术印刷厂修版工人张逸倩是上海工人队的成员之一。此为1954—1958年间，张逸倩参加国内外重要比赛的记录

是工人运动员）去北京参加第二阶段的比赛。

［注］本赛区优胜者名单上男子12人是：杨瑞华、刘国璋、秦家楠、冯浩、刘造时、王伟忠、薛伟初、杨汉宏（以上上海）、季卿华（无锡）、王宏基（杭州）、邹煜滋（济南）、曾民权（厦门）。女子6人为：朱培民、张逸倩、陆萍、徐介德（以上上海）、黄淑桦、欧阳沁（以上福州）。

在本市赴京参赛的乒乓球运动员中，有一名徐胜记印刷厂照相修版部女工张逸倩，她在上海区六场比赛中获得全胜。张逸倩18岁，在学校读书的时候就喜欢打乒乓球。进徐胜记印刷厂当艺徒后，因厂里还没有乒乓球台，她便和爱好乒乓球的工人把四只吃饭台子拼起来打。1952年8月，张逸倩参加了上海市乒乓球选拔赛，当她看到著名运动员孙梅英主动进攻的打法后，就开始学习攻球技术。张逸倩说：我现在还只是一名二级乒乓球运动员。我一定要虚心向其他地区的优秀运动员学习，进一步提高自己的技术。

11月30日

□ 为欢送全国大中城市乒乓球联赛上海赛区的各地代表,上海市体育运动委员会举行了招待会。各地代表都踊跃发言,一致认为党和政府对人民体育事业非常关怀。杭州代表说:我们深深认识到从事乒乓球运动,首先要有思想、技术上的准备。福州代表说:我们体会到作为一名新中国的优秀运动员,不但要运动技术好,而且必须要有高尚的运动道德。

全国大中城市乒乓球联赛工作简报

[注]本联赛各城市运动员人数:上海、广州各男8人、女4人,北京男6人、女4人,天津、福州两市各男6人、女2人,南京、沈阳、哈尔滨、武汉、重庆五市各男4人、女1人,其他17个城市各男2人、女1人。第二阶段于12月5日至15日集中在北京举行。

12月1日

□ 上海财政金融工会举办的财金工人第三届乒乓球联赛有111支基层队,共计1052名乒乓运动员参加。联赛分别在中国银行、建设银行、北站区税务局、人民保险公司营业部及人民银行榆林区办事处、虹口区办事处等54处进行。

12月6日

□ 本市医务工作者工会将举办医务工作者第二届乒乓球联赛,报名参赛的有101支队,共有男女运动员890人。许多单

上海财政金融工人男女乒乓代表队合照

位均在报名前举行了选拔赛。

12月7日

□ 中国店员工会上海市委员会将举办上海市第二届国营商业职工乒乓球联赛。乒乓球运动在国营商业系统中开展比较普遍，且适合商业职工在高楼大厦、商店柜台中工作的特点。据公司、采购供应站、商店等12个基层工会的统计，有乒乓球队115支、队员1114人。

□ 上海市政、搬运工人工会将举办冬季乒乓球联赛，并选拔上海市政、搬运工人乒乓球代表队。据初步统计，该行业现有186支乒乓球队，乒乓球台有181只。报名参加这次联赛的有汽车一场、二场，电车一场、二场，出租，市轮渡等54个单位。

1955年

12月9日（至19日）

□ 全国乒乓球冠军赛在北京体育馆的练习馆中举行。参赛的男运动员48名、女运动员24名。经过多轮的比赛，男子组的名次取前20名，女子组的名次取前12名。

［注］男子组的名次是：姜永宁、傅其芳、岑淮光、王锡添（以上4名中央体育学院）、杨瑞华（上海）、王传耀（中央体育学院）、梁志滔、林金源、李仁苏（以上3名中南体育学院）、蔡明枢（广州）、庄家富（中央体育学院）、林木欣（广州）、胡柄权、梁玉海（以上2名中央体育学院）、麦荣柏（广州）、邱文岭（中南体育学院）、郭毅萍（中央体育学院）、刘造时、杨汉宏（以上2名上海）、杨开运（中央体育学院）。女子组的名次是：邱钟惠、章宝娣（以上2名中央体育学院）、张逸倩（上海）、李淑珍（天津）、叶佩琼（中央体育学院）、李妮（南宁）、陆萍、朱培民（以上2名上海）、杨琪文（重庆）、徐介德（上海）、焦秀燕（哈尔滨）、张嘉箴（天津）。

1955年全国冠军赛，上海队傅其芳获第二名（左二），杨瑞华获第五名，王传耀获第六名

以上30名选手中有10人的原籍为上海，占三分之一。

12月18日

□ 上海市工会联合会杨树浦区办事处、提篮桥区工人俱乐部、沪东工人俱乐部、沪东体育场联合举办沪东区工人乒乓球联赛，报名参加的有200个基层工厂的217支球队，其中女子有17支队。

12月

□ 本市财政金融工会、医务工作者工会及纺织工会举行乒乓球联赛，三个单位共有3500多名乒乓运动员参加。

本年

□ 中国乒乓球协会在北京成立。

□ 国家乒乓球队在天津集训，与国家篮球、排球、羽毛球、田径队等同住天津重庆道100号一座旧洋楼里。作息制度如下：早上五点半或六点起床，出早操；八点到九点政治文化学习；上下午技术训练两个半至三个小时；晚上写训练日记、业务学习、生活检讨会、文娱活动、队务会等，十点前熄灯就寝。每周一，大早操，各队在露天大操场列队，由领导讲话。每周一次文娱活动，主要是集体唱革命歌曲。

[注] 那个年代，领导重视三大球。有一次，领导派乒乓球队全体去当国家男篮队对八一队的啦啦队，从天津坐敞篷卡车到北京为男篮加油。

□ 年底，国家乒乓球队和国家男女篮排球队搬入新建成的北京体育馆。

[注] 当时，北京体育馆大厅正中安排了三个篮、排球场，没有给乒乓球队划出一块训练场地，故乒乓球队训练的地方是靠墙边的过道，共摆了五张球台。人多不够用，又在二楼水泥面的过道上摆上一张。场地中间仅用一张铁丝网隔开，相互之间都可以看得见、听得到。乒乓队的训练遇到的问题和困难主要是篮、排球运动的噪声的干扰。冬天馆内没有暖气，寒冷得使人发颤。这个环境持续了四年，至1958年才改变。

□ 庄则栋进入景山公园少年宫业余体育学校。两年里三次获北京市少年单打冠军。

[注] 一放假，庄则栋就把少年宫当家了。晚上练完了球，就在演出厅的舞台上拼几把椅子当床呼呼睡了。拂晓，便爬起来到校园里练一阵体操，再对着大镜子练基本动作。一个暑假，由开始打两三下的对角斜线球，到能轻松地打上七八十下了。

□ 李赫男居住在上海电力学校家属宿舍，教职工俱乐部有乒乓球台，她便见缝插针地打几下。后因懂行的老师说："这小孩打得不错啊！"她就被接纳进去打球了。所读小学的球台是露天的，每天天蒙蒙亮，她就赶到学校等着开门。大门一开，就去抢球台，刮风下雨照打不误。课间则在教室里的课桌上乒乒乓乓地打。

□ 上海私营企业"葛大记"生产制作了"顺风牌"乒乓球拍，其质量、款式不亚于美国名牌"威尔逊"。容国团、梁焯辉、庄则栋、张燮林等都用过这种球拍。之后，"顺风牌"乒乓球拍继由上海中国乒乓板厂出品。最初，"顺风牌"球拍只卖一元二角五分一块。

1956年

1月19日

□ 中国乒乓公司、华联厂经过两年多研究试验,创制密缝乒乓球已告成功,决定提前投入生产。

2月17日

□ 市工会联合会将于三月下旬在上海工人文化宫举办第二届工人乒乓球联赛。本次联赛参加单位以市工联各区办事处所属本地区基层男、女乒乓球冠军队为竞赛单位(原1955年区的男、女队员一律参加基层单位所属区的联赛)。比赛采用分组单循环制,一律使用橡皮乒乓板或硬板。江宁区、提篮桥区、常熟区、黄浦区、静安区、蓬莱区等均举行了联赛或选拔赛。

2月23日

□ 为参加全国人民银行乒乓球比赛,上海市人民银行举行选拔赛,经过543场交锋,产生男女代表六名去合肥参加华东区比赛。比赛结果为,上海市人民银行代表队获得男子组第一、第二名,女子组为第一、第四名。

2月29日

□ 据《劳动报》消息,上海市工会联合会决定从3月7

日起举行本市职工乒乓球选拔赛，以组建上海市工人乒乓球代表队，准备参加中华全国总工会举办的十二城市工人乒乓球锦标赛。

2月

□ 上海文化出版社出版潘子基编写的《怎样打乒乓球》。

3月16日

□ 参加在日本东京举行的第23届世乒赛的中国乒乓球代表队已经组成。代表队中有9名男运动员（如姜永宁、王传耀等）和3名女运动员（如孙梅英、邱钟惠等）。代表队中有两名来自上海的职工选手。他们是1955年全国乒乓球冠军赛中获得男子单打第四名的上海汽轮机厂的助理技术员杨瑞华和获得女子单打第三名的上海印刷厂修版工人张逸倩。代表队中的其他6名运动员都是学生选手。

［注］据《劳动报》报道，杨瑞华说：我从小就欢喜打乒乓球。前年，我进了国营上海汽轮机厂，参加了市工联举办的工人乒乓球代表队选拔赛。领导为了培养我，每星期抽出3个晚上的时间让我练球，并且得到欧阳维等高手的帮助。在去年上海市乒乓球比赛中，我获得了男子乒乓球冠军。后来又进京参加1955年全国乒乓球冠军赛，使我学到了更多的先进技术。我这次能够代表祖国去参加第23届世界乒乓球锦标赛，为了报答党对我的培养，我一定要在比赛中尽最大的努力，为祖国争取荣誉。

1956年春节，杨瑞华随上海工人乒乓球队访问南通。在比赛结束的联欢会上，领队宣布好消息：上海来了电报，国家乒乓球队通知杨瑞华去北京集训。到国家集训队报到后，领队找杨瑞华谈话，叮嘱他要认真训练，准备参加世乒赛。杨瑞华在运动员宿舍见到了王传耀、杨开运、孙梅英等上海籍运动员，格外亲切。中午食堂吃饭三荤一素。下午三点开始训练。

据《劳动报》报道，张逸倩说：一天，领导通知我参加中国乒乓球代表队，真是说不出的高兴，代表伟大的祖国去参加国际比赛，是多么光荣啊！1952年8月，我抱着学习的态度，报名参加了上海市乒乓球选拔赛，学到了孙梅英的攻球技术。我清早就起来练习哑铃和跳绳，这样，抽球就比以前有力，身体也比以前灵活和有弹性了。我在1955年全国乒乓球冠军赛中向邱钟惠学习了"右方旋转球"的开球和守球等方法，获得了女子乒乓球比赛的第三名。我保证决不辜负党和人民对我的期望，发挥出全部力量，在第23届世界乒乓球锦标赛中，为祖国争取光荣。

杨瑞华（左一）与张逸倩（印刷厂修版工）、陆汉俊（教练）、朱培民（税务局职员）在一起讨论乒乓球技战术。上海队参加全国冠军赛的12名队员中有10名是在职职工

3月17日（至21日）

□ 即将赴日本参加第23届世乒赛的中国乒乓球代表队来到上海。其间，与上海市的优秀乒乓球运动员进行了两场友谊赛和一场表演赛，一万多名乒乓球运动爱好者观看。

3月18日

□ 全国银行系统乒乓球比赛大会在北京结束，上海人民银行的金疆和竺永康分获全国男子第二名、第四名。

4月4日（至8日）

□ 第23届世乒赛在东京举行。这是中国乒乓球队第二次参加世乒赛。中国代表团团长是荣高棠，教练是梁焯辉，男队员为姜永宁、王传耀、岑淮光、胡炳权、郭毅萍、梁玉海、蔡明枢、杨瑞华、庄家富，女队员为孙梅英、邱钟惠、张逸倩。日本男子队获得了"斯韦思林杯"。我国男子乒乓球战胜了美国、南越、葡萄牙、中国香港和印度等队。罗马尼亚女子队荣

第23届世界乒乓球锦标赛在日本东京举行。图为部分中国队选手在住地的合影，其中王传耀（前排左二）、杨瑞华（后排左一）、孙梅英（后排左二）和张逸倩（后排左四）均为上海籍选手

获"考比伦杯"。中国女子乒乓球队在比赛中战胜了印度队和香港队。中国选手孙梅英在比赛中击败了曾获得冠军的英国选手黛安娜。

4月6日

　　□ 为参加中华全国总工会举办的十二大城市工人乒乓球锦标赛，上海市工会联合会自3月7日起举行公开报名的选拔赛。参赛运动员有317人，其中女运动员70人。经过初选、复选260场比赛，选出30名运动员组成上海工人乒乓球代表队。名单如下：女子队丁惠芳、方行英、朱培民、沈英、沈行贞、沙国珍、成和珍、徐玲娣、陆萍、张蓉珍、杨美颐、蔡秀娱、刘美琴、徐介德。男子队：王锦华、金疆、秦家楠、徐柏英、徐鑫昌、倪根康、浦欣生、张世德、张正昌、冯浩、杨汉宏、刘造时、刘国璋、邓秀荣、欧阳维、苏字元。

　　即日起，上海工人乒乓球代表队开始进行业余训练。代表

上海工人乒乓球代表队领队胡宝龙（第三排右一）、教练张菊臣（第三排左一）与部分队员的合影

队中将选出3名女运动员和4名男运动员参加在北京举行的十二大城市工人乒乓球锦标赛。

4月8日

□ 国际乒乓球联合会年会在东京开幕。主席蒙塔古宣布：原每年举行的世界乒乓球锦标赛改为隔年举行一次（1957年的锦标赛依照以前的决定仍在斯德哥尔摩举行）。在不举行世乒赛的那一年，将举行各洲的锦标赛。

4月10日

□ 上海市体育运动委员会和上海市学生联合会将举办"上海市学生乒乓球冠军赛"。报名参赛的有118所学校的505名学生运动员。

4月11日

□ 国际乒乓球联合会年会公布1956年度世界乒乓球团体赛成绩的名次，中国男子团体被评为第一级第六名，中国女子团体被评为第一级第十一名。联合会的评定表明：最近两年来，中国乒乓球运动的技术水平在国际上有了显著的提高。

4月25日（至29日）

□ 罗马尼亚国家男、女乒乓球队一行8人到达上海。上海市体育运动委员会副主任吴蕴瑞率运动员等多人到车站欢迎。该队获本年度世界乒乓球女子团体第一级第一名和男子第一级第三名。罗马尼亚队将在市体育馆与上海市乒乓球队进行两场友谊比赛，结果，客队以总成绩6比2和8比1获胜。

[注] 26日，徐寅生代表上海队迎战。徐寅生是在航空技工学校的车间里接到通知的。赶往上海市体委报到，才知将与上海工人队、机关队的杨汉宏、刘国璋、薛伟初等迎战客队。至于为什么会选中学生队的徐寅生，是体委领导采纳了陆汉俊教练"上海的乒乓球希望在青年人身上"的意见。经过三天的集训，徐寅生出场一场单打、一场双打。单打输了却也打出好球；双打与薛伟初配合，以2比0获胜，其中徐的一个上旋急奔"螺丝"球，弄得对方连球皮都没摸到，观众席上一片掌声。徐寅生第一次参加国际比赛，认识到外国选手并不可怕，从而看到了自己的希望，更相信中国人一定会问鼎世界乒坛。27日，上海《解放日报》发文介绍徐寅生：男，17岁，本市246技工学校学生，上海学生乒乓球队代表。正反手都会抽球，机智灵敏，打球方式多，并善于制造赢球机会。

5月2日

　　□ 上海市工会联合会宣传部举办的上海市第二届工人乒乓球联赛开始比赛。该次联赛共有14个区的29支男、女基层冠军队（其中女子队12支）参加，这些球队从各区联赛的1362支基层代表队中选拔出来，他们是区联赛的冠军获得者。

5月25日

　　□ 市第二届工人乒乓球联赛经过了两星期的比赛进入复、决赛阶段。取得男子组复赛权的有黄浦区饮食业组联队、上海市水产公司、国际饭店、上海港务局、上海电信局、上海船厂、上海第一印染厂、上海港湾第四区等8个单位；取得女子决赛权的有申新二厂、信谊药厂、华美药厂、虹口区税务局、海普药厂和上海港务局。男女组复、决赛继续在徐汇、卢湾区工人俱乐部和黄浦区基层文娱室进行。

5月27日

□ 上海市乒乓球比赛个人组选拔赛将于6月6日举行。本市公民不属于工会、机关（中共上海市委及市人民委员会）、学生系统选拔范围，而具有较优技术水平的运动员，均可凭本单位介绍信或人口调查登记表向延安东路57号精武体育会分会报名。本选拔赛由市体育运动委员会指定精武体育会负责办理。

5月28日（至6月10日）

□ 1956年十二城市工人乒乓球锦标赛在北京举行。经过632场的竞技，广州选手林木欣和重庆选手杨琪文分别获得男、女单打冠军。上海队的成绩为，刘国璋获男子单打第三名，蔡秀娱获女子单打第二名。刘造时和刘国璋获男子双打亚军，徐介德和朱培民获女子双打冠军。上海队获得团体总分第一名。

6月19日

□ 继上海市第一少年业余体育学校成立之后，本市又有六所附设于体育俱乐部、虹口体育场、市体育馆、常熟游泳池、沪东体育场、沪西体育场的少年业余体育学校开始招生，主要专项有乒乓球、篮球、足球、网球、游泳、体操、田径等班次。

6月20日

□《劳动报》邀请参加十二城市工人乒乓球锦标赛的上海市工人乒乓球队全体队员和领队、指导，召开座谈会进行总结。

[注] 座谈会总结了四点：（一）为什么能获得团体冠军？在这次锦标赛中，上海队的最大特点是男、女运动员的技术水平相差不大。在单打预赛中，欧阳维、刘造时、朱培民和蔡秀娱均以全胜列得分组第一，刘国璋、杨汉宏和徐介德也取得决赛权，总共得了317分，因此获得团体冠军。但是上海队没获得单打冠军。（二）队员的体力状态良好。这次锦标赛，男子几乎每天要打五场，女子要打四场，一场球要打四十分钟。上海队除了欧阳维因年龄大稍感吃力外，个个都体力充沛。（三）缺点在哪里？上海队推挡抢攻的技术好，但不够准确，也不善于攻削球。队员们说，广州队横板队员削出的球，摸不到规律。（四）今后的努力方向。大家都觉得上海队的技术水平提高得比较慢。所以，要重视各种基本技术的练习。

6月27日

□ 上海市第二届工人乒乓球联赛决赛，港务局队以4比3胜饮食行业队获得冠军，饮食行业队为亚军，国际饭店队为季军。

7月16日（至8月14日）

□ 晚，1956年上海市乒乓球联赛在市体育馆举行，参加这次比赛的有工人、学生、机关、市委机关和个人组的男女运动员85人。结果，刘国璋和朱培民分别获得男女单打冠军。陆汉俊、薛伟初组和朱培民、徐介德组分获男女组的双打冠军。

8月27日

□ 参加全国乒乓球锦标赛的上海运动员出征武汉。男运动员是杨瑞华、刘造时、杨汉宏、刘国璋、欧阳维，女运动员是张逸倩、朱培民、徐介德、蔡秀娱。

9月10日

□ 全国乒乓球锦标赛结束。上海籍的王传耀、孙梅英分获男、女单打冠军。

［注］全国乒乓球锦标赛中，王传耀同现年48岁的父亲王惠章在武汉体育馆会面。乒乓老将王惠章在上海邮局工作，此次是应邀来担任裁判工作。王惠章19岁开始打球，并将儿子培养成全国冠军。

10月6日

□ 据《劳动报》消息，上海市体育运动委员会决定自10月份起在本市试行运动员和裁判员的等级制度。要求于年内在乒乓球、田径、体操、游泳、跳水、水球、篮球、排球、足球、举重等十个项目中，培养和产生6000—7000名等级运动员和3000—3500名等级裁判员。运动员等级称号分运动健将、一级、二级、三级和少年级等五级。裁判等级称号分国家级、一级、二级、三级、四级。

10月

□ 李富荣进市体育宫体校乒乓班，教练是陆汉俊、李宗沛、戴龙珠等。他每周训练三个半天，周日是全天。李富荣风雨无阻，训练必到，练得踏实刻苦，教练也很看重他。1957年，上海举行了青少年乒乓球比赛，李富荣获得冠军。

［注］上海新闻路三育小学是李富荣学打乒乓球的母校，那里

有三四张球台，乒乓球活动开展得很好。李富荣积攒了哥哥给的零用钱，买了块球板，还缝了块拍套，校内校外到处打球。学校隔壁有一家奎记印刷厂，里面也有两张球台。有一次，上海女子乒乓名将张逸倩回印刷厂打球，厂里叫李富荣去比试，还赢了比赛。李富荣进中学后，体育老师看准李有打球的天分，就推荐他去报考业余体校。

□ 人民体育出版社出版姜永宁、孙梅英伉俪编写的《怎样打乒乓球》。

11月12日

□ 上海市邮电职工乒乓球冠军赛在新成游泳池乒乓室举行。参加比赛的男女运动员有130余人。这次冠军赛将选出男子前20名、女子前16名，组成1956年上海邮电乒乓球代表队。

11月18日

□《体育报》刊登上海市工会联合会主席钟民的文章。文章指出：近年来，本市职工体育运动获得了较快的发展。目前本市已有13个产业和3762个基层建立了体育协会，发展会员208237人。今年1月至10月先后举办了乒乓球、足球、篮球、排球联赛，越野赛跑，以及田径、自行车、水上运动、举重等多项竞赛，参加各项竞赛的运动员有2849人。各产业和各区也先后举办了117项竞赛活动，参加队数有3000多，运动员有3万多人。根据3380个基层统计，足球、篮球、排球、乒乓球运动队有10840支，其中女子队有1115支，运动员有125800多人，其中女性有11300多人。

上海市江宁区工人乒乓球代表队合照

12月8日

□ 1956年全国第一机械工业部十一城市十二单位乒乓球比赛在上海市体育馆举行。上海获得男女团体总分第一名,一机工业部机关和重庆为二、三名。男子单打第一名是上海队的孙盈法,女子单打第一名为上海队的杨美颐。

12月16日

□ 据《文汇报》消息,我国著名的乒乓球健将姜永宁和孙梅英已在北京结婚。本报"彩色版"以笔谈的方式向他俩提出了四个问题。

[注]第一个问题:你们是怎样对打乒乓球发生兴趣的?

孙梅英答：十几年前，我正在读小学时，我看见同学们一清早就赶到学校霸住球台，三五成群在打乒乓。下课铃刚响，他们又去打乒乓，玩得兴高采烈，嘻嘻哈哈。我开始与同学们经常出现在学校文娱室里了。由于三哥哥的引导，我对打乒乓更起劲，更上瘾。下午四时放学了，我几乎每天打到天黑时才回家。星期天，我邀了几个同学到家中来，将几块木板拼起来打乒乓。我一直梦想有一个标准的球台。不久，我几个哥哥设法做成了一只球桌。理想成了事实，我兴奋得跳了起来。从此以后，我打球的时间多而且方便了。初中毕业时，我已经有了一定的技术水平。正式参加上海市的乒乓球比赛，是1947年以后的事。

姜永宁答：我开始打乒乓球已快十年了。起初是偶然与朋友去看了一场乒乓球比赛，他们的姿势是那么自然和引人入胜。特别是那个削球的球员，打得更是巧妙。我特别喜欢打守球，会向打得好的人请教。以后，我没有间断过，一有空余时间就打乒乓球。我的技术是在坚持锻炼的基础上逐步提高的。

第二、三个问题是关于初学的技术要领（省略）。

第四个问题：你们除了喜欢打乒乓以外，空余时还喜欢哪些文娱活动？

答：1952年全国比赛以后，我们到了北京体育学院来学习，已快四年了。在这四年中，由于领导的关心和培养，使我们的生活一直很愉快。我们除了规定的课程以外，在文化娱乐的时间里，大家一起读报、唱歌、跳舞、打扑克、做游戏、讲故事。在我们自己的空余时间里，我们喜欢听听音乐、跳跳舞，看看文艺小说。所不同的是姜永宁目前正在学拉手风琴，孙梅英却喜欢唱京戏和看京戏。在阳光照耀的春天或秋天，我们经常去北京著名的风景区如颐和园、北海等地爬山或划船，这些活动也帮助提高了我们的体力。我们有时也偶尔去学学游泳。我们生活在温暖的大家庭里，感到无比幸福和愉快。

12月23日

□ 据《劳动报》消息，乒乓球运动员可以用到我国自制的海绵橡胶球板了。这种最近制成的球板经过试用鉴定，证明弹性和旋转性都与英国制的海绵球板不相上下。这种特制的海绵橡胶球板是公私合营大成橡胶厂技术人员经过半年多试验制成的。

12月25日

□ 日本乒乓队获得第23届世乒赛的世界冠军，很大的原因是使用了海绵球板。最近，在日本商品展览会中有发售，上海许多乒乓运动员都已获得这种"新武器"。

下半年

□ 国家乒乓队搬到北京天坛东门体育馆西路东四块玉平房里，也是五六张单人床在房间墙边围成一圈，中间放两张三屉桌供大家放水杯等什物。个人衣物只能放在床下面。冬天取暖的煤炉放在屋中央，运动员自己操作。

本年

□ 徐寅生初中毕业后，考上航空技工学校。在该校半天读书，半天在车间实习。徐寅生先做磨工后做钳工，但用铁榔头敲打，一不留神就把左手打得青一块紫一块；做元宝螺丝，别的同学做得形状逼真，徐的锉刀就是不听使唤。徐寅生这才明白：心思不在这里，八级钳工不是目标，争当乒乓国手，那才是最大的志向。

[注] 徐寅生的直拍近台快攻球路多变，曾代表上海学生队参加市级比赛。当时，上海的比赛已有人使用海绵球拍了，多是从印泥盒里的海绵、轮胎里的黑海绵铰下来的。学生队里一印尼华侨从海外寄来一块海绵板。徐寅生借来用，球板弹性好，速度快，比赛中占了不少便宜。结果决赛时，板被要回去了，武器变了，有失水准，只打了第三名，失去了参加全国比赛的机会。

□ 广东队教练来上海找杨瑞华，告知广东要成立全国第一家专业乒乓队，并许诺杨去了可打主力，工资加一级。杨瑞华答应后告诉了徐寅生，徐也有去深造的意思。此事被上海市体委知道了，果断决定杨、徐都不能去广州，上海也搞专业队。

[注] 杨瑞华自述：1956年的一天，我在汽轮机厂大礼堂看电影，突然有一人举了亮灯的牌子，上面写着"杨瑞华有人找"。我出来一看，是广东队的教练。他说广东要成立全国第一家省市级专业队，并许诺我打主力，工资加一级。我的内心是想要去专业队打球的，于是就答应了。周日，我到徐寅生那里去玩，徐寅生开始在厂里上班，后来调到体育宫做教练。我问徐愿不愿一起去，他说可以考虑。第二天，徐寅生到我家里来，进门就说不去了。原来我昨天刚走，体委副主任张振亚到体育宫视察工作。徐告诉他，杨瑞华要到广东去打球。张说上海也可以搞专业队的，叫我们不要走。

□ 李赫男小学毕业，考进了上海建设中学，该校有三个露天球台。中午，大家拿着铝制饭盒，边吃边排队，轮到上台时，饭盒随手一放，大王擂主，小王出球，胜了可一直打下去。当了几场擂主，饭已冰凉了。李赫男打出些名气后，高中部男生邀约她参加沪东工人文化宫的乒乓球比赛。至此，李赫男才知道外面有乒乓球比赛。高中生送了她一本梁焯辉的《怎样打乒乓球》，李赫男才知道王传耀、孙梅英等人的大名。

□ 据庄则栋自述，王传耀创立了中远台两面攻的打法。他学习王传耀，创新了直板中近台两面攻打法。

［注］庄则栋自述：1956年，王传耀第一次在全国乒乓球锦标赛中夺得男子单打冠军，也就是从那时候，我下定决心学习他两面攻的打法。接着，王传耀又三次夺得全国乒乓球锦标赛男子单打冠军，我学习他的劲头更大了。但我走的是中近台两面攻的道路，有些人说我这种打法没有安全感。1959年第一届全运会时，王传耀对我说：你这种打法是在我打法的基础上，又向前迈进了一步。创新就是开拓，就是与众不同，两面攻的打法是最有生命力的！

*1957*年

1月2日

□ 1956年全国乒乓球男、女单打冠军王传耀和孙梅英等组成的中国乒乓球代表队（其他男选手是姜永宁、庄家富、胡炳权、傅其芳和王锡添，女选手是叶佩琼、邱钟惠），将参加在瑞典举行的第24届世乒赛。之前，还将前往罗马尼亚参加国际比赛。

1月7日

□ 国家体委公布了我国第一批国家裁判名单，共150名。此为我国实行裁判员等级制度后第一次公布的优秀裁判员。上

1957年全国乒乓球赛全体裁判员合影

等级裁判员证书

海有 29 名被批准为国家裁判员。其中两名乒乓球裁判为王惠章、张菊臣。

1月8日（至29日）

□ 越南民主共和国乒乓球代表队由北京抵达上海，在新建成的市体育宫乒乓球房进行训练。29日，该队与上海学生队在上海市体育馆进行比赛。上海学生队由王伟忠、梁友能和康泰兆迎战。上海学生队以5比3获胜，其中上海学生，康泰兆三战三胜。

［注］由昔日"跑马厅"改建的上海市体育宫的乒乓球房完工，这里安放了14张乒乓球台，光线充足，地方宽敞，是目前上海市最大的乒乓球运动场地。

1月23日

□ 国际乒乓球联合会发表世界男女乒乓球选手的次序表，中国运动员姜永宁名列第十一。

1月27日

□《新民晚报》体育记者邀请北京体育学院乒乓球队的指导杨开运漫谈日本的乒乓打法。杨指导认为，日本的球员90%是直板进攻型。最近，日本乒乓界认为，从海绵、海绵上贴胶粒、海绵上贴反胶粒的球板出现以后，世界乒乓球技术跃进一步，现在向旋转性发展。

2月11日

□ 中国乒乓球队同罗马尼亚乒乓球队进行了正式比赛，比

上海乒乓球运动纪事录（1949—2024）

赛采用世界通用的男女团体赛的办法进行。结果为，孙梅英、邱钟惠、叶佩琼组成的中国队以3比0获胜。男子队由王传耀、傅其芳和胡炳权出战，以5比2取得胜利。

2月20日（至23日）

□ 朝鲜民主主义人民共和国乒乓球队到达上海。其间，客队与上海市代表队在市体育馆进行了两场比赛。上海市代表队出场的女队员有张逸倩、戴龙珠、池惠芳、朱培民，男队员有杨汉宏、薛伟初、欧阳维、刘国璋、徐寅生。上海市代表队获胜。

3月8日（至16日）

□ 综合上海报刊消息，第24届世乒赛在斯德哥尔摩开幕，在团体赛中，中国男女队双双获得了小组冠军。在争夺团体决赛权时，中国男队由姜永宁、王传耀、傅其芳出场，以1比5输给上届世界冠军日本队。其中，王传耀击败了上届世界单打冠军荻村伊智朗。中国女队不敌日本队和罗马尼亚队。最后，日本男、女队取得世界冠军。日本选手还获得男子单打冠军（田中利明）、女子单打冠军（江口富

1957年3月，上海籍国手王传耀在瑞典举行的第24届世乒赛上，战胜了上届世乒赛的男子单打冠军荻村伊智朗（日本），图为王传耀在赛地斯德哥尔摩训练中

士枝)、男女混合双打冠军(荻村伊智朗和江口富士枝)。我国男队由一级第 6 名上升为一级第 4 名;女队由一级第 12 名上升到一级第 3 名。中国乒乓球队从 1953 年到 1957 年短短四年间,跃升到世界强队前列。

3月16日

□ 据《劳动报》消息,一种取名为"三朵花"的乒乓球已在本市华联乒乓球厂投入生产。这种乒乓球以新的科学方法冲边、胶合,然后利用暖气锅炉的蒸汽自然蒸发而成圆球,故又称"蒸汽密缝乒乓球"。它圆度准确,胶合牢固,不会变形或脱胶破碎,弹力也很均匀,缝的密度不低于进口货。预计第二季度可供应市场。

3月18日(至27日)

□ 第 24 届瑞典世乒赛结束后,中国乒乓球队接到国内通知,回国前要访问埃及并进行友谊比赛。中国乒乓球队的这次出访被誉为半个世纪前的"第一张乒乓外交牌"。

3月23日(至24日)

□ 广州市乒乓球队到达上海,将参加两城市乒乓球对抗赛。首战,广州女队以 3 比 1 战胜上海队女队。上海男队在三人轮赛制中获胜。

4月9日

□ 上海市工会联合会体育运动部将举行每年一次的上海市工人乒乓球联赛,此为第三届。这次联赛的竞赛单位是本市 17

上海市第三届工人乒乓球比赛
女子组第二名奖牌

个产业工会的男、女混合队,包罗了全市乒乓球运动的好手,如欧阳维、杨汉宏、刘国璋、朱培民、蔡秀娱、张逸倩等。联赛分初赛、决赛两个阶段,赛制为七人对抗。

4月23日

□ 香港单打冠军容国团以2比0击败前来访问的世界冠军荻村。

6月

□ 林慧卿在印度尼西亚巴城中学高中毕业。因时常在报纸上看见中国队王传耀、孙梅英出访比赛、为国争光的消息,于是,她一边加紧训练,一边写信给已回国入选上海市乒乓球队的张秀英,试探可否招收横拍的削球手。上海方面答复可以一试。

6月10日

□ 我国参加莫斯科青年联欢节及世界青年运动会的乒乓球代表队,将由上海、广州选派男、女选手各一人出席。上海队派出的是徐寅生及朱培民。

［注］为此,《新民晚报》《文汇报》还发了新闻。中国代表团由体育队伍和文艺界演员等数百人组成,一趟专列从满洲里出国,在苏联境内的每一个车站都有欢迎的群众在站台上又唱又跳,列车开了九天九夜,到达莫斯科。世界青年运动会的乒乓球赛集中

了欧洲的名将，徐寅生在争前 8 名时输给南斯拉夫名将。这是徐寅生作为国家队运动员第一次出国访问。

6月26日

□ 本市乒乓球运动员杨汉宏和蔡秀娱在全国商业职工乒乓球比赛中荣获男、女冠军。

7月1日

□ 市体育运动委员会为培养乒乓球运动的新生力量，决定成立上海市少年乒乓球训练队。凡年在 14 岁至 17 岁（1940 年 8 月 1 日后至 1943 年 7 月 31 日前出生），有一定乒乓球技术的少年均可参加选拔（须凭户口册报名）。报名地点为上海市体育宫、八仙桥青年会和精武体育会三处。

9月7日

□ 晚，全市乒乓球锦标赛在市体育宫开幕。全市有 18 个区的乒乓球选手 180 人参加，他们是从 2000 多名区级选手中选拔出来的好手。比赛将于下月初结束。

9月14日

□ 北京乒乓球队以 5 比 3 战胜来访的香港乒乓球队。然而，在这场按照世界规则进行的男子团体比赛中，香港队 20 岁的选手容国团表现出了相当高的技术水平，他先后以 2 比 1 战胜了北京队的王传耀和傅其芳。

［注］据国家体委关于港澳乒乓球队回内地访问情况的函，该队接待工作计划如下：伙食标准，广州和上海每人每天 2.5 元，其

他城市每人每天2元，房间标准与一般外宾同，火车可坐软席。香港乒乓队8人。容国团情况如下：20岁，广东中山人，1956年全港男单、男双冠军，今年以2比0击败日本冠军获村。1950年毕业于慈幼小学，读至初一失学。自小爱好打球，在香港有"小霸王"之称。原来在香港一鱼栏当售货员，因代表香港工联会打球被老板辞退。一个时期失业，于1955年6月在香港工联会属下的服务部合作社当售货员，并在工联会负责训练乒乓球队。工联会有意识培养他当体育干部。自1954年起，每年回穗打球2—3次，对祖国有认识，年轻，有培养前途。他技术水平相当高，1955年获香港乒乓球男单第五名，1956年6月来穗时打败姜永宁，1957年获香港男单、男双冠军。容品质较单纯，家庭情况简单，父亲是老海员，参加进步工作。

9月18日（至24日）

□ 综合上海报刊消息：香港、澳门男女乒乓球队到达上海。上海队的迎战人选有徐寅生、杨开运、杨瑞华、张逸倩等。将在江湾体育馆举行四场比赛。其中第二场（21日），香港乒乓球队以5比4战胜上海队，女子单打也以2比0获胜。然而，上海队工人运动员杨瑞华以21比15、21比18战胜了香港冠军容国团，还以2比0、2比1胜了香港队的邓洪波和吴国海，一个人独得三分。杨瑞华在这次迎战港澳乒乓球队一共出场了八次，获得全胜。而容国团以0比2败于杨瑞华则是来内地比赛的第一次失利。

9月23日

□ 全国邮电职工乒乓球比赛在南京举行。上海市内电话局机务员刘国璋获得男子单打冠军。1956年，刘国璋曾获得全国工人乒乓球锦标赛第三名、上海市乒乓球比赛第一名，全国乒乓球比赛第八名。

10月14日

☐ 本年度上海市乒乓球锦标赛中，薛伟初八战七胜，获得男子单打冠军，杨永盛八战六胜为亚军；徐介德八战七胜获得女子冠军，蔡秀娱为亚军。男子双打冠军是薛伟初、杨汉宏，女子双打冠军是张蓉珍、张逸倩。

☐ 上海市少年业余体育学校、南昌路体校及其余五个分校同时招收乒乓球和篮球、足球、排球、田径、游泳、体操的新生。

11月15日（至26日）

☐ 全国乒乓球锦标赛将在北京体育馆开幕，比赛设有七项锦标，全部按照世界竞赛的规则进行。男女各有31个参赛单位，男子158人，女子93人，是我国规模最大的一次比赛。著名运动员傅其芳已担任北京一队的指导。比赛结果为，男子单打第一名王传耀，第二名姜永宁。男子双打第一名王传耀、胡炳权，第二名杨瑞华、徐寅生。上海籍选手张秀英获女子单打第四名。杨瑞华、朱培民获混合双打第二名。

12月1日

☐ 荣高棠副主任代表中华人民共和国体育运动委员会，授予王传耀、庄家富、傅其芳、姜永宁、叶佩琼、孙梅英、邱钟惠等7人为运动健将称号，并颁发证书证章。

12月12日

□ 据广州消息,香港乒乓球单打冠军容国团最近已从香港回广州参加工作。

12月13日

□ 据有关方面统计,截至6月,在上海、北京、天津等86个城市已经建立了105所青少年业余体育学校,正在培养10723名青少年运动员。青少年业余体育学校开办的运动项目有乒乓球、田径、体操、游泳、足球、篮球、排球、网球、羽毛球、滑冰、滑雪、自行车、举重、跳水、水球、冰球等16项。

12月

□ 余长春的父亲从报上得知市体育宫招收训练班,便去为儿子报名。那里的教练是刘同芳、戴龙珠、陆汉俊、李宗沛等,他们多在太湖乒乓房做过指导,知道余长春这个"小左手",招进后直接跳到第一班。之前,余长春在父亲的带领下,到处"打野球"。

[注] 余长春的父亲毕业于震旦大学,是体育爱好者,与同事开一家利民西药房。药房附近的嵩山剧场有一球台,六点钟打烊后,父子就去打球。南京路大华书场也有张台子,父子俩便去跟说书演员打球。徐寅生、杨瑞华也常去那里,余长春没敢打招呼。当时,金陵路太湖乒乓房有十张球桌。陆汉俊、李宗沛、俞诚等名将在场指导。南京路贵州路口有华新乒乓房,西藏路金陵路有金门乒乓房,南京路新世界四楼和四川路横浜桥的精武体育会都有打球的地方。富民路有个健身房。每周六八点后放上一张球台,

有南市乒乓一好手陪余长春练习两个小时。总之，哪里有乒乓房，余家父子就往哪里跑。在球房打球要付费的，一小时四毛钱。有人觉得请教练或陪打多付钱，找一个对手付台费就够了。被称"小左手"的余长春常被邀请，可不用出钱了。有几家乒乓房不太欢迎他，嫌赚钱少了。华新乒乓房的教练则欢迎余去。永安公司七重天有三张球台，专供好手使用。一次，有朋友送余长春门票，坐电梯上去排队上场，被一大人赶出门外。后在市比赛中，余以2比0打败此人。

地处西藏路九江路的上海工人文化宫有六张球桌，水平差的在最后一台打，一台一级往上升。余长春是学生，没有工会会员证领门票，余母便用家中肉票与邻居换门票（1换2）。当时，有水平高的爱欺负人。上台"小王"出球，人少打六分，人多打四分，"小左手"用平素积攒的早餐钱购买的乒乓球往往被人家用木板狠狠地抽过来，弄得他好心痛！"小左手"勤奋苦练，也把"大王"打败了。余长春还在文化宫结识了两个球友，其中一位的单位宿舍有张球台，三人经常聚合着练。余长春"打野球"近乎痴迷，父母支持打球，但要求他学习成绩中等，不能往下掉。

体育宫乒乓班每周一至五下午3点半至6点训练。教练安排正规的训练计划，有左手对右手，攻球对削球，横板对直板；有对攻、对推、一点对两点、搓球起板、发球抢攻、升降比赛等。在班里，屠汉刚发球最好，于贻泽是搓球起板大王。余父关心儿子的成长，沪上有乒乓球比赛，总购票观摩。当年，容国团代表香港-澳门联队来上海比赛。余家药房提前关门，父子俩乘55路公交车到五角场，还走了长长一段路，在江湾体育馆观看比赛。当年，日本在上海中苏友好大厦举办工业展览会，余长春听说有一批海绵拍,赶去已卖完了。余父便取出自行车坐垫中海绵,用刀片一剖二,用黄鱼膏贴在板上。上台试打,根本弹不起来。进体育宫训练班后,发了国产的海绵和红色运动服,一切都正规了。

本年

　　□ 上海成立了第一支专业乒乓球队,最初的队员是杨瑞华与徐寅生两人。不久,李富荣、屠汉刚、池惠芳、朱培民等加入球队。这支专业乒乓球队的编制属上海体育学院竞技指导科乒乓班,故发了白底红字的"上海体育学院"校徽。

　　[注]队员在竞技指导科还要学习文化,课程有语文、生理解剖、运动医学及专项体育理论等,当然,主修还是乒乓球,且训练设施、器材等都大为改善。开始队里没有教练,也就没有训练计划。好在杨瑞华曾参加国家队的集训,知道正规训练的套路,便加强基本功的训练。一个球要打上几十个回合,一场训练内容练下来,他汗流浃背,气喘吁吁,因为毕竟"打野球"出身,更多的时间还是打计分比赛。杨瑞华控球落点好,反手发力推挡和正手攻直线技术堪称一绝。徐寅生善于观察和学习,球路变化多,在相互对抗中,今天你胜我,明天我胜你,不仅吸取了对方的长处,战术意识也明显提高。以后,国手杨开运回上海担任教练,队员每天清晨跑步二三千米,接着上、下午技术训练,加上身体素质专项训练,技术、体力大有长进。

　　□ 张燮林初中毕业时,与一同学考取了陕西省西安市气象干部学校,临行前仍把球板放进了行李箱。因张燮林是家中老大,又觉得气象学是一门新兴科学,在西安上学时,他很用功。

后上海同学告知西安钟楼"青年会"有高手打球,催促张燮林去交手,张自然大胜而归。后来,因气象干部学校从市区迁入郊外,上海籍同学都不太适应,张燮林打球的念头占了上风,就与同学退学回沪,进入上海轮机厂。

1958年

1月18日

□ 陆汉俊在《文汇报》发表文章《从学校开始培养乒乓球新手》。文章称：近年来我国乒乓球运动已挤入世界前五名行列，但与世界冠军日本比较，还相差一段距离。故建议必须广泛开展少年乒乓球运动，从学校中培养新手。

［注］文章建议利用寒暑假举办大、中、小学（按年龄划分青年、少年组）的比赛；各地举办青少年乒乓球业余训练班，分两年制和三年制；少年宫和少年之家可举办幼童乒乓球学习班等。

2月8日

□ 陈霖笙在《文汇报》发表文章《乒乓球史话》。

［注］文章称：乒乓球运动由英国流传到世界各国。1900年，英国第一个成立乒乓球联合会，中国是在1923年成立乒乓球组织。1926年，国际性的乒乓球组织成立，并在伦敦举行了第一次会员代表大会，有奥、捷、匈等九国派遣乒乓球运动员参加竞赛。此后，每年春天在各个国家轮流举办竞赛。乒乓球运动在中国已经有40多年历史，当时在上海、天津、广州等几个大城市比较普遍。解放后，乒乓球运动在群众中普遍开展，技术水平获得空前的提高。1953年我国第一次参加第20届世界乒乓球锦标赛。1957年参加第24届世界乒乓球锦标赛，我国男子队被评为第一级第四

名，女子队被评为第一级第三名，成为世界第一流的队伍。

2月15日

□ 有一种乒乓球打铃游戏，即在桌子中央搭三脚架一座，中间悬铃一只，正好碰到桌面上。从桌边用球拍侧面打球，假使乒乓球能打响铜铃就能得奖。

2月20日

□ 国际乒乓球联合会公布18名世界优秀男女乒乓球运动员的名单。男女第一名都为日本运动员。中国运动员王传耀和孙梅英分别列为男女第七名。

3月7日（至12日）

□ 上海、北京、天津、沈阳、广州、太原、武汉、重庆、合肥等全国九城市乒乓球锦标赛在上海市体育馆举行（共13支球队），全国优秀运动员云集。上海市代表队的第一队由杨瑞华、徐寅生、王传祺、曹自强、杨开运和女选手池惠芳、朱培民、张秀英、陈应美等组成。新近从香港回来的容国团代表广州队出战。广州男队以5比4战胜北京一队夺冠，容国团连胜去年全国前三名的王传耀、姜永宁和庄家富。团体比赛中，代表上海的徐寅生赢了王传耀和容国团，在单打比赛中却出了"洋相"。

［注］单打比赛中，徐寅生进入前8名，将同一队员争进前4，若胜，半决赛的对手是王传耀。徐看错了比赛日程表，便向杨开运教练请假去大光明电影院看电影。新片上映一半，见一工作人员举着"徐寅生外出"的亮灯牌子走来。徐知不妙，冲出门外，直奔赛场。待他赶到体育馆时，裁判长正全场广播：徐过时不到

作弃权论。那天的电影片名是《暗无天日》。第二天,《新民晚报》体育版刊发小秀的文章《看戏误比赛,徐寅生辜负众望》。

《新民晚报》刊登的文章

3月13日

□《新民晚报》刊登上海公私合营华联乒乓球厂的蝴蝶牌乒乓球广告。

《新民晚报》刊登的广告

4月中旬

□ 应邀来我国访问的匈牙利国家乒乓球队与北京乒乓球队举行友谊比赛。第一场，王传耀以2比1击败欧洲单打冠军别尔切克。傅其芳以2比1战胜去年匈牙利单打冠军杰特维。第二场，傅其芳、王传耀、姜永宁以5比2得胜。王传耀再败别尔切克。

国家乒乓球队和匈牙利队在北京比赛，上海籍选手王传耀和傅其芳以2比0战胜匈牙利的别尔切克和布尔尼

4月22日（至26日）

□ 匈牙利国家乒乓球队抵沪，其中有欧洲男、女单打冠军别尔切克和高基安等名将。在市体育馆，匈牙利队与上海队进行三场比赛，获得总分全胜。其中，只有上海队的徐寅生击败今年欧洲男子单打亚军杰特维和左手横板的福尔迪。刘国璋也战胜杰特维一场。

4月29日（至5月7日）

□ 中国著名乒乓球选手王传耀和邱钟惠应苏联部长会议体

育运动委员会邀请,去苏联参加国际乒乓球锦标赛。结果,王传耀第四次击败欧洲冠军别尔切克,获得男子单打冠军。王传耀同邱钟惠还取得了男女混合双打的冠军。

5月14日(至15日)

□ 德意志民主共和国乒乓球队抵达上海,在市体育馆与上海队举行友谊比赛。在九场单双打对抗赛中,上海队以8比1获胜。其中,徐寅生以2比1战胜了去年世界乒乓球单打第三名席乃德尔。

5月22日

□ 上海体文公司和上海市体委联合举办体育运动器材展览会。华利厂光荣牌三花乒乓球和中国乒乓公司的连环牌乒乓球,均赶上英国的"海立克斯"牌乒乓球。

5月

□ 杨瑞华作为中国青年乒乓球队的成员访问朝鲜。

中国乒乓球博物馆收藏的光荣牌与连环牌乒乓球

6月27日

□ 刚由朝鲜回国的中国青年乒乓球队徐寅生、容国团、李仁苏等,为北京体育跃进月作表演赛,以5比3战胜北京队的王传耀、姜永宁、傅其芳。其中,徐寅生连胜王传耀、傅其芳。

7月5日

□ 全市乒乓球联赛在体育宫举行,参加单位有18个区的代表队及嘉定县队。上海的乒乓好手,除上海红队不参加外,已全部参加。

8月17日

□ 为了普及基层体育活动和提高运动员成绩,国家体委重新修订了运动员等级标准,从8月1日起实行。例如,乒乓球有30人以上比赛,就可产生3个三级运动员。最近,矿山机器厂举行300多人规模的乒乓球赛,将有一批等级运动员出现。

8月20日

□ 中国奥林匹克委员会(中华全国体育总会)秘书长张联华在北京举行的中、外记者招待会上,宣布中国奥林匹克委员会(中华全国体育总会)为了抗议国际奥林匹克委员会和其他八个国际体育组织非法承认台湾体育组织,已经在19日写信给国际奥林匹克委员会,国际游泳、田径、篮球、举重、射击、摔跤、自行车联合会及亚洲乒乓球联合会,正式宣布不承认国际奥林匹克委员会,断绝同它的一切关系;并且退出上述的国际体育组织。

[注] 中国奥林匹克委员会(中华全国体育总会)在北京宣布

了关于不承认国际奥委会，断绝同它的一切关系的声明。声明说：1949年中华人民共和国成立后，中国原来的体育组织"中华全国体育协进会"即改组为中华全国体育总会。1952年我国分别写信给国际奥委会等国际体育组织，告知前"体协"已改组，要求确认中华全国体育总会在国际体育组织中的合法地位。但是国际奥委会在帝国主义分子的把持下，制造"两个中国"的阴谋。对此中华全国体育总会表示坚决反对。

8月23日

□ 全国二十一城市少年乒乓球锦标赛结束。广州少年选手华胄和武汉选手钟友香分别获得男、女冠军。男子组亚军是北京的郭仲恭，第三名是上海的李富荣，北京的庄则栋居第四名。

［注］在本届锦标赛的大会上，李富荣拿着写好的稿纸念道："要破除迷信，解放思想，争取在最短时间内，技术上要达到容国团、王传耀等人的水平，将来也要像容国团、王传耀一样为祖国争取荣誉……"

9月11日

□ 第一届全国运动会将在明年9月中旬在北京举行。运动会的筹备委员会于9日在北京正式成立。筹备委员会号召全国运动员和体育爱好者，在广泛开展群众性体育运动的基础上，努力提高运动技术水平，不断创造新纪录，以发射更多、更大、更高的体育"卫星"的行动，庆祝伟大的中华人民共和国成立十周年。国务院副总理兼国家体育运动委员会主任贺龙担任筹备委员会主任。

［注］筹备委员会在北京举行了第一次会议。贺龙副总理在筹

委会成立会上发表讲话：政治挂帅，打破迷信，是当前体育事业"大跃进"的关键。体育事业必须接受党的领导，实行政治挂帅，否则将一事无成。体育工作者和运动员人人都要插红旗，拔白旗，做到又红又专。当前重要的问题是对运动员、教练员加强政治思想教育，提高他们的共产主义觉悟，清除资产阶级思想。他批判了体育工作中的保守思想，以及教条主义、形式主义、"条件论"和"体育不能跃进"等错误思想观点。

9月21日

□ 上海为选拔运动员参加明年在北京举行的第一届全国运动会，将进行两次大规模的运动会，第一次是10月开幕的上海市秋季运动会，第二次是明年5月举行的全市运动会。本年上海市秋季运动会的竞赛项目共有25项，其中有少年乒乓球比赛。

□ 上海市秋季运动会定于10月12日到31日举行。参加这次运动会的有14个区、4个县和上海体育学院共19个单位，竞赛项目有25项，共150个单项。参赛的运动员有8000名左右，有4000名运动员参加表演。

［注］此为上海体育史上规模最大的运动会。国民党统治时期在上海举行的七届全运会，竞赛项目有8个，运动员只有2000多人。如果把国民党统治时期举行过的7次全运会比赛和表演的运动员加起来，也不到1万人。而上海的这次运动会参加比赛和表演的运动员就有1.2万人左右。再拿帝国主义把持下的第十六届奥运会来比较，比赛项目也只不过16个，只有4000名运动员参加。

10月8日（至12日）

□ 在广州举行的全国乒乓球锦标赛团体决赛中，上海乒乓球红队（出场队员为徐寅生、杨瑞华和李富荣）连续以5比3打败了北京红队和广东红队，上海女队（出场队员为池惠芳、朱培民和张秀英）则以3比1击败了北京红队，第一次双双获得了全国乒乓球团体赛冠军。在单项决赛中，容国团击败姜永宁获得男子单打冠军，叶佩琼战胜孙梅英夺得女子单打冠军。女子双打冠军为上海队的池惠芳、朱培民组，混合双打冠军是王传耀、孙梅英组。

[注]上海队杨瑞华、徐寅生、李富荣在乒乓界被称为"三剑客"。每当外国球队来访，上海队多以绝对优势取胜。不久，"三剑客"被吸收进了国家队。杨瑞华和徐寅生成为在联邦德国多特蒙德举行的第25届世乒赛团体赛中国队成员。国家体委、中国乒协决定在北京组织集训，国家队的集训很正规，除了技术、身体训练，还要定计划，比作风，每到周末开展评比。优秀是"红旗"，较好是"红星"，其次"红花"，最差插"白旗"。红旗最多的是王传耀，

1958年广州全国比赛上海队合影。前排左起：张秀英、朱培民、池惠芳。后排左起：杨瑞华、王传祺、李富荣、徐寅生、凌怡辰（领队）

徐寅生有"红花",有"红星",最后评上了"红旗"。

国家队教练傅其芳到上海选人。试着与李富荣打一局,李富荣输了还要求再打一局。傅其芳当场问李富荣:愿不愿意去北京?年底,李富荣和徐寅生一同坐火车去北京报到。徐寅生进国家队,李富荣进青年队。

10月18日(至22日)

□ 上海市秋季运动会的少年乒乓球比赛结束,邑庙、新成两区分获男女团体冠军。新成区郑敏之荣获女子单打冠军,邑庙区余永年荣获男子单打冠军。

[注]据《新民晚报》消息,秋运会的少年乒乓球赛有三位少年乒乓新手前途无量。新成区12岁的郑敏之,参加女子四个项目保持常胜,获得单打、双打、混合双打、团体赛四项冠军。两位男少年则是余永年和浦东的于贻泽。另,获得市少年单打第三名的是余长春,他进入了上海体育学院预科班(高中)。

10月28日

□ 市体委主任杜前在《文汇报》发表文章《继续展开体育运动中兴无灭资的斗争》。

[注]文章摘录如下:在全市广大群众中,参加体育活动已经形成热潮。全市高校在校学生已全部通过劳卫制;青少年业余体育学校已发展到1500所,学生十万多人。上海乒乓球在全国比赛中获得男女团体赛冠军,这说明上海的体育运动正在迅速地改变着面貌。不容忽视的是,上海体育运动还存在不少严重的问题。主要由于体育运动中资产阶级的思想观点还有市场,所以,根据市委的指示,在运动队中建立政治工作制度,建立党、团的领导

核心，每个运动队都要配备政治指导员，坚决反对专家路线，必须使党的领导、无产阶级思想在体育活动中永远成为统帅地位；反对资产阶级个人主义的名利思想，树立起为集体、为祖国、为人民、为社会主义争荣誉的思想。

12月11日

□ 据《新民晚报》消息，最近，中华人民共和国体育运动委员会批准了一批国家级裁判员和健将级运动员。上海籍乒乓球运动员有杨瑞华、徐寅生。

12月24日

□ 据《体育报》消息，中国乒乓球协会于12月21日在北京宣布：中国乒乓球队已报名参加1959年3月27日至4月5日在联邦德国多特蒙德举行的第25届世界乒乓球锦标赛。

12月25日

□ 上海《新民晚报》转载《解放军战士》署名红奇的文章《时间的主人——毛主席的工作、学习和生活点滴》。文中记载毛主席晚上办公至深夜，他还常常打一会儿乒乓球。主席接球准，回球快而猛，因此，对方常常输给他。有一次打球，我们的好手林克同志把球扣过来，主席敏捷地击回，使对方措手不及又输了一球。主席鼓舞他说："林克同志，你可别

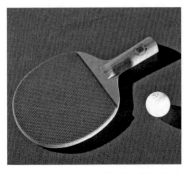

打乒乓球成为毛主席的生活习惯，图为毛主席在20世纪60年代使用的红双喜牌球拍和乒乓球

灰心呀！"

12月31日

□ 上海体育宫举行迎新乒乓球表演赛，上海组织优秀乒乓球选手16人分头对抗。结果，最精彩的比赛是，薛伟初以2比1战胜康泰兆，王传祺以2比1击败刘国璋。

本年

□ 全国呈现"大跃进"局面，各行各业表示赶超世界先进水平。市体委在文化广场召开大会，各项目代表上主席台表决心。杨瑞华代表乒乓队发言，提出上海乒乓球队两年内获得全国冠军，个人在世界比赛中进入前八名。

［注］当时，上海乒乓球队很年轻，杨瑞华21岁，徐寅生20岁，李富荣才16岁。大家训练非常刻苦。李富荣吸取了杨瑞华和徐寅生的长处，且更加勇猛。上海队的整体实力上新台阶。所以，上海队提出的奋斗目标，既有国外国内比赛的实战基础，也证实了这是一支有雄心、能吃苦的队伍。

全国"大跃进"中，国家乒乓球队顺势而动。第一，实行大运动量训练，大幅度增加了运动量。第二，技术训练和身体训练同时进行。原来每周上午技术训练6次，每次两小时共12小时。现增加到每周上午技术训练6次，每次三个半小时共21小时。下午增加技术训练每周6次，每次一个半小时共19小时。总训练量翻了一倍还多。同时，取消每周半天的积极休息，改革为训练。中国乒乓球队从1958年开始一直坚持大运动量训练原则，不断提高每堂训练课的质量。

□ 上海队的阵容中，除徐寅生、杨瑞华在国家队，李富荣

上海乒乓球运动纪事录（1949—2024）

在国家青年队，还有张燮林、刘国璋、薛伟初、杨永盛、于贻泽、曹志强、王传祺等一批名将。其中，张燮林在全市的比赛中拿了冠军，入选全运会团体赛名单。集训期间，张燮林的工资是汽轮机厂发的。不久，领队对张燮林说：在上海培养一个二级工可以有一大把，要找张燮林则没有第二人了。这样，张的人事关系便转入市体委。

□ 郑敏之进了上海队，队友有李赫男、林慧卿、张秀英等。

□ 李赫男在上海市少年乒乓球比赛中获得女子单打第六名。教练认为：李没有经过少年业余体校的正规训练，能打到第六名，定有打球才能。年底，李赫男入选上海市乒乓球代表队。

［注］李赫男自述：记得曾路过市体育宫，看到体校招生的广告。之所以没有去打探，是因为家离得较远。后来才知道郑敏之等都是进校训练的，不仅路费全部报销，还有一定的补贴。

□ 黄锡萍入学有乒乓球特长的巨鹿路第一小学。学校的操场很小，乒乓球台放在教室里面，楼上一张，楼下两张，还有一张放在天井里。课间休息时，大家奔跑着去抢台子。体育老师纪大成发现并开始培养黄锡萍。

［注］巨鹿路第一小学校队是上学之前和放学以后进行训练，周日不放假。平时训练、比赛，都由纪大成老师带进带出。黄锡萍喜欢打乒乓球，时常早饭不吃就往学校跑，妈妈还来学校送早饭。黄锡萍曾打直板攻球。校队训练时，纪老师楼上楼下来回跑。黄锡萍乘老师走开就换成横板打削球，多次受到纪老师的批评和训斥。终于，纪大成老师同意黄锡萍改打削球。黄锡萍确实喜欢打削球，也是靠打削球进了国家队。

1959年

1月5日

□ 上海乒乓球队与江苏乒乓球队举行公开比赛。上海挑选了郑敏之、余永年等新手上阵。此为这批后起之秀第一次代表上海参加比赛。两人在比赛中均获胜。

1月12日

□《新民晚报》发表文章《上海乒乓队迈步前进》。该文称：上海乒乓球队的平均年龄为19岁，新手较多。目前，在"力争在全运会做出贡献"的鼓舞下，正以豪迈的步伐前进。

1月14日

□ 王传耀在《文汇报》发表文章《政治——胜负的决定因素》。

［注］文章称：我们都是从旧社会过来的，或多或少受了一些旧社会的影响，常常被那些吃得好、穿得好、名气大的、为资产阶级服务的、什么有名的运动员的生活方式所迷惑，只知打球，不问政治，于是，个人主义、骄傲自满、自高自大便严重地产生了，而恰恰是这些东西直接影响了技术的提高。我记得参加青年联欢节的比赛回来后，由于获得了一些成绩（单打第三名，混合双打第二名），思想上就产生了骄傲自满，在生活上也表现得有些

特殊，对同志们的意见，不仅不虚心接受，反而有不满情绪，结果成绩走了下坡路，立即"摔"了下来，在1955年的全国比赛中打了第六名。从以上问题可以看出，一多优秀的运动员不仅要经得起失败，而且还要经得起胜利的考验，同时也看出骄傲自满会给我们带来多么大的损失。要做到不骄不傲，那就要政治挂帅，首先要明确任务的重要性和奋斗目标——要拿世界冠军，为祖国争光。这就必须克服一切个人主义思想，树立为人民服务的思想，戒骄戒躁，刻苦钻研，努力锻炼。

1月26日

□ 国家体委批准28名运动健将，其中上海籍乒乓球运动员有池惠芳、张秀英。

2月4日

□ 今晨，参加第25届世乒赛的中国乒乓球队离京出国。中国乒乓球队男队员8人为王传耀、容国团、庄家富、姜永宁、胡炳权、徐寅生、杨瑞华、李仁苏。女队员3人为孙梅英、叶佩琼、邱钟惠。

2月8日（至9日）

□ 春节期间（初一、初二），上海优秀乒乓球选手在市体育馆举行两场表演比赛。出场的运动员有郑敏之、李赫男、陈应美、池惠芳、康泰兆、张燮林、何适钧、黄荣基、薛伟初、王传祺、刘国璋等。

2月11日（至18日）

□ 中国乒乓球队应邀在布达佩斯参加匈牙利的全国乒乓球

锦标赛（单项）及两国国家队的团体赛，王传耀表现突出，两次三战三胜，击败欧洲冠军别尔切克、世界著名选手西多和福尔迪，并获得单打冠军。杨瑞华和徐寅生也多有胜绩。王传耀的父亲、乒乓球国家裁判、邮电工人王惠章寄语儿子：认真学习，鼓足干劲，进一步提高技术水平，在世界乒乓球锦标赛中取得更大的成绩。

［注］据杨瑞华自述，当时，单项比赛进入前四名的是两个匈牙利人（别尔切克、福尔迪）和两个中国人。杨瑞华在上海曾两度输给别尔切克，领导做出了半决赛让球给王传耀的决定。杨瑞华曾表示技术上已有进步，应该给一个冲击的机会，领导说王传耀的把握大，中国荣誉第一。杨瑞华说："这是我第一次让球。"后在民主德国、捷克和中国的三国联赛中，杨瑞华一路过关斩将，获得男子单打冠军。庄家富教练给予好评，杨瑞华进入了团体赛主力名单。

2月19日

□ 最近，本市各区、县及产业系统之间展开乒乓球对抗赛。其中，六个产业系统对抗赛（港务、邮电、铁路、公用、交通运输、建筑）和五单位对抗赛（黄浦、新成、虹口、浦东、港务）最受观众欢迎。六个产业系统对抗赛的团体赛女子冠军已由邮电获得。男子冠亚军则在港务与铁路之间对决。五单位对抗赛中，团体赛女子团体冠军为浦东队，亚军为黄浦队；男子冠军为港务队，亚军为黄浦队。

3月7日

□ 国际乒联宣布第25届世乒赛的种子选手名单。其中，王传耀和容国团分别列为男子单打第四号和第五号种子。王传耀和杨瑞华为男子双打第四号种子。邱钟惠和孙梅英分别列为女子单打第五号和第八号种子。她们两人还是女子双打的第四号种子。男、女混合双打王传耀和孙梅英为第四号种子。

3月10日

□ 今年，本市体育和文娱器具产量和产值都比去年有所增长，如钢琴生产2000架，比1958年增长近两倍；乒乓球37.0347万罗（每罗144只），增长162.16%。

3月17日

□ 上海市乒乓球选拔赛结束。新成区戴龙珠和黄浦区47岁的欧阳维获得冠军。女子双打冠军为闸北区的戴明珠、闻丽贞，男子双打冠军为嘉定县的王锦华、方明康。这些优胜的男女选手将和上海市队进行比赛，然后选出上海市代表队，参加在南京举行的全国乒乓球分区赛。

3月27日（至4月5日）

□ 第25届世乒赛在联邦德国的多特蒙德开幕。中国男、女乒乓球队获得小组第一后，在团体赛复赛中，我男队负于匈牙利队（我国出场队员是王传耀、杨瑞华和容国团。匈牙利队的别尔切克连下中国队三城），失去了与日本队决赛的机会。我女队则败于日本队、南朝鲜队。我国男、女乒乓队双双获得第三名。男子单打比赛中，徐寅生击败第三号种子选手、全日本冠军成田；杨瑞华连克瑞典、南斯拉夫等五个国家的冠军。结果，徐、杨分别在争前八、前四时输给美国的怪板选手迈尔斯。

当容国团相遇迈尔斯时,杨瑞华、徐寅生很有效地提出"打搓球"的建议。容国团终于连克迈尔斯和匈牙利的西多,获得第25届世乒赛男子单打世界冠军。这是新中国历史上夺得的第一个世界冠军。容国团说:"我所以在这次比赛中能够取得胜利,根本原因是平时党对我的培养、教育和祖国社会主义建设'大跃进'对我的鼓舞。"

[注]徐寅生认为:在第25届世乒赛中,除中国队容国团获得男子单打金牌外,日本队包揽了其余六项的全部金牌。就此证明,世界乒乓球运动的技术优势成功地向亚洲转移。而容国团获得了男子单打世界冠军,标志着中国队的崛起。中国乒乓球界永远记住这个日子。

据庄则栋自述,容国团在一次会议上说:"我要在一年内夺取全国冠军,三年内夺取世界冠军!"当时,我和李富荣都在场,背后相对一笑,说他吹牛。然而,容国团在1958年的全国锦标赛中夺得了全国冠军;在1959年第25届世乒赛中夺得世界冠军。这对整个中国乒坛是极大的震撼。我和李富荣也弃燕雀之小志,钦佩他、赞美他、敬重他,同时,又英雄所见略同地相对一笑说:他能拿世界冠军,我们也要拿世界冠军!

□ 在联邦德国多特蒙德举行的国际乒联第25届会议上,我国代表团正式向国际乒联提出举办第26届世乒赛的请求。国际乒联主席蒙塔古说:早就希望中国能举办一次世界锦标赛了。结果,代表大会以37票对5票,通过该赛于1961年在北京举行的决议。

[注]该届赛事原定由埃及举办,蒙塔古做了协调工作后,埃及表示放弃。在审议中国乒协的申办时,有些国家的协会担心中国缺少办大型比赛的经验和正规比赛场地。蒙塔古先生说:"中国

上海乒乓球运动纪事录（1949—2024）

举行一次全国性比赛，它的规模与举行一次世乒赛就差不多。中国有丰富的组织工作的经验。至于比赛场地，中国人聪明能干，造一个标准比赛场地是不成问题的。"因蒙塔古先生的积极促成，国际乒联终于批准在中国北京举办第26届世乒赛。

4月7日

□ 中国乒乓球协会主席、中国乒乓球代表队领队陈先发表谈话：中国乒乓球队在这一届世乒赛中有显著进步。更重要的是，容国团取得了世界冠军的光荣称号。同时，在男子团体赛和混合双打中取得了第三名。四名男子运动员进入了前八名。中国女子运动员保持了去年的成绩。邱钟惠名列单打第三名。这些成绩说明中国乒乓球队进入新的发展时期，成了世界强队之一。

［注］陈先强调指出：这些成绩的取得，首先是由于祖国人民、党和政府对我们的关怀和支持。在比赛中，每一个运动员一

第25届世乒赛在联邦德国多特蒙德举行，容国团（左二）夺得男子单打世界冠军。中国男、女队获得团体项目第三名

中国队参赛运动员的合影。王传耀（左五）、杨瑞华（右一）、徐寅生（左二）和孙梅英（左六）为上海籍运动员

想到我们伟大祖国的时候,就会产生无穷的力量。例如,王传耀虽然右臂曾在一个多月前扭伤,最近伤势复发,但仍然坚持到底,发挥了他应尽的力量。

4月12日

□ 世乒赛后,中国乒乓球队参加苏联在列宁格勒主办的国际乒乓球锦标赛。据《新民晚报》报道,男子单打由中国选手容国团与杨瑞华争夺冠军,"战况紧张炽烈,杨瑞华奋勇救出许多势在必失的险球,他的斜线长抽也给世界冠军极大威胁","但在斗智上杨瑞华棋差一着,以1比2失利",容国团荣获男子单打冠军。

[注] 杨瑞华自述:当时,是我和容国团打进决赛。领导说:你不能再赢容国团了,他刚刚拿了世界冠军,你赢了,他不成了隔夜冠军啦。结果,我让了他。冠军奖杯是个大花瓶,他要把奖杯送给我,我没要。

4月24日

□ 下午,首都4000多名青年在北京体育馆集会,欢迎中国乒乓球队载誉归来。国务院副总理陈毅和共青团中央第一书记胡耀邦出席欢迎会。陈毅勉励运动员们勤学苦练,争取在更多运动项目方面取得优异成绩。胡耀邦号召青少年锻炼身体,各级共青团组织应经常发动青少年参加体育运动。中国乒乓球代表队领队陈先和运动员代表、世界冠军容国团在会上表示:一定不辜负党和祖国人民的殷切期望,决心为祖国争取更大的荣誉。

□ 晚,周恩来、陈毅、贺龙在北京饭店接见中国乒乓球代表队。周总理祝贺容国团的胜利,他说,中国乒乓球队夺得男子单打世界冠军,全世界都震动了。容国团说,很高兴为国家尽了一点力量,这应该感谢党的培养和人民的期望。在谈话中,贺龙副总理说:我们的乒乓球队不但要在技术上创新,走在世界前列,在政治思想上也要过硬。下一届世界乒乓球锦标赛在我国举行,希望你们能拿到团体冠军!贺龙还宣布:这次有36个国家赞成中国举办,只有日本、南朝鲜、南越反对,两票弃权,美国也投了我们一票。

[注] 在这次宴会上,当荣高棠向贺龙介绍徐寅生时,贺龙高兴地与徐寅生握手,连声说"好"。这是徐寅生第一次见到周总理。周总理特意把徐寅生招呼到身边,为徐战胜了日本冠军成田而干杯。

4月25日

□ 容国团获得世界乒乓冠军的消息传开来后,乒乓运动开始了兴盛的时期。去年第四季度,全国各地向上海采购乒乓球数量为2万多罗(每罗144只),今年第一季度,全国向上海采购数量激增到15万多罗。上海的乒乓球销售量比去年第四季度增加了30%—40%。今年第二季度,乒乓球厂的生产指标,要比第一季度提高四倍。又,去年上海有7000多个基层乒乓球队,涌现了2.5万多个等级运动员,其中有28名一级乒乓运动员。今年四个月中就有22名一级运动员产生,二级、三级运动员就更多了。

□ 容国团夺得世界冠军后,上海巨鹿路第一小学决定打造乒乓特色,因全校仅有一张乒乓球台,便掀起了乒乓球"五块板"(搁板、门板、铺板、地板和洗衣板)活动热潮。

巨鹿路第一小学的学生在校门外菜场的搁板上打乒乓球

4月30日

□ 上海《新民晚报》发表李仁苏的文章《党帮助了容国团成长》。

[注] 文章称：容国团夺得世界冠军是党的关怀培养、同志们的帮助和他自己勤学苦练的结果。容国团生长在香港，因家境困难出来做工染上了肺病。1957年，容国团回到广州。党给他很好的休养和治疗条件，使他恢复了健康。党又为他提供了良好的训练条件，技术突飞猛进，去年在九城市锦标赛和全国锦标赛中取得了冠军。去年11月，他被批准加入共产主义青年团。

4月

□ 林慧卿乘邮轮经香港抵广州，再坐火车到上海。上海队教练看了林慧卿的打法后，立即决定录取。她原来在雅加达同益社打球的时候，只有一张球台，球员轮流打。时下，上海队的训练馆摆放着十几张球台，球员们一起练基本功，林慧卿大开眼界。

5月6日

□ 晚,毛泽东在刘少奇、朱德、贺龙等的陪同下,在中南海怀仁堂接见中国乒乓球队。当毛主席与徐寅生握手时,国家体委副主任荣高棠介绍:这是徐寅生,在这次世界锦标赛中战胜了日本全国冠军成田,毛主席听后笑了。毛泽东还观看了女子单打(孙梅英对叶佩琼)、男子单打(容国团对姜永宁)等汇报表演。表演结束后毛泽东和运动员合影留念。

□ 为迎接第一届全运会,第二届全军运动会在北京召开,至16日结束。空军代表队获得乒乓球项目男子组冠军和女子组亚军。空军队领队肖舟曾是上海中国基督教青年会高中组冠军。1944年,在中共地下党的安排下,离开上海前往新四军所在的安徽抗大分校。解放战争期间,他曾参加淮海战役、渡江战役和解放上海等战役,新中国成立后曾获华东军区乒乓球赛冠军。

上海私立青年会中学扬名级高中毕业同学合影,第二排右二为肖舟

1959年

空军队乒乓球队合影,前排左一为领队肖舟

5月7日

□ 据"新闻电影"消息,中国乒乓球队来到新影厂观看纪录片《夺取世界冠军》。影片记录了容国团和匈牙利选手西多争夺冠军的决战,以及球队荣归抵京受到首都人民热烈欢迎和队员们刻苦练习的情景。

5月16日(至20日)

□ 捷克斯洛伐克乒乓球队抵达上海。这次陪同来沪的有由周兰荪、庄则栋、李富荣等组成的中国青年队。捷克斯洛伐克乒乓球队在沪共进行了三次比赛,两次战胜上海队,一次负于中国青年队,之后离沪去广州访问。

5月29日(至31日)

□ 中国乒乓球队从天津抵达上海,队员有容国团、姜永宁、杨瑞华、徐寅生、庄家富、李仁苏、胡炳权、邱钟惠、叶佩琼等,孙梅英已先行在沪。30日,5000多名上海体育工作者和运动员在江湾体育馆集会,欢迎载誉归国的国家乒乓球队。世界冠军容国团致答词:我们所以能在世界锦标赛中取得一些成绩,根本原因是由于党的培养和关怀以及全国人民对我们的支持,使我们在比赛中增加了力量。今后我们一定记住党的教导,不断地提高政治思想和技术水平,为祖国争取更大的荣誉。欢迎会后,国家队选手们进行了三场男子单打、一场女子单打、一场男子双打表演赛。场场打得紧张、激烈,场场都以2比1的比分决定胜负。

[注]在江湾体育馆进行比赛时,在国家队教练傅其芳与上海队教练陆汉俊排的名单中,张燮林正巧对上容国团。张燮林胜了第一局后,陆汉俊传话,上海分管体育的宋季文副市长表态:容国团刚获世界冠军,上海选手不能赢的。张的后两局便"放"掉了。国家队离沪时,送行的张燮林在月台上问姜永宁:怎么才能把削球打好?姜径直往前走,张燮林这才感觉所问题目太大了。眼看到车厢门了,姜永宁回过头来对张说:打削球,不管对方过来什么球,你都要拼命地去救!这个提醒促使张燮林在赛场上顽强拼搏。在后来执教时,张燮林在场上写了横幅:"没有攻不死的球,也没有防不住的球。"

6月2日

□ 据《劳动报》报道,国家乒乓球队访问上钢一厂,参观了平炉、高炉和开坯车间。国家队为上钢一厂、二厂、三厂、五厂、新沪钢铁厂、国棉八厂、吴淞煤气厂等40多个单位的2000余名工人代表作了四场单打表演。表演结束后,上钢一厂把上海第一座高炉炼出的第一块生铁献给国家乒乓球队，并祝他们为祖国争取更大荣誉。国家队表示要学习工人老大哥的干劲和崇高的共产主义风格，进一步提高技术水平，攀登世界乒乓球的顶峰。

□ 下午，国家乒乓球队在市体育馆为少年儿童打表演比赛。先由少年乒乓球运动员李赫男对韩洁明、余长春对余永年作了两场对抗比赛，获得了国家乒乓球队的赞许。

6月3日

□ 晚，国家乒乓球队在市体育馆为千余名上海市人民代表大会代表和列席代表作表演。中共上海市委书记处书记、上海市副市长曹荻秋等接见了全体队员，并观看表演。在六场表演赛中，以徐寅生对杨瑞华和容国团对姜永宁的两场单打最引人注目。

6月14日

□《文汇报》发表陆平、陆汉俊的文章《成就来自集体，光荣归于祖国——记乒乓球世界男子单打冠军容国团》。文章称：当容国团与美国选手迈尔斯第七轮相遇时，容国团一板板地抽杀过去，都被迈尔斯低低地削过来，以1比2落后。临场指导召集了紧急会议，曾在第五、六轮输给这位美国冠军的徐寅生和杨瑞华发言，"决不能让阿团走我们的老路"，应该改用多种变化搓球的办法。结果，局势逆转，容连胜两局，取得决赛权。

［注］《新民晚报》发表署名泉铭的文章《归功于党》。文章称《文汇报》上《成就来自集体，光荣归于祖国》一文认为，容国团

成为乒乓球单打世界冠军,是"产生在这样一个无私友爱的集体中","可贵的还在于他对'荣誉属于谁'的问题认识很正确"。在现实生活中,如果把"有一套""有两套"作为一种"资本",又把获得的荣誉和成就完全看成是个人的话,那么这显然是十分错误的。

6月23日

□ 据《新民晚报》介绍,"球拍医院",即沙市二路中央商场乒乓球拍修理处,已有好几年历史。每天,有数以百计的乒乓球爱好者拿着不同"毛病"的球拍来"求医"。乒乓球运动健将池惠芳有一块胶皮球拍,就在这里开过七次"刀",割成七个小块拼起来。

《乒乓球》书影

6月

□ 姜永宁、孙梅英夫妇出版著述《乒乓球》。

7月22日

□ 为备战全运会,上海市乒乓球队将进行测验实力的比赛。市队五员女将朱培民、戴龙珠、陈应美、林慧卿、池惠芳和六位男儿刘国璋、张燮林、曹自强、王传祺、陈时中、薛伟初将进行单循环决战。

7月25日(至8月5日)

□ 上海市少年乒乓球锦标赛在体育宫开战,14个区、246

名男女少年选手参赛。比赛分15岁到17岁和14岁以下二组进行。结果,邑庙的余永年、毛丽华,长宁的周亨业,卢湾的周一玲分别夺得各组冠军,徐汇的谷天华、杨浦的李赫男、卢湾的葛海珊、新成的张黎分获各组亚军。

7月31日

□《新民晚报》发表文章《球儿的历史——连环牌乒乓球卅年间的变化》。文章称:中国乒乓公司制造的连环牌标准乒乓球牢度强、圆度、弹力、密缝、重量等方面都已经接近国际水平。

[注]该文介绍:大约在1931年,日本东京乒乓球队来上海比赛。中国乒乓联合会向日本队提出,比赛应采用中国制造的连环牌乒乓球。日本队表示中国乒乓球质量差,坚持用日本货PA牌乒乓球。联合会将连环牌、PA牌乒乓球解剖检验,证明两种牌子的乒乓球质量不相上下,日本队才同意在中国比赛时采用连环牌乒乓球。连环牌乒乓球初次在国际性比赛中使用后名声大振。可连环牌乒乓球的原料赛璐珞片仍依靠从日本、德国进口。抗日战争胜利后,美国的赛璐珞片代替了日本货。那时球的价格很高,最高时一两黄金只买二罗(24打)乒乓球。打乒乓的人多了,乒乓球销路大了,吸引了很多人开设乒乓球厂。为了竞争,中国乒乓公司曾出过三十多种不同牌子的乒乓球,这些球是从一个模子里出来的,仅在球上盖上了中华、大中国、全国、标准、新中国、世界等十多个厂号。但乒乓球质量停滞不前,也不再自己研究制造原料。1950年,美昌赛璐珞厂(即现在上海赛璐珞厂)大量试制硝化棉成功。连环牌乒乓球采用自产原料生产,但并不完全符合运动员的要求。1954年的年产量为18罗。1956年,全体工人

职员展开了技术革命，使出厂产品符合规格。1958年年产量达1.58万多罗。连环牌、盾牌乒乓球才开始获得了信誉。目前，连环牌乒乓球不但畅销全国，苏联、罗马尼亚、蒙古国、英国、澳洲、加拿大、伊朗、埃及等十多个国家也向中国乒乓球厂订购产品。

8月5日、11月25日

□ 共青团中央两次发出通知，为推动青少年群众性体育运动的开展，加快提高乒乓球运动水平，迎接1961年在北京举行的第26届世乒赛，号召全国各地广泛组织乒乓球竞赛活动。组织方把容国团打球的动作制成塑料徽章，参赛者人手一枚佩戴胸前。

8月9日

□ 应邀到罗马尼亚作访问比赛的中国青年乒乓球队，同罗马尼亚乒乓球队进行了团体赛。中国男队以5比3获胜，女队以2比3失利。其中，徐寅生三战三捷。

8月17日

□ 第一届全国运动会乒乓球赛的种子选手已经确定。从报名的名单看，北京、广东和上海三队的实力最强。北京队的五名男子选手是王传耀、姜永宁、庄家富、胡炳权和庄则栋，三名女子选手是孙梅英、邱钟惠和叶佩琼。广东队的名单中，有世界单打冠军容国团。上海队的男子选手是杨瑞华、徐寅生、李富荣、薛伟初和张燮林，女子选手是池惠芳、张秀英和朱培民。

［注］杨瑞华为男子单打第二号种子选手，徐寅生为第六号种子选手；在女子单打项目上，上海队的张秀英、池惠芳、朱培民分别列为第六、七、八号种子选手。在男子双打上，上海队的杨瑞华、

徐寅生组为种子选手，在女子双打上，上海队的朱培民、池惠芳组为种子选手。在混合双打上，北京队的王传耀、孙梅英组和上海队的杨瑞华、朱培民组为种子选手。

8月26日

□ 据《劳动报》报道，全运会需要大批的体育用具和器械，包括已准备好的1200打连环牌乒乓球和800多个排球、足球、手球、网球等。

8月

□ 人民体育出版社出版梁焯辉、袁卓编写的《从胜利走向胜利：谈谈新中国的乒乓球运动》。本书纵谈新中国乒乓球运动。

9月19日

□ 第一届全国运动会乒乓球男女团体决赛男子组，上海队以5比4胜广东队。上海队出场队员是杨瑞华、徐寅生和青年选手李富荣。在九场比赛中，上海队的杨瑞华和徐寅生战胜了容国团。

9月20日

□ 上海乒乓球队以5比2战胜北京队，获得了全运会乒乓球男子团体赛冠军。上海队出场的是徐寅生、杨瑞华、李富荣。其中，徐寅生胜庄家富，负王传耀；杨瑞华胜庄则栋、王传耀，负庄家富；李富荣

《从胜利走向胜利》书影

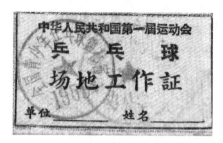

中华人民共和国第一届运动会
乒乓球场地工作证

胜王传耀、庄则栋。

[注]一打记分赛,李富荣的两个眼睛就瞪起来。有的人说他过分计较输赢。李富荣问徐寅生:"平时比赛,瞪起眼睛来,好不好?"徐寅生说:"打比赛就要有非赢对方不可的劲头,你瞪起眼睛来打,说明你认真,好!"

获得第一届全运会团体赛冠军的上海男队成员合影。
左起:薛伟初、杨瑞华、徐寅生、李富荣、张燮林

9月23日

□《劳动报》发表通讯《乒乓王家》,介绍活跃在首届全运会乒乓球赛场上的国家裁判、上海老邮工王惠章和他的儿子王传耀、王传祺。

［注］王惠章是有三十多年工龄的上海老邮工。三十四年前，他每天背着大邮包奔走于大街小巷。那时他唯一的乐趣是到邢家桥路的乒乓房去，后来加入了俭德乒乓球队和邮务乒乓球队，第一战就夺得上海的"联合杯"。抗战胜利后，他还经常担任裁判，博得了体育界的好评与尊敬。解放后，1955年在北京举行的全国乒乓球比赛中，他当了裁判长。1956年底，他被光荣地批准为国家裁判，现在是上海乒乓球协会筹备委员会负责人之一。去年开办的乒乓裁判训练班，他和其他同志一起培养了六七十位二级以上乒乓球裁判。

王惠章的两个儿子，即国家队的王传耀和市代表队的王传祺，都是他培养出来的乒乓球名手。1952年，王传耀考进上海邮电器材厂工作。在这年下半年举行的本市乒乓球选拔赛中，他获得冠

第一届全运会乒乓球裁判员合影。前排左二为王惠章

军,从此在党的不断培养下专攻乒乓球,为祖国争得了光荣。王传祺也是一名出色的乒乓球选手,1954年曾获上海"精武杯"冠军,1955年又获得上海市学生乒乓球赛冠军。王传耀的爱人李燕玲也曾获得1954年北京市女子乒乓球赛冠军。他们替孩子取的名字,就叫做"球"。王惠章一家,真是一个"乒乓家庭",更是一个在毛泽东时代的幸福家庭。

9月26日

□ 据《新民晚报》消息,这几年,很多上海籍乒乓球运动员支援各省、市。据统计,参加本届全运会乒乓球赛的运动员中,上海籍运动员就有34人(其中女运动员12人),占总数的四分之一,遍及北京、山西、辽宁、河南、甘肃、陕西、青海

1958年,上海人陈立而被兰州铁路局天水铁路工程学校录取,后入选甘肃省乒乓球队,曾连续参加四届全运会。退役后,陈立而担任甘肃省乒乓球队教练员,把这支西北的乒乓球弱旅带进了全国甲级队。图为1977年陈立而(左二)与甘肃省乒乓球队队员的合影

和江西等省市队。球赛结束之后,各省、市的上海籍运动员相互交流经验。

10月1日

为了庆祝中华人民共和国成立十周年和容国团为新中国首夺世界冠军这一"双喜临门",周恩来总理将上海乒乓球厂制造的符合国际乒联标准的乒乓球及其配套器材命名为"红双喜"。

工人们在生产过程中搬运包装入盒的"红双喜"牌乒乓球

10月20日

□ 上海乒乓球运动员杨瑞华和徐寅生在鞍山慰问表演时,与鞍钢炼铁厂副厂长、全国人民代表大会代表、全国劳动模范、老英雄孟泰见面,并进行了谈话。

10月(至11月)

□ 李富荣随中国青年队先后访问匈牙利、南斯拉夫、英国、瑞典等国家,因为是新手出马,欧洲强手问:容国团、王传耀怎么没来啊?这是李富荣第一次出国,第一次正式与外国选手打比赛。据外电报道,"中国乒乓小将横扫英伦三岛"。接着,中国青年队参加了第五届瑞典斯堪的纳维亚比赛,庄则栋夺得单打冠军,并与李富荣合作获得双打冠军。

[注1] 中国青年乒乓球队在伦敦以7比1的优势战胜英格兰乒乓球队。17岁的李富荣和18岁的庄则栋分别击败了英国第一号选手和第四号选手。这是中国乒乓球运动员第一次到英国访问。接着,在第二、三、四场比赛中,中国队一次以4比4打成平局,

两次以5比3获胜。最后一场比赛中，中国队又以6比2战胜英格兰队。

[注2]中国青年乒乓球队参加第五届斯堪的纳维亚国际乒乓球公开赛，男子单打半决赛是中国选手庄则栋对李富荣，匈牙利别尔切克对法国弗兰多发。别尔切克是欧洲男单冠军。那么，庄和李对别尔切克谁有利？教练认为庄出战有利，领导则有不同看法。于是，由领队、翻译、李、庄和教练5人开会。会上李表示打别尔切克有困难，认识统一了，单打冠军决赛便由庄则栋出战。

1959年11月，中国青年乒乓球队访欧比赛期间的合影。左三为李富荣、左四为庄则栋、左五为杜前（上海市体委副主任）、左七为池惠芳

11月6日

□ 1959年全国青少年乒乓球锦标赛结束。上海选手屠汉刚和北京选手王健分别获得男、女组单打全国冠军称号。屠汉刚曾与李富荣一起参加上海体育宫的乒乓球训练班。

11月7日

□ 上海秋季运动会乒乓球赛14个市区和郊区、7个产业、3个学校、2个部队，共26个单位的男女运动员243人（其中女运动员104人）参赛。为了满足观众要求，团体赛将在全市12处（新成溜冰场、山东路体育场、青年宫分部、精武体育会、卢湾工人俱乐部等）进行。上海市队的乒乓选手分别进入所属各区、系统、学校单位参赛。

11月26日

□ 为迎接北京第26届世乒赛，本市各报社、电台联合发起全市规模空前的乒乓球比赛。此次比赛自12月初开始，先从基层展开，不规定乒乓台、比赛局数的标准，由各基层灵活掌握。然后转为区一级按正规办法进行比赛。各报社及电台特备纪念章，奖给优胜的运动员。进入市一级比赛的选手另发奖品。

11月28日

□ 晚，上海市各报社、电台举办的全市乒乓球比赛在普陀区体育馆举行动员大会。上海市体委副主任张振亚、共青团上海市委副书记蒋文焕、解放日报社总编辑魏克明分别讲话。其中，蒋文焕副书记介绍，目前，团中央公布了《关于在青少年中广泛组织乒乓球竞赛活动的通知》，团市委要求全市各级共青团组织广泛发动青少年积极参加乒乓球活动，帮助体委发现和培养乒乓球运动的新手，逐级地把乒乓球运动员的队伍组织起来，加强政治思想教育，有计划地组织进行身体训练和技术训练。会后举行了乒乓球表演。新成区区委书记张文豹对普陀区区委书记席炳午，市总工会副主席沈涵对团市委副书记蒋文焕，新闻日报社副总编辑郑拾风对文汇报社副总编辑刘火子等作表演比赛。接着，上海市乒乓球运动员张燮林、薛伟初、屠汉刚、刘国璋、张秀英、林慧卿等进行了男女4场单打表演赛。

11月

□ 北京工人体育馆正式动工。

12月1日

□ 为参加上海各报社、电台举办的全市乒乓球比赛，各区、县、系统都作了动员和布置。徐汇、卢湾、江宁、虹口、闸北等区先后召开动员大会。徐汇区提出全区要有3万人参加的指标。邮电系统只有1.4万多人，提出开展万人乒乓球比赛。华东化工学院成立了520支乒乓球队，有5000多人参加系、科、班级、小组等的比赛。蓬莱区妇产科医院的400多名职工中已有300多人报名参加。黄浦、新成两个区的饮食行业也展开了2000多人参加的乒乓球比赛。预计这次乒乓球比赛将有几十万人参加。

12月2日

□《新民晚报》刊发《有关全市乒乓赛的几个问题》。第一，基层单位可通过各种比赛办法选出代表参加区的比赛。区的冠军队或混合队参加市的比赛。第二，按十分之一比例录取优胜者。第三，基层比赛用具不必强求正规化，用课桌、饭桌拼起来均可以。第四，里弄、街道的居民可在里弄、街道中组织比赛。

12月4日

□ 为响应本市各报社、电台举办全市乒乓球赛，本市化工、邮电、公用、港务、交通、冶金、铁路七个产业先后召开会议推进该项活动。化工局有男子140队、女子40队共800名运动员分七个大组选拔。公用局将举行万人乒乓球赛，三轮车管理所也组织3000多人参赛。冶金、铁路两系统乒乓球比赛正在基层展开。

12月5日

□ 徐寅生、杨瑞华发表文章《预祝全市乒乓赛丰收！》。

［注］文章称：上海的乒乓球运动有着极其广泛的群众基础，而且是国内水平较高的地区。第26届世乒赛将在北京举行，需要各地为国家代表队输送人才。上海的青少年运动员更应该担负起这个重大的任务。通过这次群众性的乒乓球竞赛活动，将发现和培养出更多的优秀青少年运动员。

□ 1959年上海市中学生乒乓球联赛在上海体育宫开战，共有各区县的男女运动员179人参加。结果，文建中学高二学生华正德获得了男子单打冠军，女子单打冠军是闸北区的闻丽贞。

12月13日

□ 国际乒乓球联合会公布了1959年世界乒乓球优秀选手名次（男女各13名）。我国选手容国团列为男子一号，王传耀为八号，杨瑞华为十一号。女选手邱钟惠为四号，孙梅英为十一号。

12月15日

□ 卢湾区举行"万人乒乓球比赛技术交流观摩大会"。大会邀请基层工厂的总支书记参会,上海市乒乓球队进行了现场表演。到会的群众将一张张填写好的乒乓球技术交流单交到工作人员手里,然后由教练员进行解答。

12月18日(至21日)

□ 上海报刊报道:据12月1日至15日的不完全统计,全市已有30万人报名参加上海新闻界举办的乒乓球赛。卢湾、新成、蓬莱等区报名人数均超过5万人。许多区委书记、区长、区体委主任都参加表演比赛。基层单位的党委书记、厂长、经理等参加比赛的事例多不胜举。中共上海市委机关的乒乓球竞赛已揭开战幕,据6个部的统计,有80%的人参加。上海社会科学院已成立了400支乒乓球队;华东化工学院提出口号"人人参加比赛活动"。上海肉类联合加工厂参加乒乓球赛的人数比例达80%。虹口区有8个居民委员会的2000多名居民参加。嘉兴路三轮车第五分所有2058人,参加乒乓赛的有1007人。时下,市面上的乒乓球已供不应求。单是蓬莱区的体育用品商店在本月10天内的销售量已超过前11个月的销售量。上海市体文公司正展开增产运动,以满足广大群众的需要。

12月19日

□ 为促进乒乓球技术的多方面发展,本市体育宫将在青少年中举办横板训练班,凡年龄13岁到17足岁的在校学生均可持学校介绍信到体育宫报名。

本年

□ 上海成立乒乓球蓝队。余长春、刘国璋、薛伟初、张思德、张燮林等调进上海乒乓球蓝队。训练、住宿在黄陂路市体育宫。

□ 张燮林在上海队时负责管器材。当时,张使用达汇胶皮,因老化了便换上一块处理品的"红双喜"胶皮,颗粒1.65毫米,比普通胶皮长一些,上台试打发现无论削还是攻还都顺手。1960年在上海举行的全国优秀运动员团体赛上,张燮林使用这块编号为6的"红双喜"中长胶球板,以"稳削中有反攻"的新打法,接连打败容国团、王传耀、庄则栋、杨瑞华等名将,成为"长胶第一人"。张燮林向"红双喜"总经理表示:跟"红双喜"真是有缘。红双喜厂也就此正式生产此类器材。

□ 上海成立了青少年体育学校,第一届共招148人,包括乒乓球和游泳、田径、体操、篮球、排球、足球等7个项目。姚振绪通过测试录取在乒乓球班。恰逢向世界冠军容国团学习,姚振绪写了五年达到全国前八名的决心书,经校长的修订,改成世界前三名后才被允许把决心书贴上墙报。

[注]进少体校后,姚振绪改成横板削球。第一次内部比赛最后一名,第二次第十名,第三次为第一名。少体校注重对外交流,一般周三、周六便邀约社会上的强队,如大隆机器厂队、上海汽轮机厂队、港务队、邮电队等,进行比赛。姚振绪说:那一二年走遍了上海的俱乐部、文化馆和文化宫。当时,上海的乒乓球房最便宜的价格是三角钱一小时,贵的要五六角。上海工人文化宫则要有工会会员证的大人带进去,一号桌水平最高,余长春、谷天华等高手占着,姚振绪基本是四号桌的老大。"小王"上来要提供盾牌或连环牌乒乓球,排队人少就打十一分,人多则打六分。

1959年，上海市青少年体育运动学校招收的第一批乒乓球队部分师生合影。左起：徐中毅、陈炳发、葛海珊、卢贤钊、林敏明、姚振绪、徐介德（教练）

姚振绪也时常到第一张桌子观看高水平的比赛。

姚振绪在少体校的三年正值自然灾害期。米饭少，地瓜和地瓜干多，基本可以吃饱，伙食费一元一天，一荤一素一大锅汤，比外面强多了。周六晚上若有红烧肉或大排就悄悄带回家。体校生的运动量很大，每天早上六点出操，每周有一次跑3000米。上午四节课，中午休息至二点半，然后训练三小时，晚上自习。进入上海市队后，姚振绪的技术水平更上一层楼。

1966年，姚振绪获得全国乒乓球锦标赛男单第三名。"文革"开始了，中国乒乓球队放弃参加第29、30届世乒赛，姚决心打"世界第三"的美梦破灭了。

□ 20世纪50年代中国队参加世界乒乓球锦标赛团体项目的名次表如下：

届别	1953年 第20届	1956年 第23届	1957年 第24届	1959年 第25届
中国男队	甲级第10名	甲级第6名	甲级第4名	甲级第3名
中国女队	乙级第3名	甲级第11名	甲级第3名	甲级第3名

［注］1926—1956年的世乒赛为每年举行一届，此后改为两年举办一届。

1960年

1月1日

□ 晚，全国人大、国务院和全国政协在人民大会堂联合举行联欢晚会，党和国家领导人刘少奇、周恩来、朱德、邓小平等出席，中国乒乓球队进行了表演赛。

1月2日

□ 中共上海市委对体育战线提出"大规模地普及，加速度地提高，下苦功锻炼，下决心打破若干项世界纪录，为全运会做出最大贡献"的号召。

1月7日

□ 群众性乒乓运动参加者广泛，有徐汇区61岁的魏明区长和南汇县不满10岁的小朋友，上海市人民评弹团的蒋月泉、唐耿良等16名演员也抽空参加了比赛。华东化工学院的乒乓队在高校联赛中取得了2项冠军和4项亚军。许多高校的老教授也利用业余时间进行乒乓球、太极拳的锻炼。

1月11日

□ 上海市召开体育活动分子大会，市体育运动委员会副主任杜前在发言中指出：当前要从乒乓球、足球、长跑、太极拳、田径活动着手，广泛、深入地开展冬季体育锻炼。我们的口号是"鼓干劲，争上游，超先进，破纪录，攀高峰，使人民的体质愈练愈强壮，使运动技术水平加速度提高"。

□ 全市职工系统将在体育宫举行青年乒乓选拔赛，凡是工厂、企业、机关、学校的工人、职员（包括艺徒及厂属学校学生），年龄在二十岁以下，有二级乒乓球运动员水平，均可凭体协介绍信及等级运动员证书，向体育宫报名。

1月15日

□ 晚，上海青年宫举办乒乓球技术传授交流会，请上海市乒乓队教练陆汉俊和队员等，作乒乓球基本技术、训练方法和基本战术的讲解、示范和问题解答。各单位团组织可选派代表队的指导、队长或主力队员出席参加，入场券可凭团组织介绍信前往青年宫分部索取，每单位三张。

1月17日

□ 容国团在上海《新民晚报》发表文章《我怎样开始打乒乓球》。

［注］文章称：我小学三年级的时候开始打乒乓球，学校没有球台，就用粉笔在地上画一张"球台"，中间摆些木头作为球网。第二年，我转学到有两张球台的学校，往往一早赶到学校去占球台，常常很晚才回家。学校不供给球和球拍，自己把零用钱积累起来，买些木制的球拍和最便

容国团在上海《新民晚报》发表文章《我怎样开始打乒乓球》。上海著名画家戴敦邦为之插图

宜的球。同时，我经常去看一些有名的运动员比赛，注意他们的动作、姿态和打法，模仿他们，这有很重要的帮助。我还参加了球队的组织，经常约其他球队进行友谊比赛，加速了技术水平的提高。看看现在，使我更感到，只有在今天，在亲爱的党的领导和培养下，政治觉悟提高了，政治挂了帅，才有可能使技术提高得更快，才能成为世界冠军，为祖国争得光荣。

1月29日

□ 上午，上海举行职工体育活动积极分子大会，宣布正式成立上海工人乒乓球、足球、篮球、排球和射击等五个项目的运动队，并表示："立雄心，勤锻炼，向国家水平和世界水平进军！"上海市副市长金仲华、市体委副主任杜前、共青团上海市委第一书记李琦涛和上海警备区司令员王必成中将、警备区副政治委员秦化龙少将、驻沪空军首长江腾蛟少将等出席了会议。中共上海市委教育卫生工作部部长杨西光发表讲话。市体委副主任杜前在会上报告了国家乒乓球乙队出国比赛的情况。

2月2日

□ 上海市高校乒乓球队应邀于春节期间访问南京和苏州。该队战胜南京高校、南京大学、南京铁路等队，败给南京市与部队联队，在苏州又胜苏州市队，取得了八胜一负的成绩。

□ 第26届世乒赛组委会向中华人民共和国体育运动委员会呈送《关于选用红双喜乒乓球为本届比赛用球的通知》，并转发中国乒乓公司、上海华联乒乓球厂。《通知》说：你们两厂生产的红双喜乒乓球，经中国乒协鉴定后转送国际乒联批准为国际比赛用球，第26届世乒赛组委会决定选用红双喜乒乓球为本

《新民晚报》的报道

届比赛用球。望再接再厉,为进一步提高质量和保证供应而努力。

2月5日

□ 为开展上海群众性乒乓球活动,迎接在我国举行的第26届世乒赛,上海市乒乓球运动协会宣布成立。上海市体委副主任杜前为协会的主席。杜前主席在成立大会上向300名乒乓球裁判员、运动员讲话。他提出1960年大搞群众性乒乓球运动的任务,特别是青少年运动员要艰苦锻炼,提高身体素质和技术水平,为祖国做出贡献。

[注] 上海市乒乓球运动协会委员名单如下:

主席:杜前

副主席:沈文达、王惠章、陆汉俊

秘书:戚吉庆、李文锦

委员:[二十九人(保留二人),依姓氏笔画为序] 丁冠玉、王惠章、方行英、沈文达、刘国璋、杜前、陈季茂、李文锦、李宗沛、李张明、李富荣、张菊臣、张秀英、杨瑞华、欧阳维、金浔富、周兆成、赵廷梁、梁锦堂、陆汉俊、徐寅生、徐介德、戚吉庆、顾尔承、蔡明、戴永泉、薛龙生

2月7日

□ 据《新民晚报》报道,本市各报社、电台举办的全市乒

乓比赛第一阶段的基层比赛已告结束。这次基层比赛声势浩大。各基层都成立代表队，参加区、县、系统的比赛。据统计，目前已超过60万人参加比赛。南市、静安、虹口三个区的人数超过了12万人。中、小学参加乒乓赛人数较多，其次是企业、机关、工厂。工厂单位中，小、中型厂又比大厂的人数比例大。静安区26个行业，有20个行业系统成立体育协会。2万多个三轮工人中，这次有1万多人参加乒乓和其他冬锻项目的活动。现在，区、县、系统的比赛正在进行。各区比赛办法不同。南市区有200多支基层队参加，采取5人对抗，分32处展开初赛。静安区有500多支队参加，分小学、中学、工厂、教工和机关企业5个系统比赛。卢湾区先分18个行业进行比赛，然后再进行区的比赛。普陀区则按地段选出男、女两队参加区的比赛。虹口分个人赛和团体赛两种，每单位只参加一种。此外，杨浦、徐汇、长宁等区也开始比赛了。

2月8日

□ 据《文汇报》报道，广大学生参加上海各报社、电台联合举办的全市乒乓球比赛特别活跃。在静安区12万乒乓球爱好者中就有8万多是学生。在南市、虹口等区，学生也占很大比例。华东化工学院、第五女中、京西中学等都有90%以上的学生投入了这项活动。南市区的大部分学校，因场地小、设备差，所以学生课外活动不列入学校工作计划。乒乓球活动开展后，这些学校都把乒乓球纳入学校的工作计划。该区有21所小学新建立以乒乓球为主要内容的少年业余体育学校。乒乓球活动也在商店、里弄里热烈开展。南京路有许多商店利用休息时间把门板搁起来，三三两两打起来。虹口区东德兴里的居民还举行了正规化的比赛。

2月14日

　　□ 由于国家体委颁布了乒乓球拍标准规格,很多运动员要求改制海绵胶面,现除了黄浦区沙市路中央商场修理部扩大修理业务外,又在静安区内百乐商场第一修配服务站增加修理乒乓球拍、配胶面皮和改制海绵胶面等服务,便利西区的运动员。

2月15日

　　□ 据《新民晚报》报道,为参加本市各报社、电台举办的全市乒乓球比赛,卢湾区体育馆里摆了7张乒乓球台子,进行全区乒乓赛16支男、女队的冠、亚军决赛。在黄浦区参赛的老将有体育宫队的陆汉俊、陈霖笙、刘桐芳、顾尔承、戚吉庆。外贸局、药材业、饮食业也有很多参赛者是二十多年前的乒乓名将,现在重披战袍。小学生乒乓球队中虹口的横浜桥小学、卢湾的顺昌路小学、南市的复兴东路二小、蓬莱第三小学,都有很多出色的"小将"。

2月17日(至3月10日)

　　□ 为迎接在北京举行的第26届世乒赛,上海市体委今年举办的第一个比赛——全市乒乓球男、女单双打冠军赛在体育宫进行。共有23个单位,包括10个区、2个县(浦东和宝山)、6个产业(邮电、港务、交通、基建、铁路、公用),还有二九一四部队、高校、上海体院、少体校,以及上海市队的239名男女运动员参赛,其中,包括6名运动健将、101名一级运动员。双打比赛项目采用单淘汰,最后八对增加附加赛,取前六名；单打项目先采用淘汰制，最后16名再分2组进行循环复赛，然后各组再取前四名（共8人）进行单循环决赛，因此，一名运动员在单打中取得前列名次，要经过17场五局三胜的比赛。刘国璋、薛伟初和张秀英、林慧卿分别列为男女单打的第一、二号种子。这次冠军赛中，还安排了5名女裁判员，这是乒乓球史上的一件新事。比赛结果为，张燮林夺得男单冠军，刘国璋为亚军；朱培民为女单冠军，亚军是林慧卿。

3月4日

□ 为纪念"三八"妇女节，本市青年报与体育宫联合举办青少年女子乒乓球单双打冠军赛。凡本市基层共青团和少先队组织，可选派优秀青少年（11足岁至25足岁）三人，凭介绍信前往青年宫分部报名，人数限定为3000名。比赛采用淘汰制，三局二胜，进入前32名的均有奖励。市青年宫举办的女中乒乓团体赛，共有16队参加，第五女中、十二女中、十一女中、八女中获得各组第一名，即将进行冠、亚军决赛。

3月12日

□ 全国建筑工业系统华东分区乒乓球男女团体比赛在上海举行，有江西、安徽、福建、浙江、江苏、山东、上海等7个省市的运动员56人参赛，采用单循环制决出前两名去北京参加决赛。比赛结果为，上海男女队均六战六胜，名列第一。

3月13日

□ 本市各报社、电台举办的全市乒乓球比赛进入最后决赛阶段。据不完全统计，参加基层竞赛的人数已超过100万人，其中静安区参加的人数最多,达17万多人;其他如南市、虹口区都在10万人以上。

3月20日

□ 顾尔承在《新民晚报》发表文章《遇强越勇 遇弱不松——从张燮林获冠军谈到全市乒乓赛》。文章称:年轻的张燮林获得了本届全市男子乒乓单打冠军,是党的培养、同志的帮助使他在这次比赛中获得连胜十七场的优异成绩。

[注]该文介绍,在这次决赛中,张燮林的对手如刘国璋之"滑"、屠汉刚之"快"、曹自强之"狠",特别是薛伟初的重板攻球,在过去都是不易突破的重重困难。而这次,他有分析、有研究、有重点、有充分准备,一心一意要打出水平向党汇报成绩。同时,该文认为,新手的提高显著,如取得第六名的李赫男,她板板紧扣、一板不松、大胆果断的风格,值得各区运动员学习。这证明了本市的乒乓球新生力量,在党的关怀和大搞群众运动的基础上已在迅速成长。

3月30日

□ 各报社、电台举办的群众性乒乓球赛郊区、县系统的比赛结束。宝山县男子混合队接连以3比2战胜浦东县和上海县混合队,夺得冠军,浦东县为亚军。女子队浦东县三战三胜取得冠军。基层队男子组青浦县朱家角人民公社队以3比2胜宝山县长兴公社,获得冠军。女子队嘉定长征人民公社夺冠。

4月1日(至12日)

□ 全国乒乓球表演赛在天津市人民体育馆揭幕。各省、市优秀乒乓手近200人参赛。王传耀以3比0战胜庄则栋,再一次获得全国冠军。在女子单打中,邱钟惠以3比1战胜孙梅英夺冠。女子双打冠军为孙梅英、王健。男子双打冠军为王传耀、杨瑞华。混合双打冠军为庄则栋、邱钟惠。

4月5日(至7日)

□ 在南斯拉夫的萨格勒布市举行的国际乒联联合会咨询委员会上,时任中国乒协主席陈先作了第26届世乒赛筹备工作的报告。经国际乒联设备委员会检验证明,我国生产的"红双喜"牌乒乓球在重量、弹力、硬度等方面完全符合国际标准。会议决定"红双喜"牌乒乓球为第26届世乒赛用球。中国组委会将向各国际乒联会员协会(含中国共79个)寄出两打样品。

4月7日

□ 上海市总工会为迎接全国职工乒乓球比赛,在市体育宫举行全市第四届工人乒乓球联赛。全市共有20个单位,共202名男、女运动员(包括12个区和8个产业,即邮电、港务、建筑、海运、交通、电业、公用、铁路)参赛,其中一级运动员有69人。

□ 顾尔承在《新民晚报》发表文章《国际比赛采用哪些乒乓球?》。文章称:我国的"红双喜"牌乒乓球被批准为国际比赛用球,这是世界乒坛上通用的第五个牌子。

[注]该文介绍:到1959年多特蒙德第25届比赛为止,在世乒赛中有四种牌子的乒乓球:英国的"海力克斯"牌、"巴尔纳"牌,捷克斯洛伐克的"维拉"牌,联邦德国的"希尔德克劳特-奥林匹克"牌。至于在亚洲的一般比赛中,使用日本的YSP牌或

PALMA 牌乒乓球。1956年在东京举行的世乒赛，还是用"海力克斯"牌乒乓球作为比赛用球。

4月24日

□ 下午，上海市体育运动器具行业职工和乒乓球运动员在卢湾体育馆举行大会，庆祝"红双喜"牌乒乓球被定为国际比赛用球，这标志着我国乒乓球制造水平达到了世界第一流。市轻工业局局长石英、市体委副主任杜前到会祝贺。这一高精产品由华联乒乓球厂、中国乒乓球厂经过三个月的奋战，于去年9月份制造成功。庆祝大会后，上海市乒乓球运动员举行了表演赛。

［注］"红双喜"球是从去年6月间开始试制的，至9月，完全用国产材料的"红双喜"牌乒乓球试制成功。同时，还制造了高级的乒乓板、台、网、架等成套设备。第一次全运会期间，在北京体育馆举办乒乓球器材、设备展览会，国际乒联秘书长埃文斯和国际乒联名誉会计文特对我国乒乓器材评价很高，尤其是对"红双喜"牌乒乓球更为满意。我国乒乓球乙队出国时，带去了许多"红双喜"牌乒乓球，在苏联、匈牙利、英国、瑞典等国家的乒乓球桌上试用，获得世界各国乒乓球名手的赞许。

□ 尼泊尔乒乓球代表队由广州抵沪。从此日至28日，客队分别与上海市青年队和上海学生队作友谊赛，主队获胜。尼泊尔乒乓球队参观了张庙一条街、曹杨新村、彭浦工人住宅区、少年宫等。

4月

□ 国家乒乓球队在天津举行各省市队邀请赛，张燮林代表华东队连胜王传耀、徐寅生、杨瑞华、庄则栋、李富荣、周兰荪等一队选手,以2比3输给了容国团。容开始打拉攻,张正对胃口,一路领先。后容国团改打搓攻。容的搓球功夫实在了得,转与不转变化莫测,张表示佩服。

5月3日(至9日)

□ 为参加国家体委和团中央8月举办的全国青少年乒乓球比赛大会,上海市体委和团市委联合举办青少年乒乓球表演赛和青少年乒乓球比赛大会。参加表演赛的有22个(区、产业、县)单位300多名运动员。青年组选手是18岁到25岁,少年组选手都是17岁以下。结果,在少年组中,由体院的唐鑫森获得男单冠军,郑敏之夺得女单冠军。男子双打冠军是南市区的华正德、柳振礼组。女子双打冠军是卢湾区的周一玲、凌文采组。

1960年全国职工乒乓球比赛裁判员合影,其中有沪籍乒乓球裁判员王惠章、戴永泉、汤国华和刘维耀等

5月10日（至20日）

□ 全国职工乒乓球比赛在上海西藏路体育馆、体育俱乐部和体育宫三个赛场揭幕。来自全国27个省、市的215名男女运动员参赛。上海队取得男、女团体，男子单打、双打，女子单打和混合双打的六项冠军，辽宁队获得了女子双打冠军。在闭幕颁奖大会上，应邀来沪的庄则栋、李富荣、池惠芳、王健组成的青年联队与全国职工乒乓球优秀选手进行男女团体赛。

5月21日（至25日）

□ 上海市青年体育联欢周揭幕，各区、县、系统和基层单位都将展开联欢周的活动。李富荣、庄则栋、周兰荪、王健等青年联队与上海市乒乓球运动员进行表演比赛。在江湾体育馆，青年联队的庄则栋、李富荣、陈协中对上海市队的张燮林、曹自强、刘国璋，青年联队的王健、池惠芳对上海市队的林慧卿、朱培民。在陕西南路体育馆，青年联队的朱人龙、周兰荪、王志良对上海市队的薛伟初、屠汉刚、陈时中。结果为，在江湾体育馆的比赛，青年联队以5比3取胜，其中，李富荣连得三分；张燮林则代表上海队胜庄则栋、陈协中，得二分。女子对抗赛中，王健胜林慧卿，朱培民胜池惠芳。

5月24日

□ 上海市财贸职工体育运动大会举行乒乓球比赛，有23个单位的男女运动员200多人参加。男子团体冠军为黄浦财贸队，女子团体冠军是静安财贸队。

6月10日

□ 全国乒乓球分区对抗赛南京区团体比赛结束。上海女子二队六战六胜，获得团体冠军；上海男队居第三位。整个团体赛中，保持不败纪录的只有上海队郑敏之一人，为上海二队奠定胜局。

全国乒乓球南京区对抗赛运动员证

□ 为本市各区、县、系统乒乓球队提高水平，交流经验，上海市举办乒乓球团体对抗赛，从本日起至28日结束。比赛分三组进行。第一组，邮电、建筑、港务、电业、公用、交通、铁路、海运，比赛地点在青年宫分部、上海邮电管理局和精武体育会分会。第二组，黄浦、静安、长宁、徐汇、卢湾、南市，比赛地点在九昌丝织厂、比乐中学和市体育馆；第三组，高校、闸北、普陀、吴淞、杨浦、虹口、宝山、浦东，比赛地点在闸北区少年宫、闸北区工人俱乐部。三组角逐结束，第一组，上海邮电男女队荣获冠军；第二组，卢湾、黄浦分获男女冠军；第三组，高校男女队双双夺冠。

7月26日

□ 全国空军乒乓球赛在本市江湾体育馆举行，经过209场的竞技，空军直属队得50分，获第一。

8月10日（至14日）

□《新民晚报》连续发表三篇文章《从"黛玉悲秋"到"威震海外"》《书场中"看"国际乒乓赛——听评弹"威震海外"》和《排演场中听新书》。文章记述了人民评弹团表演的短篇评话《威震海外》。该节目根据国家乒乓球乙队访问英国，李富荣战胜英国乒乓名将哈里森的事迹所创作。文章认为：一把折扇，一块醒木，把举世瞩目的一场球赛搬上了书坛。这"是站起来了的中国人民'威震海外'的声音。时代'换了人间'，书坛也'换了人间'"，"具有共产主义、爱国主义思想，发愤图强，艰苦奋斗的中国人民，是无所不能，所向无敌的"。

8月28日（至9月4日）

□ 全国青少年乒乓球锦标赛在长春举行。28个省、自治区、直辖市的200多名代表参赛。上海队参加青年组的是张世德、邓锦芳（男）和张逸倩、黄爱如（女），参加少年组的是余永年、于贻泽（男）和郑敏之（女）。结果，张世德获青年组男子冠军，上海张逸倩获女子组第三名。

9月11日（至15日）

□ 罗马尼亚乒乓球队由广州抵沪。12日在江湾体育馆同上海一队进行访沪友谊赛。罗马尼亚女队以3比0获胜。以徐寅生、李富荣和杨瑞华组成的上海一队以5比0获胜。14日罗马尼亚队与上海二队的比赛中，客队双双获胜。

9月23日（至25日）

□ 1959年世乒赛团体赛第五名的瑞典男子乒乓球队访问

上海。23日晚，徐寅生、李富荣和杨瑞华组成的上海一队以5比0全胜。25日，张燮林、刘国璋、薛伟初组成的上海二队以5比1获胜。

10月5日

□《新民晚报》刊登张燮林的文章《向登山队学习》。张燮林说：看了电影《征服世界最高峰》深深感到，这证明了毛泽东思想的胜利，证明了在中国人民面前没有克服不了的困难。联想自己，上半年获得上海市冠军，在全国表演赛中取得了成绩，就有些自满。我队也展开讨论，提出要学习登山队的雄心壮志、顽强斗志和共产主义风格、集体主义精神。他们的榜样给了我很大的启发和力量。

10月18日（至22日）

□ 应邀来我国进行友好访问的国际乒乓球联合会副主席、瑞典乒乓球协会主席埃克·埃尔德，由武汉乘飞机抵沪。中国乒乓球协会副主席、上海市乒乓球协会主席杜前等前往机场欢迎。客人在沪期间，先后参观访问了工厂、人民公社以及上海体育学院、上海市青少年体育学校、江湾体育场和体育宫等。

11月16日（至12月1日）

□ 全市少年、儿童乒乓球比赛共有全市10个区的240名少年和儿童报名，并在青年宫分部、静安区体校、新成游泳池三处进行。经过800余场竞赛，各组优胜名单如下：儿童男子组冠军是徐汇区的卢贤钊，儿童女子组冠军是南市区的林福梅，少年男子甲组冠军是普陀区的伍荣华，少年男子乙组冠军是静安区的姚振绪,少年女子甲组冠军是卢湾区的胡新成,少年女子乙组冠军是卢湾区的周一玲。

11月18日(至23日)

□ 朝鲜平壤市乒乓球队由杭州到达上海。19日晚,客队与上海市队在市体育馆交锋,上海男女队分别以3比1和5比1获胜。21日,朝鲜平壤市乒乓球队与上海青年队比赛,仍然是主队获胜。23日,客队与上海青年三队进行友谊赛并获得双胜。朝鲜平壤市乒乓球队参观了工业展览会、中国乒乓球厂和闵行一条街等。

12月5日(至14日)

□ 上海青年宫举办第二次全市女子中学乒乓球友谊赛。这次比赛分青年、少年两组,参加的共有35支队300余人。比赛

20世纪50年代末,市五女中开展全校性的乒乓球活动,为解决器材短缺的困难,发动学生利用废旧木料制作乒乓球拍

采用5人团体对抗分组单循环制。结果，青年组与少年组均为市五女中获得冠军。

12月11日

□ 匈牙利布达佩斯乒乓球队（1959年参加世乒赛的原班人马）访问上海，首场比赛败于徐寅生、张燮林和薛伟初组成的上海一队。上海女队以1比2失利，年轻选手李赫男以2比0击败匈队主力队员，甚为可喜。

［注1］匈牙利队来华访问，徐寅生代表上海队出赛。市体委领导把担子压在徐的肩上："上海队要赢，侬一定要拿三分。"经过努力，徐连下三城战胜了别尔切克、西多和一年轻选手。在当年的全国锦标赛上，徐寅生接连有三场球是在0比2落后的情况下，连扳三局反败为胜。徐寅生深感从过去的"不要"到现在的"要"，打球的责任感增强了。

［注2］匈牙利队在这次来访中曾向中国队友说了日本发明弧圈球新技术的情况。号称"切削机器"的匈牙利的别尔切克与日本队比赛，连连失误，有一局竟以5比21惨败。

12月14日

□ 全市高校乒乓球联赛男女团体赛由12支队循环角逐。结果，男子组前三名依次为华东化工学院、上海交通大学、同济大学，女子组前三名是上海师范学院、华东化工学院、上海交通大学。

12月20日

□ 为了迎接第26届北京世乒赛，国家体委通过大区集训

上海是全国迎战第 26 届世乒赛的三大集训点之一,图为当时来自上海、福建、四川的选手们在市体育宫看台的合影。其中上海队的陆汉俊、薛伟初、张燮林和郑敏之等多人被招入北京参加 108 将的集训

选调优秀运动员,再从各大区抽调 108 将去北京集训。上海是大区集训点之一,包括福建队、四川队的好手集中于此。张燮林接到选调通知后赴京报到。那时,张的祖母还健在。张临走时对祖母说:很快就会回上海的。想不到一去几十年,连家都安在了北京。

12月

□ 为了备战第 26 届世乒赛,根据贺老总的指示,国家体委组织乒乓球"大会战"。先从全国青少年比赛和第一届全运会中选出 170 多名运动员,编成四个队,分别在北京、上海、广州三地集中训练后,共选出 108 名运动员组成国家集训队赴京报到。其中,上海籍运动员有王传耀、徐寅生、李富荣、余长春、张燮林、薛伟初、屠汉刚、杨瑞华、谷天华、曹自强、杨永盛、刘国璋、孙梅英、林慧卿、郑敏之、李赫男、张秀英、陈应美、池惠芳、戴龙珠，教练员有傅其芳、梁友能、顾尔承、陆汉俊，领队为乔孟山。"108将"中各种打法都有，且各有绝招，大家为了一个共同的目标走到了一起。

□ 108将集训时，教练员队伍发生了变化。当时没有"主教练"之称。傅其芳负责男队，女队教练是梁焯辉。傅其芳提出"快准狠变"的方针，强调坚持近台快攻，成为突破日本队和欧洲的先进打法。

[注1] 经过层层选拔，组织全国最优秀的乒乓球运动员108人进行集训。为此，贺龙亲自点将，国家体委副主任荣高棠为组长，体委竞赛司司长李梦华，球类司司长张之槐，群体司司长、中国乒协主席陈先，以及何启军、王凌、张彩珍、李文耀、林毅忠等司局干部到乒乓队蹲点。他们进驻中国乒乓球队训练大本营，实行领导、教练、队员三结合，开始了卓有成效的工作。还从共青团中央调来李文耀。

集训在北京工人体育场的看台下面，十几个房间，六人一间，三张台子，五张床，空床放行李。集训分上午、下午两个时段。运动员六点钟起床，每天都有医生量脉搏。上午训练三小时，下午两点半开始再训练三小时。主力队员由陪练帮练专项，除了基本功，还练战术等，甚至找习文元等发球好的陪练接发球。晚上学习或开会。体委领导荣高棠担任组长的"蹲点小组"（成员有司局干部黄中、李梦华、张之槐、陈先等）进驻国家集训队，吃住都在体育场，和运动员打成一片。有人说："贺老总把半个国家体委都搬来了！"周总理还派陈毅来作报告。每周安排放一次电影，还组织开联欢会。

"108将"大会战时（至1961年4月），国家遭受自然灾害，经济十分困难。如何保证运动员有充足的体力？政府从各地调来了大量食品，牛奶有保证，没有鲜肉就以罐头代替，上海的梅林罐头在食堂有一大盆。冬天，国家体委组织了射击队到内蒙古等地去打黄羊，使运动员的餐桌上出现了新鲜的黄羊肉。第26届世乒赛在北京开幕时，日本队担忧来中国吃不饱，是带着大米来的。

［注2］为了鼓舞斗志，集训队里办起了墙报，上面贴满了日本选手的照片，旁边还写了豪言壮语。其中有一条是这样写的："别看他今日神气活现，明日将是我手下败将。"集训中，徐寅生的针对性更加明确了，整天琢磨着对付荻村、星野、西多、别尔切克等人的技战术，包括他们的性格、习惯，努力做到知己知彼。和徐寅生一块练球的余长春说："徐寅生的球在队里不是最硬最狠的，但我每次跟他练，都感到最累、最紧张。球儿真听他使唤，叫它上哪儿就上哪儿，一般失误很少，加上变化无常，都是我疲于奔命。"用傅其芳教练的话来说："徐寅生练习的最大特点，是善于把钢用在刀刃上，带着'敌情'练实战最需要的技术，最经济有效地使用时间和精力。"

［注3］领导派杨瑞华到瑞典参加斯堪的纳维亚比赛，此乃世界顶级赛事。杨瑞华发挥出色，拿了单、双打冠军和混合双打亚军，回国以后即投入国家队"108将"的集训。

［注4］郑敏之接到了进国家队的通知。郑敏之自述：我年龄小，分配的任务是做技术统计。队里有正手攻球、推挡侧身等小组，一场比赛下来，双方攻守得失分的统计，需马上算出百分比，供教练布置技战术，绝对是精细化的。大赛结束后，日本队访问上海，我与日本的伊藤和子、中山教子打，技术上可以抗衡，比分甚至领先。所以，队里认为我是有培养前途的。

| 1960年 |

□ 余长春接到国家乒乓队的通知赴北京报到,参加迎接第26届世乒赛的108将集训。全队思想教育强调"集体主义"精神,要求"有一分光发一分热"。余长春与王家声、胡道本、苏国熙、郭仲恭等十多人在二队训练,男女各32名选手正式参赛,傅其芳宣布名单,余长春入选。

[注]余长春参加全国青少年乒乓球比赛时,进前八名时以3比2输给北京队的郭仲恭,但他打球的风格仍得到傅其芳教练的夸奖。比赛间隙,余长春等在饭厅里拜见心中的偶像容国团。余长春自觉地刻苦训练,每天上午8点到11点半训练,下午3点集合打多球到6点。张俊汉领队要求年轻人加班补课,庄则栋带头,时常拉着余加班到9点。身体训练,仰卧起坐的指标是800个,拉单杠60个,最后跑3000米。

1961年

1月8日

□ 第七届斯堪的纳维亚国际乒乓赛男子单打冠军杨瑞华在《新民晚报》发表文章《从北欧访问归来》。文章称：我们这个队是新组成的，大多数是第一次出国参加国际比赛，平均年龄还不满二十岁。这次访问取得了良好成绩，给北欧观众留下了很好的印象，我们绝不满足于已有的成绩，决心勤学苦练，提高思想和技术水平，在今后的国际比赛中为祖国争取更大的荣誉！

参加斯堪的纳维亚比赛的队员合影

1月18日

□ 国际乒联主席蒙塔古在第26届世乒赛组委会的一期新闻公报上发表文章指出：国际乒联决定在北京举行这届锦标赛，当然不只是考虑到有一名中国运动员在第25届锦标赛上取得了卓越的成就，而且也考虑到中国广大年轻运动员的才华和他们取得的巨大进步。全世界的乒乓球爱好者正在期待着大赛的到来。它是乒乓球活动中的一件大事。现在乒乓球这门艺术的精华是在东方。蒙塔古还指出：这届锦标赛将是在中国举行的第一个世界性的体育运动比赛。

1月19日

□ 据第26届世乒赛组织委员会负责人说，自从国际乒乓球联合会代表大会上决定第26届世乒赛将在中国举行后，中国乒乓球协会就组成了该届锦标赛的组织委员会，迄今已向国际乒乓球联合会领导机构和各会员协会发出三期新闻公报以及有关比赛程序的通知书。

1月29日

□《文汇报》发表《答读者问》，回答本届世乒赛的几个问题。其中就"我国可以选派多少运动员参加这次锦标赛"这一问题，回答如下：根据国际乒联的规程规定，主办世乒赛的协会参加单项比赛的人数可以加倍。所以，我国参加男、女单打不得超过各32人，其他国家不得超过各16人；男、女双打、混合双打不得超过各16对，其他国家不得超过各8对。

上海乒乓球运动纪事录（1949—2024）

1月

□ 距离在北京举办第26届世乒赛还有三个月，正在封闭集训的"108将"得知日本队发明了"神秘魔法球"的消息。不久，日本的乒乓球杂志刊登了文章，扬言日本队将用这一"秘密武器"称霸世界乒坛。国家体委体育科研所及时进行了翻译。同时，在香港任乒乓球协会秘书长的薛绪初，给"108将"之一的弟弟薛伟初寄来了被称为"弧圈上旋球"的文字和图片资料。当晚，薛伟初考虑中国队以正胶近台快攻为主，自己打反胶适宜拉练弧圈球，就给组织上写了"我来模仿日本人"的请战报告，甘当国家队主力队员的陪练。为此，徐寅生抄了一份薛伟初的报告张贴在墙上。徐寅生说："此事值得大书特书，薛伟初和胡炳权为集体做出的贡献应当歌颂。"徐寅生认为：中国乒乓球队为国家荣誉而团结战斗的精神就是从这里开始建立的。从此以后，队里就形成了为一线主力队员服务的保驾机制。这是当时的历史环境和历史条件决定的。所以，人们称呼他们是"走在世界冠军前面的人"。

［注1］这时，得知日本乒乓队访问香港。国家队即派庄家富前去探查"军情"。庄从深圳入香港后，为不暴露身份，接头人告知他不要住香港酒店，并给了他一副褐色墨镜。他到体育馆看球，接头人在前面引路，庄与之保持两三米的距离跟随前行。进馆前，接头人给了最贵和最低票价的两张入场券，并嘱庄从低票价的侧门入口，进场后坐在最佳位置。进馆后，庄家富用报纸挡住脸面和上半身。他带去报纸是准备把弧圈球的技术要点写在报纸白边上。比赛开始，星野发球连续五球抢拉弧圈，香港队员皆把球削出界，甚至球飞出挡板外。庄家富在报纸的白边上写道："弧圈球对付削球威力巨大。但弧圈球对付速度快的左右大角球，尤其对

不出台的短球，却难以发挥作用。"赛后第二天，庄立刻返京。荣高棠副主任连夜召集男队主力队员容国团、徐寅生、庄则栋、王传耀、李富荣和教练傅其芳开会，听取对弧圈球优缺点的剖析。

［注2］当时，队里的风气是一切为国争光。薛伟初与胡炳权一招一式地进行揣摩，苦练弧圈球，手指练裂了口，贴上橡皮膏继续练，使球强烈旋转。薛伟初第一次陪李富荣练习时，每拉一个加转弧圈球，李富荣一板猛扣，不是下网就是打出界。徐寅生第一次接弧圈球曾大吃一惊，因为来球的上旋实在太强，拍形控制不住，球一下子蹿得老高，飞出了栏板。为此，集训队里掀起了苦练弧圈球和对付弧圈球的热潮。薛伟初、胡炳权随叫随到地陪着五六个主力队员，每天甩臂转腰千把次，胳膊都拉肿了。经过一段时间的实践，主力团队逐渐掌握了弧圈球规律。贺老总十分赞赏这种一心为集体、不计较个人得失的品格。他说："打仗要有主攻部队，也要有助攻部队。要宣传无名英雄。"

2月4日

□ 徐寅生在《文汇报》发表文章《谈谈欧洲各国乒乓球选手的打法》。文章称：现在最明显的特点是，欧洲横拍运动员加强了攻击能力来力争主动，从而改变了以稳守为主的被动局面。如匈牙利的杰特维和民主德国的席乃德尔等，即利用横拍两边能攻的优势形成了"全攻型"打法。

［注］3月3日，新华社记者发表文章《世界乒乓球坛两年风云录》。文章指出：近两年来，许多欧洲的乒乓球协会指示教练，要把训练工作的重点放在进攻方面。因此，攻守全能或攻多于守的选手已成为主力。人们已不止一次地看到采取完全进攻战术的横握球拍的选手。瑞典选手两年来成绩迅速提高。他们邀请了日本荻村访问指导，这对于他们加强进攻力量，起了积极的作用。

2月7日

□ 据《新民晚报》消息，今年春节，本市体育文化用品的工厂生产了不少价廉物美的新产品。比如乒乓球，将在春节前准备两万多打供应市场。除了盾牌、连环牌、三蝶牌外，还有一种四一四球，售价较低，供应农村。另外，还有专供儿童使用的彩色乒乓球。中国乒乓板厂还利用下脚海绵生产一种专供儿童使用的海绵乒乓板，每副只售六角五分。

2月21日

□ 徐寅生在《文汇报》发表文章《日本选手在准备中》。

[注] 徐文称：去年，日本邀请了匈牙利、南斯拉夫队进行世界比赛前的前哨战，并宣传"弧圈形上旋球"在比赛中的作用。去年年底日本举行了500名选手参加的全国锦标赛，后选拔了大批选手进行集中训练。日本乒乓界人士认为他们必须加强反手进攻能力和加强推挡球来对付我国的快速短打。文章还介绍了日本参加本届锦标赛的选手荻村、星野等的特点。文章认为日本女子队的实力很强。

2月23日

□ 国家体委体育科研所熊斗寅教授在《体育报》发表文章《谈谈弧圈形上旋球》。

[注] 国家体委体育科研所从日本的乒乓球杂志上看到匈牙利的西多、别尔切克，南斯拉夫的沃格林奇等访日的报道，说遇到日本选手的新技术弧圈球一筹莫展。欧洲冠军别尔切克输得落花流水。当时，体科所即作为一项重大的政治任务，突击翻译日本乒乓球资料，及时将弧圈球的技术特点、动作原理和其他有关情

况,提供给国家乒乓球集训队。

□ 为第26届世乒赛特制的纪念奖品和徽章、纪念章等,已开始正式生产。

[注]各主要竞赛项目冠军的奖杯是特制的金底景泰蓝纪念奖杯,富有我国传统的工艺美术色彩,每个杯上都镌有第26届世界乒乓球锦标赛的会徽。各竞赛项目前三名,分别获得金色、银色、古铜色的纪念奖章,奖章以五角形花为底,上面嵌会徽。奖章上端的别针,是一个金色天安门图案,表示这届锦标赛是在我国首都北京举行的。除纪念奖杯和纪念奖章外,本届组织委员会还准备了四种徽章和纪念章。专门为国际乒乓球联合会负责人设计的徽章,在白色眉形底上嵌有本届锦标赛的会徽,上端是一颗五角星,下端是两棵象征丰收的麦穗。底上有金色的"中国北京""第26届世界乒乓球锦标赛""1961"等字样。供给各国各地区乒乓球协会代表和运动员佩戴的徽章,其形状与上述的完全相同,底为绿色。另外还有形状与会徽相同的两种纪念章。其中一种上面嵌有金色的天安门图案,另一种中间是一个乒乓球的图案。

第26届世乒赛纪念瓷盘

第26届世乒赛纪念明信片

第26届世乒赛徽章

2月28日

□ 第26届世乒赛组委会已将比赛用红双喜乒乓球样品发给国际乒联的79个会员。法国乒协来信说，这些球的质量是很好的，今后进口改向中国订购；印度乒协来信说，这些乒乓球实在很好，祝贺你们生产出世界水平的球。

［注］当前产销情况：该球1960年11月开始大量生产，至1961年1月共生产了3230罗（465120只），最高月产量1200罗。目前已出口销售苏联、拉丁美洲、经香港转口等1200罗。其余为世乒赛备用球及国内优秀运动员比赛、训练用球。由于当前国内外需求量大，国内市场上还没有正式上市销售。

2月

□ 第26届世乒赛是新中国第一次举办世界大赛，贺龙副总理说："要全力以赴做好各项筹备工作，一定要办得像个样子。"当时正处于三年自然灾害的困难时期。这次世界比赛必须有合格的场地，国务院在经费紧张的情况下拨出专款，在东郊工人体育场旁边兴建一座工人体育馆。1959年11月动工，于1961年2月建成。

［注］圆形的体育馆气势宏伟，馆高38米，馆顶跨度94米，采用先进的悬索结构，有15000个座位，场内可安放10张乒乓球台，为世乒赛搭好一座崭新的舞台。

北京工人体育馆外景

3月12日

□ 周恩来与陈毅、贺龙到北京工人体育馆观看乒乓球训练,并接见即将参加第26届世乒赛的中国运动员,鼓励他们要努力为国争光,打出水平,赛出风格;让他们不要背思想包袱,戒骄戒躁,胜而不骄,败而不馁,眼光要看得远。比赛就如同打仗一样,胜败乃兵家常事,二者是辩证统一的。总理还请陈毅、贺龙介绍打仗的经验。陈毅说:中国是个泱泱大国,要有大国风度,不要斤斤计较。如果你们全部失败,我也要请你们吃饭,给你们敬酒,鼓励失败的英雄。当晚,陈毅请全体运动员共进晚餐,并举杯祝取得好成绩。

3月25日

□ 最近,上海电视台摄制了一部"红双喜"乒乓球生产过程的电视影片,编入"电视新闻"十二号,即将放映。

□ 第26届世乒赛纪念邮票开始印制,并在大赛举行期间在全国发行(共发行150万套)。

3月31日

□ 贺龙从南方返京,第二天即赶到华侨饭店为中国乒乓球队作赛前动员。

[注]贺龙说:我国的乒乓球队从1953年第一次参加世乒赛至今不到9岁,还是个"红领巾"嘛!我对你们已经取得的成绩是满意的。一个9岁娃娃,要把三十多个国家包起来,把7个奖杯都当包袱背,是背不起的。9岁的娃娃,经验不多,与日本、瑞典、匈牙利、捷克斯洛伐克等队比,都比他们年轻,匈牙利拿过60多个冠军。他们都是前辈,都是老师。后辈打前辈,学生打先

生，应当没有包袱。不管是强队还是弱队，都要像打老虎一样，打出风格，打出水平。

4月1日

□ 国际乒乓球联合会主席蒙塔古到达北京。蒙塔古连任国际乒乓球联合会主席达三十五年之久。蒙塔古还是世界和平理事会常务委员，曾获得1958年"加强国际和平"列宁国际奖金。

4月2日

□ 国际乒乓球联合会代表大会在北京举行。蒙塔古在记者招待会上宣读了美国乒乓球协会主席哈里森给大会的贺电："很遗憾，我们不能派代表和代表队去参加大会。由于政治的原因，使我们不能亲自重温我们的友情。这不是我们的力量所能改变得了的情况。美国乒乓球协会衷心祝贺这次比赛愉快、成功。"

［注］据美联社东京3月1日报道，美国将不参加4月5日到14日举行的世界锦标赛，因为据美国乒乓球协会负责人说，国务院拒绝允许美国队到共产党中国去，尽管美国是国际联合会的会员。

□ 第26届世乒赛组委会编撰的纪念册出版。北京市市长彭真在纪念册上发表欢迎词说：这次比赛不仅对进一步推动世界乒乓球运动的发展将起积极的影响，而且对加强各国人民之间的友谊也将做出有益的贡献。国际乒联主席蒙塔古发表的祝词说：两年前，中国人民加入了在运动中培养出世界冠军的行列，让这次锦标赛为人类所关切的和平事业增添力量。

4月3日

□ 本届世乒赛组委会主席荣高棠在中外记者招待会上发表谈话：中国体育界组织世界规模的体育比赛还是第一次。但是，在中国政府的关怀和各方面的积极协助下，各项筹备工作进展顺利。同时，我们得到了国际乒乓球联合会领导人，以及各乒协组织的支持和帮助，这是我们的工作能够顺利进行的一个重要因素。

□ 担任第26届世乒赛的一百多位裁判来自全国各地，其中有工人、医生、教师、科技人员，也有业余乒乓球爱好者等。

王家父子三人在1961年都参加了第26届世乒赛，王惠章（左一）担任这届赛会的副裁判长，王传耀（左二）和王传祺都是中国队的运动员。这是他们在第26届世乒赛的练习馆内讨论交流

来自上海的老邮电工人、20年前的乒乓名将王惠章，这次担任了副裁判长。因横板削手比较多，很可能出现超过20分钟一局的情况。两位副裁判长王惠章和施家贤特地在每个裁判小组里表演对削20分钟，使裁判人员熟悉"时间限制"的规则。近一个月的时间里，裁判们在赛前进行学习、讨论和临场练习。

4月4日

□ 下午，第26届世乒赛在北京工人体育馆开幕，来自五大洲的32个乒乓球协会选派的220多名男女选手和代表分别列队进场。国务院总理周恩来和邓小平、李富春、贺龙、彭真等党和国家领导人，国际乒联主席蒙塔古等各国来宾出席开幕式。

□ 中国男、女乒乓队确定下列选手参加男、女团体赛：男

第26届世乒赛记者证

第26届世乒赛入场券

第26届世乒赛比赛场馆照片

队为容国团、庄则栋、王传耀、徐寅生、李富荣,女队为邱钟惠、孙梅英、胡克明、韩玉珍。

4月5日(至6日)

□ 第26届世乒赛开幕了。上海南京西路(国际饭店对面)"体育画廊"布置了男、女团体赛和单、双打等八个项目的秩序表,工作人员每天在秩序表上挂出粉红色的小牌子,表明晋级和淘汰的情况,使人一目了然。上海五家新华书店布置了彩色的大橱窗。粉红色的华表象征比赛的地点,大红绸布烘托了比赛的气氛。上海的报纸每天刊登比赛的消息。上海人民广播电台及时报告比赛情况并现场转播。

[注1]开赛第一天,上海的乒乓球运动员和体育爱好者收听广播。华通开关厂在俱乐部里装上了扩音器播送比赛情况。肉类加工厂、中建锅炉厂以及复旦大学、市南中学、普陀师范等则展开了乒乓球活动。闸北区少年乒乓球选手写信给中国乒乓球队,预祝取得优异成绩。许多区的体育场、馆布置了画廊,展出有关本届大赛的图片。虹口体育场、青年宫、精武体育会等每天摘发比赛的消息。国际、永安、大名等电影院将从今天开始分别在每场电影放映前广播锦标赛的比赛消息。

[注2]上海出版局发出《关于在第26届世乒赛期间上海市主要报刊部分增加零售版的通知》:自4月1日至4月20日,《解放日报》每天加印不超过3000份。《新民晚报》每天加印不超过20000份,高潮时期加印不超过40000份。

4月9日

□ 晚,中国男、女乒乓球队与日本男、女乒乓球队进入决

男子团体决赛,中国队以5比3战胜日本队,首次捧起了冠军奖杯"斯韦思林杯"。
左起:王传耀、容国团、庄则栋、李富荣、徐寅生、傅其芳(教练)

赛。结果,中国男队以5比3打败日本队,第一次获得世界男子团体冠军(中国队的出场阵容为徐寅生、庄则栋和容国团)。第四盘,徐寅生在决胜局连扣12大板击败星野,赢得关键一分。日本女队以3比2战胜中国队,三度蝉联女子团体赛冠军。赛后,贺龙、董必武接见荣获男子团体冠军和女子团体亚军的中国队男女优秀运动员和教练员。第二天,各大报头版头条刊登了中国男队荣获冠军的消息。有的还套红登了运动员的照片。

[注]中日男团决赛打响。当中国队以4比3领先时,第八盘容国团出战星野。荣高棠主任鼓励容轻装上阵,容国团举起双手长啸一声:"此时不搏待何时!"容以2比1战胜星野,中国队夺得

徐寅生(左侧)12大板杀高球的场景,
来自上海的裁判员顾寇凤见证了这一时刻

"斯韦思林杯"。

□ 团体决赛的当晚，上海体育学院向全校转播比赛实况。同济大学校广播台制作了实况转播录音，组织专题广播。复兴中学、虹口中学、威海卫路第三小学等许多中小学利用黑板报、墙报报告好消息。生产"红双喜"牌的中国乒乓球厂的工人们，向中国乒乓球队拍发贺电，表示要更好地提高"红双喜"乒乓球的质量，为国家争取更大的荣誉。

4月10日

□ 林放在《新民晚报》撰文《夺魁之喜》。文章认为：世界冠军不是一天诞生的。我们的乒乓球不仅打来了荣誉，还打出了力争上游的时代风格，打出了天天向上的民族志气，打出了艰苦奋斗、勇于斗争的精神。我们的乒乓球运动，同祖国的社会主义建设同时茁壮、丰满、成长起来，这不正是我国全民所坚决奔赴的道路吗！

4月11日（至13日）

□ 第26届世乒赛五个单项比赛展开，中国运动员各就各位，为了国家利益而尽责尽力。比如薛伟初报名参加男子单打比赛，他用弧圈球技术战胜了波兰和苏联的冠军，接着又淘汰了南斯拉夫的马科维奇，跻身十六强。进前四名时，与队友李富荣相遇，以不超过一刻钟的0比3速败，完成了比赛任务。

[注] 赛前，领队张钧汉跑来对薛伟初说："你要和李富荣打比赛啊！"薛没等领队说第二句，脱口而出："我明白了。"从而结束了自己第一次也是最后一次代表中国队出战大赛的征途。赛后，薛伟初表示，我们的目标是让中国人拿冠军，自己是其中的一分

子，不仅能出一份力，还能战胜三个实力不弱的外国选手，感到无比自豪。

□ 当时，男队主力队员团体赛报名时有杨瑞华，可开幕前两天换掉了。李梦华与杨谈话，希望集中力量打好单打。杨瑞华在单打中战胜了曾获得欧洲冠军的罗马尼亚的内古雷斯科，领导称赞他立了大功。十六进八时相遇张燮林，因匈牙利的西多输给日本的三木，领导认为张燮林打三木更有利，杨为了集体的荣誉，并为保证张的体力，对裁判宣布弃权。张燮林以3比0拿下了三木。杨瑞华在走道上碰到西多，西多比画说"Money"，杨回答："NO，NO，腰伤了。"半决赛时，张又让给了李富荣。

□ 第26届世乒赛男子双打第四轮比赛胜负情况如下：别尔切克和西多（匈牙利）胜胡道本和谭卓林（中国），庄则栋和李富荣（中国）胜涩谷和三木（日本），星野和木村（日本）胜蔡明枢和屠汉刚（中国），容国团和杨瑞华（中国）胜朱人龙和马金豹（中国，朱、马弃权），王传耀和孙梅英（中国）胜苏国熙和叶珮琼（中国，苏、叶弃权），胡道本和张秀英（中国）胜周兰荪和马光泓（中国，周、马弃权）。

［注］杨瑞华说：单项比赛进行第四轮后，中国选手相遇，多有一方弃权，是为了让主力队员保持体力。说起双打，我与容国团配合，浙江朱人龙和四川马金豹让给了我们，就是弃权没有打。

□ 第26届世乒赛的男子单打比赛，将由四名中国选手通过复赛和决赛来决定。这四名选手是：李富荣、张燮林、庄则栋、徐寅生。庄则栋和张燮林在半复赛中分别以3比0击败日本的荻村和三木。李富荣和徐寅生分别以3比0胜了中国选手胡道本和谭卓林。

4月13日

□ 贺龙出席中华人民共和国体育运动委员会和中华全国体育总会招待国际乒乓球联合会领导人、咨询委员、各乒乓球协会代表和球队领队的宴会，并发表讲话。

□ 第26届世乒赛男女团体赛决赛的电视影片已由北京航寄上海，将于本日7时同本市电视观众见面。影片报道中国男子队同日本男子队、匈牙利男子队争夺团体赛冠军的实况，以及中国女子队同日本女子队、罗马尼亚女子队争夺女子团体赛冠军的实况。

4月14日

□ 上午，第26届世乒赛五个单项比赛进行复赛。19岁的庄则栋和18岁的李富荣分别以3比0战胜了徐寅生和张燮林，成为今晚世界冠、亚军的争夺者。匈牙利选手高基安战胜了前世界冠军松崎，将与中国选手邱钟惠争夺冠军（邱钟惠以3比0胜中国选手王健）。取得了男子双打决赛权的是日本的星野和木村以及匈牙利的西多和别尔切克，他们分别以3比1、3比0战胜了中国的庄则栋和李富荣以及周兰荪和王家声。在女子双打复赛中，邱钟惠和孙梅英以3比0战胜中国选手韩玉珍和梁丽珍，取得决赛权。罗马尼亚的亚历山德鲁和皮蒂卡以3比1战胜中国的胡克明和王健，取得决赛权。在混合双打复赛中，李富荣和韩玉珍以3比0战胜另一对中国选手王传耀和孙梅英；日本选手荻村和松崎以3比1战胜了另一对日本选手星野和关正子，双双取得决赛权。

□ 晚，第26届世乒赛举行单项决赛。庄则栋、邱钟惠荣获世界男女单打冠军。日本选手星野和木村获得了男子双打冠军，荻村和松崎获得了男女混合双打冠军。罗马尼亚选手亚历山德鲁和皮蒂卡获得了女子双打冠军。男子单打决赛首先开战。据报道，"两员红袍小将都是中国的选手，也都是人们熟悉和喜爱的乒乓运动员，谁都能叫得出他们的名字：庄则栋、李富荣"。

[注1] 1961年第26届世乒赛男子单打进入半决赛的为清一色的中国运动员。荣高棠向贺龙副总理汇报后，决定徐寅生让庄则栋，张燮林让李富荣。决赛时，李富荣让庄则栋。其理由，据说是庄则栋表现出色，有潜力连续夺冠，若能三次蝉联世界冠军，"圣·勃莱德杯"就可以复制一座永远留在中国。贺龙副总理对徐寅生说，这次委屈你了，党和人民会记住你的。

[注2] 据新华社记者报道，今晚，比赛大厅里只有一张球台，男子单打决赛在两名中国选手之间展开。头两局，庄则栋的两面进攻占优势，以21比15的同比分连胜两局。第三局中，李富荣发挥侧身进攻的特长，以21比19扳回。"两名小将同时走向他们的教练。这时，观众中发出了爽朗的笑声。因为，这种场面'难为'了他们的教练，他要同时为两个学生'出主意'。"第四局，两人争夺得更加激烈，越打越猛。李富荣在防御中，采取短搓和放高球作为"过渡"。庄则栋有时则一气重扣十几大板，命中率很高。最后，以21比17取得了胜利，获得男子单打世界冠军，在全场热烈的掌声中，庄则栋和李富荣紧紧地握手，相互祝贺。

[注3] 据《新民晚报》报道，裁判一声"开始"，赛场上就看到快速的对攻。庄则栋左右开弓，猛劈劲抽，击球像放射连珠炮一样；李富荣勇猛顽强，硬扣猛攻，挥拍如风卷残云。在不满半小时的比赛中，"你一刀，我一枪，比勇，比狠，还比速度。这场

球,看得观众连连喝彩,看得同行声声叫好!"整个比赛像一串珍珠,每一分像一粒珠子,闪闪发光。这里,只捡其中的一粒——一个精彩的对攻镜头表白一下。庄则栋得球举板硬敲,既急又狠,直蹿对方右角,李富荣见来势凶猛,顺手力抽回敬。这样一连对攻了十四次。庄则栋用足力气打了一大板,球受重击后弹得很远,逼李退后补救,放了一只高球解围。小庄跃身而起,举板力压,于是一个再放高球,一个像泰山压顶般扣杀,等到李富荣第九次放高球时,小庄把球劈向对方左台角尖,斜飞到挡板之外。3比1,小庄夺得男子单打冠军。

[注4]李富荣自述:现在,网上也有很多说法。因庄则栋连续三届为世乒赛男子单打冠军,而我正是这三届的亚军。所以人们总不免要讲到我的"让",给我的感觉这是一个绕不开的话题。是的,冠军的归属是由领导确定的。从中国乒乓球队为国争光的角度说,领导的大局考虑是:容国团拿了世界冠军后,技术有所下滑,年龄也稍大了。此时要有一个运动员能在这个领域较长时间地将冠军保持下去,这就选中了庄则栋。我觉得选庄是对的,那时欧洲弧圈球技术还没露头,庄则栋的近台两面攻打法是比较先进的,而且庄年轻、刻苦,能拼,意志顽强。我也没想更多,决定让就让了,都是中国人拿第一嘛。其实,我让给庄则栋三次,湖北的胡道本也让给我三次。"文革"以后,湖北体委派人来核实这件事,我如实作答:你们那里该加工资加工资,该提级要提级。中国乒乓球队是一个集体,我们个人的成绩都离不开队友的帮助,因为我们那个时代所受的教育,就是集体荣誉至上,个人的利益看得很淡。

[注5]徐寅生口述:第26届世乒赛男子单打比赛,我跟庄则栋一条线,李富荣跟张燮林一条线。那个时候人都比较简单,都

是中国运动员，一切以国家荣誉为重，我们很坦然，就等着领导决定。当时就是这么一个氛围，为了集体的荣誉做"铺路石"，是很光荣的。其实，我们就怕输给外国人，更怕输在自己手里。至于领导决定谁上，谁不上，你如果有情绪，大家就会说：怎么能这样啊。再说，一般有点情绪的，也不会表现出来。或许还要考虑庄则栋团体赛打得很好，又是北京人，比赛在北京进行，也是因素之一。后来贺龙接见我们的时候也讲了：祖国人民不会忘记的。

所以，庄则栋一路打上去，为了保证主力队员登顶，碰到中国选手，让路是很正常的。其实，在我们队内也不是郑重其事地开会讨论，就教练事先通知一下，你输一下不就完了呗。在当初，这事都看得比较简单，不像现在哭鼻子了、舆论上传了、家长又怎么样了、部队又怎么了。最后庄则栋上去说："我是代表集体领奖的。"由球队领导根据比赛的进程和大势，决定最有利于取得成绩的选手胜出，成为国家乒乓球队多年的传统。现在看来，这既是历史原因造就的，也有历史的局限。但当时整个国内外的环境和形势，决定了国家和人民需要乒乓球队去争取这个胜利。所以，这不是哪一任教练、哪一任领队擅自布置的，这一切是由历史形成和决定的。

[注6] 晚，单项比赛颁奖仪式后，贺老总陪同董必武、邓小平、彭真、李富春、李先念、陆定一等领导人接见了中国乒乓球队。贺老总又通知国家体委和乒乓球队的负责人留下来，在工人体育馆开会。贺老总说：现在，我们已成骑虎之势。骑在虎背上，决不能下来！要立即准备夺取下一届的胜利。"蹲点小组"不能马上解散，要抓紧时间，认真总结经验，调整队伍，培养年轻人，采取措施，提高战斗力。

1961年

第 26 届世乒赛男单前三名全部为中国选手。(后排左起)冠军庄则栋、亚军李富荣、季军徐寅生和张燮林(并列),四位选手中有三位来自上海。图为国际乒联主席蒙塔古先生(前中)和名誉会计文特(前左)、中国乒协主席陈先(前右)为他们授奖

□ 国际乒乓球联合会代表大会会议在北京举行。再度当选为国际乒乓球联合会主席的蒙塔古宣布:1963 年第 27 届世乒赛将在捷克斯洛伐克举行。大会通过的决议强调:乒乓球运动参加者必须不分种族、肤色和信仰的原则,以及对某些国家制造国际比赛阻碍并限制本国运动员参加在北京举行的世界乒乓球锦标赛的行为表示遗憾。大会要求各地的乒乓球运动员和组织为取消这些阻挠和鼓励全世界的国际友谊进行努力,从而为体育运动和和平做出贡献。

□ 国际乒乓球联合会分级分组委员会公布了各个国家和地区乒乓球协会代表队的技术名次:中国列男子队第一级第一位,女子队列第一级第二位。据外电评论,世界乒坛霸主地位将走

向中国，世界乒坛从此走上中日对抗的新时代。

□ 林放在《新民晚报》撰文《球场外面的千万颗心》。文章认为：为什么亿万听众，即便是乒乓球运动的门外汉，会如此热心于世乒赛呢？这是因为有伟大祖国的荣誉感、社会主义的自豪感鼓舞着我们。在今天，爱祖国、爱社会主义，努力争取社会主义祖国的荣誉，是压倒一切的心情和愿望。我们愿意看到伟大的祖国在各个方面都能显示出它的蓬勃的生命力，显示出它的优越性，因此我们也热望中国乒乓队打出优异的成绩来为国增光。光荣属于为祖国争取荣誉的人们！

4月15日

□ 北京市市长彭真在人民大会堂设宴款待参加世乒赛的各国健儿，贺龙等出席。国际乒联主席蒙塔古先生在宴会上称颂本届世界锦标赛获得的历史性成就，他说：这次在北京举行的世界锦标赛取得了完美的惊人的胜利，这是青春、勇敢、性格修养、体质、进取心、主动性、果断、友谊和斗争精神的胜利。蒙塔古还向中国《体育报》记者表示：深信中国乒乓球队的崛起将推动世界乒乓球运动的发展。贺龙还就中国体育运动问题答英国《每日邮报》《每日镜报》《每日快报》记者问。

[注] 徐寅生对蒙塔古先生的"深信"作出如下理解：如果说，上届世乒赛容国团夺得男子单打世界冠军是中国队崛起的一个信号，那么在本届大赛中共夺得男子团体、男子单打、女子单打三项冠军及四项亚军、八项第三的中国队，已确立了乒乓球世界强国的地位。当中国队崛起之时，另一个世界乒乓球强国日本并没有衰落，国际乒坛从此进入了一个中日两队长期较量、尖锐抗衡的新时期。略显被动的欧洲传统削球防守反击打法，会以中

| 1961年 |

容国团参加第26届世乒赛的总结

日两队为目标，重谋新的振兴大计。由此，世界乒乓球运动的发展将产生一次更快更"转"的历史性飞跃。

□ 据新华社消息，第26届世乒赛男、女单打世界冠军庄则栋和邱钟惠，分别向记者发表夺冠后的感想。

[注] 庄则栋说：我这次能够获得男子单打世界冠军，是党和人民对我们年轻一代的运动员教导和培育的结果，我的成就来自集体，我的光荣也应该归于集体，归于党和人民。我一定要力戒骄傲，兢兢业业地勤学苦练，和同伴们一道，在今后为祖国争取更大的荣誉。庄还说：我相信，通过这次比赛会进一步巩固和发展各国运动员之间的友谊。

邱钟惠说，我非常高兴，这是

第26届世乒赛男、女单打冠军的获得者
庄则栋和邱钟惠

一次新的胜利。首先应该肯定这胜利应该属于党，属于集体。假如不是大家的帮助，我的技术不会提高得这么快。由于在这项比赛的前几轮中，别的同志已经把一些强的对手淘汰了，才使得我有这样一个机会最后取胜。中国女子还从来没有得到过世界冠军，我要在比赛中表现出中国女运动员勇敢顽强的风格。我一想到这里，就感觉到不是我一个人在打，而是有我们全队，有我们的党和祖国亿万人民在支持我，他们给予我巨大的信心和力量，使我最后获得胜利。

□ 国际乒乓球联合会公布了54名世界优秀男、女乒乓球选手名单。中国选手庄则栋和邱钟惠双双名列第一位。这次公布的优秀选手中，男、女各有27名，其中以中国选手最多，男子9人（上海籍运动员排序为：第二，李富荣；第三，徐寅生；第七，张燮林；第八，杨瑞华；第十八，王传耀），女子7人（上海籍运动员排序为：第六，孙梅英）。

4月16日

□ 中央新闻纪录电影制片厂摄制的纪录片《第二十六届世界乒乓球锦标赛》（上集）在本市黄浦、普陀等十二个区的影院及红旗、曙光、文化、青年宫、儿童艺术剧场和徐汇剧场等专业新闻影院映出。这部影片的内容包括锦标赛开幕式、男女团体赛比赛情况，以及我国男子队荣获团体赛世界冠军的场面。当晚，上海市体育运动委员会和上海市电影局举行电影招待会。中国乒乓球厂党支部书记和华联乒乓球厂工会主席在会上表态：一定要学习乒乓球运动员们的这种精神，在党的领导下，立下雄心大志，在各自的岗位上发愤图强，创造更出色的成绩。

［注］据本月24日统计，该片在上海共放映720余场，观众

达到62.9万余人（次）。

4月17日（至22日）

□ 第26届世乒赛闭幕后，部分乒乓球队来上海访问。古巴、捷克斯洛伐克、新加坡、缅甸、摩洛哥等国家的乒乓球队抵沪访问，与上海市队、上海市青年队进行交流比赛。其中，对阵捷克斯洛伐克队时，李富荣、杨瑞华、林慧卿等代表上海队出阵，上海男、女队分别以5比2、3比2获胜。

4月18日

□ 中国乒乓球厂和华联乒乓球厂的工人和领导，在银幕上看到"红双喜"乒乓球来回地跳动，引以为豪。中国乒乓球厂党支书王能章说："我们做了几十年乒乓球，第一次在国际比赛中使用。这是在党的正确领导下取得的成就。"华联乒乓球厂工会主席何兆昌说："厂里工人包括一些女工都非常关心比赛。一是关心中国队的战果，二是关心自己制造的乒乓球的质量。徐寅生十二大板压高球，而这只球还是很好时，大家都高兴得跳起来了。"

4月20日

□ 晚，中国乒协在北京饭店宴请日本乒乓球队，徐寅生、李富荣等参加。根据周总理的指示，中国乒协邀请日本队访问中国，商定中日两国运动员每年进行一次友谊比赛。刚从外地回京的周总理赶到会场，并在宴会上说：乒乓球比赛不仅是为夺取锦标，更重要的是通过比赛寻求和平，寻求友好，寻求共识。希望中日两国人民和运动员相互学习，交流经验，为促进中日两国关系正常化努力。总理还称赞了日本女选手松崎君代的场上作风，不管胜负，她的脸上总是带着笑容。

[注]徐寅生口述：其实，参加第26届世乒赛，是日本队第一次来中国。1956年，京剧艺术大师梅兰芳先生率京剧团访日时，曾在欢迎宴会上与荻村、田中等世界冠军会面。梅先生曾代表中方邀请日本队访华，但多年没能实现，中国的乒乓球水平一般是原因之一。通过这届世乒赛，日本队看到了中国乒乓球水平的飞跃进步。日本队教练长谷川先生在宴会上说："夺冠军不易，保冠军更难……我要以最大的兴趣看中国的王座能保持多久。"回国以后，日本乒协宣布成立"强化对策委员会"，针对中国的打法，制订长期集训的计划。

徐寅生说：日本教练说的那句话，一直在我脑海里不散，所以要"夹着尾巴做人"，整天想着不能输啊，在技术、战术上挖空心思动脑子。荣高棠曾说过，你们好好打球，其他的事我们都包了。这就是要求我们要一心一意打好球，我是受到影响最大的，所有跟乒乓球有关系的我都记得住，跟我没关系的，我都不去记，也不打听。我逐步养成了这么个习惯，就是不跟自己专业有关的就没有兴趣，后来当教练也就记乒乓球这些人和事，跟打球无关的事不太关心。这就是在这个体制下，个人的压力与责任。

4月22日（至26日）

□ 日本乒乓球队和民主德国乒乓球队访问上海，首场比赛在江湾体育馆举行，上海市市长柯庆施、副市长金仲华等观看了比赛。日本队在上海进行了四场友谊比赛（其中有一场对杭州市队）。上海队出场的队员有杨瑞华、李富荣、屠汉刚、余长春、刘国璋、王传祺、杨瑞华、曹自强、张世德、薛伟初和郑敏之、李赫男、林慧卿等,比赛的情况是,男队上海队胜,女队上海队负。上海队对民主德国乒乓球队的比赛,男、女队均获胜。第二场进行单打、双打、混合双打十盘对抗赛,最终打成平局。

[注1] 日本乒乓球代表团来上海之前,周恩来曾在欢送宴会上送给荻村两瓶茅台酒作为纪念。荻村将酒装入皮箱里。第二天到上海比赛前,荻村打开箱子拿球拍时,茅台酒味就扑鼻而来,原来其中一瓶酒的盖子没盖好,比赛服也渗进了茅台酒。那场比赛荻村打得精彩,以2比1胜杨瑞华。

[注2] 日本队继续在北京和上海进行了中日对抗团体赛,李富荣打了五场,均获胜利,赢了荻村、木村、星野、涩谷等日本主力。

欢迎日本乒乓球队访沪友谊赛入场券

4月29日

□ 下午,上海2000多名体育工作者和运动员在市人委大礼堂集会,欢迎参加第26届世乒赛的上海运动员归来。李富荣代表上海选手发言:感谢党的培养、教育,感谢上海人民的关怀和鼓舞,并表示决不自满,继续勤学苦练,将来为祖国做出更大贡献。上海市副市长宋季文发表讲话:这次我国乒乓球运动员为祖国取得的巨大胜利,具有重大政治意义,它显示了我国社会主义制度的优越性。

5月1日

□ 北京举行国际劳动节游行，由数千人组成的乒乓方阵人手一拍，表演各种击球姿势经过天安门，庆贺刚刚闭幕的第26届世乒赛。

□ 彭真、董必武、邓小平、陈毅等在北京工人体育馆出席北京市总工会、共青团北京市委和北京市妇女联合会联合举办的大会，为在第26届世乒赛中取得成绩的中国男、女子乒乓球队祝捷。

5月2日

□ 首都1.5万多名工人、学生、解放军战士、机关干部和少年儿童，在北京工人体育馆为中国乒乓球队举行祝捷大会。董必武、邓小平、彭真、陈毅、李富春、贺龙、陆定一、罗瑞卿等参加。国家体委副主任荣高棠发表讲话。他说，中国乒乓球队取得了这样大的成就，与全国人民极大的关怀和支持分不开，这是集体的胜利。会后举行了乒乓球表演赛。

5月3日

□ 为答谢上万封群众来信，中国乒乓球代表队发表公开信，表示：我们取得的成绩是党的关怀、领导和培养教育的结果。中国乒乓球队还是一支年轻的队伍，一定要在党的领导下坚持政治挂帅，继续鼓足干劲，发扬胜不骄、败不馁的风格，虚心学习世界优秀选手的长处，不断丰富和提高自己，用实际行动来答谢全国人民的关怀和期望。

5月22日（至23日）

□ 徐寅生在《新民晚报》撰文《"十二大板"是怎样打出来的？》

［注1］徐文节录如下：我与星野对阵是第四场，当时，场上比分1比2，我队落后，我意识到这是非常关键的比赛，它使我过分谨慎中有些紧张，也使我必须倾全力去争夺胜利。首局，我从不利中得出"必须主动出击先发制人"的要领，虽以17比21失败，但战略思想一定，战术一改变，很快以21比14胜回第二局。决胜局必然会有一番拉锯战，我意识到这是场思想意志的竞赛。决赛局开始，星野使用了各种绝招，时拉时搓，防守时猛攻，比分极为接近。加上几次机会球失误，曾一度造成我手软。这时，我准备一分一分艰苦地争夺，意识到谁信心强，就能取得最后胜利。在激烈的战斗中，我还能保持领先一二分。直到20比17时，我才稍许松了一口气，认为再得一球可以获胜了。但星野夺得了一分，20比18！看来星野将用他的"撒手锏"作最后的搏杀。用这种战术，他在多次比赛中往往化险为夷。由于事先就对他有这样的估计，我的思想愈加警惕起来。他"放高球"来等待我的失误，我可不准备"一板求成"。我先侧身扣杀，球直蹿星野反手，他很快顶回，前冲力很强。我没冒失猛攻，用中等力量再杀左角。星野放出了旋转强烈的上旋高球。我了解他这一战略，用力猛扣左方较大角度，准备看好时机改攻右方。四板、五板、六板……角度越打越斜，对方越放越高，球越来越旋。打到第九板，星野已站得很远很边，我眼看右方空位很大，第十板就

《新民晚报》的相关报道

毕克官所绘"十二大板"图

变换了方向。星野眼快脚快,一跃而过又接了过来。第十一板再杀左角,星野来个鹞子翻身,又扑救过来。这时全场观众随着每一个球的扣杀激起的呼声,给了我很大的鼓舞和力量。最后一板,我使了最大的力量,将球重重地压到星野近身处。星野犹豫不定,正手猛烈往上一托,球直飞出界了。十二大板结束战斗,我以2比1战胜了这位坚强的对手。关于十二大板,事后观众反映打得紧张、激烈;在打的人说来,也是感到非常有劲的。

[注2] 1961年第12期《新体育》杂志发表文章《足智多谋》,评说徐寅生的球技。该文称:这位比庄则栋、李富荣等小将阅历略深,而资格经验又不如容国团、王传耀等老将的22岁青年,被人笑称为"中将"。在他身上确实兼有小将的骁勇和老将的沉着,他的打法鲜明地体现了我国乒乓球运动员快、狠、准、多变的技术、战术风格。你看他,跳起来一气连扣日本冠军星野十二大板,攻势不谓不凌厉,颇有"小老虎"之风。但更多的时候他是以从容不迫的姿态出现在球台前,用刁钻多变的球路、机智灵活的打法赢得上风。比赛的胜负不仅取决于斗技、斗力,也取决于斗志、斗智的结果。

6月9日

□ 第26届世乒赛中国乒乓球队优秀运动员授奖大会在北京体育馆举行，国务院副总理贺龙把"体育运动荣誉奖章"授给男子选手庄则栋、徐寅生、容国团、李富荣、王传耀和女子选手邱钟惠、孙梅英。获奖教练员是女子队教练梁焯辉和男子队教练傅其芳。

8月2日（至18日）

□ 全市少年乒乓球锦标赛在市体育宫举行，共12个区与松江县以及体院、体校等15个单位的140名运动员参赛。蒋时祥、姚振绪、沈爱如、周一玲、葛海珊等被列为单打种子。比赛结果：闸北区队以3比2击败静安区队，获得男子团体赛冠军；静安区队以3比2击败卢湾区队，获得女子团体赛冠军。就男女单打和男女双打，经过202场的竞争，闸北区的蒋时祥和卢湾区的周一玲获得男女单打冠军；获得男女双打冠军的是静安区的姚振绪、刘璋如组和沈爱如、宋佩芬组。

9月16日（至29日）

□ 全国乒乓球锦标赛在太原举行。在团体赛争夺进入前两名的比赛中，上海男女一队双双战胜北京一队。其中，庄则栋以0比2败给了今年的男子单打世界亚军李富荣。邱钟惠以1比2败给了上海横握球拍的郑敏之和林慧卿。经决赛，上海男子一队和黑龙江女子一队获得团体赛冠军。在五个单项比赛中，李富荣和邱钟惠分获男女单打冠军，李富荣和庄则栋组获男子双打冠军，邱钟惠和王健组获女子双打冠军，李富荣和韩玉珍组获得混合双打冠军。李富荣作为男团冠军上海队的主力队员，又一举获得男单、男双、混双的金牌。李富荣是全国乒乓球锦标赛的第一个"大满贯"。

10月21日

□ 青年宫将举行青年男女乒乓球团体（5人）对抗赛，参加比赛的各队凭单位介绍信，前往四川中路630号该宫分部报名参加比赛。寒假期间则准备举办中学生乒乓球友谊赛。

10月22日

□ 徐寅生在《文汇报》发表文章《喜看李富荣成长》。

［注］文章节录如下：李富荣从学打乒乓球到取得世界亚军和全国冠军，只有五年的历史。1956年10月，市体育宫的少年乒乓球班招生，13岁的李富荣被录取了。测验老师评价他"手法、步法都很灵活，就是急躁些"。从此，党为少年乒乓球爱好者提供了很好的学习条件，我和杨瑞华也做过临时"小老师"。李富荣领会快，能够举一反三，教他直线球，就不用教斜线球了。他锻炼很刻苦，总是第一个到场，最后一个离场，非要打到汗流浃背不肯罢休。不到两年的时间，他就获得了全国少年锦标赛第三名，连续两届的上海少年冠军。1959年第一届全运会上，李富荣又以3比2打败了刚获世界冠军的容国团。同年11月，李富荣随中国乒乓球乙队访问欧洲取得辉煌成绩。几年来，我和小李经常搭伴作战，是很好的战友。在今年的全国比赛中，小李已经成为队里的主力之一，在对庄则栋的比赛中，他不断改变战术，限制住小庄的攻势，然后又迅速地出奇制胜。小庄在输给他以后说："李富荣战术变化多，会动脑筋。"这话一点不假。从小李的迅速成长中，我深深感到没有党的关怀培育，没有大家的帮助，那是万不可能

的事情。喜看小李的成长，更激起我对党的感激和热爱，更感到生活在毛泽东时代的幸福和自豪，我将更加发愤苦练，为祖国争取更大的荣誉！

11月30日

□ 长宁、南市、徐汇三区工人俱乐部联合举办冬季少年乒乓球对抗赛。参加比赛的有本市八个区、市体育宫体校及市青少年体校的男女各18支队。每逢星期六、日晚上在三区工人俱乐部和徐汇区工人体育场进行比赛。这是全市优秀少年乒乓球选手的大会师。

1961年上海市体育宫冬季乒乓球团体邀请赛秩序册

12月3日

□ 上海市青年工人乒乓球比赛男、女团体决赛结束。邮电队获得男、女组冠军，杨浦男队和港务女队分获亚军。

12月16日

□ 黄浦区乒乓球馆主办的冬季乒乓球联赛，分为小学、中学、基层三大组，共有男女246支队（小学42队，中学57队，基层147队）参加，计运动员1500人左右。比赛时间，小学、中学组在星期日的上、下午进行，基层组则排定在每周二、四、六的晚上进行。

12月24日

□ 据《新民晚报》报道,最近,本市各区、系统、基层均陆续举行乒乓球比赛活动。杨浦区举行的乒乓团体邀请赛有上海市青工、邮电(甲乙两队)、港务、闸北、静安、杨浦、虹口、海运、复旦大学等九个单位的男女队参赛,比赛地点在沪东工人文化宫。虹口区职工乒乓赛共有103个基层队(男子75队、女子28队),参加单打的有600余人。此外,有12个钢铁厂参加的"钢铁杯"乒乓球团体赛已开打。

12月25日

□ 每逢星期五上午,市体委举办乒乓、足球、篮球、排球、田径、游泳、体操七个项目教练员中心组研究活动,受到教练员们的欢迎。参加乒乓球教练小组活动的有老教练陆汉俊、李宗沛,新担任教练工作的池惠芳、徐介德等。

[注] 第七次讨论的题目是:正手攻球的正确动作。卢湾区体校姜清提出四个要领。上海体院的青年教师补充说:攻球还要发挥助力。李宗沛教练认为,攻球动作从准备到结束,要注意连贯性。目前最快的对攻球,一秒钟内有三个来回。陆汉俊强调指出注意攻球的速度。又一个教练提出问题:来球有上旋的、下旋的……怎样来对付?青少年容易犯的毛病……一个又一个的意见相互补充,使得大家的认识更加完整;实际教学中遇到的问题不断被提出来,形成了讨论的中心。

本年

□ 第26届世乒赛上,庄则栋从领奖台上下来,面对记者的提问时说:"我是代表集体去领奖的。陪练的队友才是走在世界冠军前面的人！"当年，贺龙元帅提出"国内练兵，一致对外"的方针，中国乒乓球队训练时的"陪练"是最具特色的有力措施。陪练兴起于第26届世乒赛前夕。从此，陪练便在中国队形成传统，不同年代都有一批运动员模仿外国名将的打法，帮助主力队员适应。"男帮女"也是中国乒乓球队的一个创举，这样可以增强对抗性，大大提高训练的强度和质量，有利于女队员更快地提高技术水平。在我国乒乓球队的辉煌战绩中，包含许多"无名英雄"的汗水和心血。

□ 第26届世乒赛中国队获胜以后，上海评弹团演员唐耿良专程去北京体验生活，写一段后还在舞台上挥起乒乓球拍。北京人艺队里搞创作，徐寅生提供了几个想法，其中一个素材是把日本队写成影子，形影相随地盯着中国队。意思是别骄傲，后面有影子追着你。这种心理的紧迫感，促使徐寅生更加自觉地刻苦训练。

1962年

1月16日

□ 据《新民晚报》报道，本市各行各业及早准备春节用品。其中，乒乓球除101盾牌、三花光荣牌、三蝶牌和彩色乒乓球外，还将增加供应精装连环牌乒乓球。为了适应小朋友们的需要，还专门生产了一批白木乒乓板。

1月23日

□ 华东地区优秀乒乓球运动员一行19人，在江苏、福建、浙江等地巡回比赛后来到上海，男队员有李富荣、徐寅生、张燮林、杨瑞华、吴小明、余长春、廖文挺、屠汉刚、曹自强、朱人龙，女队员有林慧卿、狄蔷华、郑敏之、李赫男、林希孟等。该队预定与上海市队、上海市青年队进行四场公开表演比赛。上海市队和上海市青年队中有刘国璋、杨永盛、张世德、余永年、于贻泽、蒋时祥、张秀英、陈应美、胡新成、林秀英等迎战。

□ 徐寅生在《新民晚报》发表文章《张燮林的功夫在哪里？》。

［注］该文称：张燮林继承了"削王"姜永宁稳守的特点，而且在削球上更具变化，攻击能力更具威胁，手上控制球的能力更见功夫。同时，张燮林的削球落点左右捉摸不定，能主动地将球

送到对手不足的地方，来减弱对手的攻势。即使是在退后很远的时候，被对手突然施放一个短球而处于被动的情况下，也能在快速度的"冲刺"中，如意地进行反击，打到对手致命的地方。张燮林手上的功夫，不仅表现在削球防守技术上，他的攻球技巧可以跟直板以攻为主的选手比美。不要看张燮林的打法属于防守型的打法，可是他的每一个球里边都贯穿着凶狠、积极的战术思想。因此，他能够取得优异的成绩并非偶然。

2月9日

□ 徐寅生在《文汇报》发表文章《刻苦锻炼 为国争光》。

［注］文章节录如下：如果没有党的领导，没有群众路线，没有积极、主动的方向和快、准、狠、多变的战术、战略思想；如果没有那些敢于胜利、打出水平、打出风格的行动指南，我们怎么能在第26届世界乒乓球锦标赛上取得好成绩！明年的世界锦标赛要取得更好的成绩，关键在于今年打下结实的基础。从日本和欧洲运动员的动向来看，更要求我们正视困难，刻苦锻炼。就个人来说，我准备踏踏实实地学习庄则栋的稳健攻球、李富荣灵巧的步法、杨瑞华的多变战术、容国团的全面技术；学习上海运动员的快速、凶狠风格。我深刻地体会到只有吸取别人的优点，才能更好地提高自己，也只有听党的话，才能使自己永远像春天一样的灿烂。

2月10日

□ 上海市高校男女乒乓球队康泰兆、黄爱如等15人（来自华东化工学院、上海交通大学、上海师院），利用假期前往广州，与广州市大学生联队、广州邮电队进行了八场比赛，男子七胜一负，女子六胜二负。

2月20日

□ 青年宫将举办"三八"青年女子乒乓球单打冠军赛。凡居住本市在15足岁以上至25足岁的女青年，凭基层共青团或体协组织介绍信，可往四川中路630号青年宫分部报名。

3月2日

□ 下午，300多名乒乓球少年运动员在体育宫听徐寅生讲解乒乓球技术。同时，市乒乓队的余永年、刘恒恕作攻球、推挡、提拉和发球等各种基本技术的示范表演。

3月15日（至4月5日）

□ 1962年上海市乒乓球锦标赛揭幕，共有12个区、7个产业及高校、体院、体校及部队等23个单位的256名男女运动员报名，其中，有两名健将和123名一级运动员。为了满足乒乓爱好者的要求，在初赛期间，每逢星期二、四、六、日的晚上，都有一场比赛在体育宫竞赛馆进行，公开售票。比赛结果为，全市乒乓球锦标赛的男、女单打冠军分别为余永年（南市）和童君丽（闸北）。男子双打冠军为张世德（普陀）、余永年（南市）组，女子双打冠军为朱培民、童君丽（闸北）组，混合双打冠军为余永年（南市）、赵月莉（杨浦）组。在本届市乒乓球锦标赛中，年纪最小的运动员是刚满12岁的徐剑琴。这位"小横板"第一次参加全市乒乓赛打得很不错。一些乒乓界人士认为：这小姑娘很有前途。

3月31日

□ 继浙江省乒乓球队来沪访问以后，准备前往南昌参加1962年全国乒乓球锦标赛的北京、湖北、山西、安徽等乒乓球队陆续来沪，并在上海作公开友谊赛。同时，除徐寅生已在上海外，庄则栋、邱钟惠、李富荣、张燮林、周兰荪、谭卓林、王家声、王健、韩玉珍、梁丽珍等都将在途经上海时，分别在江湾体育馆、陕西南路市体育馆进行三场公开表演赛。4月6日，上海电视台将转播表演赛实况。

4月5日

□ 上海青年宫将举办"五一"青工乒乓球团体对抗赛，青年职工可凭基层单位共青团或体协组织介绍信，前往青年宫分部报名。

4月8日

□ 上海市聋哑人协会的聋哑人男、女乒乓球队，在市体育宫与应邀来沪访问的无锡市聋哑人乒乓球队进行友谊比赛，结果女子各胜一盘，无锡男子队以5比1获胜。

4月11日

□ 据《新民晚报》报道，晚上，由上海开往南昌的57次快车出发了。列车广播："报告一个好消息：在我们列车里，有许多各省市的优秀乒乓运动员，他们是去南昌参加全国乒乓球锦标赛……"旅客们议论纷纷，谈庄则栋、邱钟惠、李富荣……

［注］第二车厢可称"乒乓列车"。列车长说：有这么多乒乓

运动员在我们列车里,这是从未有过的事情。广播室开始转播中央人民广播电台的新闻节目,其中,有各省市优秀乒乓运动员在上海表演的消息。"庄则栋遇战张燮林……"李富荣拍着庄则栋的肩膀说:"小庄,听一听新闻记者怎样讲你的。"接着,又广播:"李富荣对胡道本……"庄则栋连忙对李富荣说:"你也好好地听听。"庄则栋摸着李富荣的头说:"他是我的弟弟。"世界冠军邱钟惠和年轻的乒乓运动员们聊天,有人向她请教技术,有人向她求教经验。深夜了,车厢里热烈交谈的欢乐气氛并未消失。

4月12日

□ 据《新民晚报》报道,上海乒乓球运动员在历届全国锦标赛中很受人注意。这届参赛的选手也实力雄厚,有李富荣、张燮林、杨瑞华以及后起之秀余长春、屠汉刚、华正德、曹自强、谷天华、张世德、余永年、于贻泽、刘恒恕等。徐寅生因病未参加。女队员是李赫男、沈爱如、林慧卿、郑敏之、周一玲、张秀英、陈应美、胡新成。

4月13日

□ 据新华社消息,最近,国家体育运动委员会授予23名乒乓球运动员运动健将称号,上海籍运动健将如下:李富荣、林慧卿、余长春、屠汉刚、张世德、杨永盛。

4月16日(至21日)

□ 全国乒乓球锦标赛在南昌揭幕。参加这次比赛的有27个省、自治区、直辖市、解放军代表队的270名男女运动员。

上海选手杨瑞华获得男子单打冠军,北京选手邱钟惠获得女子单打冠军,郑敏之、林希孟组获得女子双打冠军,李富荣、王家声组获得男子双打冠军,胡道本、梁丽珍组获得混合双打冠军。

[注]36岁的陕西队老将张孚玮是这次全国乒乓锦标赛中年龄最大的运动员,他在表演赛中战胜了国家队选手王家声。张孚玮,上海人,从十岁开始在上海精武体育会打球,曾同老将欧阳维、傅其芳等比赛。1952年,已在上海银行工作的张孚玮响应政府号召,赴西安支援建设。张孚玮曾多次获得西安市和西北区男子乒乓球单打冠军。

1958年陕西省乒乓球队成立时,张孚玮担任教练员兼运动员

5月19日(至6月20日)

□ 全市乒乓球锦标赛男女团体比赛在市体育宫、精武体育会举行。进入决赛后30场的争夺中,普陀区队夺得男子冠军,虹口区队为亚军;女子冠军为闸北区队,亚军为静安区一队。

普陀区队在上海市乒乓球锦标赛夺冠后留影。左起：王锡林、张世德、王嘉奋、沈德华（领队）、黄迈人、陈键（教练）、伍荣华、陈仲范、陈公平

5月27日（至6月1日）

□ 匈牙利男女乒乓球队由天津抵达上海，与上海队、上海青年队作三场友谊比赛。上海男、女队出场队员有李富荣、杨瑞华、张燮林、余长春、屠汉刚和张秀英、林慧卿、李赫男等。匈牙利男女队战胜了上海青年男女队。

6月20日（至24日）

□ 按照中日两国乒协的协议，日本乒乓球队来访。在首场比赛中，中国男队以5比1获胜（出场队员为张燮林、李富荣和庄则栋）。在第二场比赛中，中国男队以5比4获胜（出场队员为徐寅生、王家声和杨瑞华），徐寅生发挥了很高的水平，一人独得三分。中国女队负于客队。总的情况仍是中国男队强，女队弱。

7月1日（至5日）

□ 日本男女乒乓球队飞抵上海，与上海队进行两场比赛。在团体赛中日本男队以2比5失利（上海队出场队员为杨瑞华、徐寅生、李富荣），日本女队以3比1获胜（上海队出场队员为林慧卿、狄蔷华、张秀英、陈应美等）。在十盘男女对抗赛中，日本队以八胜二负取胜，其中，日本队出场的四名女选手全胜。

7月5日

□ 徐寅生在《文汇报》发表文章《日本选手正手攻球的特点》。

［注］文章摘编如下：自1952年以来，日本选手在世界乒坛上取得好成绩，主要依靠正手攻球。其特点为九个字：力量大，旋转强，命中高。他们的正手攻球不单纯依靠大臂的原始力量，而是用腰部的扭动来帮助手臂发力。且都是使用反贴海绵板，稍用力摩擦球，就发生急剧的旋转。日本选手练成这手功夫，绝不是一朝一夕的事情。据说，荻村、本村等练习正手攻球往往一记球要连续打1000多板。弧圈上旋球是日本选手首创的，这是在正手攻球的基础上发展的新技术。近一年来，弧圈上旋球的发展朝着快速的方向前进。

7月10日（至10月）

□ 市体委、市教育局和团市委委托青年宫、少年宫在暑假期间举办全市中小学生乒乓球比赛。凡本市在校初中和小学生均可自愿参加。比赛第一阶段以学校基层为单位，组织班级之间的比赛；第二阶段由区组织基层之间的比赛，各组将选拔两个学校基层队参加市的比赛。第三阶段是市的比赛，安排下学期开学后举行。

［注］历时三个月的竞技，全市中小学生乒乓球比赛各项冠亚军已产生。六十七中学获得初中组男子团体冠军和女子团体亚军，番禺中学和井冈中学赢得初中组女子团体冠军和男子团体亚军；巨鹿路第一小学获得小学组男、女团体第一名，小学组男、女第二名分别由东长治路第二小学和鸿兴路小学获得。

7月26日

□ 据新华社文章，目前，美帝国主义正在积极活动，指使蒋介石集团的所谓代表队参加将于8月24日在雅加达开幕的第四届亚洲运动会。事实上，1952年到1958年期间，包括亚洲乒乓球联合会在内的体育组织，以"体育不问政治"的幌子，非法接受蒋介石集团为会员。1958年6月和8月间，中华全国体育总会作为中国唯一合法的国家奥林匹克委员会提出强烈抗议，正式宣布不承认国际奥林匹克委员会，断绝同它的一切关系，退出上述国际体育组织，并严正声明，世界上只有一个中国，那就是中华人民共和国，台湾是中国领土不可分割的一部分。

8月25日（至26日）

□ 印度尼西亚乒乓球队回国途中应邀来我国访问，将与上海青年乒乓球队进行友谊赛。

9月下旬

□ 中共八届十中全会在秦皇岛召开，恰逢中国乒乓球队在北戴河整训。晚，毛泽东、刘少奇、朱德、周恩来等观看了乒乓队的三场单打表演。毛主席等和庄则栋、容国团、杨瑞华、傅其芳、邱钟惠等一一握手，并合影留念。

　　[注] 第26届世乒赛中国男队获得冠军，但日本队木村却在决赛中拿下两分，以致中国队内部有一种恐"木"病。为此，余长春思忖：自己与木村同为左手将，且模仿能力强，放弃正胶快攻改为反胶前冲弧圈，可为庄则栋、李富荣等树立"假想敌"，也适合自己的特点。于是，来自上海的余长春主动向领队张钧汉和教练傅其芳提出此想法。领队、教练开会讨论后，称赞余长春为国家甘当"无名英雄"的精神，同意余改换打法。在中国乒乓球队集体到北戴河接受毛主席、刘少奇、朱德、周恩来等中央领导接见时，余长春却留在北京的体育馆苦练。国家队从北戴河回来时，余长春已在家拉了一个月弧圈，上台一练，容国团、李富荣、庄则栋都说他像木村，前冲弧圈不错。队内开始大循环比赛，在庄则栋、李富荣有缺席的情况下，余长春赢了容国团等一线选手夺得冠军。接着，他随国家队访问东欧，用弧圈球打团体赛获得全胜。余长春说："哪个运动员不想站到领奖台上去，因为这很'光荣'嘛！但只是为了个人出风头，求名利，这个'光荣'就既无'光'，也不'荣'。只有国家有了光荣，集体有了光荣，才能有个人的光荣。而我们却不是一开始就有这种认识的。"余长春还说："既然我们扮演的是'假想敌'，就得像严肃、认真的演员那样，使被帮的主力队员一看到你就会有'敌情'观念。而且，帮练不是为了给他们舒服，是给他们出难题，是使他们在将来遇到这个真正的敌手时，有许多套打败他的办法。所以，从这种意义上说，帮练是具有创造性的，并不'被动'的。"

9月

　　□ 姚振绪调入上海队，每月工资40元，伙食一天一块八。

上海乒乓球运动纪事录（1949—2024）

1963年，姚振绪在全国少年乒乓球比赛中获得单打亚军。图为姚振绪（近端）力克河北队郁恩庭的比赛场面

10月12日

□ 按照中日两国乒协的协议，中国男、女乒乓球队应邀于10月下旬赴日本访问，男选手是庄则栋、李富荣、徐寅生、王家声和王志良，女选手是韩玉珍、王健、梁丽珍和狄蔷华。

［注1］日本乒乓球协会举行记者招待会，公布了将与中国乒乓球代表队进行比赛的名单和日程。男子队有荻村、木村、三木、松原、小中健、福岛、高桥浩，女子队有伊藤、松崎、小川、关正子、山中教子、吉田、元山。中国和日本乒乓球代表队将从10月31日起先后在名古屋、东京、大阪等城市共比赛六场。

［注2］中国队回访，领导为留一手，名单中无徐寅生。徐为知己知彼，主动找教练傅其芳请战。

10月24日（至11月4日）

□ 朝鲜乒乓球队访问上海，并与上海市青年男女乒乓球队进行了训练和友谊比赛。

10月31日

□ 晚，中国乒乓球队在名古屋同日本乒乓球队进行首场友谊比赛。比赛之前举行了开幕式。在奏乐声中，中日两国球队以两国国旗为前导，列队进入比赛场。主持比赛的爱知县乒乓球协会会长后藤钾二致开幕词，对中国乒乓球队远道而来表示衷心的欢迎。中国队领队荣高棠致答词说：通过这样的相互访问比赛，不仅能够交流经验和提高双方运动员的技术，还能够增进两国运动员和人民之间的相互了解和友谊。比赛结果为，我男队以5比1获胜（出场队员是庄则栋、李富荣和徐寅生），女队以3比1获胜（出场队员是韩玉珍、梁丽珍和王健）。

11月1日

□ 第二场中日两国乒乓球团体比赛在东京进行，中国男、女队分别以4比5和0比3负于日本队（日本男队上场队员：荻村、三木和木村。中国男队出场队员：徐寅生、李富荣和庄则栋）。第二天，日本各报大篇幅报道比赛实况。荻村也撰文："已经找到了对付中国的办法"，"争取在第27届世乒赛中，把失去的冠军夺回来"。

[注1] 中国乒乓球队访问日本，输了一场重要的比赛。领队叫大家写体会：第27届乒乓赛打日本是信心强了呢，还是缺乏了信心？徐寅生写下体会："关键的一场球输了，并不奇怪，是我们对他们的情况了解不够的缘故。而自从我们当了世界冠军后，人家照相的照相，拍电影的拍电影，成天琢磨我们。这回输了，但我们可以动脑子去破他们，对我们有促进作用。也应该看到，我

们输得并不多，比分很接近，改进打法，加一把劲，在下一届锦标赛上完全有可能打败他们。现在的失败是一件好事。"

［注2］第三场对抗赛，中国男队以5比1获胜，女队以1比3失利。第四场团体赛在大阪进行，中国男子队以5比2获胜，女子队以2比3失利。最后一场对抗赛在横滨进行，中国队以8比4获胜。

11月5日

□ 据新华社消息，中国乒乓队女选手王健和韩玉珍因身体不适，在代表团秘书张钧汉陪同下，乘飞机提前回国。

11月23日

□ 1962年上海市工人乒乓球男女团体赛结束。女子组中，邮电队获得冠军，杨浦区队为亚军。男子组中，港务队获得冠军，普陀队第二。

11月

□ 第26届世乒赛后，孙梅英担任教练工作。第27届世乒赛临近，女队出现新老队员青黄不接的状况。孙海英产生了重披战袍、为国出力的愿望，便写了一张请战书送呈组织。她后来在第27届（1963年）世乒赛上获得女子单打季军。

12月19日

□ 为了丰富社会青年的文化生活，推动街道、里弄乒乓球活动的开展，市体委和团市委委托青年宫举行上海市社会青年乒乓球比赛。比赛分男、女团体（五人对抗）和男、女单打四个项目。

　　［注］比赛第一阶段以街道为单位，组织里委之间的比赛；第二阶段由区组织街道之间的比赛，选拔男女各两个街道代表队和男女各十名运动员参加市的比赛；第三阶段市的比赛，将于明年1月进行。最近一个月来，全市各区、街道都普遍组织了比赛，仅参加区阶段比赛的就有2000余人。现在，各街道代表队都已产生，各区的比赛即将结束，参加市阶段比赛的代表队正在积极练兵。

12月

　　□ 日本乒乓球世界冠军荻村前来中国时，周恩来总理设宴招待，总理说：中国还是一个穷国，还不能选择花钱多的项目。如果是乒乓球台的话，还能自给自足。为此，我们首先选择了乒乓球这个项目。

1963年

1月8日（至22日）

□ 上海市体委、共青团上海市委联合举办的首次社会青年乒乓球比赛，每逢星期二、四、日上午在四川中路青年宫分部展开角逐。这次社会青年乒乓球比赛受到各个区有关单位的支持。各区先后举行区的选拔比赛，再组成以街道为单位的代表队。参赛的共有男女44支队（区的冠、亚军），计350多名运动员，他们过去在学校多是乒乓爱好者，有的还是区的学生冠军和等级乒乓运动员。比赛结果为，南京东路街道队夺得男子团体冠军，广东路街道队获得女子团体冠军。

1月12日

□ 中华人民共和国乒乓球协会负责人就于1月下旬在菲律宾马尼拉举行的亚洲乒乓球锦标赛非法邀请"蒋帮乒乓球队"参加发表谈话，认为这是美帝国主义利用国际体育活动制造"两个中国"的阴谋，中华人民共和国乒乓球协会表示强烈抗议。

[注] 中华人民共和国乒乓球协会郑重声明：我们决不能容忍亚洲乒乓球联合会在少数人把持下，沦为美帝国主义反动政策的工具。这次印度尼西亚朋友以拒不参加有蒋帮非法潜入的所谓"亚洲乒乓球锦标赛"的正义立场，为维护亚洲人民的团结、反对帝国主

义阴谋做出了榜样。我们坚信，在亚洲人民的团结面前，美帝国主义的这种阴谋必将遭到彻底破产。我们并坚决要求亚洲乒乓球联合会改正自己的错误，把蒋帮的所谓乒乓球组织开除出去。

□ 全印度尼西亚乒乓球协会副主席苏玛基宣布，因主办国菲律宾已邀请台湾参加这次比赛，印度尼西亚将不参加在马尼拉举行的亚洲乒乓球锦标赛。印度尼西亚认为，没有中华人民共和国的参加，这次锦标赛就不能被称作亚洲锦标赛。印度尼西亚曾经建议接受中华人民共和国为亚洲乒乓球联合会会员，但遭到拒绝。

1月17日

□ 徐寅生在《文汇报》发表文章《访日追忆》。

[注] 该文节录如下：我们的飞机在东京羽田机场降落时，已经是深夜了。我们在欢迎的人群中看到了荻村、松崎、木村等人。老朋友相见格外亲热。我记得荻村和我握手有二三分钟之久。长谷川先生是日本最著名的乒乓球教练，这次亲自出马负责接待工作。松崎和中国选手结成了亲密的友谊，她非常羡慕中国运动员的幸福生活，一会儿问我们国家怎样为运动员创设锻炼条件的，一会儿又问我们的饮食起居。松崎上次来中国时学会了《草原情歌》，这次她要求狄蔷华教她唱《洪湖水浪打浪》。松崎说：这届世界乒乓球锦标赛后，她准备结婚了。结婚后恐怕要忙于家务，不可能再打球。星野参加第26届世乒赛后就"弃球"经商了。他特地挑了一套自己公司制造的运动服装送给好朋友李富荣。我们去大阪途中，发现飞机上插了一面中国国旗。服务员告诉我们：在机上插外国国旗是过去少见的。我们在日本一共进行六场比赛，战果是男子五胜一负，女子是二胜四负。日本选手在第26届世界

乒乓球锦标赛后，就针对中国的近台短打进行了充分的研究和仔细的训练，技术上确实有了很快的进展。他们说："中国的打法才是最有效的进攻"，中国选手不愧为世界冠军。中国代表团在离开日本前，曾举行招待会来答谢日本朋友的款待，在送别客人时，松崎用中国话说："与日本的朋友告别。"

1月30日

□ 目前上海群众体育运动中最受欢迎的项目是乒乓球。根据最近几个区的比赛情况看来，各区基层乒乓队相当活跃。杨浦区先后举行过青年乒乓球单打赛、中小学乒乓球赛、机关乒乓球赛、社会青年乒乓球比赛、全区男女乒乓球团体赛等。全区比赛有178支男女代表队参加。虹口、长宁、黄浦等区的比赛，也有100多支队。女子乒乓队在上海基层队中波动性大。从近期几个区的比赛来看，状态都很好。例如，黄浦区采取五男二女的七人对抗，这种比赛办法促进了女子乒乓水平的提高。

2月2日

□ 普陀区体委举办的工人乒乓球团体和单打比赛，有男子55队、女子24队，共有男女运动员320人参赛。男子团体赛冠军是化工研究院，女子团体赛冠军为上海无线电厂。获得男子单打冠军的是伍荣华，女子单打冠军是陈钰芳。这次比赛前，普陀区许多基层举行了群众性乒乓球比赛，参加的人数有800名左右，并且产生了几十名等级运动员。

2月10日

□ 中国乒乓球协会选出16名男选手和12名女选手报名参

加第27届世乒赛。男选手是：庄则栋、徐寅生（上海）、李富荣（上海）、容国团、张燮林（上海）、杨瑞华（上海）、王家声、王志良、胡道本、周兰荪、余长春（上海）、廖文挺、苏国熙、郭仲恭、郑仲贤、马金豹。女选手是：邱钟惠、王健、孙梅英（上海）、梁丽珍、狄蔷华、李赫男（上海）、胡克明、郑敏之（上海）、马光泓、林慧卿（上海）、肖浩雯、石凤玲。

参加第27届世界乒乓球锦标赛的男队合照

2月13日（至3月8日）

□ 为纪念"三八"妇女节和提倡女子乒乓球运动，上海市青年宫将举办第三届"三八"青少年女子乒乓球单打比赛。凡本市居民，年龄在28足岁以下的女青少年，均可凭基层介绍信前往报名。据统计，报名参加本届比赛的有70多个单位的368名运动员，比去年增加一倍多。其中有女工、大中小学生、医生、教师、职员、社会青年等。凡是获得前32名的运动员，青年宫将颁发奖品，结果华东化工学院的黄爱如获得冠军。

2月17日

□ 中华全国体育总会就亚洲乒乓球联合会制造"两个中国"的阴谋和停发我赠予的"和平杯"奖之事发表声明。

［注］声明指出："和平杯"是中华全国体育总会为了促进亚洲乒乓球运动的发展和亚洲乒乓球界的友谊和团结,在1952年应当时的亚洲乒乓球联合会的要求而赠送的。现在所谓亚洲乒乓球联合会代表大会作出"停发'和平杯'奖"和"承认台湾人以中华民国的名义参加(比赛)"的"决定",证明亚洲乒乓球联合会已经完全堕落成为美帝国主义敌视中国人民、破坏亚洲人民团结和友谊的政治工具。中国人民和中国体育界愿意同亚洲和世界各国人民以及体育界的朋友们进一步加强合作。我们相信,帝国主义和它的走卒们在国际体育活动中所进行的一切卑鄙活动必将遭到可耻的失败。

2月19日

□ 普陀区长寿乒乓房将举办区的乒乓球等级裁判员单打比赛。

3月9日

□ 共有170名各区少体校选手参加的上海市少年乒乓球选拔赛开赛。这次选拔赛将产生上海市少年乒乓球代表队,参加今年8月举行的全国少年乒乓球锦标赛。结果,姚振绪和吴爱芳获男女冠军。

3月17日

□ 周总理在中南海紫光阁设家宴,为即将赴布拉格参加第

27届世乒赛的中国代表团饯行。贺龙、陈毅副总理以及我国驻捷克斯洛伐克大使仲曦东出席作陪。总理赠送勉励词:"友谊重于比赛。胜不骄,败不馁,生生不已,必胜必成。"

[注]周总理和邓颖超拿出了保存多年的酒,做了几道家乡菜,有梅菜扣肉、红烧狮子头等四菜一汤。因全国实行粮食定量供应,这次家宴,运动员都自带粮票。周总理举杯祝酒。总理还特别关照仲大使:你回布拉格后,要协助中国代表团做好工作,在政治上、生活上多关心运动员,当好"后勤部长"。傅其芳教练请仲大使了解布拉格世乒赛使用何种品牌的球和球台。总理指示仲大使用外汇买几张球台放在使馆,让队员早进行适应性训练。仲大使当即答应在地下室设四五张球台。

陈老总说:为什么请你们来紫光阁?这里原来是皇帝为出征的大将壮行的地方,也是打胜仗回来庆功的地方。祝你们旗开得胜。但不要背包袱,胜败乃兵家常事。如果胜了,我不请你们,我要请失败的英雄。失败了只要认真总结教训,就能成为胜利的英雄。

3月18日

□ 准备参加第27届世乒赛的庄则栋、徐寅生、李富荣、容国团、张燮林、杨瑞华、邱钟惠、孙梅英、王健在《体育报》上联名发表文章,答谢祖国亲人们的鼓励和关怀。

[注]文章节录如下:我们即将去布拉格参加比赛。这些天,收到来自边疆、海防、农村、厂矿、部队、机关、学校的大批信件,许多作家写诗著文为我们壮行。我们深受感动。我们一定牢记大家的嘱咐和期望,把大家的鼓励变成前进的力量。布拉格的比赛定将空前紧张、激烈。我们将认真对待每一个对手、每一个球,为祖国争取好成绩,答谢朋友们、亲人们的鼓励和关怀!

□ 第四届全市女子中学乒乓球团体锦标赛开始，共有14所学校的乒乓球运动员参赛。比赛分高、初中两个组，采取五人对抗形式，分两个阶段进行，至31日结束。结果，市五女中高、初中队双双获得冠军。

□ 为迎接第27届世乒赛开幕，市体育俱乐部举办上海市优秀乒乓球运动员邀请赛（上海市队和市工人队、高校队等50人参赛，其中有参加第26届世乒赛的刘国璋、王传祺、张秀英和陈应美，有去年全市男女冠军余永年、童君丽和全市青工单打冠军邬贤惠等），至4月2日结束。比赛显示：乒乓新手的技术水平有了迅速提高，如15岁的"小横板"姚振绪先后两次（初赛和决赛）击败老将刘国璋，并战胜去年全市冠军余永年夺得今年全市冠军（男子前四名都是六胜三负，积分相等，比较净胜局数后才分出名次）。在女子新手中，15岁的林秀英和徐若玮初次上阵就击败名手，上海女子乒乓球运动的接班人已露出苗头。

3月29日

□ 据《新民晚报》报道，张燮林、杨瑞华的工作所在地上海汽轮机厂有很多人爱打乒乓。现在全厂有140多支乒乓队，800多名乒乓球运动员，一些规模较大的比赛，参加的人数在2000人以上。全厂共有40多张球台。至于各种规模的锦标赛、联赛、团体赛、对抗赛、擂台赛等，每年要举行50多次。由于打乒乓球的人多，各种比赛又多，技术提高很快，水平也比较高。

3月31日

□ 第27届世界乒乓球锦标赛期间，本市各新闻影院将放映：《第廿六届世界乒乓球锦标赛》（上、下集）、《七国乒乓球队访问上海》、《大家来打乒乓球》等纪录片。

4月4日

□ 据《新民晚报》报道，第27届世乒赛开幕之际，记者随队访问了上海籍乒乓球名将徐寅生、李富荣、张燮林、杨瑞华等的家人。

［注］报道称，在浙江中路弄堂房子的楼上，今年73岁的退休职工徐寅生的父亲说，在第26届世乒赛时，看见报纸登载儿子打出十二大板击败星野，也爱上了乒乓球运动，常常把儿子打乒乓球的事情告诉老伴。关于第27届大赛，徐老先生说："看来徐寅生、庄则栋、李富荣等都有希望取得冠军。"徐寅生70岁老母亲在旁插嘴说："谁得冠军都没有关系，只希望我们中国选手再拿冠军，谁拿都是一样的。"老太太这句话，引得大家哈哈大笑、点头称是。在新闸路福康里，李富荣的哥哥李富华说：母亲到余姚乡下去了，因第27届比赛就要开始，她老人家已提前几天启程正赶回上海。老人家说，上海消息灵通，有广播、报纸，并关照李富华，要学习李富荣，要听党、听毛主席的话，好好为国家出力。张燮林的祖母64岁，精神健旺。还捧出大孙子从北京寄来的信。张老太托人回信：家里一切都很好，希望专心打球，为国争光。张燮林的左邻右舍都来和张老太谈起世界乒乓赛的事情。张燮林的父亲在镇江工作，也写信鼓励儿子，要努力打出水平，不要辜负大家的期望。杨瑞华的父亲是乒乓"迷"，他说，瑞华球路多，如果打得放松点，名次可以前一些。上次我写信给他，关照他要好好打出水平。

4月5日（至14日）

□ 第27届世界乒乓球锦标赛在捷克斯洛伐克首都布拉格举行。

［注］当时，中国乒乓球队分两批飞往布拉格。容国团、王志良、张燮林、余长春等是第一批。正逢布拉格大雪，飞机在一小机场降落，大雪覆盖跑道，飞机冲下去起落架被雪缠住冲出跑道。王志良的下巴磕得都是血。大家都从驾驶员的机舱爬出去。驾驶员说上帝保佑，大雪没有卷到发动机里，否则要爆炸的。一场虚惊后，上了车气氛就活跃起来，大家轻声地唱起了《莫斯科郊外的晚上》。

4月9日

□ 第27届世乒赛进行男、女团体赛决赛。中国男队以5比1战胜了日本男队，蝉联男子团体世界冠军。张燮林在主力位置上，轻取三木和木村，徐寅生连克荻村和三木，庄则栋先负木村后胜荻村。半决赛时，中国女队以2比3负于罗马尼亚队。日本女队以3比0击败了罗马尼亚女队，蝉联女子团体世界冠军。我国女队获团体世界第三。当男子团体赛冠军五个队员和傅其芳站上领奖台、再次接受斯韦思林杯时，大家同声对教练说："把奖杯举高些……"

［注1］据徐寅生口述，他作为主力队员，两年来一直在技术和思想上做着与日本队决赛的准备。可与德国队比赛时输了一场，此失手是否会影响领导的排阵呢？当天下午，傅其芳推开徐寅生的房门用上海话说："夜里侬上！"转身就走了，完全不提今天怎么输球，明天怎么赢球。徐寅生认为这就是绝对的信任。

［注2］据张燮林口述，与日本队决赛的关键一场，主教练傅其芳提出把他排在第一主力二、四、七的位置上，同时担心守球

运动员连续打三场硬仗,体力是否吃得消。傅其芳向张燮林道出了自己的担忧。张燮林说:"你敢排,我就敢打!"

[注3]据张燮林口述,他入选团体赛名单后,曾与庄则栋有一段交心的对话。张燮林对庄则栋说:"在26届比赛,你打好,立了功,大家都喜欢你。我可是没打过这么重要的比赛啊。如果团体赛出我,输在我的手里,我怎么对得起祖国和父老乡亲哪!平时不让我上场,最后决赛时上场,上场还得赢。小庄,你说用兵用到这个份上,这压力能不大吗?"庄则栋对张燮林说:"张兄,你是奇才!1960年,在天津比赛,你从业余队出来代表上海队,你把中国乒乓球队的大将们,基本都给'收拾'了,这就是你的实力。"

[注4]据余长春口述,为迎接第27届世乒赛,国家队进行针对性训练,他担任主力队员的陪练。国家一队的训练由傅其芳安排对手,主力队员一周四次碰弧圈,两次对快攻,三次打削球。庄则栋说:大余啊,你看表上,不是对我,就是对李富荣、徐寅生和张燮林,你一天到晚跟几个主力打,多好啊。因为团体赛成员都要碰木村,这有利于解决"恐木村病"的问题。结果,主力队员在团体、单打中凡遇木村都赢了。赛后,主力队员都来谢余,说大余是"无名英雄"。余说:这是集体的荣誉,国家的荣誉。

中日团体决赛前,余长春陪庄则栋练球,在场的日本队木村、三木、小中健都看呆了。因日本队完全不知道余改成弧圈打法,傅其芳说:大余啊,你上去逗逗,走路也学学他的样。傅还叫余戴一副眼镜,余说戴眼镜太刺激人家了(准备第28届选拔赛时,为了

第27届世界乒乓球锦标赛男团冠军金牌

高举斯韦思林杯的中国男队主教练傅其芳，率队登上了最高领奖台

模仿木村，余才戴一副平框眼镜）。这是傅其芳布置的心理战。事后，余长春与木村进行了交流，结论是在日本没这个制度条件，没有谁陪谁的任务。木村说：等于有个"木村"天天在陪庄则栋练，庄怎么会怕我呢！余长春说：如果日本也有两面攻学庄则栋，左推右攻学李富荣整天陪着木村打，结局就不一样了。这是大实话。

4月11日

□ 李赫男在世乒赛第一轮与匈牙利削球名将高基安相遇。李赫男拉正胶弧圈连赢两局。第三局呈胶着状，关键分没咬住，输了第三局。换场时李赫男问庄家富：我能赢吗？庄指导说，你一定能赢！李赫男以3比1战胜世界第二号种子高基安。

［注］据李赫男口述，距第27届世乒赛开幕只有三个月时教练员薛伟初建议她掌握拉弧圈球技术，以丰富球路，增加变化，并说此训练在男子队很成功，三个月可见成效。李赫男同意后，便跟随薛伟初在男队训练。当时，中国女子选手中没有会拉弧圈

球的。薛伟初教练认准李赫男动作协调，属于听话的类型。而且当时世界上打削球的占80%，拉好正胶小弧圈，就能战胜这80%，进入世界八强。经过与男队的训练，李赫男的小弧圈可以拉个上百板不丢。但正手拉全台跑体力跟不上，薛指导就亲自陪着李赫男，绕着龙潭湖跑3000米。为了增强臂力，李赫男还去举重房苦练，后来20公斤的杠铃可以连举十多下。李赫男终于成为我国第一个会拉弧圈球的女运动员。

临出国前，国家队参赛队员每人都定有指标。打完高基安后，与马光泓的比赛中，马光泓让给了李赫男。接下来面对种子选手苏联队的攻球手。因赢了就进前八，故李赫男赛前非常紧张。上场时，李赫男对场外教练说，你什么都不要说，只说一定能打败她。李赫男士气高昂，直落三局战胜对手，完成任务，一身轻松。回国后，周恩来总理、邓颖超大姐在中南海宴请中国乒乓球队。席间，总理说：据路透社报道，李赫男小姐打败了世界亚军高基安，哪位是李赫男啊？我要敬她一杯。说着总理与邓大姐站起来给李赫男敬酒。

4月12日（至13日）

□ 第27届世乒赛单项比赛一轮接一轮地进行，战况激烈而复杂。其中，林慧卿从预选赛打进正式赛，首场就以3比1淘汰了日本队的全国冠军关正子。张燮林和郑敏之在混合双打中以3比1战胜了荻村和松崎。在男子单打中，张燮林连挫美国的迈尔斯、南斯拉夫的马科维奇和日本的荻村等外国选手，为中国队守住了这条线。进入半决赛后，他让给了李富荣。

□ 单项比赛中，余长春单打进16强后，相遇淘汰徐寅生的朝鲜一号主力郑吉和，决胜局反败为胜，进了前八。

［注1］据余长春自述,下一轮,余面对战胜木村的队友王志良,余长春的弧圈球打王志良削球胜券在握,全国比赛时就以3比0大比分获胜。此时,领导做工作,因王志良打败了劲敌木村,贡献更大,余就让球了。余与容国团相配的双打,于第三轮遇上李富荣与王家声。傅其芳说:容国团第28届不打了,你们就让了吧。回国以后,国家体委评贡献奖,分特等功、一等功、二等功等。世界冠军都是特等功,余长春为一等功。

［注2］杨瑞华是当年的全国冠军。据他口述,领导找他谈话做工作,考虑要培养新兵,团体赛就不报他了。单打中杨瑞华打败了欧洲冠军瑞典的约翰森。他十六进八时相遇胡道本。团中央体育部部长、代表团副团长李广耀找杨谈话:考虑杨第28届要退役了,进前八者就可直接进入下一届世乒赛;为了能让更多人参加第28届,需要他让给胡道本。胡进前四时又让给了李富荣。第27届世乒赛结束回京后,杨瑞华被评了特等功,享受世界冠军待

成功模仿日本弧圈球打法的上海籍选手余长春,
活跃在布拉格的赛场上

遇,每月可发15元奖金。

4月14日

□ 第27届世乒赛闭幕。中国选手在单项比赛中取得了男子单打和男子双打的世界冠、亚军(男单冠军为庄则栋;男双冠军为张燮林和王志良组,亚军为庄则栋和徐寅生组)。日本选手取得了女子单打、女子双打、混合双打冠军。

[注]据新华社记者报道,中国选手上届冠军庄则栋与亚军李富荣之间对阵,乒乓球来回飞驰,看不清来踪去影。有一次,两人曾连续对抽十五大板,分不清谁是在进攻,谁是在防守。有时,一个扣一个接,两人时前时后,斗技斗智,常常引起观众的掌声和笑声。打到第三局,庄则栋以2比1领先。这时出现了有趣的场面,两名选手都向同一个教练——傅其芳走去,并坐在一起休息。

□ 张燮林同王志良合作,在男子双打中以3比0战胜世界双打第一号种子荻村和木村,荣获双打世界冠军。双打冠军的奖杯上第一次刻上了中国人的名字。

张燮林(左一)与王志良在第27届世乒赛中配合征战

4月15日

□ 中国乒乓球代表团团长、中华全国体育总会副主席荣高棠对记者发表谈话。荣高棠说，在参加这次大赛期间，我们得到了全国人民的关怀和鼓励，我国选手将遵照党的教导，胜不骄，败不馁，再接再厉，不断前进。

□ 1963年国际乒乓球联合会代表大会闭幕。蒙塔古再度当选为国际乒乓球联合会主席。中国生产的"红双喜"牌乒乓球被批准为1963年到1965年期间的国际比赛用球。

□ 新华社记者采访了获得世界冠军的中国选手，大家一致表示：中国队在这届锦标赛能够获得胜利，是因为党的培养、集体的努力和发扬了敢于胜利的精神的结果。

［注］张燮林说：这是由于我学习了我国优秀运动员的一些好的打法，同志们给了我很多帮助。王志良说：这是我们全队同志的努力。庄则栋和徐寅生战胜了日本选手三木和小中健，其他许多同志也战胜了欧洲的一些选手，这就为我们的胜利创造了好的条件。我们队中善于打弧圈球的和横握拍的选手都曾帮助我进行了赛前练习，这对我在比赛中能够发挥出技术水平是有很大作用的。徐寅生说：在男子单打比赛中，正是由于大家的努力，所以能够在每一个"区"内发挥作用，守住阵地，最后在决赛中胜利会师，使我国选手取得新的成绩。李富荣说：过去我在比赛中容易患"急躁病"。由于党的教育和同志们的帮助，我克服了一些这方面的毛病，所以能够打得好一些。

□《人民日报》发表社论《我国乒乓健儿的重大胜利》。

［注］节录如下：第二十七届世乒赛结束了。我国运动员再一次为祖国争得了荣誉。参加这次锦标赛的我国男女选手中，有老将，也有第一次参加世界比赛的新手。他们在党的教育、培养和

全国人民的关心、鼓励下，努力提高了政治思想觉悟，更加刻苦地锻炼，坚定不移地一步一步攀登上世界乒乓球技术的新高峰，再次显示了我国运动员的英雄气概，显示了我国运动员和人民的良好风格。还因为他们有着伟大的集体主义思想。我国乒乓球队无论是在比赛场上，还是在练习场上，在生活中，都不计个人得失，始终相互支持和帮助，形成了一个坚强的集体。正是这种集体的力量，使他们从一个胜利走向另一个胜利。

4月17日

□ 晚，本市体育工作者、运动员和广大业余体育爱好者，以及参加第27届世乒赛优秀运动员的家属等四千余人在市体育馆集会，祝贺我国乒乓健儿在大赛中取得重大胜利。市体委副主任、市乒乓球协会主席杜前发表讲话。生产"红双喜"乒乓球的中国乒乓球厂厂长海宪章、工程师薛龙生等参加祝贺聚会。

市体委副主任杜前（右一）在庆祝会上客串比赛

4月20日

□ 上海青年宫将举办"五四"青年（等级运动员）乒乓球单打赛，凡年龄在28足岁以下的男女青年乒乓球等级运动员（三级以上），均可凭单位介绍信前往四川中路630号青年宫分部报名。

4月25日

□ 长征评弹团在西藏书场演出现代题材开篇专场，将当前的一些新人新事通过评弹的各派唱腔表现出来，如《连中三元》，是以两个乒乓球迷的口吻歌唱我国乒乓球运动员在第27届世乒赛上连获三项冠军的事迹。

4月

□ 毛泽东在武汉东湖客舍梅岭一号主持讨论答复苏共中央3月30日的来信。中共中央的答复信具体由陈伯达等起草。毛泽东在否定初稿时说："我要的是张燮林式，不要庄则栋式。"后经毛泽东审定的答复信刊登在6月14日的《人民日报》上。

□ 自从第27届世乒赛以后，上海群众乒乓球活动有了新的发展。仅以十个区和几个较大系统为例，今年各区的乒乓球比赛盛况空前（全市目前至少有几千个基层乒乓球队在进行角逐）。如今年静安区有369支队在比赛；闸北区有两万多人参加基层的选拔赛；杨浦区也有294支基层乒乓球队参加系统的比赛。各区的乒乓球比赛办法也各有特点，如徐汇区举办乒乓球擂台赛，有好几千人参加；卢湾区则举行乒乓球等级赛。虹口区有小学"胜利杯"流动锦标赛，共有86个学校的147个男女队竞逐。闸北区在区级机关组织限于45岁以上干部参加的"元老杯"

《乒乓球》书影

比赛。静安区乒乓赛女子有 102 个队。闸北区少年宫每逢世乒赛，都要举行小学生乒乓球赛，今年也有 80 多支队报名，浙江北路小学举行乒乓球赛时，全校有 1000 多人参加。

□ 上海教育出版社出版了陆汉俊等编写的《乒乓球》。该书内容通俗，文字浅显，附有动作示意图。

5月3日

□ 据新华社电讯稿，印度尼西亚奥林匹克委员会4月28日发表题为"印度尼西亚和国际奥林匹克委员会"的白皮书，谴责国际奥林匹克委员会无理停止印度尼西亚的会员资格，并且指出：国际奥林匹克委员会是为帝国主义旧势力的利益服务的工具。因此，印度尼西亚总统亲自决定命令印度尼西亚奥林匹克委员会退出国际奥林匹克委员会。

[注] 该白皮书指出，利用奥林匹克章程，采取不符合真正的奥林匹克理想的措施的做法不光是针对印度尼西亚的。以前，这个章程也曾被利用来反对中华人民共和国。白皮书追述了1952年到1958年期间在国际体育组织中出现并积极推行的制造"两个中国"的阴谋。由于在"政治不干预体育"的幌子下进行的可耻政治阴谋，许多国际体育组织章程中规定的关于每个国家只能有一个协会代表的原则遭到了破坏。台湾集团连续由国际足球、篮球、游泳、田径、举重等联合会以及亚洲乒乓球联合会接纳为会员。1954年，未经国际奥林匹克委员会的任何讨论或做出决定，埃弗里·布伦戴奇把早为中国人民所唾弃的台湾集团的"中华全国体育协进会"（即所谓"中华民国奥林匹克委员会"）硬塞进国际奥林匹克委员会，妄图制造"两个中国"的局面。白皮书说，印度尼西亚不能再容忍来自目前在国际奥林匹克委员会内霸占权力的那些反动分子

方面的侮辱和歧视，印度尼西亚决心继续反对那些反动势力。

5月6日

□ 全市工人乒乓球比赛开始竞逐。这次比赛规模大，办法创新。据统计，参赛的球队有21支区、产业所组成的混合队，另外有42支男女基层冠军队，共有600多名工人乒乓球运动员参加。每队十名男运动员，七名女运动员，进行男、女单打，男、女双打和混合双打五个项目的对抗赛，计算团体成绩。基层队是各个区和各个产业系统的冠军队，计男子22队、女子20队。比赛采用男子五人对抗、女子三人对抗形式，也是计算团体成绩。比赛地点分别在长宁、静安、沪西、徐汇、黄浦等5个工人俱乐部，加上沪东工人文化宫和体育宫共7个赛区。每星期一、三、五晚为基层冠军队比赛，星期二、四、六晚为区、产业混合队比赛。

5月11日

□ 中央新闻纪录电影制片厂摄制的大型纪录片《27届世界乒乓赛》，即日起在本市新华、国泰、大上海、沪光、山西、永安、和平、沪南、衡山、长宁、红旗、文化等12家影院映出。这部影片详细记录了我国乒乓健儿的重大胜利，以及我国乒乓健儿在锦标赛期间的活动情形。

［注1］这部影片中介绍上海籍运动员的影像有：男子团体决赛中第二盘是张燮林和日本三木的对垒；第三盘是徐寅生智取荻村的情景；第四盘是张燮林以柔克刚，击败木村的镜头；第六盘是关键一场，日本的三木与徐寅生对阵的情景。影片还记录了单打中李赫男胜高基安、林慧卿胜关正子的情形；在男子双打比赛

中，张燮林、王志良胜荻村、木村的情形；在混合双打比赛中，张燮林、郑敏之胜混合双打世界冠军荻村、松崎的镜头；庄则栋、李富荣争夺世界冠军的情形。

［注2］上海市体委和上海电影发行公司招待全市体育界人士观看《27届世界乒乓赛》。会后，上海市乒乓队教练陆汉俊、刘国璋，乒乓健将张秀英和参加过第26届世乒赛裁判工作的戴永泉等，在座谈会上纷纷表示要学习中国乒乓球队的敢于斗争、敢于胜利的精神。陆汉俊表示，今后要加紧着重提高上海的女子乒乓球技术水平。

5月18日（至6月12日）

□ 市体委举办的1963年上海市少年乒乓球锦标赛，参赛的有10个区的13个男子队和14个女子队，共计有108名运动员。结果，冠亚军决战由静安区横板小将姚振绪出战虹口区横板削手袁海路，姚以3比0取胜，夺得男子冠军；女子决战由静安区横板选手郑玲之对南市区直板攻球手林秀英，郑玲之夺得冠军。在这次少年锦标赛中，男女冠军均为横板削手所得。又，在党的关怀下，目前全市已有近7万名少年运动员达到少年等级运动员标准。

6月5日

□ 上海青年宫举办的"五四"青年乒乓球单打赛，共有男女运动员860多人参加。

6月21日（至7月10日）

□ 全市机关乒乓球比赛在青年宫分部举行，参赛的男子有

21支队，女子14支队，运动员230多人。比赛采取男子五人团体对抗、女子三人团体对抗形式。预赛男女各分三组进行单循环赛，分组前两名参加决赛。结果是，市商业一局、人民银行南市区办以全胜成绩分别获得男、女冠军；男、女亚军分别是静安公安分局、市人委园林处。

6月29日

□ 晚，毛泽东和刘少奇、周总理等在荣高棠的陪同下，在中南海接见了中国乒乓球代表团，观看了中国乒乓球队在第27届世乒赛上荣获的男团、男单、男双三座冠军奖杯，并观看了杨瑞华、徐寅生、李富荣、周兰荪等运动员的汇报表演。

7月16日

□ 第27届世乒赛中国乒乓球队评功授奖大会在北京举行。陈毅副总理向获得特等、一等、二等、三等功的运动员和教练员发奖，并在讲话中要求运动员"努力提高阶级觉悟和技术水平，争取更大的胜利"。获得特等功的运动员和教练员共有9人：庄则栋、徐寅生、张燮林、李富荣、王志良、胡道本、孙梅英（女）、杨瑞华和傅其芳。他们在第27届世乒赛中和赛前的训练中都有突出的表现。他们接受了国家体委奖给的"体育运动荣誉奖章"、奖状和奖品。

7月21日（至26日）

□ 傅其芳、徐寅生分三次在《文汇报》发表文章《访问西欧散记》。

7月25日

□ 获得特等功的乒乓球选手张燮林和杨瑞华回到原单位上海汽轮机厂，徐寅生、李富荣、余长春和上海市乒乓球队运动员陪同前往。二金工车间的曹福寿是张燮林的师傅，是厂的先进生产者。又，29日，参加第27届世乒赛的上海选手将在市体育馆为上海乒乓球爱好者作汇报表演。

［注］张燮林和师傅曹福寿引导运动员们参观工作的车间，人们认出了徐寅生。徐寅生说：这个工厂的工人看来全都熟悉乒乓的事情。李富荣听见有人叫他的名字，原来是中学时的老同学。张燮林向同伴们介绍了自己在这个车间的情况。杨瑞华乘大家参观车间的时候，跑到设备动力科去了。他被一大群人包围着，问他获奖的情况。夜幕降临，张燮林和杨瑞华在上海汽轮机厂大礼堂进行了乒乓球表演，赢得了满堂喝彩声。

8月7日（至17日）

□ 全国少年乒乓球锦标赛在太原市举行，共有89名选手参加男子单打，90名选手参加女子单打。比赛第一阶段分10个小组进行单循环预赛，排出小组的名次。第二阶段，把第一阶段获得小组同名次的选手再划为9个小组，进行单循环决赛，争夺全国冠军和比赛的全部名次。上海队6名选手参赛，男子是姚振绪、袁海路、陈炳法，女子是徐若玮、吴爱芳、林福妹。第一阶段结束时，上海的姚振绪、陈炳法、徐若玮、吴爱芳均以八战八捷的成绩分获小组冠军，将参加第二阶段男女前十名的决战。获得小组冠军的各地选手还有：男子组，吴小珠（浙江）、蔡延东（北京）、郗恩庭（河北）；女子组，李莉、刘雅琴（北京）、冯梦雅（浙江）、林美群（广东）等。决赛结果是，上海选手取得优异成绩：徐若玮获女子单打冠军，姚振绪获男子亚军；吴爱芳、林福妹分获女子第八、十一名。比赛至17日结束。这次比赛争夺激烈，在男女179名运动员中，无人保持全胜。徐若玮在领奖后对记者说：这次能获得冠军是和党、人民的培养教育以及教练、同伴们对我的帮助鼓励分不开的，今后一定继续努力锻炼，改正缺点，报答党和人民的期望，争取做个又红又专的运动员。

□ 1963年上海市中小学生乒乓球比赛在青年宫分部举行，共有90所学校（其中中学52所、小学38所）、120支队、运动员960余人参赛。比赛分高中男、女组，初中男、女组，小学男、女组等六个组，采取五人团体对抗形式进行。经过决赛，时代中学、上海中学分别获得高中组男、女冠军；塘桥中学、五十八中学分别获初中组男、女冠军；小学组男、女冠军则由

1963年全国少年比赛男、女单打前6名选手的合影。上海队的徐若玮（前排左三）和姚振绪（前排左五）分获女单冠军和男单亚军

上届冠军队巨鹿路一小蝉联。这次比赛的一百多名裁判大部分是中小学生,在总裁判、国家裁判王惠章带领指导下成功地完成了任务。比赛至26日结束。

[注]此为本市解放后规模最大的一次中小学生乒乓球运动员聚会。

全市中小学生乒乓球比赛预赛结束,进入决赛的48支队是:

高中男子组:文建、徐汇、鞍山、比乐、番禺、时代、六十四中、六十七中;

高中女子组:市五、市一、市六、洋泾、东风、市八、上海、比乐;

初中男子组:塘桥、七一、新沪、延安、力进、洋泾、徐汇、六十七中;

初中女子组:番禺、市四、市五、六十七中、市十一、一女初、五十八中、南洋;

小学男子组:马当路、宝山路、北京西路五小、巨鹿路一小、福佑路一小、西康路三小、丹徒路、东长治路二小;

小学女子组:巨鹿路一小、东长治路二小、古北路三小、镇宁路、宁波路二小、鸿兴路、回民一小、丹徒路。

8月27日

□ 据新华社电讯稿,中华人民共和国乒乓球协会就美国乒乓球协会主席吉尔帕特立克向国际乒联各会员协会散发了一封题为"政治与国际乒乓球联合会"的信,肆意攻击国际乒联及其领导人,贩卖美帝国主义制造"两个中国"的阴谋一事发表声明。

[注]声明节录如下:吉尔帕特立克指责国际乒联在"政治基

础上决定方针",诬蔑国际乒联主席蒙塔古屈服于"政治压力"。其实,问题很清楚,吉尔帕特立克是因为国际乒联与它的会员之间,其中包括中华人民共和国乒乓球协会,存在着融洽的合作关系,因为国际乒联一直根据会章规定和大会决议处理会籍问题,因为国际乒联没有按照美帝国主义及其走卒吉尔帕特立克之流敌视中华人民共和国的政策办事。我们必须严正指出:全体中国人民坚决反对美帝国主义制造"两个中国"的阴谋。吉尔帕特立克还抬出了"联合国"这块招牌。但是,谁都知道,正是由于美国的一手把持并通过各种卑鄙手段,中华人民共和国在其中的合法地位至今未能恢复。我们警告吉尔帕特立克,中国人民坚决不允许帝国主义分子插手中国人民的内部事务。在蒙塔古主席的领导下,国际乒联这个组织正在健康地向前发展着。乒乓球运动正在逐渐深入到世界各个角落、各阶层人民中,技术水平空前提高。各国乒协及各国乒乓球运动员之间的友谊正在日益广泛地发展起来。这一切绝不容许任何别有用心的人恣意破坏。

9月5日(至10月11日)

□ 1963年上海市乒乓球锦标赛揭幕,参赛的有11个区队、5个产业和高校、体院等18个单位的51支男女队(男队26、女队25)。参加男女单打的运动员有223人。团体赛分为初、复、决赛三个阶段进行。初赛逢星期二、四、六、日晚上,分别在体育宫、青年宫分部、沪东文化宫进行。团体赛先进行分组循环赛,每组取两名,共12支队,再分两组进行复赛,每组的前两名进行最后决赛。比赛结果是,普陀区、南市区队分别获男女冠军。张世德、徐若玮分别获男女单打冠军。

9月7日（至13日）

□ 柬埔寨乒乓球、篮球代表团来上海访问。柬埔寨男子乒乓球队与上海青年一队和上海青年二队进行友谊比赛。

上海青年一队的王传祺（教练）、张世德、刘恒恕和余永年等参加了友谊赛，图为双方运动员的合影

9月14日

□ 我国参加第一届新兴力量运动会体育代表队的选拔赛举行开幕式。国务院副总理、中国参加第一届新兴力量运动会筹备委员会主席贺龙出席开幕式。贺龙发表讲话：新兴力量运动会是印度尼西亚苏加诺总统倡议的，中国热烈响应这个倡议。新兴力量运动会是反对帝国主义和殖民主义的。美帝国主义操纵国际奥林匹克委员会和其他一些国际体育组织，利用它们来搞政治阴谋，目前正企图破坏新兴力量运动会。但是，新兴力量运动会一定能够获得胜利和成功，不是一次，而是一届一届地开展下去，它一定会吸引越来越多的国家参加。

9月21日

□ 最近，邮电部发行一套"第27届世界乒乓球锦标赛——1963"纪念邮票，这是我国第三次专门发行的乒乓运动邮票。

［注］在世界体育邮票中，从1948年尼加拉瓜第一次发行乒乓邮票起，至今十五年来，印有以乒乓运动作图案的邮票，总数为五套二十枚，我国占了三套，即1959年发行的"第25届世界乒乓球锦标赛"（全两枚），1961年发行的"第26届世界乒乓球锦标赛"（全四枚），以及这次发行的一套（全两枚）。其他两套是：罗马尼亚于1953年发行的"第20届世界乒乓球锦标赛"，日本于1956年发行的"第23届世界桌球选手权大会"。另外，我国于1959年发行的"第一届全国运动大会"纪念邮票中，也有一枚以乒乓赛为画面，所以总数共为九枚，占世界所有乒乓邮票的一半。

10月10日

□ 为了加速我国女子乒乓球运动的普及与提高，国家体委、共青团中央、教育部联合发出《关于在女少年中大力倡导乒乓球活动的通知》。此倡导源于第27届世乒赛后，全国妇联、团中央、教育部向中国乒乓球队提出"女队要翻身"的要求。

［注］《通知》指出：目前有必要在女少年中大力倡导乒乓球活动。要求各地中、小学校领导、共青团组织和少先队号召女少年积极参加乒乓球活动，并且合理地安排她们的活动场地和时间，在课余时间多组织一些小型的多种形式的乒乓球比赛。各城市的乒乓球协会要加强对女少年乒乓球技术的研究。各地要在"少年宫""少年之家"建立女少年乒乓球运动的场所；在青少年业余体

育学校中尽可能设立女少年乒乓球班；同时，要选择女少年乒乓球基础较好的学校，作为培养这项运动后备力量的重点单位，在各方面给予帮助。《通知》决定：在今后的寒暑假期中，将连续举办三次有若干城市16周岁以下的女少年参加的乒乓球比赛。第一次锦标赛将于明年2月下旬在武汉举行。竞赛项目包括学校基层代表队团体赛、混合队团体赛和单打比赛。获得这两项比赛冠军的，都将获得流动奖杯。

10月14日（至25日）

□ 几内亚乒乓球队到达上海进行友好访问。

11月3日（至13日）

□ 全国乒乓球锦标赛在上海揭开战幕。这是本市第一次举行全国性的乒乓球锦标赛。共有26个省、自治区、直辖市和解放军的267多名男女选手参赛。比赛结果是，北京男女队双双

陈丕显和曹荻秋等市领导为获得七项冠军的选手们颁奖的场景
前排：余长春（左一）、周一玲（左二）、张燮林（左三）、郑敏之（左七）、
林慧卿（左十一）

全国乒乓球锦标赛全体裁判员合影

获得团体冠军。五个单项决赛结果如下：张燮林、林慧卿（上海）分别获得男女单打冠军，王雪坤、许大皖组（北京）获得男子双打冠军，林慧卿、郑敏之组（上海）获得女子双打冠军，余长春、周一玲组（上海）获得混合双打冠军。为了满足广大乒乓球爱好者的需求，上海人民广播电台邀请全国锦标赛的副总裁判长、国家裁判张伟廉介绍我国乒乓球运动发展的情况。

11月9日

□ 为响应国家体委、团中央、教育部发出的"在女少年中大力倡导乒乓球活动"的号召，上海市体委、团市委、教育局联合召开大会，动员全市中、小学校广泛发动女少年积极参加乒乓球活

"开展女子乒乓球运动"宣传海报

动。参加大会的有全市各中等学校和部分小学的行政负责人、体育教研组长、少先队总辅导员和各区体委、团委、教育局以及青年宫、少年宫等有关干部1000余人。正在上海的中国乒乓球协会主席陈先出席了大会，并作了报告。

11月15日（至27日）

□ 为了响应国家体委、团中央、教育部的号召，青年宫主办女少年乒乓球友谊赛，市五女中、五十五中学、五十八中学、十一女中、文建中学等和10个区的40名女少年运动员参赛。闸北、长宁、卢湾等10个区举行了重点学校邀请赛。

11月27日

□ 上海总工会体育部特举办全市工业中学乒乓球比赛（工厂所属中学），参加的有杨浦、虹口、闸北、黄浦、长宁、普陀、徐汇等区的16支男、女队。

12月5日

□ 杨浦区工人体育场举办的一年一度区工人乒乓球团体赛开战，这次比赛分车间、科室男、女组和厂队男、女组，共有139个单位的1400多名男女运动员参加。为了方便广大职工群众观摩比赛，球赛全部安排在各工厂俱乐部进行。

12月17日

□ 据《新民晚报》报道，为参加在武汉市举行的全国十六城市少年女子乒乓球锦标赛，本市将在青年宫举行全市选拔比赛。为此各区积极准备，杨浦区在18所中学、9所小学，计

100多名运动员中进行了选拔赛。五十六中学的六名运动员将参加全市的选拔赛。虹口区则在八所中小学中进行邀请赛，第五女中定为代表队。闸北、南市等区刚举行过全区的青少年乒乓赛，区代表队便组成了。静安区的十一女中是冠军队，区体委配有乒乓教练进行技术辅导。长宁、黄浦、徐汇等区的代表队也有专人负责业余训练。徐汇区还邀请杨瑞华、刘国璋、谷天华、蒋时祥、王传祺、徐若玮等优秀运动员，在风雨操场为本区90多所中小学2500多名女少年进行示范表演。

12月19日

□ 为进一步推动本市女子少年乒乓球运动，共青团上海市委在少年宫举行工作交流会议，卢湾区巨鹿路第一小学和上海市第五女中分别介绍了开展女少年乒乓球活动的体会。出席会议的有部分中小学体育教研组组长、少先队总辅导员和各区体委、团委、教育局、少年宫等400余人。

［注］巨鹿路第一小学有学生1300多人，学校只有两张乒乓台。学校成立了很多校外小组，利用门板、饭桌、洗衣板等进行练习。三年级以上有145个校外小组，已有110个小组因地制宜地解决了乒乓球的场地问题。学校乒乓队有男队员18人，女队员21人，每周进行四次业余训练，星期天则邀请毕业的校友回校表演，特别请男同学帮助女同学训练。巨鹿路一小的乒乓队曾先后两次获得全市小学比赛男、女团体的冠军。市五女中有学生2000多人，最近学校举行了一次大规模的比赛。比赛先从小组开始，每组12到16名打名次赛。由小组前四名到班级打名次赛，再由班级赛选出前五名参加年级赛，这样全校的同学都被吸引进来。学校还对较有培养前途的运动员进行专门训练，并经常举办技术讲座。

当年巨鹿路第一小学的学生利用门板打乒乓的情景

12月26日

□ 全市技工学校乒乓球赛,有化工、劳动、轻工业、铁路等产业的18个技工学校的运动员300多人参加。男、女队分六个组进行初赛,每组取一名进入复赛,最后前四名作单循环赛,决出冠亚军。

本年

□ 第27届世乒赛中国男队包揽全部冠军,女队则全线失利。从布拉格回国后,林慧卿暗下决心,要为女队打"翻身仗"做贡献,便找领队谈心,把思考了好久的心里话全部掏了出来:今后两年,有两点计划。第一,在政治上,不断严格要求自己,迅速提高阶级觉悟,争取早日加入共青团;第二,在技术上,更加刻苦锻炼,争取参加第28届锦标赛的团体赛。林慧卿说:"不过,这是我的秘密,希望不要叫别人知道。"

[注] 在训练场上，林慧卿在球网上挂着小标语牌"不要错过锻炼自己的机会！""现在就是二十八届比赛"。她还和伙伴们一起制订了"每日三思"："翻身"大事忘了没有？党的话听了没有？勤学苦练了没有？有一次，她患了皮肤过敏症，浑身发痒，四肢乏力。教练劝她休息。她想：在国外比赛时一切都可能出现的，现在正是锻炼自己的好机会。

□ 在第27届女子团体赛总结会议上，孙梅英说：输给罗马尼亚队，失去了与日本队争世界冠军的机会，是我们没有尽到责任。李赫男说：是我们这些年轻的女选手不努力，不争气，接不上班，才遭到这次失败。回国后，领导对李赫男说：你们这些年轻队员应该挑起大梁，现在就开始准备，卧薪尝胆，要在下届争取女队的胜利，为全国人民争一口气；并鼓励李赫男勇挑重担，争取参加下一届的团体赛。

□ 六年级的黄锡萍进了住宿制的卢湾区少体校（陕西路淮海路口原上海体育馆），上午回母校巨鹿路第一小学上课，下午在体校训练。区体校的教练黄增基重点培养黄锡萍成为主力队员。巨鹿路一小两年级的陆元盛进入校队后，就有了专门的时间，早晨提前到校训练；下午少上一节课，可练一个多小时。纪大成和柯元忻老师还时常对外联系比赛，增强他的实战经验。

□ 第27届世乒赛后，杨瑞华退役，先在国家队当了三个月的女队教练，因与傅其芳合不来，便要求回上海，任上海男队主教练，运动员有杜功楷、姚昶元、刘明权、姚振绪等。当时上海队在全国是第五至第八名的水平，女队还稍差一点。

1964年

1月20日

□ 为迎接全市女少年乒乓球锦标赛,静安、长宁、虹口三区开展选拔比赛。据统计,静安区女少年乒乓赛共有124所中、小学参加,经过两个多月100多场的竞逐,第十一女中和常德路小学夺得中小学组冠军。虹口区中学女少年乒乓球流动锦标赛有24支队参加,市五女中甲队夺得冠军。最近,虹口区体委、教育局、团委还联合举办了小学乒乓球教练员训练班,有开展较好的30所小学的40名体育老师和少先队辅导员参加,进行理论讲解、示范表演、现场实习。其他各区的比赛也将于寒假开始。

1月22日

□ 徐汇区文化馆和工人俱乐部联合举办1964年度乒乓球邀请赛。参加比赛的共有市队、市青年队、各区队、港务、邮电、高校等15个单位的16支女子队和18支男子队,运动员200余名。比赛采用分组单循环制,男子进行三人团体赛,女子进行三人对抗赛。每逢星期三、六、日晚分别在徐汇、黄浦和长宁三区的工人俱乐部进行。

1月27日

□ 上海市体委、团市委等负责同志就开展女少年乒乓球活动答记者问。

[注]节录如下：最近两个月，上海女少年乒乓球活动的开展有成效。当前应把群众中涌现出来水平较高的女少年运动员组织起来，建成学校、年级和班级的运动队，加强经常训练。学校少先队总辅导员要兼任校运动队的政治辅导员，加强对运动员的政治思想工作。市五女中、巨鹿路第一小学和丹徒路小学等校的经验，就是在日常的竞赛和训练中，做到比有对手，学有榜样，赶有目标。当前各校应对女少年乒乓球活动的场地、时间条件作切实安排；组织体育教师学习乒乓球技术，适当加强乒乓球的训练。各校共青团、少先队要把发动和建立运动队的工作列为团、队的经常工作，在团、队队员中挑选对乒乓球有爱好的和具有一定工作能力的人担任校队或班级队的干部。有计划地安排运动队的竞赛；通过各种竞赛活动培养战斗意志和提高技术水平；同时必须进行系统的技术训练，打下扎实的基本功。

2月18日

□ 参加1964年21城市女少年乒乓球锦标赛的上海市代表队已经组成。由市五女中的王莲芳、邵佩珍、翁佩芝组成学校基层代表队；由市北中学的徐剑琴、文建中学的林福梅、五十五中学的张晓培组成上海市混合队。两个代表队是经过一个多月的选拔赛产生的。代表队已于日前离沪去武汉。（大会决定比赛奖品如下：团体比赛奖前三名，学校基层代表队赛的冠军，将奖给流动奖杯一座、乒乓球台一副；混合队赛的冠军，奖给流动奖杯一座；单打比赛取前六名，冠军获奖杯一座）

[注]综合上海报刊的消息：在上海，女少年打乒乓球已经形

成广泛的群众运动。据市区538所中、小学的初步统计,有9.4万多女少年参加了乒乓球活动,校级女少年乒乓队有1600多支,运动员2.6万多人。为加强运动队的政治思想工作,许多学校的少先队总辅导员兼任校队的政治辅导员。普陀区五一中学和武宁中学的教师以身作则,首先组织两校的教师乒乓球赛,有700多名同学到场助威。然后组织学生比赛,全校各个班级共有38支队参加。这项活动也得到了有关方面的支持。上海青年宫、市体育馆以及各区少年宫等共安排了120多张球台,供女少年免费使用。南市区体育俱乐部的18张球台免费给该区各中学的1500名女少年进行活动。徐汇区少年宫只有两张球桌,现将一张球桌专供女少年打球。目前,已经有9个区和青年宫举办了女少年乒乓球教练员训练班或讲座,有600多名中、小学体育教师参加。有的学校还请优秀运动员来校作示范表演等。静安区组织区队、工人队30多人的辅导队,分别到30多所中小学校进行技术辅导。

上海市普陀区少年女子乒乓球锦标赛小学组冠军奖牌

2月22日

□ 林放在《新民晚报》发表文章《球小意义大 人小志气高》,谈我国历史上的第一次全国性女少年乒乓赛。

[注]文章认为:我们的各方面工作,都应该跟伟大祖国的威望相称。在武汉举行的21城市女少年乒乓球锦标赛,将促进女子乒乓运动水平迅速攀登高峰,这个政治意义是远远超过打球一事的。千千万万的女少年乒乓运动员带着为祖国争荣誉的感情和决

开幕式的场景

心锻炼球艺，这种豪迈的志趣，正是党和国家对新生力量培植与关怀的结果。

2月23日（至26日）

获得全国21城市女少年乒乓球锦标赛的混合团体冠军的上海队员合影。左起：张晓培（五十五中学）、林福梅（文建中学）和徐剑琴（市北中学）

□ 由国家体委、共青团中央和教育部联合举办的21城市女少年乒乓球锦标赛在武汉开幕。分组赛情况：上海混合队获得小组冠军。上海基层队第五女中名列小组第二。历时4天174场的角逐，上海队七战七捷，荣膺混合队团体冠军。基层队团体冠军由郑怀颖领衔的福州第五中学队夺取。上海基层队第五女中队名列第五。

2月26日（至3月7日）

□ 全市社会青年乒乓球比赛在上海青年宫分部举行，共有10个区的39支街道代表队、运动员300多人参赛。比赛分男女四个组进行预赛，每组前两名参加复赛，然后各组的前两名再进行决赛。比赛结果为，卢湾区嵩山路街道队和黄浦区长沙路街道队分获男、女团体冠军，上届男子冠军南京东路街道队退居第二名，威海卫路街道和北京东路街道分获第三、四名，女子第二、三、四名分别由山西路、张家宅路和开封路三个街道队获得。

［注］去年全市举行社会青年乒乓球赛后，各区社会青年纷纷成立和巩固乒乓球队的组织。去年全市冠军南京东路街道队每周还定期举行练习。大部分街道队都通过选拔赛产生代表队。在嵩山路街道经常参加打乒乓球的社会青年有百余人，街道党委、办事处、团委都很关心和支持社会青年的体育活动。长宁区周家桥队虽然水平较差，但每次比赛都坚持从10公里外赶来参加。

3月2日（至4月8日）

□ 上海总工会体育部举办全市"三八"女职工乒乓球比赛，共有各区及系统的1200多名女职工参赛（仅杨浦区就有45个基层组织了队伍；普陀区也有51个单位、146名选手参加比赛）。每逢星期二、四、六分别在黄浦、徐汇、静安、浦东、长宁、虹口、卢湾、南市等区的工人俱乐部、文化宫等赛区进行预赛。进入决赛的有邮电、卢湾、长宁、静安、杨浦、南市、吴淞、闸北等8支队。决赛仍安排在工人俱乐部和沪东工人文化宫进行。结果为，邮电队七战七捷，夺得团体冠军。卢湾队为亚军。

［注］近年，上海女职工乒乓球活动开展良好。连续数年获得南市区女子乒乓冠军的求新造船厂，其每个车间都成立车间女子

代表队。现在,每个车间都有专供女工锻炼的乒乓桌。豫园地区相邻的14家小厂最近联合举行首次女工乒乓球赛,每个厂都派队参加。上海油脂一厂多次举行乒乓球比赛,该厂女子队参加浦东工人俱乐部举办的乒乓球邀请赛赢得了冠军,其中有3名青年女工被选为黄浦区女工乒乓球代表。同时,该厂女子乒乓球队员在生产上也被评一等奖1人、二等奖9人。

3月8日

□ 本市第五届女子中学乒乓球比赛在青年宫分部进行。参加比赛的有15所女子中学和幼儿师范学校组成的初、高中乒乓球队,共有29支队,运动员200多人。

3月19日

□ 第一次出国参加国际比赛的上海籍选手于贻泽,在莫斯科国际乒乓球比赛中击败了欧洲男子单打冠军匈牙利的别尔切克和朝鲜民主主义人民共和国选手郑吉和,获得男子单打冠军。于贻泽还与王家声合作获得男子双打冠军。女子单打冠军为李赫男,女子双打冠军是李赫男、韩玉珍。

[注]杨瑞华在《新民晚报》撰文介绍《肯下苦功的于贻泽》。该文说:上海乒坛后起之秀于贻泽,曾代表郊区队参加市里的比赛,由于长得矮小,有人说他难有发展。他认为

于贻泽在国家队服役时的照片

只要勤学苦练，不相信打不好。人家练两小时，他练四小时，并对技术十分钻研，短短几年得到很大提高。他打球善于勇猛进攻，抽杀有力而准确，具有"小老虎"风格，同时战术运用灵活，战斗意志顽强。这一切除了自己努力外，与党的培养和教练员、同志们的帮助分不开。

□ 最近，国家体委向13个单位颁发奖状，表彰它们在体育器材的生产、供应和科学研究方面取得的成绩。上海生产的"红双喜"牌乒乓球名列其中。

3月29日（至5月11日）

□ 1964年上海市女少年乒乓球锦标赛在市体育馆举行，共有11个区的23支基层队、11支混合队、123名女少年运动员参赛，其中有代表上海参加全国女少年比赛夺冠的徐剑琴、林福梅和巨鹿路第一小学等。比赛项目设基层团体、混合团体和单打等。所有参赛的队员是从各区比赛的6000余名运动员中选拔出来的。经过30场激战，市五女中队五战五胜，获得基层队团体冠军。混合队组静安队以3比2击败南市队后，也以五战全胜获得冠军。单打比赛安排在5月上旬进行。决赛中，市北中学横板削手徐剑琴以2比0战胜了五十五中学直拍攻手翟英男夺冠。

4月15日

□ 1964年全国乒乓球锦标赛在南京结束。庄则栋和韩玉珍分别获得男、女单打冠军，上海的余长春和山西的周兰荪获得男子双打冠军，上海的李赫男和黑龙江的韩玉珍获得女子双打冠军，上海的张燮林和林慧卿获得混合双打冠军。在本届大赛的闭幕式上，有28名男女运动员获得第一次设置的"风格奖"，其评审批准为"五好"：思想作风好、比赛风格好、观摩学习好、团结互助好、组织纪律好。

5月6日

□ 国家体委举行授奖大会，奖励在国内外比赛中获得优异成绩的"四好"运动队和"五好"运动员。中国乒乓球队获得"四好"运动队称号。获得"五好"运动员称号的有106名运动员，其中乒乓球运动员有庄则栋、李富荣、徐寅生、梁丽珍、李赫男。国家体委副主任荣高棠在会上讲话：在全国各地各单位的运动队和运动员中开展"四好"运动队和"五好"运动员的活动，对体育运动队伍的革命化、战斗化和促进运动技术水平的提高，起到了显著的作用。

5月29日

□ 国际乒乓球联合会公布1963—1964年度世界优秀乒乓球运动员名单。在19名男运动员中，中国选手占9名（其中，上海籍运动员4名：李富荣居第二，张燮林居第三，徐寅生居第五，余长春居第十四）；在19名女运动员中，中国选手有7人（其中，上海籍运动员3名：孙梅英居第六，李赫男居第十二，林慧卿居第十三）。

6月24日（至7月30日）

□ 本市第一次举办工人基层、车间乒乓球团体赛。报名参赛的有90支男、女球队，共计600多名运动员。这些球队都是从各区、产业和工厂中通过比赛选拔出来的。据统计，邮电、财贸、建筑、交通等产业和静安、徐汇、卢湾等区的职工比赛,共有1300多支男、女队参加。比赛将分别在工人文化宫、各区工人俱乐部和部分体育场馆等14个场地进行。通过初赛和复赛,上海长途电话局和市内电话局分别获得基层男、女队冠军;上海汽轮机厂—金工车间名列车间队的首位。

[注]举办以工人基层、车间为单位的乒乓球比赛是创新,促进了工矿企业的体育活动。上海汽轮机厂出过乒乓球名将张燮林和杨瑞华,有半数以上的工人经常参加乒乓球活动。上海船厂内燃机车间的乒乓球队每星期练球三次,还经常与兄弟厂球队进行比赛,并请市工人队参与辅导,在海运局系统选拔赛中以不败的战绩取得冠军。参加车间队比赛的球队中,不少球员是生产上的能手。吴泾热电厂汽机分厂乒乓球队的七个队员在生产上都是主将。因全市工人基层、车间比赛,安排在各区工人俱乐部进行,每个赛场的情况都很热烈。有的乒乓球室较小,未能进场的观众就站在门口、窗口观战。徐汇、长宁等区的工人俱乐部为观众安排了二三百个座位,在比赛前就告满座。基层、车间球队的比赛十分激烈。在车间队的24场比赛中,有18场打满5盘才分胜负。

7月17日(至8月6日)

□ 市体委、教育局、团市委联合举办的1964年全市中小学生乒乓球比赛同时在青年宫分部和市少年宫举行。比赛分

地处南市区的文建中学在上海市中学生乒乓球比赛中取得了男子团体冠军、女子团体第四名的战绩,图为当时文建中学领导与球队全体师生的合影

上海乒乓球运动纪事录（1949—2024）

为高中男、女组，初中男、女组，小学男、女组共六个组，共有99支队的590多名青少年乒乓球好手参赛。去年各组冠军队均报名，三分之一以上是新队。经过300多场的竞逐，塘桥中学和五十八中学蝉联初中男、女组冠军，其他四个组的冠军均为新队所获：小学男子组的冠军是马当路小学，小学女子组的冠军是丹徒路小学，高中男子组的冠军是文建中学，高中女子组的冠军是五十五中学。

9月15日

□ 据新华社电讯稿，中国乒乓球协会宣布，为了增进亚洲人民和运动员之间的友谊，交流乒乓球运动的经验，共同提高乒乓球运动的技术水平，将在今年10月17日到22日在北京举行"北京国际乒乓球邀请赛"。

9月19日

□ 据新华社电讯稿，中国乒乓球协会向有关国家的乒乓球

印尼队访沪比赛后的合影。杨瑞华（后排右四）当时正在印度尼西亚援外，担任印尼国家队的教练

协会发出邀请后,到目前为止,已有柬埔寨、锡兰、印度尼西亚、日本、朝鲜民主主义人民共和国、尼泊尔、越南民主共和国等国家的乒乓球组织接受邀请。中国也将派选手参加。

9月27日(至29日)

□ 印度尼西亚乒乓球队来上海访问,在市体育馆与上海市队、上海青年队进行交流比赛。

9月28日

□ 晚,徐寅生为中国乒乓球女队讲话。第27届世乒赛后,全国妇联、团中央、教育部向中国乒乓球队提出"女队要翻身"。为此,女队领队孙叶青请徐寅生为女队出主意。徐一直没答应,孙领队说:"人家都说你是智多星!""帮助女队打翻身仗义不容辞!"女队成败事关祖国荣誉。徐寅生写了几行字的提纲,为防怯场还冲了一缸茶水。女队员们拿着笔和本子,容国团教练也在座。徐寅生从小时候怎样学打球,讲到如何树雄心、立壮志,如何吃一堑长一智,如何开动脑筋,如何争气,其中有胜有负,有训练与比赛,有攻与守的矛盾,有运用特长技术与"特短"技术的关系等,全是切身的体会和道理。当时在乒乓球队"蹲点"的体委干部刘兴做了笔记,记录稿整理后让徐寅生过目修改,之后便拿走了。至于讲话以后发生的事情,徐寅生当时也没有料到。

[注1] 徐寅生讲到,第25届世乒赛上他与号称"牛皮糖"的美国选手迈尔斯比赛,被缠得难受别扭时就不想打了,场外指导的话什么也听不进,他说这是打球没有责任心的表现。郑敏之听后"哎哟"了一声,不由得说:"我就是这个毛病!"

[注2]郑敏之自述：老徐讲话所在的运动员大楼，一边住女队，一边住男队，中间则有共用的大会议室。通知女队集中后，大家拿着小板凳来到大会议室，里面坐满了，就坐在外面。徐寅生开场就说，是孙领队来叫他"放火的"。老徐讲话是动了脑筋的，特别是联系实际，同样一句话，含金量是不一样的，是他们经验的结晶。所以，我每次大小比赛都带着老徐的书，书中的重点内容用笔一道道画出来，每画一遍，我都有新的感受。虽然书看得又破又烂，但对这本书我是很有感情的。上海建乒乓球博物馆，我那本书已经捐出并展览了。我对老徐说，在你那本书上，我写了很多体会和感想，画了很多杠杠，是学得很深刻的，真是不舍得捐。

[注3]30年之后，徐寅生担任国际乒联主席时，曾提起这篇讲话。徐寅生说，这篇讲话确实是乒乓球队集体智慧和经验的结晶。多少年来，乒乓球队上上下下都在失败和胜利中探讨研究这些问题。只不过是通过我的口把这些体会讲出来而已。我是"盛名之下，其实难副"。要是不在我身上体现出来，也会在别人身上体现出来。乒乓球是两人对抗的项目，对手是一个活生生的人，

徐寅生给来自全国各省市的年轻乒乓球运动员介绍经验

面临着各种各样的矛盾,攻与守,胜与负,正手与反手,速度与旋转,我发球就要叫你吃,你进攻我要避开,为了打好球,就必须整天研究和解决这些矛盾。领导们下队蹲点,不断给我们灌输毛泽东思想,引导我们运用唯物辩证法来分析问题。在准备第26届世乒赛攻弧圈关的时候,荣高棠同志对我们讲,对日本的秘密武器弧圈球,第一不要怕,就是战略上藐视;第二,要认真对待,就是战术上重视。有的队员学会后专门陪练,还派人去侦察,经过苦练找到对付的办法;第三,即使"吃"了几个也不要慌,准备好输他几分,他的弧圈球总不能从第一个球拉到最后一个球,我可以用其他办法再赢回来。就这样,有领导的不断灌输,自己的反复钻研,加上不断总结正反两方面的经验和教训,在实践中大家逐渐掌握了观察和处理问题的正确方法,乒乓球队这个集体就是学习运用辩证法的大学校。因此,我不把这看作个人的事,它是集体的成果、时代的产物。

10月4日(至11月5日)

□ 第四届市运动会乒乓球比赛揭幕。参加比赛的有10个区、8个产业和高校、上海体院、某部队等共21个单位的315名运动员,裁判员110余名,包括国家裁判王惠章、戴永泉等(堪称上海解放以来全市乒赛规模最大、人数最多的一次)。比赛将分别在市体育宫、青年宫分部、精武体育会、卢湾区工人俱乐部、长宁区工人俱乐部进行。比赛还进行"三好"运动员"风格奖"评比。经过一个月的竞逐,徐汇男队、杨浦女队分别获得成年组团体赛男、女冠军;静安少年男、女队分别获得少年团体赛的男、女冠军。成年组各项单打比赛成绩如下:成年组男子单打冠军为余永年,女子单打冠军为张秀英,男子双打冠军为蒋时祥、谷天华组，女子双打冠军为张秀英、吴爱芳组，混合双打冠军为刘恒恕、朱洁人组。少年组男子单打冠军为姚振绪，女子单打冠军为徐若玮，男子双打冠军为姚振绪、袁海路组，女子双打冠军为徐若玮、朱洁人组，混合双打冠军为刘明权、丁赛祯组。

10月10日

□ 贺龙对徐寅生在中国乒乓球女队的讲话记录作出批示：徐寅生讲话中有几个问题，我认为提得很好。首先是为谁打球的问题，要把祖国的荣誉放在第一位；其次是怎样在战略上藐视"敌人"，在战术上重视"敌人"，灭"敌人"的志气，长自己的威风；第三，运动员也要像解放军那样，思想上经常有杆枪，时时事事联系到怎样打好球，临场要抛开个人得失。总之，要胸怀雄心壮志，平时刻苦练球，比赛敢打敢拼。他还提到一个极为重要的问题，就是平时练球要和比赛特别是国际比赛的实际情况相结合，要从难、从严、从实战需要出发，要敢于破旧创新，不搞形式主义、教条主义，等等。

［注］10月初，徐寅生对中国乒乓球女队的讲话整理稿送到体委后，李梦华向贺龙汇报：徐的讲话反映很好，美中不足是没有引用毛主席的语录。贺龙说：看一篇讲稿是不是体现了毛泽东思想，主要看内容。并嘱把讲话的原始记录稿拿来。贺龙读后即批示体委组织各运动队学习，同时将讲话记录稿呈送给毛泽东主席。

10月13日

□ 据新华社电讯稿，参加"北京国际乒乓球邀请赛"的中国乒乓球队由10人组成，6名男运动员是庄则栋、李富荣、徐寅生、王志良、王家声和周兰荪，4名女运动员是韩玉珍、梁丽珍、狄蔷华和郑敏之。男队教练是傅其芳，女队教练是孙梅英。

10月18日

□ 据新华社电讯稿，北京国际乒乓球邀请赛在北京工人体育馆开幕。参加这次邀请赛的是柬埔寨、锡兰、中国、印度尼西亚、日本、朝鲜民主主义人民共和国、尼泊尔、越南民主共和国8个国家的男女选手。我国国家领导人董必武、朱德、周恩来、彭真、陈毅、郭沫若等出席观看了今天的比赛。在乐队高奏中华人民共和国国歌之后，北京国际乒乓球邀请赛组织委员会主席、中国乒乓球协会主席陈先致开幕词。他说，北京国际乒乓球邀请赛是亚洲地区最优秀的乒乓球选手之间的一次友好比赛，通过这次比赛，通过互相帮助和交流经验，各国选手一定可以获得新的进步。他深信，北京国际乒乓球邀请赛将为提高各国乒乓球运动的技术水平、发展亚洲及世界乒乓球运动做出贡献。陈先最后说，各国朋友聚会北京，通过比赛和各种友好活动，将会增进相互之间的了解和友谊，这种了解和友谊对于进一步加强各国人民、亚洲人民以及新兴力量人民之间的团结是有利的。

10月21日

□ 北京国际乒乓球邀请赛闭幕，中国选手取得男子单打（徐寅生）、双打（庄则栋、徐寅生）两项冠军，日本选手获得女子单打（深津尚子）、女子双打（关正子、深津尚子）和混合双打（木村、关正子）三项冠军。

10月22日

□ 应邀前来我国参加北京国际乒乓球邀请赛的日本乒乓球队教练松崎君代，为我国少年女子乒乓球运动员进行技术辅导。

10月26日

□ 据新华社电讯稿，参加北京国际乒乓球邀请赛的各国代表团团长举行会议，就加强合作进行讨论，并决定成立"亚洲地区北京国际乒乓球邀请赛联络委员会"。会议一致认为，有必要经常举行这类友好比赛，以便在友好团结、平等互助、相互学习、共同提高的原则的基础上，广泛交流乒乓球运动的技术经验，推动和发展亚洲的乒乓球运动。为此，会议经协商后一致决定，每年举办一次这样性质的邀请赛。

松崎君代辅导讲授发球技术，来自上海的林秀英（右一）和全国各地的女少年乒乓球运动员参加了这次活动

10月28日（至11月2日）

□ 参加北京国际乒乓球邀请赛的日本代表团抵达上海进行

访问。日本乒乓队访沪第一场与上海队进行18盘单打对抗赛,日本男队以5比1获胜,女子队3比3和局,上海少年队以4比2获胜。访沪第二场与中国青年队进行男、女团体赛。在中国青年队出场队员中,男队包括余长春、于贻泽和周兰荪,女队包括林慧卿、李赫男、狄蔷华。结果为,中国青年队男队以5比2获胜,女队以2比3告负。其间,世界冠军松崎君代和荻村伊智朗对上海的少年选手进行技术辅导。世界冠军荻村说:中国的乒乓球运动受到周总理等国家领导人的重视,你们真幸福!希望中日友谊通过乒乓球不断发扬光大。

日本队来到卢湾体育馆辅导上海青少年,来自全市各体校的二十多名乒乓球选手参加了这次活动。图为荻村(左二)与静安区体校的杨正隆(左五)等握手。五十多年后,杨正隆把腋下夹着的球拍捐赠给了中国乒乓球博物馆

10月29日

□ 贺龙约徐寅生、庄则栋谈话,希望大家动脑筋,想办法,"男队帮助女队,共同过好技术关","要从最困难处着想,多作几手准备",为国家争荣誉。

10月31日

□ 日本乒乓球协会专务理事长谷川喜代太郎对《赤旗报》记者发表谈话,认为北京国际乒乓球邀请赛由于东道国中国做了非常周到的筹备工作,在各方面取得了巨大成就。对这一点日本队和其他各国球队都感到十分满意。他强调说:"我这次重

来中国，深切感到中国人民对日本人民的友谊一年比一年地加深"，"这次邀请赛大大促进了参加竞赛的各国之间的友好和技术交流"。"亚洲地区北京国际乒乓球邀请赛联络委员会"的成立，有巨大意义。

11月5日（至6日）

□ 锡兰乒乓球队来上海访问，在市体育馆与上海市队进行友谊比赛。

11月8日（至12月14日）

□ 为了迎接1965年全国女少年乒乓球比赛，市体委、团市委和市教育局联合举办全市女少年选拔赛。参赛的有全市10个区31支队的93名运动员。经过90余场的比赛，卢湾区的五十五中学队和巨鹿路第一小学队分别获得了中学和小学基层组的冠军，闸北区的徐剑琴获得了单打冠军。这次选拔赛中涌现出不少新生力量，五十五中学队的黄锡萍与林晓明刚从小学升入初中，在团体预赛中以3比1淘汰了第五女中队，以不败纪录取得了该组冠军。

11月25日

□ 贺龙陪同周恩来总理和陈毅副总理观看日本贝塚女排的训练和北京体院女排的比赛，并接见了双方运动员。周总理作出学习日本女排的指示：以练为战，从实战需要出发，从难从严，平时要少说空话，要学习日本女排教练大松博文那种严格的精神。为推动全国的体育训练工作，贺龙决定在上海召开学习日本女排的训练现场会，并要求会议要反对右倾保守，反对教条主义和"骄娇"二气。

［注1］上海的现场会很成功。各省、自治区、直辖市体委分管训练的副主任和各主要项目的教练，对照日本队的训练，通过找差距，进一步肯定了"三从一大"（从难、从严、从实战出发，进行大运动量训练）的原则，提出要在运动队树立"三不怕"（不怕苦、不怕累、不怕难）和"五过硬"（思想、身体、技术、训练、比赛过硬）的作风。全国很快开展了一场训练工作的革命。

［注2］日本女子排球队来中国训练，大松博文用多球连续让队员扑救，运动量大，且质量高。这启发了乒乓队教练梁友能。于是，梁友能拿了一箩筐"红双喜"球，让队员们连续击打，训练效果明显。之前，包括国家队的训练都只用一个球。梁指导在打多球方面立了大功。

11月29日

□ 1964年上海市高等学校乒乓球比赛在华东化工学院揭开序幕。参加这次比赛的单位和运动员是历届高校乒乓赛中最多的一次，共有华东化工、复旦、上海师大、上海师院、上海交大、同济、科大、上海外语、上海二医等22个院（校）的200多名选手参加。

12月12日

□《文汇报》转载《体育报》发表的徐寅生的文章《心怀祖国 放眼世界》。

［注］《体育报》编者按：徐寅生倾吐了对"运动员必须革命化"的体会。在我们伟大的社会主义祖国，运动员不仅是运动场上的骁将，更重要的是：他们首先是革命者，是革命事业的接班

人。因此，必须懂得"为何而练""为谁而练"以及"应当用什么态度去对待日常的训练和比赛"，即必须懂得"为革命而打球"的道理。徐寅生的经历证明，一个人如果受资产阶级个人主义思想支配，就不可能有强烈的革命观念，不可能"身在球场，心怀祖国，放眼世界"。这怎么可能把从事体育锻炼同社会主义事业挂上钩呢？斤斤计较个人的得失荣辱，怕苦怕累怕伤，怎么可能思想过硬、技术过硬、比赛过硬呢？所以，"一个运动员，当他真正认识了为革命而打球以后，就应该处处以一个革命者的标准来要求自己。"

12月18日

□ 1964年上海市工人乒乓球比赛开始角逐。参赛单位有10个区和10个产业的男、女运动员167名；比赛共分男、女团体，男、女单打四个项目进行。为了检阅本市工人新生力量的技术水平，赛程规定，凡是参加市第四届运动会和年龄在24足岁以上的运动员，不得报名参加。团体比赛全部安排在各区工人俱乐部进行，取得决赛权的男子组有邮电、杨浦、普陀、南市、虹口、徐汇队，女子组有普陀、闸北、邮电、杨浦、技校、长宁队。结果为，男子团体冠军由徐汇队获得，亚军为普陀队；女子团体冠军为邮电队，亚军为技校队。

本年

□ 北京国际乒乓球邀请赛结束后，在回上海的火车上，同伴为林慧卿整理比赛记录，然后将统计数据告诉她：在全部比赛中，她的削球技术是赢球的关键。由此，林慧卿更坚定了"守得稳，削得低，旋转变化好，两面攻得准"的风格。

□ 杨瑞华被派往印尼做援外教练。印尼球队是业余的，水平不高。杨瑞华分上下午两批用陪打的方式帮助提高。结果，在东南亚运动会上，印尼队连克南越队、马来西亚队，获得了团体亚军。

□ 在上海市少年乒乓球比赛中，李振恃取得冠军。黄浦区区长前来学校祝贺。李振恃参加了区队，教练很重视他，加上队友相助，他们球技得到了提高。

［注］李振恃打球受哥哥的影响。因住家隔壁的办公室有一张球台，哥俩常去偷着打，常会被人赶走，后来人家看他俩打得有模有样，就不赶了。小学体育老师组织了球队，时常与外校比赛，还推荐李振恃去四川路青年宫参加训练。当年，日本国家队队长谷川信彦、荻村和木村等名将来上海访问，市里安排在青年宫训练。教练就让李振恃等队员躲在楼上观看。李振恃看到长谷川为练习腿部力量蹲着去捡球，才知世界冠军是这么训练的。

□ 后来的"知青冠军"张德英正在静安区常德路小学读书。她喜欢打乒乓球，也喜欢唱歌和跑步，老师叫她选择，她选打乒乓球。当年，市少体校在黄浦体育馆选拔招生。张穿着塑料鞋，水泥地很滑，她索性脱了鞋子，赤脚上场了。入选市少体校后，由池惠芳教练带教。张德英把庄则栋、徐寅生、李富荣、张燮林、林慧卿、郑敏之、李赫男等世界冠军的照片挂在床前激励自己。

*1965*年

1月9日

□ 中华人民共和国第二届运动会筹备委员会在北京成立，贺龙副总理出席会议并讲话。他说，在当前国际、国内大好形势下，体育工作者、教练员、运动员都必须革命化，高举毛泽东思想红旗，努力提高阶级觉悟，反对保守思想，打破旧框框；要广泛开展群众性的体育运动，努力提高我国的体育运动技术水平。

1月12日

□ 毛泽东阅徐寅生在中国乒乓球女队的讲话记录和贺龙对徐寅生讲话纪要的批语后，作出批示：徐寅生同志的讲话和贺龙同志的批语印发中央工作会议同志一阅。并请你们回去后，再加印发，以广宣传。同志们，这是小将们向我们这一大批老将挑战了，难道我们不应该向他们学习一点什么东西吗？讲话全文充满了辩证唯物论，处处反对唯心主义和任何一种形而上学。多年以来，没有看到这样好的作品。他讲的是打球。我们要从他那里学习的是理论、政治、经济、文化、军事。如果我们不向小将们学习，我们就要完蛋了。

［注1］据《毛泽东年谱》的此条注释，徐寅生讲话的主要意思是：一、要懂得为谁打球的道理，要有责任心。平时抓紧训

练,练出一套有效的技术,加上思想要过硬,就能比较顺利地获胜。比赛时,多想有利条件,少想不利条件;多从国家利益考虑,少想个人得失。二、要有雄心壮志。中国人可以打好球,也能打好球。要为国家荣誉去"搏",万一输了一场也要顶得住。三、要树立信心。信心的基础是打外国人,明确这一目标,带着"敌情"观念练好技术,带着为祖国争取荣誉的心去打球。

[注2]贺龙将徐寅生的讲话稿连同自己的批语呈送毛主席。毛主席批示后,周总理将批件转给贺龙时说:"这可是千军万马的力量啊。"贺龙即赶往国家体委,连夜召开党委会议进行传达,称"徐寅生是毛主席亲自批准的体育战线的第一个标兵"。贺龙还亲自到国家乒乓球队宣讲毛主席的批示。他叮嘱徐寅生:要谦虚谨慎,继续努力。不久,整个体委系统开始传达、学习。

毛泽东打乒乓球纪念章

毛泽东批示手迹

1月17日

□《人民日报》加编者按发表毛泽东批示的徐寅生的讲稿《关于如何打乒乓球》,指出"这篇讲话充满了辩证唯物论,处处反对唯心主义和任何一种形而上学"。

[注]接着,《解放军报》《体育报》《中国青年报》等均配发社论,全文转载《人民日报》编者按和徐寅生的讲话。1月18日《解放军报》发表社论《更好地学习毛泽东思想,更好地运用辩证唯物论》,《体育报》发表社论《活学活用毛泽东思想学习辩证唯物论,反对形而上学,促进体育工作革命化》。1月19日《中国青年报》发表社论《一篇充满辩证唯物论的好作品》。

1月23日

□ 毛泽东在听取余秋里汇报工作时说:"要学徐寅生的文章。"

1月25日

□ 最近,上海铁路局通过直属机关的乒乓球联赛,推动了全局职工的冬季体育锻炼活动。这次联赛是上海铁路局历年来规模最大的一次,共有26个单位的202名选手参加,获得团体赛冠军的是工务处队。

1月26日

□ 据《新民晚报》报道,最近,我国许多运动员和体育工作者在学习和讨论《关于如何打乒乓球》和《人民日报》的编者按语时,受到很大的启发。有以下几个重点:第一,把祖国荣誉放在第一位。第二,"将来到底跟谁打?"第三,应该坚决抛开"我"字。第四,用一分为二观点分析事物。第五,"改"字特别重要。

1月28日

□《关于如何打乒乓球——徐寅生同志对中国女子乒乓球运动员的讲话》一书已经由人民体育出版社出版,本日起由新华书店在全国一些大城市发行。

[注]至3月,《关于如何打乒乓球》发行量达600余万册。

□《文汇报》编辑部邀请上海市乒乓球队9名运动员,举行学习徐寅生的讲话和《人民日报》编者按语的座谈。队员余永年说:徐寅生同志说要带着阶级感情,带着为祖国争取荣誉的心情去练球。对照一下,我平时练球是抱着无所谓的心情,思想觉悟不高。我们打球是党和人民交给我们的任务,也是革命工作。每一个球应该向人民负责。队员丁赛祯说:徐寅生同志在实践中摸出了一套规律,他有见先进就学的钻研精神,聪明是从实践和学习中得来的。

《关于如何打乒乓球》签名本书影

1月

□《体育报》连续发表徐寅生的文章《全心全意为人民服务——学习"为人民服务"的体会》和《学习和运用"一分为二"》。

[注1]第一篇文章节录如下:目前,我初步懂得了为人民服

务的道理，认识到个人主义的丑恶本质。但是个人主义思想还没有彻底清除，非要加紧改造不可，时时刻刻以集体利益、国家利益为重，这样，人的精神面貌便不同了。我比起以往，敢于挺身而出，愿意去挑重担子。但思想深处也并非没有患得患失的情绪，就对自己说：你非要想到个人呢？难道是只为自己打算的庸人之辈？就不能为国家为人民去干一番事业？让个人主义思想见鬼去吧！

[注2] 第二篇文章节录如下：以前不懂"一分为二"这个名词，在党的教育下，近年来学习毛主席著作后，在实际的训练、比赛总结中，也在学着运用这种方法分析事物，懂得了一些道理。拿比赛来讲，总有两种思想存在：一种属于个人考虑，表现方式各有不同；另一种是从集体利益和国家荣誉考虑。两种思想不断地斗争着。在比赛中多想集体，不想或少想个人的东西，这个"想"实际上就是斗争。怎么要求自己，从什么立场出发，这方面的思想比重大了，另一方面的就会减少，并向它的对立方面转化。向好的方面转化就能取得成功，反之，则失败。我自第27届世乒赛后，成绩不够理想。一种表现是气馁，二是失败后更加发奋苦练。经过一系列斗争（包括自我斗争），领导的教育，实际比赛和训练的启发，第二次访日的成绩不错，也加强了信心。学习和运用"一分为二"的观点去认识

徐寅生认真学习毛泽东著作

和处理问题，才能使我们不断前进。

2月8日

□《文汇报》刊登上海游泳运动员乔元的文章《做一个有革命志气的运动员》。该文记道：乔元遇见徐寅生，想到徐与外国球员比赛很出色，特别是连续抽杀十二大板，就问徐："出国比赛挺适意吧？"徐笑笑，先问乔是不是共青团员，乔摇摇头，徐告诉乔："完成任务是不简单的呀！"徐这一句话提醒了乔，他决心记住任务的要求，全力以赴。

2月9日（至17日）

□ 全国21城市女少年乒乓球锦标赛在长沙举行。教育部副部长代表三个联合举办单位，勉励小选手们好好学习徐寅生《关于如何打乒乓球》的讲话，把祖国荣誉放在第一位，坚决抛开个人得失，胸怀壮志、刻苦练球，敢于破旧创新。比赛结果为，由徐剑琴、翟英男、邵培珍组成的上海混合队蝉联冠军，永久保留奖杯。上海巨鹿路第一小学队以全胜的战绩荣获冠军。上海五十五中获得中学基层队亚军（冠军为郑怀颖领衔的福州第五中学队）。

2月22日

□ 全国体育工作会议召开，号召全国体育工作者和运动员认真深入地学习徐寅生的《关于如何打乒乓球》和《人民日报》的编者按语，学习和运用辩证唯物论，密切联系实际，为实现我国体育工作的革命化而奋斗。会议认为，省、自治区、直辖市以上的运动代表队，应当以攀登世界高峰为目标。所有运动队都要以我国乒乓球队为榜样，政治挂帅，思想领先，胸怀祖国，放眼世界，奋发图强，自力更生，敢于胜利，善于斗争，坚决走自己的道路，树立独特的风格，并注意指导群众体育运动。

2月25日（至3月13日）

□ 上海青年宫举办全市社会青年乒乓球比赛。全市9个区36个街道男女代表队报名参赛。经过预赛进入复赛的女子组有张家宅、龙门路、横浜桥、露香园路、唐家湾、天平路、长沙路、开封路等街道队，男子组有南京东路、淮海中路、威海卫路、法华路、华山路、吴淞路、嵩山路、龙门路等街道队。复赛将进行单循环比赛，经过一百余场的角逐，最后南京东路街道队和长沙路街道队分别获得男、女组团体冠军。

2月28日

□ 中国乒乓球协会宣布参加第28届世乒赛的中国队选手名单。14名男选手是：庄则栋、李富荣（上海籍）、张燮林（上海籍）、徐寅生（上海籍）、王家声、王志良、胡道本、周兰荪、余长春（上海籍）、于贻泽（上海籍）、廖文挺、苏国熙、陈盛兴、马金豹。10名女选手是：林慧卿（上海籍）、梁丽珍、李赫男（上海籍）、狄蔷华、李莉、郑敏之（上海籍）、刘美英、仇宝琴、冯梦雅、周一玲（上海籍）。其中男子前9人、女子前6人都是国际乒联公布的世界优秀选手。

2月

□ 容国团（时年28岁）调任女队教练。上任第一天，容国团就对林慧卿、李赫男、郑敏之、梁丽珍等几位女将说：现在党交给我一个光荣而艰巨的任务，同你们一起去夺取世界冠军。具体教练组还是薛伟初抓李赫男，孙梅英管梁丽珍，梁友能则借鉴大松博文的多球法训练林慧卿和郑敏之，效果相当明显。容国团对运动员的心理，能起到"镇"的作用。他作为主教练把四个主力"捏"在了一起，增添了她们夺取世界冠军的信心。

[注1]据李赫男口述，领队孙叶青抽烟，留下一些空烟盒。李赫男抽出锡纸，做了一个小考比伦杯送给梁丽珍，说你放在桌子上，每天看着它。这说明她夺冠的决心愈发坚定。从战术分工来讲，林慧卿、郑敏之是对付攻球手的。所以，李赫男与林慧卿约定，每天训练结束后，再加打三局二胜的比赛。有一次，两人赛完

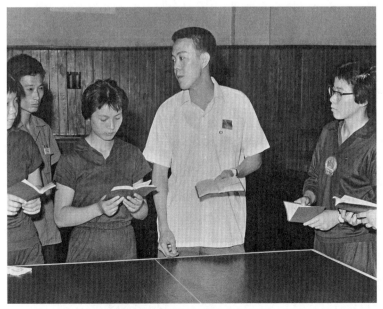

容国团（中）在召集承担第28届打"翻身仗"重任的四名队员学习讨论

上海乒乓球运动纪事录(1949—2024)

洗澡后,在去食堂的路上,李赫男说不服气,要再打一场,两人就返回球馆重新开打。她心里萌动着目标:女队翻身,打世界冠军!

[注2]据林慧卿口述,容国团出任中国女子乒乓队教练后,针对她容易急躁的弱点,再三嘱咐"小不忍则乱大谋",并将这句话写在林慧卿的训练日记上。林慧卿告诫自己:一定要耐心,一定要坚持。

3月3日(至12日)

□ 由市体育宫主办的乒乓球男女单打邀请赛,有市队、工人队、青少体校、体院、高校、空军驻沪部队、南市区、黄浦区、卢湾区、静安区、普陀区、闸北区、港务等13个单位的68名运动员参加(女子28名、男子40名)。比赛采用先分组循环赛(男女各分四组),决赛采用淘汰制。结果,获得男子冠军的是谷天华,张孚璇获亚军;女子冠军是张秀英,赵月莉获亚军。

3月5日

□ 据《新民晚报》报道,在全国21城市女少年乒乓球锦标赛中,上海小选手人小志气高,将徐寅生所说"身在球场、心怀祖国"铭记在心头。她们懂得将来要为祖国争光,现在就要刻苦努力,处处严格要求自己。这次在南昌进行访问比赛和到长沙参加比赛的整整20天中,没有一个人要求逛街,没有买过一分钱的零食。在南昌正临春节,为了利用球台空隙,她们起早摸黑进行练球。被大家称为学习和练球积极分子的徐剑琴,不是拿着球拍练球,就是拿着书在读。她们说:这次代表上海参加全国比赛,是党的关怀培养,我们感到无比的光荣和任务的重大。小选手最关心的不是场上比分多少,而是有没有打出风格。

3月17日（至4月5日）

□ 上海市乒乓球分组单项冠军赛揭幕。有10个区以及邮电、港务、交通、电业、公用、海运、高校、中专、体院、市青少体校、空军驻沪部队21个单位的267名男女运动员参赛。每逢双日为成年组比赛，单日为少年组比赛。比赛分别在体育宫、市体育俱乐部、青年宫分部、静安区工人俱乐部等进行。少年组年龄最小的张德英，猛攻猛打，坚决向前，激战五局，淘汰了曾是全国女少年混合团体冠军成员的翟英男。成年组男子单打冠军由驻沪空军代表队顾名炜夺得。

3月19日

□ 上海市高等学校体育竞赛活动乒乓球团体赛揭幕。除上海音乐学院、上海铁道医学院、上海海运学院外，其他共27所院、校全都报名，共有240多名选手进行竞逐，是历届高校乒乓赛参与人数最多的一次。

3月20日

□ 《新民晚报》发表文章《欧洲乒坛的新变化》。该文称：近两年来欧洲男子乒乓球的新霸主是北欧的瑞典。瑞典队最早研究全攻打法，两次聘请日本的荻村担任教练，并派出阿尔塞和约翰森去日本训练。他们还创造多球发射器加强进攻练习，充分体现了瑞典队的雄心壮志。

3月24日

□ 为了推动基层青工开展体育活动，市总工会体育部举办全市基层青工乒乓球比赛。第一阶段比赛分别在各区、产业系统中开展。据9个区和港务局等10个单位的初步统计，有950余支男、女乒乓球队的6450多名男、女运动员参赛。其中，闸北区举行的工厂、财贸、教卫系统的比赛，参加的就有230多支队。然后选择出代表队，进行第二阶段的比赛。

3月25日

□ 第二届全运会上海乒乓球队成员徐寅生、李富荣、张燮林、余长春、林慧卿、郑敏之、李赫男等来到市体育宫，为各区的40多名少年选手进行辅导。林慧卿辅导小横板张迪兰，郑敏之辅导黄锡萍和徐剑琴。郑敏之说："我在这个年纪时，水平没有这么高。"

□ 团市委召开少先队学习雷锋积极分子大会。全国21城市女少年乒乓球锦标赛小学基层队团体赛冠军代表、巨鹿路第一小学张迪兰作了"为革命而打球"的发言。

4月3日

□ 上海市乒乓球裁判组写信给国家乒乓球队。该信说：你们就要启程去战斗了。你们是以当代最伟大的毛泽东思想武装起来的青年，是在党多年培养下成长的。我们坚信你们一定会运用火热的阶级感情，冷静分析的头脑，坚强的克服困难的信心和对祖国人民高度负责的态度，对待每场比赛。希望你们胜不骄，败不馁，挺得住，闯得过。

4月14日

□《新民晚报》发表中国乒乓球队出国前夕的通讯《练球场记事》。

[注]在出国前的两周集训中,记者观看庄则栋与徐寅生的基本功训练,一个反手抽球,一个快速推挡,几十分钟过去了,仍聚精会神地练着这种单调的球路。两个男选手在帮助林慧卿和郑敏之练习双打,她俩不时救起凶狠的扣球。此时,郑敏之有点分心,步法慢了一点。旁边的教练没有说话,从口袋里掏出小纸牌,挂在球网上。郑敏之的精神登时大振,把对方扣过来的大角度抽球救了起来。原来纸牌写的是"集中精神,每球必争,为革命而练"。这是郑敏之听了徐寅生的讲话后,给自己定出的誓言。男队教练傅其芳和女队教练容国团亲自下场。傅其芳帮助李富荣练接发球。他运用强劲的腕力发出旋转力很强的"怪"球。容国团则用横拍打削球,陪梁丽珍练习。这两位教练满身是汗。

手执训练计划的傅其芳教练(左二)在备战第28届世乒赛时主持训练课的场景
右起:陈先(乒乓球代表团副团长)、庄则栋、徐寅生、周兰荪(左一)

4月15日

□ 第28届世乒赛在南斯拉夫卢布尔雅那揭幕。女队教练容国团将秩序册递给傅其芳,傅见容画了一条龙:李赫男、梁丽珍的名字写在龙身上,准备以中国的攻球去打欧洲削球;而龙的两颗眼珠上,则写着林慧卿、郑敏之,是指以中国的削球去对付日本的攻球。

[注1] 赛前,郑敏之曾写了"请战书",交给教练组,表示"我能够打决赛"。当时,也有人对郑敏之说过:这不是开玩笑的,你说了就要负责啊!领导经过研究,决定让她参加第28届的团体赛。在宣布名单的那天晚上,郑敏之重新翻开徐寅生的讲话:一个人能够鼓起最大的劲头,莫过于受到党和人民信任的时候。郑敏之在日记本上写道:每场比赛意志顽强,冷静沉着,打出风格,打出水平。一定要尽最大努力,争取胜利!

1965年备战第28届世乒赛,郑敏之当时使用的球拍、运动衣和徐寅生的讲话资料

[注2] 郑敏之自述:为了有意识地磨炼自己。每天我们乒乓队都要在体育馆路大楼前集合排队,我偶然发现地上有一块很有特色的小石头,从大楼到乒乓馆大约一千米路,我就每天踢着这

块石头,一直踢到乒乓馆。这是我自己在锻炼毅力,看是否能踢到我参加世界比赛的时候。每到周六,容国团指导就安排参加团体赛的四个人打"极限球",就是用多球从三点半打到六点钟,中间不可休息,两只脚就是跑啊,一千个球要命中七八百个才能下来。林慧卿在球网上挂着的牌子是"没有救不起的球,只有不顽强的人"。郑敏之挂着"记住二十八届翻身仗",以此激发斗志和精神。领队孙叶青拿着秒表,把失误的次数记下来。

[注3] 回国后,林慧卿、郑敏之、梁丽珍、李赫男联名在《红旗》杂志发表文章《敢于胜利,才能胜利》,其中提及全队的努力:"一切为了二十八届"的口号贯穿到行动中去。一份份比赛对手的资料送到了我们手里。汗水湿透了的运动衣,刚换下就不翼而飞,第二天却洗得干干净净,整整齐齐放在我们床头。全队形成了一股强大的热流,冲着我们去为祖国的荣誉而战!

4月18日(至19日)

□ 在第28届世乒赛的团体赛半决赛上,中国女队的李赫男、梁丽珍以3比0战胜罗马尼亚女队,取得决赛权。教练掐表一算,整场比赛只用了55分钟。中国队和日本队则以甲组和乙组的第一名取得决赛权。决赛场上,林慧卿和郑敏之以3比0攻克蝉联四届世界冠军的日本女队,登上了世界冠军的宝座。外电评价,中国女队首夺考比伦杯,"是锦标赛的第一颗大炸弹"。中国男队以5比2战胜了日本队,蝉联男团世界冠军。首次参加决赛的李富荣连胜木村和小中健,夺得两分。

[注1] 上场比赛之前,梁丽珍翻开了徐寅生的讲话《关于如何打乒乓球》。那里面有一句话:一个人能够鼓起最大的劲头,莫过于受到党和人民信任的时候。看到这里,她合上了书。打完半

上海乒乓球运动纪事录（1949—2024）

容国团率领林慧卿、郑敏之、李赫男、梁丽珍四位队员荣获第28届世乒赛女子团体冠军

决赛回程的车上，梁丽珍唱起了一句歌词："我们朝着一个理想进军，胜利一定属于我们。"大家心潮澎湃，一起唱了起来。决赛前，郑敏之将一块胶布贴在手腕上，并写上"勇敢、镇定、果断，顽强到底！"决赛第一盘，郑敏之迎战关正子。挑边时，郑敏之发现关正子的手抖得厉害，想起徐寅生"我怕你怕，你比我更怕"的话而镇定许多，终于以2比1赢得了第一分。当中国女队夺得世界冠军走向领奖台的时候，梁丽珍让林慧卿和郑敏之走在前面，林慧卿一把将梁丽珍推上前去说：荣誉是大家的，没有你和李赫男拿下罗马尼亚队，就没有我们打胜日本队。考比伦杯上第一次刻上中国女队的名字。女队队员对徐寅生说：女队翻身有你一功。徐寅生说：球是你们打的，感谢我干嘛？

［注2］李富荣自述：开赛前，南斯拉夫的工作人员把斯韦思林杯抱进来了。我是又激动又紧张。教练排我打2、6、9场次，这第三主力的位置最难打。上来就碰客队的第一主力，若是输了会影响下面的比赛，万一两队打成了4比4，最后要打决胜盘。我上来的对手是木村，没想到第一局还真打成16比20。有人问是不

南斯拉夫第28届世界乒乓球锦标赛男团冠军金牌

李赫男（左一）、梁丽珍是女团夺冠的开路先锋（乒博馆提供）

是想到国家荣誉或者个人前途等，想得太多反而要误事。我靠的就是一个"拼"字，当然也有随机应变，比如突然发了个下蹲球直接得分，又连续毫不手软地发球抢攻，结果屡屡奏效，连扳6分，以22比20拿下这一局，并最终以2比1赢了木村。第六盘，我以两个21比18赢了小中健，使我队在总分上以4比2领先。

[注3]据张彩珍于《体育报》发表的文章《赞徐寅生》，就中国队出战男团决赛的阵容，傅其芳教练说：现在不是讨论出谁才行，而是讨论出谁更好。徐寅生说：出庄则栋、张燮林可以肯定，第三个人出谁？我认为，出我比较稳，出周兰荪比较凶，出李富荣凶稳结合。出我，我有信心打，但我双手赞成出李富荣。领导和同志们同意了这个意见，名单就这样确定下来了。事实证明，这场比赛的出人排阵都十分成功。

4月20日

□ 国务院副总理贺龙电贺中国乒乓球队获得男、女团体冠军。贺电说：全国人民都为你们取得的巨大胜利而欢欣鼓

郑敏之(左)打头阵,以2比1战胜日本队关正子

第28届世乒赛,李富荣在男团与日本队的夺冠赛中勇挑大梁

舞。这一胜利,是高举毛泽东思想的伟大红旗、突出政治、坚持"四个第一"、大学解放军的结果,是思想过硬、技术过硬的总体现。你们不愧为用毛泽东思想武装起来的坚强的战斗集体,是一支拥有千军万马力量的队伍。

［注］同时,谢觉哉、胡乔木、楚图南、慕若虹、袁水拍等著文赋词,嘉勉中国乒乓球队。谢老的诗云:"男皆气壮能征将,女尽心雄善战兵。击水大鹏春蛰起,落霞孤鹜晚风轻。"胡乔木词云:飞来捷报,道路争相告。男女群英春意闹,不愧中华年少。

□ 我国乒乓球队双双获得男、女团体冠军的消息传来,市体委组织了报喜队,把一张张大红喜报送给为国争光的好儿女的亲人们。

［注］报喜队来到了李富荣家里,李妈妈接了喜报激动地说:富荣能够为国做出一些贡献,全靠党和毛主席的教导和培养。今后要进一步鼓励儿子打好球,为祖国争取更大的荣誉。报喜队把喜报送到张燮林家里,老祖母说:今天我家里客人真不少,一清早,邻居们就纷纷跑来向我报喜,我听了心里真是高兴。这是托毛主席的福,希望燮林更好地打球。报喜队把喜报贴在房间里。墙上已挂着国家体委颁发给张燮林的在第26、27届世乒赛中荣获

一等功、特等功的两张奖状。徐寅生75岁的父亲在弄堂口迎接报喜队。报喜队说：我们广大运动员都在学习徐寅生为革命打球的精神。徐寅生的老母亲对大家说：这都是党对寅生教育得好。报喜队来到电力学校，李赫男的父亲李贤贤老师告诉大家：这次赫男出国时给家里来信，表示决心要和全队同志一起夺取冠军，为国争光。相信在党的领导下，一定会取得更大的成绩。报喜队来到长宁支路第二小学，向郑敏之的妈妈刁作伊祝贺。刁老师说：真没想到敏之在决赛中打得这么坚强。

4月22日

□ 诗人郭小川以《人民日报》记者的身份发表文章《小将们在挑战——记中国乒乓球队》。

［注］文章称：他采访了准备出征的徐寅生、庄则栋和李富荣，三位主力队员都说：技术问题倒不大，打球主要打的是思想。技术上的岔子，也往往是从思想上引起的。领队说：这都是他们的经验之谈。培养运动员，资本主义国家有他们的办法，我们有我们的办法。我们能够在这么短的时间内，赶上甚至超过那些有几十年经验的国家，最重要的原因之一是我们有最先进的思想。以革命思想挂帅，以革命思想领先。这样，就可以保证我们的集体和各个成员团结一致。因此，在他们出国那一天，所有的送行者都感到放心：这些用先进思想和先进技术武装起来的小将们，是不会辜负党和人民的托付的。庄则栋曾在一次大赛前对领导说了他长期实践和长期思考的四个字，叫"高度集中"。作者说：什么叫"高度集中"呢？就是一切为了集体，就是一切为了祖国的荣誉。

4月24日（至25日）

□ 第28届世乒赛五个单项的争夺战进入最后阶段，"身穿深红色运动衣的中国选手和身着深蓝色运动衣的日本选手在今天的比赛中大显身手，取得了这届锦标赛五个单项的全部决赛权"。结果，中国选手获得男子单打冠军（庄则栋）、男子双打冠军（庄则栋、徐寅生）、女子双打冠军（林慧卿、郑敏之）。日本选手获得女子单打、混合双打冠军。当晚，颁奖仪式后，中国乒乓球队就开了总结会。大家先谈了第28届比赛的成功经验和不足之处。接着，领导提出了第29届的任务。

[注1] 李富荣自述：1965年，第28届世乒赛单打决赛又是在我和庄则栋之间进行。领导要求打成3比2，且场面精彩好看。我说算了吧，还是3比1稳妥些，前两届不都是3比1嘛，不要搞得太悬。但领导不同意，结果打到第五局，我以10比5领先，交换场地。人家打球往前面跑，我是发一个球就往后退，接着放高球，打回头，老徐在后面看得都笑了。场子上的南斯拉夫观众一个劲地叫喊，搞得我很紧张，差一点都让不掉，这让不掉的话可就麻烦了。

[注2] 记者问李富荣：你三次让出男子单打世界冠军，对此是否感到委屈？李富荣说：我不委屈。虽然我遇上庄则栋总要让给他。但别的选手遇到我，也要"让球"。这是当时乒乓界的"规矩"。比如说，我的战友、湖北选手胡道本，他就三次"让球"给我。那时总认为你所拥有的一切都是国家给的，现在的年轻人可能都不太理解。有很多人记得我让给了庄则栋，但还有多少人记得那个让球给我的胡道本？再想想那些默默无闻的陪练、教练，与他们相比，我幸运多了。

[注3] 徐寅生口述：李富荣让过他（庄），我也让过他，但

李富荣让了三次。李富荣一直到现在都不抱怨这个事。有的人爱发牢骚，包括出去的人，受国家培养出名了，也得了便宜，让了一次还耿耿于怀，一有机会就要说。但李富荣不是这样。关于乒乓球队的集体主义，包括庄则栋的三届世界冠军，大家帮他练，比赛当中又让他，这是为了国家利益啊。庄则栋是一个代表嘛。

［注4］据张燮林口述，张燮林入选第28届男子团体赛阵容，并在与日本队的决战中拿下关键战局。在单项比赛中，男子双打是张燮林、王志良组对庄则栋和徐寅生组。领导找张、王组谈话，二人心中自然就明白了。张燮林与王志良为打得真一点，还商量设计了一些线路和动作。

［注5］据林慧卿口述，第28届世乒赛单项决赛，林慧卿要打女单、女双和混双三场决赛，且每一场都打满五局才定胜负，足足打了十五局。第一个决赛是女子双打，林慧卿和郑敏之苦战五局战胜日本选手，第一次拥抱了波普杯。紧接着女子单打与日本队深津尚子进行决赛。前4局打成2比2，决胜局中，林慧卿因连续作战体力不支失利。

［注6］上海籍选手余长春参加第28届世乒赛单打、双打、混双三个单项比赛，结果，全因服从大局而让球了。国家体委党组决定余长春和杨瑞华按世界冠军待遇，颁发特等功臣荣誉奖章。余长春单打比赛进前16名，出线相遇张燮林，领导指示让球。余为中国队保住了这条线，为国家尽责了。男双比赛的最强对手是日本队的木村和小中健，荣高棠曾在大会上说：这是中国队的一个坎。哪一组对上获胜，冠军就给哪一组。余长春和周兰荪组争前四名碰上了木村、小中健。在决胜局落后时刻，余长春打出"神仙球"，反败为胜，形成男子双打前四名都是中国人的

局面。领导开会后由总教练傅其芳与余、周谈话,结果两人以第三名上了领奖台。混合双打余长春和上海籍周一玲配合,也让给梁丽珍和庄则栋一组。在国家体委礼堂召开颁奖大会时,余长春代表中国乒乓球队特等功臣发言,感谢党和人民给予的荣誉。徐寅生在报上刊发文章,说大余是"五好"运动员,既"无名"又"有名"。余长春说:人要讲良心话。当时,国家有号召,国家乒乓队以集体主义为中心。况且60年代就是这个风气,荣高棠、李梦华、张钧汉说一句,我们都是说一不二的。

"金鸡独立"是张燮林设计的技术动作之一

1965年世乒赛,林慧卿(右)与郑敏之合作为中国队第一次夺得了女子双打世界冠军

4月25日

□ 国际乒乓球联合会宣布,第29届世界乒乓球锦标赛将于1967年4月在澳大利亚的墨尔本举行。第30届世界乒乓球锦标赛将在联邦德国举行。英国的蒙塔古重新当选为国际乒乓球联合会主席,中国的陈先重新当选为副主席(代表亚洲)。

4月26日

□ 第28届世乒赛中国乒乓球代表团团长荣高棠接受记者采访。

［注］荣高棠说，1961年在北京举行的第26届世乒赛结束时，国际乒乓球界的专家们曾指出，积极主动、生气勃勃的打法带来了乒乓球技术的革命，展示了新的风格、新的方向。在本届比赛中，这种新风格、新方向已经为更多的运动员所接受。进攻加强，速度更快，旋转变化更多，弧圈球已被普遍采用。中国队取得优异成绩的最根本的原因是：高举毛泽东思想伟大红旗，坚持四个第一，发扬三八作风，思想过硬、技术过硬。年轻的中国乒乓球队，是在党的抚育下正在成长的一支思想红、球艺精、作风好的战斗队伍，是一个充满革命精神的坚强集体，胜而不骄，败而不馁，始终鼓足干劲，力争上游。中国乒乓球队已经成为我国体育界的一面旗帜。

□《人民日报》发表社论《欢呼我国乒乓健儿的卓越成就》。

［注］社论指出：当祝贺我国乒乓球运动员所取得的巨大胜利的时候，全国各个岗位上的同志们，都必须向我国乒乓球运动员学习。我们要学习他们突出政治，坚持以毛泽东思想挂帅、活学活用毛泽东思想的宝贵经验；学习他们敢于斗争、敢于破旧创新、敢于攀登世界最高峰的革命精神；学习他们把政治和业务密切结合起来，用革命精神来钻研业务和精通技术的优良作风。哪一个地区、哪一个单位学习得好，就必然会涌现出更多的思想过硬而又技术过硬的又红又专的战士，必然会为我国社会主义革命和建设事业增添一股巨大的物质力量。

4月

□ 中国队在第28届世界乒乓球锦标赛中获得男女团体、男子单打、男子双打、女子双打五项世界冠军。外电评论："中国是头号乒乓球国家"，把乒乓球称作中国的国球。"国球"的称谓由此而来。

1965年，中国队首次在世乒赛中获得五个奖杯。图为24位参赛运动员的合影。前排左起：狄蔷华、仇宝琴、周一玲、郑敏之、林慧卿、冯梦雅、李莉、梁丽珍、李赫男、刘美英。后排左起：廖文挺、马金豹、徐寅生、胡道本、陈盛兴、周兰荪、张燮林、庄则栋、余长春、李富荣、王家声、苏国熙、于贻泽、王志良。前面的奖杯是：（左起）伊朗杯（男子双打奖杯）、斯韦思林杯（男子团体赛奖杯）、马赛尔·考比伦杯（女子团体赛奖杯）、圣·勃莱德杯（男子单打奖杯）、波普杯（女子双打奖杯）。上海籍运动员共九人，占全队比率大于三分之一

5月29日

□ 周恩来和邓小平、贺龙、陈毅接见参加第28届世乒赛的中国乒乓球代表团全体人员，鼓励运动员们继续努力，学习毛泽东思想，学习解放军，不断提高思想和技术水平，创造更多的好成绩。

□ 宋庆龄副主席在上海同少年儿童共庆儿童节日，并观看了上海巨鹿路第一小学三名女少先队员——张迪兰、严惠英和陆苏苏的乒乓球表演。她们三人获得了全国21城市女少年乒乓球锦标赛中小学基层队团体冠军。宋副主席勉励她们好好学习，练好本领，长大了为祖国争光。

5月

□ 第28届世乒赛后，徐寅生宣告结束运动员生涯。徐寅生一共打了4届世乒赛，获第26、27、28三届团体冠军，单打世界第三名。关于男子双打，徐寅生说：第27届我让人家的，第28届就给一个圆满的句号，荣获世界冠军。退役后，领导决定他在国家队就任教练，分管青年男队，带许绍发、郗恩庭等年轻人。

6月3日

□ 首都各界群众一万五千多人在工人体育馆举行集会，欢迎中国乒乓球代表团。北京市副市长万里致欢迎词。他说，中国乒乓球队的经验证明，只要我们坚持毛泽东思想挂帅，就无坚不可摧、无高不可攀。中国队代表庄则栋、林慧卿先后讲话。他们说，我们一定再接再厉，争取更大的胜利。我们所取得的一点成绩，应当归功于培育我们的党和抚育我们成长的祖国和人民。欢迎会后，庄则栋、李富荣、徐寅生、张燮林、周兰荪、余长春、林慧卿、郑敏之、梁丽珍、李赫男、李莉等选手作了表演。

6月14日

□ 参加第28届世乒赛的中国乒乓球队在《体育报》上发

表了公开信。公开信说，我们能够在世界锦标赛中取得优胜，是党领导和关怀的结果，是全国人民鼓舞和勉励的结果。伟大的毛泽东思想照亮了我们前进的道路。我们深深体会到，只有活学活用毛泽东思想，才能不断前进，从挫败到胜利，从胜利到更大的胜利。

6月15日

□ 荣高棠在《红旗》杂志发表文章《从第二十八届世界比赛看我国乒乓球队的成长》。

［注］文章节录如下：在第28届世乒赛中，我国选手夺得五项冠军、四项亚军和七个第三名，这是我国乒乓球运动史上空前的重大成就。国家乒乓球队是党领导下的革命的运动队，它主要是通过打球去体现为革命服务的。这支队伍必须又红又专，以政治统率技术、保证技术，使政治落实到技术，技术又为政治服务。运动员们从为个人到为革命的集体，从怕困难到敢于向困难挑战，这是乒乓球运动员思想上的一个质的飞跃。有了为革命而打球的思想，运动员就能够心胸开阔，真正做到"身在球场，心怀祖国，放眼世界"；就能团结成一个坚强的战斗集体，见困难就上，见荣誉就让。按照整体的需要练技术，个人利益服从集体利益。当然，这种分工是结合每个人的运动才能、技术特点和训练水平等因素确定的。只有坚强的集体，才能孕育出具有高度战斗力的代表人物。从这个年轻的、先进的战斗集体，可以看到社会主义制度的光辉，毛泽东思想的伟大。这个集体代表我国人民去比赛，去夺取优胜。正如人们所说的，从他们身上看到了"旭日般东升的新中国"。

6月16日

□ 李富荣在《人民日报》撰文《不服输，不想输，不怕输》。

［注］该文称：我这个人自信心强，不服输。今天赢不了，明天赢，总有一天要赢回来的。那时主要是怕输面子，被人看不起。以后，经过党的教育和自己的实践，逐步懂得了"为谁打球"的道理。打球是革命工作，责任感加强了。现在我还是不服输，但含义和以前不同了。打关键球时，是不是考虑祖国的荣誉、党和人民的支持？在短短的几秒钟里，是想不了这样多的。这个考虑在平时，把它作为力量贯彻在训练中。在比赛两局之间，在捡球的时候，有时想一想，是会增加力量的。有些同志问我："你和木村那场比赛在16比20落后时，你是怎么想的？"我对自己有信心，不泄气，思想上不服输，没有输到21分，就要赢回来。不服输，并不是不可能输。要真正能够达到不输，还要不怕输，输了不要泄气，要从输球中总结经验，吸取教训，不断改进提高。

7月8日

□ 据新华社电讯稿，1965年北京国际乒乓球邀请赛将在北京举行。参加邀请赛的各国选手将从7月15日起在北京进行训练。其中，有去年参加邀请赛的柬埔寨、锡兰、印度尼西亚、日本、朝鲜民主主义人民共和国、尼泊尔、越南民主共和国和中国等八个国家的乒乓球队，还有巴基斯坦、黎巴嫩、叙利亚等一些国家的乒乓球队。中国乒乓球协会负责人说：中国乒乓球界很高兴为加强亚洲各国人民和乒乓球运动员之间的友谊，为促进亚洲和世界乒乓球技术水平的提高做出新的贡献。

7月13日

□ 徐寅生在《北京日报》撰写文章《"无名"和"有名"》。

［注］该文称：我们提倡革命的英雄主义，不是个人英雄主义。"有名"是为了革命。然而，它又必定产生于无数的无名人物之中。他们流的汗，花的精力决不会少于别人，人称"走在世界冠军前面的人"。我们为有这样强大的集体力量感到自豪和骄傲。因为这正是某些国家所不能做到的事情。无名英雄们，不是单纯地去模仿外国选手，而是结合自己的特点，决心要超过外国选手。左手握拍的余长春，前几年学日本的名手木村，他保持了中国打法的特点，又发展了木村的弧圈球技术，在两届世乒赛中都取得了良好的战绩。他和周兰荪配合的双打，就战胜了日本的木村和小中健。在同伴面前，他们甘于无名，但在外国选手面前，又不甘无名。因为他们深深地知道，党和人民需要他们提高技术，为祖国争取荣誉。庄则栋说得好："我是代表集体去领奖的。"我们要永远记住这些从事平凡劳动的无名英雄的功绩。

7月

□ 作家袁鹰在《人民日报》发表文章《走在世界冠军前面的人》。该文称赞自第26届世乒赛以来，为中国乒乓球队获得功勋而甘当"人梯"的"无名英雄"。文中列举的名单有：薛伟初、胡炳权、胡道本、王志良、王家声、马金豹、林希孟、石桂明、马光泓、余长春、韩志成、林就胜、曹自强、区盛联、何祖斌。其中薛伟初、余长春、曹自强来自上海队。

8月1日（至9日）

□ 1965年北京国际乒乓球邀请赛在北京工人体育馆开幕。

董必武副主席、彭真副委员长、陈毅副总理出席开幕式并观看了比赛。中国男女乒乓球队分别以5比0和3比1战胜朝鲜男队和日本女队，获得男女团体冠军。单项比赛中，中国选手周兰荪、李莉分别获得男、女单打冠军；周兰荪、王家声组和李赫男、李莉组分别获得男子、女子双打冠军；陆巨芳、刘雅琴组赢得混合双打冠军。

北京国际乒乓球邀请赛男子双打金牌

8月6日

□ 亚洲地区北京国际乒乓球邀请赛联络委员会举行会议。会议一致认为，邀请赛是促进亚洲各国乒乓球运动员之间友好合作关系的一种良好形式，这样的比赛今后还必须继续举行。会议确定下届邀请赛于1966年8、9月间在北京举行。

8月11日

□ 锡兰乒乓球队一行八人在北京参加1965年北京国际乒乓球邀请赛后抵沪访问。

8月12日（至22日）

□ 1965年全国首次举办的男少年乒乓球锦标赛在银川揭幕。结果为，五十五中学队获中学基层队团体赛冠军，巨鹿路第一小学队获小学基层队团体赛冠军，上海混合队获混合队团体赛冠军。庄则栋、周兰荪、郭仲恭、吴小明、曾传强、李景光等来到银川，为各地少年选手作示范表演及技术辅导活动。

上海乒乓球运动纪事录（1949—2024）

[注]上海市少年队（男）组织六人集训，准备出征银川全国少年比赛。上海队教练花凌霄带队。李振恃是队中技术最好的。李振恃能参加集训，不仅心中高兴，还能吃饱饭，有肉吃，当然练得很卖力。临出发前，花凌霄教练与李振恃谈话，告知这次比赛他无法参加了，这是集训开始就定下的，原因是他的家庭出身问题及海外关系。花教练还说：不要灰心，好好努力，争取下一次的机会。同时，花又说他也不知道下次的路怎么走。

领队、教练与参加全国首届男少年锦标赛运动员的合影

前来为各地少年选手做示范辅导的庄则栋、周兰荪等，给上海市第五十五中学队员刘顺根的签名

8月17日（至18日）

□ 尼泊尔乒乓球队来上海访问，在市体育馆与上海青年队进行友谊比赛。

8月23日

□ 中共上海市委书记处书记陈丕显、曹荻秋、王一平、张春桥等接见准备参加全运会的部分运动员代表。代表国家乒乓球队参加第28届世乒赛的上海籍选手徐寅生、李富荣、张燮林、于贻泽、余长春、林慧卿、郑敏之、李赫男、周一玲、林秀英等参加了接见。

8月25日（至27日）

□ 上海市参加第二届全国运动会的体育代表团组成，上海乒乓球队由徐寅生兼领队和教练。乒乓球队男队包括李富荣、张燮林、余长春、于贻泽，女队包括林慧卿、郑敏之、李赫男、周一玲、林秀英。临行前，队员们在体育宫对各区的40名男女少年选手进行辅导，并向上海观众作汇报表演。李富荣与张燮林的表演，赢得了观众的欢呼和掌声。徐寅生对参加比赛的上海队年轻队员说：欢迎小将"夺"班。

8月26日

□ 上海市青联邀请第28届世乒赛的冠军徐寅生和林慧卿来市青年宫举办报告会。徐寅生说：听说大家在第28届世乒赛期间对我们很关心，吃不好饭，睡不好觉，我们感到非常过意不去。徐寅生说，打乒乓球不要迷信外国人；打球就是干革命；通过第28届世乒赛，进一步体会到毛主席思想的伟大。林慧卿则结合自己的经历，谈了如何打好"翻身仗"。本次讲座实到人数1864人。

［注］林慧卿在报告会上说：我是1959年从印尼回国的，如果说我有些进步的话，那应该归功于党的教育和培养。第27届世乒赛给我上了一堂非常好的政治课，我国女队输给罗马尼亚队，失去了争夺世界冠军的机会。当时我的心情很沉重，外国人笑我们女队不行，国内也有人说与女子选手在一起比赛就会输掉。我

们听了这话，心里感到既难受又惭愧，觉得自己没有尽到应尽的责任。我想一定要奋发图强，要为中国女子乒乓球队翻身争口气。正在这时，毛主席给徐寅生的讲话作了重要批示，给予我很大的鼓舞和力量，使我们懂得怎样用一分为二的观点来处理问题，从不利中看到有利，只要敢于斗争，敢于胜利，是一定能打败日本队的。在练球时，有许多无名英雄来帮助我们，使我们增强了信心，觉得一定能完成党交给我们的任务。我们在第28届世乒赛上取得了一些成绩，今后一定再接再厉，为祖国争取更大的荣誉。

9月11日

　　□ 中华人民共和国第二届全国运动会在北京工人体育场开幕。毛泽东主席、刘少奇主席以及党和国家的其他领导人周恩来、朱德、邓小平、董必武、彭真等参加开幕式。贺龙副总理致开幕词，他说：十六年来，我国人民体育运动遵循党中央和毛主席关于发展体育运动，增强人民体质，为生产劳动和国防建设服务，为无产阶级政治服务的指示，取得了巨大的发展。新中国的运动员以优异的成绩证明：他们有卓越的运动才能，一定能把我国的体育运动推向更高的水平。更重要的是他们表现了中国人民无坚不可摧、无高不可攀的英雄气概。

9月16日

　　□ 在第二届全运会乒乓球男、女团体赛决赛中，上海男、女队分别以5比1和3比0战胜了北京男子队和四川女子队，分别获得男、女团体冠军。

9月21日

□ 第二届全运会乒乓球赛五个单项的冠、亚军全部产生，男子单打冠军为庄则栋（北京），亚军为何祖斌（湖北）；女子单打冠军为林慧卿（上海），亚军为李赫男（上海）；男子双打冠军为徐寅生、李富荣（上海），亚军为余长春、于贻泽（上海）；女子双打冠军梁丽珍、黄玉环（广东），亚军李赫男、周一玲（上海）；混合双打冠军为陆巨芳、梁丽珍（广东），亚军为余长春、周一玲（上海）。

［注］在第二届全国运动会中，李赫男和林慧卿、郑敏之代表上海队获得团体冠军。在女单比赛中，李赫男一路战胜王健、梁丽珍、韩玉珍、马光泓等名将。她在决赛中对阵林慧卿，以2比0领先，第三局以20比18拿到赛点，一个半高球，被回了擦边球，最后以2比3输了。领奖时，李赫男佩服林慧卿的斗志，她说：阿林，还是你厉害！你应该拿冠军。

9月25日

□《文汇报》加编者按摘要发表徐寅生对上海市体育界所作的一次讲话，总标题为"学会全面地看问题"，各节标题为：用两分法看自己看别人、把荣誉当作动力、不要陷入盲目性、用兵不疑、无名与有名、接班和"夺班"、不能单纯以胜败论英雄、学了要用等。

10月5日（至19日）

□ 上海市总工会体育部举办的1965年市青工乒乓球比赛揭幕，共有10个区和建筑、港务、电业、交通的男、女代表队，以及公用、城建、电影单位的男子代表队，计201名运动员参赛。比赛分别在沪东、沪西、黄浦、浦东、虹口、静安、徐汇、卢湾区的工人俱乐部和杨浦、徐汇的工人体育场进行。结果为，徐汇队在女子组决赛中五战皆捷，获得冠军，虹口队为亚军。卢湾队在男子组循环计算积分中，仅以领先一分的优势夺得冠军，电影局队因净胜一局获亚军。这届青工乒乓赛的新手辈出，打法各异，各队的年龄在20岁左右。

10月11日（至18日）

□ 由市体委、团市委、市教育局联合举办的1965年上海市少年女子乒乓球锦标赛在青年宫分部举行，共有10个区的53支队、139名运动员参赛。结果，第五十五中学、巨鹿路第一小学和青少年业余体育学校一队分别获得中学基层组、小学基层组和区混合队组的冠军。在单打决赛中，第五十五中学的黄锡萍夺得了单打冠军。获得团体各组优胜的队将参加明年2月在北京举行的全国少年女子乒乓球锦标赛。

10月14日

□ 杨瑞华在《新民晚报》撰文《顽强的意志和冷静的头脑——谈林慧卿获胜的经验》。文称：林慧卿取得全运会女子单打冠军，是过去从未见过的艰苦过程。她对萧洁雯、对李莉、对李赫男等，连闯五关，场场3比2。林慧卿不论对谁比赛，有横拍对磨，有直拍猛攻，领先或落后都能镇静定出对策。这从一方面证明我国乒乓球水平越来越接近，另一方面也看到，林慧卿从思想到技术都愈加成熟。

10月

□ 中国青年出版社出版《乒乓群英》，全方位介绍中国乒乒球队成长的历程。

11月14日

□ 据《新民晚报》报道，黄浦区乒乓球男女团体赛共有工厂、商店、学校、机关、街道等191个单位、325支队、2000多名运动员报名参加，比去年增加一倍以上。部分比赛安排在基层单位进行。1965年徐汇区乒乓球比赛，有170个基层单位的1200多名男女运动员参加，是该区近年来规模最大的一次乒乓球比赛。长宁区体委和区工会联合举办的1965年第九届工人乒乓球联赛，有163个单位的男女246支队、1551名运动员参加。

11月20日（至12月12日）

□ 1965年上海市乒乓球团体赛分别在市体育俱乐部、青年宫分部、邮电俱乐部、南市区体育馆、黄浦区文化馆、沪东工人文化宫、沪西、徐汇区、静安区、卢湾区工人俱乐部10个场馆进行。参赛的共有10个区、6个产业、高校、体院、中专以及驻沪空军部队等20个单位的66支队，共291名运动员（成年组男子20支队，88名运动员；女子19支队，80名运动员。少年组男子12支队，47名运动员；女子15支队，76名运动员）。成年组比赛在每星期二、四、六晚上进行，星期三、五、日进行少年组比赛。结果为，驻沪空军男队以5比3战胜普陀区队获得冠军，驻沪空军女队以3比1战胜静安区队获得冠军，虹口一队获得少年女子组冠军，静安区队获得少年男子组冠军。

11月28日

□ 普陀区工人体育场首次举办的区职工、半工半读学生乒乓球男女混合团体对抗赛，报名参赛的有128支队、1200多名男女选手。初赛全部安排在基层进行。比赛同时设立"风格奖"。静安区1965年工人冬季乒乓球团体比赛，报名参赛的有1690名男女乒乓选手。这是历年来该区工人乒乓球比赛参加运动员最多的一次。

11月

□ 上海市体委主任杜前找乒乓球队姚振绪、徐若玮（全国少年女单冠军）、刘恒恕（模仿日本运动员高桥浩的打法）三人谈话，通知他们去国家队报到，但因国家队已调上海队多人，故去北京不带户口、工资、粮油、服装等关系，一切由上海供给。

［注1］国家队上海籍运动员确实很多，徐寅生、李富荣、傅其芳、梁友能、王传耀、孙梅英等都讲上海话。其他队员虽不讲上海话，但基本都能听懂。国家集训队流行的说法是：乒乓队讲上海话，游泳队讲广东话，田径队讲山东或东北话。

［注2］国家队的训练是早上六点出操，在田径场上跑步，再由主管教练带打多球，藤条编的饭箩，一次可装500多个球，每天早上要打7—8箩球。八点半，学"毛选"。然后是上午的训练。当时，国家乒乓球队有88人，一边6张球台属于傅其芳管的一组人，即庄则栋、李富荣、徐寅生、张燮林等重点球员专用。另一边的球台由林慧卿、郑敏之、李赫男、梁丽珍等女队员使用。男队除了6位主力外，其余每周必须帮女队练两次。

本年

□ 薛伟初从国家队回到上海任教。第二届全运会时，他作为上海女队教练率队获得团体冠军。

1966 年

1月

□ 经驻沪空军乒乓球队教练杨永盛、队长邵启阳的推荐，驻沪空军副政委李道之签字同意，李振恃被特批入伍，进了驻沪空军乒乓球队。

［注1］李振恃成为黄浦区队的主力，曾与驻沪空军乒乓球队打比赛，赢多输少。空军队发现他是个好苗子，想招收进队，但问题是他出身不好。驻沪空军副政委李道之是位将军，很喜欢看

20世纪60年代，驻沪空军乒乓球队在军部驻地（四平路大院）的合影。后排左二为李振恃，后排左六为顾名炜

李振恃（左一）入伍后，与队友周苗根（左二）、顾名炜（左三）的合影

球。他了解情况后，表示，家庭的事与孩子没有关系，"你们报上来，别人不敢要，我批"。李振恃入伍进队。

［注2］驻沪空军乒乓球队在大院的铁皮房里训练。夏天太阳辐射强烈，他们白天睡觉，睡醒了游泳，晚上进行技术训练。毕东波、周苗根等老队员帮助李振恃；教练杨永盛则陪着打转与不转的削球。因训练量大，水准也高，伙食费为1.05元一天，营养也跟得上，李振恃的技术得到很大的提高。

2月6日

□ 第二届全国女少年乒乓球锦标赛在北京举行，上海市巨鹿路一小队、第五十五中学队、混合队（由张德英和徐剑琴、邵培珍组成）皆获得冠军。周总理观看了比赛，并向获得"风格奖"的22名女少年选手发奖并合影留念。总理握起获得"风格奖"的黄锡萍的手，问她是哪里人，黄锡萍说是上海的。总理说，从小要刻苦训练，将来为国争光！上海市巨鹿路第一小学队因连续两届获得该项冠军，将永远保存"先锋杯"景泰蓝奖杯。第一

上海市巨鹿路第一小学队在全国女少年比赛中连续两届获得基层小学组冠军，永远保存"先锋杯"景泰蓝奖杯

次取得中学基层队团体赛冠军的上海市第五十五中学队获得了"先锋杯"的流动奖杯。

2月18日

□ 最近，国家体委在北京举行优秀运动员授奖大会，奖励"四好"运动队和"五好"运动员，并向1965年度在国内外重大体育比赛中获得优异成绩的先进集体和个人，颁发了立功奖状。参加第28届世乒赛的我国乒乓球队获得1965年度"四好"集体称号，男队和女队教练组获得集体立功奖状。运动员庄则栋、李富荣、徐寅生、周兰荪、张燮林、林慧卿、郑敏之、李赫男、梁丽珍、李莉、余长春荣获特等功奖。

国家体委颁发给余长春的特等功奖状

3月1日

□ 黄锡萍与市少体校的徐剑琴系着红领巾去北京国家青年队报到，户口关系一并转到北京。其实，黄、徐的调令早在半年前就下达了,福建的郑怀颖、天津的李玉环已进了青年队,上海市少体校不放她们是为了打这一届全国女少年比赛。

[注]黄锡萍自述:我是赶在了"文化大革命"发动之前进了国家队,真是非常幸运的。比我小一届的张迪兰球技很不错,她和严惠英、陆苏苏代表巨一小学两次夺得全国女少年冠军,结果,张迪兰和陆苏苏去安徽插队落户了。当时,她们也是上海的希望、国家的希望,太可惜了!在国家青年队过集体生活,六人一个房间,记忆中还有郑怀颖、张立等。吃饭是排队去,排队回,训练在体育场的看台下面。国青队的训练是上下午全天制的。每隔一段时间,还有专车送我们去观摩国家一队的训练。

1966年2月,上海市第五十五中学学生黄锡萍(后排左三)和市少体校学生张德英(前排右一)、徐剑琴(后排右一)在全国女少年比赛中战绩突出

4月5日(至15日)

□ 1966年全国乒乓球锦标赛在上海举行,共有24个省、

自治区和直辖市的290多名选手报名参赛（上海市派出男女各4支队），"这是我国乒乓球运动员突出政治、大学毛主席著作、提高思想的一次大检阅"。结果为，在团体赛决赛中，上海女队林慧卿和郑敏之以3比0战胜四川女队；上海男队张燮林、李富荣和于贻泽出战湖北队，以5比2获胜，上海男女队双双荣获冠军。在单项比赛中，庄则栋和仇宝琴分获男、女单打冠军；庄则栋、李景光组，李赫男、李莉组分获男、女双打冠军；混合双打冠军为李赫男、王家声。上海电视台直播了决赛实况。

[注] 上海男二队由姚振绪、刘恒恕、刘明权、张孚璇等组

全国乒乓球锦标赛全体裁判员合影

成,他们获得团体第六。在单打比赛中,姚振绪以3比1淘汰了周兰荪,获得男子单打第三名。接着,国家队分成三路出访,姚振绪去欧亚等国。临行前,领导让姚振绪改换球板,主要是为了长胶的"秘密武器要保密"。上海运动员中于贻泽在男单第四、五轮比赛中,从晚上八时到十一时连续打了两场五局的决胜球,他先以3比2战胜河北的李景光,又以3比2淘汰湖北的陈盛兴,被称为"这次乒乓赛中最精彩的比赛"。

4月10日

□ 世界冠军徐寅生受邀对上海女少年乒乓球运动员发表讲话。徐寅生说:解放初,我国运动员出国比赛,外国人嘲笑我们,不让好手与我们比赛。现在外国人怕我们了。外国人有的,我们有,外国人没有的,我们也有。所以打球不是玩的事、个人的事,我们打球是为了革命,这关系到国家的荣誉。我们男队先拿了世界冠军,外国人说我们女队不行,后来我们女队憋了气,终于在第28届打了个翻身仗。现在好的新手还不够,希望大家赶上去,你们不仅要接班,而且要夺班。

[注]最后,徐寅生给女少年讲了个小故事:有一次一个11岁的小孩要与我打球,打得不错,我就叫他好好练,将来接班。他听后说,足球、乒乓、田径我都很喜欢,参加青少年体校报什么项目呢?他考虑到我国足球还很困难,决心到困难的地方去。这个小孩的雄心很大,他说以后一定要争世界冠军。所以,你们应该有革命的雄心,有赶上世界先进水平的雄心壮志。

4月17日

□ 据《新民晚报》报道,两天来,参加1966年全国乒乓球锦标赛的优秀运动员组织了几十个小分队深入到工厂、公社、部队和学校等单位进行慰问表演和辅导。

［注］据报道，徐寅生、林慧卿、王家声等来到国棉一厂为一千多名纺织系统的职工表演。徐寅生接受职工们的要求，讲了如何身在球场，放眼世界，为革命而打球，敢于承担风险，走我国自己道路的体会。庄则栋的小分队为"红双喜"乒乓球厂的工人们进行慰问表演。庄则栋说：中国乒乓球队在国际比赛中取得的成绩，有你们的一份功劳。李富荣、郑敏之等组成的小分队为南京路上好八连进行了表演。好八连连长亲手赠送礼物——毛主席语录、草鞋和针线包。

4月22日

□ 国家乒乓球队教练孙梅英在《新民晚报》发表文章《三年的回顾》。

［注］文章称：三年来，由于党的教育与国家给予良好的训练条件，各省市积极开展了女少年乒乓球活动，并三次举办全国女少年乒乓球锦标赛，女子乒乓球水平不断有了提高。作为老运动员来说，"我是十分羡慕这些女少年具有如此优越的条件与美好的前途"，愿与她们一起为我国的乒乓球事业、为祖国荣誉贡献一切力量。

20世纪60年代的宣传画

4月

□ 徐寅生、李仁苏、张彩珍和吴重远编著的《乒乓运动的春天》一书出版。本书记述中国乒乓球队在第 28 届世乒赛中的经历。

5月2日

□ 1966 年上海市男少年乒乓球锦标赛开幕。本次比赛共分小学、中学基层队和混合队团体赛,共计 53 支队、159 名运动员参赛,为历届男少年乒乓球比赛中规模最大的一次。在混合队中规定必须有一个守球运动员参加。

5月3日

□ 国际乒乓球联合会 1961 年的代表大会决定,由澳大利亚乒乓球协会于 1967 年在墨尔本举办第 29 届世界乒乓球锦标赛。由于澳大利亚政府拒绝越南民主共和国乒乓球运动员入境,最近,国际乒联在咨询委员会上确定第 29 届世乒赛将不按原计划在澳大利亚举行,而由咨询委员会中曾经举办过世乒赛的会员协会申请举办。会后,中国乒乓球协会立即向国际乒联递交了请求明年 5 月左右在北京举办第 29 届世乒赛的申请书。英格兰乒乓球协会也表示愿意举办。国际乒联将作出决定。国际乒乓球联合会亚洲副主席、中国乒乓球协会主席陈先参加了在伦敦举行的咨询会议。

5月16日

□ 中共中央政治局扩大会议通过《中国共产党中央委员会通知》(即"五一六通知"),标志着"文化大革命"运动的开始。

6月1日

□ 中央人民广播电台全文广播北京大学聂元梓的第一张大字报，标志着"文化大革命"演变成群众运动。

6月3日

□ 最近，日本乒乓球协会理事长、教练长谷川喜代太郎在观看了中国乒乓球队同日本队在东京、大阪和名古屋等的比赛后，向中国记者发表谈话。

［注］长谷川说，我深深感到中国队员在学习毛泽东思想方面已收到的成效。这一点体现在各场比赛中。这对运动员的精神方面提出了既严格又体贴的要求。目前中国和日本运动员的技术都已经达到相当高的水平。在这种情况下，必须使运动员获得精神力量和信心，中国的指导方法是好的。他展望了明年将举行的第29届世乒赛，认为男女队的冠军很可能将由日本和中国队争夺。

6月8日

□ 上海市乒乓球队教练薛伟初在《新民晚报》发表文章《敌人越是反对毛泽东思想，我们越要学好毛泽东思想》。文章称：中国乒乓球队活学活用毛泽东思想，抓紧人的思想革命化，所以能在不长的时间内双双攀登世界冠军高峰，成为全国体育战线上的标兵。优秀运动员徐寅生等，一个个从普通学生成为光荣的共产党员，成为世界优秀选手，正是他们长期坚持活学活用毛主席著作的结果。

6月13日

□ 上海市乒乓球队教练薛伟初在《文汇报》发表文章《一

学心灵就开窍》。

[注]文章摘录如下：距第26届世乒赛没有多少天，听说日本队创造了弧圈上旋球新技术。但哪一个来帮助主力队员适应弧圈球呢？那时，我担心练弧圈球消耗体力大，学会后帮助主力队员适应，使个人的比赛成绩下降，以后很难有机会参加重大国际比赛。队领导带领学习毛主席的《为人民服务》和《论联合政府》等文章。毛主席说："一切从人民的利益出发，而不是从个人或小集团的利益出发。"又说："要奋斗就会有牺牲。"我遵循毛主席的教导，把集体利益放在第一位，主动提出练习弧圈球，在训练中终于战胜了困难，完成了帮助主力队员训练的任务。

7月9日（至10日）

□ 获得欧洲团体冠军的瑞典国家男子乒乓球队在北京工人体育馆同中国乒乓球队进行访华第一场比赛。这是今年在我国举行的第一次乒乓球国际比赛。中国选手庄则栋、李富荣、周兰荪出场以5比0获胜。第二场比赛由张燮林、李景光和于贻泽出战，也以5比0取胜。客队出场的三名选手改变了欧洲选手削球为主的特点，都是横握球拍正反手拉攻，形成了横握球拍全攻型的打法。

7月18日（至20日）

□ 瑞典国家男子乒乓球队访问上海，与上海市队进行比赛。上海市队阵容是于贻泽、余长春和姚振绪，他们以5比1获胜。上海电视台进行了实况转播。

7月27日

□ 毛主席畅游长江的消息传来，中国乒乓球队容国团、徐寅生、庄则栋、李富荣、余长春等说：毛主席号召开展游泳运动，不仅为了增强人民体质，更有其深远的战略意义。毛主席畅游长江的事实"对帝国主义和各国反动派是最响亮的一记耳光"。我们干革命的，就必须更好地活学活用毛主席著作。

8月7日（至10日）

□ 越南民主共和国乒乓球队抵达上海，并与上海青年队进行十盘男女单打的友谊比赛。客队取得两场胜利。

8月27日（至9月5日）

□ 晚，1966年北京国际乒乓球邀请赛举行开幕式，共有12个国家和地区的运动员参赛。周恩来、贺龙、陈毅接见了参加邀请赛的各代表团团长。中国乒乓球运动员手拿《毛主席语录》入场。

8月30日

□《文汇报》转发新华社记者的采访通讯《"我们红卫兵是新世界的主人"——记为北京国际乒乓球邀请赛服务的红卫兵小将》。

［注］文章摘录如下：正在举行国际乒乓球邀请赛的北京工人体育馆有一支特别引人注目的工作人员队伍，他们鲜红的袖章上有三个醒目的大字：红卫兵！他们表示："我们到体育馆不是为了看球，我们是来革命的！"红卫兵们一进体育馆就指定售票应优先卖给工农兵，并取消赠票，比赛大厅出口的"太平门"字样，用

红纸改成了"革命门"。并在各房间的各部位挂上毛主席的像,贴上毛主席语录。在走廊里、在休息室内、在比赛大厅的看台上,红卫兵们一有机会就给观众朗读毛主席语录,领导观众高唱赞歌。

8月31日

□ 北京国际乒乓球邀请赛男女团体赛结束。中国男女队荣获团体冠军,日本男女队为亚军。中国队决赛出场的男队员是庄则栋、李富勇(原名李富荣)、周兰荪和女队员林慧卿、郑敏之。

[注1]新华社记者发表采访文章《毛泽东思想的新胜利——记中国队获得男女团体冠军》。中国女队教练容国团在比赛结束后说:中国乒乓球队又一次打败了世界强队日本队。这是由于我们坚信用伟大的毛泽东思想武装头脑,就能变成巨大的物质力量,就能无往而不胜。其实,林慧卿、郑敏之在第28届世乒赛中都输给过世界单打冠军深津尚子,这次能不能取胜?中国运动员入场比赛前,都阅读了毛主席语录:"这个军队具有一往无前的精神,它要压倒一切敌人,而决不被敌人所屈服。不论在任何艰难困苦的场合,只要还有一个人,这个人就要继续战斗下去。"郑敏之同山中教子对阵时,曾处于先失一局的不利形势,当她看到写在手腕上的"排除万难,排除杂念"八个字时,就勇气百倍,在关键时刻不手软,终于连胜两局,反败为胜。

[注2]国家乒乓球队住在东郊工人体育场,连厕所里的镜子都被红卫兵封掉了,因为照镜子"就是资产阶级思想"。女运动员很朴实的发型,必须用卡子夹住,表示"革命"的样子。当晚,北京国际乒乓球邀请赛决赛,林慧卿和郑敏之在食堂用餐时,一群红卫兵闯进来,大骂"王八蛋""专吸人民的血",并高呼"打

倒林慧卿、郑敏之！再踏上一只脚！"等口号。面对政治压力，林慧卿和郑敏之不敢吭气。红卫兵们折腾了半个多小时才离去。林慧卿和郑敏之低着头返回体育馆，同时意识到：我们是代表国家的，无论如何要打好这场球，上场，就是为祖国而战！郑敏之说：红卫兵"说乒乓球队不好，我是不承认的，我们这个团队是优秀的"。

［注3］在国家队里，游泳队、田径队、足球队没啥成绩，造反性最强，指责"获奖运动员都是有产阶级，要把奖励的东西全部拿出来"。还有些人打人很厉害，庄则栋就被人用啤酒瓶往肩上打。庄则栋骑着三轮板车，把奖励的箱子、手表，日本朋友送的半导体收音机等，亲自交给了造反派。林慧卿随中国乒乓球队访问印度尼西亚时曾带回来一部录音机和一些欧洲古典音乐磁带。造反派批判她"没有与资产阶级家庭划清界限"，迫使她将音乐磁带扔掉。

9月4日

□ 1966年北京国际乒乓球邀请赛五个单项比赛的优胜名次如下：男子单打冠军为庄则栋，亚军为李富勇（即李富荣）；女子单打冠军为林慧卿，亚军李力（即李莉）；男子双打冠军为李富勇、陆巨芳，亚军为庄则栋、李景光；女子双打冠军为山中教子、深津尚子，亚军为林慧卿、郑敏之。

9月6日

□ 北京国际乒乓球邀请赛联络委员会举行会议，一致决定：今后将扩大该赛的邀请范围，自今年起每两年举行一次邀请赛。

9月9日

□ 叙利亚乒乓球队同上海青年男女队进行友谊赛,主队男队以5比1,女队以3比0获胜。

9月10日

□ 晚,上海二队、上海青年队与日本乒乓球队在江湾体育馆进行了四场男女团体赛。结果,由于贻泽、余长春和姚振绪组成的上海二队男队以5比4战胜日本队,由林秀英、胡玉兰、徐若玮组成的上海二队女队以1比5负于日本队;上海青年队胜了日本二队。赛前,上海市副市长石英会见了客队领队后藤钾二和总教练荻村伊智朗。

[注1] "文革"发生后,因为国际比赛的协议仍有效,瑞典队和日本队相继来访。当时,全国红卫兵大串联,火车站人满为患,于贻泽、余长春和姚振绪等三人只得由送行的队友一个个从窗口推进去。按理应对号入座,但整个卧铺的下、中、上层,连行李架上都坐着人。好在服务员给了小板凳,他们一直坐到上海。餐车供应也断了,只得在济南买烧饼。三人不能开口说是国家队运动员,去上海有任务,因"文革"是头等大事。到上海后,他们感觉"文

后藤钾二访华纪念章

革"的动静没有北京大,马路上戴红袖章的不太多。在江湾体育馆比赛时,观众们大声念毛主席语录:"下定决心,不怕牺牲,排除万难,去争取胜利!"连球的声音都听不到。第二天,他们家也不能回,就赶回北京了。

［注2］《文汇报》报道:当上海二队男队与日本一队的团体赛打成4比4时,决胜盘有姚振绪对键本肇,广播员在话筒里读毛主席语录:"我们的同志在困难的时候,要看到成绩,要看到光明,要提高我们的勇气。"这给姚振绪增添了必胜的信念,一鼓作气,以2比1取得了最后的胜利。

当年从北京专程赶回上海迎战瑞典队、日本队的三位国手,时隔52年后再聚会。左起:于贻泽、余长春、姚振绪

□ 巴勒斯坦男女乒乓球队在上海市体育馆同上海青年队进行友谊赛。

10月31日

□ 晚,罗马尼亚乒乓球队在上海以克鲁日名义同上海二队进行了访沪友谊赛。在男子团体赛中,客队以9比5获胜。两场女子对抗赛中,主队周一玲、李赫男均获胜。

11月21日

□ 应瑞典全国乒乓球协会的邀请,由徐寅生出任教练的中国青年男子乒乓球队乘飞机到达斯德哥尔摩参加斯堪的纳维亚国际公开赛。

[注1]当体委造反派知道中国青年乒乓球队要出访时,写大字报不让他走。徐寅生召集出国运动员王志良、刁文元、郁恩庭等开会,要求出发时间保密。他们后半夜赶到机场,造反派没追上,才得以安全飞走。中国青年队参加瑞典公开赛胜多负少,同时看到瑞典男队的约翰逊、佩尔逊等,新一代横拍全攻型选手已露头角。

[注2]徐寅生率中国青年队回到北京,原以为比赛打胜了,会安排采访之类,结果,却被告知"荣高棠倒台了"。进入机场大厅时,造反派指认徐寅生是保皇派的"政委",徐不说话,就被带走了。当时,造反派的大字报铺天盖地,包括徐寅生的房门上都贴满了,并指名道姓敦促徐要划清界限,转变立场,起来揭发荣高棠。徐寅生认为:从1959年起,荣高棠就率领体委干部到乒乓球队蹲点。乒乓球队能出成绩,饱含着他们的心血。所以,他每次看到荣高棠在批斗会上低头弯腰,心里就愤愤不平。

11月29日(至12月2日)

□ 中国男女乒乓球队在金边召开的第一届亚洲新兴力量运动会男、女团体赛中,分别以5比0和3比0战胜了朝鲜队,荣获冠军。在单项比赛中,李富荣战胜庄则栋,获得男子单打冠军;郑敏之胜林慧卿,获得女子单打冠军。男子双打冠军为庄则栋和李景光,女子双打冠军为林慧卿和郑敏之,混合双打冠军为张燮林和林慧卿。

[注]林慧卿参加新兴力量运动会后回到北京,只见整个楼道的墙上已经贴满了大字报,有的大字报还贴到了林慧卿的房门上。造反派加在她头上的罪名是"保皇派""修正主义苗子""白专道路的典型"等。

11月

□ "文革"初期,国家乒乓球队一直是保荣高棠的。一次,北京体院的造反派红卫兵批斗荣高棠,直至中午12点仍不散。李富荣和周兰荪、郭仲恭、林美群等一合计,就端着一锅饺子进入会场,径直走上批斗台送饺子,结果被红卫兵拦了下来。荣高棠被上面点名后,李富荣、周兰荪等还数次被拉上去低头陪斗。此为国家体委"文革"中的"送饺子"事件。

12月25日

□ 周恩来同贺龙谈话,鉴于国家体委造反派对贺龙纠缠不休,提议他暂停工作。

本年

□ 在荣高棠的主持下,由李梦华负责起草文件,决定给优秀的运动员一定的物质鼓励。经过多次讨论,制定出奖励的标准。因当时政治上批判"物质刺激""奖金挂帅",便立名目为"技术补贴"。

[注]"技术补贴"共分为三等:第一等,世界冠军每月"补贴"25元;第二等,在世界比赛中进入前三名每月"补贴"15元;第三等,在全国比赛中进入前三名每月"补贴"10元。这"补贴"不是永久性的,而是以一年为期。但这种"补贴"只发了三四个月,"文革"爆发后便被批判用金钱"腐蚀"运动员而取消了。同时,造反派把乒乓球队夺得的世界冠军说成是"个人奋斗""为资产阶级捧场""培养修正主义苗子",理由是世界冠军的奖杯是以外国贵族的名字命名的。

1967年

1月13日

□ "文革"中,上海体育战线革命造反司令部(简称"上体司")办了《体育战报》。该报1969年5月停刊,共发刊107期。

1月19日

□ 周恩来和李富春找贺龙谈话:林彪说你到处伸手,毛主席百年后不放心等。又说:毛主席是保你的,我想把你留下,但中南海这个地方也不安全。我给你找一个安静的地方休息,等秋天我去接你回来。次日凌晨,他派人秘密护送贺龙和薛明到香山附近的象鼻子沟。之后,造反派多次吵闹要求揪斗贺龙。

2月18日(至19日)

□ 周恩来两次嘱秘书告知国家体委造反派:总理不同意批斗贺龙同志,这是中央的决定。

2月25日

□《体育战报》第三期发表文章《荣高棠与杜前》《庄则栋造反真相》。

3月30日（至4月7日）

□《体育战报》第八、九期发表文章《荣高棠与中国乒乓球队罪行》（上、下）。

3月

□ 第29届世乒赛临近了。国家体委的造反派提出："造世界乒乓球锦标赛的反。"造反派上书国务院，要求禁止国家派队参赛。周总理获悉造反派的行动后，指示发动群众讨论是否参赛。乒乓球队连夜开会，徐寅生等据理力争，表示应该参加。造反派立即上纲批判，认为徐从瑞典斯堪的纳维亚回来后，阶级立场丝毫没有转变等。因外单位造反派闻讯赶来，形成压倒的威势，最终中国乒乓球队未能参加。至此，中国乒乓球界停止了国际赛事。

[注] 上海籍国家乒乓队队员余长春回忆：当时国际乒联曾询问中国乒乓球队是否参加第29届世乒赛，这个问题汇报到周总理那里。总理指示乒乓球队进行讨论，并说讨论意见要报中央。讨论在体育馆路二号楼会议室进行，两派意见相持不下。容国团表态同意，徐寅生、李富荣等都赞同参加。造反派则批判此为"修正主义苗子，有私心杂念"。最后中央决定全队不去。

4月10日

□ 中国乒乓球协会发言人就中国乒乓球队不参加4月在瑞典斯德哥尔摩举行的第29届世界乒乓球锦标赛一事，向新华社记者发表谈话。

[注1] 发言人指出：毛主席亲自发动和领导的"无产阶级文化大革命"，是20世纪60年代的最伟大的革命，现在正在胜利进

行。中国乒乓球运动员遵照毛主席的"你们要关心国家大事,要把无产阶级文化大革命进行到底"的教导,决心在各自岗位上积极参加这一场伟大的革命运动。因此,中国乒乓球协会决定不派出代表团参加第29届世乒赛。发言人还说:我们相信,经过"无产阶级文化大革命"的锻炼,用战无不胜的毛泽东思想武装起来的中国乒乓球运动员,将以新的姿态出现在运动场上,并继续与国际乒乓球联合会合作,同世界各国运动员一道,为增进友好,团结反帝,为发展各国人民的体育事业作出更多的贡献。

[注2]荻村回忆说:当时日本的队员都期待着同中国队员决赛。特别是女队,此次全胜的心情特别足。但中国决定不参加。我同原来的各国世界冠军联名给周恩来总理打了电报,希望中国能尽早登上国际舞台,但毫无回音,传来的竟是些悲痛的消息。

4月11日(至21日)

□ 第29届世乒赛在瑞典斯德哥尔摩开幕。除男子双打世界冠军被瑞典队夺得外,其余六项世界冠军被日本队囊括!国际乒联主席说:没有中国队参加的世乒赛,不是真正的世乒赛!

9月14日(至20日)

□《体育战报》第25、26期发表文章《再揭乒乓球队内幕》(上、下)。

11月中旬

□ 贺龙从报纸上看到一篇"大批判"文章,把"体育系统说成是长期脱离党的领导,脱离无产阶级政治,钻进了不少坏人,成了独立王国",认为:"这是不公平的,很不公平!""这不是我一个人的问题,而是关系到全国体育战线一大批干部和群众的事。"并担心地说:"这样,不知道又要有多少体育战线的好干部、教练员、运动员挨整了!"

本年

□ 因"文革"运动,市少体校停止训练。张德英约男队员王家麟从窗户爬进关闭的乒乓馆,球馆里的灯泡都卸掉了,他俩便随身带着电灯泡。打完后再翻出来。他俩还骑着自行车到处约人打"野球"。

□ 陆元盛因区少体校的训练停止了,便到淮海路高桥食品店楼上的乒乓房"打野球",就是跟社会上各种球路的成人打计

1967年,张德英(后排左一)与乒乓班队友在市少体校教学楼前的合影

分比赛，区里的教练也时常会来看看。此时，陆元盛愈加感觉发球和接发球太重要，就自个在家偷偷地练。与成人比赛，发5个球，人家"吃"两个，他感觉很好。有时，工厂里的好手也约陆元盛出去比赛，陆元盛的胜率蛮高的。打完球大家在小店里聊聊天，吃吃点心，给陆元盛很多的鼓励。

□ 上海体委系统的造反组织"上体司"所属乒乓球队，成立"怒火"造反队。杨瑞华教练被剃了光头，被责令打扫足球场，平时不准自由活动，只有周六晚才能回家。

□ 国家队的乒乓馆造好了，是有44张球台的标准场地，结束了国家乒乓球队训练分散在北京体育馆四五处的局面。但领导、教练没了，训练没人管了。国家队停训，体育馆里住满了大串联的红卫兵，运动灶也停了，原来一块八的伙食，后跟串联的红卫兵一样，就是北京大白菜加些粉丝、肉片等，每逢周四吃玉米面、杂粮窝窝头。那些天体委外幸福大街的包子铺生意特别好。

□ 庄则栋在国家体委进门的正中央贴出了题为"我要造反了！"的大字报，还成立了"小老虎"战斗队。原来一致"保守"的乒乓球队开始分化了，一拨人认为乒乓球队获得的奖杯是"资产阶级的臭杯子"，所以要砸烂；另一拨人如徐寅生、李富荣和郑敏之等则认为，取得奖杯也是为国争光。

［注］郑敏之自述：体委分成两派后，有头头要求所谓"尖子"冲在前面，到"大风大浪中去锻炼"。有一个头头悄悄地对我说：小郑，你就不要去了，万一有什么，你将来还是要打球的。一次，北京体院造反派头头来乒乓球队"触灵魂"，我和老徐都不在，只得另择日子乘公共汽车去北京体育学院补"触灵魂"。国家足球队的徐根宝是我静安体校的同学，有一段时间，根宝骑着板

车,我坐在板车上,去北京王府井卖《体育前哨》小报,两分钱一张,总共卖了近两个月。造反派还叫我和陈镜开等去烧锅炉,反正都是破世界纪录的人,有的工具拿不动,这些冠军就帮助我。总之,就是接受改造。

*1968*年

4月（至5月）

□ 从香港回归的乒乓球队教练傅其芳和姜永宁被体委造反派迫害而死。

5月上旬

□ 针对中国乒乓球队搞运动而停止训练、比赛活动的情况，容国团和一些队员商议，并由容执笔向中央写了一份报告，建议我国派队参加第30届世界乒乓球锦标赛。

5月12日

□ 中共中央下达命令指出：国家体育运动委员会是党内头号"走资本主义道路当权派"伙同"反革命修正主义分子"贺龙、荣高棠，完全按照苏修的办法炮制起来的，钻进了不少坏人，成了"独立王国"。为了彻底揭开体育系统阶级斗争的盖子，把坏人揪出来，特决定全国体育系统全部由中国人民解放军实行军事接管。

5月下旬

□ 容国团写给中央的信被退了回来。"文革"小组还派人调查写信人的"幕后黑手"，造反派轮番追问容国团。

上半年

□ "文革"开始后,部队的训练虽然保持着,却也不正规了。驻沪空军乒乓球队开始排演革命节目,下部队先跳"忠字舞",再打表演赛。李振恃自称笨手笨脚不会跳舞,就混在乐队里敲打扬琴。为下基层连队表演,乒乓球队制作了一张可拼装的球台,即每半个球台由四块木头拼起来,整个球台就是八块木头,到现场就叠合起来。这大概是乒乓球运动史上最特别的球台。

驻沪空军乒乓球队下部队到嵊泗列岛等地打表演赛,宣传毛泽东思想,不会跳舞的李振恃只好敲扬琴

□ "文革"运动兴起后,体委也分成了两派。大概乒乓球队太有名,清华大学造反派批斗王光美时,把一串乒乓球挂在她的脖子上,目的是让人联想王光美访问印度尼西亚戴的项链。这串乒乓球就是清华大学的造反派从国家乒乓球队取去的。

6月19日(至20日)

□ 知情者回忆:那些天,队里的造反派找容国团谈话,甚至动手打了他。容国团有预感地对妻子说：下面就该轮到我了。妻子宽慰容国团，容说自己是从香港回来的，情绪很低落。下午，容国团在家门口等候妻子，又接回在邻居大妈家的一岁半的女儿，紧紧地抱在怀里。当晚，训练局召开大会，容妻约丈夫一起去，容说"不去了，想轻松轻松"。直至晚十时多没见容回家。容妻去乒乓球队探问，队友郭仲恭、郄恩庭、梁友能、胡炳权等一大帮人到附近的龙潭湖呼喊寻找，至深夜不见人影。20日凌晨，乒乓球队接到派出所电话，郭仲恭等人闻讯赶去，见容国团自缢在一棵榆树上，树下留有一堆烟头。人们在容国团的衣兜里找到一张字条："我不是特务，不要怀疑我。我爱我的荣誉，胜过我的生命。"

　　[注]容妻坚信丈夫是清白的。她鼓起勇气，由教练章宝娣陪同到朝阳区公安分局询问。公安分局说：对一个人定性要有事实根据，尤其对死去的人更要慎重，你们放心。同时转告，周总理对容国团的死十分重视，特地给公安部门和体委打招呼：对著名运动员、教练员要保护，不能随便关押批斗。

8月1日

　　□国家体委实施军管后，规定凡是户口关系不在北京的一律回原单位。姚振绪收到通知后，游览了长城、颐和园，然后离开国家队，返回上海队。

下半年

　　□驻沪空军乒乓球队宣布解散。李振恃和顾名炜等分配至上海邮电局。乒乓球是上海邮电局的传统项目。李和顾除了上班，还能业余打球。当时在邮电队，每星期练两次，星期一下班练一个半小时,星期四下午练半天,大约三个小时,并不是传说中的脱产打球。邮电队的教练是上海名将刘国璋,刘时常陪李振恃练球,特别注重他的步伐。

□ "上山下乡"运动开始了,张德英听说去黑龙江生产建设兵团有工资还可打球就报名了。从少体校宿舍搬行李运回家时,她从车上摔了下来。乘车离沪时,喇叭里播放着"到农村去,到边疆区去"的歌曲。张德英在黑龙江兵团的第一份工作是装卸工,第二份工作是烧炉子,第三份工作是小卖部营业员,第四份工作是师部照相摄影师。

本年

□ 整个体委系统基本瘫痪了,国家队的训练、比赛一律停止。运动员们大多处于无人管的状态,打扑克、拍照片。教练员伙食也停了,自己花钱去街上吃北京炒饼、炸酱面,后来搞个小电炉,在房间里做点心、煮饺子等。乒乓球队也有两派,搞"忠"字活动是合在一起的,贴毛主席像,布置了"忠字室"等。军管以后,全队还搞"早请示""晚汇报"。同时,乒乓球队的任务是下基层为工农兵表演:先集体跳"忠"字舞,唱"造反"歌,再敬祝伟大领袖"万寿无疆"。运动员上场不报名字,以避免"突出个人"之嫌。

[注1] 据张燮林、余长春、余贻泽、林慧卿等人口述,当时,队里有一点钱就买来窗纱和绣花线,绣毛主席穿军装的像。此像有乒乓台那么大,必须在毛主席寿辰的时候完成。于是,大家从早到晚轮流加班地绣。每当中央人民广播电台播送毛主席最高指示时,乒乓球队必定戴袖章,举着大旗,到天安门去走一圈。渐渐地,有些人说天安门太远了,就象征性地走到天桥,或者在前

门兜一圈就回来。其实，乒乓球队还成立了一支毛泽东思想宣传队，有庄则栋、余长春、李景光等八个男运动员，林秀英、胡玉兰等八个女运动员。为了上街宣传有点样子，还把徐寅生的爱人陈丽汶从中央歌舞团请来，由她一招一式地带教。负责朗诵的是姚国志。宣传队主要在体育馆附近表演，也去过前门、大栅栏和天安门广场。围看的老百姓都能叫出队员的名字。乒乓球队虽也分为两派，但这两派相对没有那么多冲突，当毛泽东号召"大联合"时，乒乓球队是国家运动队中第一个实现联合的。

[注2]据余长春口述，同期，军代表率领乒乓球队到8341部队、北京卫戍区、清华大学、北京大学、门头沟煤矿等为"工农兵"表演。他们最远是曾坐着救护车去张家口的兵工厂打表演。有时在很大的食堂里，观众里三层外三层。表演以前，队员穿红色长衣裤先跳一段"忠字舞"。表演以后吃碗面条，发两个肉包子。大家最喜欢去部队，部队会送纪念章和语录本。李富荣搜集的像章最多，大概有上千枚。乒乓球表演一般都是庄则栋与张燮林的攻与削，李富荣与周兰荪打对攻，余长春、李景光等参与双打表演。这边放出侧旋的高球，那边跳出挡板，有时一人故意把板打丢了，两人共打一块板，这是最受欢迎的节目。女队参加表演的主要是第28届夺冠的林慧卿、郑敏之、梁丽珍、李赫男等。年轻队员有郑怀颖、张力、林秀英和胡玉兰等。

1969年

3月

□ "珍宝岛事件"发生,驻上海体委军管会号召献血。市乒乓球队全部报名,体检合格率达到97%。

4月17日(至27日)

□ 第30届世乒赛在德国慕尼黑举行,中国队因"文革"未参加。苏联队获得女团和女双冠军。这是世乒赛历史上苏联队首次获得金牌。

9月20日

□ 据市轻工业局革委会送呈市革委会的报告,为"充分利用、合理发展上海轻工业",经研究,根据市工交组指示,现将中国乒乓球厂的厂房和职工划归上海自行车厂。

[注]报告说明本局有中国和上海两个乒乓球厂,年产能力在5000万只以上。自1967年以来,产销量逐年下降,当年生产3931万只,1968年生产3111万只,1969年内、外贸要货计划仅2000万只,生产任务严重不足。乒乓球原料硝化棉则要从四川运来,近三年供应不正常。故乒乓球原料、成品的运输量很大。再据上海批发站反映:目前,全国库存乒乓球已达1.18亿只,且全国年产能力可达1亿只左右。所以,不论从目前还是长远来看,

拟保留上海乒乓球厂（该厂地处郊区，生产安全），年产能力3000万只，而将地处市区、不适宜危险品生产的中国乒乓球厂转业。同时，一墙之隔的上海自行车厂的生产量大幅度上升，1967年生产49万辆，1968年生产57万辆，1969年可达75万辆，且厂房非常拥挤。根据市工交组指示，故拟将中国乒乓球厂3000平方米的厂房调整给上海自行车厂。中国乒乓球厂现有职工250人，平均年龄40岁，将转业生产微型电动机。

10月1日（至5日）

□ 国庆节照例举行国宴。中国乒乓球队换了一批队员赴宴。周恩来总理询问球队的情况，并点名林慧卿等老队员参加。

□ 为欢度国庆，从此日起至5日，卢湾体育馆邀约上海队与邮电队连打三场乒乓球比赛。当时，文化生活贫乏，每逢比赛，观众爆棚。上海队派出各个年龄组、各种打法的队员轮换应战，结果三场比赛都是邮电队以5比4获胜，已从驻沪空军队退役的李振恃每场得三分，成为上海的一大新闻。

10月4日

□ 晚，周恩来总理宴请访华的刚果（布）总理。体育界由军代表和徐寅生等四人参加。周恩来看见徐寅生站在一旁，就上前与徐握手，并问："你还能不能打球呀？"徐寅生告诉总理：如今不打球了。总理再问军代表："乒乓球队还有多少人？都能打球吗？"军代表报告：还有60多人，大多数人都还可以打球。周恩来说："多少人想看你们表演啊！"最后，总理吩咐军代表："你组织组织，叫他们打球。"

10月10日

□ 周总理在首都体育馆观看体育表演后,与国家体委军管会、体院军宣队负责人谈话,了解运动员思想、训练、生活等状况。针对把参加国际比赛说成"为帝、修、反抬轿子"等观点,周总理认为,参加国际比赛是"为祖国争光",强调运动员是毛泽东思想培育起来的,不要自己把自己否定了。

10月23日

□ 周总理询问李富荣等运动员的学习、训练情况,提出要"抓紧训练,恢复技术"。总理表态了,军代表知道要成绩了,就着急地恢复训练。于是,徐寅生与王志良又担任了教练。

11月

□ 根据军管会的指示,国家乒乓球队赴国家体委山西屯留干校劳动,"接受再教育",并每天"早请示,晚汇报"(也曾去大寨打表演赛)。屯留干校有个大仓库,放有几张有裂缝的球台,泥地坑坑洼洼。男队下午劳动,上午训练,女队则反过来,各练半天。没多久,上级来令让他们紧急回京。原来尼泊尔国王过生日,将邀请中国乒乓球队去祝寿,同时邀请了日本队一起比赛。

12月底

□ 周恩来总理来体育馆观看乒乓球队的训练。那天,林慧卿和队友们很早就在体育馆内集合准备,一直等到半夜12点以后,周总理才出现在大家面前,整个体育馆爆发出热烈的掌声。运动员训练后,周总理从看台走下来,跟队员们一一握手,并鼓励大家说：国家需要你们。此后，国家乒乓球队逐渐恢复了训练活动。

本年

□ 根据中央的政策，上海乒乓球队主教练杨瑞华的问题被作为"人民内部矛盾"处理。在大会上宣布时，杨瑞华连连高呼"毛主席万岁！"

1970年

1月16日

□ 上海市自行车缝纫机工业公司革委会向上海市自行车厂发出《关于中国乒乓球厂房屋拨给你厂的通知》：根据市革委会工交组第854号文的精神，"中国乒乓球厂原有厂房，全部拨给上海自行车厂，解决自行车厂场地困难"。

［注］《通知》指出："在交接过程中，必须高举毛泽东思想伟大红旗，突出无产阶级政治，相互支持，紧密配合，发动群众，依靠群众，积极认真地做好政治思想工作，并抓紧做好财产清点、交接工作。"同时，《通知》要求上海自行车厂对房屋的使用，"提出方案，统筹安排"。

6月4日

□ 周恩来就国家体委军管会和外交部关于中国乒乓球队访尼泊尔的请示作出"拟同意"的批示，并指出："这是自从一九六六年秋，参加柬埔寨金边开的亚洲新兴力量运动会以后第一次出国的乒乓球队，需要给予鼓励。建议今晚十时到西郊体育馆看他们出国表演赛。"

□ 晚，周恩来、董必武、江青、李先念、纪登奎、李德生、汪东兴等在首都体育馆观看中国乒乓球队的汇报表演。赛后，除江青离去外，上述领导人会见了中国乒乓球队的徐寅生、庄则栋、李富荣、周兰荪、张燮林、郗恩庭、余长春、林慧卿、李赫男、郑敏之、梁丽珍。徐寅生现场向领导汇报：中国乒乓球队训练已经比较正常，其中"政治学习"约3—5小时，训练4—5小时。

6月9日（至29日）

□ 尼泊尔为庆祝马亨德拉国王五十寿辰，决定举行青年运动会，中国乒乓球队应邀到达尼泊尔首都加德满都。中国乒乓球队的教练和运动员有徐寅生、庄则栋、王志良、李景光、郗恩庭、余长春、苏国熙、林慧卿、李赫男、李莉、郑怀颖。本次运动会同时邀请了日本乒乓球队。

［注1］因尼泊尔国王同时邀请了日本队，球队回京后便抓紧训练。出国前的早晨，由教练徐寅生带队在大楼前宣誓：一定要为毛主席争光。

中国队（左起4—7）苏国熙、庄则栋、余长春和郗恩庭等与日本队运动员谈笑风生

［注2］据徐寅生、余长春口述，因极"左"思潮的影响，本次出访的领队是军队干部，指令我队队员与日本队交往先冷后热。故我队在加德满都远远避开日本朋友，即便迎面相遇，也头一低，脸一偏，装作不认识或没看见，弄得人家一头雾水。正式比赛中，庄则栋一度落后，徐寅生教练很怕世界冠军输球，被说成给"文革"抹黑，闹出政治问题，后庄反败为胜，总算有惊无险。中国队获胜后，宣布可以与日本队员搞"人民外交"了，大家蜂拥而上，又是握手，又是问候，弄得日本朋友不知葫芦里卖什么药。

6月16日

□ 下午，尼泊尔中国友好协会在加德满都市政厅举行集会，欢迎中国乒乓球队。会后，中国运动员又进皇宫打表演赛。余长春等运动员们杂耍般在舞台蹦上跳下，观众席欢呼声一片。徐寅生教练预感一旦恢复正式比赛，中国队是要付出代价的。

7月6日

□ 晚，我国外交部和体委在首都体育馆进行体育表演，招待柬埔寨国家元首、柬埔寨民族统一阵线主席西哈努克亲王及其夫人等。董必武、周恩来、江青、黄永胜、叶群、李先念、李作鹏、邱会作、郭沫若等陪同观看国家乒乓球队及体操、篮球、排球等体育表演。乒乓球表演有庄则栋与张燮林的一攻一守，李富荣与周兰荪的对攻。体育表演结束后，领导和外宾与运动员合影，西哈努克亲王赠送了银杯。

［注］自此，社会主义国家的乒乓球队接连来访。8月，朝鲜乒乓球队来访；11月，越南乒乓球队来访；12月，罗马尼亚乒乓球队来访。来访球队还到外地访问比赛。

上海乒乓球运动纪事录（1949—2024）

8月13日（至31日）

□ 朝鲜乒乓球队访问中国，国家体委举行仪式。朝鲜乒乓球队在北京与中国乒乓球队进行4场友谊表演赛。比赛的实况转播要求讲政治，讲友谊，不报比赛结果。周恩来在首都体育馆观看了18日的友谊表演赛，并会见朝鲜乒乓球队。这种转播模式沿用了一段时间。

［注］郑敏之口述：朝鲜队的水平是可以的。我们刚刚恢复训练，教练就叫我和林慧卿偷偷地观看她们练球。此事被总理知道了，那天很晚了，队里召开紧急会议，总理批评我们搞小动作，不光明磊落。总理说，你们应该正大光明地坐在看台上！我是第一次见到总理发火。总理叫我说两句，我紧张得发抖，连自己说了什么都不知道。现在这些事已在报刊上公开了，许多网民也有议论。我认为看问题若脱离了当时的历史背景，就不怎么客观了。

8月20日（至25日）

□ 朝鲜乒乓球队访问上海，参观了工业展览会、上海船厂、上海手表厂等，观看了革命现代舞剧《白毛女》。22日晚，朝鲜乒乓球队与上海运动员进行了友谊表演赛。

［注］国家队安排上海籍队员余长春、于贻泽回上海参赛，加上返回上海的姚振绪，结果却以4比5输给了朝鲜队。这说明中国队中断了训练，水平下降是必然的。

10月5日

□《文汇报》发表《毛主席论学哲学》，其中转引了《关于如何打乒乓球》一文的《人民日报》编者按：一切共产党人和革命干部，都必须学习马克思列宁主义的辩证唯物论，都必须学会在实际工作中运用辩证唯物论,这是我国社会主义事业不断取得胜利的最重要的保证。

10月7日

□ 晚,周恩来总理会见了日中文化交流协会代表团团长中岛健藏一行,我国乒乓球教练员徐寅生在座。

10月15日

□ 第28届中国进出口商品交易会(简称"广交会")开幕。荻村关心中国乒乓球运动的境况,曾借助于参加广交会的机会,向组织者提出要与中国运动员打球。后经过研究,让国手王文华以宾馆工作人员身份与荻村见面。此事成了中日乒乓球界交流中的一个趣闻。为促成中国乒乓球队参加第31届世乒赛,荻村曾两次访问中国,并拜见周恩来总理。

11月13日(至12月20日)

□ 中国乒乓球代表队前往罗马尼亚、瑞典、丹麦、南斯拉夫和阿尔巴尼亚访问。其间参加第13届斯堪的纳维亚乒乓球锦标赛,中国队派出最强阵容:男子运动员是庄则栋、李富荣、张燮林、周兰荪、李景光、余长春、郗恩庭、王文华,教练员是徐寅生;女子运动员是林慧卿、郑敏之、李莉、梁丽珍、李赫男、郑怀颖、张立,教练员是王志良。

11月26日(至29日)

□ 时隔六年,为增强对世界乒坛的了解和实战经验,中国乒乓球队参加了斯堪的纳维亚国际乒乓球公开赛。女队夺得女子团体冠军；林慧卿获得女单冠军，还分别与郑敏之、张燮林搭档获得女双和混合双打冠军。男队成绩则很糟，不仅团体赛失利，单打比赛的七名队员还先后被欧洲选手淘汰。徐寅生作为教练陷入思索。回国以后，国家乒乓球队就如何应对欧洲横拍快攻结合弧圈和两面弧圈打法进行了讨论，并调集优秀的弧圈球选手为主力队员陪练。

［注］此时，以瑞典、匈牙利为主，涌现了一批弃守为攻的优秀选手，证明欧洲的乒乓球技术发生了质的变化。在男子团体赛八进四时，中国队险负英国队，半决赛时输给了匈牙利队。在单打比赛中，打进前八名的庄则栋、周兰荪负于瑞典的本格森和匈牙利的约尼尔。中国男队受挫于欧洲队，是近十年来的第一次。欧洲媒体评论说："四年没有参加国际比赛，中国乒乓球队的技术已大大落后了。"回国后，全队反复研究了克兰帕尔、约尼尔、斯蒂潘契奇等欧洲运动员的技术特点。一种意见认为：欧洲的打法钳制了快攻，需要加强快攻技术。另一种意见认为：欧洲的弧圈球威力明显提高，可以旋转为转机，为快攻创造条件。徐寅生为后一种意见的代表。他提出：离第31届世乒赛还有短短三个月时间，要想彻底扭转被动局面已不现实，建议加板小弧圈，以旋转为快攻创造条件，这就是在中国乒乓球"快、准、狠、变"后加个"转"字。其实，这是技术之争。但在那个非常年代，也有人将学习外国的先进技术批判为"恐欧"症、"恐弧"症，跟在"外国人屁股后面走"，弄得徐寅生哭笑不得。

本年

□ 春节期间，余长春、于贻泽回上海探亲。上海乒乓球队的领队来商量：因为上海队总是负于邮电队，他们可否代表上海队与邮电队打一场公开赛。于是,大余、小于加上张孚璇三人,在上海卢湾体育馆与邮电队打团体赛,结果小于赢三分,大余赢两分,张输两分,以 5 比 2 战胜邮电队。

1969—1972 年,李振恃和顾名炜在空四军乒乓球队解散后加盟邮电队,加上 60 年代初期的国手刘国璋宝刀不老,使邮电队的实力大增。图为刘国璋(左)和顾名炜(右)在基层单位打表演赛

□ 夏季某晚八点,市乒乓球队宣布进行"拉练",从南京路步行至青浦练塘公社,凌晨三四点钟到达目的地。队员们睡在铺着稻草的大通铺上,早上七八点便下地干活。

□ 上海体委所属各运动队恢复训练,杨瑞华仍为教练。因那年要派一名教练去崇明"五七"干校劳动,杨主动提出,去了干校。

□ 秋季，上海市举行青少年乒乓球比赛，陆元盛代表卢湾区参赛。这是"文革"时期上海举办的第一次市级比赛。各区青少年好手汇聚一堂，比赛打得紧张激烈。陆元盛与黄浦区的王家麟进行决赛。陆元盛的小学老师、队友和街坊邻居都来捧场。结果，陆元盛以 2 比 0 取胜，获得冠军。当时，上海队不招人，但也有教练在现场观战。

*1971*年

1月25日

□ 日本乒乓球协会会长后藤钾二先生来到北京，根据中日关系"政治三原则"（即不发表敌视中国的言论，不参与制造"两个中国"的阴谋，不阻挠两国关系正常化），邀请中国乒乓球代表团参加第31届世界乒乓球赛（距参赛报名截止期只剩下10天）。此时，周总理接见军管会领导，讨论第31届世界乒乓球赛的问题，并要求军管会准备方案上报。

［注］后藤钾二先生来京后，即将一份会谈纪要的草稿交给中国乒协代主席宋中，并表示如果没有中国队参加，第31届世乒赛就会失去世界大赛的意义。然而，会谈代表宋中强调政治原则，使会谈一度陷入僵局。

1月28日

□ 晚，中国乒乓球队在首都体育馆向首都工农兵作汇报表演。广大工农兵热切希望运动员们"树雄心，立大志，为伟大领袖毛主席、为伟大的社会主义祖国争得新的更大的荣誉"。在表演准备的时候，运动员们一遍又一遍地学习毛主席关于"我们应该谦虚，谨慎，戒骄，戒躁，全心全意地为中国人民服务"的教导。

1月29日

□ 周总理约见参加起草中日乒乓球协会会谈纪要的中方人员，听取汇报时，对坚持要将台湾问题写入纪要，把遵守中日关系"政治三原则"的文字放在纪要第一条等做法提出批评。周总理指出：后藤钾二的会谈纪要草案已经很好了。会谈要看具体内容，台湾问题对后藤没有必要提，"三原则"还是日方原来提出的，放在第二条。要把纪要中"所有吹嘘的话通通去掉"。

［注1］周恩来针对"支持后藤钾二组织新的亚洲乒联"的问题说：如果他有胆量的话，中日两国共同发起组织亚乒联也可以。如果他胆量不足，认为和中国一起有所不便，由日本一家发起组织也可以，我们做他的后盾。政治斗争要有策略。第一，支持他整顿亚乒联。第二，如果整顿发生困难，我们支持他发起新的亚乒联。历史证明：周总理的预见是正确的。新的亚乒联果然冲破重重障碍成立起来，为推动亚洲的乒乓球运动做出了贡献。

［注2］后藤钾二先生兼任亚洲乒乓球联合会主席（简称"亚乒联"）。他在准备前往新加坡提出整顿亚乒联议案前，曾对记者说：我将根据世界乒联章程向亚乒联提出一项决议案，指出台湾不能在亚乒联中代表整个中国。因为根据国际章程，只有国际乒联的成员才能成为一个洲的乒协联合会的成员。而台湾不是国际乒联成员，它怎么能继续留在亚乒联呢？所以这种局面必须改变。如果我的提案被否决，我就准备辞职。

［注3］后藤钾二先生离京后赴新加坡主持亚乒联临时全体会议，他提出将"中华民国乒协"开除出亚乒联。因南越、南朝鲜等代表反对，后藤钾二先生辞去亚乒联主席职务。南越人取代他做主席后，以"亚乒联"的名义推荐"中华民国乒协"参加国际乒联。我方知悉后，邀请国际乒联主席埃文斯去名古屋前访问北京。

□ 周总理与郭沫若副委员长会见后藤钾二先生等日本朋友，谈话中，回忆了青年时在日本求学的岁月。

1月

□ 上海市乒乓球队迁入江湾五角场恒仁路200号（上海体育学院内）训练。

2月1日

□ 中华人民共和国乒乓球协会、中国人民对外友好协会和日本乒乓球协会、日本中国文化交流协会《会谈纪要》在北京

中日双方在北京人民大会堂签署会议纪要。图为前来北京邀请中国队参加第31届世乒赛的日本乒乓球协会会长后藤钾二（左一）与中国乒乓球协会负责人宋中亲切握手

签字,重点内容为:日本方面根据中日关系"政治三原则"发展中日两国乒乓球界的友好交流,中国方面对此表示赞赏和支持;日本方面邀请中国乒乓球队参加第31届世界乒乓球锦标赛,中国方面接受邀请,将派乒乓球队前往日本名古屋参加。随后,中国乒乓球代表团组成,正式向第31届世乒赛组委会报名参赛。

2月2日

□《人民日报》刊出中国乒乓球队将参加名古屋世乒赛的消息,赛场球票立即售罄,日本的电视转播费涨了三倍。

3月8日

□ 周恩来就外交部、国家体委关于参加第31届世界乒乓球锦标赛有关问题的报告作出批示,提出中国乒乓球队应"坚定、敏捷","严守集体行动",实现"友谊第一,比赛第二"。

3月10日

□ 晚,周恩来接见赴日参赛的中国乒乓球队全体队员,并作出指示:打出水平,打出风格,应该把打出风格放在前面。风格不高,不是真本事。风格就是政治、思想、品格、作风。水平是技术。我们要政治挂帅,不能搞小动作。你们这次出去,即使技术不熟练,稍有失手,但是思想过硬,万一输一些,我们不会责备你们的。如果是政治上的错误,我们倒要责备了。周总理还说:你们到日本去,友谊第一,比赛第二。打胜了固然很好,但如果人家真有本事,我们得第二、第三也没有什么。总是第一也没意思。无非是五年没有出去,生疏了,就再学习一次嘛。周总理叮嘱：徐寅生同志要经常提醒大家突出政治。

3月11日

□ 因柬埔寨发生朗诺集团政变，并宣布派选手参加第31届世乒赛。西哈努克亲王成立的民族统一阵线和团结政府希望得到中国和朝鲜的支持，不参加这届比赛。此时离第31届世乒赛开幕只有十几天了。为此，周恩来召集外交部、国家体委相关人员开会，讨论此问题。总理决定亲自会见西哈努克亲王。

［注］那天，总理把西哈努克亲王约在人民大会堂，并让徐寅生等中国乒乓球队也等在人民大会堂，特意设计总理与亲王谈好后，出来送别时，很自然地相遇运动员，等于接见一下，皆大欢喜。结果，外交部礼宾司领会错误，认为一边是与国家元首谈政治，一边是乒乓球队，便安排在了两个地方。当总理陪西哈努克出来时，一个运动员也没有，总理真正发火了。据相关消息，总理的态度是，比赛中碰到朗诺集团的选手，中国运动员主动弃权。而朝鲜的表态是：因在日本有30万朝侨，碰到朗诺的选手时，则力争把他们打败。朝鲜的处理方法，总理是知道的。

3月14日

□ 晚，周恩来和人民解放军副总参谋长王新亭召集外交部韩念龙、刘春，国家体委曹诚、宋中等在人民大会堂开会，商讨总理提出的"究竟参加不参加第31届世界乒乓球锦标赛"的问题。与会者表示要讨论后再报告总理，总理指示大家都去乒乓球队，与全体运动员、教练员一起讨论。

□ 深夜，根据周总理的指示，外交部和国家体委紧急召集中国乒乓球代表团在北京体育馆南三楼会议室集合，韩念龙传达了一周来准备参加第31届世乒赛出现的新情况及周总理的指示：乒乓球队讨论，"我们究竟参加不参加第31届乒乓球锦标赛？如果去了，是不是不突出政治？"会上，两种意见争论激烈：一种认为，从政治上考虑不应该去；另一种则认为，应信守承诺，困难再大也要去。

[注] 李富荣口述：我记得庄则栋明确表示不去，老徐作为教练是支持去的，我也表态应该去的。赴日之前，总理在人民大会堂接见代表团全体成员，总理说比赛中要确立"友谊第一，比赛第二"的方针。

再据鲁光的著述，庄则栋率先发言，认为如果从政治角度来考虑，我们还是不参加为好。宋中说，和日本乒协、国际乒联说好了要去，还签订了纪要，如今墨迹未干，岂不失信于人？徐寅生表态支持去的意见。还有人提出，去但不参赛；也有人说还是由中央定吧，定了去就去，定了不去就不去。

3月15日

□ 凌晨，周总理在人民大会堂福建厅听取韩念龙的汇报。经充分听取意见，反复权衡利弊得失，总理从大局出发，决定派队参加。周总理提笔给毛主席写请示信，一直写到上午11时，完成了1500字左右的长信。

□ 毛泽东阅周恩来本日报送关于中国乒乓球队赴日本名古屋参加第31届世界锦标赛的请示报告。报告说：此次出国比赛，已成为一次严重的国际斗争……我方提出"友谊第一，比赛第二"，败了也不要紧，反正政治上占了上风。我球队如去，当做好各种警戒准备。毛泽东批示："照办。我队应去，并准备死几个人。不死更好。要一不怕苦，二不怕死。"

3月16日

□ 晚，周总理接见即将启程的中国乒乓球代表团，强调"友谊第一，比赛第二"的方针。周总理对代表团团长赵正洪说：这次参加第31届世乒赛，是"文化大革命"中第一次派运动队出去参加世界比赛，意义很大，责任重大，情况极端复杂。这是一场特殊的战斗，遇事要十分慎重，要多与党委同志们研究。要提高警惕，保证大家的安全。

［注］为了保证安全，代表团抵达香港转机时，全团住进了新华社香港分社办公室。此时，周总理派专人带来国内供应紧张的球蛋白针剂，交代代表团全体同志都要打，特别是运动员一定要打。他还让人送来一份纪念巴黎公社100周年的文章，让代表团组织学习。

3月21日

□ 中国乒乓球代表团抵达日本，受到二千多名日本各界朋

中国乒乓球代表团取道香港，搭乘联邦德国班机飞往日本，当晚抵达东京羽田机场，受到欢迎

友和旅日爱国华侨的欢迎。赵正洪团长向日本新闻界发表书面谈话：友谊第一，比赛第二。我们愿意通过这次访问和比赛，为增进中日两国运动员和人民之间的友好关系以及各国人民的友谊做出贡献。

3月23日

□ 周恩来总理在北京会见了国际乒联主席埃文斯。

3月28日（至4月7日）

□ 第31届世界乒乓球锦标赛开幕。毛泽东要身边的工作人员每天把各通讯社对代表团的反应逐条地给他讲。

□ 据国际各通讯社报道，在开幕式上，穿着红色运动服的

第31届世乒赛在日本名古屋爱知县体育馆拉开帷幕。中国队将参加七个项目的角逐。图为中国女队在开幕式上入场，左三郑敏之、左四林慧卿

中国男女运动员14人列队走进体育馆,他们行进时轻快地摆动着两臂,受到观众雷鸣般的鼓掌欢迎。

□ 第31届世乒赛开战(至4月7日结束),徐寅生作为教练率中国队以5比4胜匈牙利队、5比3胜瑞典队后,又以5比2在决赛中战胜日本队,夺回阔别多年的斯韦思林杯。日本女队以3比1胜中国女队,获得了女子团体冠军。在单项比赛中,林慧卿获得女单、女双(与郑敏之合作)、混双(与张燮林合作)三项冠军,成为中国乒乓队历史上第一个有世乒赛"大满贯"称号的运动员。

中国队男子乒乓球队登上团体赛世界冠军领奖台。右起:徐寅生(教练)、李富荣、梁戈亮、庄则栋、李景光、郗恩庭

上海籍选手林慧卿在领奖台上,接受女子单打冠军的圣·勃莱德杯

名古屋第31届世界乒乓球锦标赛纪念勋章

[注]我队林慧卿、郑敏之与日本队的女团决赛失利后,林、郑失声痛哭,团长赵正洪说:胜败乃兵家常事嘛!就差几个球!是偶然失手,你俩完全有这个本领,把女单、女双夺过来,我过去打仗,一仗没打好,第二仗一定要打好。女单、女双夺魁后,林慧卿、郑敏之高兴得哭起来了。赵正洪编了个顺口溜:林郑输也哭,赢也哭,林郑的眼泪是珍珠,先流的是银珍珠,后流的是黄珍珠。

3月30日

□ 国际乒联代表举行大会。中方代表团秘书长宋中恰巧与美国代表团团长斯廷霍文坐在一起。斯廷霍文听闻中国邀请南斯拉夫访华后探询:中国乒乓球水平很高,如果美国选手去一次中国,一定能学到许多有益的技术。当晚,代表团七位党委成员经商量得出"美国乒乓球队表示友好,他们想去中国访问"的结论,并向北京汇报。

3月

□ 驻沪空军乒乓球队重组并吸收了上海青少年乒乓球比赛的优胜者,男女队员有十来人,如南市区的岑仰健,卢湾区的陆元盛、伍时宝(女)、包致远等。1971年"九一三"事件后,该队解散,他们大多转入上海市队和其他部队体工队。

[注]据陆元盛口述,年初,驻上海空四军部队的干部和派出所的户籍警来到他家,告知他可以参军,进入部队的乒乓球队,派出所已政审合格了,他们同意的话就准备一下。陆元盛穿上军装,就下连队三个月,跟新兵一样操练。此后他开始正式训练,在上海四平路的一个铁皮房里,共有十张球台,毕东波是运动员兼教练。

4月4日（至6日）

□ 美国运动员科恩意外地上了接送中国运动员的专车。中国运动员庄则栋与科恩交谈并赠送了一幅杭州织锦。下车后被记者拍摄，引起舆论轰动。当日，周恩来在《关于不邀请美国乒乓球队访华的报告》上写出他的意见：拟同意。请主席审批。6日，毛泽东圈阅此件后退回。当晚，毛泽东主席在入睡前翻看相关资讯，当他看到庄则栋与科恩交往的消息时，叫护士长吴旭君马上去外交部取回"邀请美国乒乓球队访华时机尚不成熟"的批件，决定马上邀请美国乒乓球队访华。

［注］庄则栋自述：我和科恩的往来，完全出于本能。我虽犹豫了许久，但还是大胆地从最后排座位起身，这也是历史给我的机会吧。那时，我在队里是主力队员，对外接待、陪同、讲话、表演等，我作为队里的代表，已经成了习惯了。没有毛主席的指示"把美国政府和人民加以区别"，没有周总理"友谊第一、比赛第二"的方针，我是不会和美国运动员科恩往来的。

庄则栋与美国运动员科恩

4月5日

□ 周恩来批示同意外交部、国家体委关于后藤钾二建议在北京举行亚非国家乒乓球友谊邀请赛的请示报告，并将中国列为本次邀请赛发起国之一。

4月7日

□ 美国代表团团长斯廷霍文向美国驻日大使馆请示，并立即向美国国务院汇报。深夜，尼克松总统与基辛格商讨后发电报给美国驻日大使，批准美国乒乓球队访华。

4月9日

□ 亚非六国乒乓球协会和乒乓球代表团负责人在名古屋向报界宣布：决定发起亚非国家间的乒乓球友好邀请赛，进一步加强亚非国家运动员和人民之间的友好团结。

1971年4月10日，美国乒乓球代表团从深圳入境。图为美国队员在罗湖口岸入境时的情景

美国乒乓球代表团在长城留影

| 1971年 |

1971年4月13日,中美乒乓球友谊赛在首都体育馆举行。
图为男、女队同时在两张球台比赛的场景

中国队参加第31届世乒赛后访问香港,图为双方运动员在表演赛后的合影

4月10日（至12日）

□ 上午，美国乒乓球队一行18人穿越深圳罗湖桥，踏上了中国的土地。当晚，他们飞往北京，下榻在新侨饭店。来北京的第一个上午，美国队参观了天安门广场。接着，访问清华大学，游览万里长城，观看芭蕾舞剧《红色娘子军》。

4月13日

□ 下午，中华全国体育总会在首都体育馆举行欢迎美国乒乓球队访华仪式。中央电视台向全国实况转播了中美乒乓球友谊赛。总理考虑到中国人乒乓球水平高，就特意安排中美选手混合配对进行双打比赛。美国队随队记者写道："比赛可以称为中国人待客礼貌得体的精彩展现。"比赛结束后，中国队向美国队赠送了"红双喜"乒乓球和乒乓球拍。毛泽东关注来访的美国队，特意收听了由宋世雄解说的中美乒乓球友谊赛。

□ 参加第31届世乒赛的中国乒乓球代表团部分队员从东京乘飞机到达香港。香港乒乓球总会秘书薛绪初等到机场欢迎。中国代表团有男队教练徐寅生、庄家富，女队教练梁友能和队员李富荣、周兰荪、梁戈亮、张燮林、郑敏之、梁丽珍等。

1972年出版的《中国·美国·乒乓球》书影

4月14日

□ 上午，美国乒乓球代表团参观故宫。下午，周恩来在人民大会堂会见参加第31届世界乒乓球锦标赛后应邀访华的美国、加拿大、哥伦比亚、英格兰和尼日利亚乒乓球代表团。在同美国乒乓球代表团全体成员谈话时,他引用"有朋自远方来,不亦乐乎"的古话,表示欢迎。周恩来说:"中美两国人民过去来往是很频繁的,以后中断了一个很长的时间。你们这次应邀来访,打开了两国人民友好往来的大门。我们相信中美两国人民的友好往来将会得到两国人民大多数的赞成和支持。"最后,周恩来请美国客人回去后,把中国人民的问候转告给美国人民。

〔注〕周总理会见美国乒乓球队的消息传到美国不到10个小时,尼克松便发表声明,为改善美中关系决定采取五个"新步骤"。第一,美国准备迅速发给从中华人民共和国到美国访问的个人或团体的签证。第二,美国放宽货币控制,以使中华人民共和国能使用美元。第三,美国取消对供应前往中国或来自中国的船只和飞机的燃料和美国石油公司的限制。第四,美国船只或飞机今后可在非中国的港口之间运送中国货物,美国拥有的悬挂外国旗帜的运输工具,可以前往中国的港口。第五,美国将开出一个可按照一般执照的规定,直接向中华人民共和国出口的非战略性项目的清单。在批准这个清单上的具体项目以后,还将许可从中国直接进口指定的项目。这一声明,实则宣布了美国政府对新中国构筑的长达22年的经济封锁之墙,崩塌了一个大缺口。

4月15日(至16日)

□ 美国乒乓球代表团访问上海。中华全国体育总会上海市分会在江湾体育馆举行仪式,中美两国运动员进行了友谊比赛。比赛大厅里悬挂着"全世界人民大团结万岁"的巨幅标语。上海乒乓球运动员余永年、张孚璇、陈立方、吴新民、姚振绪、林福梅、徐若玮、丁赛祯等和美国运动员进行了男、女对抗赛。美国乒乓球代表团的布本、博根和迈尔斯，还分别同上海乒乓球教练员王传祺、刘国璋、杨瑞华进行了友谊赛。同时，美国乒乓球代表团还参观了上海工业展览会和上海郊区。

［注1］美国乒乓球队到上海访问，在第25届世乒赛上曾交手的美国队老将迈尔斯点名要找杨瑞华。军代表赶紧将杨从崇明叫回来，迈尔斯见到杨非常开心。比赛由老将先打，领导规定输一场赢一场，刘国璋打第一，杨瑞华打第二，并安排是刘让，杨赢迈尔斯。结果刘没让掉，领导便指示杨让迈尔斯。迈尔斯向裁判表示：既然是表演赛，第一、二局各赢一局，第三局真打。结果，第三局杨瑞华赢迈尔斯一球后，便马上输一球。迈尔斯幽默地对杨故意打出界的球，轻的向后拉拉台子，重的就台内"抢板"。21比19，迈尔斯赢了杨。

1971年4月15日，曾在第25届世界乒乓球锦标赛中相遇的中国运动员杨瑞华和美国运动员迪克·迈尔斯在上海重逢。图为他们在友谊比赛前热情握手

[注2] 美国乒乓队访问北京的首场比赛，队员雷塞克负于中国选手。其随行的妻子提出：中国运动员水平高，为什么不让我丈夫也赢一场？故有关部门指示，雷塞克在上海的比赛应获胜。经抽签，由上海运动员吴新民对雷塞克。为了输得精彩，吴新民该发力扣杀的多用小力，该控制旋转的减少摩擦，让每一回合多增加几个来回。雷塞克赢得比赛后，其妻子向我方陪同人员表示感谢。

[注3] 美国乒乓球队来沪后，上海先举办欢迎宴会。据市革委会宴请美国乒乓球队的文件，标准是每人三元五角。按计划，赛前陪同美国乒乓球队参观马陆公社，赛后参观彭浦新村。比赛时，军代表指示姚振绪赢的时候分数要接近。场上总比分是2比2时，姚振绪出场了，对手正是跟庄则栋握手的科恩。姚振绪以21比12、21比14取胜。科恩说：非常感谢你和我进行了一场认真的比赛。接着，姚振绪陪科恩参观彭浦新村。那天，由美国客人随意指哪幢楼哪个窗口。科恩点了个窗口后，姚振绪陪他上去了，这家人正准备吃午饭，桌上有红烧肉。科恩问：能吃吗？主人高兴地回答：可以啊！科恩真的吃了块红烧肉，还说很香很香。

4月17日

□ 美国乒乓球代表团离开中国。哥伦比亚乒乓球代表团访问上海，并与上海乒

美国乒乓球队离沪时，中美球员手挽手走在虹桥机场。左起：雷塞克、吴新民、姚振绪、科恩

乓球队进行了友谊比赛。

4月20日

□ 晚,中华全国体育总会上海市分会在江湾体育馆举行仪式,欢迎英格兰乒乓球代表团来上海访问。上海运动员同英格兰运动员进行了友谊比赛。上海参赛的运动员是李振恃、吴新民、姚振绪、徐若玮和丁赛祯。

［注］据李振恃口述,因英国等强队来上海访问,上海队为了保证战绩,便从邮电队借他出场比赛。之前,有一段时间请李来上海队训练,上海队各方面的条件,包括伙食,都要比邮电队好多了。上海队杨瑞华教练还向李振恃传授了一手侧身打直线球的技巧。跟英格兰队交手时,上海队以5比3获胜,李振恃夺得三分。上海队借李的次数多了,连食堂的师傅都认识,说李振恃又来了,每次都给李多盛点菜。

5月1日

□ 晚,毛泽东在周恩来的陪同下,在天安门城楼上接见了从第31届世乒赛归来的运动员代表徐寅生、张燮林、郑敏之、梁丽珍、梁戈亮。当毛主席与张燮林握手时,还称呼张燮林"小张"。这是毛泽东最后一次接见乒乓球运动员。

［注］郑敏之口述:我们从观礼通道走了过来,总理突然回过头喊:郑敏之,郑敏之!想不到总理会在这种场合叫我,我还没有反应过来,总理一下子从人群中把我拉了出来,然后把我带到毛主席身边,搂着我的肩膀对着主席说:这是第31届世乒赛回来的中国乒乓队的郑敏之。邓颖超说:你们乒乓队真了不起,小球震动了大球啊!

亲历者郑敏之在家中对着当年拍摄的照片回忆和毛主席、周总理见面的往事

5月6日

□ 中国乒乓球代表团团长赵正洪在香港举行告别招待会，向港澳爱国同胞表示感谢和敬意。香港乒乓球总会秘书薛绪初出席招待会。

5月11日

□《文汇报》发表文章《本市群众性体育活动蓬勃开展》。文章说：从去年以来，全市有数百万人参加了游泳活动，十多万人参加了渡江活动；参加乒乓球活动的人数有一百多万。

5月

□ 周恩来总理在人民大会堂召开会议。在会议开始时，周总理便问：乒乓球队的代表来了吗？并招呼他们坐到前排来。总理说：他们都是为国争光的运动员，他们用小球震动了大球啊！接着，周总理问林慧卿：你敢不敢去美国比赛啊？林慧卿微微一笑。总理还说：去美国，不是耿飚同志去，也不是姬鹏飞同志去，而是庄则栋、林慧卿、郑敏之去。

6月1日

□《文汇报》发表署名池文的文章《彻底批判"锦标主义" 大力开展体育运动》。文章指出，在体育战线，资产阶级的"锦标主义"至今阴魂不散。资产阶级为了追逐利润，把比赛名次的"锦标"作为商品和赌注，尔虞我诈，钩心斗角。最毒的一计，就是向青少年灌输这些思想：争"锦标"可以出风头，"游码头"；打胜了，名气响了，出国有机会，等等。体育竞赛赛思想、赛风格，也要赛技术、赛战术，但前者是方向。政治是统帅技术的，技术是为政治服务的。我们在体育竞赛中力争胜利，首先就是要力争在政治上的胜利，其次才是比分上的胜利。

6月11日

□ 周恩来接见国家体委负责人及中国乒乓球代表团全体成员，对加强运动员训练问题提出要求：体工队不能完全照连队的管法，训练时间不能太少，因为体工队本身就是进行身体锻炼的，不能像连队那样搞训练。运动员政治学习的时间不一定要比训练时间多，要实事求是，不要搞形式主义，要搞出一套适合自己特点的训练方法。政治挂帅，还要认真练，练政治、练本领、练思想、练业务。总理还提出：要从乒乓球队开始，学习英文和国际知识,以后再逐步发展到羽毛球队和其他体育队伍。同时,总理批评了大国主义、锦标主义倾向。

7月4日

□ 日本乒乓球协会会长后藤钾二和夫人来上海参观访问。上海市革命委员会举行宴会。徐景贤和后藤钾二先生发表了讲话。后藤钾二先生在上海期间参观访问了上海乒乓球厂、广灵路小学等。上海乒乓球厂将"红双喜"牌乒乓球赠送给日本朋友。

7月10日(至11日)

□ 在北京举行的亚非乒乓球友好邀请赛发起国筹备会议发表公告:将于1971年11月3日至13日在中国北京举行亚非乒乓球友好邀请赛。周恩来接见参加筹备会议六国代表团,提出:亚非乒乓球友好邀请赛,首先是增进亚非各国人民和乒乓球运动员之间的友谊和团结,也交流乒乓球技术;反对锦标主义,主张"友谊第一,比赛第二"。

8月1日

□ 反映第31届世界乒乓球锦标赛的纪录影片《乒坛盛开友谊花》,在北京和全国各地陆续上映。

[注] 据张德英口述,她在师部观看第31届世乒赛的露天电影,当看到徐寅生、林慧卿等上海籍运动员时,泪流满面。当晚,她提笔给徐寅生写信。信的大意是:我是上海知青,现在在黑龙江生产建设兵团一师,1966年曾荣获全国少年冠军。看了第31届世乒赛的电影,我很激动和难过,只能说我想打球,希望徐指导

能在百忙之中关注我一下（后来徐寅生说，信没收到，收到肯定是要回的）。继而，张德英给黑龙江省乒乓球队写信，并去哈尔滨参加省队试打，胜率很高。省队下了调令，张德英上门恳求师长放行。第二天，她离开了兵团。

8月8日

□ 据新华社电讯，最近，台湾派出一支乒乓球队到达美国。昨日，该队要在美国俄勒冈州波特兰市进行比赛活动时，美国乒乓球协会宣布其所属的乒乓球运动员拒绝参加比赛。

8月23日（至24日）

□ 日本少年乒乓球代表团和日本乒乓球协会参观团由京抵沪，并在江湾体育馆与上海少年乒乓球运动员进行了友谊比赛。上海市革命委员会副主任徐景贤等观看比赛。

［注］日本青少年队与上海青少年队共打男女四组的团体赛，每组打满九盘。结果，上海队输了个0比36。陆元盛、岑仰健等坐在看台上目睹了这场惨败，因他们已经入伍驻沪空军，不能代表上海队参加比赛。

10月14日（至16日）

□ 南斯拉夫国家乒乓球队到达上海，分别同中国乒乓球队（余长春、于贻泽、刁文元）和上海乒乓球队进行两场团体赛。

10月25日

□ 联合国以76票赞成，35票反对，17票弃权，3票缺席

20世纪70年代初,驻沪空军乒乓球队去浙江嘉兴南湖参观教育时的合影。以下队员均来自上海市各区的业余体校:后排左一岑仰健,左三包致远,左四毕东坡,左六王景春(队长),左七陆元盛

通过决议,恢复中华人民共和国在联合国的一切合法席位。其中有53票是亚非拉国家投的。

11月3日(至14日)

□ 亚非乒乓球友好邀请赛在北京举行,共51个国家和地区的600人参与了这场赛事。上海红旗徽章厂为亚非乒乓球友好邀请赛制作奖章、证章和纪念章。中国邮政发行每套4枚的邮票,图案为"会徽""切磋球艺""工农商学大团结"和"亚非人民团结紧",总发行125万套。

[注]余长春口述:在此类比赛中,中国队总要让掉几盘。除了参赛的运动员外,国家队队员全部出动,做"友谊第一"的导游,即陪同各国来宾游览颐和园、故宫、北塔、地下宫殿等。我就陪过日本队、尼日利亚队等。最让人震动的是一

个摩洛哥的黑人运动员，用学来的中国话说爱中国，当赠送他毛主席像章时，他光着膀子拿起来就往肉里插进去，把肉都戳烂了。在一次跟非洲选手的比赛中，由于两国水平差距较大，庄则栋就向周恩来总理请示应该怎么打，周总理回复了八个字："胜之不武，让之有德。"接着，我国又主办了亚非拉邀请赛，我被派去北京体院当柬埔寨队的教练。柬埔寨队有七八个队员，他们的技术水平比刚学打球的好一点，训练的时间也不长。但他们的官员很关心，发给我一个镀金的奖牌。他们的宾努亲王在外交部旁边的公寓里过生日时，也邀请我这个教练去祝寿。

11月10日

□ 应邀前来参观亚非乒乓球友好邀请赛的国际乒联主席罗伊·埃文斯和夫人到达北京。中国乒乓球教练员、运动员庄家富、孙梅英、王志良、林慧卿、梁丽珍等到机场欢迎。

亚非乒乓球友好邀请赛纪念徽章

第一届亚非乒乓球友好邀请赛开幕式照片

11月14日

□ 亚非拉乒乓球友好邀请赛筹备委员会举行第一次会议，会议一致决定在北京设立亚非拉乒乓球邀请赛筹备委员会联络机构。

□ 晚，以"增进亚非各国人民和运动员之间的友谊，促进亚非乒乓球运动的发展"为宗旨的亚非乒乓球友好邀请赛在首都体育馆举行闭幕式。周恩来、江青、张春桥、姚文元、王猛和国际乒联主席等观看决赛并出席闭幕式。

11月15日

□ 晚，周恩来、江青、叶剑英、张春桥、姚文元、李先念、纪登奎、李德生、汪东兴等会见了国际乒联负责人和参加亚非乒乓球友好邀请赛的各个国家和地区的代表团及随团记者。

11月17日（至19日）

□ 上海市革委会举行酒会，欢迎亚非乒乓球友好邀请赛代表团前来上海参观访问。同时，印度、伊朗、黎巴嫩、新加坡、毛里求斯等国的乒乓球队运动员分别在风雨操场和江湾体育馆同上海队运动员进行了友谊比赛。

11月20日

□ 参加第14届斯堪的纳维亚乒乓球锦标赛的中国乒乓球队前往瑞典，并顺道访问英国、爱尔兰、丹麦、联邦德国和罗马尼亚等，前后两个多月。临走前，周总理在中南海接见即将出访的乒乓队成员，一个个点名握手。中国乒乓球队的教练员和运动员是：徐寅生、王志良、李景光、梁戈亮、郗恩庭、刁文元、余长春、李莉、林美群、郑怀颖、胡玉兰、黄锡萍。上海籍运动员黄锡萍是首次出国访问。黄锡萍由削球改成两面弧旋的进攻型，她是中国女队中第一个学欧洲两面拉弧圈的选手。

□ 晚，日本、尼泊尔乒乓球队运动员分别在江湾体育馆和市体育馆同上海乒乓球队运动员进行了友谊比赛。比赛至次日结束。

12月12日

□ 晚，朝鲜人民军男女乒乓球队在江湾体育馆同上海运动员进行了友谊表演。双方的比赛项目为两场男女团体赛和男子少年单打。

12月28日（至29日）

□ 晚，周恩来、江青、姚文元、耿飚会见美国进步学生代表团全体成员。乒乓球运动员庄则栋、张燮林、林慧卿、郑敏之、仇宝琴参加会见。第二天，江青、耿飚、王猛等陪同该代表团参观了北京体育学院，并观看了乒乓球、武术和体操表演。

本年

□ 沈剑萍入学杨浦区五联小学。学校有四张球台，排列在一个很大的房间里。二年级的体育课上就给每人发一块板玩球。不久，沈剑萍被招进了校队。

［注］据沈剑萍口述，该校主管老师不会打球，但很严格。沈剑萍早晨五点多钟就要先到学校练两个小时，平时还要挥铁板，

朝鲜人民军代表队访沪时，在上海大厦楼顶平台上与上海队合影

练得肯定比别人多。冬天，沈剑萍满手的冻疮，握着球板很痛。她说：进了学校就是怕老师，老师规定来就不敢不去。有一次她玩捉迷藏导致手骨折了，停练三个月后，就不想再去打球了。为此，老师亲自上门做工作，认为她是一棵好苗子。

☐ 市体委在体育宫组织青少年夏季集训。施之皓是体育宫少体校教练周一玲重点培养的队员。孙梅英、庄则栋来上海时，都曾到体育宫指导施之皓。集训结束后，好几个同龄的队友进了上海队，施之皓却因家庭政审问题未能入选。

［注］施之皓口述：那个年代能够进上海队深造，令人羡慕和向往。家庭政审不及格，对我的打击确实不小，甚至产生了放弃的念头，放学后就在弄堂里跟一帮小孩玩。这时，周一玲教练到弄堂里找我，还主动跟我的家长联系，并一直鼓励我不要放弃，

相信机会总是有的。周一玲教练让我重新燃起对乒乓球的热爱和渴望，如果没有周教练，可能就没有我的今天。

□ 国际乒乓球联合会决定，如果洲联合会愿意，在洲锦标赛中可以在授奖时升国旗（前三名）、奏国歌（冠军）。国际乒乓球联合会表示遵守投票权平等的原则，反对任何歧视。

［注1］徐寅生口述：20世纪20年代，在蒙塔古的主持推动下，国际乒联把乒乓球从游戏、娱乐活动发展成了竞技性体育项目。1926年举行的国际乒乓球邀请赛被追认为第一届世界乒乓球锦标赛，并成立了国际乒乓球联合会（ITTF），蒙塔古任职主席达41年之久。同时，国际乒联制定了不同于世界其他体育组织的章程，如会员只代表协会，不代表国家，发奖时不升国旗，不奏国歌，运动员无职业和业余之分等。这些规定避免了其他国际体育组织所经常遇到的很多麻烦。

［注2］国际乒乓球联合会是由各国或地区的乒乓球协会组成的，是世界上最大的单项体育组织之一。会员代表有权在国际乒乓球联合会的会议上用自己的国家语言发言，但须保证翻译成每次具体会议所采用的一种工作语言。国际乒乓球联合会定期出版《主席公报》，内容包括比赛和国际乒乓球联合会各种机构会议举行的日期和地点，以及当前活动的问题等。

□ 本年起，我国开始筹办亚洲乒乓球友好邀请赛、亚非乒乓球邀请赛等赛事。周恩来总理两次接见裁判组程嘉炎，并指示：要尽量使正在交战的参赛国在比赛中互相避开。程嘉炎用扑克牌模拟参加国，花了多个昼夜，解决了这一难题。后来，他把这套独创的乒乓球比赛编排写成了书，他的编排程序和方法至今被奥运会、世乒赛等采用。由此，他荣获"中国乒乓球运动杰出贡献奖"。

1972年

1月7日

□ 周恩来就国务院、中央军委《关于调青少年乒乓球运动员问题的通知》致信毛泽东:"经军委、国务院提议,政治局会议同意将国家体育运动委员会仍划归国务院领导,便于推动全国群众体育运动,以增强人民体质,并从中挑选各项体育运动的积极分子。"

1月8日

□ 据统计,参加上海南市区乒乓球交流赛的有近300支男女乒乓球队,很多工厂、商店、学校开展了车间、中心店、班级之间乒乓球交流赛。

1月9日

□《文汇报》发表署名"上海市乒乓球队写作小组"的文章《银球飞舞友谊桥》。

1月12日

□ 据《文汇报》通讯,上海市第一商业局所属采购供应站大力促进工业生产,积极组织货源,增加商品供应。其中提及"随着群众性文体活动的开展,乒乓球收购量比前年增加两倍以上"。

1月22日

□ 国际乒乓球联合会第一副主席、日本乒乓球协会会长后藤钾二先生因病逝世,终年65岁。中国日本友好协会、中华全国体育总会和中国乒乓球协会致电哀悼。

2月21日

□ 中午,美国尼克松总统到达北京开始正式访问。下午,毛泽东在中南海游泳池住处会见尼克松,毛泽东说:我们两家也怪得很,过去二十二年总是谈不拢,现在的来往从打乒乓球算起只有十个月。……十几年,说是不解决大问题,小问题不干,包括我在内。后来发现还是你们对,所以就打乒乓球。

□ 晚,周总理在人民大会堂宴请尼克松一行。宴会前,总理亲自把即将访美的中国乒乓球代表团团长庄则栋介绍给尼克松。尼克松说:我在白宫见你们。

[注] 会后,周总理接见准备访美的代表团领导和部分成员。总理强调"友谊第一,比赛第二"的方针,把友谊摆在前面,也就是把政治摆在首位,要让我们的一言一行、一举一动体现出中国人民对其他国家人民友好的情谊。

2月23日

□ 周总理、叶剑英等陪同美国总统尼克松观看体育表演,有庄则栋与张燮林的攻削单打,李富荣、李景光对余长春、刁文元的男子双打等。

2月

□《人民画报》出版《亚非乒乓球友好邀请赛》专集。

3月8日

□ 晚，上海市革委会为欢迎西哈努克亲王及其夫人，举行乒乓球、体操、武术等体育表演。中柬两国乒乓球运动员进行了友谊表演。王洪文、马天水、王秀珍等陪同观看。

3月15日

□ 朝鲜、日本和中国乒乓球协会的代表，就亚洲乒乓球运动的现状和建立真正代表亚洲乒乓球运动的新组织等共同关心的问题，进行了会谈并取得一致意见。三方一致认为：目前把持"亚洲乒乓球总会"的极少数人，阻碍亚洲各国乒乓球界的友好交流和亚洲乒乓球运动的健康发展。因此，成立真正代表亚洲乒乓球运动的新组织已成为亚洲乒乓球界的普遍愿望。三国乒协认为，为增进亚洲各国乒乓球界和运动员之间的友谊，促进亚洲地区乒乓球运动的普及、发展和提高，有必要尽快建立一个真正代表亚洲乒乓球运动的新组织。为此，三国乒协将同亚洲地区乒乓球协会进行协商，尽早召开筹备会议，共同为成立新的亚洲乒乓球组织而努力。

3月22日

□ 上海市市区和郊县分别举行了少年乒乓球交流赛，300多名少年乒乓球运动员进行了一千多场比赛。比赛前，全体运动员、裁判员和工作人员到江南造船厂"接受工人阶级在造船工业中打翻身仗的阶级教育和路线教育"。比赛期间，在市体育宫的比赛场地上听人民公园老年工人讲帝国主义分子造"跑马厅"，吮吸我国劳动人民血汗的血泪史。卢湾、虹口等区对少年训练工作抓得早、抓得狠，在这次交流赛中获得了较好的成绩。为了进一步推动儿童、少年乒乓球运动的开展，各区领队、教练还交流了开展青少年乒乓球运动的经验。郊县少年乒乓球交流赛分别在川沙县和金山县进行。

3月27日

□ 应加拿大、美国、墨西哥乒乓球协会邀请，中国乒乓球代表团离京前往访问。中国乒乓球代表团团长为庄则栋。女队教练兼队员是林慧卿，队员有郑敏之、郑怀颖、林秀英、杨俊、史平临。男队教练兼队员是张燮林，队员有李富荣、梁戈亮、何祖斌、陈宝庆、胡维新、丘炎良。

3月

□ 因1971年秋中国政坛发生"九一三"事件，驻沪空军乒乓球队面临解散。上海队亟需后备力量，经过各方协调，陆元盛等空军乒乓球队入伍才一年的队员集体复员，归入上海队。

□ 柬埔寨乒乓球运动员科武和金荣趁参加东南亚乒乓球比赛之机，投奔正在上海参观访问的西哈努克亲王。上海成立了接待小组，乒乓球运动员吴新民为接待小组的成员。在短短十多天中，吴新民每天陪同科武和金荣训练。为此，上海方面在江湾体育馆为西哈努克亲王举行乒乓球汇报表演。看到柬埔寨运动员的进步，西哈努克亲王将其作词、作曲并演唱的"怀念中国"黑胶、塑胶两张唱片附上相片和签名赠送给吴新民。

4月18日（至29日）

□ 中国乒乓球代表团回访美国，尼克松总统预定在白宫会见中国乒乓球选手。因16日美国轰炸越南海防、河内，中国乒乓球代表团请示外交部，准备拒绝见美国总统。当天上午，毛泽东约见周恩来，说：我国乒乓队系民间来往，去年美国队来华时我国政府领导人接见，今年我队去美国如拒绝美国总统接见，会给美国人民以失礼印象。美国轰炸南北越，矛头指向苏修，实际是撤兵前的争取面子的一手。美国人民对此反应也不强烈。我方表态已够。故我国乒乓球队在美国日程和赠送熊猫，代表团可按原计划进行。乒乓球队安全美方自会照顾，不必再提。周总理即指示电告我乒乓球队，各项活动包括尼克松接见照常进行。

［注］郑敏之口述：18、19日，我们代表团有两次重要的活动。一次是访问白宫。当时，我们男女队员各站一边，尼克松分别与我们握手，他说：乒乓球总是有输有赢，但我们两国都是胜利者。尼克松还送给我们每人一架一次成像打印的照相机。这在

尼克松与代表团的乒乓球运动员、教练员合影，其中有来自上海的李富荣、张燮林、林慧卿、郑敏之、林秀英等

中国女选手进行双打表演赛，右侧的选手是来自上海的林慧卿和郑敏之

当时是非常现代化的礼物，我至今还保留着。还有一次是在联合国打表演赛，各国的外交大使都来了，场面很隆重。我和林慧卿配合双打，受到了热烈的欢迎。

4月21日

□ 1972年全国青少年比赛在沈阳举行。上海青少年队由陆元盛、王家麟、岑仰健代表参赛。上海队以5比4战胜东道主辽宁队，荣获全国冠军。辽宁二队获得女团第一名。当时，很多国家队的教练来观战，准备从中选拔优秀苗子。

4月26日

□ 1972年全国少年乒乓球比赛结束。在单打比赛项目中，上海的王家麟和广东的伍锦星分别获男子甲、乙组第一名，辽宁的李明和上海的黄梅芝分别获女子甲、乙组第一名（乙组为

15岁以下的选手）。

4月28日

□ 亚洲乒乓球联盟筹备会议将于5月4日在北京举行。参加这次筹备会议的中华人民共和国乒乓球协会代表团组成中，代表团团长是中华人民共和国乒乓球协会代主席宋中，团员是梁焯辉、何振梁。同日，前来参加亚洲乒乓球联盟筹备会议的朝鲜乒乓球协会代表团到达北京。

4月30日

□《文汇报》报道：由于群众性文体活动的蓬勃开展，今年第一季度，文体用品的供应量大大增加，如乒乓球的销售增长了75%。

5月4日

□ 中国、朝鲜、柬埔寨、日本、伊朗和巴基斯坦等16国在北京成立亚洲乒乓球联盟（取名"联盟"，以区别于1952年成立的"亚乒联"）。秘书处设在北京，宋中任秘书长。原亚乒联自行解散。

［注］16国为柬埔寨、斯里兰卡、朝鲜民主主义人民共和国、越南民主共和国、伊朗、伊拉克、日本、科威特、黎巴嫩、马来西亚、尼泊尔、巴基斯坦、巴勒斯坦、新加坡、叙利亚和中国。

5月

□ 周恩来总理在人民大会堂会见亚乒联盟16个国家的代表。周总理对与会者说：亚洲乒乓球联盟的成立，是伟大的创举，是一件了不起的事情，这象征着亚洲人民的大团结。同时，周总理对大家说：当我看到亚洲各国和地区的乒乓球界朋友们欢聚在一起时，很自然地想到我们的台湾同胞。如果台湾作为中国的一个省，他们可不可以参加亚乒联盟的活动……面对这个涉及政治的问题，中外人士面面相觑。这时，周总理说："徐寅生同志，你说说看，可不可以？"徐寅生回答："可以。"

[注] 据徐寅生口述，当时他正聆听总理的讲话，等待周总理阐述对台问题的立场。听见总理点名，连忙站起来，因生怕答错打乱中央的部署，故第一句话说："台湾是中华人民共和国神圣领土的一部分……"总理说："你还没有回答我的问题。"他心里思索：如果答案是否定的，周总理又何必要提出这样的问题呢？答案应该是肯定的。此时，背后有人小声提示"可以"。徐寅生鼓起勇气说："可以。"周总理听了回答，接着对大家说："徐寅生是我们的教练，他说可以，各位朋友请你们研究一下这个问题……"不久，经中央批准，中国乒乓球协会向台湾乒乓球协会发出邀请，请台湾乒乓球队以中国台湾省代表队的名义参加北京亚洲乒乓球锦标赛。遗憾的是，这个邀请遭到了台湾当局的拒绝。此后，旅居日本、美国、欧洲的台湾同胞先后组队，以中国旅居海外台湾同胞的名义参加了亚非拉乒乓球友好邀请赛等赛事。

6月9日（至7月2日）

□ 全国五项球类运动会开幕式在北京工人体育场举行。

7月13日

□ 据市革委会工交组送呈市革委会报告，轻工业局所属上

全国五项球类运动会开幕式上,青海队在入场,青海省乒乓球队的施锦江、吴明明和徐美英(女)等多名队员均来自上海

海乒乓球厂,为适应外贸和国内外市场供应的需要,扩建乒乓球成型车间,同时拓宽厂外通道,要求征用新泾公社土地9.5亩。经会同城建局、上海县革委会等有关部门审查,拟予同意。马天水批阅:拟同意。

[注]据上海城建局革委会回复市革委会工交组的报告,上海乒乓球厂拟扩建成型车间,经我局审查,上述用地确属需要,拟予同意。上海县革委会同意上述征地。但因生产队人多地少,要求该厂按土劳比吸收部分劳动力。有关农地排灌和社员通道已由厂方会同生产队洽商解决。

8月9日

□ 据市革委会工交组送呈市委、市革委会报告,目前,上海乒乓球厂年产乒乓球 3000 万只，其中，红双喜球 100 万只。现在生产能力不能适应国际、国内市场的需要，拟扩建车间 3500 平方米，增添部分设备，使年产能力达到 5000 万只（其中红双喜球 300 万只），总投资 82 万元。该报告得到批准，投资列入同年基建计划。

8月15日

□ 宋中作报告，谈亚洲乒联成立的情况。

［注］宋中首先指出，我国乒乓球运动员为祖国争了光，外国人称"乒乓球外交"，现在的体育运动是增进各国人民的友谊，是各国人民团结的象征。法新社有一个记者说，他是研究乒乓球外交的，中国乒乓球队出国访问，他认为是改善关系、加强友谊的。第31届世界乒乓球锦标赛后，各国都很重视这个问题。尤其我们邀请了六国球队访华，特别是邀请美国队，毛主席的伟大战略部署震动了全世界。当时，外国评论说：小球震动了大球，地球围着小球转。把苏修二十四大全给压倒了，日本各界报纸都在显著位置报道了美国乒乓球队访问中国。第31届世乒赛后有两件大事，一件是邀请美国队访华，一件是发起亚非友好邀请赛。这两件事成为当时舆论的中心。亚非友好邀请赛在历史上是空前的、前所未有的，规模之大也出乎我们的意料。当时我们估计只有30个国家参加，但由于我国恢复了在联合国的合法地位，驱逐了蒋帮，在这样的大好形势下，我们取得了亚非友好邀请赛的伟大胜利。这次是一个继续，是小球震动大球的继续。今年的第一届亚洲乒乓球锦标赛，参加国家也是空前的，这次的总任务，"就是搞亚洲人民大团结的政治任务"。我们是执行重要政治任务的，是执行毛主席革命外交路线，不是单纯的比赛。

1972年

9月2日（至13日）

□ 第一届亚洲乒乓球锦标赛在北京举行，共有31个国家的259名运动员参赛。中国邮政发行每套4枚的邮票，图案分别是"会徽""亚洲人民大团结""男女混双"和"各国运动员切磋球艺"，共发行300万套。

第一届亚洲乒乓球锦标赛纪念邮票

9月13日（至14日）

□ 晚，周恩来在首都体育馆出席第一届亚洲乒乓球锦标赛闭幕式。第二天下午，周恩来和董必武副主席、朱德委员长在人民大会堂会见亚非拉乒乓球界朋友和运动员。

［注］31个亚洲国家和地区的乒乓球协会或体育部门的代表和

第一届亚洲乒乓球锦标赛开幕式照片

观察员参加了在北京举行的第一届亚洲乒乓球锦标赛。亚洲乒乓球联盟的会员在短短的四个月中从16个增加到23个。

10月（至12月）

□ 国家体委在全国选调男女各30名乒乓球运动员，组成国家青年集训队，上海籍运动员陆元盛入选。

［注］据陆元盛口述，这是三个月的短期集训，30名男队员睡在一个大通铺的房间，他常去看国家队的训练，见到上海籍的前辈李富荣、余长春、于贻泽等，梦想能够留下来。30人的集训队来自五湖四海，打法各式各样。陆元盛是两面反胶搞旋转的削球打法，他手上有感觉，在队内大循环比赛中，是中上水平。此时，集训队的教练让陆试改横板攻球打法，上海前辈运动员余长春知道后，亲自去跟青年队教练组沟通，并向领队王传耀反映，指出这个上海小孩，反手削得特别转，可否让他正手削长胶，来一个转中有变、变中有转；再说队里总要有削球打法的人。年底调整的时候，陆元盛以新的削球打法留在队中，成为国家青年队的一员。陆元盛认为余长春是他的"伯乐"。

12月30日

□ 新华社发表文章《朋友遍天下，邦交及五洲——一九七二年我国外交战线上取得重大成就》。文章称：9月在北京举行的第一届亚洲乒乓球锦标赛，为中国人民同亚洲各国人民的友谊和团结做出了贡献。今年，我国乒乓球代表团第一次访问了美国，打破了被关闭二十多年的中美人民往来的大门，促进了两国人民相互了解和友谊。现在，"友谊第一、比赛第二""小小银球传友谊"，已在世界各地传为佳话。

1972年

12月

□ 人民体育出版社出版《亚洲乒坛史的新篇章》。

本年

□ 国家体委副主任李梦华主持召开全国乒乓球训练工作会议。会议围绕欧洲运动员新打法的威力，讨论直板快攻打法的前途。

［注］国家乒乓球队主教练徐寅生等认为：直板快攻不妨练一板旋转拉球作为过渡，为快攻创造机会，即在原有风格"快、准、狠、变"的基础上加一个"转"字。另一部分人则认为：近台快攻练弧圈，会破坏传统风格。所以，争论的重点是"打得着就打，打不着就拉"还是"打得着我打，打不着就练"。讨论中激烈交锋，争得面红耳赤。最后，李梦华表态：传统技术风格要坚持和发扬，增加一个"转"的探索也允许试验。这个意见写进了会议纪要。经过几年的实践，认识逐渐统一。"快、准、狠、变、转"成了乒乓球界的共识。

全国乒乓球训练工作会议文件《参加三十一届世界乒乓球比赛及访问日-欧技术总结汇编》

□ 在全国比赛中，李赫男带教的张立与刘亚琴组合，战胜国家队一线队员胡玉兰、李莉、仇

20世纪70年代，退役后任教的李赫男（左）在北京训练局宿舍外与亲友的合影

1972年，上海队与日本队比赛结束后，中日双方队员在江湾体育馆休息室的合影。右二为日本队的河野满，右三为李振恃

宝琴等获得了冠军。张立即升为国家队主力阵容。

［注］李赫男根据张立个子高、正面对攻好、两面管得住的特点，加了一板又快又冲的正胶小弧圈，效果很好。同时，她以自己的得失经验，树立了张立的自信心。

□ 日本队访问上海。李振恃代表上海队与世界冠军河野满打了一场遭遇战。那天，在江湾体育馆，观众特别多，李振恃非常兴奋，杨瑞华任场外指导。结果为，李振恃以2比1获胜。自"文革"以来的四五年，李振恃并未进行正规的大运动量训练，却能在正式比赛中赢下名将河野满，这极大地提高了他的自信心。

［注］李振恃名声在外，江苏、浙江、湖北、湖南等省乒乓球队来上海，都邀约邮电队打比赛，李基本不输球。湖北队的肖作云是胡道本的学生，去北京胜了不少国家队的选手，来上海与李振恃连打两场，均以0比2输了。李振恃自觉可以到乒乓世界里去打一打，但上海队只借用他，不调动他，他的前途被家庭问题卡死了。

□ 张德英进队后获得全省冠军，并代表黑龙江省赴京参加全国五项球类运动会。张德英在进前八名时赢了国家队的梁丽珍，获得女子单打第三名（是前八名中唯一的省队队员）。

［注］张德英说：我的目标不是省队，我立志要进国家队。所以，我的训练绝对刻苦。我练出的正手高抛发球，至今没人能超

过。每天早晨我就跟着篮球队员一起跑步,一路跑下来口罩、眉毛都是白花花的冰。我还在小腿上绑着沙袋做蛙跳,让步法更轻盈。星期日别人休息,我则加班打球,而且还专找男队员练。韩玉珍的推挡是强项,她主动帮我练。我当时真是拼了,满脑子就是尽快提高球技,早日进国家队。这一拼就是三年。

□ 杨浦区少体校招生时,没有选中沈剑萍。后经小学老师推荐,沈剑萍进了新创办的江湾体育场少体校(简称"江少体")。江少体的主教练池惠芳是曾参加过第26届世乒赛的老运动员,她慧眼识珠,很重视沈剑萍,并请了辅导员帮助她训练,使其整个技术水平上了新台阶。沈剑萍作为主力曾代表五联小学在上海市小学生乒乓球女子团体决赛中战胜了巨鹿路第一小学,获得冠军。

1972年上海,江湾体育场少体校乒乓球队合影。
前排左二为倪夏莲,二排左三为沈剑萍,后排右二为池惠芳,后排右一为金大陆

1973年

1月1日（至5日）

□ 联邦德国乒乓球代表团在上海访问和比赛。第一场比赛，德国男队以5比4胜上海队，女子队以2比5负于上海队。第二场，上海男女队分别以5比2和5比1战胜德国队。德国乒乓球代表团还参观了上海工业展览会、工厂，游览了市区。

1月18日

□ 空军队周苗根教练带李振恃去虹桥机场登机赴沈阳。在十分保密的情况下，仍有不少朋友来送行。飞机起飞了，李振恃从舷窗上望着上海的街景，默默地跟上海道别。

［注1］据李振恃口述，1973年全军运动会将开幕，空军队教练毕东波、周苗根商议，调他回空军队。周苗根带空军政治部的介绍信来上海，李振恃喜出望外，但邮电局是否能放仍是问题。听说邮电局党委书记杨克瑞正在住院，李振恃便赶去华东医院。杨书记是军转干部，也曾看过李打球。李振恃述说了回空军队的机缘，想不到老杨说，那就回去呗。李问：此话当真？杨说，你的事我都知道。正在这时门开了，是上海的造反派头头陈阿大带队来慰问老干部。李振恃退出病房，担忧杨书记提及此事，分管上海工交口的陈阿大绝不会同意放人。好在杨书记未提此事。空

军队周苗根电话请示后,叮嘱李振恃这些天住到军队招待所。元旦上班后,周苗根和李振恃赶紧去邮电局办了手续。恰恰在这个时候,上海队也下了调李的批文。事后,李振恃了解到陈阿大在市工交口大会上点名批评了杨克瑞。1974年,李振恃取得亚洲锦标赛的第一块金牌,就直接寄给了杨克瑞。

[注2]李振恃回到驻扎在沈阳的空军队,由毕东波、周苗根等陪着训练,有时也跟辽宁队打比赛。春天,李振恃代表八一队参加呼和浩特全国分区赛,北京队、天津队、河北队、国家青年队都在这个赛区。八一队把所有的队都赢了。

1月

□ 为筹备全军运动会,解放军各军种、大军区纷纷组建运动队。姚振绪在上海入伍,参加了海军体工队。

1973年,全国乒乓球锦标赛在武汉举行,海军队的姚振绪代表八一队参赛。图为他在东湖的留影

2月21日（至24日）

□ 古巴国家乒乓球队访问上海。其间，古巴队先后同市乒乓球队和市工人乒乓球队进行了共同训练和友谊比赛，还参观了工业展览会。

2月26日

□ 中国乒乓球协会决定参加第32届世乒赛，并在北京、天津组织了全国性的选拔比赛。参加这届大赛的运动员和教练员名单如下：男运动员13名，分别是李景光、梁戈亮、刁文元、许绍发、于贻泽、李富荣、张燮林、郗恩庭、王文荣、王文华、何祖斌、余长春、苏国熙。女运动员8名，分别是郑敏之、郑怀颖、胡玉兰、张立、李莉、仇宝琴、林美群、杨俊。教练员是徐寅生、林慧卿等。

［注］中国乒乓球代表团出征前夕，周恩来和叶剑英曾来首都体育馆观看比赛，并与运动员交谈。总理询问代表团的行程、生活情况，当了解到代表团里只有一名男大夫时，当即批评体委工作不周。第二天，北京友谊医院张恩德大夫即来队报到。

4月2日

□ 亚洲乒乓球联盟执行委员会在南斯拉夫萨拉热窝"特尔梅"旅馆举行会议。会议由亚乒联盟主席代表、日本乒协副会长城户尚夫主持。会议回顾了亚乒联盟1972年9月第一次代表大会以来亚洲乒乓球运动的发展情况，讨论了共同关心的问题，并听取了日本乒协理事长矢尾板弘关于第二届亚洲乒乓球锦标赛准备工作的报告。会议取得了完全一致的意见。中午，中国乒乓球代表团设宴招待了出席亚乒联盟执行委员会会议的全体成员。

4月4日

□ 国际乒乓球联合会理事会在南斯拉夫萨拉热窝市举行。国际乒联主席埃文斯、名誉秘书长文特、名誉司库梅尔西埃、各洲副主席以及国际乒联理事会的理事共21人出席了会议。亚洲乒乓球联盟主席代表城户尚夫和亚乒联盟秘书长宋中在发言中阐明亚乒联盟是亚洲唯一真正有代表性的洲的乒乓球组织，并指出旧亚乒联的非法性。经过表决，会议以18票赞成、1票反对、2票弃权通过了撤销对旧"亚乒联"的承认的提案。

4月7日

□ 国际乒联代表大会第一次会议召开。国际乒联主席埃文斯向大会报告理事会通过的关于撤销对旧"亚乒联"承认的决定，并提交代表大会表决。日本、埃及、中国、尼日利亚等国乒乓球组织的代表先后发言，支持理事会决定。表决结果以108票赞成（每一协会以两票计算，下同）、8票反对、12票弃权，通过了关于撤销对旧"亚乒联"的承认的决议。

4月9日

□ 第32届世乒赛男、女团体赛结束。瑞典和南朝鲜队分别获男女团体冠军。中国男女队双双失利，这是近十年来的第一次。中国男队参加团体赛的是李景光、许绍发、梁戈亮、郗恩庭、刁文元。教练为徐寅生。该届团体赛由淘汰制改成循环积分制。中国队对瑞典队的一场最为关键，结果因梁戈亮失3分而以4比5败北。尽管在此后的循环赛中，中国队胜了匈牙利队、苏联队和日本队，终因积分少于瑞典队，屈居亚军。

［注］当时，为了安全，代表团领导和教练们还特地到郊区公

园用野餐的形式讨论名单。李景光、许绍发很快确定了，第三人选是谁？徐寅生的意见是出刁文元，总的意见却是出梁戈亮，理由是他精神面貌好，敢打敢拼，作风顽强，主管教练庄家富也为梁戈亮请战。徐寅生没有坚持。事后他深感自责，承认用兵失策。此为12年来中国男队在世乒赛中首次负于欧洲队。在那个"左"的年代里，宣扬精神万能，教训是深刻的。

[注]第32届世乒赛之后，徐寅生调至体委国际司，李富荣接任中国男队主教练。徐在交接时对李说：我做教练，两届世乒赛，一次夺冠，一次失利，是"1比1"。后来徐评价李执掌男队五届为"4比1"（四次夺魁，一次失手）。据李富荣自述，作为主教练，选用运动员时，若人家都认为合适，那不叫本事；在大家犹豫不定、难以定夺时，你能以独到的眼光看到运动员的独到之处，最终达到出奇制胜的效果，那才是本事。

4月16日

□ 第32届世乒赛闭幕，郗恩庭和胡玉兰分别获得男女单打冠军，梁戈亮和李莉获得混合双打冠军。

[注]郗恩庭口述：第31届世乒赛之前，中国乒乓球队中凡是打反胶的运动员全是陪练。我是徐寅生指导的试验品，或者说是标本。第32届世乒赛单打，我与瑞典选手约翰森打决赛，比赛打得异常激烈。徐寅生在场外做指导。我获胜后，第一句话就是对他说：谢谢您，咱们改反胶成功了！那时，徐指导脸通红，他反而谢谢我，说我帮他"打出了发言权"。那刻，我眼泪一下子出来了。如果我打不赢的话，我可以结束运动生命，但徐指导的日子会更不好过，因为造反派已给他戴了"洋奴哲学""爬行主义"好几顶帽子。

5月15日

□ 亚非拉乒乓球友好邀请赛将于8月25日至9月7日在北京举行。最近,亚非拉乒乓球友好邀请赛组织委员会在北京成立。这次邀请赛的宗旨是:增进亚非拉各国和各地区人民和运动员之间的友谊与团结,促进亚非拉乒乓球运动的发展。

5月17日

□ 据报道,今年第一季度,全国轻工业产品产量增加,质量提高,其中乒乓球增长45%。

6月1日

□ 上海市小学生运动会在江湾体育馆举行开幕式。

6月30日

□ 上海市小学生运动会在江湾体育馆举行闭幕式。闭幕式上进行乒乓球男子单打决赛,由黄浦区的施之皓对虹口区的陆小聪,上海市电视台实况转播。

[注] 施之皓口述:当时,比赛是打21分球的五局三胜制。开局后,陆小聪进入状态快,发挥也不错,以2比0领先。第三局打成11比19,陆小聪可能有了特别的想法,我则渐渐适应了,结果被我捞回来了。这样,整个局面就倒过来了,我充分发挥了全面进攻的特长,他几乎处于崩溃的状态中,我连胜三局夺冠。这是我少年时期印象最深刻的一场球,他记一生,我也记一生。

7月4日(至7日)

□ 应香港乒乓球总会的邀请,以徐寅生为团长,林慧卿、李富荣为副团长的中国乒乓球代表团，在对日本进行友好访问后，连续为港澳同胞进行了四场表演赛，受到一万多名观众的欢迎。

7月15日

□ 人民解放军1973年运动会北京赛区开幕式在首都体育馆举行。叶剑英、聂荣臻、李德生、王洪文、吴德出席开幕式。

［注］据李振恃口述，空军队的李振恃与毕东波打进决赛，并分别获得冠亚军。因整个比赛中李振恃只输了一局，全军运动会打完后，他就直接被调进了八一队，备战10月份的全国比赛。八一队领队贺捷很重视李。该队训练强度大，每天上下午两场，晚上还加班。老将毕东波一直帮着李振恃训练。

李振恃告诫自己：时间不多了，自1968年在上海邮电打业余队，现在则要与命运搏一搏了。整个夏天，李振恃只有一个半天没有练，弄得右手顶拍子的地方红肿起来，有医生说是鸡眼，要动手术，起码一周不能练球。李便去八一队医务室找洪大夫，说疼得厉害，洪大夫把老茧下的水泡挑破，抹点药后，就逐渐好了。八一队的训练基地在红山口，有一天，李与队友花两个多小时爬上数百米高的山顶，为了赶回去训练，便拉着树径直下山。谁知他跳下坡，刚拉着树枝，就滑下去了，还好身子被山崖边的一棵树挡住了。他的裤子划破了，右腿出了很多血，小腿膝盖上留一个大疤。李振恃自忖：大难不死，必有后福。

□ 1973年全国少年乒乓球比赛在太原结束。来自全国27个省、自治区、直辖市和解放军的379名少年运动员参加比赛。据统计，上海队的成绩为团体赛男子甲组第二名、女子甲组第五名。单打（取前八名）男子甲组第四名为胡明弟，第五名为于争鸣；女子甲组第二名为李小萍，女子乙组第五名为仇晨燕，第七名为眭映霞。

7月25日

□ 据亚非拉乒乓球友好邀请赛组织委员会负责人宣布，已有80多个亚洲、非洲、拉丁美洲国家和地区的乒乓球协会或体育组织报名参加在北京举行的亚非拉乒乓球友好邀请赛。国际乒乓球联合会、亚洲乒乓球联盟、非洲乒乓球联合会、南美洲乒乓球联合会等组织的领导人，也将应邀前来参观这次友好邀请赛。

7月底

□ 铁道兵部队来上海招收上海市小学生乒乓球男单冠军施之皓，为了防止发生意外，所有的征兵手续没有走"体育兵"的路子，而是当作"文艺兵"招收。

8月7日（至14日）

□ 加拿大少年乒乓球代表团访问上海，多次同上海少年乒乓球队共同练习，切磋球艺，并进行了男、女单打，男、女双打和混合编组的比赛。客人们还参观了上海工业展览会、乒乓球厂、虹口区业余体育学校，游览了黄浦江等。

8月18日

□ 亚非拉乒乓球友好邀请赛技术协商委员会举行第二次会议，讨论了本次友好邀请赛主办协会——中国乒乓球协会提出的关于中国出两个队参加友好邀请赛的提案。会议一致通过该提案。中国乒乓球协会代表王志良，对参加会议的各国代表通过中国出两个队的提案表示衷心感谢。他宣布中国参加友好邀请赛的两个队是：中华人民共和国乒乓球队与中华人民共和国台湾省旅日、旅美同胞乒乓球队。

8月19日

□ 参加亚非拉乒乓球友好邀请赛的中华人民共和国乒乓球代表团组成。团长徐寅生，副团长林慧卿（女）、符兆楼、王传耀、庄家富（兼教练员）、孙梅英（女）、李富荣、张燮林、王志良、郑敏之（女）。教练员李赫男（女）、梁友能。女子运动员为胡玉兰、郑怀颖、张立、林都（台湾省），男子运动员为郗恩庭、梁戈亮、王文荣、仲高山（台湾省）、王家麟。

1973年8月25日，亚非拉乒乓球友好邀请赛在北京首都体育馆隆重开幕，图为苏丹运动员入场

8月25日（至9月6日）

□ 亚非拉乒乓球友好邀请赛在北京举行，86个国家和地区的1100多人参与赛事。应中国乒协的邀请，中国台湾省旅日、旅美同胞乒乓球代表团一行20人参加了此次邀请赛。这次邀请赛是两年前在北京亚非乒乓球友好邀请赛期间发起的。

□ 李赫男带领中国女队在第一届亚非拉友好邀请赛上夺得女团、混双冠军。

［注］据李赫男口述，当张立与朝鲜朴英顺争夺女单冠军、直落两局领先时，外交部翻译唐闻生从主席台上下来对身为教练的她说："总理指示，告诉张立放一局啊。"李对张立说：放一局没关系，你是绝对上风球！结果张立放一局后软得不可收拾，反以2比3负于朴英顺。闭幕式招待会上，总理对张立说：你的任务完成得很好！李赫男教练说：我理解总理的意思，就是圆满地完成了政治任务。那时中国乒乓球队不在乎个人名利，国家利益是第一位的。

北京亚非拉乒乓球友好邀请赛纪念品友谊杯

北京亚非拉乒乓球友好邀请赛纪念明信片

8月27日（至30日）

□ 应邀前来我国参观亚非拉乒乓球友好邀请赛的日本乒乓球老运动员代表团，在北京参加了开幕式后来上海访问。日本代表团在上海汽水厂、虹口区业余体校和曹杨新村小学进行乒乓球表演和辅导，还进行了一场友谊表演赛。

9月1日

□ 国际乒联主席埃文斯把圣·勃莱德杯的复制品赠给庄则栋，奖励他在1961年、1963年和1965年世乒赛中连续三次获得男子单打冠军。

9月6日

□ 周恩来出席亚非拉乒乓球友好邀请赛闭幕式。

亚非拉乒乓球友好邀请赛闭幕式

9月18日

□ 亚洲运动会联合会执委会在泰国曼谷举行会议，通过决议，确认中华全国体育总会为该联合会会员。

9月下旬

□ 柬埔寨、老挝（爱国战线）、马尔代夫、马里、墨西哥、巴勒斯坦、也门民主人民共和国等国家和地区的乒乓球代表团，在参加亚非拉乒乓球友好邀请赛后访问上海。日前先后去外地参观或回国。

□ 我国台湾省旅日、旅美、旅联邦德国同胞访问上海，其间参观了一大会址、上海工业展览会、上海重型机器厂、上海第一钢铁厂、市少年宫等，并与上海乒乓球队运动员、教练进行了男子单打、女子单打和混合编队的双打友谊表演。

10月21日

□ 1973年全国乒乓球比赛在武汉举行。辽宁一队和解放军队分别获得男子团体冠、亚军，上海一队和广东队分别获得女子团体冠、亚军。解放军队的出场队员是上海籍的李振恃、姚振绪与广东籍的陆巨芳；上海女子一队的出场队员是黄锡萍、徐剑琴和丁赛祯。

［注1］上海一队的于贻泽、王家麟、陆元盛组队打进前八。上海二队在小组赛中以0比5输给八一队，成了全场男团的倒数第二名。赛场上有人议论：上海队太惨了，两个放出去的人回过头来打上海队。

［注2］李振恃代表解放军队参加本届全国比赛。赛前组委会招待吃武昌鱼，李振恃回宿舍后即上吐下泻。领队贺捷紧急把他

送至医院的单人病房。李振恃向贺领队表态：夏天练得那么苦，这辈子的第一次机会来了，躺下去人会躺坏的。但医生不准他出去。好在比赛前他感觉好些了。比赛正式开始，李振恃发挥出色。徐寅生和李富荣来现场观看李的比赛。

10月22日

□ 团体赛后的体育间隙，解放军队领队贺捷与李振恃在走廊里巧遇徐寅生。贺领队直接问徐寅生：李振恃能进国家队了吧？徐寅生回答：不拿男子单打冠军，不能进国家队。

［注］据李振恃口述，当时，三人在场，他思忖：在中国，最难打的就是全国锦标赛的男单冠军。技术上有贵人相助是绿灯，政审却是红灯。经历了团体赛，国家队那么多高手，并非不可战胜，重要的是"上场不要害怕"。

10月29日

□ 全国乒乓球比赛单项比赛结束，解放军队李振恃获得男子单打冠军，上海队黄锡萍获得女子单打冠军，李振恃、伍时宝还获得混合双打冠军。李振恃的男子单打决赛对手是国家队的刁文元。李振恃有备而战，连胜两局。第三局以18比12领先时，李心里想着，还有三分就是男子单打冠军了，一走神，场上比分变成17比18。李振恃连忙定神处理来球，最终以21比19战胜刁文元夺冠，顺利进入国家队。

［注1］据李振恃口述，半决赛时，上半区的刁文元和李鹏先打，他观看了两人的比赛，同为国家队的李鹏接刁文元的发球竟飞天飞地，便发现刁的发球从上往下是上旋，下旋时则有点偏。李振恃与刁文元的决赛开始，第一局发球时，李振恃一看手势从

上往下就正手一板,第二球又打一板,第三个发球往侧面,李振恃就搓一板。因掌握了窍门,李振恃获胜。

[注2]同日,新华社记者发表《一九七三年全国乒乓球比赛侧记》。文章称:解放军队男选手李振恃,努力提高路线斗争的觉悟,不断树立为革命打球的思想,苦练乒乓球技术的基本功,并坚持练长跑,增强体质,进步很快。他的正手攻球和反手推挡,速度快,力量重,步法灵活。在团体赛中,他先后战胜李景光、王文华、李卓敏等名手;在男子单打比赛中,又战胜了许绍发、周兰荪、刁文元等名将,夺得男子单打冠军。

10月

□ 施之皓代表铁道兵体工队参加全国锦标赛,13岁的少年选手打成人比赛,对他是一次非常好的锻炼。全国比赛结束后,施之皓作为铁道兵的战士,下秦岭山区为连队打表演。原计划去一个月,第二周便接到国家队调令,赴上海参加全国少年大区集训。

[注]据施之皓口述,铁道兵体工队外出全部坐卡车,山很高,路很窄,从这个部队到那个部队,就是从这个山头到那个山头,绕来绕去也要开几十公里。打表演就是在露天搭个台子,战士们集合把一个山坡围起来,表演非常受战士们的欢迎。体育兵下连队每年一次,跟战士一样,伙食也一样;在体工队时一天一元二角的标准,战士们只有两毛七,相差很多。

11月

□ 陆元盛入选国家青年队访欧,参加瑞典的斯堪的纳维亚锦标赛。这是陆的第一次出访。首战瑞典国家队,对手正是上

第16届斯堪的纳维亚锦标赛在瑞典举行。11月26日,中国队与瑞典队进行了首场友谊比赛。图为两国运动员在比赛前的入场式,上海的王家麟(右六)、陆元盛(右八)参加了这场比赛

半年团体赛战胜中国队的原班人马,陆元盛先赢本格森,再胜约翰森,为全队胜利立下汗马功劳。

[注]据陆元盛口述,第一场打完,本格森叫来翻译与他交流,称赞陆打得好,表示会去看录像,下一站要赢他。陆元盛心中打鼓:本格森是上届世界单打冠军,本届团体赛拿中国队三分,是人家没用全力吗?结果,第二场比赛,陆元盛又连赢本格森和约翰森。本格森下来说,他遇到了中国新的"长城"(当年《参考消息》刊登了本格森的访谈)。本格森还送了陆一块有他头像的球板。但陆还是一直用中国的"红双喜"板,这块红双喜032的底板,伴随着陆元盛的整个运动员生涯。接着,青年队应邀到冰岛打表演赛,回程经莫斯科,再坐5天6夜的火车回到北京,已是年底了。

□《人民画报》出版增刊《亚非拉乒乓球友好邀请赛》。

12月15日（至16日）

□ 丹麦乒乓球队访问上海，并与上海乒乓球队进行友谊比赛。丹麦客人还进行了参观和游览。

12月23日

□ 从本日至26日，法国乒乓球代表团访问上海，并与上海男女乒乓球队进行友谊比赛。结果为，男子团体赛中法国队以5比3获胜，女子团体赛中上海队以5比3获胜。客人们还进行了参观和游览。

□ 从本日至次年1月1日，罗马尼亚少年乒乓球队来上海访问，先后同上海少年乒乓球队、中国少年乒乓球队进行友谊比赛，结果在男子团体赛上分别以5比4、5比3胜上海队和中国队，在女子团体赛上则分别以4比5、2比5负于上海队和中国队。在沪期间，罗马尼亚队还进行了参观。

本年

□ 彩色纪录片《中国乒乓球代表团访问加拿大、美国、墨西哥、秘鲁》上映。

□ 市少体校招生时，池惠芳教练将江少体三位主力送去测试。结果，第一号主力沈剑萍落选，市少体校教练徐介德认为沈打球没有表情。池教练请来市队教练王传祺做工作，鼓励沈再打一年直接进上海队。

□ 上海籍运动员余长春和林秀英在北京登记结婚后，征求双方父母的意见后回到家乡上海。余长春担任上海体委党委委员、体工大队副主任、乒乓队领队兼女队总教练。林秀英任上海乒乓队教练。

［注1］据余长春口述，当时仍处"文革"时期，上海体委、"文革"两派都来找他，他表示自己只管训练，但当时各种会议很多，占去了太多的时间。黄锡萍、徐剑琴等上海籍队员还在国家队，余长春率领她们获全国女子团体冠军，黄锡萍蝉联了两届单打冠军。因徐寅生曾交给余任务——在上海多培养反胶快攻结合弧圈打法的青少年，余跑遍上海各少体校，将曹燕华、曹春玲、卜启娟、陈淑萍等调来上海队训练，并推荐给国家队。

［注2］余长春回上海带队时，女队成绩出色，男队却名落孙山。体委领导希望余能挑起重担。余考虑了上海男队的状况，提出选调邮电队的李振恃。正式打报告后，体工队持同意的意见，体委个别领导却咬住李的家庭出身问题，甚至表示要把李卡死在上海邮电队。为此，余长春多次去理论，强调党的政策，说明李是共青团员。同时，八一队领队贺捷多次来上海找余长春，希望市乒协、上海队那一关能够通融。余表态：部队直接找邮电局搞定吧！

［注3］余长春回上海任教练，在上海普陀体育馆观看华东乒乓球比赛中上海队对江苏二队的比赛。江苏二队的蔡振华，左手削球打法，斗志顽强，满场拼命跑。余长春向熟悉的江苏队教练杨光严建议：这小孩天赋不错，但再打两年削球就完了；回去应改打全攻，重点拉弧圈。杨教练认同了此建议。

1974年

1月4日

□ 邓小平接见王猛等国家体委领导,询问我国恢复国际体育组织席位的问题。邓小平说:对国际奥委会等国际体育组织,要采取积极主动的方针多做工作。现在进不去,最后总要进去的。国际体育组织怎么能离开我们这样一个大国呢?

1月

□ "批林批孔"运动开始了,王洪文、江青指示时任体委核心组副组长的庄则栋首先要"从核心小组分化出几个,和老将谈话,站到我们这一边来"。庄则栋告知体委干部和群众:"江青亲自对我说过'我、洪文、春桥、文元都支持你'","我们的每一步都是首长手把手教出来的"。并强调"宁可几年不出成绩,也要把路线抓好"。据查,庄则栋与王洪文、江青来往频繁,送呈的材料达二百五六十件之多。

□ 国家乒乓球队准备访问朝鲜进行共同训练。出国办护照要政审,八一队领队贺捷知道李振恃的政审不过关,赶到国家队找徐寅生和李富荣,表示军队可出证明提供帮助。实际上,国家队为李振恃办出国护照,是为了让他4月去日本打亚锦赛,7月打亚运会,年底访问欧洲,来年可打第33届世乒赛,力争为国家队打"翻身仗"。后来,这个门打开了。

上海乒乓球运动纪事录（1949—2024）

本年春

□ 国家体委安排乒乓球上海大区集训设在江湾体育场体操房，住宿就在舞台后面，男的住左边，女的住右边。大家很珍惜这个机会，刻苦训练。主管教练是吴晓明，集训队安排上海港务局的高手来陪练，运动员的技术水平有阶段性的飞跃。集训结束后，施之皓代表铁道兵参加全国分区赛后，直接进了八一队。

2月21日

□ 正值"批林批孔"运动时期，体育报社将内蒙古乒乓球队的一封信转交江青，反映球队"二丁"兄妹揭露本单位领导搞锦标主义问题，遭到打击报复等。江青批示：应该责成王猛同志妥善处理，赔礼道歉，医治被殴伤者，揭开体育系统阶级斗争、路线斗争的盖子。时任中共中央副主席的王洪文也批示：完全同意江青同志的意见，请转王猛同志即办。

2月22日

□ 王猛在体委核心小组传达了王洪文、江青的批示，派办公厅负责人前往内蒙古调查，并指示将情况搞清楚后提出处理意见。

2月26日

□ 王洪文派秘书廖祖康到体委，私下了解是否知道中央首长的批示，于是，就有了"王猛扣押中央首长批示四天不予传达"的罪名。王猛解释：首长批示已在核心小组传达，正在调查处理，有结果上报中央，这是正常程序。造反派天天纠缠此事，体委工作受到干扰。

3月5日

□ 庄则栋时任体委核心组副组长,清楚王猛处理"二丁"兄妹告状的整个过程,便主动提出在会议上向群众解释。王猛事后回忆说:"当时,庄则栋是真心为我解难的。"

□ 周总理给王猛的批示:请王猛同志在国家体委的"批林批孔"运动中,采取积极提倡和欢迎群众批判自己的认真、严格、热情的态度,才可把体委的运动发动起来。

□ 晚间,因庄则栋的两个亲信说,此事属重大路线问题。庄便去钓鱼台求见江青、王洪文。江青说:王猛很狡猾。明天上午你就跟王猛说,这是一位副主席、一位政治局委员批示给你的,你来向群众解释。江青还对庄说:王猛在十次路线斗争中是有问题的,他和林彪的关系不清,有些问题也没有交代。你要发动群众,大揭大批……王洪文也对庄则栋说,我们支持你,以后有什么事就找我们。

3月6日

□ 凌晨,江青、王洪文再次召见庄则栋,强调:"王猛是林彪线上的人。你咬了我一口,我一定要咬你!"并告知庄:王猛给林彪送过王八,他没有交代。此时,庄掏出总理给王猛的批示。江青便叫王洪文给总理打电话,并说,这个批示同我们的不一样,要改写,要写得重一点,写好了我们还要看一看。其间,周总理曾来电找庄则栋,江青示意王洪文去接,回说庄不在此地。

□ 在体委召开的会议上,庄则栋突然说:"王猛,这四天的事,是你的问题。江青同志、洪文同志的批示是给你的,你必须向群众做出交代……"并质问:"王猛,你跟林彪是什么关系？还有什么问题没有交代？"

　　[注1]粉碎"四人帮"后，鲁光先生曾在机关二楼打开水时询问庄，庄说："我看总理老了、病了，而江青是毛主席的夫人，王洪文、张春桥、姚文元势力强。唉，我以为在江青这条船上最安全，谁料到这是一条贼船呀……"

　　[注2]王猛自述：庄则栋对中国乒乓球运动做出过重要贡献，其本人品质是不坏的。当时主要是江青、王洪文把他拉过去了。开始他主动提出要在会上给大家解释，证明我没有扣压江青、王洪文的批示。谁知当天晚上，江青给他交了底，要把我拉下马。第二天开会，他突然倒戈，而且指着我的名字说，王猛你要交代。我当时意识到，他完全站过去了。

3月22日（至26日）

　　□ 新西兰乒乓球队访问上海，其间，同上海乒乓球队进行了两场友谊比赛。

3月31日

　　□ 亚洲乒乓球联盟委托日本乒协举办的第二届亚洲乒乓球锦标赛准备就绪，其口号是"银球连亚洲"。日本横滨市政府出版了题为"欢迎亚洲朋友"的画报，有文章写道："在世界大动荡的今天，让我们通过乒乓球赛这种文化体育交流的方式，加强亚洲国家的团结和相互了解。"

4月9日

　　□ 亚洲乒乓球联盟第二次代表大会第一次会议在横滨举行，亚洲28个国家和地区的乒乓球协会或体育组织的代表或观察员出席大会。亚乒联盟主席代表城户尚夫主持大会。亚乒联盟名誉秘书长宋中作了亚乒联盟成立两年来的工作报告。他说:"这是前进的两年,胜利的两年。自从第一次代表大会和第一届亚洲乒乓球锦标赛以来,亚洲乒乓球界的形势有了令人鼓舞的发展。亚乒联盟所确定的宗旨日益深入人心,得到了越来越多的亚洲国家和地区的赞同和支持,亚乒联盟的组织不断发展和壮大。"

4月14日

□ 亚洲乒乓球联盟第二次代表大会在日本横滨闭幕。大会公报说:大会满意地看到亚乒联盟成立以来不断获得巩固和发展,亚洲乒坛出现了一派欣欣向荣的大好形势。大会一致决定委托朝鲜民主主义人民共和国乒乓球协会,于1976年在平壤举办第三届亚洲乒乓球锦标赛,同时召开亚乒联盟第三次代表大会。

4月15日

□ 第二届亚洲乒乓球锦标赛闭幕。中国队获男子团体第一名,日本队获女子团体第一名。男、女单打第一名为日本选手长谷川信彦和枝野富枝。日本选手长谷川信彦、河野满和中国选手郑怀颖、张立分别获得男、女双打第一名,河野满、枝野富枝获混合双打第一名。

4月

□ 李振恃随国家队赴日本参加亚洲锦标赛,此为李第一次出国打重要的国际比赛,队友刁文元向他转达高手对垒时的特点和经验。团体赛中,李振恃赢了长谷川。

[注] 许绍发口述：因李振恃的家庭问题，队里外出时仍有担忧。所以，我走在前面，安排刁文元走在最后，目的是盯住李振恃，防止他外逃。我不时回过头去看，看到刁文元拍拍胸脯就知道是安全的。现在想来真是荒唐之极。

5月14日（至19日）

□ 中国、朝鲜民主主义人民共和国、日本、瑞典、南斯拉夫乒乓球友谊赛在首都体育馆开幕。中国男、女队获得团体赛第一名。日本的河野满和朝鲜的朴英顺分别获得男、女单打冠军。

5月20日（至23日）

□ 日本乒乓球队抵达上海，与上海乒乓球运动员在江湾体育馆进行友谊比赛。结果为，日本队男子团体赛以5比2获胜，女子团体赛以3比1获胜。日本运动员还同上海运动员共同练球，交流经验。在沪期间，日本乒乓球队访问了曹杨新村，到工人家里做客，把签满运动员名字的队旗、乒乓球拍赠送他们留念。

6月24日

□ 中华全国体育总会负责人宣布：在我国参加第七届亚运会的体育代表团中，将有台湾省籍的体育工作者和运动员。台湾是中国的一个省。只有中华全国体育总会及其所属各单项运动协会才有权利派遣体育队参加国际体育比赛。台湾省运动员可以像我国其他省、自治区、直辖市的运动员一样，参加全国性比赛，并被选拔为全国代表队的成员，参加国际体育比赛。中国人民和运动员坚决反对任何国际体育组织利用国际体育活动制造"两个中国"或"一中一台"的阴谋。

6月下旬

□ 庄则栋跟随江青到天津小靳庄，他向江青反映：体委的运动阻力很大。江青对庄说：你顶住，我、洪文、春桥、文元，我们都支持你，你是执行主席路线的。你一定要最大限度地孤立王猛、李梦华……

7月16日（至19日）

□ 日本少年乒乓球代表团访问上海，同上海少年乒乓球运动员分组进行了四场男、女团体赛。日本女子一组以5比4胜上海女子一组，上海男子一组以5比4胜日本队。男、女二组的比赛，主队分别以5比2、5比3获胜。在沪期间，日本少年乒乓球代表团参观了上海工业展览会，访问了娄塘人民公社、徐汇区少年宫等。

8月2日

□ 参加第七届亚洲运动会的中国体育代表团乒乓球代表队组成：领队徐寅生，教练员李富荣、李赫男（女），女运动员胡玉兰、张立、郑怀颖、黄锡萍，男运动员郗恩庭、许绍发、李振恃、梁戈亮、曾博雄。

8月上旬

□ 邓小平复出后任国务院副总理并分管体育。邓小平对庄则栋说：王猛在十次路线斗争中没有问题，在体委两年多的问题，也没有多少价值。

上海乒乓球运动纪事录（1949—2024）

1974年8月，参加第七届亚运会的中国乒乓球代表队合影

8月14日

□ 1974年全国少年乒乓球比赛在银川举行，共有280多名少年男女运动员参加。经过三个阶段的赛程，北京队的卢启伟和解放军队的孙伟芬分获男、女单打第一名。在前八名选手中，只有上海队的眭映霞获得女子单打第七名，上海籍的解放军队选手施之皓为男子第三名。

9月1日（至16日）

□ 第七届亚运会在伊朗德黑兰举行，中国乒乓球队荣获六项冠军，男子双打冠军由日本运动员长谷川信彦、河野满组获得。

［注］当时，江青为代表团设计了队服，大家都觉得不好看，但谁也不敢议论。李赫男率领的女队由张立、胡玉兰、郑怀颖和黄锡萍组成。张立战胜了南北朝鲜和日本的主力李艾莉萨、朴英顺、大关行江等，郑怀颖也打得很好，女队获得全胜。赛后，李赫男教练在《体育报》撰文《高风格的铺路者——黄锡萍》，介绍黄锡萍原是横拍削球手，后改打了弧圈球，在亚运会集训期间，她主动模仿南朝鲜队李艾莉萨的打法，为队友当陪练。文章称赞她牺牲个人利益，甘当"铺路石"的精神。亚运会开幕式前，徐寅生来房间找李振恃，亲自为李理发。李振恃参加了与日本队的决赛，并拿下了关键分，保证了中国队的胜利。

1974年中国队荣获伊朗亚运会乒乓球女子团体冠军

9月5日（至7日）

□ 朝鲜人民军"二八"男女乒乓球队访问上海，其间，同上海乒乓球运动员进行共同训练。该队还参观了上海工业展览会、虹口区青少年业余体校等。

9月中旬（至10月下旬）

□ 王猛两次向国务院领导提出"回部队工作"的请求。在协和医院住院期间，他遇到胡耀邦，又通过胡耀邦向邓小平进言。

11月20日

□ 南斯拉夫、中国、日本和瑞典乒乓球友谊赛在南斯拉夫首都贝尔格莱德开幕。参加比赛的中国女运动员是胡玉兰、张立、郑怀颖、黄锡萍和葛新爱，男运动员是许绍发、梁戈亮、李振恃、李鹏、李德洋和李卓敏。教练员是张燮林和庄家富。

1974年12月1日，黄锡萍荣获斯堪的纳维亚公开赛女单冠军

11月29日（至12月1日）

□ 第17届斯堪的纳维亚国际乒乓球锦标赛在瑞典南部海港城市卡尔斯哈门开幕。中国队获得男子团体冠军，日本队获得女子团体冠军。在单项比赛中，我国选手黄锡萍获女子单打冠军，胡玉兰和葛新爱获女子双打冠军，南斯拉夫选手获男子单打和混合双打冠军，瑞典选手获男子双打冠军。

11月30日

□ 1974年全国乒乓球比赛在南宁市结束。上海知青张德英代表黑龙江队参赛，与队友合作夺得了全国团体冠军，并在单打中获得季军。省队便安排张跟男队训练。后国家队来了"借调函"，邀请张去欧洲参加斯堪的纳维亚锦标赛。张德英意识到：机会来了！

12月上旬

□ 华国锋副总理将调离王猛的决定通知体委。庄则栋出面阻挠：王猛现在不能走，问题还没查清楚，也没有做检讨。邓小平打电话给庄则栋：明天就检讨，不管检讨得好还是不好，你都要带头鼓掌，并立即放人。庄则栋只得照办。

12月25日

□ 中共中央发出通知：庄则栋任国家体育运动委员会主任，党的核心小组组长。王猛同志由中央军委另行分配工作。

本年

□ 陆元盛进入了国家一队，与李振恃、郗恩庭、许绍发、梁戈亮等新老队员成为八个重点队员之一。主教练李富荣决心打好第33届世乒赛的"翻身仗"，全队训练兢兢业业。因陆元盛访欧比赛成绩显著，这一年没安排他出国比赛。

[注] 这一年陆元盛训练非常刻苦，每次打多球测脉搏，总要达到标准才结束。同时，李富荣强调精神和意志，比分落后时也不能有任何松懈。冬训长跑时，李总是先冲出去，带着队员在寒风中一起跑。晚上，则安排看录像片，再围着球桌进行针对性地讨论、示范，如对本格森发球要到什么位置，接发球怎么处理，整体战术如何运用等。徐寅生主任也来看训练，讲球场辩证法。陆元盛总是把徐指导的书放在枕头边。

□ 施之皓在八一队四年，由主教练于贻泽带教训练，生活上是军事化管理，技术、打法上有创新。八一队的优势为南北风格的交流和结合。施之皓回家与上海队交手，已优势明显。

□ 沈剑萍在上海少年乒乓球锦标赛中一路进击，在决赛中以3比0战胜虹口少体校的削球手陈淑萍（后进国家队），夺得上海市少年冠军。此时，市少体校和上海队的录取通知书都来了。恰在此时，工程兵部队通过池惠芳指导来招兵，沈家商量后决定去部队。如何应对上海队的录取通知呢？经池指导同意，沈家便没有声张，沈剑萍也没与少体校告别，由父母送到火车站，交给教练带上火车便走了。

　　［注1］据沈剑萍口述，当时她13岁，按理应进上海队留在父母身边。但沈剑萍有个哥哥，沈若去了外地部队，又是军人身份的话，哥哥就可以按政策留在上海，不需要去外地插队落户了。

　　［注2］工程兵体工队只有乒乓队和篮球队，兵种领导很重视，特地建了乒乓馆、篮球馆和宿舍，地点在北京的香山。沈剑萍进队时，即参加全军运动会，并和老队员配合获得混双冠军；接着参加全国比赛，尽管也输了一些球，终究经受了磨炼，成为队里的主力。沈剑萍承认当初没有选择进上海队是明智的。因为上海队人才济济，打进国家队的就有曹燕华、卜启娟、倪夏莲等，各个年龄层一层压着一层，哪会有在工程兵部队如此多的机会。

*1975*年

1月20日

□ 邓小平、陈锡联、纪登奎、华国锋、陈永贵、苏振华等接见参加第33届世乒赛的中国乒乓球代表团和攀登珠穆朗玛峰的中国登山队全体运动员。

1月25日

□ 即将出国参加第33届世乒赛的运动员,学习四届人大文件《决心继续贯彻毛主席革命外交路线　努力完成党和人民交给的光荣任务》。大家说:无产阶级"文化大革命"以来,我国乒乓球运动和其他体育项目一样,同世界许多国家,特别是第三世界国家的友好往来日益增多。从1970年到1974年间,我国的乒乓球队出访了五大洲的69个国家。同时,还接待了20个国家的乒乓球队来我国访问。

2月6日(至16日)

□ 第33届世乒赛在印度的加尔各答举行。因徐寅生已调离教练岗位,便作为乒乓球代表团负责人之一和会议代表随队伍出发。

2月8日

□ 新华社电讯:国际乒乓球联合会代表大会在印度加尔各

答举行。会议进行了激烈的辩论,以44票赞成、13票反对、3票弃权通过了国际乒联理事会提出的"关于修改国际乒联章程和承认亚乒联盟"的提案。

［注］亚乒联盟自1972年成立以来,为增进亚洲和世界各国人民和运动员之间的友谊和团结,为亚洲和世界乒乓球运动的开展做出了应有的贡献。但是,由于国际乒乓球界极少数顽固势力的阻挠,亚乒联盟一直未被国际乒联所承认。本届国际乒联代表大会通过了提案,是亚洲各国人民和乒乓球界团结斗争的结果,也是世界各国人民和乒乓球界大力支持的结果。

2月10日

□ 第33届世乒赛团体赛结束,中国男、女乒乓球队双双折桂。这是中国乒乓球队1965年以来第二次在世乒赛中同时获得男、女团体赛的世界冠军。新手陆元盛和葛新爱在关键场次勇挑重担,立功受奖。

［注］陆元盛入选第33届世乒赛中国队主力阵容,成为团体赛五虎将之一。赛程进入淘汰赛时相遇日本队,陆元盛连胜河野满和高岛则夫,保证全队以5比3获胜。决赛对南斯拉夫队,教练组讨论了一整天,决定由老将李振恃、许绍发带新手陆元盛上场。陆元盛在关键的第五场战胜南斯拉夫队第一主力舒尔贝克,全队打了漂亮的"翻身仗"。

［注］据张燮林口述,葛新爱为直板长胶打法,其拱、刮、拉很有特色,

加尔各答第33届世界乒乓球锦标赛男团冠军奖牌

还有直板的反打一击。讨论第33届世乒赛女子团体赛名单时,除了女队主教练张燮林坚持外,没有一个教练同意葛新爱打团体赛,张燮林的责任大如天。决赛前夕,张燮林看见葛新爱在院中徘徊,师徒俩吐露心声。葛新爱说:我知道没人同意我打决赛。我不是怕输,是怕输了连累您。您国家队教练当得好好的,用我出了差错,不值啊!张燮林说:我是上海汽轮机厂的工人,从汽轮机厂出来,也可以回到汽轮机厂去。那里的干部、工人对我很好,回去有四级工待遇,找个同厂女工结婚,还可分配带阳台的房子。我信任你,我做教练也想赢啊!结果,葛新爱上阵连拿两分,与队友携手以3比0战胜韩国队。

2月14日

□ 国际乒乓球联合会代表大会第二次会议选出国际乒联新的领导机构。上届国际乒联主席埃文斯(英国)、第一副主席城户尚夫(日本)、名誉秘书长文特(英国)和名誉司库梅尔西埃(法国)均连任。徐寅生(中国)当选亚洲区副主席。

2月16日

□ 在第33届世乒赛单项比赛中,中国队参赛运动员失利。在女子单打比赛中,朝鲜队唯一参赛的选手朴英顺以3比1战胜中国队选手张立,为朝鲜队夺得世乒赛历史上第一个冠军。赛后,朝鲜乒乓球代表团团长接受记者采访时说:"这不是一场单纯的争胜负的比赛,而是朋友之间的友好比赛。"

3月

□ 徐寅生、李富荣参加第33届世乒赛还未归来,庄则栋便拿着写给"四人帮"的控告信找郑敏之签名。郑敏之认为：向中央反映情况是可以的，但要实事求是。捉刀代笔，拉人签名，这不符合毛主席"三要三不要"的原则……她表示拒绝签名，并劝说其他几位同志不要签名。该控告信送呈王洪文，王洪文在信上批道：徐寅生、李富荣"脱离党，脱离原则"，要"采取坚决措施"。

□ 第33届世乒赛结束后，李赫男担任国家青年队女队教练组组长，主管队员有张德英、沈剑萍、戴丽丽、何智丽、焦志敏等。李赫男说：张德英，不是我指导你，是你的精神鼓舞了我，你的精神状态很值得我们学习。张德英一进国家队，李赫男就安排男子弧圈球手陪练，以解决她控制拍形、接弧圈球的时间点等问题，并让她练习正胶小弧圈，加强对付削球手的能力。张德英在训练时有自己的想法和主张，只需教练点拨，就能打得很好。李赫男带队参加瑞典斯堪的纳维亚大赛，张德英一场没输（领导决定决赛让给南斯拉夫选手），成为主力人选。

［注］李赫男自述：我喜欢做教练，运动员能出成绩，自己能在其中起点作用，就特别开心！我做教练就是朝气蓬勃！在帮助运动员成长的同时，自己也成熟起来。训练完后，我几乎每天亲力亲为带打多球。童玲、李慧芬不是我主管，主动请求打多球，我回答：可以啊！就这么简单。有事要与运动员商量着办。我跟戴丽丽之间的教学就如同技术交流一般，打几个球停下来，琢磨击球的感觉。我教焦志敏就是集训的四个月，她在四个月里突飞猛进，由队内后几位升至首位。

4月16日

□ 1975年全国乒乓球分区赛（上海赛区）开幕。参加上海赛区比赛的有上海市、广东省、湖北省、福州部队、南京部队等11个单位40支男、女乒乓球队。在参赛选手中18岁以下的占37%。

[注]《文汇报》报道：这次分区赛正逢庄则栋兴起的"体育革命"，故大部分比赛场次安排在本市近60个工厂、部队、学校和郊县等基层单位进行（团体赛第一阶段共赛58场次，其中35场次在基层举行，占60%强）。在基层比赛的运动队要安排各项政治活动，接受工农兵的"再教育"。在整个比赛过程中，各运动队要深入农村人民公社参加生产劳动，为当地的贫下中农、社员群众进行乒乓球表演并学习和辅导群众体育活动。比赛期间，还要组织各运动队交流学习"无产阶级专政理论"，开展"体育革命"以及政治思想工作。

4月25日

□《文汇报》报道：在全国乒乓球上海分区赛中，有上百支"工农兵评论员队伍"活跃在赛场上。他们从路线高度上评论比赛。如海军队与上海队的第七盘比赛中，有个队员因比分被对方反超，产生急躁、埋怨情绪，听不进教练和同志们的意见，这是"锦标主义"流毒的反映；另一位教练在本队比分落后时，在场外对运动员高声叫喊，这是想赢怕输的"技术观点"的表现，都必须注意改进。

□《文汇报》发表通讯《红小兵登上裁判台》。文章称：全国乒乓球赛上海赛区的男子团体赛的一场比赛，在中华新路三小的礼堂举行。主裁判是一名11岁的红小兵。红小兵担任全国比赛的主裁判，这还是第一次。这个学校的工宣队老师傅说：这是对"资产阶级法权"观念的挑战，"是无产阶级文化大革命以来，特别是通过认真学习毛主席关于理论问题的重要指示后涌现出来的新生事物"。比赛后，这名红小兵谈体会："过去当全国比赛裁判的都是国家级、一级、二级裁判员，都是"大人物"，现在红小兵当裁判，这是对红小兵的信任和培养。所以，我抱着向旧的传统观念冲击的信念，担任了这场的裁判。"

4月28日

　　□ 1975年全国乒乓球分区赛（上海赛区）结束。据报道，参加这次比赛的广大干部和运动员"认真学习无产阶级专政理论，坚持体育领域的社会主义革命，自始至终把学习理论摆在首位"；"他们每天坚持一小时的学习，边学边议，紧密联系体育战线两个阶级、两条道路、两条路线斗争的实际，深入批判修正主义，批判资产阶级，反对技术第一，反对锦标主义"。各省、市和部队运动员在比赛间隙，参加打扫街道和到伙房参加义务劳动，如江苏队从比赛第一天开始到比赛结束离沪，一直坚持打扫住处卫生。

5月

　　□ 中国、朝鲜等16个国家发起成立的"亚洲乒乓球联合会"（简称"亚乒联"），取代了"亚洲乒乓球总会"。"亚乒联"支持荻村竞选国际乒联主席。埃文斯的票主要集中在欧洲。20世纪70年代中国举办亚非和亚非拉乒乓球友好邀请赛后，很多协会加入国际乒联成为会员。直至1987年的国际乒联代表大会上，荻村以较大的优势当选。

6月9日

□ 共青团上海市委、上海市中等学校红卫兵代表大会、上海市体育运动委员会召开1975年上海市青少年乒乓球比赛动员大会。巨鹿路第一小学等单位的代表在会上表决心：要在革命竞赛中赛出好风格，赛出高水平，赛出新面貌。这次比赛的目的"是为了进一步推动基层广泛地开展各种健康有益的业余（课余）体育运动，把青少年培养成为德智体全面发展的无产阶级革命事业接班人"。

6月13日

□ 邓小平当着陈锡联的面向庄则栋传达毛主席的指示：以后不要再找江青、王洪文，有事找主管体委的陈副总理。

6月17日

□ 1975年全国少年乒乓球比赛在河北省石家庄市举行。近250名男女少年运动员（年龄最大的16岁，最小的11岁）参赛。结果为，获得男、女团体第一名的是辽宁队和上海队，获得男、女单打第一名的是王会元（辽宁）和眭映霞（上海）。

6月下旬

□ 按照庄则栋的意见，体委派人与郑敏之谈话，并出示有关同事的材料，让郑向上写信。郑敏之回答：大家都是战友，我也不知道上面的那些斗争，为什么让我做这些事情？谈话人说：江青同志对你蛮关心的！郑敏之很本能地回了一句：总理对我们挺好的。第二天，庄则栋把郑叫到办公室，说：郑敏之，从今天开始你就休息吧，不要上班了。

7月上旬

□ 分管体委的陈锡联副总理接见日本老运动员松崎,球队的老运动员都参加了。陈锡联跟大家握手,轮到郑敏之时,悄悄地对郑说:你就不要上班,休息吧。郑敏之这才感到问题的严重,"甚至感到政治上的压抑比'文革'初期还厉害"。郑敏之说:"这事老徐、李富荣是不知道的,我又不能说啊。反正我是下定决心,无论别人怎样,我是不会干良心上对不起老战友的事。"

7月9日(至13日)

□ 日本乒乓球老运动员栗本君代(即松崎君代)从北京来到上海。其间,她参观了上海乒乓球厂、少年宫、青少年体育学校等,观看并辅导青少年乒乓球运动员的训练。

1975年,中国队获得第二届亚非拉友好邀请赛女团冠军。
左起:盛小红、胡玉兰、张立、黄锡萍、杨莹、朱香云

7月13日

□ 第二届亚非拉乒乓球友好邀请赛在尼日利亚首都拉各斯举行。我国获男女团体赛冠军。日本河野满和大关行江获混合双打冠军。

7月17日

□ 国际乒乓球联合会负责人发表谈话,认为第二届亚非拉乒乓球邀请赛增进了亚非拉各国和各地区人民和运动员之间的友谊和团结,有助于三大洲乒乓球运动的发展。国际乒乓球联合会主席埃文斯对新华社记者谈话时指出:本届友好邀请赛的最大的特点是新生力量的成长,例如非洲的尼日利亚队已经进入了前六名。

7月24日

□ 第二届亚非拉乒乓球友好邀请赛团长会议公报:经过充分协商,决定委托墨西哥乒乓球协会于1976年10月举办下届亚非拉乒乓球友好邀请赛。

8月17日

□ 国家体委倪志钦(时任体委核心组成员)、王鼎华(时任体委核心组秘书)联名写信给陈锡联并呈周总理,指认庄则栋担任第一把手以来,体委存在不安定的因素,尤其是国家队解散不解散的问题,搞得人心惶惶。

[注1] 此信指出:庄则栋同志对不同意见的人是压制、排斥的,突出的例子是对徐寅生同志。庄和徐过去在乒乓球的发展方向问题上有分歧,庄当上主任后,徐也敢于提不同意见,所以庄

则栋同志对他感到很挠头。在徐刚到国际司工作不久，庄则栋同志就抓住他说的几句话，在乒乓球队和国际司大会上点了他两次名，要把他列为重点的整顿对象，回乒乓球队接受批判。后因中央领导同志有明确指示，才没有这样做。中央领导同志曾提出让徐寅生同志参加核心组的问题，在群众酝酿增补核心组成员时，有不少部门提了他的名，但庄则栋不同意。

［注2］徐寅生口述：庄则栋得势后比较张扬。一次，国际司正在学习，庄则栋在党校学了一周，回来大讲费尔巴哈。那天，他对我说：江青同志说了，徐寅生你的十二大板我记住了，还有毛主席的批示，希望你继续努力。我一看苗头不对，知道被告黑状了，心里很反感，只是随口"嗯"了一下。庄则栋看我反应不积极，只得再讲几句费尔巴哈，给自己圆场。"四人帮"倒台后，国际司的同事说：老徐啊，当时都为你担心啊，你那时也不表个态。我说：怎么表态？是唱歌还是跳舞？

8月30日

□ 上午，以中共中央政治局委员、国务院副总理华国锋为团长的中央代表团离开北京前往拉萨，参加西藏自治区成立十周年庆祝活动。张春桥、姚文元、李先念、吴德等到机场欢送。中国乒乓球协会负责人徐寅生为代表团成员。

［注］1978年2月，徐寅生在《新体育》杂志上发表文章《发展社会主义体育事业的进军令》。该文写道："在成都，华主席还和代表团的同志一起打乒乓球锻炼身体。华主席横握球拍，反手推挡打得很稳。我和华主席打球时加重力量攻他反手，华主席经常把球给连续挡了回来。当时成都气候很热，华主席兴致勃勃和大家一样练得汗流浃背。华主席还风趣地鼓动其他同志进行比赛，

比赛打得紧张时，华主席还在一旁替双方加油。"

9月7日

□ 报刊登出周总理在305医院接见罗马尼亚党政代表团的消息后，郑敏之和郑凤荣署名给周总理写了一封信，贴上四分钱的邮票寄出了。内容很简单：请总理放心，我们会做个好运动员。周总理真的收到信了，还派人来了解球队的情况。

9月11日

□ 下午，第三届全国运动会在北京工人体育场开幕。朱德、邓小平、张春桥、姚文元、李先念、陈锡联、纪登奎、汪东兴、吴德等出席开幕式。

9月12日

□《文汇报》发表文章《庆祝第三届全运会开幕　群众体育先进基层单位介绍》。该文介绍了上海巨鹿路第一小学开展乒乓球活动几个阶段的情况。

［注］文章写道：巨一小学自1958年开展乒乓球活动以来，因校舍设备简陋，便创造了用"五块板"办法，即组织学生在水泥地板上、小菜场的菜板上、学生家里的铺板、门板和洗衣板上打乒乓球。当时全校260个校外小组，就有200个左右的小组利用"五块板"开展乒乓球活动。1965年底和1966年初，该校获得少年乒乓球赛男女全国冠军。当时，"锦标主义"思想膨胀起来，学校把主要力量花在培养少数尖子身上。无产阶级"文化大革命"初期，学校批判了"锦标主义"，但由于思想上没有分清路线，结果从一个极端走向另一个极端，把乒乓球活动都停止下来。工宣

队进驻学校后,从路线上划清界限,一是把群众性乒乓球活动开展起来,二是搞清楚怎样对待输赢、名次。我们每逢比赛,先批后赛,形成制度,帮助队员克服"输赢看名次,胜败论英雄"的"锦标主义"。在学习无产阶级专政理论中,我们建立了红小兵体育评论小组,学习理论,开展评论,增强抵制资产阶级思想腐蚀的能力。

9月19日

□ 下午一时至五时半,根据毛主席和邓小平的指示,分管体委工作的陈锡联副总理在京西宾馆东二会议室会见乒乓球队的徐寅生、李富荣、林慧卿、郑敏之、郭仲恭,跳高运动员郑凤荣,体育科研所干部肖星华和王鼎华,听取对庄则栋的意见。王鼎华等反映了庄对中央领导指示采取实用主义,对周总理、小平同志与江青、王洪文的不同态度,以及在使用和提拔干部中的派性做法等问题,并一一举例说明。陈锡联副总理指出:庄则栋批三代修正主义、搞火线入党等是不对的。同时,"希望徐寅生你们也找他谈谈心,帮助他,一些原则问题向他提出来"。

[注] 在一次庄则栋主持的学习会上,徐寅生发言:对过去的事情,应该回过头来认真总结。批判王猛、李梦华是不是按主席政策办的?是一棍子打死,还是治病救人?用人方面,配备各级领导班子是按主席五条标准还是任人唯亲?王猛同志是总理亲自给我们介绍来的,你在大会上喊"王猛你猛不了了,天马行空,独往不能独来",这是什么意思?矛头是对着谁的?徐寅生说出了体委广大群众的心声。

9月25日

□ 第三届全运会乒乓球比赛结束,辽宁队和北京队分别获得男、女团体赛冠军,广东队和上海队分别获得男、女少年组团体赛冠军。上海队黄锡萍获得女子单打第三名。

[注] 全运会期间,已升任国家体委主任的庄则栋到运动员住处视察,特意来到上海队教练杨瑞华的房间。当年在国家队时,庄和杨曾住一个房间。庄见杨没摆官架子,只讲些形势和要求,庄说:老杨,我们培养运动员要政治思想第一,不要技术搞上去,红旗落了地啊!当时,庄则栋在全国大搞"体育革命"。运动队出去比赛前,首先要写好"批判锦标主义"等大字报,并抢先在赛场张贴,这才能被评为"红旗球队"。比赛发奖,不叫发冠军奖,是发"红旗奖"。体育界还散布着一种说法:运动队培养的运动员只专不红,可解散专业队。为此,市体委训练组召开座谈会,各运动队主教练参加讨论。杨瑞华在会上发言,认为专业运动队不能解散,否则国际比赛怎么打?在场的大多数人反对解散专业队。

第三届全运会乒乓球竞赛秩序册

1975年，上海队参加第三届全运会少年组比赛的教练丁树德与队员陈淑萍、施美雅、曹春玲、周克兢、胡汉平、方农、沈智云等合影。上海队获得女少年组团体赛冠军

10月（至11月）

□ 张德英进国家二队参加集训。她索性把行李搬进了国家队，决定如果成绩不过硬，国家队不要，就直接回老家上海了。结果，出访欧洲的比赛，她获得全胜，正式进了国家队。

［注］据张德英口述，出访的第一站在南斯拉夫，她因出国上街穿的是高跟鞋，不适应绊了一跤，脚肿得厉害，只得去医院诊治。第二天比赛，张德英深知没有退路，咬着牙拼尽全力上场，且一场未输。队友说：张德英，服了你！张德英说：我和你们不一样啊！我打不好就回北京拿包走人啦。此后，在斯堪的纳维亚比赛中，总共28场球，她又是全胜。赛后，李赫男教练说：我看好你了！

11月28日（至30日）

□ 在第18届斯堪的纳维亚国际乒乓球锦标赛中，中国队分别获得男、女团体赛冠军。在单项比赛中，中国选手获得女子单打、女子双打和混合双打三项冠军。瑞典和南斯拉夫选手分别获得男子单打和男子双打冠军。

本年

□ 国家体委派姚振绪到巴基斯坦任援外教练。因外方体委要求教练员写教案，姚振绪用近70美元的零用钱买了录音机学习英语，直至能用英文对话。

1977年，巴基斯坦乒协主席接见中国援外教练姚振绪（前排右三）和巴方国家队运动员

1976年

1月9日

□ 由中华人民共和国第三届运动会主办的"全国体育摄影展览"巡回展在上海开幕。这次体育摄影展览展出的240多幅作品,其中有毛主席畅游长江、打乒乓球、接见乒乓球运动员和登山运动员时的情景。

1月16日

□ 第三届亚非拉乒乓球友好邀请赛第一次筹备会议在墨西哥城举行。中国代表徐寅生在会上发言。会议公报指出:"过去,亚非拉国家和地区的人民有着共同的痛苦遭遇,今天,共同的斗争把第三世界各国人民紧密地团结在一起。"会议决定这次比赛将于1976年10月12日至27日在墨西哥举行。

3月

□ 庄则栋掌握了去年徐寅生等八人"告状"的事,把他们作为国家体委"右倾翻案风"的典型,甚至指责王鼎华"身为核心小组秘书,与运动员、教练员一起去,有的人还不是党员,你严重地泄露了党的机密",并将王鼎华撤职至机关宣传组。

[注]此时,庄则栋还组织人写《邓小平在体育战线鼓吹什么》的文章,在《红旗》杂志发表,将邓小平对出席亚运会的中

国体育代表团提出的"提高运动技术水平,争取好的运动成绩"的要求,批判成体育方面的"修正主义纲领"。同时,还将在"批林批孔"运动中被打倒后给小平同志写信而复职的李梦华又打倒,进行批斗。

4月5日

□ 国家体委宣布不得去天安门广场。国家乒乓球队郑敏之、郑怀颖、杨俊三人出于对总理的热爱和正义,仍去人民英雄纪念碑献上了白花。

4月16日

□ 参加在平壤举行的第三届亚洲乒乓球锦标赛的中国乒乓球代表团组成。除了原上海籍的李振恃和张德英以外,已无上海队输送的运动员。代表团临出发前,在北京体育馆为首都人民举行了表演赛,运动员还分头到北京市光华木材厂和北京建筑机械厂听取观看过表演赛的工人们的意见。工人们勉励运动员努力贯彻执行"友谊第一,比赛第二"的方针,还嘱咐运动员,一定要把中国工人阶级对朝鲜人民的战友情谊带到朝鲜去。

5月8日

□ 第三届亚洲乒乓球锦标赛闭幕。朝鲜队获得女子团体第一名,中国队获得男子团体第一名。在单项比赛中,朝鲜运动员获女子双打和少年男子单打第一名,日本运动员获男子双打和混合双打第一名,中国运动员获男子单打、女子单打和少年女子单打第一名。

[注]张德英参加了本届亚乒赛。不料出发前,她因骑车去北京火车站送人打滑摔了下来,关节扭伤,韧带也坏了,手臂肿得衣服都穿不了。她近期不可练球,只得在房间内拿板颠球。结果,正式比赛她仍一场没输。张德英说：人就靠着一股精神,才能苦尽甘来。说来也巧,我去黑龙江兵团之前摔了一跤,打欧洲斯堪的纳维亚赛前摔了一跤,现在打亚洲锦标赛前又摔了一跤。因为自己的坚韧、勇敢,面对欧亚对手的考验都合格了,我终于成为国家乒乓球队的主力队员。

5月11日

□ 据《文汇报》报道,上海市乒乓球队最近召开了"批判白专道路"专题会。上海乒乓球队的干部、教练员、运动员们谈到有些运动员不问政治,走个人奋斗的道路,有了一点技术,就当成"争名于朝,争利于市"的本钱,当成待价而沽的商品。他们说：白专道路是条"复辟道",它引诱广大教练员、运动员脱离无产阶级政治,千万走不得。同志们在批判中还指出：批判"白专道路",绝不是不要提高技术水平,而是要为革命而刻苦训练,迅速提高运动技术水平,为无产阶级政治服务,为工农兵服务。

7月26日

□ 1976年上海市中学生运动会在虹口体育场开幕。四年来,本市各中学积极开展群众性体育活动,其中有30多万名中学生参加了市青少年乒乓球赛。运动员代表、工农兵评论员代表和学校群众体育先进基层单位的代表在大会上发言。

| 1976年 |

本年夏季

□ 国家乒乓队领队安排球队到北京光华木材厂"开门训练",即住、吃、劳动、训练全部在工厂里,时间为三周。当时的领队是队里的造反派头头。李富荣等教练实际上靠边站。

[注1] 据《新体育》杂志1977年第10期刊发的《为捍卫毛主席的革命路线而战斗——记国家体委的同志与"四人帮"及其亲信斗争的部分事迹》的记录,为追查体委八位同志给中央写信的问题,庄则栋等造反派首先将矛头对着李富荣,逼问"你们的上告信是右倾翻案风的典型。信中写了什么?中央领导同志对你们说了些什么?谁的旨意要你们给中央领导写信?",等等。因李富荣负责乒乓球队的训练,造反派就以"开门训练"为名,把乒乓球队拉到一个工厂,在那里继续催逼李富荣。同时,造反派威胁郑凤荣,让她到北京体育馆当服务员,"与工农兵画等号";并对王传耀家进行盯梢;毛主席逝世后,不准发表徐寅生的悼念文章,并扬言送徐到干校劳动;撤掉林慧卿的职务;准备调走李富荣、郑敏之、郭仲恭;就连郑怀颖、黄锡萍因支持八位同志,也被剥夺了参加比赛的权利。

《新体育》1977年第10期目录和刊发的文章

[注2] 当时，国家乒乓队在体育界是个焦点。庄则栋参与整王猛，搞所谓"体育革命"。在队内，郭仲恭、郑敏之、李富荣、徐寅生、王传耀、林慧卿、郑怀颖，还有张俊汉领队和在体育科研所工作的肖新华（萧克的儿子），跳高名将郑凤荣等（在体委是少数），观点一致，立场一致，团结在一起。有时他们集中到王传耀教练家中，因被人盯着，像当年的地下党一样，暗号是一个拖把伸出来，说明太平无事；拖把没了，就不要过来。

8月22日

□《文汇报》在"以阶级斗争为纲　搞好体育革命"的栏目下发表文章《选拔赛中的新风气》。文章记述了参加中学生运动会的松江县乒乓球队正在进行选拔赛。小周和小孙交战一局后，就走到一起亲密地交谈。"原来小周和小孙通过赛前的大学习和大批判，认识到过去打选拔赛往往把对手看作竞争的对象，单纯争比分的高低，损害了运动员之间的同志关系，这是旧竞赛制度单纯以胜负论英雄，技术决定一切所造成的恶果"。今天，他们以实际行动"向旧竞赛制度挑战，把选拔赛真正作为锻炼意志，相互学习，共同提高的革命实践，促进运动员之间的战斗团结"。他俩既认真交战，又及时地指出对方的优点和弱点。大家说：这是竞赛改革带来的崭新气象啊！

8月24日

□ 1976年上海市中学生运动会闭幕。国家体委主任庄则栋出席闭幕式，并发表了讲话。庄则栋说：这次运动会"办成了推动群众体育运动大普及、大提高的促进会"。他要求广大青少年积极投身到"体育革命"中来，当先锋，做闯将。

[注]据报道,这次运动会把评选群众体育先进基层单位作为重要内容。各区、县普遍采取交流、评比和现场观摩相结合的形式,使先进经验得到总结、推广。这次中学生运动会是竞赛改革的一次实践,即"打破以胜负排名次、技术决定一切的旧竞赛制度,以又红又专来评选先进集体和先进个人"。各代表团、工作组努力把政治建队、转变学生思想放在首位,普遍举行政治建队交流会。在各个赛场,到处摆开大批判的战场。由于甩掉了争锦标、夺名次的思想包袱,赛前合练、交底,赛中相互关心、鼓励,赛后共同总结经验教训已蔚然成风。虹口和卢湾区女子乒乓球队在比赛时,两个队的领队、教练和运动员不是各坐在自己一方,而是坐在一起共同议论。

9月上旬

□ 1976年上海国际乒乓球友好邀请赛在万人体育馆开幕。徐寅生、李富荣、郑敏之和庄则栋等及国家队运动员均来上海。该代表团团长是符兆楼,副团长是朱香云,男子队领队是何祖斌,教练是李树森。因庄则栋搞"体育革命",李富荣虽挂个总教练的名头,但比赛的指挥权被剥夺了,只得坐在看台上。

上海国际乒乓球友好邀请赛纪念章

9月9日

□ 毛泽东主席逝世。因全国规定停止一切娱乐活动,比赛宣布暂停。徐寅生代表组委会出面向来沪参赛的瑞典、日本、南斯拉夫等队作解释,外国友人均表示理解。

上海乒乓球运动纪事录（1949—2024）

1976年上海国际乒乓球友好邀请赛画报

上海国际乒乓球友好邀请赛纪念画片

［注］因毛泽东主席去世，准备在上海举行的全国比赛停办。结果移至南京打了个内部比赛，黄锡萍取得冠军。

9月22日

□ 1976年上海国际乒乓球友好邀请赛闭幕。上海市革命委员会副主任徐景贤、冯国柱等出席闭幕式。男子团体赛前三名是：日本队、中国一队、瑞典队。女子团体赛前三名是：中国一队、日本队、瑞典队。男子单打第一名是李振恃，女子单打第一名是张立；男子双打第一名是法国的塞克雷坦和比罗舍奥，女子双打第一名是日本的横田幸子和新保富美子；混合双打第一名是南斯拉夫的舒尔贝克和帕拉蒂努什。

10月4日

□ 郑敏之照例去叶剑英元帅家打球。当时她先跟叶帅打，然后，叶帅叫工作人员和警卫班的战士跟郑敏之打，叶帅亲自做裁判。

［注］郑敏之口述：组织上安排我到西山叶帅的家中陪他打球，帮助他锻炼身体。那时叶帅也"靠边"了。我一周或两周去

叶帅处一次。在与叶帅相处的日子里，我感觉到叶帅等国家领导人对国家前途的忧虑。我本来就不是随风倒的人。我和老徐，还有林慧卿、李富荣、郭仲恭等有那么两三次去见叶帅，当时，我只是实事求是地叙述和表达自己的看法，叶帅握着我的手说：你们乒乓球队是毛主席、周总理培养起来的队伍，你们是在红旗下长大的。再后来，有一天，肖新华跑来跟我说，"四人帮"被揪出来了。我非常惊讶，前天刚在叶帅家打球，怎么没有一点感觉呢？这正说明老帅的沉着、镇定与破釜沉舟的胆略和气魄。不久，华国锋、叶剑英、李先念等接见体委的干部。叶帅一进大会堂就问，郑敏之在哪里？与我握手时他反复说：平安了吧，平安了吧。

10月6日

□ 中共中央一举粉碎"四人帮"。

[注] 据粉碎"四人帮"后1977年12月的统计，上海"文革"期间因反对林彪、江青反革命集团而遭受政治迫害的干部、群众达1.05万余人。其中就有上海乒乓球队19岁的运动员段翔。段翔在小组会或在公开场合多次阐述自己的观点：张春桥说"上海是黑文艺的据点"，那么，"作为旧市委文教书记的张春桥，会没有问题吗？"结果遭到迫害与打击，被扣上"炮打无产阶级司令部的小爬虫"等帽子，被变相隔离与批斗。段翔认为自己说的是真话，始终不屈服。

上海乒乓球运动纪事录 下

1949—2024

上海通志馆 主编
金大陆 孙培初 编著

复旦大学出版社

1976年

10月6日

□ 中共中央一举粉碎"四人帮"。

10月12日（至16日）

□ 第三届亚非拉乒乓球友好邀请赛在墨西哥首都墨西哥城开幕。中国乒乓球代表团的教练员、运动员决心在邀请赛中，"认真贯彻执行'友谊第一，比赛第二'的方针，为促进亚非拉三大洲乒乓球运动的发展做出新的贡献"。姚振绪等作为援外教练全程参加。

［注］姚振绪作为中国援外教练带巴基斯坦队到北京。随后，搭乘中国政府的专机前往墨西哥参加亚非拉乒乓球友好邀请赛。专机上有中国队、朝鲜队、尼泊尔队、越南队、老挝队、柬埔寨队等。在墨西哥比赛期间，中国驻墨大使姚广传达了中共中央关于粉碎"四人帮"的文件。

10月中旬

□ "四人帮"倒台了。郑敏之、李富荣、黄锡萍、郭仲恭、王传耀、郑怀颖等每人拿出两块钱，郑敏之还动员张钧汉领队拿出15块钱，在王传耀家里开了一次"三公一母"的螃蟹宴，徐寅生带着爱人也来了，大家以这种方式庆祝打倒"四人帮"。

□ 在薛伟初、胡适钧、丁赛祯、徐介德教练的带领下，上海市少年乒乓球队来到宝山县少云中学，借助该校的教室、宿舍和位于空军政治学校三院的五角场"小乒乓队"训练场所"开门办学"，一边到附近的五角场公社浣纱生产队劳动，一边组织正常的训练，并安排上海市少年乒乓球队为驻江湾机场的空军26师官兵打了表演赛。一天中午，他们突然接到电话通知，中共中央一举粉碎"四人帮"，全队停止"开门办学"，迅速撤回。

［注］粉碎"四人帮"前，上海体育界仍在执行"体育革命"的路线，故根据市体委的指令，安排了此次下基层边劳动、边训练的所谓"开门办学"。其实，教练班子是抵触"体育革命"的。在市少年队下来前，教练班子就明确叮嘱少云中学体育组的老师在时间安排上一定保证充足的训练量，包括市里来检查时如何应对。

10月27日

□ 倪夏莲十三岁。刚从上海队退役的教练员丁赛祯破例将倪夏莲招进了上海市青少年业余体校。因为两年前市少体校已经将1963年出生的那批运动员招收进去了。

倪夏莲成名后常去看望当年的市少体校教练丁赛祯（右）

［注］教练员丁赛祯说：倪夏莲九岁打球，我看技术上有许多人比倪夏莲好，但她有一股拼劲，训练时来回奔跑的劲头让我感动。我决定收下她。因为我自己当运动员时有体验，人要有拼劲才行。倪夏莲刚进校时，

队里有人丢了钱包,因为倪夏莲是新生,有人对她指指点点。倪夏莲情绪丝毫不变,也不辩解,照常上课、训练。后来事情弄清楚了,大家才知道冤枉了她,她依然平静如故,实在不想因为这些小事情打乱自己的目标。倪夏莲这样强的自制能力,远远超过一般女孩子。这是一个优秀运动员打大比赛必须具备的心理素质,这个孩子有潜力好挖。刚来体校的倪夏莲在作文中写道:"我要做世界冠军!"这篇作文在市少体校广播了,有人笑她,可我认为倪夏莲是个有志气的好苗子。

1977年

年初

□ 叶剑英元帅在西山单独接见郑敏之、林慧卿、郭仲恭、王传耀、徐寅生、李富荣、张燮林等。当时,叶帅正与王恩茂谈工作,见大家来了很开心,问有什么要求和想法。大家提出要王猛回来,叶帅立即拨通了电话。

1月10日

□ 经过余长春的努力,曹燕华从虹口少体校调入上海队试训,并参加了全国分区赛(少年组)。

[注] 因为徐寅生曾关照上海方面注意选拔直拍反胶运动员,时任上海女子乒乓球队主教练余长春重点关注曹燕华,并在安排男帮女、参赛等方面予以优先。余长春还专程到奉贤"五七"干校请来原男二队教练蒋时祥担任助手,针对性地制订训练计划,帮助曹燕华提高。

2月28日

□ "四人帮"倒台后,国家体委的机关干部、群众自发呼吁王猛回体委主政。王猛回到国家体委时,体育馆路上刷了许多"欢迎王猛主任"的大标语。王猛上任后,公布经过中央批准的体委党的核心小组,徐寅生任体委第一副主任、核心小组第一副组长；其他反对庄则栋跟着江青跑的八个小将也都提拔为司级干部。

[注1] 王猛选择徐寅生作为自己的第一助手，就是要为体育界树立一个青年干部的新典型，鼓舞运动员、教练员的士气，调动体育专业人员的积极性。王猛如此看重徐寅生，还因为他在"文革"中的正直表现。徐寅生与李梦华等老同志合作，协助王猛搞业务工作，很有成效。

[注2] 王鼎华自述：我当时在办公厅领导小组，李富荣在训练局，还有郑敏之、郑凤荣、郭仲恭都在运动司，都是司一级的领导。有一次开大会，表扬大家有正义感，反对庄则栋跟着江青跑。在起草报告时，九个人的名字都列了出来。

3月15日

□ 参加第34届世乒赛的中国乒乓球代表团前往英国。中国代表团团长是徐寅生，副团长黄中、郑敏之（兼女队教练员）、李富荣（兼男队教练员）。代表团成员还有：领队关惠光、王传耀，女队教练员张燮林、马金豹，男队教练员庄家富、胡炳权，以及上海籍运动员张德英、黄锡萍、李振恃、陆元盛。参加本届大赛的运动员们"狠批'四人帮'及其在体育界的亲信破坏我国体育事业的罪行"，并做好赛前的各项准备工作。

[注] 在中国男队参加团体赛的名单上，有新人郭跃华。这是徐寅生倡导直拍正胶改反胶的第二个成功例证。当时，主管教练根据郭的特点主张改反胶，郭认为正胶才"正统"，改反胶就是"陪练"。徐寅生曾说一句气话：不改就叫他回家……郭跃华改用反胶后，掌握了弧圈球，这成为他强有力的得分手段，使他在对

中国男队参加第34届世界乒乓球锦标赛获得了团体冠军,
这是全体教练员和运动员的合影

欧比赛中战胜本格森、舒尔贝克、盖尔盖伊、约尼尔等名将,成为主力队员。

3月28日

□ 第34届世乒赛时,张德英入选女子团体赛阵容。张德英在中国队与朝鲜队两盘单打中战胜朴英玉和朴英顺,并在双打中携手张立获胜,终于以3比1胜朝鲜队。赛后,中国女队领队王传耀、教练张燮林对朝鲜女运动员的球艺表示赞扬。

〔注1〕从上海到黑龙江的知青张德英入选第34届世乒赛团体赛阵容,第一次代表国家参加决赛。张德英出战朝鲜队、日本队、南朝鲜队,共打了4盘单打、3盘双打,7盘皆为2比0获胜。当夺得团体冠军时,老领队张钧汉拉着张德英的手,彼此眼睛都红了。

张德英（右）在第34届世乒赛比赛中

张燮林率领中国女队荣获第34届世乒赛女子团体冠军，右二为张德英

[注2] 大赛将临，肩负重担，谁不紧张呢？当决赛进场前，教练却找不到张德英了。据张德英口述，此刻，她正躲在厕所里，拿着徐寅生给女队讲话的文本，一边跳，一边喊：拼了！拼了！给自己加油鼓劲。比赛时，为了控制情绪，张德英总是拧一下大腿，下场后腿上都是青一块紫一块的。至于那届世乒赛的单打，张德英服从决定，让给了张立，张立决赛时又让给了朝鲜队的朴英顺。第36届女单争夺决赛权时，张德英和曹燕华均让给了童玲。

伯明翰第34届世界乒乓球锦标赛男团冠军奖牌

3月30日

□ 第34届世乒赛男女团体决赛中，中国队双双获得团体冠军。中国乒乓球代表团副团长兼男队教练员李富荣回答记者提问时说：中国乒乓球运动之所以有今天的水平，首先是由于中国的社会主义制度。中国乒乓球队是一个团结友爱的集体。中国乒乓球运动有广泛的群众基础。女队教练员张燮林对记者说：取得胜利绝不是我们到这里来的唯一目的。更为重要的是，我们希望通过比赛增进同各国运动员之间的友谊，并且交流技术，以求得共同的进步和提高。

上海乒乓球运动纪事录（1949—2024）

1977年3月，教练员李富荣和运动员李振恃在伦敦一工人住宅区的体育中心练球时为英国小朋友签名留念

上海籍运动员黄锡萍（右一）在与比利时、爱尔兰等国运动员共同练习后交流球艺

□ 亚洲乒乓球联盟理事会在伯明翰举行会议。中国、朝鲜、日本、巴勒斯坦、新加坡和叙利亚等代表出席会议。会议通过了1978年在吉隆坡举行第四届亚洲乒乓球锦标赛的竞赛规程；决定在亚乒联盟理事会下设规则、名次、教练和少年四个委员会，并出版《亚乒联盟通讯》。

4月3日

□ 国际乒乓球联合会代表大会在伯明翰举行。国际乒联创始人蒙塔古和国际乒联亚洲区副主席、中国乒乓球代表团团长徐寅生出席会议。会议决定第35届世界乒乓球锦标赛在朝鲜民主主义人民共和国首都平壤举行。关于大多数协会希望国际乒联申请加入国际奥林匹克委员会的问题，大会以65票赞成、6票弃权通过。中国乒协投了弃权票。捷克斯洛伐克乒协提出的关于使用不同性能的球拍必须是不同颜色的提案，苏联等乒协提出的关于锦标赛前三名发奖时升国旗、奏国歌的提案，都被大会否决。

4月5日

□ 第34届世乒赛单项比赛全部结束。中国队获得男团、女团、男双（李振恃/梁戈亮）和女双（中国选手杨莹和朝鲜选手朴英玉）合计三个半冠军。其中的女子单打决赛，在上届对手中国队张立与朝鲜队朴英顺之间进行，结果，张立再度屈居亚军。朝鲜代表团团长说：这是朋友之间的友谊比赛。女子双打，进入前八的全是中国运动员，便顺利登上了冠军颁奖台。

上海籍选手李振恃（右二）与梁戈亮配合获得了这届世乒赛的男双冠军，图为他们在比赛中的情形

［注］在第34届世乒赛单项比赛中，陆元盛与黄亮配对打男双比赛，对手是上届男双冠军匈牙利的约尼尔、克兰帕尔，决胜局曾以11比20落后，再输一分就要淘汰出局。结果，陆元盛与黄亮追至20平后反以23比21获胜，体现了"你不要这一分，全国人民要这一分"的精神，成为国家队教育后辈运动员的经典战局。

第 34 届世乒赛中，陆元盛、黄亮创造了逆转九个赛点的经典战例。图为他们战胜上届世界冠军约尼尔和克兰帕尔的场景

4月19日（至24日）

□ 奥地利乒乓球队访问上海，分别同上海市乒乓球队和江苏省乒乓球队进行了四场男子团体赛、四盘男子对抗赛。奥地利客人在沪期间参观了上海工业展览会、上海乒乓球厂、天山新村、上海市少年业余体育学校等。

6月10日

□ 据新华社报道，今天是毛主席给中华全国体育总会题词"发展体育运动，增强人民体质"25 周年纪念日。广大体育工作者举行各种纪念活动，并深入揭批"四人帮"破坏体育事业的罪行。"四人帮"诬蔑我国体育是"没有资本家的资产阶级体育""三代搞修正主义"。党中央一举粉碎"四人帮"后，群众性的体育运动蓬勃开展。同"四人帮"进行了坚决斗争的中国乒乓球队，坚持严格训练，在第34届世界乒乓球锦标赛中又一次为祖国争得了荣誉。

6月13日（至15日）

□ 法国军队男子乒乓球队访问上海，同中国人民解放军八一男子乒乓球队进行了男子单打和男子团体的友谊比赛。法国客人在上海期间参观了上海工业展览会、上海乒乓球厂等。

8月12日（至18日）

□ 徐寅生当选中共"十一大"代表。"十一大"召开之际，徐寅生被选为大会监票人。

8月

□ 倪夏莲在辽阳举行的全国少年比赛中夺得女子单打冠军。本年上海市评优秀运动员，因为市少体校是直属单位，所以有一个名额给乒乓球队。队长黄晓真与倪夏莲是大家心目中的候选人，结果黄晓真全力支持倪夏莲当选。

9月1日

□ 晚，南斯拉夫共产主义者联盟主席、南斯拉夫社会主义联邦共和国总统铁托等贵宾，由中共中央副主席叶剑英陪同在首都体育馆观看乒乓球、体操、羽毛球和武术体育表演。国家体委主任王猛、第一副主任徐寅生等陪同观看。

9月2日

□ 应中华全国体育总会台湾省体育工作联络处的邀请，台湾省旅居海外同胞乒乓球队分批到达上海，准备参加9月11日至25日在上海举行的1977年全国乒乓球比赛。

9月9日

当年代表工程兵队参赛的上海籍运动员倪水雄保存的秩序册

□ 全国乒乓球比赛在上海举行。全国29个省、自治区、直辖市，解放军和台湾省旅居海外同胞队的100支代表队，共440多名男女运动员参赛。当日，全体运动员、教练员、裁判员瞻仰了中国共产党第一次全国代表大会会址。晚上，又参加了上海市纪念伟大领袖和导师毛主席逝世一周年大会。比赛设在上海体育馆、卢湾体育馆、江湾体育馆、上海县体育馆和45个基层单位进行。

9月16日

□ 全国乒乓赛团体赛第一阶段循环赛经过264场竞技宣告结束。其中，男子组打满8盘到9盘的有36场，女子组打满5盘的有25场。女子组上海一队和上海三队分别取得了小组第一名。因部分比赛安排在工厂、农村、部队和学校进行，深受工农兵和青少年的欢迎。福建男子一队与山东男队在上海新跃仪表厂比赛后，福建队的郭跃华和陈新华还应邀为工人们打了一盘表演赛。

□ 全国乒乓赛团体赛第一阶段循环赛中北京女子一队与安徽女队相遇。北京队拥有第三届全运会女子单打冠、亚军的阎桂丽、魏力婕，为本届大赛的第一号"种子队"。结果，安徽队的横板削球选手张迪兰（毕业于上海巨鹿路小学，曾获21城市女少年比赛冠军，后赴安徽插队落户）在关键的第四盘，以稳削逼角、伺机反攻的战术战胜了阎桂丽。加上安徽小将陈翠玲连得两分，安徽女队以3比2战胜了第一号"种子队"北京队。这场比赛在上海一一〇厂举行。

9月19日

□ 全国乒乓球团体赛中北京男子一队和上海女子一队分获冠军。北京男子一队以5比4力克八一队。上海女子一队以3比1勇胜河南一队，其中黄锡萍在单打中连胜张立和葛新爱，在双打中与仇晨燕密切配合而获胜。

9月21日（至28日）

□ 前世界冠军、日本乒乓球老运动员栗本君代（即松崎君代）应邀访问上海。栗本君代对促进中日两国乒乓球运动的交流起了积极作用。她观看了1977年全国乒乓球比赛，还参观了上海工业展览会、市少年业余体校等。上海市体委主任杜前设宴欢迎，国家体委第一副主任徐寅生以及我国乒乓球界老运动员代表出席了宴会。

9月24日

□ 全国乒乓球比赛经过14天（1786场）的竞技，在上海体育馆闭幕。中共上海市委、市革委会负责人彭冲、周纯麟、严佑民等，国家体委第一副主任徐寅生，以及组委会副主任杜前、李富荣、林慧卿、郑敏之等出席和观看了五个单项的决赛，并参加了发奖仪式。经过两个多小时比赛，福建队郭跃华获得男子单打冠军，上海队黄锡萍获得女子单打冠军，八一队李羽翔、王健强获得男子双打冠军，上海队黄锡萍、仇晨燕获得女子双打冠军，郭跃华、张立获得混合双打冠军。

图为上海市领导彭冲（左）在为获得女子团体、女子单打和女子双打三项冠军的上海队选手黄锡萍颁发奖状

9月

□ 全国乒乓球锦标赛在上海举行。上海队教练余长春陪徐寅生、李富荣观战，并介绍正在参赛的曹燕华。这名上海市虹口区业余体校14岁的学生，原为正胶直拍快攻打法，现王连芳教练让她改用反胶，并且她很快学会了拉弧圈球。赛后，徐寅生让余把曹燕华叫上主席台，跟她谈话。

[注]徐寅生说:曹燕华用直拍反胶拉弧圈球非常顺手,动作协调,手感好,且打球风格像男孩。当时国内高抛发球很普遍,曹燕华居然用反手发高抛球。尽管发球质量还不算太高,却表现出不随大流、勇于探索的精神。曹燕华说:余长春把我领到主席台上。当时,我口干舌燥,手心出汗,忐忑不安,"头一次这么近看到我心目中的英雄徐寅生和李富荣",他们问我:"你想拿世界冠军吗?"我回答:"当然想拿。"

10月19日

□ 体育系统第三次揭批"四人帮"群众大会在首都体育馆召开。徐寅生宣读党中央10月10日对国家体委请示报告的批复:庄则栋交北京卫戍区监护审查。

11月4日(至8日)

□ 由郑敏之率领的中国乒乓球队前往意大利、圣马力诺和芬兰进行友好访问,并参加意大利国际乒乓球锦标赛,我国运动员获五项冠军。

11月上旬

□ 徐寅生回京后,将在上海看到曹燕华比赛的情况告诉了女队主教练张燮林。经过国家队教练进一步了解,曹燕华即调到北京参加集训。

[注]曹燕华口述:赴京之前,上海队的主管教练蒋时祥说,你在上海是第一,到了国家队也要争第一。冬训开始,全队举行大循环比赛。五局三胜制,真刀实枪干了四天,最后,我、杨莹、童玲各输一场,我胜了童玲,童玲胜了杨莹,杨莹又胜了我。积

分结果：我获得了队内大循环比赛第一名。当时，我还有许多自己发明的怪招呢，除了发完反手高抛后，借对方回球之力推侧旋球，使回球犹如又一个有强烈旋转的发球。除这一绝招（这是我在关键时刻用的，不能告诉别人，不然就失效了）外，其他的招数我都毫无保留、毫无私心地告诉了他人。有一天，徐主任到队里看大家训练，说要和我赛两盘。我不管三七二十一，打了个21比5，21比3。徐主任笑着说："你怎么一点也不手下留情啊？"不久，队里开大会，徐主任作赛前动员，竟点我的名夸我呢！他问在场的几十名男女队员，还有谁敢打他三分、五分的？他接着说："一个优秀的运动员，就应该具备这种敢把皇帝拉下马的气魄，不管对手是谁，只要上了场，就要有排除干扰、战胜一切的信念。"

11月13日

□ 1977年全国11城市（北京、上海、天津、广州、沈阳、南京、成都、石家庄、西安、太原、武汉）工人乒乓球比赛在武汉举行。上海男、女队分别获得团体赛冠军，上海队樊天健获男子单打冠军，上海队的王宏亮、张国华获得混合双打冠军。

11月28日

□ 曹燕华作为中国二队成员访问欧洲。她与童玲合作，在斯堪的纳维亚锦标赛中，不仅击败了所有外国队，还战胜了中国一队夺得团体冠军。新华社的记者问：你们第一次参加国际比赛，害怕吗？曹燕华回答：这有什么好害怕的？

［注］曹燕华说：该代表团团长是时任上海市体委主任杜前，教练是周兰荪和张燮林。我随着这支访欧队伍，生平第一次坐飞

机。我和童玲代表中国二队打得很顺手,连混双和魏京生配合也拿了冠军。比赛结束后,东道主办招待会。1977年的中国还没开放,别说参加舞会,看一眼都觉得是犯错误。所以,宣布舞会开始后,中国队、朝鲜队全体退场,其实每个人都希望见识一下,但大家连头也不敢回。欧洲人百思不得其解,直到我去德国定居,以前的球友还问起中国队当时的情景。当时我们还在大使馆的安排下去跳蚤市场看看洋货,东西挺好,但口袋里没钱,只能一饱眼福。

12月

□ 曹燕华与童玲访欧回来,直接调进了国家一队。

1978年

1月9日

 □《文汇报》报道：在"四害"横行的日子里，上海的体育运动水平直线下降。在1975年第三届全运会上，上海足球、女篮都没有进入前十二名，女排勉强参加决赛，但打十一场，输十一场，乒乓球、羽毛球、网球比赛一项冠军都没有得到。粉碎"四人帮"一年多来，各运动队的情况发生了很大的变化，上海女子乒乓球队取得团体、单打和双打全国冠军。

 ［注］据报道，上海女子乒乓球队继去年获得三项冠军后，今年冬训，选择"突破口"，在发球和接发球技术上下苦功夫。她们每天早操以后专门练习发球和接发球半个小时，定期举行发球和接发球的比赛，教练员杨瑞华根据国内外先进技术的研究，专题讲解发球、接发球技术和争取积极主动的相互关系。朔风刺骨，乒乓房里却热气腾腾。墙上贴着"天大寒，人大干，掀起冬训新高潮""树雄心，立壮志，勇攀世界体育高峰"的大字标语。姑娘们穿着短袖球衣，练得汗水淋淋。杨教练说："冬训以来，在揭批'四人帮'斗争的推动下，队员们的训练自觉性大大提高。"

1月22日（至30日）

 □ 全国体育工作会议在北京召开。王猛作了《高举毛泽东伟大旗帜，为高速度发展我国体育事业而奋斗》的工作报告。

会议提出,一定要高速度发展我国体育事业,为实现四个现代化做出贡献。华国锋和叶剑英、李先念等接见了会议全体代表。我国体育战线是受"四人帮"干扰破坏的"重灾区",所谓"体育革命","宁可三年不出成绩,也要把路线搞端正",这一做法搞乱了人们的思想,既破坏了普及体育运动,又破坏了提高体育水平。会议号召,全国体育运动队要向"又红又专"的国家乒乓球队学习。

1月

□ 徐寅生在《新体育》第一期发表文章《敢摸世界高峰的老虎屁股》。

［注］文章说:伟大的毛泽东思想破除了乒乓球运动员的迷信思想,打掉了套在我们头上的精神枷锁,打开了世界冠军的大门。我下定决心向世界冠军冲击!两年来,我比较注意用毛泽东思想改造自己的世界观,树立为革命打球的思想,通过各种手段来严格要求自己。毛主席教导我们:中国人死都不怕,还怕困难吗?我们要攀高峰就是要有这种天不怕地不怕的革命精神。什么世界冠军、世界纪录,都不在话下。

2月

□ 徐寅生在《新体育》杂志上发表文章《发展社会主义体育事业的进军令》。文章回忆了"终生难忘"的"日日夜夜"。

□ 春节后,国家体委选派姚振绪赴泰国任教练。

3月10日

□ 李富荣在《文汇报》发表文章《周总理永远指挥着

我们战斗》，深情回忆周恩来总理关怀中国乒乓球队成长的经历。

[注]文章记载：1969年10月23日夜晚，我参加了周总理为外宾举行的宴会。周总理问我："你们的技术都恢复了没有？"我回答："恢复不多。"宴会开始了，总理来到我们桌旁，又说："你们要加紧练。"并问："徐寅生怎么样了？"我说："请总理放心，我们在练。"在四天前的一次接见中，总理曾说："多少人想看你们的表演啊！"总理又问徐寅生为什么不打球了，徐寅生说："年纪大了，已经三十一岁了。"有人补充说："徐寅生已当教练了。"从那次接见后第二天，徐寅生就开始参加一定的训练，有时也参加表演赛。

1971年3月16日夜晚，中国乒乓球队出征第31届世乒赛的前夜，周总理在人民大会堂接见了我们。总理说："我们伟大领袖毛主席信任你们，批准你们去，这是一个光荣、伟大的任务。要有大无畏的精神，刀山敢上，火海敢闯。我们要老老实实做到'友谊第一，比赛第二'。一切都要无产阶级政治挂帅。你们不是一个乒乓球队，而是毛主席领导下的经过无产阶级文化大革命锻炼的新人。我们的运动员是为人民服务的，致力于提高人民体质。输了要再接再厉，赢了也要鼓掌，但不要过分。否则给自己鼓掌就使劲，给人家鼓掌就轻，这是资产阶级习气，应该批判。我们不和朗诺集团比赛，就是政治上的胜利。技术要服从政治。"总理对我说："李富荣，我原来不知道你只能打正手，这就是你的弱点，你自己就有矛盾。人家就攻你这个弱点。"总理强调："你们要无产阶级政治挂帅。思想上有了信心，精神就能变成物质力量。万一失手了，败了，也不要埋怨，要再接再厉。同时我们也要欢迎人家赢，人家球艺比我们精，我们向人家学习。我们不学资产阶级那套风气。你们动身前,我们把第二颗人造卫星发射成功的消息广播了,就算是送行吧。"

在总理的接见中,我们将写给毛主席的一封表决心的信,从头至尾给总理念了一遍。总理仔细听完后说:"下了决心,心意是真诚的",但是"这封信,认识上还有局限性。可能是理论学习不够,水平不够,我指的是有些语言还是文化大革命初期的语言,那么多的最最最。这不是伟大领袖毛主席所要求的文风","如果你们同意,我帮你们修改一下,再送伟大领袖毛主席"。3月17日,我们到了广州。周总理托民航相关人员给我们送来了学习材料,并附上一封信。信上说:"昨晚送别你们时,曾提到我们伟大导师毛主席最近多次告诫我们,要认真读几本马、列的书,好提高我们识别真假马列主义,识别唯物论和唯心论的能力。"

参加第31届世乒赛归来后,周总理指示:不要庆功,徒增骄傲;应适时总结,力求前进。

1971年6月11日夜十点多钟,周总理在人民大会堂东大厅又接见了中国乒乓球队。总理听着我们的汇报,随手翻着比赛的名单和成绩册。他问到我和匈牙利约尼尔这场球是怎么回事,我说:"对方一个擦网球,但裁判没有判。对方一面打,一面举着手。我也没有作出反应,把手举起来,这是锦标主义思想在作怪。"我刚把话说完,总理立即站起来,和我握手,并说:"听了你的回答很高兴,要好好学习,提高思想。"总理又说:"政治上出问题要受责备,比赛输一点不要紧。可是你们领导怎么对运动员的?比赛赢,就笑脸相迎,输了就冷眼相待,这样做完全没有道理!胜了拍肩膀,败了给运动员脸色看,这离毛泽东思想有十万八千里。输一点不要紧。喝口水,才能学好游泳。哪有不喝水就学好游泳的?"总理一直和我们谈到翌日凌晨两点。

4月6日

□ 1978年全国乒乓球比赛在福州市举行。上海女子乒乓球一队由黄锡萍、曹燕华、仇晨燕组成,先后战胜河南二队、江苏队、天津队、辽宁二队、北京部队队、广东一队、北京一队。决赛时以3比2击败辽宁一队,荣获女子团体冠军。上海男子一队和女子二队均获得团体第四名,也取得较好的成绩。

4月7日

□ 本市教卫系统在文化广场召开第三次揭批"四人帮"大会。市体委的代表指出,"四人帮"及其余党把普及体育运动和提高体育水平割裂开来,散布"普及是为多数人谋利益,提高是为少数人谋利益",教练不敢教,运动员不敢练,不少项目的成绩直线下降。以乒乓球为例,上海过去曾经培养了一批世界闻名的优秀选手,但在粉碎"四人帮"之前的整整十年,上海在国际国内乒乓球比赛中成绩很差。

4月10日

□ 上海创编的木偶剧《乒乓赛》有横板削球,有直板扣杀,小小银球随着球拍旋转飞舞,这场"乒乓赛"是通过九位青年演员的通力合作完成的。

[注] 木偶小选手要发球了,演员敏捷地把海绵做的乒乓球塞进木偶的左手中。同时,扮演裁判员的木偶做了个扔球的动作,幕布下面的演员把真乒乓球抛向木偶小选手。一瞬间,操纵乒乓球的演员手拿一根细钢丝,上面穿了一个木制乒乓球,在空中来回划出乒乓球的抛物线,再由一位演员用真乒乓球扣击乒乓板,配着音响效果声,加上两个操纵木偶的演员做出提、拉、扣、杀等各种挥拍

动作，形成一种激烈的乒乓球比赛的感觉。有时还会扣球出界，那是由木偶操纵演员猛扣一板，带钢丝的乒乓球迅速落下，另一位演员向观众席方向抛出一只真乒乓球，真是栩栩如生。

4月11日

□ 1978年全国乒乓球比赛闭幕。上海队黄锡萍连克强手，决赛中以3比1战胜三届全运会女子单打冠军北京队的闫桂丽，蝉联女子单打冠军，并同辽宁队选手李明合作获得女子双打冠军。曹燕华打出了新水平，取得了女子单打第三名。

4月

□ 孙麒麟作为上海选派的代表赴福州参加全国乒乓球裁判员培训班。此为改革开放后中国乒乓球裁判员的首次培训，孙麒麟考试得第一名。第二年，孙麒麟被批准为一级裁判。

5月25日

□ 上海交通大学、上海师大一附中、巨鹿路一小等100余所大、中、小学，正在积极恢复体育传统重点项目。据1965年统计，本市共有459所学校形成了传统项目，当年就为市级运动队、市少体校和解放军部队等输送了189名运动员。被誉为"乒乓之家"的巨鹿路一小的黄锡萍、陆元盛、仇晨燕、李小萍、周一玲等都成为国家队队员。"四人帮"横行时，学校传统体育项目遭到破坏。去冬今春以来，很多学校恢复体育传统项目。如徐汇区华山路小学调整了教室，新开辟了乒乓球房，提出了"学巨一、赶巨一"的口号。市教育局、市体委专门召开工作会议，交流了经验。会议要求在年底前对一批学校进行验收。

1977年黄锡萍、仇晨燕和李小萍等代表上海队取得三项冠军后，回母校巨鹿路一小辅导小队员

5月29日

□ 上海市中小学基层乒乓球比赛团体赛揭幕，共有来自本市10个区61所中、小学，男女107支队的368名运动员参加。经过405场的角逐，向明中学和闸北五中获得中学组男、女团体冠军，巨鹿路一小和吉安路小学获得小学组男、女团体冠军。据报道，很多小学生已经掌握了日本式的弧圈球技术和欧洲横拍两面弧圈球技术。这次中小学基层乒乓球比赛受到了各方面的关心和重视，很多有经验的教练员亲临赛场作指导。

5月

□ 全国锦标赛在福州举行。以上海籍施之皓和李振恃为主力的八一队在团体赛半决赛中先胜上海队。团体决赛时，八一队再胜东道主福建队，施之皓一人得三分，为八一队夺冠立功。接着，施之皓连胜数名国手，获男子单打冠军，当年年底进国家队。

1978年

施之皓代表八一队比赛的场景

6月7日

□ 最近，国家体委审核批准恢复上海42名裁判员为国家级裁判，其中乒乓球项目有丁冠玉、王惠章、乐秀华、朱庆祚、汤国华、顾寇凤（女）。裁判员们表示：裁判员等级制度的恢复，是党对广大裁判员和体育工作者的关怀，我们将努力提高政治觉悟和业务水平，朝着"又红又专"的方向前进。

6月8日

□ 根据国家体委、教育部颁发的《关于一九七八年高等学校体育专业招生工作的意见》，北京体育学院、上海体育学院、上海师范学院体育系在本市提前联合招生。上海体育学院体育系和上海师范学院体育系均招收乒乓球专项的学生。

上海体育学院体育系招收的1978级乒乓球专项班

6月23日

□ 国家体委在北京体育馆召开落实干部政策大会,为容国团、傅其芳、姜永宁等昭雪、恢复名誉,为被打击迫害的一批领导干部和被株连的同志彻底平反。近日,国家体委又在八宝山革命公墓举行了容国团、傅其芳的骨灰安放仪式。容国团的骨灰没有留下,其妻选了丈夫生前最爱穿的一件衬衣,装在骨灰盒里,建了一座"衣冠冢"。国家乒乓球队全体运动员、教练员和干部参加了追悼仪式。

7月19日

□ 从本日起至21日,芬兰乒乓球队访问上海,并同上海队进行友谊赛,上海队在男、女团体比赛中获胜,在男子对抗比赛中，上海队和芬兰队各胜一场。

□ 从本日起至23日，第三届世界中学生运动会在土耳其的伊兹密尔市举行。倪夏莲经过两轮选拔（上海第二名、全国第三名）入选中国中学生代表团乒乓队。在世界中学生运动会上，倪夏莲获得女子团体、女子双打冠军和女子单打亚军。同队的上海籍男队员有周平、朱达等，他们获得了男子团体冠军。

［注1］倪夏莲没有任何个人意见，"输"给了那位远不如自己的对手，屈居亚军，完成了这项政治任务。

［注2］当时，倪夏莲已在上海队试训，因入选中国中学生代表团，曾回到市少体校集训。市少体校八个女孩一个集体宿舍，倪夏莲不需要去上文化课，就一个人把宿舍打扫得干干净净，为队友们冲热水瓶。倪夏莲说：我喜欢这种集体生活，去关心别人，同时得到爱。乒乓球运动需要这种爱的支持，观众看到一个人在球场上打拼，其实，那是一个团队的胜利！

周平、朱达等代表中国队荣获男子团体冠军

8月14日

□ 15岁的倪夏莲正式进入上海市乒乓球队，成为有正式编制、拿国家工资的运动员。

［注］在上海队，倪夏莲在教练杨瑞华的悉心指导下，个人技术有了很大的突破。当时，倪夏莲还是打法单调的直拍近台快攻的运动员。杨教练根据她的特点设计了一套半长胶的打法，既克服了因个子小、击球范围不大的局限性，又能充分发挥正手的进攻杀伤力。倪夏莲说：杨教练灵活多变的战术思想，对我打法风格的建立起到了领航人的作用。

8月15日

□ 具有优良传统的上海体育夏令营恢复了，这是对"四人帮"污蔑夏令营是培养"修正主义苗子"的谬论的有力回击。在乒乓球、足球、篮球、排球和田径的五个夏令营里，来自全市86所体育传统重点学校的近千名中小学生度过了为期两周的营地生活。

8月28日

□ 上海评选的十名优秀教师中的第八名是卢湾区巨鹿路第一小学的体育教师柯元炘。该校是全国群众体育的先进单位，著名的"乒乓之家"，开展以乒乓球活动为重点的群体活动。柯元炘常常早上六点到校训练学生，晚上还陪学生打球到八点才离校，连星期日也不休息。辅导时，他手把手地教孩子们挥拍、移步。他还注意学习世界乒乓球新技术，在训练中摸索和总结了一套训练规律。

20世纪70年代，巨鹿路一小柯元炘老师在组织乒乓球教学

9月

□ 上海市第六届运动会上，倪夏莲代表杨浦区获得乒乓球女子团体、女子双打和单打三项冠军。

10月17日

□ 国家体委系统举行国家乒乓球队命名和授奖大会。国家体委第一副主任徐寅生主持大会。经国务院批准，国家体委命名国家乒乓球队为"又红又专、勇攀高峰运动队"，给创造世界纪录和获得世界冠军的57名运动员颁发体育运动荣誉奖章，还向徐寅生发了体育运动荣誉奖章。其中乒乓球运动员有李富荣、张燮林、李景光、梁戈亮、许绍发、郗恩庭、李振恃、黄亮、郭跃华、陆元盛、林慧卿、郑敏之、胡玉兰、张立、葛新爱、张德英、李莉、王俊、郑怀颖、朱香云、杨莹（上海籍运动员达三分之一）。国家乒乓球队代表李富荣和荣获体育运动荣誉奖章的登山运动员潘多在大会上讲话，表示要把党和人民给予的荣誉变成巨大的动力，虚心学习，刻苦锻炼，继续努力攀登世界体育的新高峰。国家体委副主任李梦华发表讲话，强调今天表彰这些同志，也是对林彪、"四人帮"假左真右的反革命修正主义路线的有力批判，是对他们诬蔑国家乒乓球队和优秀运动员"卫星上天，红旗落地""成绩越大，罪恶越大"等谬论的拨乱反正。

10月18日

　　□《文汇报》发表市少体校乒乓班运动员朱达、周平参加第三届世界中学生运动会的日记，其中两处提到"小倪"即倪夏莲。

　　［注］7月17日记：小倪、小徐练完球，感到口干，拿起冷饮水就喝。对方的总教练买买提一见，关切地说："刚练完球，不能就喝冷饮水，这样要坏身体的，等一会儿再喝。"短短几句话，情长友谊深。7月21日记：我们住在爱琴大学，这儿的学生对中国运动员特别友好。小倪比赛归来，几个大学生看到小倪胸前佩戴中国国徽，问："是什么项目？"小倪用手势表示是乒乓球。他们一听可乐了，要求进行友谊比赛。学校的乒乓房很小，一下子挤满了学生。他们推派学校里的好手跟小倪比赛。每当小倪打个漂亮球，他们就热烈鼓掌。小小的乒乓房，洋溢着中土两国人民的友情。

11月23日

　　□据新华社电，上海有22名选手入选中国体育代表团，参加在曼谷举行的第八届亚洲运动会。其中乒乓球项目一人，为曹燕华。

曹燕华（左二）与队友杨莹、张立、林洁（从左至右）在一起休息调整

11月24日

□ 上海举行1978年运动队立功授奖暨迎接第四届全运会冬训动员大会，对567名运动员、教练员记功和颁发奖状、奖品、奖金。市委书记、市革委会副主任王一平等领导给荣立特等功的运动员王文娟和张爱玲各奖电视机一台，分别给优秀运动员200元、150元、100元、60元等多种奖励。名列一等功运动员9名，包括乒乓球队黄锡萍和曹燕华。乒乓球队曹春玲获三等功。

11月29日

□ 据新华社北京电，第八届亚运会将于12月9日至20日在曼谷举行，共进行19个项目的比赛。中国代表团团长徐寅生对记者说，参加本届亚运会的我国运动员来自全国各地，是在群众性体育运动中涌现出来的优秀选手，是通过各个项目的全国选拔赛和全国比赛涌现出来的。最近，中华全国体育总会决定选拔9名台湾省运动员和体育工作者作为中国代表团成员，这表达了祖国对台湾省人民和运动员的关怀。

12月1日

□ 第四届亚洲乒乓球锦标赛在吉隆坡落幕，曹燕华连胜朝鲜选手朴英顺和队友，获得女子单打冠军。

［注1］本届比赛由主教练林慧卿带队。单项比赛中，曹燕华淘汰了世乒赛女单冠军朝鲜选手朴英顺，半决赛时与队友会师。按照常规，中国乒乓球队的年轻队员在大比赛中遇上老队员要让路。这次林指导破例宣布：进入半决赛的四位中国队员"真打"。结果，张德英胜张立，曹燕华胜杨莹进入决赛。当日，恰逢曹燕华生日，国际乒联副主席、马来西亚乒乓总会主席叶荣誉先生特地送上祝福，并希望曹燕华取得冠军。曹燕华在决赛中胜了张德英，取得亚洲冠军的称号；与杨莹配合的双打，则让给了香港队。

［注2］在总结会上，曹燕华准备的小结没有派上用场。会议开成了"新手碰上老队员是否要让球"的辩论会。

12月13日

□ 由张德英、曹燕华、张立、杨莹组成的中国女子乒乓球队，在亚运会乒乓球女子团体比赛中六战皆捷，蝉联亚运会女子团体冠军。

12月17日

□《人民日报》发表《中华人民共和国和美利坚合众国关于建立外交关系的联合公报》。著名乒乓球运动员郑敏之说：中美两国关系正常化，这是中国人民和美国人民热切盼望的一件历史性的大事，全世界人民也必将为此而欢欣鼓舞。在中美《上海公报》精神鼓舞下，1972年中国乒乓球代表团访问了美国，在美国进行的18天访问中，郑敏之感受到美国人民对中国人民的深情厚谊。她表示，我们将继续用小小的银球，为增进中美两国人民的伟大友谊做出努力。

12月30日

□ 国家体委在北京体育馆举行大会，欢迎参加第八届亚运会的中国体育代表团胜利归来，并为295名运动员、教练员记功授奖。乒乓球项目队荣记一等功有李富荣、张燮林、林慧卿、张立、张德英、杨莹、郭跃华、梁戈亮。

本年

□ 刁文元教练接受意大利方面的邀请，申请到意大利执教。经重回国家体委工作的王猛主任批准，刁文元成为赴国外自谋职业的第一人。他们为普及和提高各国乒乓球运动做出了贡献，也成为中外文化交流的民间大使。

□ 国家体委派中国乒乓球教练团去澳大利亚、新西兰进行三个月的讲学、辅导和表演，余长春担任团长。教练团在墨尔本、堪培拉、悉尼、惠灵顿等各大城市，一站接一站地进行示范和辅导。一般在每个城市待三四天，从辅导基本动作到打表演赛。那里都是业余选手，知道中国队来访很兴奋，也引起当地华侨的轰动。

1979年

1月4日

□ 最近，18所小学男女32支队参加的上海市小学生"红领巾杯"乒乓球邀请赛开战，虹口区的第二中心小学和海宁路第二小学战胜了巨鹿路一小和马当路小学等强队，分别夺得了男女冠军，赢得了教师和同学的称赞。虹口区海宁路第二小学的乒乓球活动，从一年级开始就组织学生进行"的笃班"练习，现在每班都有乒乓球队，每学期举办一次全校乒乓球比赛。有的同学经过区少体校的培养，参加了部队和国家的乒乓球队。海宁路二小的乒乓队员不仅乒乓球打得好，学习成绩也很好。在期中考试中，校队28名队员的语文平均成绩为96.8分，算术为96.6分，小运动员开心，家长放心，班主任称心。

虹口区海宁路二小长期坚持开展乒乓球活动，图为体育组老师在训练后与小队员的合影

1月11日

□ 国家体委审核批准了上海市19名裁判员为国家级裁判

员，其中有教师、体育干部和工人。他们刻苦钻研裁判理论和规则，认真参加裁判实践，经过理论考核和去年下半年全国比赛的临场实践考试，由国家体委择优录取。乒乓球项目有黄传杰、徐志武、朱丽芬（女）。

2月2日

□ 国家体委召开全体人员大会，宣布中央批准撤销"5.12"命令，为体育系统的冤假错案彻底平反。

2月11日

□ 1978年上海市体育先进发奖大会在市体委机关礼堂举行。全市20个单位被评选为上海市体育红旗标兵，其中有市女子乒乓球队和巨鹿路第一小学。大会指出：从今年开始，体育工作要适应全党工作重点的转移，为攀登世界体育高峰做出贡献。

2月

□ 荣高棠被平反后回体委工作。当时，王猛是党组书记、体委主任，徐寅生是第一副主任、党组副书记。徐主动给中央组织部写信，请求由荣高棠同志担任第一副主任。中组部赞赏徐寅生尊老的态度。

3月14日

□ 第35届世界乒乓球锦标赛将于4月25日至5月6日在平壤举行。中国乒乓球协会公布了我国参加这届锦标赛的运动员名单。女运动员是：张立、张德英（上海籍，代表黑龙江队)、葛新爱、曹燕华(上海籍)、童玲、杨莹、魏力捷、黄锡萍(上海籍)、阎桂丽、杨艳群。男运动员是郭跃华、梁戈亮、黄亮、李振恃(上海籍,代表解放军队)、施之皓(上海籍,代表解放军队)、王会元、卢启伟、鲁尧华、陆元盛(上海籍)。这些运动员是在全党工作重心转移到社会主义现代化建设上来的大好形势下选拔出来的。

3月30日(至4月1日)

□ 即将赴平壤参加第35届世乒赛的中国乒乓球代表队,来上海静安、卢湾、南市体育馆作"实战练兵"比赛。通过3天7个项目的200多盘比赛,女子团体冠军为阎桂丽和杨艳群,男子单打冠军为王会元,女子单打冠军为曹燕华,男子双打冠军为李振恃和王会元,女子双打冠军为杨莹和杨艳群,混合双打冠军为鲁尧华和曹燕华。中国乒乓球协会主席徐寅生亲临现场。孙梅英、林慧卿、郑敏之、李富荣、张燮林、梁友能等作临场指导。有位同志寄语上海乒乓界:60年代,中国参加第28届世乒赛男女团体赛的成员几乎全为上海队员,并双双拿了冠军;而今虽然还有上海队员参加世界比赛,可是排为团体赛主力的却没有一个,耐人寻味!

4月9日

□ 中国乒乓球队在上海练兵比赛期间,记者采访了中国乒乓球队教练李富荣,谈世界乒乓球运动的发展和上海乒乓球运动的问题。

[注]李富荣说:从60年代开始,我国运动员的直拍快攻,站位近台、速度快、反手技术好,比日本式远台长抽的打法更优

越。70年代,欧洲的运动员吸取了日本弧圈球和中国近台快攻的特点,把速度和旋转结合起来,又推动了乒乓球运动的发展。世界乒乓球运动发展的趋向,是朝着力争积极主动,力求技术全面,特长突出和没有明显的缺点的方向发展。我们的风格是以快为主、以攻为主、以我为主,同时贯彻百花齐放的方针,学习外国先进技术,提倡各种类型的打法,特别是弧圈球技术。

李富荣认为:问题是没有坚持风格、发扬传统。过去上海运动员发球好、抢攻凶、推挡好,但步法等方面做得不够,要学习和创新。目前,在上海运动员中,弧圈球打得好的运动员不多,两面拉的也不多。要大力发展弧圈球,这个指导思想一定要明确。教练员要经常研究技术问题,如发展方向、指导思想、训练的方法、主要的倾向等。要经常举办各种比赛,以提高水平。省、市之间的比赛要加强,一些女运动员可以同区里的男运动员进行比赛。

4月24日

□ 上海体育科研所沈爱如发表文章《实力雄厚的匈牙利男队》。文章介绍,国外舆论认为,本届男子团体赛,匈牙利队与中国队争夺冠军的可能性最大。因为匈牙利队是目前欧洲最有威胁性的队,也是横板弧圈全攻型打法的代表。其弧圈球的质量既转又快,前冲力强,扣杀力量大。五名选手实力雄厚,其中三名老将(约尼尔、克兰帕尔和盖尔盖伊)和两名新秀(塔卡奇和卡拉茨),再加上有著名老将西多和别尔契克作为教练,经验丰富。

4月25日

□ 第35届世乒赛在平壤开幕。以徐寅生为团长、张钧汉和郑敏之为副团长的中国乒乓球代表团已分两批于17日和20日抵达平壤。这次大赛正值欧、亚乒乓强队新老交替。国际乒联亚洲区副主席徐寅生认为：实力不相上下的欧、亚男子劲旅，究竟谁胜谁负要看比赛中的临场发挥。谁的技术特点充分发挥、战术运用得当，谁就有希望夺标。女子队的角逐，看来亚洲健儿还是占着优势。

第35届世界乒乓球锦标赛在平壤体育馆开幕，
图为中国队在李富荣总教练的率领下入场

4月27日（至30日）

□ 在第35届世乒赛男子团体第一阶段比赛中，中国队以2比5负于匈牙利队，其中，梁戈亮输了三分。中国男队以5比2战胜捷克斯洛伐克队，取得决赛权。在30日晚的决赛中，中国女队以3比1战胜朝鲜队，获得本届女子团体冠军。上海知青选手张德英为中国女队的胜利奠定了基础。她先后取胜于两场单打,又在双打中同张立合作获胜。男子决赛由三名中国直拍快攻选手对三名匈牙利横拍拉弧圈选手,中国男队以1比5告负。中国直拍快攻技术的危机集中暴露了。这是匈牙利队从1952年以来第一次获得世界男子团体冠军。

［注1］李富荣自述:男队输给匈牙利丢了冠军,导致失利的原因有三个:第一,我们与匈牙利队胜多负少,对困难估计不足,有轻敌麻痹的思想。梁戈亮、黄亮长胶的"怪拍"打法,已被人摸透。小组赛我队以2比5负于匈牙利队,团体决赛的用人捉襟见肘;第二,我们的技术还存在缺陷,打法缺乏创新,面对匈牙利队日趋成熟的正反手两面弧圈,我们的直拍快攻防御太多,主动发力进攻太少,没有有效的针对措施;第三,我们的运动员的意志品质不够顽强,落于下风顶不住。作为教练员,我内心很不服气。我说,匈牙利从上次夺冠到这次再度捧杯用了27年,而我们中国夺回这个奖杯绝不会用27年。回来后,我发愤图强,在自己的训练日记的第一页上贴上了平壤发奖的照片:匈牙利队员在别尔切克的带领下兴高采烈地手捧斯韦思林杯站在奖台上,中国队则站在第二的位置上。我要牢记这个失败,以时刻激励自己,打好"翻身仗"。

［注2］国家乒乓球队队医关俨说:在第35届世乒赛上,男子项目全部失利。徐寅生主动检讨工作没有做好,对男队的失利负有不可推卸的责任,并且公开表示,两年后男队如果拿不到世界冠军,将主动辞职。主教练李富荣则全身心地投入打"翻身仗"的训练中去。他每周带出操,从周一的4000米到周六的1万米,运动量非常大。冬季寒流肆虐,大家跑回来,鼻子、耳朵都是白的,头发全被冰住了。在场的教练们、老领队都掉眼泪。因过度疲劳,李终于病倒了。一天,我接到了友谊医院电话,说"CT检

查，怀疑李富荣得了癌症。最好别让李富荣随队出征"。我当即打电话告诉徐寅生。第二天，荣高棠主任亲自参加了医院组织的会诊，最后的结论是：此检查不足以诊断为癌症。

［注3］从平壤回国不久，中国乒协组织了全国优秀乒乓球运动员集训，挖掘、培养具有主动进攻能力、善于对付弧圈球的年轻新手。各省市和解放军队的教练员们纷纷出主意，帮助推荐、物色队员。其中，谢赛克、江嘉良、蔡振华、施之皓等入选。值得一提的是：国家队从全国找来模仿匈牙利三将的两面弧圈打法的陪练，成应华模仿克兰帕尔，黄统生模仿盖尔盖伊，李奇模仿约尼尔。陪练队员向主力队员表示，"想加班补课，打声招呼，随叫随到"，甚至还主动承担队里的杂务，帮主力队员洗衣服、修球拍、采购杂物、办理日常琐事等。

平壤第35届世界乒乓球锦标赛奖牌

中国队（左侧）在平壤世界乒乓球锦标赛负于匈牙利队，在男子团体赛中屈居第二

5月2日

□ 日本著名乒乓球教练、前世界男子单打冠军荻村伊

智朗在《朝日新闻》撰文《看世界乒乓球团体赛》。文章认为：匈牙利男队刻苦奋斗十余年终于实现了夺取冠军的夙愿，而中国男队决赛中失败的原因主要在于竞技时的精神状态。

［注］荻村写道：匈牙利男队曾在1959年多特蒙德世乒赛时击败过中国队。当时，西多得两分，别尔切克得三分。此后，这两人在各自的俱乐部里培养出了克兰帕尔、约尼尔和盖尔盖伊。别尔切克当了匈牙利男队教练。他把体格好、力量大的运动员培养得能打弧圈球。在这次比赛中，又掌握了抢打中国队发的近网球的技术。中国失败的原因主要不在技术方面，而在精神方面。然而，这又是最难以训练的。例如在决赛中起用的三个人穿着不同颜色的运动服所象征的那样，可以看出，在队风上有不像极盛时期的球队的地方。虽然有这样的看法，单项比赛仍然是中国队占优势，但是，看不见现在的中国队有一直聚精会神那样的意志力了。

5月6日

□ 第35届世界乒乓球锦标赛闭幕。在单项比赛中，中国选手葛新爱获得女子单打冠军，张德英和张立获女子双打冠军，梁戈亮和葛新爱获混合双打冠军。中国选手郭跃华因腿肌肉拉伤退出比赛，日本选手小野诚治获男子单项冠军。小野是在半决赛中以3比2淘汰梁戈亮进入决赛的。郭跃华则是战胜李振恃后进入决赛。梁戈亮和李振恃并列第三名。

［注1］李振恃自述：第35届世乒赛单项比赛开始了。我和阎桂丽配合混合双打，决赛时相遇梁戈亮和葛新爱组，领导决定让我俩让了。当时，有年轻队员说：老李，你单打有戏

了，一个锦标赛不可能让你让两项吧。明天半决赛是我对郭跃华，梁戈亮对日本的小野诚治，就看领导怎么定了。我跟小野的战绩是十战十胜，故向领队表示有决心去拿单打冠军。半决赛赛场上，黄亮捅了我一下说，不好，老徐往你这边走呢。徐寅生对我说：开过会了，单打让小郭上。徐还说了第26届半决赛他让给庄则栋的事。我什么也没有说，赛场上我还是服从了。谁知梁戈亮半决赛输给小野，决赛时郭跃华大腿拉伤弃权了。1987年，第六届全运会在广东佛山举行。一天，我走进旅馆，见国家队的教练围坐一桌。这时，徐寅生叫住了我。他当着大家的面说：第35届男子单打你让球，这是个失误，那届你应该拿单打冠军啊。八年啦，徐寅生的这番话给了我很大的安慰。

第35届世乒赛男单颁奖现场，上海籍运动员李振恃（左三）获得季军

[注2] 曹燕华在女子单打第三轮输给了匈牙利老将马库斯。总结会上，她受到主管教练的批评。主管教练甚至提出将曹燕华退回上海队的建议，有的支持，有的默认，有的反对。一份将曹退回上海队的提案交到徐寅生手中，徐寅生批示："她年纪还轻，再给她一次机会吧！"那一年，曹燕华17岁。

5月18日

□ 日本乒乓球队参加了第35届世乒赛后访问上海。在与上海队的比赛中，上海队小将周平以2比1力挫世界冠军小野诚治。

6月17日

□ 中央通知国家体委：荣高棠同志任国家体委副主任、党组书记，徐寅生改任国家体委副主任、党组副书记。从此，体委不设第一副主任的职务。

[注] 胡耀邦任中组部领导时，为荣高棠落实了回体委的政策。徐寅生说，我们是从打球开始就听他的，从第26届到第28届世乒赛他都参与，他对乒乓球队的发展历程比较清楚。所以，我就对王猛主任说：我准备给上面写信，把我这个"第一"给去掉，因为其他部委都没有"第一"之说的。王猛说，这你自己考虑吧。后来我就写了一封信，此时中组部部长是宋任穷，信写了以后事情就很自然地解决了。

6月24日

□《解放日报》《文汇报》公布上海市1978年度大庆式企业（单位），所属手工业局的上海乒乓球厂名列在册。

上海乒乓球运动纪事录（1949—2024）

6月23日

□ 日本乒乓球协会宣布，日乒协决定将于1980年在东京举办下一届亚非拉乒乓球友好邀请赛。同时宣布，由于经费问题，这届比赛将只邀请亚洲、非洲和拉丁美洲的20—30个国家和地区的乒乓球队参加。亚非拉乒乓球友好邀请赛已举办过三届。首届邀请赛于1971年在北京举行。此后，非洲的尼日利亚和拉美的墨西哥分别于1975年和1976年举办了第二届和第三届邀请赛。

7月6日

□ 上海乒乓球女队在第四届全运会乒乓球预赛团体赛中九战九胜，获分组第一名，上海男队取得了赛区的第三名，双双取得了决赛权。在单项比赛中，上海队的曹燕华、卜启娟、曹春玲、倪夏莲进入前十六名（黄锡萍因手臂肌肉拉伤而失利），小将周平进入男子前十六名。上海队进入前八名的女子双打选手是曹春玲和倪夏莲。根据国家体委颁布的竞赛规程，三个赛区的男女团体赛的前五名和台湾省队，男女单打前十六名和男女双打前八名，将在今年9月参加在天津举行的全运会乒乓球决赛。

［注］倪夏莲作为初出茅庐的上海队新手，在南京赛区预选赛中以两个3比0战胜李淑英和田静。十六进八的比赛中，倪夏莲又以3比1击败童玲。此三人皆为国家队队员。

7月7日（至9日）

□ 随着全运会乒乓球预赛结束，国家体委召开了各省市领队、教练员和运动员大会。国家男女乒乓球队教练李富荣和张燮林分别介绍了第35届世乒赛概况和经验教训,并组织讨论欧洲横板弧圈全攻型和我国传统直拍快攻打法的利弊。

[注]归纳发言有两种不同的意见。一种认为,我们应该总结经验,探索对付横拍弧圈球的方法和途径,坚持直拍快攻"以我为主"的战略方向,随着技术的发展,不断创新。目前缺少比较理想的有代表性的运动员。另一种意见认为,我们不应把直拍快攻绝对化、固定化,乒乓球技术的先进性是相对的、发展的,直拍、横拍各具特色,快攻、弧圈各有千秋,关键在于发展与提高。中国乒乓球协会负责人认为开展学术争论是好事情,它将有利于乒乓球运动的迅速提高。

8月2日

□ 上海乒乓球队总教练杨瑞华就我男子队未能在团体赛中取得理想成绩发表看法:首先是这支匈牙利队阵容整齐;其次是我队发球与发球抢攻的特长失效;最后,是我队相持技术的实力显然不足。这说明近几年我队技术发展变化不大,而欧洲在旋转、速度方面有了很大的发展。至于我队选手单打胜匈选手,是因为匈队为团体赛取胜,缺少赢单打的准备;相反,我队为了在单打中去拼,战术上做了改变。那么我队打法是否落后了?应承认技术上存在一些问题,须丰富打法和加强基本功,相信中国的快攻打法可以战胜欧洲的弧圈球。

[注]杨瑞华作为全国冠军队的教练,参加了国家体委组织的第35届世乒赛观摩团,与八一队的于贻泽、北京队秦淮光等去朝鲜。这是杨瑞华自"文革"以来的第一次出国。这一年,由两位领队任介绍人,杨瑞华加入了中国共产党。

8月18日

□ 我国传统的象牙雕、黄杨木雕、贝雕等工艺品使国际友人为之折服,作为中华民族文化遗产的食品雕也使外宾倾倒。其中林九师傅的立体雕刻技艺达到出神入化的境地。当"小球带动大球"而举世瞩目时,林九用吉瓜雕制奖杯,赠给在和平饭店就餐的美国乒乓球队。

8月22日

□ 在今年国际乒联召开的代表大会上,红双喜牌和双鱼牌乒乓球被批准为1979—1981年度国际比赛用球(国际乒联每隔两年审批一次国际比赛用球,有效期为两年)。被批准的还有英国、联邦德国、日本等国十余种牌号的乒乓球。上海乒乓球厂生产的红双喜牌乒乓球,从1960年起连续八次被批准为国际比赛用球。

9月

□ 第四届全国运动会乒乓球决赛在天津进行,倪夏莲以3比0击败童玲。进入八强后,倪夏莲又分别以3比1和3比2胜了队友曹燕华、卜启娟。女子单打决赛在倪夏莲与河北队的齐宝香之间进行,倪夏莲经过奋战虽然失利,但终为上海队赢得一枚银牌。上海体育局为了表彰倪夏莲的出色表现,破例给她连涨三级工资,由49元涨到92元。当月,倪夏莲赴国家队报到。

[注]倪夏莲在全运会重大比赛中两次击败国家队的童玲和田静、卜启娟等削球手,被称为"削球克星"。这是因为在上海许昌路体育场乒乓房接受训练时,指导安排男队员陪练,要求三分之

二全台拉，一口气拉几十个，不能搓一板。就此，她练就了打削球的基础。

□ 沈剑萍、戴丽丽在第四届全运会乒乓球项目决赛中代表解放军队获得女子双打冠军。

［注］比赛前的一个月，国家队和国家青年队的队员全部回母队。沈剑萍和戴丽丽便回到工程兵部队。按理国家队教练可以暂时休息，李赫男教练却索性把行李搬到工程兵部队，整整一个月与沈剑萍、戴丽丽同吃同住同训练，而把幼小的孩子寄养在上海。沈剑萍说：李赫男教练全身心地扑在事业上，全身心地为了我们的成长，我是牢牢记在心的。

10月10日

□ 最近，上海乒乓球厂生产的红双喜牌乒乓球获得国家授予的金质奖。

10月25日

□ 国际奥委会执委会在日本名古屋举行会议，一致通过决议，恢复中国在国际奥委会的合法席位。会议确认中华人民共和国奥委会为中国全国性奥委会。

10月

□ 国家乒乓球队教练、运动员队伍大换班。周兰荪来到女队，主管张德英、齐宝香、谢春英和曹燕华。他开始实施女子技术男性化计划。

［注］曹燕华自述：有一次队内比赛，正打到20平，胳膊肘不小心狠狠地磕在台角上，顿时血如泉涌，连骨头都露了出来，

周兰荪让大夫给我包扎一下,我还得把这场比赛打完。他说:要是世界性比赛碰上这种情况怎么办?在他的高强度训练下,双钱橡胶研究所带来试验的新球鞋,我的连续两双在十分钟内就把鞋底的颗粒磨掉一大片。厂方都觉得奇怪:不该这么不结实呀?练多球时,大夫来测量我的血压、脉搏,告诉我,我的血压和脉搏第一次根本就量不出来,血压到零,脉搏根本就无法数,跳得太快了。这时,我和施之皓谈上了恋爱,每到周末,别人在加班加点,我却不见人影。周兰荪作为主管教练,一面跟领导汇报:曹燕华的水平提高很快,即使真的谈恋爱,也没有影响训练比赛;一面语重心长地对我说:"我现在不是以一个教练员,而是以一个父亲的身份问你,这是不是真的?"我在他面前从来不说半句假话。他没有责备我,只提了一个要求:千万不能影响训练,要为自己争口气。

曹燕华感恩各级教练员对她的辛勤培育,图为她和国家队主管教练周兰荪(右二)、上海队主管教练蒋时祥(右一)的合影

11月7日

□ 据《体育报》消息，国家体委公布第一批国家级教练员名单，乒乓球项目共16人：岑淮光、叶佩琼、杨瑞华（上海籍）、李平之、陈协中、于贻泽（上海籍）、庄家富、梁友能（上海籍）、李富荣（上海籍）、孙梅英（上海籍）、张燮林（上海籍）、林慧卿（上海籍）、郑敏之（上海籍）、胡炳权、李赫男（上海籍）、梁焯辉。其中上海籍9人。

［注1］杨瑞华作为运动员多次参加世界乒乓球锦标赛，曾被评为世界第七号优秀选手，在世界乒坛享有声望。他任教练经验丰富，成绩显著。粉碎"四人帮"后，上海队的训练走向正规。杨瑞华出任女队主教练，几位女选手经杨瑞华亲自点拨后进步显著，如倪夏莲直拍单面进攻，速度快，落点好，但反手是弱项。杨将她的胶皮改成半长胶，球往下沉，对手较难与之相持，技术水平大幅提高，倪在全国比赛中获得亚军，进国家队后为捧回"考比伦杯"立功。卜启娟是削球手，防反进攻是强项。她本想退役了，杨瑞华做思想工作，又将她的球拍反面胶换成防弧圈胶皮，通过倒拍变化，增加了削中进攻的机会。卜启娟在全国比赛中获得季军，调进国家队后获得世界女子双打亚军。何智丽有一定实力，但速度不快，力量不大。杨瑞华发展她拉弧圈球，并专门指派一名男队员陪练了三个月。一次她与区队男队员打比赛，第一局就输了，杨问她为什么不拉弧圈，她说想赢怕失误。杨说，你放手打，21分拉弧圈赢6分就行了，你用了就有希望。结果何智丽弧圈一拉连扳两局，后也调进国家队。上海女队多次取得全国女子团体冠军。

［注2］张燮林任国家女队总教练，既全力以赴，工作方式又比较民主，在用人问题上，教练组畅所欲言，听取各方意见后才

做决定。张很注意观察后起之秀，同时，注重队员们的特点和长处，从而制定相应的训练路子。比如，根据焦志敏的打法，站位一偏中，就牵制住了韩国队反手较弱的特点，所以焦志敏打韩国队基本不输球。在专项技术上，张不断思考求变，并根据女队的特点，提出"狠快准灵"的风格。张燮林主张，带队训练话要少，特别对女队员话不能多。张指挥比赛的指导思想是：出人与打法不能单一，要讲究各种打法的配合和平衡，否则人家适应一个，就是适应一片。他认为教练员的权威建立在为运动员解决问题的基础上。所以，国家队的教练员应该是三大员：首先是"采购员"，有独到的眼光，能把有发展前途的运动员吸收进来；其次是"指导员"，能够既发现问题，弥补不足，又发扬长处，优势为先；最后是"推销员"，能把爱徒推举到世界大赛中去为国家争光。

11月20日

□ 1979年上海市乒乓球锦标赛结束。警备区队和杨浦一队分获男女团体冠军。樊天健和仇晨燕分获男女单打冠军。本市10个区、各系统28支队、236名男女运动员参赛。进入男女单打前八名的选手中，少年运动员占了一半。

11月23日

□ 据新华社电，第22届斯堪的纳维亚国际乒乓球锦标赛的团体赛结束。中国男子二队和女子二队获得男、女团体冠军。中国男二队以3比0战胜瑞典一队，上场的新手是蔡振华等。中国女二队以3比2战胜中国女一队，上场的新手是沈剑萍（上海籍的解放军队选手）和田静。

［注］沈剑萍从13岁到16岁，在工程兵队苦练了三年，不仅

技术上有提高，通过军训、下连当兵，意志品质也经历了磨炼。据她口述，工程兵乒乓队训练很苦，早晨五点钟出操，跑步3000米，早饭后8点至11点半训练，下午再训练两个半小时，再跑5000米，有时甚至1万米，晚上还要到球房加班。全队每月打一次大循环，前几名男女队员一起打。沈剑萍跟男队员也能打，基本上是打到前面几名。一开始她生活上很无助，训练很累，被子脏了，一边搓洗，一边哭。部队发的是白床单、绿被子，她因为铺了从家里捎来的花色床单，被全队开会批评。为期一个月的新兵训练，每天在操场上走正步、练军姿，被子要叠得方方正正。每年雷打不动有一个月下连当兵。工程兵到处建桥修路，基地多数在野外，沈剑萍等去过河南、安徽和北京郊区的山沟里。有时乘带篷的卡车上山，窄窄的盘山路很危险。尽管条件很差，连队总是用最好的条件接待。轮到站岗放哨，她由一个老兵带着，一站就是几个小时。每年为部队表演赛也是重要任务。有一次是在礼堂的舞台上打，因为跑动着打多回合，一下子摔倒在乐队池里，教练说怎么人不见了，沈剑萍赶忙从地上爬起来，跳上台照常打，打完发现鼻子都摔歪了。这种吃"苦"经历是有帮助的。工程兵乒乓球队参加全国比赛都是代表独立的兵种，成绩一直很好，全国分区赛多次拿冠军。因无锡全国比赛要招国家青年队队员，国家队教练都来看比赛。李赫男教练负责筹建女队，特意来看沈剑萍的比赛，沈打赢了好几个现役的国家队员，混合双打与工程兵的郑志毅配合，决赛中输给了国家队的李振恃和张德英，获得全国亚军。李赫男将沈剑萍召进了国家青年队，带教教练还有张立和郑怀颖。

12月1日

□ 上海市乒乓球元老教练队在卢湾体育馆举行表演比赛，

现场观众3000多名。市队教练戴龙珠是50年代两届上海市女子单打冠军,是我国第一个能左右开弓击球的老运动员,年过半百,仍挥拍自如。四次获上海市男子单打冠军的刘国璋与老运动员薛伟初表演了中国式的直拍快攻。第一代国手、67岁的欧阳维与61岁的邓秀荣表演了攻守大战。六次参加世乒赛的余长春和国家级教练杨瑞华的交锋,是表演赛的压轴戏。

12月2日

□ 沈剑萍在法国举行的国际乒乓球比赛中获女子单打亚军。

[注] 这是沈剑萍作为运动员第一次出国比赛。据她口述,当时,代表国家的形象必须要穿西装,运动员都是到出国服务社试穿后借的。零用钱为美金20元。由于准备充分,全队获得团体等多项冠军。比赛结束后,李赫男教练带大家参观了法国的凯旋门、巴黎圣母院,坐船游玩了意大利的威尼斯等。回国后,沈剑萍从青年队进入国家队,教练是马金豹,他还带教倪夏莲、何智丽等。

本年

□ 黄锡萍挂拍退役。

□ 陆元盛退役回上海,在运动技术学院读书,并在上海队当助理教练。

□ 丁松小学三年级时,被曹馥琴教练选入徐汇区少体校,并由教练决定改打横板削球。在徐汇区少体校,他上午读书,下午一点前做功课,然后就进行训练。

[注] 丁松自述:我小时候学打球蛮辛苦的。当时,因搬家至虹口区通州路,早晨4点45分就要去赶第一班17路无轨电车,

| 1979年 |

车上时常就我一个人,在汉口路换49路到终点站,再换车到衡山路,6点进少体校。早晨要练一个小时发球,早饭在学校食堂吃。下午基本练到4点多左右,再坐车一个多小时,大概6点到家。回去的车比较挤,挤惯了也习以为常。每天都是这样,那时候,我才上小学三年级。坐车时间长,就在车上看连环画。以前的公交车,最后面有一个小的地方,我就经常往里钻,然后专注地看《三国演义》《水浒传》《隋唐英雄传》等,眼睛就有点近视了。有时我也会趴在前面看司机开车。一年后,妈妈觉得我太辛苦,就换房子到徐汇区的东安路来了。我是轻松了,我爸爸上班就远了。

1980年

2月4日

□ 据《文汇报》消息，本市50多万职工参加了形式多样的冬季体育锻炼活动。其中，闸北区举办了万人乒乓球比赛，有220多个队、1300多名运动员参加比赛。

3月18日

□ 最近，上海乒乓球厂、上海乒乓球拍厂、上海体育器材三厂分别研制出了一批新型号的硬球、胶皮、球台。这批新型乒乓器材，是以乒乓球运动水平的发展、打法的变化为依据，广泛吸收了运动员的意见后研制出来的。市文教用品公司组织上述三个厂的厂长、技术人员，随带研制出来的新型号乒乓球器材，专程赴京拜访了国家体委有关部门以及国家乒乓球队、八一乒乓球队。经过试用反映良好，认为球的硬度、重量以及各项物理性能达到了国际水平。

3月

□ 何智丽从市青少年体校进入上海市乒乓球队。杨瑞华教练员根据何的特点，要求她加强弧圈球的训练。

4月10日

□ 1980年上海市业余少体校乒乓球选拔赛开战，市体校的陈志浩和朱小勇夺得少年乙组男子单打冠、亚军，吴静（卢湾）和吴冰（市体校）获得少年乙组女子单打冠、亚军。

4月21日

□ 全国乒乓球等级联赛（甲级组）团体赛在无锡结束。福建、河北分获男女冠军，上海女队为第五名。广西新星谢赛克在七场比赛中保持不败。上海男队第十二名，下降到甲级队的边缘。

李富荣（左九）、张燮林（左五）等与全体裁判员的合影，李富荣右侧是上海的资深裁判员戴永泉

4月26日

□《文汇报》发表署名赵雨的文章《上海乒乓队在比赛中暴露的几个问题》。文章认为，全国乒乓球等级联赛（甲级组）比赛中，上海男队为第十二名，下降到甲级队的边缘；女队获第五名，引起了乒乓界和爱好者的关心和重视。那么，差距在

哪里呢？

[注]该文说：上海男队存在后继乏人的严重情况。参赛的三名主力队员实力太差。九轮比赛，第一主力周平赛二十三盘，胜十三负十，仅赢三盘；第二主力许琦赛十五盘，胜七负八；第三主力杨继霖赛十一盘，胜四负七。三人共赛四十九盘，胜二十四，负二十五。对进入前四名的福建、北京队都是以0比5失利。目前，市一级少年运动员情况也不容乐观。去年全国少年比赛中，男队只获团体第十七名。突出的问题是传统失传，周平近台快攻的基本功不够扎实，推挡球较差，许琦的横板弧圈球打法，攻击力量弱，直板削球手杨继霖基本功较差，成了薄弱的一环。李富荣说，上海队失去了原有的特点，又没有创造克敌制胜的新武器，只能被淘汰，战斗作风也不如强队。老队员黄锡萍退役后，年轻的队员需加强这方面的培养。由曹燕华、卜启娟和倪夏莲组成的上海女队，具有前四名水平，但关键的硬仗没打好，失去了决胜的机会。解放军队顽强的战斗风格，是值得上海队学习的。

□ 近20年来，红双喜牌乒乓球在国际市场上成为各国客户争购的商品。上海乒乓球厂的工人把能否保持红双喜牌乒乓球的名牌质量，看成是有关社会主义祖国荣誉的大问题。他们在生产中建立了严格科学的质量标准。国际比赛用球的质量标准包括重量、圆度、弹跳力等六项，条条都比国际标准高，还增加了偏心度等四项。一只球的生产工序共四十道，其中质量检验就有十几道。1972年，国际乒联委托瑞典SKF（斯凯孚）轴承厂对中国、英国、瑞士、联邦德国、日本等五国七种牌号的国际比赛用球进行了鉴定，红双喜乒乓球的质量名列第一。

4月27日（至30日）

□ 上海国际乒乓球友好邀请赛在上海市体育馆揭幕。应邀参加比赛的有朝鲜、法国、日本、瑞典以及中国一队、二队等男女乒乓球队。近日，本市南京路、淮海路等主要街道布置了招贴画，上海体育画廊介绍了我国乒乓球运动的发展史。比赛结果，我男子一队、女子二队分别以5比0和3比1战胜了法国男队和日本女队，荣获男、女团体赛冠军。国家体委副主任荣高棠、邀请赛组委会主任杜前等，向男、女团体赛的前三名发奖。

［注］团体决赛后，中国代表团的团长和教练接受记者采访。教练张燮林说，女子二队夺冠有两个特点：一是基本上用新手，说明女队后继有人。当然，年轻选手毕竟还缺乏锻炼，场上有起伏。二是目前女子的强队基本上在亚洲，朝鲜和日本队的基本功、意志等方面都属上乘，值得我们学习。团长李富荣说，这次取胜的原因有三点：第一，第35届世乒赛后经过总结、调整、训练，在技术、战术、思想、身体素质方面有所提高；新人是蔡振华、谢赛克、耿丽娟、齐宝香、刘扬等。老将如李振恃、郭跃华、张德英都打出了风格和水平。第二，男队世界高水平的匈、捷、南斯拉夫、联邦德国等队没有来，中国队碰到的困难少了点。第三，"天时、地利、人和"，对我们有利。李富荣表示，我们主要的目标是在第36届世乒赛上，男队要打翻身仗，女队要保持荣誉。

4月30日

□ 邀请赛组织委员会主任杜前陪同参加上海国际乒乓球友好邀请赛的各国运动员，乘坐"友谊"号游艇游览了黄浦江。在甲板上，日本女队员与中国二队的曹燕华、耿丽娟等交谈甚欢。教练员胡玉兰懂得日文充当翻译。一个日本姑娘很感兴趣地问:"你们中谁是上海人?"大家说是"曹燕华"。

5月3日

□ 应上海市乒乓球协会的邀请,国家乒乓球元老和优秀运动员在卢湾体育馆进行表演。他们是徐寅生、李富荣、张燮林、郗恩庭、杨瑞华、马金豹、周兰荪、李景光、余长春、邱钟惠、孙梅英、胡玉兰、李赫男、张立等。参加邀请赛的部分选手也将挥拍上场。

[注] 邱钟惠首先登场迎战孙梅英,一个擅长两面起板,一个惯用左推右攻,打得难解难分。"十二大板"力克日本星野的徐寅生,与十二岁的小学生蒋伟忠对阵。郗恩庭对余长春的一场,赢得满堂喝彩声。李富荣出战张燮林掀起高潮,一攻一守,好看煞人。刚刚获得上海国际乒乓球友好邀请赛女子单打冠亚军的曹燕华和张德英,表演了现代乒乓球近台快攻和弧圈球技艺,你来我往,球如流星,看得观众目不暇接。近四千名观众大饱眼福。

国家队元老与优秀运动员合影前排左起:庄家富、胡炳权、张钧汉、徐寅生、张燮林、李富荣、杨瑞华、孙梅英、邱钟惠。中后排左起:朱庆祚(裁判)、杰永泉(裁判)、王会元、顾寇凤(裁判)、李振恃、周兰荪、马金豹、胡玉兰、张立、仇宝琴、余长春、梁友能、郗恩庭、张德英、李景光、曹燕华、田静、朱丽芬(裁判)、汤国华(裁判)、丁冠玉(裁判)、乐秀华(裁判)

1980年

十二岁的小学生蒋伟忠与乒坛名宿徐寅生

6月22日

□ 上海市文教用品公司生产的体育器材与运动员有密切关联，故聘请了乒乓球教练李富荣、张燮林、梁友能、曾传强为全套乒乓球器材顾问。上海乒乓球厂、乒乓球拍厂还分别聘请了杨瑞华、余长春等教练为顾问。这些顾问用通信和到厂指导等办法，对试制的硬质乒乓球、PF4型反贴胶皮球拍和新颖的乒乓球台反复多次地提出了改进意见。上海国际乒乓球邀请赛期间，顾问们分别去这些工厂作了技术指导，保证红双喜牌乒乓球器材的质量达到国际先进水平。

红双喜牌乒乓器材纪念徽章

6月23日

□ 以李富荣为团长的中国乒乓球队一行16人在印度参加第五届亚乒赛后，飞香港回国时，因受台风影响，临时改飞台北桃园机场。代表团在桃园国际机场逗留四个小时。

[注] 团长李富荣和副团长郑敏之在香港向记者畅谈在台北短暂停留时的情况：我们到台北桃园国际机场后，机场职工表现得很热情，和我们亲切交谈。交谈中，他们问我们："你们初到台北，感到害怕吗？"我运动员从容地说："中国人到了中国自己的领土，大家又是同胞，有什么紧张的？"话题愈谈愈多，气氛也愈来愈融洽。同我乒乓球队员们交谈的，除机场职工外，还有新闻记者。台湾同胞问我运动员在大陆的生活和工作情况，我运动员也请台湾同胞介绍他们的生活和工作情况。机场一位女服务员送来了两个凤梨（即菠萝），请我运动员品尝。另一位女服务员最近订婚，她热情地送给我运动员两个礼饼。我运动员回赠了一些随身的全运会纪念币给他们留念。台湾同胞还在机场上同我运动员一起拍了不少照片。他们表示，待照片洗好后，将寄给我运动员。临别时，我运动员一再对台湾同胞们说："希望以后有更多这样的接触，以增进相互了解。"

教练庄家富说：对于飞机转飞，李富荣团长当即通过空姐向机长提出质疑，机长表示道歉。在桃园机场，李富荣团长、郑敏之副团长身边围满了台湾同胞和记者。当他们知道中国乒乓球队在亚乒赛上获得七个冠军，同声赞扬打得好，给中国人争了气。下午，球队乘飞机返回香港。机场商店的女员工为了表示情谊，给每位女队员赠送了香水，向男队员赠送牛肉干。乒乓球队的礼品全托运在行李箱中，幸好裤袋里有奥林匹克运动会的纪念章，便分别回赠对方，还一起拍照留念。其中一名二十来岁的女售货员对上海籍运动员说:"我也是上海人!我父母三十年前就在上海,可惜我生在台北,从未去过上海,非常想念家乡。"上海队员说:"欢迎你有机会来上海,到我家来玩。"她回答:"太感谢了,你们真好,穿得那么整洁,不化妆都那么漂亮,我可喜欢你们了。"

6月28日

□ 孙梅英在《文汇报》发表《中国乒乓球技术发展方向的我见》。文章认为,面对欧洲发展起来两面弧圈的打法,国内存在三种看法的争论,思想不统一,行动也就不一致,很多矛盾不能解决,我国乒乓球运动的优势将越来越难以保持。孙表示:我国传统的直拍快攻打法应作为主流,必须加强和提高直板快攻运动员的基本功、发球技术和反手进攻能力,向着更全面、更高难度的技术方向进军。

8月22日

□ 1980年全国乒乓球锦标赛在大连开幕。有27个省、自治区、直辖市和中国人民解放军的16个甲级男队和16个甲级女队,共103名男运动员和99名女运动员参赛。上海籍运动员无胜绩。

9月1日

□ 第一届"世界杯"男子单打乒乓球赛在香港伊丽莎白体育馆开幕。中国选手郭跃华和李振恃分别获得冠军和亚军。

中国运动员李振恃为匈牙利乒乓球运动员签名留念

9月16日（至21日）

□ 1980年上海市乒乓球优秀运动员比赛结束。参加这次比赛的有去年市锦标赛男女单打前十六名和团体赛前三名的队员，有获得去年和今年市职工比赛男女单打前六名和市中学生、少体校比赛男女单打第一名的运动员，以及上海市队的运动员等共66名。杨敏、曹春玲分别夺得男、女冠军。

这是男、女单打前六名的选手与上海市乒协领导、裁判长和资深教练员的合影。三排右一为杨敏，前排左二为曹春玲

10月27日

□ 全国乒乓球优秀运动员比赛在石家庄结束。上海的曹燕华和倪夏莲分别获得女子单打冠、亚军，浙江的董小平和黑龙江的张德英并列第三名。辽宁的王会元和广西的谢赛克分别获得男子单打冠、亚军，广东的江嘉良和福建的郭跃华并列第三名。

12月11日

□ 国家体委委派薛伟初与王志良、郗恩庭、林美群等往南斯拉夫执教。

[注]两年后,薛伟初受上海市体委的指派,再赴南斯拉夫萨格勒布(与上海结为友好城市)执教四年。据他口述,其间,他不仅指点成年国家队,平时巡视地方联赛,更重要的是发现培养有潜质的小球员,比如时年十一岁的普里莫拉茨,球感好,无明显弱点,被视为"乒乓神童"。缺点是训练偷懒,一组十分钟的多球训练,只打了两三分钟,就不肯继续打。薛指导采取"盯"的办法,先让他练其他项目,迂回过来再练,以保证训练数量与质量。终于,普里莫拉茨与瑞典的瓦尔德内尔、白俄罗斯的萨姆索诺夫并称为90年代"欧洲三虎"。普里莫拉茨与队友夺得过1987年第39届世乒赛男双亚军和1988年汉城奥运会男双亚军。中国教练员为世界乒坛增添了精彩,做出了贡献。

中国教练员薛伟初(左二)、王志良(左六)与南斯拉夫队员在南斯拉夫首都贝尔格莱德的训练馆合影

12月17日

□ 据统计,迄今为止,本市运动员在今年的国内外比赛中(全国分区赛、全国青少年比赛未统计在内)共获得83枚金牌。其中,成绩突出的是曹燕华,在今年国际和国内乒乓球比赛中独得17枚金牌(包括曹燕华在本月举行的法国国际乒乓球赛上获得单打冠军)。

□ 在市体育宫举行的上海市聋哑人乒乓球比赛,经过7天156场的争夺,虹口区、南市区代表队获得男女团体冠军,华丰铁床厂的徐瑞祥、三友实业社毛巾厂的莒小萍获得男女单打冠军。

1981年

1月17日

□《文汇报》记者宋丽珍致信在北京集训的乒乓球运动员曹燕华（被称为搏击世界乒坛的"海燕"），询问她有什么"秘诀"和新的打算。曹燕华回信运动员"动笔比动手更难"，却写了满满六张信纸，且字迹秀丽刚劲。

[注]曹燕华回信摘编如下：要说获得这些金牌有什么秘密，关键在于相信自己，要把自己放在拼别人的位置上而不是被对手所拼。目前国内外技术水平的差距比过去缩小，思想上稍微处理不好，场上不够冷静，就有败北的可能。两次国内比赛给自己很大的教训，赛前思想准备不够充分，对困难估计不足，结果就遭到了失败。相反，在全国优秀运动员比赛中，对过去输过的对手抱着拼搏的态度，情况就起了变化。从国际比赛看，去年下半年打的对手要比上半年硬一些。在瑞典和法国的国际比赛中，从技术水平来看，我们占上风，但有些欧洲的选手跟我国选手打时特别放得开，水平发挥得比较好，这时就需要用顽强的意志去克服困难，多想战术，少考虑输赢，脑子里抛掉一切私心杂念，最后胜利还是属于我们的。距第36届世乒赛只有三个月时间了，任务是艰巨的，党和人民信任我们，目标就是冠军，但在通往冠军的道路上不会一帆风顺，只有勇敢地迎着困难顶上去，才是争取冠军保持荣誉的最好保证。人民培养我们就是要我们在关键时刻顶

得住,为国家争取荣誉,我一定要努力练好每一天球,打好每一次比赛,为国家,同时也为我们上海人民争光。

1月27日

□ 由市乒协主办、香港觉民企业股份有限公司赞助的1981年上海市青少年优秀乒乓球运动员"新苗杯"大奖赛在市体育宫揭幕。参加这次比赛的有10个区、市少体校、市体育宫体校等12个单位。

2月18日

□ 亚洲乒乓球联盟最近公布了1980年亚洲男、女各16名最佳乒乓球选手名单。中国的施之皓和齐宝香分别被排在第一位。上海籍男选手李振恃名列第三,女选手曹燕华和张德英名列第二和第六。

2月19日

□ 国际乒乓球联合会公布了第36届世界乒乓球锦标赛男女种子选手名单,计男子35名,女子21名。其中,中国男选手10名,第二郭跃华,第三施之皓,第四王会元,第七蔡振华,第八谢赛克,第十李振恃,第十三鲁尧华,第十六滕毅,第十八黄亮,第二十四成应华。女选手六名,第一张德英,第二曹燕华,第三齐宝香,第四童玲,第九耿丽娟,第十一沈剑萍。

[注]上海籍运动员男选手2人、女选手3人,共5人,其中3人出自部队,1人为知青,只有曹燕华出自上海队。

3月3日

□ 中国乒乓球协会主办、徐寅生任主编的《乒乓世界》创刊。

［注］徐寅生在《为什么要创办〈乒乓世界〉(代发刊词)》中说:《乒乓世界》将向读者介绍世界各国和我国乒乓球运动的情况,内容有国内外比赛消息、成绩和评述,知识、史话和趣闻,新的技术和战术,教学和训练的经验,优秀运动员介绍,科研论文,竞赛裁判工作的知识和方法等。既要对从事乒乓球运动的同志在专业上有所帮助,也要考虑广大爱好者的兴趣和要求。

3月5日

□ 最近,国家体委领导要求正在准备参加第36届世乒赛的国家集训队,重视运动员意志品质的锻炼,增强为国家争光、为民族争气的责任感和荣誉感,提高运动技术水平。就此,集训队开展了"培养意志品质月"活动。老队员李振恃虽已结婚,家务事不少,仍把精力集中在训练上,处处起带头作用,万米长跑对他是个考验,但他坚持参加。张德英身上有伤,可她克服困难,同年轻队员一样训练。一些队员发扬共产主义风格,模仿外国选手的打法,帮助主力队员训练。

3月13日（至15日）

□ 中国乒乓球队备战第36届世乒赛的选手,来沪参加由上海市乒乓球协会和市文教公司联合举办的"红双喜"乒乓球赛。国家乒乓球队由男女各六个队组成,香港男、女队也来沪参赛。比赛在上海、静安、南市体育馆进行。结果团体赛由郭跃华、王会元、谢赛克组成的国家男二队和由曹燕华、张德英等组成的国家女一队夺冠。单项比赛施之皓、曹燕华分获男女单打冠军。男双冠军是郭跃华、谢赛克。女双比赛则由国家三队的沈剑萍、刘扬战胜了曹燕华、张德英夺冠。曹燕华、蔡振华获混合双打冠军。国家体委副主任徐寅生等向获冠亚军的运动员颁奖。本次"红双喜"乒乓球赛，使用市文教用品工业公司所属的上海乒乓球厂、上海乒乓球拍厂、上海体育器材三厂、上海体育器材一厂生产的全套"红双喜"乒乓器材和设备。

3月16日

□ 国家乒乓球队的部分教练员、运动员回访上海乒乓球厂、上海乒乓球拍厂。运动员们来到车间与工人们交谈。徐寅生、李富荣、张燮林、郭跃华、李振恃、曹燕华等当场为工人们表演。被聘为"红双喜"乒乓球器材顾问的徐寅生在参观时赞扬了"红双喜"乒乓球器材的质量。他说，我国乒乓球队所以能取得现有的成绩，与工人师傅的支持是分不开的。我们要有第一流的乒乓球技术，也要有第一流的乒乓球器材。目前，"红双喜"乒乓球器材供不应求。下午，徐寅生、李富荣还到静安区江宁路第四小学手把手地教小朋友打球。

红双喜品牌厂家的技术人员正在向中国乒乓球队的李富荣（左一，教练）、李振恃（中）等介绍产品特性

3月18日

□ 为迎接第 36 届世乒赛，日本乒乓球界人士统计和调查了日中两国队员的主要得分技术。结果表明：从发球到第五板，日本队失误较多，中国队占较大优势；自第六板后，日本队占优势，而日中对抗大约有 70% 是在前五板就见分晓了。日本乒乓球界人士认为，要战胜中国队，必须继承传统的正手弧圈球技术和灵活的步法等优点，并进一步加强发球和接发球训练。因为中国队的主要秘密是发球。

3月20日

□ 徐寅生在《文汇报》发表文章展望第 36 届世乒赛，认为"这是八十年代乒坛的首次'世界大战'，各项冠军谁属？举世瞩目"。因 70 年代欧洲强队已重振雄风，匈牙利队实力最强，要与亚洲运动员决一雌雄。两年来，中国队发愤图强，并出现了一些年轻的好手。所以，男子项目仍然是欧亚对抗的局面，关键看谁的意志顽强，信心足，谁的战术得当，技术特长得到发挥。女子项目仍然是亚洲领先的局面，中国队能否蝉联冠军，要看曹燕华等新手技术发挥的情况了。

3月26日

□ 由上海市乒协主办、香港德隆公司赞助的 1981 年上海市乒乓球男女单打冠军赛，经过三天五轮激战，周平、曹春玲分获男女单打冠军。

4月1日

□ 市乒协举办"元老杯"乒乓球赛，即日起开始报名。凡年满45岁以上的职工和退休工人均可参加。

4月11日

□ 经国家体委批准，上海籍乒乓球教练余长春成为国家级教练员。

4月15日（至21日）

□ 第36届世界乒乓球锦标赛在南斯拉夫新建的"伏伊伏丁那"体育中心开幕。本届锦标赛为世乒赛史上规模最大，共有64个国家和地区的选手男子316人、女子210人参赛。决赛中，中国男队以5比2击败匈牙利队，夺回世界冠军称号。中国队谢赛克独得三分。李富荣当即握住团长徐寅生的手说："这两年的日子不好过，这两个多小时更难过……"中国女队以上海选手曹燕华、张德英和河北选手齐宝香组队（此三人的带队教练是周兰荪），以快制快，以攻压攻，直下三盘荣获冠军。国家体委发电报祝捷：祝贺你们取得的胜利。望再接再厉，打出风格，打出水平，戒骄戒躁，认真对待每场比赛，争取好成绩。

［注1］赛前，总教练李富荣对教练庄家富说："咱们好好备战36届，如翻不了身，不要占着茅坑不拉屎，到时我写辞职报告下台，你跟着签名。"

［注2］对匈牙利队决赛前，总教练李富荣征求了随队科研人员杨瑞华、邱钟惠的意见。下午，徐寅生再次对全团作动员，他说："我们平时辛辛苦苦地训练不知流了多少汗，度过了多少个不

余长春保存的国家级教练员证书

眠之夜，就是为了今天这场决赛！当我们想到祖国的荣誉，想到全国人民在等待我们的好消息时，就会产生巨大力量！希望大家争当为祖国荣誉攀登高峰的英雄。"总教练李富荣站起来说："我今天只讲两句话，平时我们常说为祖国争光，今天是拿出实际行动的时刻了。希望同志们用自己的行动在中国乒乓球运动史上写下光辉的一页！"

第36届世界乒乓球锦标赛团体金牌

［注3］赛后，我乒乓球队教练员接受记者采访。总教练李富荣说，上届世乒赛男团决赛，我们输给匈牙利队感到很难过。回国后，男队提出了打"翻身仗"，并总结了三条经验：一是思想上要敢打敢拼，意志要顽强；二是技术上要有创新；三是还要有很好的身体素质。李富荣指出，从那时起，全队上下共同努力，进行了刻苦的训练。中国男队所取得的胜利，是我们乒乓球队和全国乒乓球界集体努力的结果。这次胜利应归功于党，归功于全国人民的亲切关怀和支持。我们要认真地总结经验，争取打好五个单项的比赛。女队教练张燮林说，中国女队在团体赛中打得比我们预料的要好。我们的队员在单项比赛各条线上都会遇到不少强手，队员们决心要尽自己的最大努力，争取打出好成绩。

［注4］赛后，我参战运动员接受记者采访。曹燕华说，十亿人在等待着我们，看着我们，我们一定要把考比伦杯再拿回来。张德英说，我感到很高兴，因为我们的新手都打得很好。今天我的脖子落枕了，治了一上午也没好；可是一打起来什么都忘了！我们决心以最佳的精神，打出最好的水平。谢赛克说：今天终于

时隔两年,中国队就从匈牙利队手中夺回了斯韦思林杯,登上了男子团体的最高领奖台。左起:郭跃华、施之皓、李富荣(教练)、王会元、谢赛克、蔡振华

年仅19岁的曹燕华为中国队夺取女子团体冠军的主力队员。她的中国式直拍弧圈球打法风靡世界乒坛

实现了愿望。现在我特别想念留在国内那些曾经陪我们练球，给我们出点子，帮助我们适应匈牙利队打法的那些伙伴们。施之皓说：虽然我自己由于思想放不开，今天打得不好，但是集体胜利了，我感到特别高兴。

4月25日

□ 国际乒乓球联合会代表大会在南斯拉夫举行。会议通过了理事会报告，其中包括允许会员协会在台湾的乒乓球协会，使用国际乒联所规定的"中国台北乒乓球协会"的名称、会徽和标记的条件下进行交流。会议选举罗伊·埃文斯（威尔士）当选国际乒联领导人，徐寅生（中国）当选为亚洲区副主席。会议宣布下届理事会将于1982年5月在中国举行。

4月26日

□ 中国乒乓球队继夺得男女团体冠军后，再接再厉，囊括了本届世乒赛五个单项的冠军和亚军，创造了世乒赛55年历史上的新纪录。男子单打冠军郭跃华，亚军蔡振华；女子单打冠军童玲，亚军曹燕华；男子双打冠军李振恃和蔡振华，亚军郭跃华和谢赛克；女子双打冠军张德英和曹燕华，亚军童玲和卜启娟。在之前的混合双打决赛中谢赛克和黄俊群为冠军，亚军为陈新华和童玲。国家体委和全国体总发来贺电：你们一鼓作气，顽强奋战，又获得五个单项冠军和五个单项亚军，为祖国争得了荣誉，广大人民欢欣鼓舞，对你们的胜利表示热烈的祝贺！

［注1］团长徐寅生列举了历届世界锦标赛的一些战例，提醒队员团体赛获胜后，切不可忘乎所以。只有从零开始、继续拼

中国乒乓球队荣获第36届七项世界冠军纪念

搏,才有可能在单项比赛中再接再厉。总教练李富荣强调:今晚每个人都要把作战方案细看一遍,把困难设想得再充分一些!

［注2］曹燕华在单打半决赛中战胜韩国李寿子,决赛中让给童玲。

［注3］据教练庄家富的统计,第36届世乒赛中国获得七项冠军,比赛激烈和紧张的程度却是任何一届世乒赛所不能比拟的,有两组数字可以证明。第一组,我与欧亚强手交锋打成19平的有6局,我胜5局负1局,得分率为80%;第二组,打成20平的有27局,我胜18局失9局,得分率为77%。如果这两组数字得分率相反,我队将遭灭顶之灾。

上海籍选手张德英、曹燕华、卜启娟（左二）登上了
第36届世乒赛女子双打比赛的领奖台

4月27日

□《中国青年报》在人民大会堂举行茶话会纪念创刊30年（目前发行量已达310万份）。邓力群对荣高棠说：中国乒乓球队历20年而不衰，其中必有道理。你是不是给大家讲一讲这个道理？荣高棠讲了五条经验。邓力群说：体育界的经验非常宝贵，具有普遍意义，应该成为我们全民的经验。各行各业学习他们，必将大大推动我们的工作。

［注］荣高棠归结的五条经验如下：第一，中国乒乓球队十分注意教育队员要有理想、有志向，这就是胸怀祖国，放眼世界，志在四方，为国争光。第二，艰苦奋斗，苦练基本功。对世界冠军要争，要夺，就要练出真功夫，掌握真本事。第三，坚持百花齐放和国内一盘棋。世界上所有的打法，我们都研究、学习，取其所长，形成自己的风格。竞赛时服从全局的需要，要有高度的集体主义精神。为了夺得世界冠军，有些运动员就是要甘当"人梯"。因此，夺得冠军的同志去捧奖杯的时候，首先想到的是陪他们训练的教练员、运动员。他们说：我是代表中国乒乓球队这个集体来领奖杯的。第四，胜利之后，回来立即找缺点。如果一盘比赛以2比1赢了，那么输掉的那一局是什么原因？弱点在哪里？即使一盘比赛以2比0赢了，那么，每一局比分中，输掉的那几个球又是什么原因？坚持从零开始，要做一个永不满足的人。第五，坚持传帮带。老的带新的，注意发现新的，培养新的。乒乓球这项运动开展比较普遍，人才是会不断涌现的。

4月28日

□第36届世乒赛我国男女健儿囊括7项冠军的喜讯传来，广大群众欣喜自豪。

[注]凌晨，上海交通大学师生从广播中听到喜讯，奔走相告，校园里刷出一幅大标语："庆乒坛胜利，唤民族之魂，发奋图强，振兴中华。"下午上海交大操场上举行了两千多人的庆祝会。复旦大学的学生们听到捷报后，从寝室里奔出来，有的同学振臂："向为国争光、振兴中华的乒乓健儿学习！"校园里一片欢腾。华东化工学院在全院掀起了"乒乓热"。全校四十多张球台都被占满。空军政治学校的教员、学员挥笔写诗，填词谱曲，创作文艺节日。曹燕华的母校幸福村小学、张德英的母校常德路小学小乒乓球队员进行座谈，纷纷表示要向大姐姐学习，练好基本功。李振恃的工作单位上海邮电局也热闹极了。上海石油化工总厂广播台将胜利消息录音后，连续向全厂工人进行广播。上海乒乓球厂的青年们表示：乒坛健儿打出了第一流的水平，我们也要刻苦钻研技术，多造优质"红双喜"乒乓球，为祖国增添荣誉！

4月30日

□ 傍晚，以徐寅生为团长的中国乒乓球代表团回到北京。徐寅生说：我们这次取得的成绩，完全是党中央领导、关怀和全国人民支持的结果。我们乒乓球队的全体也尽了很大的努力，做了一些应该做的事情。在机场大厅里，李富荣说：这一次我们总算拿到冠军了，但是目标更大了，今后的任务更重了，因为世界强队的水平互相接近了。上一届我们输了球，我们是靠发奋图强和艰苦奋斗的精神才夺回了荣誉；今后我们还是要靠这一精神，继续努力！张燮林十一岁的小女儿也来接爸爸，并从爸爸手里接过银光灿灿的奖杯。张燮林说，为国争光、振兴中华是我们应尽的职责。我们必须一切从零开始。

5月4日

□ 下午,中国乒乓球代表团的运动员、教练员手捧七个冠军奖杯来到清华大学,与八千多名师生欢度五四青年节。欢迎大会在校礼堂前的草坪上举行,学生们给为国争光的乒乓健儿戴上大红花和花环。徐寅生介绍了在这次世乒赛上夺得七项冠军所做出的艰苦努力。他说,我们打的每一个球都牵动着全国人民的心,我们的胜利就是全国人民的胜利。副团长李富荣和教练张燮林也在会上讲话。

中国乒乓球队夺得第36届世乒赛的全部7个奖杯,刷新了世界乒乓球锦标赛55年的历史纪录。此为庆祝大会场景

5月5日

□ 上海第一医学院几名教师致信《文汇报》,反映本市第一届大学生运动会乒乓球男子团体决赛中,发生华东化工学院部分学生无理殴打裁判员的事件。

[注]当天华东化工学院和上海交通大学争夺冠军,比赛地点在华东化工学院体操房。第九盘决胜时,上海交大运动员打了一擦边球,裁判判得分,华东化工学院部分学生辱骂主裁判,扔废纸。上海交大队获胜后,几百名华东化工学院学生冲到主裁判身边,还有人拳打脚踢,主裁判等人退避站到乒乓球台上,连台子也被掀翻。此时,比赛大厅的电源被切断。在混乱中,上海交大运动员护送主裁判离开球房。来信批评此现象与大学生的身份极不相称,违背了"五讲""四美",对乱纪者应严肃处理。

5月7日

□ 国家体委、共青团中央、中华全国体育总会在人民大会堂举行群众大会,祝贺我国乒乓健儿在第36届世乒赛取得全部七项冠军的辉煌成绩。王猛主任主持大会,党和国家领导人李先念、邓颖超等出席大会。中共中央书记处书记、国务院副总理万里代表党中央、国务院表彰了中国乒乓球队具有"胸怀祖国、放眼世界、为国争光的精神;发奋图强、自力更生、艰苦奋斗的实干精神;不屈不挠、勤学苦练、不断钻研、不断创新的精神;同心同德、团结战斗的集体主义精神;胜不骄、败不馁的革命乐观主义和革命英雄主义精神"。万里说,中国乒乓球队的胜利振奋了民族精神,激发了全国人民团结起来振兴中华的爱国主义热情。这是一个不可低估的精神力量。希望各条战线,各行各业都向中国乒乓球队学习,脚踏实地,努力工作。

[注1]大会前,李先念、邓颖超等党和国家领导人会见了中国乒乓球代表团全体成员。厅里摆放着七个冠军奖杯,领导们观看了刻在奖杯上历届冠军的名字,并捧起了奖杯。万里对徐寅生

说，我们国家的乒乓球运动搞得不错，要继续保持荣誉。我们还得下功夫使足球运动的水平大大提高一步。

[注2] 中国乒乓球代表团副团长兼总教练李富荣在大会上讲话，介绍中国乒乓球队取得这次胜利的四条经验：发愤图强，立志打翻身仗；培养和起用新人；在技术和打法上作了调整；发扬集体主义精神。他说，我们要认真总结经验，瞪大眼睛找缺点，从零开始，为祖国争取新的荣誉。共青团中央第一书记韩英、国家体委副主任李梦华也在会上讲话。

5月9日

□ 下午，本市举行上海市表彰创纪录、攀高峰运动员、教练员大会。上海市市长汪道涵发表讲话，他说体育战线的全体工作者，一定要发扬我国乒乓球队的"最佳精神"，胸怀祖国，放眼世界，戒骄戒躁，勤学苦练，攀登高峰，冲出亚洲，走向世界，为祖国争取更大荣誉，为振兴中华，为建设社会主义四个现代化做出新贡献。运动员代表曹燕华发言，表示要脚踏实地，用新的成绩向祖国和上海人民汇报。受表彰的乒乓球队还有卜启娟、周平和教练员杨瑞华。

5月13日

□ 最近，国家体委授予在1965年至1966年期间达到运动健将标准的老运动员为运动健将称号。上海乒乓球选手有周一玲和林秀英。

5月15日

□ 为表彰参加第36届世乒赛的部队优秀运动员，人民解放军总政治部授予李振恃、施之皓和沈剑萍二等军功章（三人均为上海籍）。童玲是一等军功章。

1981年，总政治部授予乒乓球运动员军功章。左起沈剑萍、童玲、李振恃、施之皓

6月17日

□ 1981年全国乒乓球锦标赛在太原举行，上海队以曹燕华领衔荣获女子团体冠军。上海队何智丽在团体赛中战胜了齐宝香、谢春英和耿丽娟等国手，引起乒坛的注目。

6月24日

□《文汇报》发表采访录《为胜利铺路的人——乒乓球运动员曹燕华》。国家队总教练李富荣在首都举行的凯旋盛会上说：曹燕华与韩国李寿子的半决赛，是本届女子单打比赛中水平最高、最精彩的一场对攻战。原来，李寿子在单打比赛中连胜了沈剑萍、李松淑、齐宝香，半决赛中被曹燕华击败，保证了中国选手获得女子单打的桂冠。

［注］文章说，曹燕华与李寿子打满五局。决胜局，曹燕华还以13比17落后，小曹心不慌，手不软，双方一直打到23平。小曹更在关键时大胆抢攻，以25比23两分之差险胜。记者问曹燕华："你在落后的情况下是怎么想的呢？"她沉思了一下说："我无论如何也要在关键时刻拼搏到底，为国争光！"在团体赛中，曹燕华出战九场，获得全胜。

7月10日

□ 市体委邀请徐寅生、李富荣举行报告会，本市各运动队代表，各区、县体委和体育工作者的代表近千人出席。徐寅生、李富荣介绍了中国乒乓球队在第36届世乒赛中夺取全部七项冠军的历程。

8月11日

□ 日本男女国家乒乓球队首战上海队，日本男队以5比4险胜，其中阿部博幸连胜邱俊、周平和刘涌江而独得3分。上海女队出场的是卜启娟、何智丽和倪夏莲，以5比0告捷。

9月27日

□ 全国乒乓球优秀运动员比赛集中了近百名乒坛名将在安徽合肥参赛。比赛第一阶段分组循环，第二阶段小组同名次分组循环，第三阶段交叉淘汰。结果，上海的曹燕华获女子单打冠军。

10月1日

□ 建设银行上海市分行建立信托部，筹集资金支持基本建设。该行对市手工业系统所属上海乒乓球拍厂发放信托贷款39万元，支持该厂添置机器设备，与上海县虹桥公社联营出口海绵板粘片。

10月2日

□ 国际奥林匹克委员会在联邦德国巴登–巴登举行的第84次会议上决定，从1988年在汉城举行的夏季奥运会开始，乒乓球和网球列为奥运会的比赛项目。这使奥运会的比赛项目增至23个。

10月20日

□ 上海女子乒乓球队在全国甲级联赛中夺得团体冠军。上海女队出场的主力队员是曹燕华、卜启娟和何智丽。

［注］据张德英口述，女子冠亚军决赛由黑龙江队对上海队，张德英表态：与上海队交手，我不上场。但教练不愿，张德英便让球了。赛后，张德英调回上海任教练。张德英的人生规划"三部曲"——第一打进国家队，第二入党，第三回故乡上海，终于实现了。

12月9日

□ 1981年上海市大学生运动会在市政府礼堂举行闭幕给奖仪式。本市50所高校、6000余名中外大学生运动员参加了各个项目的比赛。其中，乒乓球项目男子冠军队是上海交通大学，女子冠军队是华东化工学院。

12月24日

□ 国家体委举行大会表彰在1981年创造优异成绩的91名

运动员、教练员。国家体委副主任徐寅生宣读了表彰决定。其中，乒乓球项目共20人，上海籍8人，分别是李振恃、施之皓、曹燕华、张德英、卜启娟、李富荣、张燮林、梁友能。

本年

□ 孙梅英从教练岗位上退下来，担任中国乒乓球队顾问。

□ 国家队选派黄锡萍、陈宝庆夫妇赴南斯拉夫援外。南斯拉夫乒协的安排周到。训练对象有学生和在职人员，训练效果明显。二人担任外教，国内的原工资照发，外方支付的工资大头上交国家。每个月按规定去使馆文化处汇报工作。

［注］南斯拉夫的乒乓球运动为俱乐部制，运动员多为业余训练，个别也有专业的。打球的资金由本人筹措，若有好成绩，俱乐部也会提供支持。国家队逢国际大赛才组织集训，也就两个礼拜左右。

□ 杨瑞华被派往西班牙，担任援外教练。西班牙都是业余队员，有的下班过来，有的放学过来，所以是从晚七点到九点训练。世界比赛分为甲乙两个组。西班牙属于乙组第九名。经杨瑞华的指教，西班牙队打到乙组第三名。

1982年

1月9日

□ 据《文汇报》消息,宋世雄曾是中央人民广播电台体育播音员张之的学生。1961年第26届世乒赛团体决赛正是由张之与宋世雄一起解说的。

1月17日

□ 据《解放日报》消息,乒乓球教练员、运动员李富荣、张燮林和曹燕华、卜启娟荣获特级"上海体育运动奖章"。

1月20日

□ 上海市乒乓球协会、全国体总长宁分会和上海长征灯具厂联合举办的"金鸟杯"乒乓球邀请赛(14岁以下的少年运动员),由来自安徽、江西、江苏、浙江等多地的24支男女乒乓球队参赛。经过四天争夺,上海市少体校队荣获男、女团体冠军,市体育宫队、虹口区少体校队分获男、女团体第二名。国家乒乓球队总教练李富荣曾到场观看。他对许多少年运动员采用和发展直拍近台快攻的打法感到高兴。他说,这是一个方向。

1月27日

□ 在段翔领队、杨瑞华等教练的带领下,市男女乒乓球队来到上钢五厂,以新年以来的第一次公开比赛,向坚守生产岗位的钢铁工人表示节日的慰问。从八一队返回的丁毅战胜王家麟等夺得第一名,女队新秀谢国英获第一名。

1月30日

□ 因与荷兰对换足球教练,按照两国文化交流的约定,徐寅生安排国家级乒乓球教练余长春赴鹿特丹三个月,传授乒乓球理论和训练技术。

[注]荷兰的乒乓球水平在欧洲是比较差的。鹿特丹市里搞了个有十张台子的场地,因是综合使用的场馆,每次训练余长春都要和队员们一起搬台子。省队一周训练三次,因是业余选手,不能保证全勤,青少年则在周六和周日训练。每周四晚上,还接待坐轮椅挥拍的残疾乒乓球爱好者。荷兰没有系统的训练体制和专业的教练员,余长春便将训练科目、打法、身体训练和多球训练准备成72小时的课程进行讲解。回国时,他留下了详细的训练计划。

2月1日

□ 上海知青张德英入选黑龙江省十佳运动员之列,并在哈尔滨市受奖。张德英1969年来到黑龙江务农,后因乒乓球技艺精湛选入黑龙江队。1975年调入国家队,在第34、35、36届世界乒乓球锦标赛中为我女队获胜做出卓越贡献。

2月8日

□ 在洛阳举行的四省一市12单位少体校乒乓球邀请赛结束。上海市体校少年队获男子团体冠军,女子团体名列第三。

2月14日

□ 市体委召开1981年上海市业余体校优秀选手、优秀教练员表彰大会，虹口区体校乒乓球教练员王莲芳荣获"育才"奖。

体育节期间，上海队领队郭海泉、教练杨瑞华会晤了移居香港的沪籍乒乓球世界冠军林慧卿

2月28日

□ 应香港乒乓球总会邀请，上海和北京男子乒乓球队赴港参加香港体育节活动。本次体育节的乒乓球比赛，滕毅（北京）和杨敏（上海）分获男子单打冠亚军，上海队的刘涌江和周平并列第三名。

3月13日

□ 国家乒乓球队女队主教练张燮林就削球的发展趋势发表谈话。张教练认为：乒坛已进入弧圈加快攻的时代，但快总有一定限度，这就有了以慢制快、以柔克刚。削球选手的出路主要是抓"变"和"新"的技术创新，不仅要削球稳健，擅长逼角、倒板，做到能搓、能拉、能拨、能冲，且具有一定的攻击能力。

4月10日

□ 1982年全国乒乓球甲级联赛在羊城鸣金收兵。据统计，我国传统式直拍快攻型选手占三成，弧圈球选手占六成，削球等选手占一成左右。新手频频力克名将，如上海何智丽用弧圈球制服了童玲。国家乒乓球队总教练李富荣说，我国乒乓球的技术水平和球风又有了新的提高。许多运动员力争主动，积极抢攻，尤其发球变化增多，直拍快攻选手对付弧圈球的能力有了提高。

4月11日（至14日）

□ 上海市乒乓球协会和上海市文教用品公司举办第二届"红双喜"乒乓球赛，应邀参赛的有国家男女一队、二队、三队、四队，北京队及上海一、二队。上海籍选手施之皓在国家男二队，曹燕华、沈剑萍在国家女一队，卜启娟在国家女二队，何智丽、倪夏莲在国家女四队。上海籍教练是李富荣、梁友能、张燮林。郑敏之为领队。女队采用男子团体赛办法进行。经过三天七轮42场鏖战，国家男一队和国家女四队分获男女冠军。国家体委副主任、中国乒协主席徐寅生，市体委主任杜前向前两名的队颁发奖品。

4月16日

□ 为纪念中国乒协参加国际乒联30周年，"白猫杯"乒乓球表演赛在上海体育馆举行。曾为我国乒乓球事业做出重大贡献的乒坛老将邱钟惠、徐寅生、孙梅英、庄家富和囊括第36届世乒赛七项冠军的年轻选手，给1.8万名观众作了单打和双打表演。

4月21日

□ 在李光祖的操持下，英文版《乒乓世界》在香港问世

（半年刊）。这是我国第一本出版发行于海外的单项体育运动杂志。现已停刊。

4月28日

□ 国际奥委会主席萨马兰奇在欧洲乒联会议上宣布：乒乓球将从1988年开始列为奥运会的比赛项目，并把国际奥委会会旗授予国际乒联主席埃文斯。

5月14日

□ 1982年全国乒乓球优秀运动员比赛在杭州举行，上海女队何智丽在半决赛、决赛中战胜童玲和曹燕华，夺得女子单打冠军，沈剑萍（代表解放军队）获得季军。男子单打前三名无上海籍选手。

5月15日

□ 正在杭州参加国际乒联理事会会议的国际乒联主席埃文斯宣布：允许64名男选手和32名女选手参加首次列为奥运会的乒乓球比赛项目。32对男选手和16对女选手参加双打比赛。每个协会国（地区）由男女各两名选手参加预赛，分小组进行，然后在小组冠军中进行淘汰赛。

5月29日（至6月3日）

□ 第六届亚洲乒乓球锦标赛团体赛结束。中国男、女队双双战胜日本队蝉联冠军。中国女队上阵的是曹燕华和黄俊群。单项比赛中，曹燕华以3比1打败童玲夺得女单桂冠，并与黄俊群配合取得女双冠军。

7月10日

□ 据《文汇报》报道，李振恃在1973年全国乒乓球赛中夺冠，回到上海后特地到中央商场感谢陈桂生成功修好了他的球拍。陈桂生今年63岁，解放初期在中央商场摆小摊。1958年，个体摊合并进商场修理部，陈桂生成了乒乓球拍第一代"保健医生"。

［注］1954年，陈桂生看到从国外带回的海绵乒乓球拍，声音轻、弹性好，就买了进口的旧救生圈，把海绵拆下来，用细钢丝锯锯成薄片，粘贴在底板上，很受欢迎。乒乓运动员手中的球拍从不轻易调换，长期使用会"生病"。徐寅生、杨瑞华、李富荣、屠汉刚、张燮林、余长春、张德英、郑敏之等都把损坏的球拍送来修理。一次，周兰荪把球拍的柄打断了。教练杨瑞华托人把球拍带到上海，还写了信给陈桂生。陈桂生两天内修复好带到北京，周兰荪打出了好成绩。陈桂生研究了各种打法与球拍性能的关系：板硬不吃球；板软弹性差；板太轻球易飘；板太重拉不起；海绵多可增加速度；橡皮厚易控制球；桦木片硬，椴木片软，白杨片又软又嫩，桐木片轻。

7月22日

□ 第一届全国大学生运动会乒乓球分区预赛，经过四天42场的争夺，上海女队夺得团体冠军，上海男队取得第二名。按竞赛规程规定，取得团体冠亚军的队和单项前三名的选手，于下月在北京举行决赛。上海代表队取得四项单项决赛权：男单刘宏业，女单史阳；男双刘宏业、蒋晓明，女双史阳、冯明。

7月27日

□ 最近，上海市朝阳农场汽车标准件厂与第九设计院共同研制成功的新产品乒乓球发球机被运往国家体委。该机经市乒乓协会、市体委和上海体育学院等专家鉴定，具有发球变化多样、体积小、成本低、使用方便等特点，适应运动员的基本功训练。

8月6日

□ 国际乒乓球联合会公布了1982年世界男、女优秀乒乓球选手名单，计男子52名，女子50名。其中中国男选手占12名，女选手占13名。上海籍男选手有施之皓（8号）、李振恃（46号）；女选手有曹燕华（2号）、张德英（3号）、卜启娟（11号）、沈剑萍（40号）。

8月10日

□ 1982年全国业余体校乒乓球分区赛在合肥结束，上海队获得男女甲组和女子乙组团体冠军。

9月6日

□ 为丰富学生暑期生活，市青年宫、市乒乓球协会、市文教用品公司联合举办上海市中学生"新苗奖"乒乓球比赛，共有560名学生报名参加。经过599场的竞技，男子队前三名是北郊中学、五四中学和向明中学，女子队是北郊中学、五四中学和五十五中学。

9月中旬（至21日）

□ 全国乒乓球锦标赛在重庆开幕，21日结束。北京和上海分获男、女团体赛冠军。上海运动员曹燕华获女子单打第三名。沈剑萍（代表解放军队）、戴丽丽获女子双打冠军，卜启娟、杨敏获混合双打第三名。

上海女队教练花凌霄在赛场上与队员曹燕华一起分析布置技战术

卜启娟（左二）和杨敏在重庆赛场比赛中

11月22日（至25日）

□ 在印度举行的第九届亚运会乒乓球比赛中，中国女队以3比1击败韩国队，中国男队以5比1战胜日本队，双双夺得桂冠。单项比赛中，谢赛克和曹燕华分别获得男、女单打冠军，曹燕华和戴丽丽获得女子双打冠军，谢赛克和曹燕华获得混合双打冠军。

［注］印度总统宰尔·辛格久闻中国乒坛名将球艺出众，决赛阶段亲临赛场一睹中国选手风采，并向冠军选手曹燕华颁奖。辛格说：成绩和胜利是两个概念，看来中国人制胜的法宝是把"凯旋曲"理解为"进行曲"。

本年

□ 丁松进入市少体校。在带训教练何适钧的指导下，丁松的动作定型了。丁松在市少体校参加过济南五省二市和洛阳全国"跃进杯"两次全国性比赛，获得"跃进杯"冠军。

1983年

1月16日

□ 上海市体委表彰1982年优秀运动员、教练员、领队。荣获特级奖章者六人,其中乒乓球项目为曹燕华,体委称赞她"腕底雷惊电闪,左右开弓,横扫千军气如虹"。荣获一级奖章者126人。其中,乒乓球运动员是卜启娟、何智丽、倪夏莲、陈淑萍、谢国英、黄晓贞、吕嫣红,乒乓球教练员是杨瑞华、花凌霄。

上海女队的陈淑萍在多球训练中

1982年,上海女子乒乓球队的两名教练员和七名运动员获得了上海市体育运动一级奖章

1月22日

□ 曹燕华在第九届亚运会上连夺四枚金牌,接受访谈时说:开春在日本举行的第37届世乒赛,将是对中国队的新考验,我要继续努力。曹燕华认为,对她来说,身体素质是个薄弱环节,因弧圈球结合快攻打法,跑动范围大,体力要求高。她说:身体素质的训练要比一般训练更艰苦。我准备多流几身汗,多掉几斤肉!

2月19日

□ 李富荣在《文汇报》撰文谈男子乒乓必须重视来自欧洲的威胁。李文认为:70年代初,瑞典、匈牙利选手吸取了日本的弧圈球和中国的快攻特点,把旋转和速度结合起来,创造和掌握了比较先进的打法。眼下欧洲的实力有增无减,而瑞典队的崛起,已成了我国男队最主要的威胁。我们的队伍是老带新,新老结合。比赛一定会打得更激烈、更艰苦。

3月5日

□ 据《文汇报》报道,英国的杰拉尔德·格尼喜欢收集各种各样古老的乒乓球拍,如今已有上百种之多,其中包括19世纪的球拍(采用羊皮纸改制而成),堪称世界集乒乓拍之"最"。

[注] 这些如今已为上海乒乓球博物馆收藏。

3月23日(至27日)

□ 上海举办第三届"红双喜"乒乓球赛。国家乒乓球集训队,包括将参加第37届世乒赛的全班人马,分成男、女各六个队,与上海队一起进行全部七个项目的比赛。经过四天角逐，国家男子集训三队和国家女子集训一队分别获得团体冠军，获得男、女单打冠军的是王会元、曹燕华，获得男、女双打冠军的是谢赛克和江嘉良、曹燕华和倪夏莲，获得混合双打冠军的是蔡振华和曹燕华。上海市副市长赵行志、国家体委副主任徐寅生以及市体委主任杜前、手工业局局长胡铁生等给优胜者颁奖。

4月9日

□ 据报道，因在大型体育馆内进行比赛与平时在训练房里练球，无论是光线，还是心理感觉以及场地气氛等，都有很大的区别，因此即将出征的我国乒乓健儿开始进行心理训练。体育馆内播放着第36届世乒赛团体决赛的录音，还夹杂着喊叫声和口哨声，让队员习惯于在这种哄闹声中去发挥自己的最高水平。女队主教练张燮林说，多准备几手，才不至于出意外。

4月23日

□ 中国乒乓球代表团在团长徐寅生、副团长兼总教练李富荣率领下，前往东京参加第37届世乒赛。中国乒乓球队男队无上海籍队员。女队领队是郑敏之，教练是张燮林、周兰荪、胡玉兰。运动员是童玲、曹燕华、耿丽娟、齐宝香、倪夏莲、戴丽丽、田静、黄俊群、卜启娟、沈剑萍。

5月3日

□ 在第37届世乒赛团体赛中，中国女队由曹燕华、耿丽娟和倪夏莲出场，以3比0战胜日本队，中国男队以5比1战胜瑞典队双双卫冕成功。中国队总教练李富荣和女队教练张燮林分别代表中国男、女队接受了斯韦思林杯和考比伦杯。国家体委和中国乒协名誉主席杨尚昆电贺我男女乒乓球队夺魁。

[注] 第37届世乒赛团体赛中，中国女队启用了倪夏莲。这位原近台快攻的选手摇身一变，成了个"怪"球手。如今，她既擅长正手快攻，又能恰到好处地运用"长胶"性能，使击出来的球能下沉，能上飘，会拐弯，变幻莫测。在团体赛上，她和曹燕华搭配双打，九战九捷。大家评说，倪夏莲的球，又快又刁，又怪又凶，着实难以对付。她与曹燕华被列为本届世乒赛女子双打第一号种子。

5月6日

□ 中国乒乓球协会根据1982年国际国内重大比赛的成绩，确定并公布了1983年我国男女各16名优秀乒乓球选手。男选手中无上海籍；女选手中上海籍的有曹燕华、沈剑萍（代表解放军队）、倪夏莲、卜启娟与何智丽。

□ 据报道，最近，上海市场文具、体育用品和乐器等销售十分旺盛。其中，3月份乒乓球、羽毛球的销售量都比2月份猛增一倍多，各种运动衣、运动鞋也十分畅销。

5月7日

□ 国际乒乓球联合会举行代表大会，决定接纳中国台北乒乓球协会为会员。国际乒联主席埃文斯说，中国台北乒协修改了章程，提出了入会申请，交纳了会费，符合入会手续，同意中国台北乒协成为国际乒联的会员。埃文斯还说，中国台北乒协在今后两年内执行1979年国际奥委会名古屋决议，国际乒联将接纳它为正式会员。中国乒乓球协会主席徐寅生在会上发言。

他说，台湾是中国的一部分，台湾省的乒乓球运动员同我们是骨肉同胞，我们希望同他们一起为发展乒乓球运动做出努力。他还提请国际乒联的主席、理事会和各成员组织监督中国台北乒协在今后两年内执行国际奥委会决议的情况。在代表大会同意接纳中国台北乒协为会员后，中国台北乒协秘书长李龙雄和执行主任陈万得进入会场参会。休息时，徐寅生同李龙雄和陈万得进行了交谈。

5月8日

□ 中国队的沈剑萍和戴丽丽在第37届世乒赛女子双打决赛中，以3比2的比分战胜中国队的耿丽娟和黄俊群，夺得冠军。

［注］女子双打进前四时，恰是沈、戴组淘汰韩国选手，使双打是在中国队队员之间进行。晚上教练组开会，会后郑敏之对沈、戴说：看你们本事了。沈、戴组半决赛对曹燕华、倪夏莲组，以3比2获胜。决赛时对耿丽娟、黄俊群组，沈剑萍和戴丽丽一推一攻，每分必争，再以3比2获胜，夺得女双世界冠军。

5月9日

□ 第37届世乒赛进行最后三个单项的决赛后闭幕。中国选手郭跃华和曹燕华分获男、女单打冠军，郭跃华和倪夏莲获得混合双打冠军。至此，中国选手在本届锦标赛共夺得六项冠军。本届男子双打冠军由南斯拉夫运动员夺得。

［注1］韩国队的梁英子先后击败我队耿丽娟、童玲、黄俊群，即将与曹燕华争夺桂冠。曹只轻轻说了两字：拼了！她早上从旅馆出来，一直征战到离晚上决赛开战只有一个多小时，回宾馆休

息已不现实,主教练张燮林和主管教练周兰荪担心曹燕华的身体,便在比赛大厅的一侧,用广告牌隔起来的小空间里,把运动衣铺在地上,让曹就地躺一会儿,张燮林怕有人打搅,便坐在门口看护着。赛场上人声嘈杂,曹燕华居然睡着了,等教练叫醒时,还连说"真香"。徐寅生认为曹的心理素质太好了,预感"女子单打世界冠军非她莫属"。

[注2]曹燕华与韩国队的梁英子都是快攻结合弧圈球选手。前三局打成2比1,曹燕华领先。第四局出现"拉锯战"。当曹燕华以13比11领先时,梁英子借发球抢攻后接连大板扣杀,曹燕华接连放高球回敬,出现了世乒赛女子单打决赛历史上少有的精彩场面。曹燕华连续放了15个高球,梁英子接连扣了16大板,最后一板时球打在网里。此后,曹燕华越战越勇,最后以21比13赢得了比赛胜利。曹燕华成为中国第六个赢得女子单打世界冠军的选手。在女单决赛结束后,日本皇太子昭仁接见了曹燕华。

[注3]第37届世乒赛在东京举行,曹燕华作为国家队主力参赛。当时,上海有两个观摩名额。曹燕华写信给上海市体委主任杜前,若有王莲芳(王莲芳是曹燕华的少体校教练)指导助阵,"我一定把单打金牌拿回来"。

□ 中国乒乓球代表团副团长、总教练李富荣和荣获男女单打世界冠军的我国选手郭跃华、曹燕华,接受了中央人民广播电台评论员宋世雄的采访。

[注]李富荣说,这届世乒赛我国获得六项冠军,比上届少了一项,但胜利来之不易。男子双打决赛,南斯拉夫选手表现了较高的水平,夺得冠军,我们很高兴。周总理曾对我们说过:我希望你们打出水平,取得好成绩,但也欢迎人家打败你们。这样才能互相进步、互相提高。一个国家要拿七项冠军不是件容易的事,

也不一定是件好事。乒乓球运动只有在激烈对抗中才能更快地发展。郭跃华说：我之所以取胜，是因为经验比蔡振华稍多一些。曹燕华说：在同梁英子比赛前，我又想起了来东京以前领导对我们提出的要求，每个人都要守住自己的一条线。上阵时，队友也给我鼓劲。我取得了成绩，应归功于中国乒乓球队这个坚强的集体。

中国女队的教练员和运动员在赛前进行战术分析

5月12日

□ 在第37届世界乒乓球锦标赛中夺得六项冠军的中国乒乓球代表团回到北京，手捧六尊金杯的教练员和运动员在首都机场受到欢迎。

5月19日

□ 上海《文汇报》发表记者调查"乒乓桌变饭桌的联想——上海乒乓球运动普及面窄，后继乏人"。记者走访了一些

左起：李富荣、张燮林、曹燕华、郭跃华、倪夏莲、戴丽丽、沈剑萍。其中五人为上海籍

中小学和工厂、企业，发现"有些学校和工厂的乒乓球桌已变成了饭桌、会议桌或报刊阅览桌"。

[注]该调查文章认为：问题的症结在于本市青少年乒乓球活动的普及面愈来愈窄。以前，一般中小学都有乒乓球队，不少学校"校有校队，班有班队"。时下，如徐汇区79所中小学，只有8支男女乒乓球队。闵行区16所中小学，都没有组织乒乓球活动。虹口区是本市乒乓球活动的重点区，全区中小学达117所，有乒乓球队的只有20来所。黄浦区的中小学多是大楼校舍，开展乒乓球活动素有传统，现只有10%左右的学校开展活动。社会场地少也是影响乒乓球活动普及的原因。五六十年代，仅黄浦区就有乒乓房十几处，球桌五六十张，现在已全部关闭。上海市乒乓球队教练杨瑞华、余长春等提出：向国家队输送将才已日益困难了；上海队自身（除去国家队队员）也处在中游状态，而且后继乏人。上海青少年乒乓球普及活动有着良好的基础，并拥有近百名经验丰富的教练，潜力很大。问题是领导重视与否。

5月28日

□ 第五届全运会乒乓球预赛将执行国际乒联第37届代表大会通过的有关乒乓球拍的新规定：球拍的两面不管是否贴有覆盖物，也不管两面覆盖物的性能是否相同，球拍两面的颜色均应有明显的区别。用球拍没有覆盖物的一面击球，判失分。

6月7日

□ 全运会乒乓球预赛（镇江赛区）经过五天的角逐，四川男队和上海女队获得冠军。

［注］本届女子团体决赛在上海队与河南队之间进行。第二盘单打，上海队曹燕华与对手打成一平后，第三局仍相持不下，曹燕华以13比12领先一分时，对手抢拉出界，裁判员误认为擦边球，反判曹燕华失一分。曹举手提出异议，裁判员坚持原判，曹立即服从。当打成19平时，曹燕华拉出弧圈球，对手反拉轻擦台边，裁判员错判给曹燕华得分，曹立即表示是擦边球。曹燕华正确处理了两个误判球。

6月15日

□ 中央人民广播电台播音员宋世雄在第六届全国人大分组会上发言，谈及外国运动员认为中国运动员打关键球有"秘密武器"。宋世雄指出：用徐寅生的话说，中国队的"秘密武器"，就是在夺取胜利的关键时刻，不忘记自己是中国运动员，要发挥中国运动员特有的精神素质，去夺！去拿！宋世雄说：我国运动员表现出的无私无畏、勇往直前的精神，是非常宝贵的精神财富，是我们时代精神的一个缩影。我们各行各业在进行"四化"建设的时候，需要的正是这种无私无畏、勇往直前的精神。这也是我们振兴中华的"秘密武器"。

6月17日

□ 国家乒乓球队教练张燮林、庄家富、许绍发、周兰荪、梁友能、马金豹等来到虹口区少年业余体校,观看虹口、静安、卢湾等十个区的小运动员训练,并为他们进行示范和讲解。

□ 中国乒乓球队教练郑敏之当选政协第六届全国委员会常委。

6月19日

□ 上海胶鞋六厂试制的华兴牌PF4型运动鞋,得到中国乒乓球队运动员们的好评,一致认为其具有舒适、柔软、轻便、防滑、弹性强、美观的优点。中国乒乓球队向上海胶鞋六厂赠送了他们穿着这种鞋参加第37届世乒赛的照片,以及全队对这种运动鞋的书面评价。

7月3日

□ 虹口区体委、虹口区教育局在祝贺曹燕华荣获世界乒乓球女子单打冠军大会上,给培育、输送运动员成绩显著的幸福村小学、广灵路小学、四川北路小学颁发"育苗奖"奖杯和奖金,作为学校添置体育器材用。同时,给曹燕华、卜启娟的启蒙老师杨华安、李建邦以奖励,并对输送运动员多、成绩较好的37所学校颁发奖状。

7月4日

□ 在世界乒乓球锦标赛上赢得荣誉的女运动员曹燕华、倪夏莲被评为上海市优秀共产党员。

7月26日

☐ 据报道,今年上半年度供应上海市场的三大球比去年同期增长10%左右,乒乓球增加5%。同期,本市工业单位比去年多生产乒乓球2000万只,累计总数达到7000万只,仍不能满足市场的需要。

8月6日(至9月11日)

☐ 为了丰富学生的暑假生活,推动乒乓球运动的发展,上海市青年宫、市乒乓球协会、市文教用品公司和青年报社联合举办300多名学生参加的上海市中学生"新苗杯"乒乓球赛。经过近600场的争夺,获得男子团体冠亚军的是闸北五中和淮海中学,女子团体冠亚军是北郊中学和比乐中学。

8月8日(至16日)

☐ 由上海市乒乓球协会主办、德隆国际投资有限公司赞助的第三届上海市单打乒乓球冠军赛在市体育宫揭幕。国家队的上海籍选手曹燕华、倪夏莲、卜启娟、何智丽等全部登场角逐。参加比赛的还有第七届市运动会男、女单打成年组前16名和少年组前8名的好手。结果,刘涌江和何智丽分别获得男、女冠军。

9月19日

☐ 据报道,第五届全运会的乒乓球决赛拉开战幕之际,国际奥委会主席萨马兰奇前来观战。当他得知上海乒乓球拍厂生产的红双喜牌乒乓球拍荣获国家金质奖,要求能带两块回去。当晚临别前的宴会上,萨马兰奇接受了这份礼物。

[注]"红双喜"乒乓球拍陪伴着我国乒乓健儿登上世界冠军

的宝座。1963年，张燮林使用上海乒乓球拍厂制造的长胶粒橡皮球拍，博得了"乒乓魔术师"的称号。徐寅生主张发展快攻并结合欧洲的弧圈球技术。上海乒乓球拍厂着手试制成功PF4反贴胶皮，成为国家队夺冠的"新式武器"。今日，在日本的市场上，中国的"红双喜"球拍一块底板就卖8000日元，相当于两只"西铁城"手表的价钱。今年仅尼塔库公司就订了4.3万张PF4胶皮的合同。联邦德国、美国、加拿大商人也大量要货。

9月23日

□ 第五届全运会乒乓球男女团体决赛中，解放军男队以5比2胜四川男队，上海女队以3比1胜解放军女队，分获男女团体冠军。曹燕华在单打中先后战胜戴丽丽、童玲，又在双打中与从未上场的横拍两面选手潘琦配合，战胜戴丽丽和沈剑萍。

上海队在第五届全运会女子乒乓球团体赛中获得冠军，这是上海女队继1965年第二届全运会后的第二次夺冠。左起：曹燕华、潘琦、何智丽、倪夏莲

郭跃华与上海乒乓球裁判员（左起）黄惠礼、冯蕴瑞、吕藻夫和孙麒麟等在闸北体育馆合影

9月27日

□ 全运会乒乓球比赛全部结束，江苏队的惠钧和黑龙江队的焦志敏获得男女单打冠军，广东队的江嘉良、黄文冠和解放军队的戴丽丽、沈剑萍获得男女双打冠军。上海队的曹燕华、何智丽并列女子单打第三名。

9月28日

□ 世界冠军郭跃华在上海闸北体育馆举行乒坛告别仪式。邱钟惠、胡玉兰、张立、郗恩庭、梁戈亮、李振恃等相继出阵打表演赛，尤其是张燮林和童玲、周兰荪和曹燕华两对师徒的双打，郭跃华与陈新华的对垒，引发3000多名观众的欢呼。

10月8日（至11日）

□ 第一届"亚洲杯"乒乓球比赛在无锡市体育馆拉开战幕。中国乒协主席、组委会主任徐寅生，国际乒联主席埃文斯，国际乒联第一副主席荻村伊智朗等出席开幕式。亚洲乒乓球联盟执行委员会举行会议，决定"亚洲杯"乒乓球比赛今后每年举行一次。经过四天角逐，蔡振华和曹燕华分获男女单打冠军。

本年

□ 第37届世乒赛后，国家体委领导决定李富荣去北京体

1983年

育学院干部专修科脱产深造。

□ 施之皓正式退役,到上海体育学院教练员班读书,并于1986年取得执教资格。

□ 因余长春任荷兰的援外教练得到大使馆的称赞,回国后即由徐寅生根据文化协定,安排余长春夫妇去阿根廷任教。经过三年的训练,阿根廷男队获得全南美比赛的团体亚军,一女队员两次夺得单打冠军。

[注] 由于中国派了国家级教练,因此阿根廷特地在国家体育中心拨了一个场地,放了十张台子,阿根廷才有了真正的乒乓球馆。在南美,巴西、智利是乒乓球强国。余长春首先通过全国集训,选了12男8女,规定每周训练三次,近的坐汽车、火车来,远的乘飞机赶来,雷打不动。余参照中国的训练方式,执行计划很严格。三年期满,尽管阿根廷乒协非常满意,提出延长任教期限,余仍按援外教练的规定回国。

□ 根据荻村的想法,徐寅生联系杨瑞华和北京的岑淮光去日本任教,目的是帮助提高日本的后备力量。但日本没有少年队,便由日本乒协组织巡回讲课,包括日本国家队的队员也来听了。其实,这是荻村办的俱乐部。他们住在一套两房一厅的房子里,翻译住厅里。在日常生活方面,岑教练负责买,杨教练负责烧,翻译负责洗碗。其月收入四千多块人民币,国内工资照发。

杨瑞华在日本组织比赛活动时为运动员颁奖,左二、左三为岑淮光和荻村(曾任国际乒联主席)

*1984*年

2月3日

□ 在中央电视台春节联欢晚会上,张燮林与李富荣进行乒乓球表演,一攻一削,煞是好看。

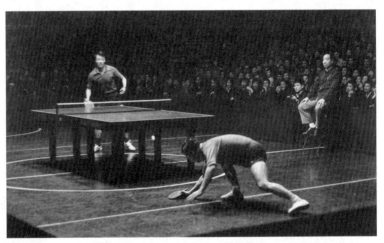

图为1980年张燮林与李富荣在上海卢湾体育馆打表演的场景,张燮林正在展示"海底捞月"的绝技,裁判员是国际裁判汤国华

2月7日(至13日)

□ 以交流乒乓球训练经验为主的"新星杯"乒乓球邀请赛在虹口体育场揭幕。来自江苏、山东、安徽、浙江、福建、河南及北京、上海等六省两市业余体校的70支球队参加比赛。上

海虹口区一队夺得少年男子、少年女子和儿童女子三项团体冠军。徐州市队获得儿童男子组团体冠军。单打冠军男子是上海队郦勇，女子是上海队唐维侬。

4月1日

□ 市中专教工"团结杯"乒乓球比赛在上海海运学校举行。共有27所中专学校的260多名教工男、女乒乓球运动员参赛。结果，上海海运学校和上海市城市建设工程学校分获男子团体青年组和元老组的冠军；上海电子技术学校获得女子团体冠军。

5月10日（至14日）

□ 体总上海市分会竞赛部、上海市乒乓球协会、上海市文教用品公司联合举办的第四届"红双喜"乒乓球赛在黄浦体育馆举行。国家集训男女各六支队和香港、上海男女队参赛。经过四天的角逐，由蔡振华领衔的国家男子集训二队和由曹燕华领衔的国家女子集训一队获得团体冠军。陈新华、何智丽分获男女单打冠军。

5月12日

□ 国家乒乓球队教练张燮林谈"当今世界乒坛风云"。张教练认为：乒乓球已正式列入奥运会的比赛项目，共有四枚金牌。各国政府的重视促使乒乓球运动进入了新的阶段。如波兰增加拨款，新建了两个乒乓球中心；匈牙利、南斯拉夫、瑞典等国家也在集训费用上大量投资；韩国自去年年底就开始集训队伍。同时，奥运会乒乓球赛各国参赛选手为男女各二至三人，这势必增加夺标的难度。我们一定能很快适应新规则，保持自己的优势。

6月4日（至15日）

□ 上海市老年人体育协会和纺织局工会联合主办的上海市老年人迎"七一"乒乓赛在许昌路体育场开幕。300多名运动员中有领导干部、教授、工程师、医生、工人等，其中还有50年代的国手名将。新成立的本市体育女记者乒乓球队也将在这次比赛中露面。结果，邮电队和静安区队分获A组冠、亚军。

市纺织局、老年人体协等相关职能部门的负责同志前来祝贺迎"七一"乒乓赛的成功举办

7月3日（至11日）

□ 上海市首届伤残人运动会在黄浦体育馆开幕，来自本市12个区、两个县的187名盲人、聋哑和截肢人运动员报名参赛。本届运动会设田径、游泳、乒乓球三个比赛项目，分盲人、

聋哑和截肢人三个组。经过八天的角逐，虹口区队和南市区队在乒乓球比赛中分别获得男、女聋哑人团体冠军。

8月

□ 国家体委在呼和浩特举行乒乓球裁判员考试，上海孙麒麟、翟英男获得国家级裁判员资格证书。

9月1日

□ 上海巨鹿路第一小学的体育教师柯元炘应聘为上海市乒乓球队教练。陆元盛、何智丽等受过柯的启蒙训练，柯元炘说：这是我做梦也都没有想到过的。现在，领导信任我，也是我很好的学习机会，我一定努力工作，为把上海乒乓球运动搞上去做出自己的贡献！

9月8日

□ 据《文汇报》报道，日前，国家乒乓球队教练郗恩庭、梁友能和国家体委科研所吴焕群等提出一个问题：现在看乒乓球比赛的人为什么越来越少了？吴焕群说，这个问题在70年代初已经出现了，究其原因有两条。

［注］这两条是：第一，随着乒乓球技术速度加快，旋转加剧，发球多变，前三板实力提高，比赛成了"闪电式"的较量，没有观赏性，自然失去观众。第二，时间犹如"马拉松"。篮球赛不到一小时，足球赛一个半小时多决出胜负（加时赛例外），最近中瑞乒乓球赛在沪较量，比赛从晚上七时一直打到深夜十一点多，观众寥寥无几。国际乒协人士曾提出在比赛规则上对发球、球拍予以限制，甚至提出提高球网的高度，发球拟改成指定区域等，

其目的是增加来回球等。当然这种改革要取得各大洲会员国的一致同意。

9月29日

□ 中国乒乓球选手蔡振华在第五届"世界杯"乒乓球赛中名次大跌。据中国乒协副秘书长程嘉炎分析，蔡振华受挫是球拍问题所致。

［注1］去年国际乒联已改变规则，球拍两面必须采用两种颜色。今年6月国际乒联理事会决定，同颜色的深浅不一也不能配对。蔡振华的球拍一面是黑色胶皮，另一面是暗红色胶皮。参赛之前，国际乒联主席埃文斯曾声言中国选手所用胶皮不合规格，不能在比赛中使用。

［注2］徐寅生口述：20世纪70年代初，欧洲不少协会发出对"两面不同性能的换拍技术"进行限制的提案（此打法利用了规则的漏洞而不违规）。按照国际乒联的章程，需要代表大会三分之二多数同意才能通过。在亚乒联盟和拉美、非洲协会的支持下，大会投票始终没有达到多数。以后又演变出长胶换成防弧圈海绵胶的近台进攻打法。国际乒联主席埃文斯希望中国乒协协助解决这个难题，徐寅生在国际乒联也听到很多抱怨。他曾考虑到乒乓球的健康发展和提高观赏性的需要，从大局出发，提议做出某些调整，却遭到队里某些人的反对，认为徐软弱，是向欧洲屈服、倒戈。他们还准备让别人代替徐出席国际乒联会议，当知道不可替代时才作罢。

10月7日

□ 晚，近800名日本青年与3000余名上海青年在市青年宫举行巡览活动。乒乓房里进行了一场世界水平的友谊赛，观战的人水泄不通。世界冠军中国上海籍选手曹燕华、张德英和倪夏莲，分别与日本选手世界冠军栗本君代（松崎君代）、长谷川信彦、伊藤繁雄对阵，双方打得难分难解，博得阵阵喝彩声。

10月9日

□ 国家体委评选新中国成立35年来的杰出教练员和杰出运动员。教练员10人，其中乒乓球项目有李富荣、傅其芳（已故）。运动员40人，乒乓球项目有张燮林、邱钟惠、容国团、徐寅生、郭跃华。

［注］颁奖仪式上，国家体委领导请来已离世16个年头的容国团的老父亲容勉之上台领奖。容勉之热泪盈眶，说：我代表容国团谢谢大家！国团为国争光，作了一些小小的贡献，也早已成了过去，可是党和国家始终没有忘记他，给了那么多的荣誉，对我又这么照顾，使我能过上一个幸福的晚年。我要感谢党，感谢政府。

□ 国家体委科研所吴焕群报道：国家乒乓球队训练房增添一架 B-83 型乒乓球发射机，可以模拟近台、中台、远台各种不同速度、旋转、力量和落点的球，模拟各种技术组合和节奏变化，还能模拟本格森、舒尔贝克等欧洲名手技术特点的打法。但是，该"机器人"不具有触觉、视觉等感官机能，更不具备智能。故竞赛场上无穷的变化难以用它来替代。

10月28日

□ 第七届亚洲乒乓球锦标赛在伊斯兰堡举行。何智丽战胜梁英子，获得女子单打冠军。

10月

□ 丁松从市少体校进入上海队，教练先后是卢贤钊和袁海路，总教练是于贻泽。在上海队，丁松参加过三届全国少年比赛，曾夺得两次团体冠军和一次单打冠军。

11月24日

□ 据报道，目前，乒乓球界有一个值得注意的倾向，即横拍队员多，直拍快攻选手少。为此，上半年，全国少乒赛作出规定：每队须有一名正胶或生胶的直拍快攻型选手，以保持和发扬我国近台快攻的传统特点和前三板的优势。总之，这个取胜的"法宝"不能丢。

11月25日

□ 近日，世界上第一台能对乒乓球旋转进行定量测试的PD-1型动态测转仪在北京通过技术鉴定。这台仪器能准确地测试出运动员击球加转能力和运动员之间击球转速的差距。该测转仪对中国乒乓球集训队一名队员大力拉出的弧圈球进行测量，其转速为每秒171转。这个速度远远超过了飞机发动机的转速。

11月30日

□ 庄则栋给时任国家体委主任李梦华写信，表达愧疚之情。庄在信中承认，"我在台上浑浑噩噩之头脑，委实可笑更可悲"，并请求李梦华主任"代我向对不起的同志们再次致歉"。

［注］"文革"后，庄则栋被定性为"三种人"，下放到山西做教练，曾指导管建华打出成绩。1984年，庄回北京在少年宫做教练。

12月5日

□ 上海市市长汪道涵率友好代表团访问南斯拉夫萨格勒布市,并宣布向友好城市派出乒乓球、体操和排球教练。

12月15日

□ 由上海微电脑厂主办的"微电脑"杯乒乓球邀请赛在天山体育俱乐部开幕。本市新闻、科技、医药、教育、工矿等系统的24支队参加比赛。这次比赛采用微电脑抽签。

本年

□ 孙梅英教练带领曹燕华、何智丽、耿丽娟出访欧洲。在法国公开赛后,等待去莫斯科时,队中发生意外事件。

[注] 当时,代表团住进了大使馆招待所。大使馆安排游览活动时,何智丽推托身体不适留在招待所,却利用大使馆的电话,拜托当地留学生为她在法国介绍男朋友。"一时间,整个队笼罩在一片阴沉的气氛中。"

1985年

2月8日

□ 上海老年人体育协会乒乓球委员会成立。该会与市老年人体协离休干部分会联合举办"上海市离休干部、老年职工'迎五一'乒乓球单打比赛"。

2月13日（至16日）

□ 为迎接第38届世乒赛，国家队江嘉良、谢赛克、蔡振华、王会元、曹燕华、童玲、戴丽丽、耿丽娟等一批世界冠军来沪，参加在黄浦体育馆举办的第五届"红双喜"乒乓球赛。上海男、女集训队也参加比赛。结果，何智丽获女单冠军。

2月15日

□ 据新华社消息，中国乒乓球协会今日宣布，参加第38届世乒赛的中国乒乓球队运动员共18名。其中，男队已无上海籍运动员。女队上海籍运动员有三人，为曹燕华、倪夏莲、何智丽。

2月16日

□ 据《文汇报》报道，走进国家体委乒乓馆的大门，可见"距第三十八届世乒赛还有四十九天"的日历牌。缘楼梯而上，又见一步一条标语："荣誉已去，考验重来""训练之勤，爱国之心""平时多练一筐球,战时多赢一分球"……中国乒乓球队领队沈积长对记者说,这次冬训的目标是提高三性,即思想上的稳定性、技术上的准确性、体力上的耐久性。

［注］报道称,在女队训练场地,周兰荪教练正在两角和近网给曹燕华"喂球"。曹燕华左拦右杀,板板不空,不到十分钟,两个球筐就底朝天了(一筐达三百多个球)。趁曹燕华捡球的空当,周教练说,曹燕华脚上长了许多泡,旧泡未消新泡又起,从不叫一声苦。周教练说,这不光是训练技术,也是训练意志。

1985年3月28日,第38届世界乒乓球锦标赛在瑞典哥德堡隆重开幕。图为开幕式时中国乒乓球队在教练员张燮林(上海籍)和许绍发的率领下入场

2月26日

□ 中国乒乓球协会宣布参加第38届世乒赛团体赛运动员的名单,男选手是江嘉良、谢赛克、陈新华、王会元、陈龙灿,女选手是戴丽丽、耿丽娟、何智丽、童玲。后来,中国男、女

乒乓球队双双蝉联冠军。

　　［注1］讨论第38届世乒赛团体赛运动员名单时，关于曹燕华是否列为团体赛成员，因教练们意见不统一，决定等世乒赛前的热身赛"红双喜杯"赛后再做决定。结果，曹燕华在热身赛的团体赛中打得很好，却在单打中没有打出应有的水平，便没被列入团体赛阵容。

　　［注2］国际乒乓球联合会排名第一的上届世界冠军曹燕华没有入选团体赛成员，并指定为何智丽等人的陪练（何告状曹"不肯给她拉弧圈"）。曹燕华便写了退役报告，送交时任训练局副局长张钧汉，张扣下了报告。上海体委派两位领导专程赴京做曹的思想工作；施之皓也向上海体院请假来到北京；曹父数次打来长途电话，劝慰曹燕华留任。半个月后，曹燕华答应参加第38届世乒赛后退役。

3月5日

　　□ 上海市文化用品批发公司体育用品经营部为满足各地的需求，已将56万只乒乓球、20万副乒乓球板等器材调运各地。

3月28日

　　□ 第38届世乒赛在瑞典哥德堡揭开战幕。

　　［注］徐寅生作为中国代表团团长，与第二批队员同行。在莫斯科逗留时，徐寅生开导曹燕华。徐寅生说：枪还打出头鸟呢。你老占着第一的位置不让，在你身上存在的问题或许出现在别人身上根本就算不上错，但你就不行，所以，人家不"打"你还能去"打"谁呢？再说，对你严格一点也并非坏事。

3月29日

□ 据新华社消息，中国台北男女乒乓球队在本届锦标赛乙级队比赛中，男队战胜比利时队、荷兰队、联邦德国队和苏格兰队，女队战胜芬兰队、波兰队和加拿大队，到目前为止，保持不败。

4月4日

□ 据新华社消息，正在哥德堡举行的第38届世乒赛规模空前，除中国队教练外，还有13名在其他国家和地区任教的中国教练。他们是：曾传强和李德洋（在朝鲜民主主义人民共和国）、王文荣（在尼日利亚）、吴宏（在智利）、胡道本和黄亮（在意大利）、何健民（在阿拉伯也门共和国）、蔡延东（在葡萄牙）、王福成（在百慕大）、姚国治（在埃及）、苏国熙（在加拿大）、姚梅生（在塞浦路斯）。还有一些在外国执教的中国教练因该国未参加本届世乒赛而没来哥德堡。

4月5日

□ 国际乒联在瑞典哥德堡举行大会，根据匈牙利乒协的提议，决定从第39届世乒赛起，优胜队或运动员所属国家的国旗和国歌将在颁奖仪式上使用。

□ 当天，三对海峡两岸乒乓健儿在第38届世乒赛赛场相逢：戴丽丽、曹燕华和江嘉良分别相遇中国台北选手张秀玉、庄淑华和纪金龙。上场前，张秀玉走向前问中国乒乓球队领队郑敏之，戴丽丽是什么打法。郑敏之说：中国的老打法，咱们中国人的打法基本上都差不多。上场后，张秀玉赠送戴丽丽一盒录音带，戴送给她一块球拍。从赛场上下来，郑敏之请戴丽丽转送给台北队领队一听茶叶，让他尝尝家乡茶。

4月6日

□ 据报道，日本乒乓球协会实施了扩大乒乓球直径的计划，特制了一批直径40、42和45毫米的乒乓球（区别于目前直径为38毫米的比赛用球），目的在于通过扩大球的体积减缓球速，使中老年人更适合参加乒乓球运动。日本乒协打算先在国内试行大口径乒乓球的比赛。如果获得成功，那么就向国际乒联提出建议，在两年一度的世界乒坛老将比赛中正式使用。

□ 据新华社报道，第38届世乒赛单打比赛，何智丽第一轮轮空，第二轮被匈牙利的巴托菲淘汰。曹燕华和耿丽娟在半决赛中以3比2的比分，分别战胜同伴齐宝香和戴丽丽进入决赛。

4月7日

□ 第38届世乒赛单项决赛结束。上届世界女单冠军曹燕华以3比1战胜队友耿丽娟蝉联冠军。耿丽娟和戴丽丽夺得女子双打冠军，曹燕华、倪夏莲获得亚军。在混合双打决赛中，中国选手蔡振华和曹燕华战胜捷克斯洛伐克选手潘斯基和赫拉霍娃，获得冠军。

［注］曹燕华自述：决赛的一天终于到了。上午，我已有混双金牌垫底，下午的女单决赛是"内战"，对河北的耿丽娟。和上届世乒赛女单决赛一样，第四局的关键时刻，又是一个高球把对方"放死"，不过，这回没有16大板，她也没有失误，是老天助我，以擦边球告终。看到周兰荪教练在看台上欣慰的目光，我顿时精神抖擞，一鼓作气，3比1，蝉联了女子单打世界冠军。

1985年4月9日,荣获第38届世界乒乓球锦标赛六项冠军的中国代表团载誉回到北京,受到国家体委领导人荣高棠、李梦华等的欢迎。代表团成员中的徐寅生、郑敏之和曹燕华、倪夏莲、何智丽等人均为上海籍教练员、运动员

4月9日

□ 据报道,经中华人民共和国上海进出口商品检验局评定,回力牌PF4乒乓鞋,红双喜牌、连环牌乒乓球为上海市优质出口商品。

4月13日

□ 日前,上海市老年人体育协会乒乓球委员会举办的离休干部和老年职工迎"五一"乒乓球单打比赛,在南市体育馆开幕。

4月27日

□ 据《文汇报》消息,徐寅生谈"乒乓球拍争端始末"。

[注] 徐寅生说,其实球拍问题的争论由来已久,早在60年代,我国选手王志良就采用两面拍同一颜色胶皮的削球打法,一

面转，一面不转。两面拍发球时声音不一样，发球时跺跺脚，用跺脚声来掩护发球声。在第31届世乒赛时，梁戈亮用这种打法，取得了很好的成绩。但是，国外也在想办法，曾经出现对方挑边时，故意挑离自己教练远的一边，使教练能看到我国队员的发球动作，给自己队员打信号。后来，蔡振华使用奥地利人发明的防弧圈球的胶皮又有新发展。这种胶皮没什么弹性，使对方借不到力。在第36届世乒赛时，他常使对方连吃发球，成绩比较好。这种情况在欧洲反应较大，国际乒联一直有争议，要求修改规则。我们征求了一些国家的意见，也同意修改规则。现在，国际乒联作出规定，两面不同性能的球拍可以用，但颜色必须是红色和黑色两种，从明年7月1日起执行。这一场球拍问题的争论暂告一段落。

5月4日

□ 上海市体委在市体育俱乐部举行庆功茶话会，欢迎参加第38届世乒赛归来的曹燕华、倪夏莲和何智丽，以及其他项目的上海籍优秀运动员。市妇联授予曹燕华、何智丽、倪夏莲"上海市三八红旗手"的称号。曹燕华在会上发言。

5月13日

□ 亚太地区的各国青年朋友与3000余名上海青年在上海市青年宫联欢，全国青联主席刘延东、市青联副主席黄跃金等陪同。乒坛名将倪夏莲、何智丽在底楼乒乓室里摆擂台，亚太青年朋友只要能赢一个球，就可得她俩签名的乒乓球，赢三个球可得签名乒乓板一块。

5月25日

□ "六一"儿童节前,上海文化用品批发公司体育用品部将一批畅销商品调往各地,其中有50万只乒乓球,10万块乒乓板。

□ 市第三届小学生运动会由卢湾区巨鹿路一小队与虹口区第二中心小学队进行决赛。这天上午,陆元盛、何智丽来到母校,为小弟弟、小妹妹们鼓劲。比赛结果是,巨鹿路一小队获得男女团体冠军,还囊括了男女单打前三名。

6月14日

□ 第二届全国工人运动会在济南举行。上海男、女工人乒乓球队在十三轮比赛中以全胜战绩双双夺得团体金牌,北京男、女队双获亚军。上海工人队刘涌江、秦建红夺得男女单打冠军,刘涌江、樊天健获男子双打冠军,秦建红、刘涌江获混合双打冠军。

秦建红保存的混合双打冠军获奖证书

7月7日(至10日)

□ 由上海乒乓球协会、飞达羽绒服装厂联合举办的首届"飞达杯"乒乓球赛在上海黄浦体育馆举行。国家乒乓球集训队的男、女各16名选手,以及江苏、浙江和上海的部分运动员将参加比赛。曹燕华只参加正式比赛后的表演赛。结果,国家集训队成应华、上海队杨敏分获男子单打冠、亚军,国家集训队何智丽和耿丽娟分获女子单打冠、亚军。其间,国家乒乓球集训队还到地处嘉定县桃浦地区的上海染化八厂进行慰问表演。

7月11日

□ 近日，国家体委批准我国第一批国际级运动健将，乒乓球选手男9人、女9人。上海籍运动员为曹燕华、倪夏莲、何智丽。

□《体育报》报道：为纪念我国已故的乒坛功臣容国团、傅其芳、姜永宁，进一步推动群众性乒乓球运动的发展，上海、广东、北京三省市商定，将于11月在北京举行"三英杯"乒乓球赛。该次比赛的第一阶段，由傅其芳所在的上海、容国团所在的广东、姜永宁所在的北京分别举行"傅其芳杯""容国团杯""姜永宁杯"乒乓球选拔赛，三地分别选拔出优秀运动队、成人队、少年队，参加第二阶段在北京举行的决赛。

7月13日

□《羊城晚报》报道：美国乒乓球协会执委会作出决定，正式聘请李赫男为美国国家教练。李赫男成为第一位在体育界担任此类职务的华人而载入史册。

［注］赴美国后，乒乓球世界冠军兼教练员李赫男积极传播现代乒乓球知识和技术，辅导青少年选手成长，深受乒乓球界的尊敬和爱戴。李赫男的丈夫艾立国也曾是中国国家乒乓球队的运动员和教练。他将与李赫男合著的《乒乓技艺纵横谈》改写成英文，供美国教练员和运动员使用。他还负责美国乒乓球男队的训练。

7月19日

□ 1985年上海市农民"青年文化杯"乒乓球比赛在松江县体育场举行。本市10个县17个乡的90名男、女运动员参赛。这是新中国成立以来第一次以乡文化站为单位参加的全市性农民体育比赛。南汇县三灶乡男子队和嘉定县马陆乡女子队分获男、女团体冠军,他们将代表上海农民参加在湖南长沙举行的全国农民"青年文化杯"乒乓球比赛。

8月2日（至9月2日）

□ 为丰富青年职工的业余生活,《青年报》读者服务公司和上海皮革化工厂联合举办第一届上海"青工杯"乒乓球比赛,本市各区、局、基层冠军队均可参加。来自邮电、纺织、出版、仪表、化工以及徐汇、杨浦、卢湾等28个区、局的基层队报名参赛。结果,上海纺织获男子团体冠军。

李赫男、艾立国夫妇俩在美国执教留影

9月28日

□ 市总工会、市体委在市工人文化宫召开表彰大会。市委副书记黄菊出席会议。会上,团市委授予市工人男女乒乓球队以"市新长征突击队"称号,授予刘涌江、秦建红"新长征突击手"称号。

9月

□ 应日本大阪府乒乓球协会的邀请,上海乒乓球队前往大阪参加纪念友好城市五周年庆祝活动。

此为代表团的合影。左起：周平、朱小勇、黄锡萍（领队）、蒋时祥（教练）、何智丽、花凌霄（教练）、陈淑萍、刘涌江、杨敏、陈志浩

10月23日

□《文汇报》报道：徐寅生赴新雅粤菜馆出席家宴，被服务员认出。此菜馆的球队曾风靡上海，年轻时的徐寅生曾来此地打球，与已退休的几位老职工切磋球技。贵宾光临，不时有人掀起门帘一睹风采，而年轻的服务员则问：徐寅生是谁？大家议论起徐拿过多少世界冠军。恰巧，徐寅生从盥洗室出来，他听到了大家的议论，笑着说："我是中国冠军！"当大家知道徐寅生不仅夺得世界团体冠军，还获得第28届男子双打世界冠军时，都"被他这种谦虚的精神深深地感动了"。

10月

□ 全国举行伤残人乒乓球锦标赛，共有31支伤残人乒乓队（包括香港、澳门队）展开角逐。上海队夺得聋哑组男女团体、男女单打和截肢组男子单打五个项目的冠军。

11月20日

□ 上海市手工业局系统团组织开展"学一技之长,当能工巧匠"的活动,为青年工人成才开辟多种途径。上海乒乓球厂的108名青年工人瞄准同岗位的优秀青年、全国新长征突击手陈荣莉创造的万只"红双喜"乒乓球无次品的纪录,立志达标,全部做到万只无次球,成为生产线上的"一百零八将"。

12月14日

□ 由上海乒协、《解放日报》、《青年报》、红双喜乒协、上海第一冷冻机厂联合主办的"曹燕华乒坛告别赛"在静安体育馆举行。国家体委副主任徐寅生和上海市有关方面负责人赵行志、黄跃金、沈家麟、杜前等到会祝贺。中国乒协副主席、国家体委训练局局长李富荣受中国乒协和国家乒乓球队委托发表祝贺词。李富荣说,曹燕华连续四次参加世乒赛,七次获世界冠军,在国内外重大比赛中共获56枚金牌,这不仅在我国女运动员中绝无仅有,而且在世界乒坛历史上也属罕见。曹燕华说:我能取得这些成绩,完全是党和人民培养、众多开路先锋帮助的结果,个人的功劳是微乎其微的。曹燕华把心爱的球拍交给了上海市少年乒乓球队队员。告别赛上,曹燕华与张德英进行了女子单打,曹燕华、施之皓与卜启娟、陆元盛进行了混合双打表演赛。

[注1] 曹燕华接受记者采访时说:有三件事难以忘怀。1980年在重大的国际比赛中夺得了17枚金牌,这年正巧17岁。1983年的第37届世乒赛上,勇克韩国运动员梁英子,捧回女子单打冠

军的奖杯。今年，出征第38届世乒赛，虽未作为团体赛成员，但决心打好单项比赛。代表团在莫斯科停留时，徐寅生亲自陪她练球。曹燕华夺得了女单和混双两项冠军。曹燕华表示：我还要为我国的乒乓球事业做贡献。

［注2］第38届世乒赛女子单打前四名全是中国队的选手，因为没有外面的干扰了，主教练张燮林就到看台上看她们自己打，也就不存在"让"的问题了。结果，曹燕华蝉联女子单打世界冠军。队里孙梅英等对曹有些看法，张燮林认为应主要看训练和比赛。曹夺冠后，张希望曹继续打下去，曹还是决定退役了。

［注3］老领导荣高棠发来贺电：你为祖国争得了巨大的荣誉，人民感谢你，但是，如果你能再坚持两年，我相信，你定将成为中国女子乒乓球的第一个三连冠获得者！而三年后的奥运会也有待于你再扬国威，为祖国、为乒乓事业、为自己，真正画上一个圆满的句号！

本年

□ 李富荣升任国家体委训练局局长，国家乒乓球队实行总教练责任制。姚振绪任中国乒乓球队副领队，具体负责后勤与政治思想工作。

1986年

2月1日

□ 1985年上海市十佳运动员评选揭晓，并召开颁奖大会，乒乓球运动员曹燕华、何智丽当选。这次评选活动是由上海市体委、《解放日报》、《文汇报》、《新民晚报》、《劳动报》、上海人民广播电台、上海电视台、《上海体育》杂志和新光内衣染织厂联合举办。上海市党政领导芮杏文、江泽民等出席表彰发奖大会。

3月16日

□ 第六届"红双喜"乒乓球男、女单打冠亚军决赛在上海静安体育馆举行，滕毅、江嘉良分获男子单打冠、亚军，焦志敏、何智丽分获女子单打冠、亚军。

4月29日

□ 上海文化用品批发公司体育用品经营部在"五一"国际劳动节前夕将一批紧俏、畅销体育用品调往各地，其中包括150万个乒乓球，15万块乒乓板。

5月11日（至16日）

□ 由上海市老龄问题委员会、市老年人体协离休干部分

11省市离休干部老年职工乒乓球友谊邀请赛手册

会、市老年人体协乒乓球委员会、市乒协联合举办的1986年11省市离休干部、老年职工乒乓球友谊邀请赛在江湾翔鹰电影院开幕。共有24支队的200多名男女运动员报名参赛。结果,北京队获离休干部团体冠军,上海一队获老年职工团体冠军。

6月1日

□ 上海市公布1985年度出口创汇优良企业、优质商品名单,其中,上海乒乓球厂获"优良企业"称号。上海乒乓球厂红双喜牌、连环牌乒乓球,上海乒乓球拍厂红双喜牌651、652、6512、PF4乒乓球拍为优质商品。

6月22日

□ 在无锡市举行的全国少年乒乓球锦标赛中,上海男子少年队获团体冠军,上海女子少年队被摒出前八名。

7月6日

□ 据《文汇报》报道,国家体委副主任徐寅生说,前些年,乒乓球界居安思危,喊了一阵"狼来了",但"狼"没有来。近年来,我国乒乓球危机真的显露了。去年欧亚对抗,中国选手接连败北;在首届亚洲少年锦标赛上,中国男队在三项比赛中均告失利。目前从国家队至各省市队,都深感运动员青黄不接,后继乏人。为此,记者专访了张燮林教练,请他谈谈打"狼"的对策。张燮林说:"狼"真的来了,尤其是乒乓球列入奥运会项目后,争夺这四枚金牌的对手将会越来越多,具体有三条对策。

[注]张燮林说,第一,要切实加强青少年普及训练。60年代初,我国有上千万青少年打乒乓球。近年来,曾被誉为我国乒乓球人才摇篮的上海,中小学中开展乒乓球运动的已寥寥无几。这是一个很危险的信号。赶快抓好普及训练,已是一项事不宜迟的重要措施。第二,乒乓球技术要坚持百花齐放的方针。现在我国传统的近台快攻的打法,在青少年中已属罕见,直拍两面攻早已绝迹,即使像郭跃华、曹燕华的打法,也已后继乏人,尤其是削球,已有"灭种"的危险。只有积极发展各种打法、流派,才是中国乒乓球立于不败之地的重要保证。第三,要加强科研和理论研究,掌握世界乒坛的最新动向和技术信息。我们号称"乒乓球王国",可是乒乓球理论却首推日本,实在很可惜。

7月17日

□《文汇报》发表文章《给"乒乓摇篮"敲警钟》。文章指出:上海少年女队在全国少年乒乓球比赛中名次一落千丈,作为"乒乓摇篮"的上海,有必要进行深刻的反思,症结究竟在哪里?该文认为:目前上海的少年儿童中,"乒乓人口"远远不能同五六十年代相比,这与"乒乓摇篮"的地位是很不相称的。希望有关部门能进行"综合治理",包括抓一抓有些单位为了"发展"第三产业而挤掉乒乓球室、撤去乒乓球桌这一类问题。

8月4日

□《文汇报》发表文章《乒乓球"摇篮"何时再摇起来》,引发讨论。文章指出:十年"浩劫"之后,素称我国乒乓球

"摇篮"的上海,男队从未进入全国前三名行列,女队在第五届全运会上拿了团体冠军,一俟名将曹燕华等退役,今年的全国比赛竟跌至十四名,目前在国家队里的上海籍队员仅剩男、女各一人。后备人才不足,传统打法濒临失传。如何重振昔日之雄风,已成为本市体育界人士和广大群众迫切关注的问题。此文被选送参加全国好新闻作品评选。

[注]该文以数据为证:1966年前的全国乒乓球赛中,上海队五次获得团体冠军。国家队中的上海籍队员达20多人,第28届世乒赛团体冠军的男队五人中三人是上海的,女队四人中三人是上海的。如今,全市400所中学几乎没有一个坚持长期训练的校队。今年卢湾区举办小学生乒乓球比赛,男队只有三所学校、女队只有四所学校参加,其他各区大致如此,与60年代初期上海一百万人打乒乓球的热闹场面成了鲜明对照。60年代黄浦区各处乒乓房设有近50张球台,出二角钱可租打一小时,现在只有一处10张乒乓台,且不对外开放。目前仅四个区为乒乓球重点布局,享受市体校待遇的只有60人,有希望的苗子寥寥无几,据说参加1989年全国青运会的苗子只有12名。

上海乒乓球运动落后的另一个原因,是管理方法和训练手段无新的突破,如男帮女、大帮小是上海取得成功的经验之一,这几年已极少采用。上海是近台快攻打法的发源地,近年来,此传统濒临失传。上海的乒乓球运动何去何从,已到了抉择的关键时刻。

8月5日

□《文汇报》发表《乒乓球"摇篮"何时再摇起来》的报道后,市乒乓球协会召开了座谈会,市体委主任沈家麟和本市近 50 名乒乓球工作者参加座谈。与会者认为：上海乒乓球教练队伍的力量还是比较强的，只要团结一致，奋发工作，没有理由搞不上去。同时，市队与基层不仅要加强训练体制上的衔接，还要加强业务上的衔接。上海在对世界各种打法兼容并收的基础上，应突出快速、灵敏的特色，着重发展近台快攻打法。上海的乒乓球要搞上去，比其他有些项目要有利。市体委将制订振兴上海乒乓球事业的若干措施。《体育报》摘发了《乒乓球"摇篮"何时再摇起来》一文。

8月7日

□《文汇报》记者通过长途电话采访原中国乒乓球队总教练、现任国家体委训练局局长李富荣。李富荣操一口上海话说：《文汇报》提出如何重振上海乒乓雄风的问题很好，很及时；对上海乒乓球运动面临的状况，他心里确实非常着急。李富荣谈了三点意见：第一，加强基础工作，抓好重点学校、区体校的训练工作，市队教练定期下去讲课或辅导。第二，要选择合格的教练员到市队，合格指思想作风好，能钻研业务，事业心强，勇于创新。第三，在技术上走中国自己的路，坚持百花齐放的方针，既要保持和发扬快攻传统打法，还要大力发展世界上风行的弧圈球打法。

8月12日

□ 上海乒乓球厂于 7 月 24 日发生特大火灾。经过全厂职工奋力抢修，兄弟单位大力支援，今日部分恢复生产，比原计划提前三天。

8月19日

□ 为深究上海的乒乓球"摇篮"为何不摇的问题,《文汇报》记者走访了有关领导以及一些名家、教练和队员。综合各方意见认为:要打破市队"独家经营"的训练体制,创新多种渠道、多种层次相互竞争的办法。否则,市队的教练员、运动员捧着"铁饭碗",无竞争,无压力,参加全国比赛、国际比赛是"当然代表"。同时,教练员之间的"内耗"是一大弊端。据调查,市队的教练员长期互不信任、拒不合作,致使丢失"大帮小、男帮女"的传统。近年来,随着广泛的乒乓球国际交往,市队教练员频繁出国,削弱了优秀教练员在第一线工作的力量。乒乓界人士呼吁市体委领导要切实加以研究解决。

8月22日

□《文汇报》报道:市体委召开全市乒乓球教练员会议,宣布成立全市乒乓球领导小组及五项振兴上海乒乓球事业的措施。

[注]措施之一是加强基本功训练,今后少年运动员一律不准使用长胶、生胶、防弧胶皮等;二是为振兴上海传统的直拍快攻打法,今后各队运动员中该打法要达到40%以上;三是对各级训练的招生年龄,依照新的统一规定;四是从"奥运会"战略出发,着重提高1970—1973年出生的运动员的技术水平,这档年龄组的运动员每三个月进行一次比赛;五是四级训练网要互相通气,交流信息。

9月25日

□ 第十届亚运会在汉城举行,中国男女乒乓球队团体赛双双失利。李富荣认为女队失利的原因是何智丽没有打好。虽然她的技术和打法是领先的,但两局都是在领先的情况下反胜为败。这主要是她的关键球处理得比较粗糙,在对手追回时又不太冷静。这说明我们的队员在意志和技术上还存在问题。

9月30日

□ 在第十届亚运会乒乓球单项比赛中,焦志敏取得女子单打冠军,何智丽为亚军。

[注]据叶永烈《是是非非何智丽》(人民日报出版社1999年版),女子单打决赛前,李富荣对何智丽说:我们研究了,

中国乒乓球队女队教练员张燮林(右)正在指导焦志敏

你今天让给焦志敏。何智丽去找徐寅生,徐寅生说:下一回比赛"让"给你。

10月7日(至10月15日)

□ 第八届亚洲乒乓球锦标赛在深圳体育馆开幕,由27个国家和地区的200多名运动员参赛。中国男、女队分别战胜朝鲜男、女队,双双夺得团体冠军。在单项比赛中,何智丽以3比1胜焦志敏,获得女子单打冠军。

[注]据叶永烈《是是非非何智丽》(人民日报出版社1999年版),10月,第八届亚洲乒乓球锦标赛又是何智丽对阵焦志敏,李富荣通知何智丽:你再"让"一次。何智丽找到孙梅英,孙梅英

说：徐寅生说过，下一回"让"给何智丽。徐寅生说：下一回，不是指这一次。后领导改变了决定：这一次焦志敏"让"给何智丽。

10月9日

□ 新华社消息：第八届亚洲乒乓球联盟举行代表大会。会议通过了接纳中国台北乒协为亚洲乒乓球联盟成员的决定。至此，亚乒联盟成员已达35个。

10月10日

□《文汇报》记者在深圳第八届亚乒赛现场采访中国乒协主席、国家体委副主任徐寅生。徐说：我国乒乓球现正处在一个技术革新的时期，只有突破，只有创新，才能保持我们在世界上的领先地位。

[注]徐寅生说：每次都打赢，固然可以长志气，但往往会掩盖存在的问题。我们同韩国队和朝鲜队交锋，无论是输和赢，差距都不很大。我认为到了认真研究中国快攻打法应该怎样发展的时候了。一个是后继无人，年轻的优秀选手不多。另一个是打法单调，技术上缺乏创新。中国的近台快攻打法没有新的发展，在速度结合旋转方面无重大突破，因此战术单调。如果总把中国的快攻打法看成是世界上最先进的打法，无须创新发展，总有一天会变成落后的打法。也许有人讲我太偏激了，大概是输了球以后信心动摇，我想，与其说"天下太平"，还不如指出问题的严重性，敲一下警钟来得好，以引起我国乒坛的重视。

10月30日

□ 市体委负责人就上海乒乓球运动如何重振雄风的问题发

表谈话。该负责人说：《文汇报》提出这一问题，是对上海乒乓球事业的促进和支持。为从"奥运战略"的高度考虑，市体委决定采取一系列措施。

［注］措施如下：（一）在继续设立市乒乓球队外，建立若干训练中心（俱乐部），承担一线训练，相互竞争，每年以选拔的方法，组成市代表队赛前集训，参加全国和重要国际比赛；带队教练由入选队员最多的队或训练中心（俱乐部）承担。市队和训练中心（俱乐部）的主要教练由市乒乓球领导小组组织全体教练员投票民主推荐。（二）对市队、训练中心（俱乐部）及一般体校的招生年龄作出统一规定。市区中小学竞赛采用传统与非传统分层次进行的办法，实行同等奖励。（三）三年内，上海各级队员的直拍快攻手的比例要逐步达到和超过40%。（四）由市乒乓球领导小组负责，每季度召开一次信息交流会。市乒乓球中心教研组每月开展一次业务活动。增加乒乓球竞赛，十三至十六岁年龄组的选手原则上每年3月举行一次比赛。（五）每周五下午定为全市乒乓球日，届时，凡有条件的场馆、乒乓球房都应敞开大门，对外开放。挪作他用的乒乓球场地要限期恢复。

11月2日（至5日）

□ 全国乒乓球锦标赛在郑州举行。上海男队获得第六名，其他项目上海队无名次。行家们认为，这次比赛优秀苗子不多，技术尚无新的突破，乒乓球运动后备力量的危机仍然存在。上海队要想东山再起，也必须从娃娃抓起。

11月

□ 中国乒协在无锡举行国家青少年乒乓球集训工作，上海交通大学孙麒麟被聘任为领导小组成员，黄锡萍为教练。

12月6日

　　□ 上海搪瓷三厂举办"顺风杯"新闻界乒乓球友好邀请赛，《解放日报》《文汇报》《新民晚报》《劳动报》、上海人民广播电台、上海电视台等八支球队参赛。上海电视台、《文汇报》《新民晚报》分获前三名。

12月11日

　　□ 上海市乒乓球协会、德隆国际投资有限公司举办上海市第六届乒乓球单打冠军赛，参赛者是去年市乒乓球锦标赛的男、女单打前32名运动员。获得本届比赛男女单打冠亚军的是杨敏、周斌和唐薇依、潘琦。

12月14日

　　□ 上海交通大学乒乓队囊括全国重点工科院校比赛的男、女团体冠军。该校成立了体育系，专门培养体育管理和体育科技方面的人才。

　　[注] 孙麒麟担任上海交通大学体育系主任。在学校领导的支持下，按照中央文件政策，他坚持体教结合，主持引进了曹燕华、施之皓、倪夏莲、王励勤、刘国正、刘国梁、秦志戬、丁松、李菊、许昕、马龙、于子洋等世界冠军、奥运冠军进入上海交通大学学习深造。

12月31日

　　□ 日前，上海冶金矿山机械厂与上海男子乒乓球队签订挂钩协议，上海男队将以冶矿队名义参加比赛。

本年

　　□ 应日本尼塔库乒乓器材公司之邀，曹燕华赴日本留学、讲学一年。因施之皓是八一队的现役军人，不能自费出国留学。上海市体委主任金永昌接纳施之皓转业，先到上海当教练，后办理出国手续。

　　［注］日本尼塔库公司和中国乒乓界有特殊关系，曹燕华等去了一百多个地方讲学，为乒乓爱好者和有志于上进的大中学生指点迷津。

1987年

1月10日

□ 新华社消息：中国乒乓球协会宣布，中国将派十名男选手和九名女选手参加在新德里举行的第39届世界乒乓球锦标赛。上海籍选手为何智丽，但她没有入选团体赛阵容。参加本届大赛的中国队总教练是许绍发，副总教练是张燮林；郗恩庭和梁友能任男队教练，马金豹和胡玉兰任女队教练。

[注] 教练组排定团体阵容时出于两方面的考虑：一是当时中国队最主要的对手是韩国队，戴丽丽的单打从未输过韩国队第一号选手梁英子，双打也比较好，焦志敏的实力很强，是当年的全国冠军，而何智丽在刚刚结束不久的亚运会女团决赛中输给韩国队两分；二是为了下届世乒赛用人的考虑，决定让年轻的陈静在团体赛中锻炼一番。

1月15日

□ 上海乒乓球协会、上海乒乓球拍厂和新闻记者联队在上海乒乓球拍厂举行1987年迎春乒乓球友谊赛，乒坛知名人士杨瑞华、岑仰健、卜启娟等参加表演。

1月19日

□ 上海市体育记者协会和上海第一纺织机械厂联合举办的

1986年上海市"十佳"运动员评选名单揭晓，乒乓球运动员何智丽入选。

□ 上海市体委副主任祝嘉铭在《文汇报》发表文章《着眼"奥运战略"狠抓后备力量》。其中提及乒乓球项目：乒乓球项目在曹燕华离队后，明显逊色。前不久，一些项目选拔第二届青运会队伍时，在乒乓球项目全上海符合年龄者参加选拔的仅有十来人！这个数字令人震惊。对上海来说，这样的选拔至少应有几百人甚至几千人选。

□ 日前，我国乒坛宿将王传耀和孙梅英为部分地区领队、教练员和裁判员作了乒乓球技术讲座，强调要多培养直拍快攻手。

［注］孙梅英说：乒乓球运动要从小培养孩子的基本功，从技巧、体力、临场意识、意志、判断力等各方面进行严格的训练。希望各地多培养一些直板快攻手，乒乓球要进攻，首先要速度快，前三板抢攻是我国乒乓球的特长。没有速度，没有发球抢攻，没有主动进攻，就很难占优势。还要有新招，要从小培养两面进攻手，从推挡中训练反手进攻。要中间站位，力求动作幅度小，尤其要训练低球进攻的本领。王传耀说：我国二十多年来夺取了许多世乒赛的奖杯和奖牌，基本上是靠直拍快攻取胜的。希望各地业余体校的教练员克服"难"字，树立信心，发挥我国的特长，多培养有威胁力的攻球手。正手进攻是主要的，要有速度，要有爆发力。

2月21日

□ 新华社消息：在第39届世乒赛团体赛中，中国男女队双双捧杯。中国台北男队在男子团体第二阶段前16名分组赛中，以5比0战胜韩国队，以第二组第二名的资格挺进四分之一决赛。

2月25日

□ 长宁区天山体育俱乐部公告：自3月1日起，一是每天上午（周日全天）乒乓房对外开放，中小学生减半收费；二是举办幼儿乒乓球训练班，每周训练三次，报名自即日起到3月7日止。

3月1日

□ 第39届世乒赛单项比赛中，何智丽按照出发前孙梅英的指点，在半决赛中胜了中国选手管建华。

［注1］据张燮林口述，本届女单进入半决赛，代表团讨论何智丽与管建华究竟谁进决赛为好。与会的领导和教练提出上管建华，理由是何曾输给梁英子，前一轮是陈静让给何的，陈静第一局赢后，便连输三局；而管建华一路连克硬手，气势很足，估计可取梁英子。讨论中，张燮林提出上何智丽好，理由是上削球手可给梁英子喘息的机会。张燮林服从组织决定，保留不同的意见。赛前，马金豹转达领导决定时，何智丽答应："好，好，那就让管建华上吧。"徐寅生与何谈话时，她也没有表示反对。比赛中，李富荣在场外招呼何，何置之不理。

［注2］中国体育报曾发表《乒乓世界》主编夏娃的文章《"让球"战术没有错》。该文说：何智丽与管建华谁上更合适，教练内部有不同意见，经过和中国乒协领导的反复磋商，最后决定何智丽让给管建华，理由是万一戴丽丽输给韩国梁英子，管建华是削球打法，估计能把梁英子拖垮。另一个非常重要的原因是何智丽

刚刚在亚运会上输给了梁英子。

□ 晚，何智丽与韩国梁英子争夺本届锦标赛冠军，何智丽以3比0战胜梁英子，获得女单冠军。

［注1］据张燮林口述，当何智丽与梁英子决赛时，张燮林根据调看何曾输梁的录像，指导何接发球时必须拉起来变主动，且出手要狠。结果，何智丽顺利获胜。应该承认，当时队里的教练和队员对何是不满的，意见集中于何应该跟队友讲清楚，且前一轮何接受了陈静的让球。此事往上级部门汇报，结论是"功大于过"。

［注2］据叶永烈《是是非非何智丽》，乒乓球队顾问孙梅英从荧屏上看完现场转播的何梁之战，当即燃放鞭炮为何智丽庆贺。其实，中国乒乓球队远征新德里前夕，何智丽曾就"让球"问计于孙导。孙梅英的主意是："那你就只好在口头上答应让球，上了场，你真打！"孙导还说："你拿了冠军回来，我就到机场去欢迎你。一切后果，我替你承担！"

3月2日

□《文汇报》报道：在第39届世乒赛上，中国代表团的小礼品——上海乒乓球厂生产的"红双喜"PF4反胶胶皮备受国外运动员青睐。

［注］1980年时，该厂制作的球拍底板、海绵、正胶胶皮均已达到或超过日本、瑞典等国的名牌产品，但反胶胶皮的质量未能跟上。该厂专门成立了攻关小组，并聘请国家队和省市队的教练担任技术顾问，设计和改进反胶胶皮。PF4反胶胶皮制成后，郭跃华、陈新华等一批名将使用时普遍满意。目前，PF4反胶胶皮在国际上成为"热门货"，产品销往日本、瑞典、联邦德国等许多国家。

上海乒乓球运动纪事录（1949—2024）

3月16日

□《文汇报》报道：近来，顾客反映在市场上买不到乒乓球，企业职工业余活动和学校体育课均受影响。记者走访本市的13家体育用品商店，半年多来，在这些商店没有看到乒乓球。记者又走访市文化用品批发公司，该公司在全国设有500多个二级批发站，每年经销的乒乓球总数约6500万只（其中4500万只供应外贸出口）。近来上海乒乓球厂无货发给。记者追寻地处上海北郊的乒乓球厂，情况明了。

［注］该厂负责人告知记者，自去年7月24日该厂发生火灾后，隔日便恢复生产。同时，准备再征地28亩，扩建一座烘房，却陷入困境。这家工厂失火前的乒乓球日产量达23万只，目前只有10万只。而乒乓球产量能否上升得看这座烘房何时建成投产。通过调查，记者得知去年夏天市经委就对征地建造烘房一事做了安排。但征地审批过程中所涉及的部门太多，该厂领导已先后数十次向有关部门交涉，均未能及早解决。为此，记者呼吁有关部门采取措施，解决这一矛盾，早日满足市场需要。

□中共上海市委书记芮杏文、副书记曾庆红会见何智丽，希望她能向上海的青少年们介绍自己为祖国的荣誉而打球的心得体会。

3月18日

□上海市体委在锦江小礼堂举行表彰大会，表彰何智丽荣获世乒赛女子单打冠军。中共上海市委副书记曾庆红、市顾问委员会副主任赵行志、市委常委陈铁迪、副市长刘振元与谢丽娟等出席了表彰大会。刘振元副市长致辞，代表市委、市政府对何智丽表示祝贺，谢丽娟副市长宣读了市政府表彰何智丽的嘉奖令。团市委和市妇联分别授予何智丽上海市"新长征突击手""三八红旗手"称号。所赠奖品是由上海无线电二厂提供的红灯收录机。最后，中共上海市委副书记曾庆红发表讲话。

4月6日

□《文汇报》发表报告文学《她从低谷中走出来——记第39届世界乒乓球锦标赛女子单打冠军何智丽》，文中披露两个真实的细节。

［注］第一个细节：何智丽在决赛时突然换上了一件天蓝色的运动服。个人赛中运动员上场穿的运动服颜色并不要求一致，不过中国队选手一般都习惯于穿红衣服，何智丽是这届世乒赛中唯一的例外。何智丽弃"红"着"蓝"的灵感是中午淋浴时突然产生的。她想，上次是穿红衣服输给梁英子的，这次是不是改一种颜色碰碰运气。第二个细节：锦标赛前，中国乒乓球队的顾问孙梅英曾来到队里，一筐一筐地帮着何智丽练多球。

何智丽（右一）正在与梁英子比赛。徐寅生、张燮林和主管教练马金豹都坐在挡板外关注

4月9日（至16日）

□ 由市总工会和上海胶鞋六厂举办的"回力杯"沿海开放城市职工乒乓球邀请赛在杨浦区工人体育场进行。上海港务局

男队和上海邮电局女队分获团体冠军。男、女单打冠军为南通港务局队和秦皇岛市队的队员分获。

4月14日

□ 由徐汇网球厂、上海铰链厂联合举办的首届"飞轮杯"乒乓球邀请赛揭幕。本市工厂、业余体校的20支队伍、100多名运动员参赛。上海电机厂获工厂企业组冠军，卢湾区和徐汇区分获业余体校组男、女冠军。

4月23日

□ 第三届"三英杯"乒乓赛在上海宝钢总厂进行，广东、北京、上海、香港、澳门等队参加比赛，上海男女队夺得团体冠军。

身穿冶矿队队服的上海队在领奖

5月2日

□ 中国乒乓球协会公布1987年度优秀乒乓球选手名单，

何智丽名列女子选手第一名。

[注1]《中国体育报》报道：回国后，中国乒乓球队在向国家体委汇报第39届世乒赛的工作时，并没有提到何智丽"不让球"。总教练许绍发说，当时我们并不希望把事情搞得满城风雨，因为何智丽还在队里，她还年轻，还是想在内部解决这个问题，总结一下经验教训，加强爱国主义和集体主义教育，避免以后比赛中再出现类似的情况。围绕何智丽的争论最早是从队内总结会上开始的，几乎所有的教练和队员都批评何智丽，戴丽丽忍不住在会上与何智丽吵起来，她指责何智丽不道德，如果想拿女单冠军，首先不该接受陈静的让球，其次不想让管建华，也应该在赛前声明，然后去公平竞争。但何智丽不肯承认错误，局面因此而僵住了。

[注2]陈静接受记者采访说：后来有人提起新德里世乒赛单打八进四"让球"的事，有记者向我求证，我才承认。我在新德里的机会其实很好，与何智丽八进四之战，我们真刀真枪地打了第一局，我赢了，但马上有教练来和我说，叫我让给她，我就让了。我如果赢了何智丽，下一个对手是削球手管建华，我打削球把握挺大，若进入决赛对韩国人，在国家队时我从来没有输给过韩国人。

5月23日

□ 上海市党、政、军领导机关老同志乒乓球友谊赛在上海交通大学体育馆揭幕。江泽民市长、谢丽娟副市长和东海舰队驻沪部队司令员刘兴文等领导，身穿运动服挥拍上阵。结果，

江泽民同志为比赛题词

驻沪海军队和空政学院男队分获男子团体冠、亚军，机关女子联队和第二军医大学队分获女子团体冠、亚军。

6月9日

□ 北京《体育报》消息：国家体委为解决中国乒坛后继无人问题，决定8月4日至13日在郑州举行首届全国少年乒乓球公开赛，凡1974年出生的全国男女少年，均可毛遂自荐自由报名。比赛设男女单打两项。有志参加选才角逐的少年，须在6月30日前向所在的省（自治区、直辖市）体委信函报名，参赛者免费住宿，旅费、膳费自理。

7月8日

□ 何智丽在《文汇报》副刊"笔会"发表散文《我眼中的梁英子》，文中数处表示了对梁英子风度和风格的赞赏。

［注］文章说，其一，我第一次看到梁英子挥拍的英姿，是在第37届世乒赛女单决赛的电视镜头里，梁英子优雅的风度和漂亮的攻杀使我深为钦佩，我已经开始做世界冠军梦了。其二，1986年第十届亚运会上，我输给了她。这场球中，我曾打了一个擦边球，裁判误判出界，梁英子则颇有风度地举起手，示意这球擦边了。这场比赛我回出最后一个弧圈球出界，脑子都晕了。梁英子伸手紧握住我酸软的手，用力摇了几下，像是要传递给我几分安慰。第二天，在单项比赛场上，梁英子一见我就用生硬的中文嚷道："加油，加油。"我说："你也加油。"其三，第39届世乒赛女子单打决赛，我和梁英子第三次交锋，赢下了这场球。我捧着鲜花和奖杯向新德里观众致意。梁英子站在我身旁，她已经是第二次站在世界亚军的台阶上了。此时，她的脸上依旧浮现着人们所

熟悉的优雅的微笑。当我放下高举的奖杯时,全场观众又一次鼓起掌来,梁英子频频用手势向我示意,她让我再一次举起奖杯,来接受观众的祝贺。其四,新德里大赛后分手的那天,在下榻的旅馆门口,我忽然听到有人叫我,是梁英子,她穿着一身黑色的西装套裙,留着齐耳的短发,脸上挂着笑意。她用中文夹着英语问我:"你回去还打球吗?"我点点头。她又说:"你打得太好了。"我回答说:"你也打得很好。"接着,她热情地邀我合了影。

7月26日

□ 日前,上海伟民空调器商店和上海女子乒乓球队在互利互惠的原则下,实行店、队挂钩合作。在协议期内,除国家体委和市体委明文规定以市队名义参赛外,其余一切比赛均以"上海伟民空调器商店女子乒乓球队"的队名参赛。

上海女队主教练花凌霄(左一)在签约仪式中

8月18日

□ 上海体育运动技术学院向著名乒乓球教练孙梅英颁发聘

书，聘请她担任上海乒乓球队顾问。中共上海市委副书记曾庆红、上海市副市长刘振元、上海市体委主任沈家麟会见孙梅英时，请她转达对国家体委、中国乒乓球队的谢意。

8月19日

□《文汇报》报道：中国乒乓球的宿将孙梅英从北京赶到上海陪何智丽练球。孙梅英一边发多球给小何一边不停地喊："注意脚底，放松，打快！""好，好，又回来了！""注意接发球，台内球。"稍事休息时，记者采访了孙梅英与何智丽。

［注］孙梅英说：我已经两个半月没陪何练球了。第39届大赛前，我陪她练球，譬如接发球、台内球、前三板、反手攻球等从速度上加以突破，角度要刁，落点要活，使对方无法捉摸。她和梁英子打决赛时，我守着电视机从头看到尾，水平发挥出来了。说实话，她打胜后，我们全家都哭了，我儿子买了鞭炮，她走上领奖台时就放了起来。她回来后，一点没有放松训练，刻苦得很。何智丽说：孙指导这么大岁数的人了，女儿女婿又不在家，撇下个小外孙，赶到上海陪我们练球，她图什么？奖杯上名字刻的是我何智丽，报纸上宣传的是我何智丽，可她付出的汗水并不比我少。我拿第39届世乒赛冠军已成为历史，我要继续在今年的全运会和明年的奥运会上打出更好的水平。

8月27日

□《文汇报》报道：离全运会乒乓球预赛只有十来天了，在上海梅陇体育训练基地的乒乓球训练馆，最令人注目的要数一老一少的孙梅英与何智丽。记者采访了她俩。

［注］孙梅英说：国内对手强，比世界比赛还难打，人家对

她太了解了。憨练没有用，傻练没有用，24小时都在球台上练也没有用。差不多水平的人，手里要有小动作，不能都是大刀阔斧，现在就是要攻小何的短处，变大动作为小动作，速度慢变为速度快，球要打得越滑越好，过去我的球就是以刁出名的。何智丽说：我的目标大，全国好手都在对准我，我自己要放下包袱，从零开始去拼。孙指导对我说，光想着冠军，那就会束缚自己的手脚。何智丽表示：虽然在这次预赛的单打中要碰上陈静和焦志敏等强手，有几场硬仗，但感到心里踏实多了。

9月10日

□《上海体育》第8期发表文章，指出上海男子乒乓球队在全运会预赛分组情况相当有利的情况下，对阵江西队失利，名次在小组第三名之外，失去参加决赛的资格，症结在于"内耗"。

［注］该文认为：上海男队出现下降的趋势已不是"新闻"，是群众基础单薄？是业余训练不力？是教练力量不够？……同其他省、市队对照，上海这几方面的条件是不差的。尤其是教练队伍，几代同堂，人才济济。但是，现在的情况都被"内耗"抵消了。据了解，两位久经沙场的世界名宿"援外"刚归来，又打算去异国"援外"了。人们不禁要问：这几位喝黄浦江水长大，在上海乒乓球摇篮里滚打成才的名将，为什么不能为振兴上海乒乓球运动再作贡献呢？上海乒乓球摇篮里的"内耗"多种多样，不光是教练队伍里的问题，还有"宏观管理"的问题等。时下，只有寻找"治本"的对策，经过若干年的实践，才可以取得效果！

9月19日

□《上海体育》发表文章《昔日乒乓房为何不见了?》。许多乒乓球爱好者来信反映,上海的乒乓球场地越来越少。记者调查发现:位于淮海路瑞金路口原淮海乒乓房成为"多灵商场",卢湾区体委说房子借给多灵,一个月就有12000元收入。新成游泳池二楼大厅安放着六张乒乓桌,曾是当年上海学联队的李富荣、徐寅生、张燮林等的训练场地。后因大厅设备条件较差改成了商场。乒乓球训练场则搬到新成溜冰场,且放有22张乒乓球台。但好景不长,现在成了跳舞厅。上海连一个公开出租打乒乓球的场地都找不到,这不能不引起人们的忧虑。

20世纪五六十年代,新成游泳池曾是区体校乒乓队的训练场地。这是当年教练和队员在游泳池浅水区旁的合影

9月

□ 曹燕华和施之皓离开日本前往德国。德国的女子乒乓球纯属业余,现请到了原世界冠军,每逢周末的比赛日,观众有时多达六七百人。有几回客场比赛,百多名球迷居然坐十几个小时大巴士前去助威。

11月16日

□ 第六届全运会乒乓球赛结束。解放军队获得男子团体冠军，山东女队获得女子团体冠军。上海的朱小勇、何智丽获得混合双打第三名，其他无名次。

11月18日

□ 在广东佛山举行的全运会乒乓球赛女单四分之一决赛，陈静对上了何智丽。那天观众爆满，张燮林也来到球场观看。结果，陈静以3比1战胜何智丽，全场起立鼓掌。

12月22日

□ 为了进一步推动本市群众性乒乓球运动的开展，长宁区乒乓球协会、文汇报社、上海羽绒服装厂联合举办本市第一届"上羽杯"乒乓球公开赛。比赛共分基层党委组、基层总支组、基层支部组、中学组、小学组五个组别。比赛项目为男女团体对抗赛。本市各基层单位持介绍信均可报名参加（报名日期：即日至12月26日；报名地址：天山路771号天山体育俱乐部）。

本年

□ 上海乒乓球运动员唐薇依来自上海巨鹿路第一小学，横拍两面弧圈球打法，速度快，旋转强，入选国家青年队。1988年加盟国家队。

□ 中国乒乓球队路经香港赴新德里参加第39届世乒赛时，有友人赞助一台摄像机。就此，领队姚振绪开始为大型国际赛事录像。

［注］姚振绪说：日积月累，带子越来越多，有的因制式不同还得把小带子倒到大带子上。录像带要注明是什么比赛、哪个对手等。记得巴塞罗那奥运会，我们带了两台电视、两台录像机和

两大箱录像带。运动员赛前看录像,印象绝对加深了。记得吕林和王涛的男双决赛,第一局打到20平后,费兹纳尔一发球,吕林接发球正手毫不迟疑地挑了一个空当得分。吕林下场后说,录像不知看了多少回,吃准了,费兹纳尔比分接近时一直发侧上旋。

又,国际乒联决定从第39届新德里世乒赛开始,在颁奖典礼上升国旗、奏国歌。姚振绪作为领队参与队伍的管理,便对此事特别关注。为了避免发生意外,他会去组委会听一听国歌,看一看升国旗位置的背景。

□ 应加拿大上海联谊会的邀请,余长春夫妇赴加拿大任教,先是在碧溪省队当教练,一年后,与当地乒协订了四年合同,便办理了技术移民。

[注] 据余长春口述,省队的训练有12岁、14岁、18岁几档,一周训练四次。上班的成年人每周晚上来三次,再加一个白天,真正是业余队。双休日的上午则搞普及班,不管男女老少,都可来参加两个小时的训练。余长春夫妇齐心合力,使该省在全国各级比赛中,冠军数可包揽一半。余长春夫妇在碧溪省当教练是发工资的。1995年经费缩减了,就搞私人的乒乓球俱乐部,包括香港、台湾地区的移民都把小孩送来训练。中国退役运动员在加拿大当教练的多达几十人,有原国家队的王志良、王文冠、耿丽娟,还有上海的王家麟、刘涌江等。现在加拿大成年组、少年组的冠军,一看就是中国教练教出来的。整个加拿大乒乓球的生态是被中国的教练员带动起来的。

□ 根据国际乒联主席荻村的建议,日本举办了第一届全国44毫米乒乓球锦标赛,此后每年秋天定期举办,甚至还多次举办日刊体育·尼塔库杯大球(国际)公开赛。后来韩国和台湾地区也有类似的娱乐性乒乓球活动。

1988年

1月12日（至25日）

□ 由长宁区乒协、上海羽绒服装厂、文汇报社联合举办的上海市长宁区第一届乒乓球"上羽杯"公开赛在天山体育俱乐部揭开战幕。来自各区工厂企业共59支男、女队，运动员400多人参赛。结果，上钢二厂队、毛巾二厂队、十六铺客运站队分别获得各组冠军。

［注］发起举办这届比赛的长宁区乒乓球协会才成立三个月。在区体委支持下，勇于探索体育改革，率先打破地区界限，面向全市吸收会员，想方设法，积极为振兴乒乓球事业作贡献。本届公开赛的宗旨就是既推动群众性的乒乓球运动的普及，又要努力提高运动技术水平，让上海这个"乒乓球摇篮"早日"摇"起来。

2月25日

□ 上海第二钢铁厂和上海市体育记者协会联合主办的迎接奥运年上海市"十佳"运动员评选结果揭晓，何智丽入选。

3月24日

□ 汉城奥运会新设的乒乓球比赛四枚金牌令人瞩目。记者赴湖北黄石训练基地采访张燮林、许绍发等教练，他们认为夺取本届奥运会金牌的难度之大，是以往任何国际比赛无法相比的，在四个项目中，我国选手没有一个项目敢说"保险"二字。同时，中国队在汉城奥运会上无法施展"人海战术"，参赛的仅四名男选手和三名女选手。从奥运会模拟赛上看，参赛的运动员均有败绩。眼下，欧亚诸强掀起了"乒乓热潮"，联邦德国、意大利、美国等均聘请了中国教练；瑞典、韩国等强队也进行强化训练，旨在奥运会上同中国队一决雌雄。

4月10日

□ 上海市第二届农民运动会在新落成的崇明县体育馆开幕（此为恢复中断了30年之久的农民体育盛会），上海电视台实况转播开幕式。本届运动会设有乒乓球、田径、篮球、中国象棋、武术、中国式摔跤六个项目，共92枚金牌（包括集体项目）。市郊10个县的代表团有75支运动队的540余名运动员将参加角逐。

5月15日

□ 第九届亚乒赛在日本新潟拉开帷幕。在欢迎宴会上，来自海峡两岸的中国队和中国台北队欢聚一堂。中国台北队领队说，他们本届的最高目标是夺得团体第三名。据悉，台北乒乓球协会已收到中国乒乓球协会的正式邀请，欢迎他们参加6月中旬在广州举行的中国国际乒乓球公开赛。该领队表示：作为乒乓球队员，当然不愿失掉这样的机会，但尚须征得台北奥委会的同意后，方能做出最后决定。

5月17日

□ 晚，中国女子乒乓球队在第九届亚乒赛团体赛中以1比

3输给韩国队后,记者在现场采访了女队教练张燮林。张燮林认为,今天中国队的失利再次增加了人们的危机感,说明中国女队的问题早已存在。当然,今天最主要的原因还是我们运动员的心理负担重,技术水平没有发挥出来。尤其是两名单打队员包袱太重,弱点被对方抓住。女队员在奥运会前只有两次比赛,这次就是要让她们经受一下考验。中国男队第七次蝉联团体冠军。

5月18日

□ 中国奥委会新闻发言人宣布:第24届奥运会共进行23个项目237个小项的比赛,我国已确定参加其中19个项目,预计将派出运动员300名左右。本届奥运会进行两次报名,5月17日截止初步报名,9月2日是最后报名日。

6月11日(至14日)

□ 新华社消息:中国国际乒乓球公开赛揭幕。瑞典、日本、韩国等国家的优秀选手参赛。结果,中国男、女队分别战胜日本队和韩国队,荣获团体冠军。在单项比赛中,男单选手许增才、女单选手何智丽夺冠。

6月16日

□ 上海《新民晚报》披露采访何智丽时的谈话:"我的目标是奥运会!刻苦训练,争取在奥运会上为国争光!"

7月7日

□ 由上海市机关体育协会主办的上海市机关乒乓球对抗

赛，共有31支机关乒乓球队报名参赛，经过90场角逐，港务局、邮电局、黄浦区机关队分获第一、二、三名。

7月9日

□ 新华社消息：参加第24届奥运会的中国体育代表团总人数为443人，其中正式参加比赛的运动员290人，参加表演的运动员11人。代表团团长为中国奥委会主席李梦华，副团长是中国奥委会副主席何振梁和袁伟民、徐寅生，秘书长是李富荣。

7月13日

□ 由上海汽灯厂、卢湾区第二少体校联合主办的上海市第二届"铁锚杯"儿童乒乓球邀请赛开赛。本市8个区及市体育宫和万体馆等10个单位的10岁年龄组的近百名小选手参加男、女团体和单打的比赛。结果，卢湾区队、闸北区队、市体育宫队包揽男、女团体前三名。

7月20日

□ 中国乒乓球女队向中国乒协教练委员会和中国乒协主席、副主席报告参加奥运会运动员的初步名单。女队为焦志敏、戴丽丽、陈静。

7月22日

□ 中国乒乓球协会在京的主席和副主席召开会议，通过了汉城奥运会报名陈静的决定。乒协副主席孙梅英出席会议，并为何智丽力争，没有获得支持。会上，王传耀、邱钟惠指出，张燮林要启用新秀陈静取代何智丽，有远见，但是要承受压力。

7月下旬

□ 中国乒乓球女队开赴丹东集训，女队主教练张燮林接到了何智丽的电话，大意是：你也是上海人，看你有什么面子回上海，你不要被人当枪使，奥运会我去定了。张燮林说：我们今天出发去丹东，已经给你订了票，你现在还是队里的队员，希望你跟我们一起去集训，我把车票给你留到开车前的最后一分钟。但何智丽没有在火车站露面。

［注］记者们追到了丹东，紧盯着采访。北京电视台有个节目，天天中午说此事。张燮林对记者说：中国乒乓球队第一次参加奥运会，当教练的怎么不想拿金牌为国争光！新华社有记者写文章，说张燮林是在"百尺竿头翻跟头"。

8月3日

□《文汇报》发布消息：世界女子单打一号种子何智丽将不参加本届奥运会。据了解，何智丽未能参加本届奥运会比赛的主要原因是本身的技术问题。经过国家队有关教练认真研究和反复考虑，认为她单打不占优势，同时双打水平也相对差一些。

8月6日

□ 何智丽对《文汇报》记者说："我为什么不能参加奥运会？""我对这个决定感到吃惊，我现在正处于巅峰状态。"国家乒乓球队教练委员会的意见是：何智丽单打没有优势，双打成绩不好。何智丽认为：我本来不是打双打的，单打的情况是在第39届世乒赛夺冠后的六次国际比赛中夺得三项冠军、一项亚军。……如果我不能参加奥运会，能说中国已派出最强的选手了吗？我这次是鼓足了劲想夺第一枚奥运会乒乓球金牌的，一个运动员的生涯中能参加几回奥运会啊！何智丽认为，教练员之间在打法、风格上的分歧不能拿运动员的体育生命作代价，教练员在汇报一个运动员的竞技状态时也应该尽量做到实事求是。

□ 上海《解放日报》刊登国家训练局局长李富荣及孙梅英、何智丽的谈话。

［注］李富荣说：何智丽最近成绩是不错的。参加奥运会的名单由主教练张燮林决定。孙梅英说：何智丽最近的成绩有目共睹，她目前的竞技状态可用"最佳"两字。何智丽说：中国乒乓球队素有"让球"的传统，第39届世乒赛上我因抗拒让球，日子一直不好过，也导致这次不能参加奥运会。但我还在争取，相信真理终究是真理。就何智丽所说的"让球"一事，李富荣表示：这也是事业的需要。

□《解放日报》体育版刊登驻京记者陆黛的报道：何智丽落选汉城奥运会，第一次揭开中国乒乓球"让球"的机密。

［注］陆黛说：提及当年的报道，也是妙手偶得。因上海的体委官员去北京探班，拜访袁伟民、李富荣等，我跟着一块去，结果抓到了如此大的新闻。

□ 张燮林、许绍发、李富荣通过新闻传媒，就何智丽未能报名参加奥运会做出说明。其中，正在丹东率队封闭式训练的张燮林通过长途电话回答记者的提问，采访以"名与实之间的选择"为题，刊登于《中国体育报》。张燮林强调何智丽"单打对外国选手威胁不大""双打不理想",只得"忍痛排除了"。

[注] 据《中国体育报》报道,记者袁大任的采访《名与实之间的选择——张燮林析何智丽奥运落选原因》全文如下:

编辑同志:

近日从几家报纸上读到何智丽奥运会落选的消息。何智丽是国际乒联公布的今年世界第一号女子优秀选手,为什么不准她参加奥运会,而且让知名度不高的陈静取而代之?

北京何竞辉

带着何竞辉提出的问题,记者通过长途电话,采访了正在辽宁丹东率女将作封闭式训练的国家乒乓球队副教练、国家女队主教练张燮林。听到记者的提问,张燮林说:"这几份报纸还没有看到,上面提到陈静要参加奥运会了吗?喔,这不太妙——我们的名单还没有宣布,目的是想出奇兵,这样一来欧亚诸强便得到研究对付我们新阵容的时间了。"

问:既然"军机"已大白于天下,您能否谈谈用陈静取代何智丽的原因?

答:可以。按规定,中国女队参加奥运会只能出三名单打队员、一对双打选手,而这对双打选手必须在三名单打队员当中产生,不得另报。所以,中国队只能派三员女将参加奥运会乒乓赛。

根据国际乒联的规定,何智丽、戴丽丽、焦志敏、陈静、李惠芬五人具有报名资格。我们只能五取其三。这种取舍是根据两个条件:一,单打对外国选手威胁大;二,双打配合好。焦志敏比较符合这两个条件,被最先确定下来。陈静在第三十九届世乒赛中以三比一战胜南朝鲜新秀玄静和,立了大功;在一九八六、一九八七年两次访欧赛中敢闯敢搏,几乎战胜了所有欧洲名将。考虑到我女队日渐老化,缺少生气,教练们一致决定奥运会启用外队不够熟悉的二十一岁的陈静。第三个确定下来的是戴丽丽。她在双打中发球、接发球及"前三板"的战术比较出色(曾获五次全国女双冠军、两次世乒赛女双冠军),自黄石冬训以来,她与焦志敏配合双打时间较长,彼此感到谐调;在今年的亚欧对抗赛中她胜了南朝鲜的梁英子及众多欧洲名将,仅负于朝鲜队的李粉姬,战绩略优于何智丽。

何智丽是位优秀的选手,能自觉吃苦,训练态度很好。她今年先后在亚乒赛和广州公开赛中获女单冠军。但考虑到这两次比赛她都没有碰到外国强手——前一次是胜了南朝鲜的洪次玉之后,再胜李惠芬和香港的齐宝华而夺魁,这两项冠军显然不足以成为权衡取舍的根据。另外,今年初的英国公开赛及中国乒协杯赛中,她与焦志敏配合双打不理想,后改为与李惠芬配对也不理想:亚乒赛负于中国台北队一对选手,广州公开赛又负于日本的内山/桔川,因此何/焦、何/李配对的可能性只得忍痛排除了。

问:能谈谈这份名单产生的过程吗?

答:七月初,我们以无记名投票的方式在队内搞民意测验,倾听大家对奥运会人选的意见。此后,女队教练组才定了焦、陈、戴三人名单。这份名单七月中旬经过中国乒协教练委员会、中国乒协主席和副主席会议两次专门研究通过,而最后被确定下来的。

问:对这份名单引起的一点小波动,您想说什么吗?

答:我们的女选手都渴望参加奥运会,都有较强的自信心和为国争光的强烈愿望,这一点应当肯定和发扬。同样还应当发扬的,是中国乒乓球界坚持多年、受益匪浅的大协作传统。

8月7日

□ 据新华社消息,中国乒乓球队总教练许绍发在接受记者采访时说:以往,中国队参加世界大赛的名单主要由上级领导确定,而这次不同,因为已实行了总教练负责制。今年初,国家体委领导已明确,乒乓球男、女队参加奥运会的决策,分别由总教练许绍发和副总教练张燮林负责。7月,中国乒乓球男女队的教练们经过认真分析、反复比较,女队还搞了一次民意测验,提出了参赛名单,最后由许绍发、张燮林拍板。

[注]总教练许绍发谈了拍板的经过:女队有资格参加奥运会的队员共7人。耿丽娟、管建华已挂拍,剩下5人都很出色。但出谁更有利呢?女队教练们经过比较,首先排除了何智丽。上海选手何智丽连夺三届亚洲女子单打冠军,6月份还获得广州中国公开赛冠军,但多是队友击败国外强手后,再胜队友夺魁的。她对国外强手的战绩不如焦志敏、陈静、李惠芬。黑龙江选手焦志敏近来对欧亚两洲参加奥运会的强手仅负一场,民意测验得了全票,与戴丽丽合作打双打的得票数也是最高的,因而成为女队的第一人选。解放军选手戴丽丽亚欧对抗赛成绩很好,还曾多次获世界、全国的女子双打冠军。从单打、双打两项考虑,戴丽丽也入选了。另一人选,是出湖北的陈静还是出河北的李惠芬,教练们的意见不一致。两人的战绩都很好,一个打法独特,敢闯敢拼;另一个经验丰富,意志顽强。为增加队伍的朝气和活力,张燮林决定出陈静。

上海乒乓球运动纪事录（1949—2024）

8月9日

□ 中国乒乓球队顾问孙梅英在《中国体育报》发表文章《奥运乒乓女队人选之我见》，反驳张燮林的观点。

[注] 孙梅英文章大意如下：我读了8月6日贵报《名与实之间的选择》一文，感到十分惊讶。这篇答读者问的文章所罗列的情况与我所了解的事实出入太大。作为中国乒乓球队顾问我是十分清楚何智丽的情况的。孙同时将何智丽、焦志敏、戴丽丽三名优秀选手最近一年半的成绩列表公布。

孙梅英指出：何是第39届世界乒乓球锦标赛的女子单打冠军，最近国际乒联公布的第一名优秀选手，是奥运会法定参加者，又是亚洲锦标赛女子单打冠军（1984、1986、1988年女单三连冠获得者），自第39届以来六次国际比赛中获得三个冠军、一个亚军的好成绩。在以上六场比赛中，焦、戴均败在何的手下。这充分证明何在名与实两者均是列前的。

戴丽丽曾为祖国赢得过不少荣誉，也曾经是世界乒乓球锦标赛两次女子双打世界冠军，但这些成绩已是三年前的事了。戴自第39届世乒赛以来没有拿过世界比赛与全国比赛女子双打冠军。

何是打单打的，从来未准备打双打，所以不存在何打双打成绩差的问题。

关于民意测验，也未公布实情，何在国家女队20名队员投票中得18票，仅次于焦，居第二位。从以上票数来看，何也是众望所归的，是队员中信得过的运动员。在一系列会议上确实也存在不同意见。但事实胜于雄辩，无论从名与实哪一点来看，何是可以作为乒乓球单打最佳人选之一参加奥运会的。这样才能体现奥运会公平友好竞争的崇高目的。

我衷心希望国家体委领导考虑以上这些意见。也希望张燮林同志考虑广大运动员的意见，因为运动员是终日与这些主力相互练习的，也最有发言权，最了解主力队员技术近况。何也曾为此向各界呼吁，认为自己是应该参加奥运会的，她才不足24岁，比焦、戴年轻，对这样一个优秀运动员，如果不发挥她的作用，我认为于国于民均是不利的。

8月12日

□ 据《文汇报》报道，针对何智丽将不参加奥运会比赛的消息，记者采访行家们，从技术角度所作的分析提供给读者，共有三种观点。

[注] 一种观点认为，将何智丽撤下来是不合理的。她基本功扎实，技战术水平发挥稳定，体力充沛。在技术方面，速度、球路变化、抢先上手、接发球、步法等都有提高。在奥运会这样至关重要的比赛中，让年轻选手上，带有一定的"冒险性"。第二种观点认为，何智丽的技术走下坡路，对中国队主要对手梁英子、玄静和等人战绩不佳，不用何是明智之举。何智丽打欧洲选手希望以速度取胜，打亚洲选手又希望以旋转和速度取胜，要适应这两种"套路"，实在是困难。何况，她对中国队主要对手胜率并非很高，表现在欧亚对抗赛上，先后负于南朝鲜梁英子和捷克斯洛伐克赫拉霍娃等。中国队决定人选的最重要前提，莫过于该选手对中国队主要劲敌的胜负把握如何。第三种观点认为，中国乒乓球历史上不乏先例，即临近大赛前队伍作调整，让年轻选手去闯一闯。实事求是地分析，目前何智丽并非处在她本人的"巅峰"状态，但也绝不是"低谷"时期，其心理状况或是技术水平只能说是"中游"。奥运会比赛不能使用"人海战术"，必须慎重抉择。

中国乒乓球队多年来的经验证明，除了队员本身的实力之外，很重要的是教练运筹谋划、调兵遣将是否得当。

8月20日

　　□ 上海《新民晚报》发表消息，中国奥委会发言人对外国记者说：何智丽仍可能入选。

8月26日

　　□ 日前，深圳海上世界股份有限公司上海分公司代表与上海男子乒乓球队签订了为期三年的挂钩协议。该公司成为首家赞助本市优秀运动队的外地企业。

9月3日

　　□ 在中国正式宣布参加奥运会代表团的名单时，上海《解放日报》记者采访张燮林，再谈何智丽落选的原因。张燮林回答：确定何智丽不上，与第39届世乒赛无关。李富荣也说：不存在第39届世乒赛内部矛盾延续的问题，也没有所谓复杂关系。

　　［注］据张燮林口述，报名的时候到了，他的指导思想是用陈静，不一定用何智丽。因陈的球扎实、聪明，两次访欧洲全胜，且左手持拍有利于配双打。何属实力派，变化不多，经不起人家研究。张燮林在队里搞了一次无记名投票，何的票数很少。就此，事情闹大了，有人给奥委会主席萨马兰奇写信，上海管文化的副市长刘振元也来询问，上海的报纸还对张进行人身攻击，称张回上海要戴着"安全帽"上街等。事情汇报给李梦华主任，李找张谈话，分两次把全国各省市的主教练和全国乒协专职、兼职副主

席召集到北京，表决结果都同意张燮林的意见，唯独孙梅英一人不同意。作为上海人，张燮林感到应对上海有个交代，便写了一封长信致刘振元副市长并金永昌主任，详细说明用谁与不用谁的原因。一天，张燮林接到中南海打来的电话，主管体育的李铁映副总理的秘书小董约张来聊一聊。小董表示不代表领导，只是个人了解情况。经过交流，张燮林明白不必为此干扰训练，影响奥运会的备战。汉城奥运会，乒乓球队成绩是好的。回国时，李铁映副总理到机场迎接，他握住张燮林的手，握得很紧很紧。

□ 何智丽在上海致函国家体委主任李梦华，对国家体委多年给予的培养表示感谢，同时表示：由于众所周知的原因，我经过反复慎重考虑，决定退出中国乒乓球队。

9月5日

□ 由黄浦区人民政府城建办公室、黄浦区青少年业余体校承办的黄浦区第五届运动会乒乓球比赛举行，共有199支队、近1300名男女运动员报名参赛，其中包括前世界女子双打亚军卜启娟等30余名优秀运动员。

9月8日

□ 上海《新民晚报》发表记者采访乒坛名将何智丽的报道。何智丽说：我已经决定挂拍，并准备在上海举办告别赛，以答谢养育过我的故乡上海人民和全国各地关心我的球迷朋友。

9月15日

□ 韩国乒坛权威人士千荣石认为：如果中国选手发挥正常的话，完全有能力囊括4枚金牌。千荣石对中国乒乓球女队所排出的阵容并不感到意外。他说：如果让我来替中国队做决定，我也会选择焦志敏、陈静、李惠芬。因为何智丽、戴丽丽二人对我们选手取胜的把握不大。

9月17日

□ 中国乒乓球队在奥运会开幕前三天抵达汉城后，由于女队出场队员的人选问题，乒乓球运动员比其他运动员受到更大的压力。因难以避开东道主新闻记者紧追不舍的采访干扰，为保证运动员能集中精力准备比赛，中国乒乓球队便深居简出，埋头训练。

9月29日

□ 中国乒乓球男子单打选手江嘉良、陈龙灿、许增才在第二阶段比赛中全线失利。中国队总教练许绍发说：我国乒乓球选手仅靠正手单面快攻的打法，不符合当今世界乒乓球运动发展的潮流。中国选手目前的打法已经落后。许绍发认为，两年前，当欧洲选手的正、反手两面弧圈进攻的打法尚未完全成熟时，我国的近台快攻传统打法仍占有一定的优势。如今，欧洲选手成熟了，而我们的反手却明显地进攻无力，跟不上世界乒坛"技术全面、特长突出、无明显漏洞"的总体发展趋势。他谈到，由于中国男队没有新的打法，低潮的出现比原先估计的要来得快，中国队正处在困难时期。

9月30日

□ 中国选手陈龙灿和韦晴光在汉城奥运会乒乓球男子双打决赛中战胜南斯拉夫的卢普莱斯库和普里莫拉克，为中国夺得第四枚奥运会金牌。焦志敏、陈静则负于韩国的梁英子、玄静和,屈居亚军。

[注1] 徐寅生根据韦晴光拼劲足不服输、左手握拍和后场好的特点,向教练组提议韦晴光专攻双打。现在看来这个选择是成功的。

[注2] 赛后,中国体育代表团秘书长李富荣说:今天焦志敏表现失常,尤其是她在比赛中缺乏自信。中国乒乓球队总教练许绍发说,我们的女双不是输在技术上,而是输在心理因素上。另一方面是她们配对才一个月,不够默契,也缺乏互相信赖。中国乒乓球队副总教练张燮林赛后说,我看今天陈静的发挥也不好,打得很保守,防守也不得力。

9月

□ 上海国家级裁判员顾宼凤担任汉城奥运会乒乓球裁判工作,他为中国担任奥运会乒乓球裁判工作的第一人。

10月1日

□ 中国女选手陈静、李惠芬、焦志敏在奥运会乒乓球女子单打比赛中包揽了金、银、铜牌,三面五星红旗同时在汉城大学体育馆内冉冉升起。陈静在半决赛中战胜了捷克斯洛伐克的赫拉霍娃,为中国队最后夺魁扫除了障碍。在决赛中,陈静又战胜队友李惠芬夺得金牌,李惠芬获银牌,焦志敏获得这个项目的铜牌。

10月11日

□ 上海市第二届特殊奥林匹克运动会揭幕,共有758名选手参加,将按照国际特奥会规定的特殊竞赛规则进行乒乓球、田径、足球、游泳等五大项 62 个项目的比赛。

10月16日

□ 邓亚萍首次代表中国队参加第六届"亚洲杯"比赛，在冠亚军决赛中战胜李惠芬夺冠。但有一个擦边球，邓亚萍没举手。张燮林事后教育邓亚萍。

［注1］张燮林口述：下场后，我问邓亚萍这球是否擦边了。邓点头说是，我问她为什么不承认，她说，人家都看不起我，拿了冠军就可改变人家的看法。我说：这个做法不道德，要赢球还得赢心。后来，在亚运会与韩国队双打决赛时，对方有一个关键球擦边了，裁判没看见，但邓亚萍举手示意了。我当时蛮激动的。虽然球输了，但思想上赢了。还有一事，邓亚萍已经退役在清华上学了。有一次她来电说，深圳要搞新老冠军挑战赛，出场费十万元。我问，你最近练过球吗？她回答没练过。我说你自己决定吧。后来邓亚萍没去。事后我问她，她说，我不能对不起观众。我听了很高兴。小邓出名后，观众围着她签名。我批评她字写得看不清楚，她也接受并改正了。

［注2］邓亚萍是张燮林慧眼识珠发现的。当时，张燮林觉得邓在赛场上有一种敢于胜利的气势，认定是棵好苗子。因邓不到进队的年龄，张燮林就安排她在天津队代训一年。当张燮林正式提出调邓进队时，一些教练认为邓个子太矮，第一次没有通过。数月后，张又提出调邓，仍有教练认为邓不会有大的发展，第二次又没有通过。当然，这些教练的意见也是出于公心。第三次讨论，张燮林准备了邓与八一队选手比赛的数据，强调邓的个子矮，在她眼里打过来的球都是高球，都是机会，所以才抢攻积极。邓亚萍进队后，直接由张燮林带教。

11月21日

□ 海上世界股份有限公司上海分公司开业。在开业典礼上它还与上海女子乒乓球队举行挂钩签字仪式。之前，该公司已与上海男子乒乓球队挂钩。

11月27日

□ 为纪念中国共产党的十一届三中全会召开十周年，上海市党、政、军、工、青、妇领导机关"忘年交"乒乓球联谊赛在江湾体育场揭幕。来自20个单位的262名男女选手参加比赛。市委副书记曾庆红参加了表演赛。

曾参加过第26届世乒赛的池惠芳、杨永盛，江湾体育馆馆长应根法等与裁判员的合影

12月3日

□《中国体育报》报道：日前，国际奥委会主席萨马兰奇提出建议，在乒乓球比赛中使用黄颜色的球，并改变球台、挡

板、地板的色彩,以改善电视转播的效果,吸引更多的观众。萨马兰奇表示:国际奥委会将尽力支持发展乒乓球运动。国际乒联主席荻村伊智朗认为,萨马兰奇的建议需要时间进行试验。现在距第25届奥运会还有四年时间,国际乒联将认真考虑这项建议。

本年

□ 孙麒麟被批准为国际级裁判,并担任中国乒协裁委会副主任、上海市乒协副主席兼裁委会主任、中国大学生乒协秘书长兼裁委会主任等。他多年主持国家级裁判员考试(包括出卷、辅导、阅卷等),并任国际级裁判员考试的考委等;同时,主持多届全国高级乒乓球裁判员、裁判长培训班。曾参加从幼儿园、小学、街道比赛到世乒赛、世界杯、奥运会的裁判工作。

[注]据统计,孙麒麟共参加9届世界乒乓球锦标赛,5次担任裁判长与副裁判长;7届世界杯赛裁判长;曾在1996年亚特兰大奥运会担任决赛副裁判,2004年雅典奥运会亚大区预选赛中任裁判长,2008年北京奥运会任技术官员等工作。

1996年亚特兰大奥运会上,孙麒麟(中)值裁由两对中国选手参加的男双决赛,打破了裁判史上的先例。图为比赛后与获得男双金牌的刘国梁、孔令辉合影

□ 许绍发提出调回蔡振华当教练。姚振绪带队访问意大利的时候,亲自对蔡振华夫妇转达李富荣、许绍发的委托。

| 1988年 |

□ 国家青年队开始分流，有的进了国家队，有的则回省市。丁松回上海了，理由是抽烟，球技是可以的。离队时，丁松对着国家体委训练局的那扇门说：我还要回来的！

［注］据丁松口述，当时，青年队住在地下室，他跑到楼顶上抽烟。有人检查电视天线时，发现他抽烟。因此，丁松无法调进国家一队。其间，曾有一次亚洲少年比赛的机会，许绍发点名让丁松参加，护照都办好了，最终还是没去成。

1989年

1月6日

□《文汇报》消息：中国乒协针对国球在奥运会上的失利，决定改革竞赛办法和提倡正反胶并举的战略方针。

［注］竞赛办法的改革：每年度的全国乒协杯赛适应奥运战略，仅设男女单双打4项。每年的全国乒乓球锦标赛则仍设7项，以备战两年一次的世乒赛。各省市参赛选手中男女正胶和反胶打法的选手各一名。这个"正反胶"并举即提倡直拍正胶快攻和直板反胶快攻打法。乒坛人士指出，这是中国直拍快攻传统打法的方向。最近，中国乒协主席徐寅生呼吁，动员一部分直拍快攻手将正贴胶皮撕下来，改用反贴胶皮打快攻。有意思的是，中国一些单打世界冠军均是反胶快攻或结合弧圈打法的选手，比如郗恩庭、郭跃华、曹燕华等，说明反胶快攻弧圈是极具杀伤力的。比如奥运会男子单打冠军刘南奎便是这种打法的代表。事实上，不管正胶还是反胶，都要加强反手攻击力，这是对快攻手提出的新课题。

1月12日

□ 新华社消息：中国台北乒乓球协会总干事周麟微向李富荣发出一项口头邀请，邀请大陆乒乓球精英9月访问台湾，并进行表演赛。李富荣对口头邀请表示欢迎和感谢，并提出邀请是无条件的，必须由中国台北乒协向中国乒协发出正式书面邀请，必须遵守国际奥委会的有关决议等意见。

1月27日

□ 新华社消息：中国乒乓球协会公布参加第40届世乒赛的中国运动员名单。其中男队员12人，女队员10人，均无上海籍运动员。

1月28日

□ 由伟民空调器商店、市百七店赞助的1989年六城市少年儿童乒乓球比赛在虹口体育场开幕。这是本市今年第一个大型乒乓球比赛。

2月12日（至15日）

□ 由长宁区乒乓球协会承办的全国第四届"连环杯"少年儿童乒乓球比赛在上海天山体育俱乐部举行。来自全国12个省市与地区29支业余体校队188名10—11岁的男、女儿童报名参赛。本届比赛为了培养三线队伍，发扬我国直拍快攻的优势，规定每个比赛单位必须各有一位直拍运动员，这是近几年比赛中直拍比例最高的一次。获得本届比赛的前10名运动员，将可参加在山东举行的全国业余体校比赛。结果，上海四达公司队王励勤和北京什刹海队肖伟获得男子甲组冠亚军，天津南开队穆昊和上海徐汇区队郭瑾浩获得男子乙组冠亚军，江苏队任华和四达队冯颖华获女子甲组冠亚军，上海徐汇区队胡芸和江苏队陈昊获女子乙组冠亚军。

［注］在全国第四届"连环杯"少年儿童乒乓球比赛中，教练员中年龄最大的要数上海市体育宫队的业余教练杨开运。老杨

时年65岁,曾是1952年上海市第一届乒乓球比赛男子单打冠军、新中国第一批国手,代表国家队参加1953年第20届世乒赛。1956年上海组建乒乓球队时,任主教练。三年前,被市体育宫聘为教练。杨开运接受采访时对记者说:作为教练员,眼光要放得远,不能只看眼前的成绩。即使目前成绩进入前三名的,不等于将来也能进前三名。我主张小孩不要打怪板。上海的教练水平在全国来说是不低的,但怎样充分发挥教练员的积极性,调动他们的力量,应该有一个统筹安排。

3月5日

□ 上海《新民晚报》"热线电话第一一五期"就"让球"问题在读者中展开讨论。编者为这场讨论加了如下标题:"让球"传统有悖奥林匹克精神,"争胜"权利谁也不能随意剥夺。

［注］据《新民晚报》的报道,压倒多数的读者来信反对"让球"。支持"让球"的来信只有三封。反对者各有观点,但一致的理由是:"让球"与弘扬奥林匹克精神背道而驰,"让球"有悖于公平竞争的原则。北京航空航天大学扬子江说:体育比赛是最公正的竞争,"让球"是一种不光彩的手段,它决不能和集体主义画上等号。上海读者朱松林说:"让球"是一种急功近利的"短期行为"。从局部和暂时的利益看,"让球"能使某个队某个运动员在比赛中处于有利地位,但从全局利益长远的观点看,它会给比赛的公平性、激烈性、运动员的精神文明、观众的感情等带来消极的影响。上海第二医科大学杜晖说:教练员应该允许运动员有选择"胜"的权利,"争胜"又是运动员的天性,谁也不能剥夺运动员这种权利。体育竞技的精华在于奋斗,运动员不能自主胜负,就如同一个人不能自主婚姻一样可悲。江苏省南通市第二律师事务所顾展新说:

"让球"不可能体现现代意识,也是对运动员个性的束缚。上海彭浦机器厂洪华明说:"让球"曾是中国乒乓球队的传统,但是,这种传统不能再保持下去了,谁有实力,谁就争当冠军。

有三封支持"让球"的来信。工商银行上海闸北区办事处黄沂海说:"让球"是一种"兵以诈立,以利功"的谋略,应允许教练员运用。上海工业用呢厂胥申鸿说:如果"让球"不被肯定,那么谁又肯担当陪打队员呢?他们也是在为别人铺路呀。

3月10日

□ 上海《新民晚报》发表《伍绍祖谈"让球"》一文。

[注] 伍绍祖说:在这个问题上,是不是有个谋略问题。如果我们两名运动员相遇,下一场比赛对手是外国人,而我们拼命打,打得筋疲力尽,然后让那个外国人以逸待劳,坐享其成,这是"有谋"吗?外国人会说,你们真傻!是傻打好呢,还是我们看看谁最合适打他,让最合适的人打他更好?这很值得研究。

伍绍祖认为:这里面首先还有国家利益和民族利益的问题。个人是怎么成长的?没有集体,没有国家,你能成长起来吗?你的成长本来就是国家利益的一种体现。你出去比赛,不是代表哪个人。单打比赛也不是个人锦标赛,是国家派出的队伍,最后是升国旗,奏国歌,不是升你们家里的旗子,也不是唱你家里的歌。个人和集体、个人和国家的关系问题,应从理论上进行研究。我的看法,个人利益也是非常重要的,个人的特长是要充分发挥的,个人的个性应得到尊重和保护;集体利益、国家利益则是合理的个人利益的集中和升华,属于一个更高的层次。过去我们把集体、国家利益抽象化了、神秘化了,与个人利益完全脱节了,这就不对了。二者结合好,就能处理好个人和集体的关系。

伍绍祖说："让球"问题值得研究。我到现在也没有对这个问题下结论，只是说在没有下结论前还是照过去的规矩办。如果马上改变过去的规矩和做法，这也就是下结论了。

3月24日

□《南方周末》发表文章《江嘉良"让球"内幕》。文中指出1988年武汉世界杯比赛时，江嘉良突患感冒，便主动提出"让球"给陈龙灿，认为让陈"去跟外国选手争夺冠军，把握更大一些"。事后，陈龙灿说："让球"问题，乒乓球运动员难免不会遇到，也难免不会感到遗憾和痛苦。人家让了我，我永远记住。以后再轮到我让，我就像阿江那样通情达理，首先考虑国家和集体的需要。该文还提及庄则栋、徐寅生等对"让球"的看法。

［注］当记者问庄则栋："你的'三连冠'，是不是李富荣'让'的？"庄则栋答道："第一次肯定不是让的。"当记者问徐寅生时，徐寅生回答："过去'让球'，现在很难说这是对的还是错的。"焦志敏则认为：一次次的"让球"，"让"得太伤心了。

3月26日

□《北京晚报》消息：当前，中国运动员出国打球似乎成"风"。据统计，目前仅在日本打球的中国乒乓球选手就有134人。

4月4日

□ 第40届联邦德国世乒赛团体赛结束，中国女队以3比0战胜韩国队夺冠；中国男队大比分输给瑞典队屈居亚军。中国代表团副团长李富荣承认男队以0比5输的结果没有想到。瑞典队在技战术运用上比中国队高一等。中国队从打法到技术都有问题,反手弱,中台没有球,发球没有新招,接发球技术单调。中国男队要再次称雄世界乒坛,必须培养新手,研究新技术,创造新打法,夺回奖杯需要两三届时间。瑞典队教练格·奥斯特说,瑞典队在过去三届同中国队的男子团体决赛中,都有赢球的机会。中国队的快攻技术很厉害,瑞典队花了整整10年时间研究中国队的快攻技术,特别是最近两年,瑞典队针对中国的快攻进行了严格的训练,终于获得了成功。

[注1]联邦德国多特蒙德威斯特法伦体育馆,是30年前容国团夺得男单第一个世界冠军的地方。30年后,中国男队在同一国家、同一城市、同一比赛馆一项冠军未得。赛前动员时,徐寅生没讲大道理,只说了容国团的故事和当时自己有愿望却没有勇气而栽跟头的情况,队员们多少年流汗、受伤、节假日不休息,就盼着这一天,如果是因为信心不足而输掉比赛,就会抱憾终生的。徐寅生承认,"我就为自己当初在多特蒙德的跟头遗憾了30年……"

[注2]回国后,国家乒乓球队向国家体育总局副局长袁伟民汇报时,谈到"直拍快攻要淘汰"的看法,因这种打法存在反手不能进攻的漏洞。徐寅生则支持创新"直拍横打"的新建议,并要求国家青年队直拍快攻的队员学习直拍横打,形成正反手两边能攻拉的"直拍横打"新打法。

[注3]徐寅生认为:中国队对决失利的主要原因,在于我们在战略上没有调整和跟上乒乓球运动技术发展的大势。20世纪70年代初,瑞典的本格森获第31届世乒赛男单冠军,标志着欧洲的崛起,也引发我国乒乓球界的讨论,我也为此发过狠话:不创新发展,就可能落后,甚至被淘汰。经过国家队的努力,直拍正胶快攻在对弧圈球方面,意识和能力都有提高,谢赛克、江嘉良表

现突出。但因正胶性能的限制（难以拉出旋转强烈的弧圈球）和直拍握拍的限制（反手难以发力进攻），在很长一段时间里，人们都在议论直握正胶和横拍反胶究竟哪个好。现在看来，从握拍、打法到工具，后者比前者要优越和先进，已经是不争的事实。我知道许绍发一直在探索如何改进提高，正是在许绍发的实验、推进中，"直拍横打"的创新打法问世了。

4月24日

□ 据《文汇报》消息，最近，记者采访了体育界的专家、教练员和行政领导，交谈中的共识，是我们在运动员的管理等方面暴露了不少问题，导致当今我国体育界出现了一些令人忧虑的现象。

[注] 第一，运动员刻苦训练为国争光的意识逐渐淡薄。过去，运动员刻苦训练的动力是为国争光，管理运动员的主要手段是思想政治教育；目前主客观条件都已发生很大变化，过去的一套管理手段已不适应当前的情况。少数运动员在赞助性邀请赛（俗称"红包赛"）中索取"出场费"，已成为公开的秘密。有的教练员、运动员，哪儿邀请赛"出场费"高就到哪儿去比赛，常年参加这类邀请赛，忽视了系统训练，致使一些很有发展前途的"好苗子"昙花一现。第二，大批优秀体育人才"外流"。在去年的中国乒乓球公开赛上，香港女选手连克戴丽丽、焦志敏；在汉城奥运会上，奥地利的丁毅战胜了陈龙灿。有的教练员、运动员说：中国人真打起中国人来了。据悉，在乒乓球项目上，我国七八十年代的世界冠军几乎全部在国外打球，联邦德国的10个乒乓球俱乐部中8个有中国球员。第三，体育观众日趋减少，体育场馆纷纷"改行"。

4月

□ 蔡振华从意大利应召回来,担任国家男队教练。蔡振华表示:虽然国外的生活条件比国内优裕,但我是中国人,中国人还是多为中国干点事。

5月5日

□ 据《文汇报》消息,本届世乒赛上所用东道国的"乌龟牌"乒乓球,实为上海乒乓球厂生产的"红双喜"白球。每只0.15元美元出口的白球,被打上"乌龟牌"商标后,以0.5美元出售供比赛用。东道国耗资30万马克买进比赛用球权,转手盈利300万马克,可谓一本十利。我国"红双喜"球和球拍,早在60年代已被定为国际比赛通用球,近30年来,"红双喜"饮誉海外。而今,因我们缺少竞争大赛用球权的财源,只能贱卖乒乓球以获薄利。记者问:我们真的连这笔用于竞争的钱也拿不出吗?连一本多利的道理也不懂吗?对我国在国际上有竞争力的优势商品,政策上应放宽些,给予应有的支持。

5月8日

□ 上海市第五届乒乓球协会在南洋大酒店举行换届大会。新协会将调动本市乒乓球界各方人士的积极性,把青少年乒乓球活动恢复和开展起来。中共上海市委副书记曾庆红被聘为协会名誉主席,朱荣铨任协会主席。会上,当听到巨鹿路一小开展乒乓球活动困难重重时,海上世界股份有限公司上海分公司当即表示出资援助;市乒协也将从有限的经费中拨款,共同资助上海的这个乒乓球"摇篮"继续摇起来。

图为中国乒乓球协会副主席李富荣（中）前往机场欢迎来自台北的乒乓球运动员

5月11日

□ 中国台北乒乓球队在领队周麟微率领下，到达北京参加第七届亚洲杯乒乓球锦标赛。

5月18日（至21日）

□ 1989年第一太平银行中国国际乒乓球公开锦标赛在上海体育馆举行，有中国、韩国、日本、瑞典等国的好手报名，是继第40届世乒赛以来又一次高水平较量。上海市副市长刘振元和国家体委副主任徐寅生参加开幕式并观看比赛。无上海籍运动员参赛。偌大的上海体育馆，可容纳一万八千名观众，可观众席上只有一百来人坐在那里。

5月27日

□ 由上海市体委和上海录音器材厂主办、《体育导报》承办的新中国成立以来上海"十佳"运动员评选活动揭晓。男子跳高运动员朱建华为"十佳"之首。乒乓球运动员曹燕华和李富荣入选。

6月2日

□ 据《文汇报》报道，适逢中国国际乒乓球公开赛在上海举行，记者请中国乒乓球女队主教练张燮林谈"中国女乒何以'八连冠'"。

[注] 张燮林说：我们的指导思想是稳中求凶，不断起用新手，运用新技术，并引进男子的新技术，用在女子新人上进行训练。张燮林强调，一眨眼工夫，球场技术就千变万化，没有顽强拼搏和刻苦训练的精神，不可能获胜，要"把小比赛当作大比赛打"，"把大比赛当作重要比赛打"。关于队员出场问题，张燮林说：我们历来根据对方球队和技术的特点来做安排。在奥运会上为何不用何智丽而用陈静？因为所有外国队都把目标瞄准何智丽，而陈静是新手，人们不熟悉，整个欧洲队参加奥运会的没有一个左撇子，所以出陈静，既是战术上有实力，又是战略上占上风。教练中意见不一时，就采取少数服从多数的方法。在第39届世乒赛上，用管建华还是何智丽对付梁英子，我们是有争论的，当时倒是只有我一个人提出用何智丽，其他多数人建议用管建华，结果还是少数服从多数。第40届世乒赛后，中国女队唯一的老将李惠芬也退役了，现在的十名新手谁挂帅？张燮林对记者说：我现在就是考虑这个问题，谁挂帅还未定。最近，我们想通过五次大赛的机会，让她们充分发挥水准，要打出一个"主心骨"来。

8月9日

□ 国家体委主任伍绍祖就我国体育界的"热点"问题接受《文汇报》记者的采访。伍绍祖说：我不赞成用"兵败汉城"这四个字，也不同意体育"滑坡"这种缺乏科学分析的评价。至于我国体育发展步子不快，根本原因还是经济和文化协调发展的问题。

[注]关于具体问题，伍绍祖说，由于受社会大气候的影响，运动员中"一切向钱看"的风气有所抬头，为国争光的观念有所削弱，另一方面，商品经济的冲击，加上运动员的待遇，以及退役后的出路等实际困难，也是导致运动员不能安心刻苦训练的因素，而要害是体育界如何适应改革开放的总形势。伍绍祖指出，有少数人说要"淡化政治"，另一方面又利用体育来做政治文章。体育有社会功能，当然也包括政治功能。我不赞成贴政治标签，但体育的政治功能是确实存在的。有人提出体育界要改变集体主义观念。体育很重要的功能就是要培养集体主义精神，集体项目如此，个人项目也如此，就是外国优秀运动队也不例外。对运动员的"出国热"，要作具体分析。与国外交流体育人才，符合改革开放的总方针，应持积极态度。确实有人表现不好，这是拜金主义、享乐主义在体育界的具体表现。我们还是应该为国尽力，这是起码的觉悟。当然，出国也不失为退役运动员的出路，我们原则上不反对甚至支持运动员、教练员出国交流技艺，学到本领更好地报效祖国。过去我们的失误在于出现了失控、放任自流。现在按照国际惯例制订了一些制度，对国内需要的体育人才采取一定的措施稳定下来，对一些适合出国交流的体育人才，会主动让他们出去。有人认为乒乓球运动员出国的多了，因此我们的男队就输了，我们认为这只是一个因素，最根本的原因还是人家水平上去了，而我们的水平仍停滞不前。至于说出国运动员带走了中国队的"秘密武器"，这也不是理由，竞技体育本来是很透明的，不可能靠"秘密武器"常胜不败。

9月15日

□ 在第二届全国青运会乒乓球男子单打决赛中，上海选手冯喆以3比1战胜黑龙江选手、全国少年冠军孔令辉夺冠。中华全国体总顾问荣高棠对上海队教练说：你们培养了一个很好的直拍快攻手，希望多培养一些我国传统的直拍快攻，而且近台和中台、正手与反手都能攻的运动员。上海乒乓球队在本届青运会上还获得了男子团体季军、男子双打季军的成绩，这是20多年来上海男队第一次在全国综合性的运动会上全部项目进入前三名。

9月17日

□ 三灵电器总厂和上海市直属机关工会、市老年体协乒乓球委员会、市老体协离休干部分会联合举办的"申花杯"上海市领导机关忘年交乒乓球联谊赛在静安体育馆开幕。联谊赛共有47支代表队360余人报名参赛。市委书记、市长朱镕基与上海警备区司令员巴忠倓进行了开幕式联谊比赛。

申花杯上海市领导机关忘年交乒乓球联谊赛秩序册

9月28日

□ 为迎接国庆，当晚，上海电视台将直播"手拉手"上海市体育文艺专场晚会的实况。专程从北京赶来的乒坛"智多星"徐寅生和"魔术师"张燮林，将为故乡人民表演乒乓球绝技。

上海乒乓球运动纪事录（1949—2024）

10月1日

□ 何智丽与日本籍小山英之在大阪万博公园迎宾馆举行婚礼。国际乒协主席荻村等人到场祝贺。荻村先生说，像何智丽这样的选手到日本，将有助于当地乒乓球水平的提高。何智丽穿了一身中式的结婚礼服，她还将在上海举办一场婚礼。

10月19日

□ 上海乒乓球队前领队段翔在《文汇报》发表文章《超越的契机在自闭中失去——也谈我国的"乒乓危机"》。该文向中国乒乓球界提出问题：曾经创造过近台快攻技术的中国队，为什么没有及时把握技术发展的方向，再次率先建立起新的先进打法？是什么因素使我们失去了超越传统的契机？

段翔保存的剪报

10月28日

□ 国家体委首次向全国30家体育器材、运动服装生产厂家授"体育事业贡献奖",其中有上海乒乓球厂、上海乒乓球拍厂、上海胶鞋六厂等。

11月2日

□ 经第11届亚运会运动器材场地部审定,享誉国际赛场的"红双喜"乒乓球PF4、"红双喜"GD2型低弹性乒乓球台和网、架等系列器材,被指定为亚运会项目的专用器材。

11月18日

□ 应香港乒乓球总会邀请,上海市"红双喜"男子青少年乒乓球队离沪赴港,运动员中有全国青运会男子单打冠军冯喆。

11月29日

□ 海上世界股份有限公司上海分公司和上海乒乓球协会联合举办"海上世界杯"乒乓球大奖赛。该赛设少年、成年、老年和优秀运动员四个组别(凡参加过省、市、解放军队的现役或退役的本市运动员或在沪工作的乒坛好手均可参加该组别的比赛)。大奖赛为男、女单打两项,在市体育宫自由报名。

12月21日

□《文汇报》消息:日前,上海乒乓球队教练班子调整,将一位未担任过教练,在科研所工作的研究生(陆小聪)聘为女队教练。研究生当教练的独特优势是专业理论基础扎实,知识面广,外语水平较高,善于吸取国外的先进技术等;不足之处如缺少运动训练经验等,需要在工作实践中弥补。此外,研究生当教练也有利于优化教练员队伍的结构,改善师徒式"近亲繁殖"的状况,提高教练队伍的素质。

陆小聪曾在上海队服役,1979年开始就读于上海体育学院。图为陆小聪(右一)代表上海体院参加全国体院比赛的照片

本年

□ 市体委成立包括乒乓球在内的各重点项目办公室,负责管理全市二、三线运动队的训练、比赛等事宜。薛伟初担任市乒乓球办公室副主任(后改称市乒乓球协会办公室,任上海乒乓球协会秘书长)。十余年来,薛伟初操办过大小乒乓球业余赛事200余次,担任闸北区少体校和市乒乓球重点娄山中学辅导员等,得到领导"勤勤恳恳、默默无闻"的评语。

□ 上海乒乓球男队处于低潮,全国比赛连前16名都没有打进,且人心涣散。市体委领导希望陆元盛接任男队主教练,把上海男队的水平搞上来。陆元盛重新组队,特别抓住刚从国家青年队回来的丁松,认为他是一个手感极好、有潜力的苗子,希望他通过刻苦训练,再进国家队。教练组很团结,一天三练。1989年,上海乒乓球男队打进团体前8名。经陆元盛向国家队郑重推荐,丁松重返国家队。

［注］陆元盛任上海乒乓球男队主教练期间,全队用"红双喜"器材。因为陆元盛认为:"国乒要辉煌,必须要有自主品牌。一直用进口器材,万一供应商断了货源,卡了脖子,就等于断了粮。"当时,"红双喜"刚开始向国家队提供器材,每次国家队提出修改意见,"红双喜"就会将修改的器材拿给上海队试打。陆元盛成为国乒教练时,其弟子延续了使用"红双喜"器材的传统。运动员对器材的敏感度极高,"红双喜"工作人员为国乒量身定做,随叫随到,一次次地往返北京和上海。陆元盛出任国家女队主教练时,"红双喜"推出了套胶,王楠率先使用全套"红双喜"器材,并多次夺得世界冠军。以后,国家女队的主力队员都用"红双喜",陪练都用国外器材,以更好地适应国际比赛。

□ 国际乒联在中国代表团的促成下做出规定:在移居国外满六年后,才能有资格代表所在国(或地区)参加团体赛。如经两国(或地区)协商,特殊情况缩短至两年也可参赛(参加单打或出任教练则不受限制)。

□ 中国男队以0比5输给瑞典后,许绍发呼吁重建二队,姚振绪起草报告后获准,刘国梁、孔令辉、冯喆等进队。为举行入队教育,姚振绪把中国队世乒赛领奖与瑞典队捧奖杯的镜头编辑在一起,告诉小队员的任务是代表国家去领奖。

□ 全国乒乓球训练工作会议在太原召开，徐寅生请庄则栋来参加。孙梅英等人的观点是：直拍正胶要继续学习庄的进攻打法。多数教练则认为庄如扫落叶般的进攻，已不适应对付新式弧圈球打法了。于是，当场拿了发球机进行实验：平动速度恒定以后，开始控制旋转速度。当每秒20转、40转时，庄则栋用两面攻打还行，到60转就开始顶不住了，到80转更加压不下去了。

1990年

1月1日

□ 何智丽与小山英之的婚礼在上海奥林匹克俱乐部举行。婚礼后,何智丽将与丈夫回日本,她说以后的工作还是离不开乒乓球。

1月4日

□ 去年,上海健儿在国内外重大比赛中获得10个世界冠军,创5项世界纪录,并在全国高水平比赛中获得56.5枚金牌,名列前茅。同时,也有部分项目的成绩下降幅度较大,被誉为乒乓球"摇篮"的上海,男子队在全国比赛中跌落到第17名,女队下降到第7名。上海市体委正和各训练单位一起找问题、寻差距,为实现90年代第一年的目标做准备。

1月12日(至15日)

□ "海上世界杯"上海乒乓球大奖赛掀起了一股"乒乓热"。两周来,观赛者近800人,挤满市体育宫。台北乒协专程来沪观摩比赛。十个组别的决赛在卢湾体育馆举行,广大爱好者可免费领取入场券观看。国家体委训练局局长李富荣、中国乒乓球女队总教练张燮林专程回上海观看决赛。他俩对记者说:我们小时候一直在卢湾体育馆打球,今天看到有老有小打球的场面倍感亲切。上海基础好,向国家队输送了不少优秀人才,盼望上海继续为国家多做贡献。

1月18日

□ 经国家体委认可的全国第16届"新星杯"少年儿童乒乓球比赛在沪揭幕。参加比赛的有北京、山东、江苏、安徽、河南、福建、辽宁、陕西和上海等9个省市21支代表队共270多名小运动员。

2月18日

□ 上海邮电乒乓球俱乐部队宣告成立。上海市体委和市邮电管理局签订协议书。该乒乓球俱乐部队可按市体委统一招生年龄规定,向全市各业余体校招生。今后,邮电乒乓球俱乐部队可代表上海邮电或上海工人队参加比赛,也可代表上海队参加全国比赛和国际比赛。在每年举行的全国最高水平比赛时,实行平等竞争,择优组成上海市代表队参加。这是本市第一支可与上海市

邮电俱乐部队教练和运动员在训练馆合影

乒乓球队相互竞争的队，总教练由乒坛元老刘国璋担任。

3月25日

□ 为尽快扭转上海乒乓球水平落后的局面，上海市体委和市港务局签订协议，宣告上海港乒乓球俱乐部队成立。即日起，该队既可代表上海港务局或上海工人队参加比赛，又可代表上海队参加全国比赛和国际比赛。双方可协商择优组成上海市代表队参加全国最高水平的比赛。上海港乒乓球俱乐部队总教练由乒坛元老杨永盛担任，李连生为副总教练，其目标是在三年内达到省、市级水平，为国家队输送人才。

3月29日

□ 上海元老乒乓球队决定在乒乓球重点学校——巨鹿路第一小学、黄浦区第一中心小学举办儿童乒乓球训练班。

5月8日（至18日）

□ 由市体委和市文教用品公司举办的第九届市运会"红双喜杯"乒乓球比赛拉开战幕。全市9个县8个区10个局等36个单位派出322名选手分别参加郊县组和市区成年组、市区少年组比赛。一批上海队选手也参加比赛。市乒乓球协会和文教公司还主办了上海市首届"红双喜"传统小学乒乓球比赛。

5月23日

□ 首届世界杯乒乓球团体赛在日本大阪举行。中国女队战胜朝鲜队成为首届盟主，中国男队不敌瑞典队屈居亚军。无上海籍选手参赛。

5月25日

□ 据《文汇报》消息，一位瑞典画家给中国乒协寄来一幅画：长城脚下摆着一张乒乓球台，瓦尔德内尔等瑞典好手挥拍扣球，银球弹起，将长城轰塌一大段，硝烟中，两块中国传统的直拍炸飞了……这幅画现已挂在中国乒乓球队训练馆里，队员们在这幅画前喊出了响亮的口号："励精图治，还我长城！"

6月11日

□ 当前世界乒乓球运动面临新变化，为适应速度加旋转、快攻结合弧圈的技术打法，上海乒乓球拍厂科研人员研制成功红双喜 G888 反贴胶皮，为中国乒乓球运动员提供了新式武器。该反贴胶皮经国家乒乓球队、江苏、北京、上海等队试打，被认为具有速度快、黏性好，对拉弧圈和扣杀都较容易控制等优点，适合反胶近台快攻结合弧圈打法。在技术鉴定会上，它通过了由国家乒乓球队总教练许绍发、国际乒联器材委员会委员姚振绪等专家小组的鉴定和审查，并认为符合国际乒联有关规定，达到国内外产品的先进水平，拟申报国际乒联和中国乒协批准在正式比赛中使用。国家体委副主任徐寅生、国家体委训练局局长李富荣等专程来沪，感谢上海乒乓球拍厂率先在乒乓球器材上进行的创新。

6月21日

□ 上海体育器材三厂生产的"红双喜"铝合金折叠式乒乓球台、乒乓球架和乒乓场外计分桌，被亚运会指定为正式比赛器材，以产品质量上乘受到了北京亚运会器材部的表彰。

8月6日

□ 在教育部与国家体委的支持下，中国大学生体育协会乒乓球协会成立大会暨1990年全国大学生乒乓球赛闭幕大会在华东化工学院举行。上海市副市长谢丽娟出席并讲话。中国大学生体育协会乒乓球协会名誉主席是谢丽娟、李富荣，顾问是许绍发、程嘉炎，主席是项伯龙，常务副主席是陆名通，孙麒麟教授担任秘书长。全国17所乒乓球传统重点大学参加比赛。华东化工学院队获得A组男、女团体冠军，上海交通大学队和北京大学队分获B组男、女团体冠军。

1990年8月3日，上海市副市长谢丽娟（左四）出席中国大学生乒协成立大会并与华东化工学院相关人员合影。大乒协常务副主席陆名通（右一）和大乒协秘书长孙麒麟（左一），以及中国乒协的代表许绍发（左五）和程嘉炎（左二）等领导参加合影。左图为谢丽娟给大乒协题词

9月3日

□ 据新华社消息，第11届亚洲运动会中国体育代表团名

单公布。中国乒乓球男女队全无上海籍队员。只有教练张燮林为上海籍。

12月23日

□ 卢湾区人民政府在"永芳乒乓馆"举行捐款仪式，接受由香港南源永芳集团公司董事长姚美良先生捐资10万元人民币，设立"上海永芳乒乓基金"，以推动青少年乒乓球运动的全面开展。

本年

□ 因丁松削球中控制转与不转的变化相当出色，时任上海队教练陆元盛鼓励丁松坚持打下去，并再次向国家队教练郗恩庭推荐。丁松终于接到了去黄石参加国家队集训的通知。

□ 闸北区少体校的王励勤通过集训调进上海队。一年多后，调入国家青年队集训。

□ 孙麒麟担任中国大学生乒乓球协会秘书长及裁委会主任。其间，成功举办了第24届全国大学生乒乓球锦标赛、第5届全国大学生运动会。同时，创建了中国高校"校长杯"乒乓球比赛和中国高校"教授杯"乒乓球比赛。

□ 姚振绪进了国际乒联器材委员会。在徐寅生的支持下，姚振绪主持成立了中国乒协器材委员会。因乒乓球器材主要是上海的"红双喜"和广东的"双鱼"。姚振绪在器材会议报告中写道：希望中国乒乓球运动"年年有鱼""天天有喜"。

□ 杨瑞华再次被派往日本担任外教。在日本青森县福原爱毕业的学校做乒乓球教练。为取得全国学校比赛的报名资格，杨瑞华建议吸收一个中国小孩来留学，总算如愿以偿。

［注］日本的学校体育比较正规，小学、初中、高中都有乒乓项目，多是在下午体育课上训练，周六周日加班训练。参加全国学校比赛，必须取得该县的冠军。这所学校常年排县第二名。经校长同意，杨瑞华邀请上海虹口体校李真来留学，学费全免，还给两万日元零用钱。结果，该校在县比赛的决赛中以3比2战胜对手，获得第一，又在全国高中乒乓学校比赛中打进了前八名。杨瑞华任教的待遇为每月30万日元（人民币1.2万元），当时国内的月工资平均为500元。

□ 上海市体委聘请虹口区少体校丁树德出任上海女队主教练。

1991年

1月30日

□ 上海六家新闻单位和上海圆珠笔厂联合举办的"马年中国十大体育新闻"评选揭晓。其中，第11届亚运会在北京举行，中国选手在308个小项的角逐中获183枚金牌，名列第一；中国乒乓球队在世界杯赛上受挫，5个项目中仅获1枚金牌，位于第九。

3月29日

□ 国家体委训练局局长、中国乒乓球协会副主席李富荣宣布参加在日本举行的第41届世乒赛的中国男女队员名单，其中无上海籍选手。

□ 中国乒乓球队为出战第41届世乒赛，来沪参加由市乒协、文教用品公司、黄浦区体委和红双喜乒协举办的精英热身赛。经过两天的角逐，邓亚萍获女单、女双和混双三项冠军。女队主教练张燮林说：再有一个邓亚萍就好了。男队主教练郗恩庭说：中国男队面临新的赛制和新老交替的困难，只有一条路——拼到底；人民总对我们寄予厚望，这已超出了体育的范围，我们只有提高精神上的战斗力，来弥补技术实力上的不足。

4月3日

□ 在第41届世乒赛之前，上海乒乓球队前领队段翔发表文章《克短扬长，突出凶狠》。文章认为：由于欧洲横拍弧圈球快攻的成熟，我国传统正胶快攻的落伍和朝鲜北南双方联合参战，中国男女队面对严峻挑战。所以，要摆脱卫冕被冲击的心理，建立反冲击登顶的信念。打法上则要坚持"高技术，多节奏，强相持，大转换，多区域，高均衡"的技术发展方向，必须快狠结合，以狠为主。

4月13日

□ 上海"宝山杯"元老乒乓球邀请赛开幕。来自日本大阪和江苏、浙江、海南、北京、广东、上海等6个省市15支男、女元老乒乓球队参加比赛。

4月24日

□ 第41届世乒赛在日本千叶市开战。中国男女乒乓球队皆失团体冠军。中国代表团团长徐寅生接受记者采访时说：关键还是本事不够！

[注] 徐寅生说：男女队失利，原因各种各样，关键还是本事不够。选手凶狠有余，稳健不足，逆风时相持不了，打法也越来越简单。从思想上看，缺乏韧劲，没有一分分拼。个别运动员名气不小，以为自己就是明星了，其实本事并没到这一步。女队也没有打好。有人说不该出高军，但换了别人是否就能赢呢？邓亚萍求胜心切，想一板打死，没有调节余地。郗恩庭插话：张燮林也有些后悔上高军。徐说：上别人输了，他也会后悔。我们这些人都打过败仗，能体会队员的不容易。打个不恰当的比喻，上海人斗蛐蛐，败了，使劲扔它几下，让它晕头转向，放下就咬。我跟高军说，与其后悔，不如现在咬紧牙关打下去，一切从"零"

开始，别管那么多。

4月28日

□ 中国大学生体育协会乒乓球协会和上海油墨厂签订协议书。自今起两年内大学生乒协组队将以"牡丹"乒乓球队队名参加国内比赛。同时，大学生乒协主席单位华东化工学院对上海油墨厂的技术改造给予支持。

5月7日

□《文汇报》记者采访中国乒协主席徐寅生，徐谈到"我们的打法需要创新"。徐寅生说，本届世乒赛男团失利（男团前四名都是欧洲队），"应该说是我们的工作没有做好"。70年代，欧洲选手创造了横拍全攻打法，向亚洲挑战，到90年代，欧洲的技术更加全面，发球、前三板进攻、打回合、正手反手、速度和旋转的结合，都有明显提高。相反，传统快攻打法有明显缺点，需要改进和创新。但是，我们不应去消极模仿欧式弧圈球，而应寄希望于年轻运动员，发扬我国直拍快攻的特点，同时将快攻与旋转弧圈球结合起来。现在中国选手的横板没有中国的特点。同时，比赛办法改变，使胜负带有偶然性，但还是看实力。

5月13日

□ 新华社消息：中共中央政治局常委、中国乒乓球协会名誉主席李瑞环，政治局委员李铁映在中南海怀仁堂会见参加第41届世乒赛的中国代表团，并进行了座谈。李瑞环指出，要仔细地回顾实践过程中的情况，冷静地分析当今世界乒坛的发展趋势，找出需要巩固、加强、改进和提高的地方，做到取诸家之长，进一步发挥自己的优势和特点。李瑞环说，乒乓球界的同志们做了许多工作，希望大家进一步振奋精神，团结一致，为开创我国乒乓球事业的新局面做出新的贡献。

5月26日（至6月1日）

□ 第二届"申花杯"上海市党、政、军领导机关"忘年交"乒乓球联谊赛和20省市老同志乒乓球友谊邀请赛在上海海运学院开幕。上海市委书记吴邦国出席开幕式并讲话。市委、市顾委、市纪委、市人大、市政府、市政协、驻沪三军等23支代表队以及20省市的老同志参加比赛。结果，驻沪海军和上海警备区分别夺得在职男、女组冠军，空军政治学院获离退休组冠军。上海红双喜蓝队、天津队和江苏队、上海红双喜蓝队，分获男子、女子项目冠亚军。

上海红双喜蓝队获奖后的合影，其中有五六十年代活跃在沪上乒坛的刘国璋、张逸倩（女）、李连生和应根法等

6月15日

□ 据新华社消息，中国乒乓球队男队主教练易人，郗恩庭因健康原因辞职，蔡振华接任主教练。

［注］郗恩庭离任之际痛定思痛，对男队的现状及世乒赛失利的原因作了分析。男队自1989年9月底江嘉良、滕毅等退役后，队伍出现滑坡。教练们做了种种努力，基本技术有进步，但尖子选手少，缺乏经验，意志薄弱，打法单调，发球不标准，缺乏承受挫折的心理准备，对创建新的技术缺乏信心。郗恩庭说，要加强男队管理，改变以往过分迁就队员的做法，下功夫培养尖子，加强队员的身体训练，全面提高运动员素质，包括意志、信心、技术、应变能力等。郗恩庭认为，随着乒乓球进入奥运会，其商业化、职业化趋势日盛，故面临的挑战是严峻的。

7月1日

□ 多年来关心乒坛幼苗成长的梅龙镇酒家与静安区乒乓球

1991年暑假，静安区体校乒乓班邀请50年代著名国手前来辅导学生。图为胡惄庭教练（后排右七）带领学生认真听取乒坛元老传授经验

协会正式挂钩，成立"梅龙镇乒乓球队"。该队将举办中小学乒乓球训练班，聘请名师执教，争取在三五年内能培养出一批优秀新手。

7月10日

□ 国家体委副主任张彩珍就乒乓球人才外流问题发表谈话"武松打虎才是英雄"。张彩珍说，我国乒乓球运动的发展，是以对手的强大和有力竞争为前提的。"中国人打中国人"是体育界议论的热点，突出的例子是耿丽娟代表外国队打败了高军。张彩珍引证李瑞环的看法说，乒乓球人才出去，推动了乒乓球运动的发展。巴西的足球选手遍及全球，巴西仍是世界最强队。我乒乓球人才外流，去日本的最多，日本这几年没有获得过世界冠军。相反，瑞典没有中国乒乓球选手加盟，却获得世界冠军。当然，这并非说乒乓球人才流向海外是好事。人才外流主要是由于优秀运动员的待遇不高、退役安排等政策不够完善等，往往是金钱因素在起作用。因此，对优秀运动员、教练员加强思想教育，提倡发扬爱国主义、集体主义和革命英雄主义精神，仍然十分必要。

〔注〕因国际乒联规定：外国球员要在所在国服务6年才能代表该国参加乒乓球团体比赛。耿丽娟不能参加团体赛。为此，她向加拿大法院提出诉讼，要求国际乒联撤销此项规定。加拿大法院判决国际乒联败诉。但加拿大法院的判决对国际乒联不起作用。耿丽娟是在单打中胜了高军。

7月中旬

□ 虹口区幸福村小学主办的1991年华东地区小学生"幸

福杯"乒乓球邀请赛,有来自江苏、安徽、上海等省市10所乒乓球传统小学百余名12岁以下的小选手参赛。经过六天的角逐,徐州市少华街小学队获儿童组男、女团体冠军,虹口区幸福村小学队获少年组男、女团体冠军。

7月26日

□ 由上海乒乓球协会和海上世界股份有限公司上海分公司联合举办的1991年上海市海上世界少年儿童乒乓夏令营,在巨鹿路一小永芳乒乓球馆开营。夏令营特聘请高级教练执教。

图为上海队教练陈宝庆(左一)和陈立而在辅导参加乒乓夏令营的少年队员

8月1日

□ 在国家体委支持下,为推动我国乒乓球运动的发展,由新民晚报、中国乒乓球协会、乒乓世界杂志社、正大集团联合举办的"倍福来"杯"重振中国乒乓雄风"主题征文今日开始，乒坛专家、乒乓球爱好者都可就中国乒坛实力、前景、训练体制、人才外流、教练状况、如何创新等问题，参与探讨并献计献策。

9月19日

□ 近年来，上海女子乒乓球队的成绩稍有转机，曾夺得中国乒协杯女团第四名，但要真正走出低谷尚有困难。仅有18名职工的上海锦沪文体用品经营部（三年来"锦沪"经营部上交税收70多万）与上海体育运动技术学院正式签约，今起两年内上海女队将以上海锦沪乒乓球队的名义参加国际和国内比赛。

10月5日

□ 三年来，上海市男子乒乓球队和海上世界股份有限公司上海分公司合作挂钩，从名落全国第16名进入前三名行列，并向国家队输送了选手。经商定，两家签约继续合作两年。公司常务副总经理王根清表示，将共同努力，提高"海上世界"男子乒乓球队的水平，为国家多做一份贡献。海上世界股份有限公司上海分公司已发展成中型企业，年营业收入已达2000万元。

10月30日

□ 前些天，徐寅生对中国乒乓界重提一段旧事：60年代，乒坛名将吴晓明曾有过"遐想"，即既然能"发球抢攻"，那为什么不能"接发球抢攻"呢?当时,很多人不以为然。如今,接发球抢攻已不新鲜。徐寅生认为,我国乒乓球运动的状况不够景气,除了技术上对欧洲横拍全攻型打法不占有优势外,在创新的思路上不活跃、不开阔也是原因之一。我们的传统快攻的打法,要求中国乒乓界的同仁脑袋里多点"遐想"。

11月26日(至12月9日)

□ 由上海市乒乓球协会、海上世界股份有限公司上海分公司主办的上海市"海上世界杯"乒乓球公开赛在市体育宫开赛。集中上海最高水平的19支劲旅179名男女运动员参赛。比赛设成年组团体、单双打六项,少年组男、女单打。为净化赛场风气,将采用国家体委审定的最新乒乓球竞赛规则,由三位国际级、三位国家级裁判主持,对不符合规则的发球从严判罚,不遵守赛场制度的出示红黄牌。据悉,经11天的比赛统计,发球违例已被判罚105人次,出示黄牌2张。男女团体决赛和单项决赛在卢湾体育馆进行,并向本市学生免费开放。决赛结果如下:海上世界男子二队和锦沪女子二队荣获男、女团体冠军。单项冠军情况如下:男单冠军为上海交通大学队黄敏,女单冠军为锦沪二队陈莹;男双冠军为港务一队樊天健、洪伟,女双冠军为锦沪二队陈蓉、陈莹;少年组男单冠军为闸北队王励勤,女单冠军为虹口队梅晓春。

11月

□ 美国轮椅乒乓球队首次来沪访问,与上海的轮椅乒乓球运动员进行交流。

本年

□ 第 41 届日本千叶世乒赛中国男队失利,男队基本处于低谷期。经李富荣、蔡振华商量,决定调熟悉削球打法的陆元盛赴京担任国家男队教练,主要任务是针对瑞典队的特点,抓好丁松的训练。

□ 因国际乒联主席荻村和国际奥委会主席萨马兰奇的倡议,1991年,在日本千叶举办的第41届世乒赛使用了"橙色球"。实际上,在球台、地胶、挡板等场地因素配合下,白球并不影响观看,还显得沉稳和安定。从国内外重大的乒乓球比赛实践来看,目前"橙色球"几乎已淡出乒坛。

1992 年

1月5日

□ 新华社消息：中共中央政治局常委、中国乒乓球协会名誉主席李瑞环在北京接见获得世界杯乒乓球赛冠军的中国选手。李瑞环说：输了球并不都是坏事，有点刺激，能逼着人们研究一些东西，认识到不足，想出新招，谋求进步。李瑞环还建议：如果找一些比较强的省市，把任务压给省市体委，到一定时候你们再去指导、筛选、收割，这样后备人员就多了。

1月10日

□ 中国乒乓球协会副主席郑敏之宣布：为把省、市一级的活力调动起来，提高整体水平，加速后备力量的培养，国家体委将在年内组建华东、西南和中南、华北三大乒乓球"集团军"，集中优秀的省、市级运动员进行对抗竞争。郑敏之表示：这一设想刚刚开始，准备一步一个脚印地去搞，不能让乒乓球滑坡的局面拉得过长，我们要提倡凝聚力，要奋发，这才是乒乓精神。同时，希望社会的方方面面助一臂之力。

1月14日

□ 据《文汇报》报道，上海高校的学生课外活动场地有沙龙、咖啡屋、录像室、舞场、卡拉OK厅等。形成鲜明对照的是：两三名乒乓球爱好者在气闷的地下室挥拍，两张乒乓球台已破烂不堪。记者指出：装潢得颇为华丽、考究的舞场与破烂不堪的乒乓球场相比，对于青年人哪个吸引力大，便不言自明了。

1月15日

□ 1991年"百合杯"亚洲最佳运动员评选结果揭晓，颁奖仪式在北京人民大会堂举行，全国人大常委会副委员长陈慕华、国家体委主任伍绍祖等出席。当选的十佳运动员有中国籍的谢军（国际象棋）、黄志红（田径）、李敬（体操）、赵剑华（羽毛球）。乒乓球项目的当选者是朝鲜的俞顺福。

1月中旬

□ 丁松代表国家队出访英国，参加中英对抗赛、英格兰乒乓球公开赛等。

［注］丁松访英比赛的结果显示两面反胶的打法对付欧洲弧圈球选手不是很有效。于是，他与教练琢磨着改了薄海绵的正胶，这个打法属于创新，调试近半年时间后，丁松在队内比赛及对韩国队来访比赛中已相当出色，同时攻球能力也增强了。

1月23日

□ 由上海市徐汇区体委、奇安特鞋业集团举办的"奇安特"杯全国少年儿童乒乓球比赛开幕，刘振元副市长参加开幕式。来自全国14个省、市、地区的22支男、女乒乓球队报名参赛。为培养乒坛后备力量，经国家体委同意，这次比赛规定运动员年龄必须在1980年至1981年出生，球拍规定正贴普通颗粒胶皮不得超过1.5毫米，不得使用长胶。

1月

□《知音》杂志刊文介绍今日何智丽。1991年3月，何智丽与大阪府的池田银行俱乐部"联姻"，受聘为乒乓球教练兼队员。为了给何智丽的乒乓球事业创造优裕条件，俱乐部大兴土木，着手建造一个全日本最现代化的乒乓球训练馆。馆内设施先进，有冷暖空调，可变灯光，底层可以宽敞地安放5张乒乓球台，第二层为健身房，装有联合拉力器等训练设备。池田银行俱乐部尤其重视女子乒乓，乒乓馆由何智丽夫妇全权掌管。

2月21日

□ 上海乒乓球协会表彰30年来为乒乓球事业做出突出贡献的12名裁判，其中有第26届世乒赛以来一直担任裁判工作的国家级以上裁判顾寇凤、乐秀华等。

2月25日

□ 中国男、女乒乓球队主教练蔡振华、张燮林率领6名男、女选手，赴日本参加巴塞罗那奥运会亚洲区乒乓球预选赛（种子选手如乔红、邓亚萍可直接参加奥运会决赛）。两位主教练表示：首先要拿到进巴塞罗那奥运会的入场券，最终目标是去争取金牌。无上海籍选手参赛。

3月21日

□ 经过三天的角逐，第三届全国残疾人运动会乒乓球比赛落幕。男、女各级别单打共17枚金牌已全部决出。香港队获团体总分第一，上海队、广西队分列第二、三名。

参加第三届全国残疾人运动会的上海男队共获得三项冠军,并获得"全国精神文明运动队"奖牌。图为主教练邵循基(捧牌者)与队员的合影

4月11日

□ 为使上海的乒乓球"摇篮"再"摇"起来,市体委乒乓球办公室改革小学基层赛制,去年只有12支队参加的全市小学基层乒乓球比赛,今年增加到73支队参赛。

[注] 市乒办改革赛制,今年分传统和非传统学校两个组别,采取升降级制,即传统学校组的最后两名降至非传统组,非传统组的前两名升入传统组。报名参赛的队多起来了,有的一个学校就有9支队参赛。同时,将今年参加夏令营的运动员年龄和市队的招生年龄挂起钩来,根据各区三线队伍技术和身体素质考核情况,对教练员、运动员实行输送奖等制度,以充分调动基层的积极性。

4月15日

□ 阔别全国冠军九年之久的上海乒乓球女队,在唐山举行的1992年全国乒协杯团体决赛中,由国家一队选手唐薇依和国家二队队员何琳联手,以3比1战胜北京队夺得桂冠。

□ 由上海市乒乓球协会、南市区体育总会联合主办的上海"南浦杯"国际乒乓球元老邀请赛揭幕。来自日本大阪、中国台北和北京、广东、海南、上海等地的9支男女元老乒乓球队参赛,其中著名老运动员孙梅英、邱钟惠、叶佩琼、郑敏之、庄则栋、庄家富将参加表演。比赛结果是,上海中新塑料发展有限公司元老队和日本三重队分获男女团体冠军,中国台北队高南彬、上海队张恨波分获男、女单打冠军。

上海中新塑料发展有限公司元老队获得女子团体冠军后,与日本三重队(亚军)合影。上海元老队的教练是戴龙珠(左六)

5月27日

□ 国际乒联主席荻村伊智郎宣布:下月世界全明星乒乓球

巡回赛上将试行新的记分制，即每局比分将由现在的21分见分晓减至11分。

6月4日

□ 日前，中国乒乓球协会负责人回答记者提问：根据国际奥委会的规定，出国打球的球员必须取得所在国国籍三年以上，方可代表该国或地区参加奥运会。因此，先前外出的一流国手倪夏莲、陈新华、耿丽娟，以及近年出国的何智丽、焦志敏、陈静等人，都不具备代表当地参加巴塞罗那奥运会的资格；上次汉城奥运会的人选，如在香港的陈丹蕾、齐宝华，在奥地利的丁毅等可参加。

6月7日

□ 坚持10多年的市乒乓球传统学校闸北区第三中心小学，得到上海宏昌活塞厂资助，正式挂牌成立上海宏昌乒乓球俱乐部。俱乐部将积极组织本校学生和吸收附近幼儿园的苗苗开展乒乓球活动和课余训练，为国家培养更多的优秀人才的后备力量。

6月13日

□ 根据中央和国家体委领导关于我国乒坛要不断创新，充分调动地方积极性的精神，为充分调动各省、自治区、直辖市及解放军队的积极性，发动社会力量，关心和支持我国乒乓球事业的发展，国家体委、中国乒协决定组建三大军团，实行"乒乓球集团训练"。

［注］乒乓球集团主要由全国26个省、自治区、直辖市和解

放军队的运动员、教练员组成，分东、南、北三个集团，即由上海、江苏、浙江、安徽、福建、江西、山东、青海八省市组成东集团，河南、湖北、湖南、广东、四川、贵州、云南、陕西八省和广西壮族自治区组成南集团，北京、天津、河北、山西、辽宁、吉林、黑龙江、甘肃省和内蒙古自治区及解放军队组成北集团。东、南、北集团分别由上海市体委、广东省体委和中山市体委、河北省体委决定乒乓球训练基地，负责组织承办。组织乒乓球集团训练旨在拓宽渠道、挖掘潜力、强化竞争机制，通过选派优秀运动员参加由集团训练领导小组监督指导下的系统训练，并与现有的国家集训二队进行交流比赛。集团中成绩优秀者可直接被选拔到国家集训一、二队。集团训练领导小组组长为郑敏之。

6月15日

□ 中国乒乓球协会公布参加第25届奥运会的中国教练员、运动员名单。领队：姚振绪。教练员：张燮林、蔡振华、陆元盛、曾传强。男运动员：马文革、王涛、吕林、于沈潼。女运动员：邓亚萍、乔红、陈子荷、高军。无上海籍运动员。

6月23日

□ 为激励中国足球界摆脱困境，银利（香港）企业集团有限公司董事长刘盈福决定向中国足协赞助200万元港币作奖励经费。据国家体委副主任徐寅生透露，刘盈福先生日前已向中国乒乓球协会赞助100万港元。

6月30日

□ 华东伟达乒乓球集团在上海宣告成立。据中国乒协副主席、集团训练领导小组组长郑敏之介绍，目前我国乒坛整体水平不高，尖子不尖，后备力量不足，竞争不够。继华东集团成立后，中南、华北集团也将相继成立。据华东伟达乒乓球集团总教练龚宝华说，集团训练分夏训与冬训，夏训历时一个月，采用大循环赛方法，根据三次比赛成绩和综合评估，选拔出男女各十二名队员，代表华东集团与国家二队进行交流比赛，优胜者可直接入选国家一、二队。上海伟达装潢制冷电气公司总经理李嘉伟表示：企业富了，应该为社会做贡献，更要为振兴中国乒乓球尽一份力。

［注］7月4日，华东伟达乒乓球集团男女队举行的首次大循环比赛结果揭晓，获得男子单打前三名的分别是山东、江苏和安徽的选手，女子单打前三名是江西、浙江和山东的选手。无上海籍选手进入前三名。

7月20日

□ 海上世界股份有限公司上海分公司总经理王根清被国家体委评为"来自体坛的优秀企业家"，中国乒协授予其"热忱赞助"的荣誉锦旗。市体委主任金永昌参加了颁奖仪式。王根清总经理代表公司向蝉联三年全国少年团体冠军的海上世界男子乒乓球队颁发奖金和奖状。

7月

□ 据《上海法苑》引国家体委训练局的统计撰文，近五六年来，300多名乒乓球国手流失海外。在日本的超过100名，著名的有王会元、何智丽等人；在德国的有20多人，著名的有郭跃华、梁戈亮、施之皓、曹燕华等人；在法国的有胡玉兰、童玲、谢赛克等10多人；在美国的有李赫男、张德英等30多人。此外，还有丁毅等人在奥地利，陈新华在英格兰，周兰荪在澳大利亚，刁文元在圣马力诺……文章分析了个中原因。

［注］文章指出原因如下：（一）我国称霸国际乒坛30多年。乒乓球被列入奥运会比赛项目后，我国手成为欧美俱乐部追逐的目标。（二）中国乒坛为锻炼培养后人，一些技术正处巅峰状态的明星提前退役，与外国俱乐部的需要一拍即合。（三）人心思外，几乎成了潮流。欧美用高于国内数十倍甚至数百倍的酬金吸引我国的国手。于是，他们纷纷加入了国际大军。（四）"让球"使一些国手萌生退意，曹燕华、焦志敏属于此类情况。如焦志敏说：汉城奥运会前，我打了16场国际比赛，胜15场。论实力，再打几年不成问题。但奥运会那场球，太让人伤心了（指教练指示她让球给李惠芬）。8年来，我在国际比赛中已让了5次球，所以我不想再打下去了。

9月11日

□ 由上海两所高校组成的中国大学生乒乓球队飞往法国里昂参加第9届世界大学生乒乓球锦标赛。这是我国首次派出在校大学生球队参加这一赛事。中国大学生乒乓球男队队员来自上海交通大学，女队队员来自华东化工学院。

［注］因法国、日本等由国家队参赛，中国大学生队荣获团体第三。此后，1994年在比利时、1996年在墨尔本、1998年在保加利亚、2000年在上海、2002年在波兰、2004年在匈牙利、2006年在斯洛文尼亚的世界大学生乒乓球锦标赛，中国大学生乒乓球代表队均参加。

参加第9届世界大学生乒乓球锦标赛的中国代表团,男队教练员为孙麒麟(后排左八),女队教练员为臧玉英(前排左三)。图为国家教委邹时炎、袁贵仁等领导在里昂接见代表团时的合影

9月12日

□ 上海体育运动技术学院和海上世界股份有限公司上海分公司在协议书上签字,共同联办海上世界女子乒乓球队。至此,上海男、女乒乓球队均与海上世界挂钩。重新出任女队主教练的花凌霄表示,决心带好这支队伍,准备在训练上作些调整,加强身体训练和多球训练,并请男队员帮助练球等,争取在明年举行的第七届全运会上获得好成绩。

9月15日

□ 上海市乒乓球办公室和上海针纺装饰工商联营公司联合举办的"针纺杯"少年儿童乒乓球比赛在黄浦区少体校落幕。本市15支男女劲旅(1979—1980年出生的两个年龄组)参加角逐。市体育宫队获男女团体冠军,黄浦区队和虹口区队分获男、女团体亚军。

9月28日

□ 上海文教用品公司和上海乒乓球厂等单位联合成立的上海红双喜制球公司挂牌。国家体委主任伍绍祖题写了牌名。

10月16日

□ 曾是上海乒乓球优秀运动员的邵佩珍女士，现任美国轮椅乒协教练。她代表美国轮椅乒协向上海乒协赠送轮椅车。赠送仪式在上海交通大学举行，并供上海交通大学康复医疗中心假肢医院使用。

10月28日

□ 在广东省中山市举行的1992年全国乒乓球锦标赛团体赛中，上海女队名列第六名，上海男队为第九名。上海籍运动员在单项冠亚军决赛中无名次。冯喆获得男单第三名。

［注］赛后，上海男队主教练乐强认为：男队尖子不尖，多数选手处于中等水平，缺乏与强队抗衡的实力。上海男队在正胶直拍的快攻打法上有一定优势，但在比赛中缺乏相持能力。女队主教练花凌霄认为：女队整体实力不强，能与强手抗衡的仅有老将唐薇依，且后备力量匮乏。两位主教练表示：备战明年的第七届全运会对上海队来说是艰巨的任务。针对上海选手在同强手交锋中信心不够足的弱点，尤其要下功夫抓好心理素质训练。

10月

□ 来自上海儿童福利院的洛占在第一届弱智者特奥会乒乓

球比赛中荣获女子单打冠军。洛占还与河北保定福利工厂的选手合作,获得女子团体和双打冠军。运动员回沪,上海举行了欢迎会。谢丽娟副市长向三枚金牌得主洛占颁奖。

11月24日

□ 全国乒乓球集团"海上世界杯"男子乒乓球比赛和"伟达杯"女子乒乓球比赛在沪结束。获得男团冠军的是北集团,获第二、三名的是南集团、东集团。这次比赛还调集了全国各省市的少年男女好手参赛,比赛试行新赛制,如七局四胜制、每局11分及轮换发球等。中国乒协副主席郑敏之给优胜者发奖。

11月

□ 日前,由市教育局、雀巢中国有限公司举办的"92美禄杯"上海市小学生乒乓球大赛在闸北体育馆举行。

12月12日

□ 中共中央政治局委员、国务委员李铁映来到上海乒乓球训练馆看望正在上海集训的中国女子乒乓球南、北、东三大集团军全体运动员和教练员。李铁映赞赏乒乓球实行集团军的改革尝试,并询问中国乒乓球选手正在演练的直板反面攻和跪蹲式发球的新技术。李铁映说,我国乒乓球项目雄踞世界30年,一旦上去了就绝不退下来。

12月20日

□ 上海市体育总会、市乒协、海上世界股份有限公司上海

上海乒乓球运动纪事录（1949—2024）

国家体委袁伟民、何振梁等领导同志陪同李铁映前来考察，上海乒乓界的郑敏之、花凌霄、余永年等参加

分公司举行的第八届"三英杯"乒乓球邀请赛召开新闻发布会，国家体委训练局局长、中国乒协副主席李富荣为举办这项比赛题写的宗旨是：怀念乒坛功臣，重振国球雄风。比赛于26日至29日举行，上海海上世界男、女乒乓球队荣获团体冠军。

［注］"三英杯"乒乓球邀请赛是为发扬一代国手的拼搏精神，纪念容国团、傅其芳、姜永宁三位著名乒乓球运动员、教练员对乒乓球事业做出的卓越贡献，而由国家体委发起创办的一项比赛。首届比赛于1985年在北京举办，以后每年由各地轮流举办。本届比赛参赛的有香港、澳门、北京、广东和上海的男、女各5支球队，比赛设男子团体和女子团体两项。

12月26日（至29日）

□ 第八届"三英杯"乒乓球邀请赛在上海县体育馆揭幕。为推动和促进各年龄层次乒乓球运动的开展和提高，这次男、女团体赛采用对抗形式，双方各进行两场少年、两场成年和一场老年单打，最后以单循环方式决出各队名次。其中，50年代上海冠军、现上海邮电队教练刘国璋迎战60年代国手、北京队教练周树森的比赛最为精彩。刘国璋宝刀未老，在第一局10比14落后的情况下临危不乱，以2比0取胜，赢得四座掌声。

12月27日

□ 何智丽加入日本籍后，随夫姓改为"小山智丽"，在"全日本乒乓球公开赛"获得女子单打冠军，获得作为日本国家队员参加世乒赛的资格。

本年

□ 海上世界股份有限公司上海分公司向市体委申请，一年投资100万，组织乒乓球俱乐部与上海市队竞争。市体委同意，杨瑞华受聘任教练。两年后，海上世界俱乐部组织的球队确实战胜了上海女队。

［注］这支俱乐部的球员从各少体校招考，自然是市队挑选后剩下来的。俱乐部承诺招考的前三名发工资，后几名需交一点学费。来自闸北体校的糜慧琴考试列第五名，便按每月自费1500元进队，经过两年的训练，糜慧琴把上海队的选手打败了，以至于市队要参加全国比赛还来商借。在全国比赛中，糜慧琴以2比0赢了世界亚军郭跃。

1993 年

1月9日

□ 上海乒乓球厂和日本卓球株式会社携手合作,合资开办上海红双喜日卓乒乓器材有限公司。该公司充分利用中日两家企业的优势,共同生产乒乓球及乒乓器材等,产品70%供外销。

1月10日(至15日)

□ 由徐汇区体委和奇安特鞋业集团联合举办的第二届"奇安特杯"全国少儿乒乓球邀请赛在上海徐汇网球场乒乓房揭幕。7个省市12所业余体校共23支男、女队报名参赛。这次比赛分男、女团体和男、女单打四个项目。结果,上海市体育宫队、江苏省体校队分获男女团体冠军。

1月20日

□ "恒源祥杯"1992年中国十名杰出教练员评选结果揭晓,中国游泳队总教练陈运鹏以全票名列榜首。位于第四的为张燮林他率中国乒乓球女队囊括了第25届夏季奥运会女子乒乓球比赛两个项目的金、银牌。

1月22日

□ 国际乒联主席荻村伊智朗在东京表示:希望通过两年的

张燮林(左二)在参加第25届奥运会时接受记者对中国乒乓球队取得辉煌战绩的祝贺

时间来进行研究和试验,使乒乓球比赛的部分规则能作重要修改,以吸引更多的观众和电视转播。比如所有的发球都必须在身体的前部完成;改变球拍的制作材料,旨在使所有发球后的球速变慢;一局21分的计分方法可能会改为一局11分。荻村伊智朗说,今年5月在瑞典举行的世乒赛仍然沿用21分制。

1月31日

□ 日前,中国乒乓球男队作出决定:从男队参加今年5月举行的第42届世乒赛的七个名额中,拿出一个名额让队员们去竞争,即在报名截止前的队内五次大循环比赛中,谁的名次排前,谁就可以去瑞典哥德堡参加世乒赛。另外六个名额,则在主力队员中产生。

[注]《文汇报》报道:不久前,中国乒乓球男队在冬季训练中

一度稀稀拉拉，一般队员吊儿郎当，主力队员缺乏紧迫感，惹得男队主教练蔡振华大为光火。分析原因后，蔡振华与其他教练认为，队员们的积极性调动不起来，是由于参加世乒赛的人选已基本确定所致。按照惯例，允许报名参加世乒赛的中国男运动员有七人。这七人肯定是主力队员。这就造成了一连串的副作用。蔡振华决定"对症下药"。新招一出，形势大变，主力队员感到了压力，一般队员感到有奔头了，训练场上的散漫气氛一扫而光。队里大年初一放假一天，但一些队员仍来到球馆挥拍猛练。

2月3日

　　□ 亚洲杯乒乓球团体赛在沪开赛之际，郑敏之谈及乒乓球后备力量的培养。她认为中国乒乓球运动的现状是，女队目前拥有的邓亚萍堪称杰出人才，但总体水平不如以前那样高；男队虽仍排在世界前三，但稳定性不够。所以，关键是要培养高水平的后备人才。郑敏之强调，要对尖子运动员进行强化训练，而尖子运动员应该具备敢于战胜对手的心理素质。

2月6日（至7日）

　　□ 由中国乒协、上海市体育总会、香港美孚石油有限公司举办的"美孚1号"首届亚洲杯乒乓球团体赛在上海体育馆揭幕。中国女队由邓亚萍、乔红、唐薇依（上海籍）组成，在团体赛决赛中以3比0击败香港队荣登榜首。唐薇依在第三盘中获胜。

2月7日

　　□ 中国女子乒乓球队总教练张燮林谈如何迎战第42届世

乒赛。张教练认为，目前世界女乒实力的优势在亚洲。欧洲一些队的训练以男子为对手，在力量、速度上都具有男队风格，也许一年或两年后，会对亚洲队构成威胁。张教练估计单打的比赛会比较激烈，因为我队除了迎战一批亚、欧洲高手外，还要对付原来的一些国手。

［注］张教练说：按规定，在非中国内地地区和国外居住者未满6年者不能代表那个国家或地区参加团体赛，但可以参加单打比赛。如陈丹蕾（北京）、齐宝华（河北）、倪夏莲（上海）、耿丽娟（河北）、何智丽（上海）将分别代表香港、卢森堡、加拿大、日本比赛，还有陈静、徐竞代表中国台北队。张认为，乒乓球比赛是在半小时左右时间内进行，人的心理因素差一点，技术再好也会输球。在第41届世乒赛上，我队的高军、应荣辉、刘伟、胡小新就输给耿丽娟、陈丹蕾、齐宝华。

2月9日

□ 国际乒联亚洲副主席、国家体委副主任徐寅生谈国际乒联改革设想：让"乒乓"精彩起来。国际乒联的本意是要让乒乓球发展成为世界上最受欢迎的体育项目之一。然而，随着乒乓球旋转速度越来越快，来回球越来越少，比赛吸引不了观众。据巴塞罗那奥运会24个比赛项目的电视转播统计，乒乓球比赛被排在第18位。所以，必须对乒乓球比赛的规则、器材实行新的改革。国际乒联正委托亚洲和欧洲乒联就改革问题讨论方案。

［注］徐寅生说，其一是适当降低海绵胶的厚度。欧洲认为最好减薄0.4毫米，即3.6毫米厚。这个改革限制了长胶，限制了防守打法。其二是对发球进行限制。今后要求发球人的动作要在身体前面即球台的正面完成。其三是比赛办法从21分制改为11分

制和1分轮换发球法。此法曾在日本举行的世界青少年锦标赛中试行，场上高潮多，但1分轮换发球会导致战术意识差。另外，比赛用的球要轻一点、软一点，以降低球速。徐寅生说，一系列改革将在今年5月国际乒联开会时讨论解决，执行会有一段过渡期，这还涉及器材商的利益。但是，改革的潮流锐不可当，乒乓球最终要发展成世界上最受欢迎的体育项目之一。

2月中旬

□ 以上海乒协副主席、海上世界股份有限公司上海分公司总经理王根清为团长的上海市乒乓球代表团访问日本。

2月22日

□ 日本乒乓球协会宣布，前世界冠军何智丽将代表日本国家队参加5月在瑞典举行的第42届世界乒乓球锦标赛。对于何智丽来说，她前三次代表中国而去，如今是代表日本参赛。

3月1日

□ 由上海电影技术厂、鸿兴路小学联合创办的上海市影技少儿乒乓球俱乐部在闸北区乒乓球传统重点学校鸿兴路小学揭牌。十年来，该小学向区、市、国家队输送过150多名优秀运动员苗子，目前有200多名小运动员在接受乒乓球的系统训练。

3月2日

□ 奖金最低、水平一流的上海市"上锅杯"乒乓球精英赛开战。近几年，随着竞争机制的建立，本市出现了好几支高水平乒乓球队。市乒乓球办公室便搞了前六名队的调赛。高水平运动员格外珍惜，出现了每场必拼、每球必争的局面。获得这次精英赛男子团体前三名的是海上世界乒乓球俱乐部一队、二队和港务一队，女子团体前三名的是邮电一队和海上世界乒乓球俱乐部一队、二队。

3月9日

□ 参加第42届世乒赛的中国选手共20人的名单确定，女队上海籍运动员唐薇依在列。

3月13日（至21日）

□ 由孙麒麟担任领队兼教练的上海交通大学乒乓球队应邀前往美国普林斯顿大学、联合国总部等地比赛交流。

4月19日

□ 全国体委主任会议向近两年来为我国体育事业做出卓越贡献的人员颁奖。中共中央政治局委员、国务委员和国务院体改委主任李铁映谈到体育改革时强调，不管机构改革如何进行，市、县级基层体育工作只能加强，不能削弱。

5月2日

□《新体育》杂志刊文：张燮林谈中国女队在第42届世界乒乓球锦标赛上如何面对"海外兵团"。张燮林说：我不希望多写她们，那样把她们抬得太高。这些人有可能胜一两场甚至多几场球，但是她们要想全胜也是不可能的。我们的实力毕竟要高上一层。况且，她们毕竟年龄大了，体力各方面不能不受影响。我队首先要有个正确的思想，想的是如何敏捷、顽强、出奇制胜，而不是先前就输过，这次可不能再输了，为什么不想想其实对方也怕你，对方也曾经输给过你呢。

5月3日

□ 为迎战第42届世乒赛，中国乒乓球队的男女健儿在天津举行了乒乓球精英大赛。中国乒乓球领队姚振绪说，前一阶段训练主要是有针对性地改进技术、战术，这次参加精英赛是为了热身和检验结果，证实全队状态良好。国家体委副主任徐寅生观看比赛后说，目前主力队员状态很好，技术水平发挥稳定，这坚定了我们在第42届世乒赛夺取好成绩的信心。

5月11日（至17日）

□ 第42届世乒赛在瑞典揭幕。中国男队在团体决赛中以1比3负于瑞典队。瑞典队蝉联冠军，第三次捧得斯韦思林杯。中国女队以3比0战胜朝鲜女队，夺回考比伦杯。中国女队第十次在世乒赛中捧杯。

［注］应记者之邀，中国女队一人一语说出夺冠的心情。

领队姚振绪：久违了，考比伦杯！你曾经跟着我们风雨同舟18年，你离开我们两年，今天终于盼回来了，我们怎能不高兴呢？！

教练张燮林：我们今天终于报了"一箭之仇"！在上届世乒赛上我们女队含恨负于朝鲜联队，痛失考比伦杯。

教练惠钧：看上去我们都是以3比0胜人家，但这胜利来之不易啊，稍有疏忽就不成。

队员邓亚萍：谢谢全国人民对我的厚爱。

队员乔红：我拿冠军后的心情从来是平静的，但这是我最后一次参加世界大赛了。至于能否再夺女单桂冠，我当然是尽力而为。

队员陈子荷：这是我最后一次参加世界大赛了，以后我将不代表国家队参加任何比赛了，我打算出去打球。

队员高军：今天，我心情很高兴，但没有什么好说的。

5月16日

□ 中国乒乓球代表团团长徐寅生谈男、女团体赛第二阶段的比赛。徐说第二阶段是淘汰赛，紧张、激烈的程度以及运动员的心理状态都不一样，可以说场场是硬仗。中国男队上届是第7名，翻身仗一定要打，而且一定要翻过来。我们男队几个队员在预赛中都输过球，这是正常的，关键还是要增强自信心，思想方法要对头，碰到困难要善于控制。

5月19日

□ 中国乒乓球代表团团长徐寅生对中国男队在团体决赛中的失利发表评论。

［注］徐寅生认为：中国男子乒乓球队在团体冠亚军决赛中虽输了球，但还是以最大的努力打出了自己的水平。而瑞典队既拥有排名世界第一、第三号的种子选手瓦尔德内尔和佩尔森，又有在这次比赛中没输过一场球的卡尔松。我们可以看到，整个男团八强决赛中，欧洲、亚洲正好各占四席，前四强欧亚平分秋色。从这次比赛，可以看到亚洲乒乓球水平有了进展，如提高了离台后的相持战，能打六七或七八板的来回球，抢攻意识增强了。中

国队要重新夺回斯韦思林杯，应从哪几方面去努力呢？首先要坚定信心，迎着困难上，同时，还是要发扬中国传统的直拍快攻打法。打法上必须创新，创新才有希望。

5月20日

□ 记者在第42届世乒赛哥德堡赛场上见到了已入籍日本并代表日本参赛的何智丽。记者问：这次来参赛的目标是什么？何答：娱乐代拼搏，志在参与。何是日本历史上第一个外籍球员。临行前，日本池田银行为她在六星级宾馆开了大型欢送宴会。何说，心里一直想上海，在为期不远的一天会来上海，为振兴上海、加强中日友谊做一点新贡献。

5月22日

□ 中国男子乒乓球队教练陆元盛（上海籍）谈本届世乒赛最后阶段的比赛。

［注］陆元盛说：关于男团冠亚军决赛，我碰到的我国援外教练或各外国队教练人人拍手称赞。双方上场的六名队员都发挥了高水平，比赛之激烈、精彩是历届世乒赛从未有过的。从男子单打前八强看，欧洲5名，亚洲3名，欧洲略高于亚洲，且正趋向成熟。男双前四强中我队占三对，说明男双大有进步，正向金牌迈进。我队的混双成绩也看好。现在的乒乓球已不是光比技术、战术，还要比斗志、意志，往往是技术上旗鼓相当，谁坚持到最后谁就胜利。

5月24日

□ 第42届世乒赛降下帷幕。中国队在单项比赛中获得男女双打和混合双打冠军。法国的盖亭和韩国的玄静和分获男女单打冠军。

□ 排位分列世界第一、第二名,中国乒坛女将邓亚萍、乔红,在本届世乒赛女子单打比赛中败给了"海外兵团",即原中国选手井浚泓(新加坡)、施捷(德国)。为此记者访问了中国乒乓球代表团团长徐寅生,请他谈谈如何看待"海外兵团"。

[注]徐寅生说:四年以前,国际乒联理事会邀请我国运动员代表乔红在会上发言,我们不希望看到在我国培养这么多年的球员代表其他国家来打球。就我们的意见,在国际乒联看法不一,大部分国家同意,但一些国家不同意。他们的乒乓球水平不高,想引进人才,提高兴趣和知名度。所以国际乒联作出规定,要在另一国家和地区定居满六年才能代表这一国家或地区参加世乒赛的团体赛;不满六年只能参加单项。如经过两国(或地区)协商,缩短到两年也可参赛。我在想这个问题,到了满六年,他(她)能参加团体赛了,也许把你的团体冠军也夺去,或者在下届奥运会上,又可能把我们打败。可以设想,有一天,国外有一批参赛的人都是中国选手,"一统天下"怎么办?这怪谁呢?谁也怪不了。世界上的事就是复杂的,一方面你在限制人才外流,但另一方面随着各人的情况、各人的利益,好多运动员在找出路,到外面去闯一闯。钱多了又回到国内来投资,你怎么说呢?讲来讲去,我们还是要靠自己。打不过人家说明自己本事不大。面临"海外兵团"的威胁,我们只有加强荣誉感和责任感的教育,促使自己全身心地投入训练,提高技术。作为我们领导来说,多想一点如何培养后备力量,技术上要有所创新。这句话一直在呼吁,但技术上改革谈何容易,还要冒点风险,不冒风险是改革不成的。

1993年5月26日,参加第42届世界乒乓球锦标赛的中国代表团回到北京。国家体委主任伍绍祖到机场欢迎。图为荣获冠军的运动员和教练员在欢迎仪式上

6月1日

　　□ 经国家体委批准,为期一个月的全国乒乓球集团训练在上海举行。参加本次集训有去年全国青少年冬训男、女前8名选手,今年全国青少年比赛男、女前4名选手,他们都是1975年以后出生的。为与国家队的训练相衔接,不但按照国家队模式进行训练,而且有专门指派国家男、女队教练来执教,改变以往只看几次比赛的做法,深入到青少年选手中进行强化训练。

6月10日

　　□ 第七届全运会乒乓球团体预赛结束,上海男队出局,上海女队入选。

6月16日（18日）

　　□ 中国乒乓球大奖赛在杭州揭幕（此为国际乒联认可的世

界甲级水平大赛）。在男子团体比赛中，由18岁的上海籍新秀冯喆和刘国梁、李屹组成的中国男子二队以3比2战胜瑞典队。其中，直板弧圈型快攻手冯喆连取两分。继而，中国男子二队又以3比1击败中国一队，登上男团冠军宝座。

7月1日（至5日）

□ 为促进上海和各国家、地区的体育交往，推动老年体育活动的发展，由上海市乒乓球协会主办的1993年上海"梅龙镇杯"国际元老乒乓球邀请赛在上海静安体育馆开幕。本届邀请赛共有来自东京、大阪、台北、吉隆坡、汉城、新加坡、香港、广州、北京、武汉、常州、上海等12个城市的36支男、女元老队参赛，乒坛名宿邱钟惠、仇宝琴、刘国璋、杨瑞华和曾获世界女子团体冠军的日本的伊藤和子等参加竞逐。

7月6日

□ 上海石油天然气公司娄山乒乓球俱乐部在娄山中学挂牌，这是本市第一个初级中学乒乓球俱乐部。

7月16日

□ 上海市副市长、第七届全运会上海代表团团长龚学平冒酷暑慰问各路体育健儿。当来到乒乓球队时，龚学平注意到训练馆内气温很高，当即对乒乓馆安装空调问题予以落实解决。

8月12日

□ 最近，乒坛元老杨瑞华和有20年业余体校教练生涯的史美盛分别出任上海乒乓球队总教练和上海男子乒乓球队主教练。昨天，记者采访了他们。

［注］杨瑞华说：已赴日本执教三年了。上海男队在上届和本届全运会团体预赛中均落马，市体委领导希望我回来，我自己也想搞一点事业。我的计划是三天在运动队，三天到基层去，听取各种意见，如三级训练网的实施、如何调动教练的积极性、沟通国内外的乒乓球信息、跟上世界乒乓球迅速发展的形势等。我要尽力而为，像一个设计师一样，做好上海乒乓球队伍的布局。

史美盛说：一直在业余体校耕耘，也培养出冯喆、杨敏、邱峻等名将。这次到市队担任男队主教练，更是重任在肩。我准备分两步走，虽然七运会男团预赛未出线，但还有男子单打、双打三张入场券要去拼搏；第二步是在七运会结束后，着手狠抓队伍的管理、强化训练，把上海男队的整体水平抓上去。

8月17日

□ 根据德国乒乓球协会近日公布的转会报告材料，一批乒乓国手将于全运会之后加入"海外兵团"，其中包括马文革、王涛、谢超杰、陈子荷等，以上四人均加盟德国职业俱乐部队。

8月19日

□ 由香港冠都有限公司与上海新中华橡胶厂、上海乒乓球厂合资154万美元建立的"上海冠都体育用品（集团）有限公司"开业。该公司主要生产国际市场畅销的高中档高尔夫球、网球、乒乓球及篮球、排球的薄型球胆系列产品，并全部外销。

8月30日

□ 被称为"邓亚萍克星"的上海选手唐薇依是留守

在国家乒乓球队里的上海籍独苗。哥德堡世乒赛后她回到市队,为参加第七届全运会而努力。最近,记者采访了唐薇依。

[注]据唐薇依说,去年2月一名江西乒乓爱好者发明的新式球拍,柄有一点歪,后发制人的效果比较好。张燮林教练就叫唐试试,想不到练了一个多月,唐凭借这块拍获得了中国乒协杯团体冠军和单打冠军,后又在亚洲锦标赛上获得双打和单打冠军,从此唐薇依的"怪拍"出名了。但使用这副歪柄拍,前三板手腕力量用不上,上海队教练花凌霄与唐商量决定改用正拍。谈及迎战七运会的目标,唐薇依说,作为种子选手虽已排进单打决赛16强,心里也真想能拿到一枚金牌,而实现这个目标难度很大,胜负难以预料。

9月10日

□ 上海《文汇报》发表署名王朔的文章《现场效果》。

[注]文章节录如下:看球赛,就跟听交响乐似的,还非得去现场。场上观众玩命地吼,摇旗助威,特别棒。可这回七运会有些让我闹不明白了。乒乓球团体赛第三天,尽管运动员还是你来我往异常激烈,但能容纳一万八千人的工人体育馆看台上却显得空旷,团体决赛的关键场次,看台上除了组织的"文明啦啦队"外,不到二千人的观众刚够坐满最下层的看台。这点人,还尽是持各种证件及赠票的,就没看见几个购票助战的。报纸上说,"三板决胜输掉观众兴趣,漫长比赛耗尽场外激情"。不过我觉得,怎么说也是我们的运动健儿奋力拼杀为国争光的时候,健儿们的父老乡亲是不是忒冷漠了一点。

9月12日

□ 在第七届全运会乒乓球项目的比赛中，一批在海外打球的前国手返国参赛，有的还立下汗马功劳。如北京男队的陈志斌带动本队夺取了男团冠军。同时，也有一些现役国手在七运会后萌生去意。国家体委训练局局长李富荣接受记者采访时谈了对"海外兵团"的看法。

[注] 李富荣说："海外兵团"回国效力，说明仍具备相当水平。另一方面也暴露了我们后备力量不足。七运会后，国家乒乓球队将着眼于两年后的天津第43届世乒赛。为此，除了加紧培养年轻的优秀运动员，还要挖掘、保护老队员的积极性。前些时候有关马文革、王涛等将赴国外加盟"海外兵团"的说法不确切。这些国手的年龄大多在25、26岁之间，有换换训练比赛环境的需要，所以将去欧洲国家训练一个月左右。个别去意坚决的运动员，我们仍在做工作，尽量挽留。中国运动员出国打球不是坏事，这说明我们的乒乓球有水平，别人愿意向我们学习。在改革开放的形势下，"请进来、走出去"是大势所趋，这很正常。

9月13日

□ 上海队唐薇依在七运会乒乓球女子单打比赛中战胜高军，进入前四名。

[注] 据报道，唐薇依从未赢过高军（堪称"克星"）。这是第一次战胜高军，且这一仗对唐薇依太重要了，因为胜了高军，就将在女子单打半决赛迎战邓亚萍，而唐薇依曾三次击败邓亚萍（唐是邓的"克星"）。唐与高的比赛先失一局，花凌霄教练叮嘱多用正手加转拉长球的战术，效果明显，唐薇依连胜三局获胜。然而，在半决赛中，唐薇依却背上了"克星"的包袱，输给了邓亚

萍。结果,邓亚萍冠军,唐薇依第四。

9月

□ 由李富荣、张燮林、程嘉炎、邓亚萍、乔红5人组成的中国乒乓球队,访问台湾。

11月14日

□ 国家体委副主任刘吉出席全国体育记协理事会,对体育宣传提出"跟上潮流,更新观念,解疑释惑,团结鼓劲"的要求,即要以宣传"爱国主义、奉献精神和团结拼搏"为舆论导向,并注意保持"高品位"。从60年代至80年代,在宣传乒乓球、女排等项目的同时,曾提出过"胸怀祖国、放眼世界""顽强拼搏、为国争光""冲出亚洲、走向世界"等口号,其意义已远远超越了体育本身的范畴。

12月7日

□ "红双喜"牌是我国著名的乒乓球商标,"红双喜"牌乒乓球于1961年被国际乒乓球联合会批准为国际比赛用球。1987年,台湾商人用此商标生产包含乒乓球在内的体育用品,并向台"中央标准局"注册获准。上海乒乓球厂委托律师向台"中央标准局"多次申诉,但均被以种种理由驳回。"汪辜会谈"后,上海乒乓球厂经过上海公证处公证,并通过海协会与海基会联络,向台"行政法院"提出行政诉讼。台方经过调查,确认台湾商人注册的商标对上海乒乓球厂的合法权益造成损害,并会导致公众认识的混淆,因此判决上海乒乓球厂胜诉。

12月9日

□ 海上世界股份有限公司上海分公司和上海体育运动技术学院签约，正式成立上海海上世界女子乒乓球俱乐部。由企业独家管理、与体委脱钩的俱乐部尚属国内首创。上海市副市长龚学平为该俱乐部的成立揭牌，并认为这是适应社会主义市场经济，把体育推向市场经济的一个创举。体育改革的深化，要靠全社会的关心。企业办高水平运动队既要按体育规律，又要吸取企业经营有方的管理经验，把运动成绩、训练效果与运动员的工资、奖金挂起钩来，打破"大锅饭"。中国乒乓球协会和中国乒乓球女队主教练张燮林来电致贺。

海上世界股份有限公司上海分公司总经理王根清在签字仪式上讲话，龚学平、周慕尧等市政府负责同志到场祝贺上海市第一个职业体育俱乐部成立

12月19日

□ 为推动和发展本市基层乒乓球群众性活动，培养后备人才，上海梅龙镇酒家经营公司和江宁路第四小学联办的上海梅龙镇乒乓球俱乐部挂牌成立。

12月24日

□ 我国乒坛名宿、中国乒协副主席郑敏之宣布成立"敏之乒乓球俱乐部"。郑敏之在成立会上说:"把心献给乒乓球事业,是我一生的追求。我想用我的真心、爱心、热心为娘家做点事情。"国家体委副主任徐寅生、虹口区区长黄跃金为"敏之乒乓球俱乐部"揭牌。专程来沪的国家体委训练局局长李富荣、中国乒乓球女队主教练张燮林、上海市体委主任金永昌及本市乒乓界人士300余人到会祝贺。田纪云、李铁映、伍绍祖、荣高棠、龚学平等为这个民办乒乓球俱乐部题词。

12月28日

□ 新近成立的上海海上世界女子乒乓球俱乐部召开会议,向新闻界推出俱乐部的有关奖惩条例。国家体委副主任徐寅生、国家体委训练局局长李富荣发表讲话:俱乐部的主要精力应放在训练上,一定要严格管理、严格训练,不能光比奖金、比待遇,首先比谁提高水平快,这样才能迅速提高上海的乒乓球运动水平。徐寅生希望海上世界女乒俱乐部做出样板,为全国乒坛提供新经验。

[注] 上海海上世界女子乒乓球俱乐部的奖惩条例规定:在第八届全运会、世乒赛上夺得冠军,除高额奖金外,还将奖励一套二房一厅或三房二厅的现代化住房;对有贡献的运动员退役后将安排合适的工作,保持优厚的经济待遇,包括为她们出国深造提供必要条件。主教练的工资总收入每月不低于1800元,主力队员每月不低于1200元。但是,对训练松松垮垮、技术水平上不去的队员,或因技术水平一高就翘尾巴,目无纪律、极端个人主义的,则会被"炒鱿鱼"。俱乐部将实行封闭与公开相结合的训练方法,

多创造比赛机会,并不定期地请乒坛行家对俱乐部队进行"会诊",并打算高薪聘请个别高水平的国手或外籍运动员加盟,最终达到提高上海女子乒乓球运动水平的目的。

本年

□ 根据时任国际乒联副主席徐寅生的提议,为广开财路,国际乒联允许世乒赛冠名。天津民营企业"大维西服"以50万美元中标,获得了南斯拉夫世乒赛的冠名权,在商界和体育界引起轰动。后因北约轰炸南斯拉夫,国际乒联决定把团体赛与单项比赛分开举行。马来西亚、荷兰两次世乒赛都以"大维西服"冠名,国际乒联和企业获得双赢。

[注] 亚特兰大奥运会时,国内生产西装的著名厂家都送来样品,竞争中国代表团的礼仪服装品牌商席位,最终,"大维西服"入选。此后,欧洲和日本的企业也开始与国际乒联合作。国际乒联有了钱,就可以帮助一些协会开展乒乓球运动,对欧洲个别有培养前途的女运动员进行重点培训。

□ 因南斯拉夫乒协的邀请,黄锡萍、陈宝庆夫妇赴南斯拉夫任教。俱乐部很信任他们,整个训练交给了中国来的教练。

1994年

1月10日

□ 为对上海乒乓球事业发展尽力,曾出过国手张燮林、杨瑞华的上海汽轮机厂主办了上海"汽轮杯"乒乓球邀请赛,有上海体工队、上海武警队、华东理工大学队等参赛。

上海"汽轮杯"乒乓球邀请赛印刷品

1月16日(至23日)

□ 由上海市乒乓球协会、海上世界股份有限公司上海分公司联合主办的1994年上海市"海上世界杯"乒乓球公开赛在市体育宫拉开战幕,此为本市新一年的第一项全市性、大规模的体育竞赛。代表本市最高水平的上海海上世界女子乒乓球俱乐部队、上海男子乒乓球队、港务一队、邮电一队、前卫一队、武警一队、上海体院一队、华东理工大学神谷一队和日本青森山田学院青少年乒乓球代表队等25支男、女劲旅参赛。经过激烈的交锋,上海队、邮电队、上海青年一队分获男子团体前三名;女子团体冠、亚军由华东理工大学神谷一队包揽,港务一队获第三名。

1月23日

□ 在本市最高水平的上海市乒乓球公开赛上,上海"海上世界"女子乒乓球俱乐部队的团体成绩排在第五位,且没有队员进入女子单打前三名。为此,记者在赛场上访问了上海海上世界女子乒乓球俱乐部主教练花凌霄。

[注] 花凌霄向记者谈到其成绩不理想的原因时认为:一个原因是该队成立才一个多月,系统训练不够。队员年龄小,最大的才17岁,没有参加过全国比赛;另一个原因是华东理工大学神谷一队引进了高水平的选手。年轻队员能和高水平选手交锋有好处。现在准备采取"两条腿"走路的方针,一是目前在国家队里的唐薇依争取能打到第八届全运会,二是在年轻的队伍中能出一两个尖子,将来可新老结合。这次虽输了球,但队员们有着强烈的责任感,我们都感到一个企业把队伍救活了,应该更有信心,向严格管理、严格训练要成绩。

1月24日

□ 为适应乒乓球裁判水平与国际接轨的趋势,迎接在我国天津举行的第43届世乒赛,改变目前本市国家级、国际级裁判平均年龄超过45岁的状况,上海乒乓球协会决定将向社会招生,面向大专以上文化层次较高的裁判员举办训练班,逐步使裁判队伍年轻化。

1月29日

□ 最近,国际乒联对乒乓球比赛规则作了修改,有读者来信询问修改情况。对此,中国乒协裁判委员会副主任、上海交通大学体育系主任孙麒麟教授作了解答。

[注]孙麒麟说，在哥德堡举行的第42届世乒赛代表大会上曾提出上百个提案，这些改革涉及乒乓球技术优势的转移，也关系到乒乓器材商的利益等，所以这类提案一概推迟到下届天津代表大会再讨论，并在1996年亚特兰大奥运会之前不执行新的规定。当然，也有两项规则修改，一是取消了拦击，二是禁止使用液体粘胶剂，并于8月1日起正式执行。同时，规则对运动员的作风提出严格要求，凡是冒犯观众、对手、裁判的都要判罚，如在同时出示红、黄牌罚一分后，不良行为继续发生，裁判员可再罚一分，如两次判罚仍不能阻止，裁判长将出示红牌取消运动员的比赛资格。而裁判员如执法不公或出现严重错误，竞委会将予以警告或采取其他惩罚措施。

□ 上海球拍厂和香港年发置业有限公司合资建成上海华兴体育器材有限公司。国家体委副主任徐寅生专程来沪为该公司揭牌。徐寅生宣布：明年在天津举行的第43届世乒赛正式用球是上海生产的"PF4红双喜"乒乓球，乒乓球台则采用广东的双鱼牌。

2月7日

□ 上海海上世界女子乒乓球俱乐部组织运动员的家长参观运动队的生活和训练。家长们看到运动队的宿舍十分整洁，都有彩电、空调、卫生设备时表示："孩子交给你们训练，我们绝对放心，希望你们对孩子要严格训练，加班加点都可以。"唐薇依和何琳虽在国家队训练，她们的妈妈也赶来了。海上世界女子乒乓球俱乐部请这批"特殊客人"和队员、教练一起吃早年夜饭，主人举起酒杯，希望家长们继续关心队员的成长，共同把上海的女乒水平提高到一个新的阶段。

2月9日

□ 世界冠军张德英赴美八年后回上海过年了。与乒乓球打了30年的交道后,张德英开始转向。她说:先后去过20多个国家和地区,总感到故乡最亲,发展前途最好,所以,想着要回报故里。而最终的目标是为发展故乡的体育事业做出微薄的贡献。

3月9日

□ 培养过乒乓球世界亚军卜启娟、高级教练王莲芳等名将的丁树德教练,在树德鱼翅海鲜酒楼挂牌成立"树德乒乓球训练中心"。担任训练中心总教练的丁树德说:我搞酒家是为了赚钱,但赚了钱还是为了乒乓球训练中心,既要培养乒坛幼苗,又要为中老年爱好者提供乒乓球活动场所。

3月13日(至14日)

□ 第一届"海上世界杯"全国乒乓球精英赛在黄浦体育馆开战。由张燮林、蔡振华两教头率领国家队的邓亚萍、乔红、刘伟、乔云萍、马文革、王涛等来沪参战。上海籍国家队队员唐薇依及何琳将代表海上世界乒乓球俱乐部参加角逐。上海市乒协副主席、海上世界股份有限公司上海分公司总经理王根清说:我们不惜重金邀请顶尖国手来沪比赛,是为了使上海的乒乓球爱好者及时了解国手的最新球艺,同时也为海上世界乒乓球俱乐部运动员提供可贵的观摩机会,激励他们以优秀国手为榜样,刻苦训练,重振上海乒坛昔日雄风。乒乓球爱好者可凭单位介绍信到黄浦体育馆领取入场券,欣赏13日下午和晚上的比赛。比赛结果为:唐薇依、何琳组成的海上世界乒乓球俱乐部一队获得团体第四名。

3月

□ 国务院副总理、上海市原市长朱镕基访问大阪,接见了何智丽一家。朱镕基对何智丽的公公小山藤兵卫说:你是大阪府的中日友好协会会长,如今你的家庭又成了中日友好之家,谢谢你为中日友好做了许多工作。

4月1日

□ 为了适应我国的改革浪潮,国家体委已同意撤销乒乓球处,成立实体性的全国乒乓球管理中心。该中心独立经营,并将成立公司。中心的主任将由国家体委训练局局长李富荣担任。

4月4日

□ 中国乒协秘书长程嘉炎在沪宣布:经国际乒联批准,"红双喜PF4乒乓球"定为1995年第43届世界乒乓球锦标赛

徐寅生、李富荣、梁友能、程嘉炎等专程来沪出席庆祝活动

的指定用球。这是"红双喜"乒乓球继第26届世乒赛以来,又一次走上世乒赛的球台。国家体委副主任、国际乒联副主席徐寅生、国家体委训练局局长兼全国乒乓球管理中心主任李富荣专程赴上海乒乓球厂致贺。上海市副市长龚学平书面致贺乒乓球厂再接再厉,不断进取,为"红双喜"乒乓球享誉全球再创辉煌。

［注］徐寅生在贺词中说:针对第43届世乒赛比赛用球,中国乒协采取了向国内外广泛招标,许多外商纷纷来投标,通过公平竞争,择优录取。中国乒协决定红双喜PF4乒乓球不仅作为第43届世乒赛比赛用球,同时,在第43届前的一年半时间里,将是中国乒乓球队的比赛和练习用球。希望在不久的将来,"红双喜"乒乓球能占据更大的国际市场,上海乒乓球厂成为世界一流的乒乓球器材厂。

4月14日

□ 国家体委训练局局长兼全国乒乓球管理中心主任李富荣接受记者采访,谈新近成立的全国乒乓球管理中心的构架和功能。

［注］李富荣介绍:该管理中心的办公地点设在训练局北京体育馆内,下设秘书处、训练竞赛处、外事联络处和经营开发处。它同原来的乒乓球处最大的不同是对中国乒乓球的发展全面负责。乒乓球管理中心的关键问题,还是落实到成绩能否搞上去。目前面临的难题是国家队尖子队员不多,后备力量严重缺乏。到1996年后就比较困难了,几乎看不出能挑大梁的人。男子队则更困难。乒乓球管理中心近期的主要任务就是一手抓一线队伍,一手抓后备力量。工作的重点还是要提高教练员的水平,现在不能像以前

那样连续几个月都是训练,而是以赛代练,要增加强度大的比赛。今年年初,我们已组织业余体校教练和各省市男队主教练观摩国家队的训练和世界先进水平录像片,使他们了解世界;下一步还要搞教练员的岗位培训,在职教练分批轮流参加短期训练班,确定放在上海搞,请专家、教授讲课。与此同时,管理中心要搞经营开发,争取有更多的资金为一线服务。

4月17日

□ 集工商贸为一体的上海炼东物资供应公司与上海体育运动技术学院举行挂钩签字仪式,即日起,上海乒乓球男队将以上海炼东物资供应公司男子乒乓球队名义(除国家体委规定的以省、市队名义参赛外)参加国内外一切比赛。上海市副市长龚学平、市政府副秘书长周慕尧、市体委主任金永昌参加了签字仪式。国家体委副主任、中国乒协主席徐寅生在签约仪式上讲话,赞扬上海炼东公司热情支持乒乓球事业,希望上海炼东男子乒乓球队在训练和运动水平上更上一层楼。

4月20日

□ 中国乒乓球元老孙梅英(上海籍)因脑出血去世,享年六十四岁。

4月26日(至28日)

□ 上海市第五届"海上世界杯"女子乒乓球精英赛在上海体育馆乒乓球训练馆开战。华东理工大学神谷队、上海港务队、邮电队以及海上世界女子乒乓球俱乐部队的36名女子乒乓球运动员挥拍上阵。本次比赛采用两轮循环赛制,每个运动员将在三天内打满19场球。海上世界股份有限公司上海分公司总经理王根清说：这种"以赛代练"的比赛训练法最接近大赛要求，且能检验训练效果，对运动员的意志品质、技术和体力都是很大的锻炼和考验。

4月27日

□ 中国大学生乒乓球协会与上海机械进出口公司签约合作，即日起至1996年4月，该公司每年提供10万元人民币，作为运动员的训练比赛和服装等费用。大学生乒协下属的以华东理工大学女队和上海交通大学男队为主组成的集训队，将代表中国大学生队参加第10届世界大学生乒乓球锦标赛。

5月7日

□ 来自天津市的"世乒赛宣传全国行"代表团一行46人、8辆宣传车到沪，在本市开展第43届世界乒乓球锦标赛的宣传活动。市及有关部门的领导出席世乒赛的宣传活动，并在"世乒赛宣传全国行"的百米横幅上签名。市政府在代表团携带的第43届世乒赛的会徽旗上加盖了政府印章，以示对天津市承办第43届世乒赛的支持与声援。

5月10日

□ 上海男子乒乓球队16岁的横拍小将王励勤，在日本举行的1994年亚洲少年乒乓球锦标赛上获得男子单打冠军，辽宁选手王楠获女单冠军。来自14个国家和地区的100多名运动员参加比赛。

7月3日

□ 据市体委、市教育局、敏之体育文化公司发布的消息，今年暑假，本市中小学生乒乓球爱好者可以自由报名、自由组队参加"敏之·中盟杯"上海市中小学生乒乓球比赛。这种竞赛方式在上海乒乓球比赛中属首次，也是本市暑假中小学生参加的第三大比赛。

［注］本届比赛将于8月12日至18日在上海静安体育馆举行，于7月15日至17日在静安、黄浦、闸北、卢湾、沪西、虹口体育场及徐汇网球场办理报名手续。凡本市小学三年级以上学生（包括中专生、职业高中生）均可参赛，比赛分男女团体、男女单打等四个项目，参赛者可单独报名参加男、女单项，也可自由组队（可跨校、跨区）参加男、女团体项目，市体技院乒乓队学员（包括试训运动员）一律不得报名参赛。

参加远东及南太平洋地区残运会的上海籍选手张永坚（左二）在正定基地集训基地与国家乒乓球队队员牛剑锋等的合影

7月25日

□ 中国残疾人乒乓球队正在河北正定乒乓球训练基地集训，备战远东及南太平洋地区残疾人运动会。该队主教练于贻泽（上海籍）带领7名教练，每周用两个半天进行技、战术研究，根据每名队员的特长和不足，制定周密的训练计划，并都亲自上台当陪练。每周一、三、五再把队伍带到省体校、体工队去比赛。有位上海籍队员是个体企业主，月收入有两千多元，他认为参加此次残运会机会难得，所以放弃挣钱机会，全身心投入集训。

7月27日

□ 由上海乒乓球协会和上海娄山乒乓球俱乐部主办的"'94娄山-日立杯"上海中日友好青少年乒乓球邀请赛揭幕。参加这次比赛的有来自日本广岛、福冈、大阪等市组成的5支中学生男、女队以及广东、上海的5支男、女队。比赛设男、女团体和单打四个项目。由一所初级中学承办这样的大比赛在本市尚属首次。

8月17日

□ 由市体委、市教育局、敏之体育文化公司联合举办的"'94敏之-中盟杯"上海市中小学乒乓球比赛在静安体育馆降下帷幕。因此次比赛公开报名、自由组队，参赛者十分踊跃，共有76支队的343名男、女运动员参赛。为吸引更多的观众前来观看，静安体育馆免费入场。数百名参赛选手的家长前来赛场助威。主持这次比赛的中国乒协副主席郑敏之说：成功举办本届赛事，说明上海的乒乓球有群众基础。希望这样的比赛能继续搞下去，这样，上海的乒乓球才有希望。

8月18日

□ 为使我国乒乓球运动在市场经济浪潮中有章可循，在江西新余市举行的全国乒乓球工作会议上，李富荣做了题为"加快改革步伐，促进我国乒乓球事业的进一步发展"的报告，并推出《中国乒乓球协会俱乐部章程》《中国乒乓球协会会员制章程》等系列方案，就运动员注册制、俱乐部制和人才流动等作出规定。

[注1] 李富荣说：国家体委乒乓球管理中心成立两个月来，在新的形势下，以改革为先行，真正把乒乓球运动管理好、领导好。对运动员实行注册，主要目的是确立运动员的代表资格和隶属关系。因为近几年出现一些矛盾，在一些经济发达的城市缺乏乒乓球人才，而在一些人才多的地方，经济比较落后，实行注册的办法可以调动各省市的积极性。如12岁到13岁的注册运动员，其他省市不能随便抽调；而没有注册的12岁以下的运动员可以让经济发达的城市抽调。对于运动员的注册，在中国乒坛历史上也是首次施行。

同时，我国一些俱乐部制度也是在市场经济机制转换下出现的，但发展方向不可能像资本主义国家。但我仍主张俱乐部不能完全靠企业"吃"下来，和省市队不要脱钩。这样的规模，人数少一点，企业的负担也轻一点，俱乐部生命力才长久。发展乒乓球运动，以积极的方式留住人才，还是要依托国家和社会的双重力量，提倡企业和个人创办乒乓球俱乐部，形成优秀运动队和俱乐部等多种形式并存的体制。如运动员在全国锦标赛和全运会中代表本省市，但在其他比赛中也可代表俱乐部。允许他们有双重身份，这样才能使乒坛事业兴旺发达，有利于留住人才。这些在俱乐部制的章程草案中，对俱乐部的注册、运动员的收入、转会等都有明确规定。

关于运动员出国打球的问题，挡是挡不住的，但怎么把这项工作管起来，立个法，如在年龄上规定男28岁、女25岁，运动员出国打球要给中国乒协交钱，如何交钱，也作具体规定，如奥运会冠军退役后出去打球可不交钱，世乒赛冠军只交10%，亚洲冠军则交30%，这样做可鼓励运动员向更高的目标进军。再一个看在国家队训练的时间长短来确定交费的多少，鼓励运动员为国家出力。对青少年后备力量的培养和教练员的轮训制及提高教练员的待遇，尤其要奖励最基层的启蒙教练等都将有章可循。改革方案进一步作修改后出台，将于明年起正式实施，这必将给我国乒坛的发展带来新的契机。

［注2］中国乒乓球领队姚振绪参与起草了有关章程，具体内容还有：打进全国比赛前八名的运动员调国家队，青年赛冠军调国家队，青年、少年比赛前几名调国家二队等。制定目标的标准，一是保持乒乓球的优势和领先水平；二是留住人才，提高运动员的待遇。

8月20日（至29日）

□ 1994年全国乒乓球锦标赛在江西新余市开赛。经过五天的角逐，上海男队在决赛中以1比3负于解放军队，获得团体赛亚军。在此后的单项比赛中，冯喆获得单打亚军，丁松与四川女队张凌合作获得混双亚军。

9月5日

□ 在第六届远东及南太平洋地区残疾人运动会上，中国女子轮椅乒乓球队夺得TT5级团体赛冠军。该队由韩伟珍（上海)、袁立人(湖南)、李冰(广西)三位选手组成,主教练为金泰荣(上海)。

9月12日

□ 国家级乒乓球教练员于贻泽被评为参加第六届远东及南太平洋地区残疾人运动会中国代表团的"十佳教练员"。

于贻泽(中)率领中国队在第六届远南残疾人运动会上夺得多枚金牌

9月30日

□ 上海乒乓球运动曾有过世界水平的历史,甚至有一种说法:"国家队就是上海队。"但现在中国男女队在参加世界大赛团体赛中已没有上海选手。上海乒乓球运动为什么会出现人才断层的状况?原因很多。最近,上海乒乓球队总教练杨瑞华指出,要从技术和训练上有所突破。

[注] 杨瑞华说:其一,上海选手打法上落后,缺乏主动进攻能力,特别是在青少年比赛中,好多运动员还是搓来搓去,比谁失误少来取胜,因此在打法风格上不改变是很难成为世界尖子的。其二,技术上没有特色。徐寅生的怪球发球、李富荣的转与不转、屠汉刚的侧上下旋以及我的急下旋球等,推挡速度快,落点刁,正手攻球力量大,并能声东击西,都是过去上海选手的特色,可是现在这些传统没有人继承,新的打法也没有出现。其三,训练方法陈旧。以前训练只要打好下旋球,基本可以过世界关。进入90年代,弧圈球占上风,训练内容不改变,怎能适应世界潮流

呢？目前上海的训练基本上还是五六十年代的老一套，以推挡陪练和下旋转陪练为主要手段，战术训练缺乏针对性。其四，训练体制有问题。过去上海训练为四级网，现在是二级网，过去分技术水平，一级一级上，现在是一锅端，区体校的队员到了市队的招收年龄就能进队，而不是从水平上到位进入上海队，所以好多运动员进了队，三四年不出成绩，训练体制不改变，人才培养就会脱节。

10月11日

□ 出席日本广岛亚运会的中国体育代表团副团长徐寅生指出：中国乒坛要汲取国际先进技术，培养后备力量，切忌眼高手低。

［注］徐寅生说：中国乒乓球界应当认真研究对手的变化情况。我们在后备力量的培养上明显地存在着一些不容忽视的问题。现在对一些小选手还是按照老一套的办法，有些甚至是60年代的训练水平。在目前高水平的争夺中，对手往往只给你"搓一板的机会"，而我们的一些队员，似乎还是那种"四平八稳"的打法。自70年代欧洲总体型的弧圈球打法逐步占了上风之后，我们缺少认真的研究。其实，我们一些水平比较突出的选手，如梁戈亮、蔡振华直至今天的马文革、王涛等，都不是60年代直板快攻型打法的选手。从目前来看，在下届奥运会上男选手要从单打上取得突破难度较大，因此主攻方向定在双打一项上。同时，现在的一些年轻选手在意志品质上显得比较脆弱。

10月12日

□ 广岛亚运会乒乓球比赛中，"海外兵团"成了中国女队的主要对手。中国乒乓球女队主教练张燮林认为,中国乒乓球选手应该提高自己的实力与心理素质,有效应对"海外兵团"的挑战。

[注]张燮林说:虽然"海外兵团"的一批选手,反过来为其他国家和地区争金夺银,我们心里多少有点不平衡,但不论怎样,他们使用的技术都是我们的,从广义上说,这也是中国对世界乒乓球运动发展的推动。再说,人各有志,不可强求。如果他们认为去什么地方发展更合适,就去什么地方发展好了。当初这批选手从国内少体校到省队或国家队,都是中国教练一手培养的,现在他们与中国选手对阵,一是比较熟悉,二是没有包袱,打起来放得开手脚。凭"海外兵团"目前的实力和状态,到1996年亚特兰大奥运会时他们仍然是中国选手的一大威胁。因而对付他们,中国选手一方面要加强心理素质训练,同时要提高自己的实力,在水平上高出对手一截。

10月13日

□ 日本选手何智丽在广岛亚运会乒乓球女子单打决赛中,以3比1战胜邓亚萍获得冠军,结束了日本在此项目上十几年与亚运会金牌无缘的历史。

10月14日

□ 上海《解放日报》就广岛亚运会赛事采访中国乒乓球协会主席徐寅生和中国乒乓球队男队主教练蔡振华。

[注]徐寅生说:何智丽取胜这样的结局没什么不好。日本乒坛很久没有兴奋过了,以此促进一下他们这项运动的发展,是会有好处的。蔡振华说:她们过去曾是队友,教练把技艺无私地传

授给她们，但现在其中一位调转了"枪口"，让人很不是滋味。我们现在要从长计议，自身在技术上不断创新，才能立于不败之地，而不要纠缠于"过去是队友，现在是敌手"这种初级问题上。

□ 中国体育代表团副团长李富荣谈我女乒单打失利。

［注］李富荣说：乒乓球女单失利，反映了我们训练水平一般化的问题。猛击一掌，敲响警钟是件好事。邓亚萍和乔红在技术上都是在相持阶段退台后能力明显不及何智丽。此外，关键时刻心理承受能力不够。30岁的何智丽打出这样的水平很不容易。我们赛前对她的技术进行了一些分析，估计有些不足。何智丽的防守比她在国内高水平时还要好。我们主要靠男队员陪练，而这种陪练同她们直接交手并不一样。我们女队的危机感较少，对人家、对自己都缺少研究。这样的话，一定有一天会被打败。

□ 张燮林就广岛亚运会的比赛，对《光明日报》记者发表谈话。

［注］张燮林说：何智丽发挥得很出色。这样的较量今后还会有。作为中国选手，首先要把心理因素调整好，在技术上要放开打，甚至要超水平发挥，才能战胜过去的"队友"。现在看，到亚特兰大奥运会时，这种威胁依然存在，也不会是何智丽一个人。到那时，中国选手不能在技术实力上超过对手，缺少一定的心理承受能力，那么奥运会的比赛难度会更大。

□ 上海《新民晚报》发表文章《国家体委副主任刘吉谈小山智丽夺冠》。

［注］刘吉说：何智丽嫁给日本人，加入日本籍，代表日本打球，这是法律允许的，也符合比赛规定，无可指责。她已经三十岁了，还能战胜我们正值盛年的名将，这是很不容易的，她的那种拼搏精神值得尊重。

10月16日

□ 张燮林就广岛亚运会的比赛接受广州《羊城晚报》记者的采访。

[注] 张燮林说：邓亚萍的这场球，对手并没有多少主动得分，大多是邓亚萍自己失误送的。她没有把握好，说来也是心理上的一种障碍。其实，这也很正常。当初齐宝华、陈丹蕾首次代表香港出赛，我们的队员全输给过她们，这种心理很复杂。输过一次后，我想她们的心态就会找到平衡。所以，我认为这次亚运会输球并非就是坏事，起码对于明年的天津世乒赛来说是件好事。

10月29日

□ 在第49届国民体育大会上，日本天皇对中国乒协主席徐寅生说：中国为日本培养了一名亚运会冠军。

11月5日（至7日）

□ "美孚一号"亚洲女子乒乓球明星赛在静安体育馆举行。结果，邓亚萍、乔红和代表香港、台北的齐宝华、陈静进入四强。乔红再胜邓亚萍夺冠。国家体委副主任徐寅生、国家体委训练局局长、乒乓球管理中心主任李富荣、上海市体委副主任祝嘉铭向前三名优胜者颁发奖杯。美孚石油公司赞助商向前三名颁发5400美元、3000美元、2000美元的奖金。

11月7日

□ 徐寅生飞往日本东京，代表中国乒协专程去参加国际乒联主席荻村伊智朗先生的追悼会。徐寅生还撰文《萦怀乒乓 奋斗一生——悼念荻村伊智朗先生》。

11月27日

□ 号称"小世界杯"的斯堪的纳维亚比赛在瑞典诺尔雷平市结束,中国选手丁松连胜小塞弗、金泽洙等名将后,在决赛中以3比1战胜普里莫拉茨获得男子单打冠军,奠定了在国家队的主力地位。

12月9日(至11日)

□ 由亚洲乒乓联盟认可,中国乒乓球协会主办,得到了日本日立集团赞助的"亚洲杯"乒乓赛在静安体育馆拉开战幕。来自澳大利亚、印度、日本、韩国、马来西亚、新加坡、中国台北和中国的29名好手展开角逐。结果,林志刚、乔红分获男、女单打冠军,并各得6000美元的奖金。

12月12日

□ 中国乒乓球女队主教练张燮林谈"迎接新的考验"。

[注]张燮林说:屈指算来,自从90年代中国女队出了邓亚萍、乔红后,在培养有希望的新秀上便处于停滞状态。而在此前的80年代由曹燕华、童玲开始,到何智丽、戴丽丽、焦志敏,再到陈静、陈子荷,一直是新手连连涌现,尖子一个个冒出。由于缺乏新生力量,就无形中加大了邓亚萍、乔红的压力,一些年轻队员也相应缺少了锻炼的良机。现在,又有几个小将顶上来,她们中有王楠、杨影、李菊、王晨等,都是打法主动、速度快,不足之处是力量不够,步法不好,直拍、削球者太少,还需要精雕细琢。随着欧洲女队中出现男子化力量型凶狠打法后,中国女队也受到冲击。我们既要对付亚洲的球队,又要应付欧洲队,还要面对"海外兵团"的挑战,所以必须痛下决心,发愤苦练。再过

两天,中国乒乓球队就要开赴河北正定,全力以赴封闭式的冬训,迎接明年世乒赛的考验。

12月26日

□ 何智丽获得1994年全日本乒乓球锦标赛女子单打冠军。她说:拿冠军真难啊,我拼到了最后。她表示下一个目标是在天津举行的世乒赛上夺冠。

本年

□ 应泰国政府聘请,上海交通大学教授孙麒麟被教育部选调,担任中国援外体育专家教练组组长,前往泰国执教国家青少年乒乓球队。孙教练所带队员荣获泰国乒乓球女双冠军、女单亚军,并入选泰国国家队参加第12届亚锦赛。

□ 受新加坡乒乓球总会的邀请,黄锡萍、陈宝庆夫妇来到

黄锡萍(左)手把手地辅导新加坡中小学生

新加坡。黄锡萍任新加坡少年队教练和立化中学、联华小学的教练。白天出任基层学校的教练，晚上带训少年队。后来，二人向新乒总提请辞职，准备"三进"南斯拉夫。

1995年

1月2日

□ 为纪念毛泽东对徐寅生《关于如何打乒乓球》的批示发表30周年，经中国人民银行和国家体委批准，天津市银海纪念币总汇和中国乒协联合发行纯金纪念币。该纪念币正面图案为毛泽东同志打乒乓球及批示的标题和签名手书，币内圈有80个球，象征着我国乒乓球健儿在世界级比赛中荣获80个冠军。纪念币含金成色99.9%，直径22毫米，重量四分之一盎司，总发行量为1000枚。受中国乒协和天津市银海纪念币总汇委托，海上世界股份有限公司上海分公司承办发行500枚（其中200枚在香港发行）。纯金纪念币每枚2600元。

1月3日

□ 中国乒乓球男队在第43届世乒赛前最后一次的冬训中提出口号："战胜瑞典，重振雄风。"国家体委副主任徐寅生出席动员会，并发表讲话。

[注]徐寅生说：离天津世乒赛只有4个多月了。冬训年年有，但年年有不同意义，今年的冬训更有紧迫感。继1961年在北京举办世乒赛以来时隔34年了，这是在我国第二次举办世乒赛。我们要抓住天时、地利、人和的有利因素，机不可失，时不再来，要拿出比平常更刻苦的精神来，要把训练质量提高到一个新的水

平，力争在天津世乒赛上打"翻身仗"。

1月9日

□ 中国乒乓球女队进入冬训，提出了"争取在第43届世界乒乓球锦标赛上获全面胜利"的口号。总教练张燮林接受记者的采访。

［注］张燮林说：我们在上届世乒赛上失去了女单金牌，这次要确保女团、女单、女双、混双4枚金牌一枚不失。尽管我们的技战术仍是一流的，但这些年来"保冠军"的思想反倒使队员背上了心理包袱。为彻底扫除这一障碍，这段时期的冬训有针对性地加强了心理素质训练。从目前情况来看，新老队员都有了不同程度的进步和提高，她们决心为挽回荣誉而战。至于来自"海外兵团"的压力，只要以平常之心去迎战，一定能胜之，根本没有必要去对这些并不陌生的前中国队选手进行"针对性训练"。

1月12日

□ 下午，为纪念毛泽东就徐寅生《关于如何打乒乓球》的批示发表30周年，中国乒协在沪举行各界人士参加的大型座谈会。中国乒协主席、国家体委副主任徐寅生，中国乒协副主席、国家体委训练局局长李富荣专程从北京赶来。徐寅生说，上海是乒乓球发源地之一，为我国乒乓球事业做出了卓越的贡献，今天我们召开座谈会的目的是缅怀毛泽东等老一辈党和国家领导人对体育事业的关心和支持，提倡运动员、教练员要更好学习掌握辩证法。座谈会后还举行了纪念金币首发仪式。徐寅生、李富荣为许多购买者签名留念。

座谈会场景

□ 在日本举行的第三届全球青少年乒乓球锦标赛上，王励勤获得男子单打冠军。

2月11日

□ 中国乒协致函中国台北乒协，邀请台北选手与我选手配对参加第43届世乒赛的男子双打和混合双打比赛。

2月13日

□ 国际乒乓球联合会在伦敦公布了世界男、女乒乓球选手前十名的最新排位，比利时的塞弗和中国的邓亚萍分列男、女榜首。其中唐薇依列第八，小山智丽（日本）列第七。

2月21日

□ 中国台北乒乓球协会致函中国乒协，由于时间短促等原因，不能安排选手配对参加第43届世乒赛。

3月6日

□ 针对我国乒乓球人才不合理的外流现象，中国乒乓球管理中心出台《关于中国籍乒乓球运动员、教练员接受境外聘请并参加境外比赛的暂行规定》。该规定已发至各省、市队，并从今年起正式执行。

［注］据中国乒乓球管理中心有关负责人的信息，《暂行规定》除重申运动员出境年龄（男28足岁、女25足岁）限制外，还规定接受境外聘请的运动员、教练员须向中国乒协提出书面申请，并提交所在单位和聘用单位书面函件；未经中国乒协和所在国家和地区乒协批准，中国籍运动员、教练员不得在境外参加比赛。对于擅自应聘去境外从事乒乓球运动和技术活动者，中国乒协将注销其注册，并对其所在乒协或俱乐部予以罚款等处分。乒乓球管理中心还专门制订了《关于中国籍乒乓球运动员、教练员赴境外转会费的规定》。按此规定，将根据出境运动员、教练员的合同收入及以往的贡献，收取数额不等的转会费。申请出境打球者也必须向中国乒协交纳一定数额的手续费。这样对人才不合理流动可有所遏制，并鼓励运动员多为国家做贡献。

3月7日

□ 为促进海峡两岸体育文化交流和乒乓球运动的发展，中国乒乓球协会致电中国台北乒乓球协会，邀请中国台北队来北京、四川等地，与中国乒协的运动员共同训练。中国乒协表示，真诚希望两会能加强合作，增进交流，共同促进世界乒乓球运动的发展。

3月13日

□ 由海上世界股份有限公司上海分公司主办的第六届"海上世界杯"女子乒乓球精英赛开战。海上世界乒乓球俱乐部队、港务队、邮电队、上海交通大学队、华东理工大学队及武警队共45名女选手参赛。此为本市女子最高水平的比赛。主办单位把这次比赛作为每季度的定期赛制，且采用分组大循环赛，使每个运动员至少可打20场球。比赛结果是，参赛的选手没有一个保持全胜战绩的，港务队秦建红获得冠军。

3月22日

□ 从100万只标准球中挑选出的2万只橙色的红双喜PF4乒乓球，作为第43届世乒赛的指定用球将运往天津。这是红双喜乒乓球继第26届世乒赛后，时隔30多年，第二次跃上世界大赛的球台。为此，上海乒乓球厂抽出最好的技术人员组成攻关领导小组，牢牢把住质量关。如球的重量用天平一只称，国际乒联允许有0.3克重量差，实际上控制到0.01克之差；球的圆度偏差控制在不到一根头发丝那样细；为使球既旋转又不抖、不飘，工人们特地设计了旋转测试仪，检验每一只球。

3月23日

□ 中国乒乓球协会正式公布了参加第43届世乒赛的中国队男、女运动员名单，共12名男选手和15名女选手。其中上海籍男运动员有丁松和冯喆，女运动员有何琳。

3月26日

□ 上海《青年报·生活周刊》发表中国乒乓球协会主席徐寅生的文章《对"海外兵团"不必非议》。

3月

□ 徐寅生编著《我与乒乓球》一书由中国社会科学出版社出版。

4月6日

□ 国家体委副主任、中国乒协主席徐寅生接受记者采访，谈即将开幕的第43届世乒赛。

［注］徐寅生说：中国男队还是有希望的。我队主将马文革有伤，但年轻小将孔令辉、刘国梁的表现不错，王涛的状态比较稳定。特别是在家门口比赛，只要放下思想包袱，正常发挥水平，相信能夺得理想的成绩。对于女队，因朝鲜队不参加，使中国队少了一个对手，韩国队和香港队是强队，加上欧洲实力正在大幅度上升，还有"海外兵团"的威胁，中国女队绝不能掉以轻心。徐寅生还透露：国际奥委会很重视两年一届最高水准的世界乒乓球锦标赛，国际奥委会主席萨马兰奇有可能来天津出席闭幕式。

4月11日

□ 应中国乒协的邀请，中国台北女队来蓉与四川队合练备战世乒赛。中国台北女队的4名选手，除崔秀里外，陈静、徐亮和童飞鸣都曾在中国国家队服役。其中，陈静在上届世乒赛上代表中国台北队获得女单亚军。

4月13日

□ 应上海人民广播电台之邀，旅居德国的世界冠军曹燕华来沪参加"空中体坛杯"海内外乒乓球明星表演赛。继而，受中国乒协的邀请，去天津观摩世乒赛。曹燕华夫妇已去德国八年，如今回国，赞叹上海的发展。曹燕华感慨地说：我毕竟打了23年的乒乓球，不打球心里总有一种失落感。我一直在想，为钟爱的乒乓球事业，为上海做一点事，初步设想还是从乒乓球着手，在上海搞一个职业俱乐部。

[注]曹燕华和施之皓回到上海后，虹口区区长黄跃金对曹燕华说："看到上海的变化有多大了吧？你们的优势应该在国内，是否考虑一下回国发展呢？"曹燕华下决心回国。

4月21日

□ 应上海人民广播电台世界冠军上海行"空中体坛杯"海内外乒乓球明星表演赛之邀，乒坛名将焦志敏专程来沪。焦志敏说，她第一次拿全国单打冠军，就是1983年在上海举行的第5届全运会上，以后每次都来沪参加"红双喜"乒乓球赛，对上海有着特别深的感情。

□ 晚，来沪"空中体坛杯"海内外乒乓球明星表演赛的前世界冠军，在奥林匹克俱乐部宴会厅与新闻界见面。其中有现任北京国际乒乓球交流中心主任的郗恩庭和旅居海外的郭跃华、焦志敏、滕毅以及上海籍的张德英、倪夏莲、曹燕华夫妇。倪夏莲是带卢森堡乒乓球队来参加第43届世乒赛的（教练兼运动员）。她说这次能回上海要比以往探亲更高兴。这次参加天津世乒赛，虽然自己还能赢球，但更希望中国队能拿冠军，这也是作为一个中国人的骄傲。

4月23日

□ 下午，"空中体坛杯"海内外乒乓球明星表演赛在普陀体育馆揭幕。数千名观众争睹前世界乒乓球冠军的风采。专程来沪的国家体委训练局局长、中国乒协副主席李富荣和一名少年选手为表演赛开球。八位世界冠军分成红、黄两队进行了单、双打对抗表演赛。

4月30日

□ 第43届世乒赛前夕，中国乒乓球代表团团长李富荣发表谈话。

［注］李富荣说：根据中国队的实际情况，将在全部7个项目的比赛中争取获得3—4项冠军，其中要夺男团、女团两枚最重要的金牌。男队要重新夺回已失三届的斯韦思林杯是有很大困难的。女队的情况稍好一些，整体实力是有的。女队的口号是"奉献，拼搏，从一板一球做起，夺取世乒赛全面胜利"。

5月1日

□ 下午，中共中央总书记、国家主席江泽民，中共中央政治局常委、全国政协主席李瑞环听取了国家体委和天津市委、市政府关于第43届世乒赛筹备工作的汇报。江泽民强调，我国运动员既要赛出好成绩，又要体现出良好的体育道德和精神风貌。通过比赛，把我国的乒乓球运动提高到一个新的水平。当晚，江泽民主席在新建的天津体育馆宣布第43届世乒赛开幕，李瑞环、李铁映等出席开幕式。

5月7日

□ 日本乒乓球协会正式通知第43届世乒赛组委会，小山智丽因患急性肠炎将不参加本届世乒赛的比赛。

□ 在为期两天的第43届世界乒乓球锦标赛团体赛中，中

1995年5月7日,曾为中国乒乓球事业做出贡献的几代乒坛宿将从世界各地聚集天津来观摩第43届世乒赛。图为老运动员们在天津体育馆门前留影,前排右四、右五为上海籍名将郑敏之、林慧卿

国女队以3比0战胜由年轻新秀担纲的韩国队,第十一次夺得考比伦杯;中国男队在决赛中以3比2击败瑞典队,夺回了失去三届的斯韦思林杯。上海籍运动员丁松在第三盘赢下了关键的一分。

[注1]在男团决赛前,教练组研讨第三号人选是否用丁松时犹豫不决。晚上七时开战,下午五点钟还未最终决定。李富荣团长向庄家富等教练征求意见:是出丁松还是出刘国梁?庄建议出丁松。最后,主教练蔡振华拍板出丁松。丁松在1比1势均力敌的情况下,击败卡尔松,使中国队大局领先。在庆功宴会上,王浩说,"丁松这个名字起得好,专门盯着卡尔松",逗得大家哈哈大笑。

[注2]丁松自述:我有过不想打决赛的念头,因为怕输在自己手里。决赛前,蔡导到房间问我是什么感觉,我说基本居下风。

第43届世界乒乓球锦标赛奖牌

蔡导又问打卡尔松如何，我说有60%的把握。同屋的王永刚说，你应该说全部行的，因为这是机会。陆元盛教练是主张我上场的。下午开会宣布决赛名单，名单中有我！我在休息室等待比赛的时候，腿都有点软。卡尔松在刷胶水，冲我来一个怪脸，吓我一跳。确实人到了这个时候是会紧张的。上去交手赢下第一局后，我跟蔡导说，应该问题不大，我肯定能赢了。

［注3］丁松的教练陆元盛说：运动员紧张是自然的。当时，丁松说代表中国队打决赛要是输了，只得在地上钻洞。我说，不

1995年5月8日，中国队在第43届世乒赛男子团体冠军争夺战中战胜国际乒坛的霸主瑞典队，夺回了斯韦思林杯。图为中国队教练员和运动员在领奖台上庆祝胜利，右一为上海籍选手丁松

会的，输了算我的！因为教练深知弟子个性和心理，一定要帮他确立自信心。当第二场中国队员失利时，我对丁松说：你只管把第三分拿下来，赶快跑一跑、跳一跳，体验一下场子里的气氛。结果，丁松上场后全神贯注，又削又攻，取得胜利。

[注4]上海体育科研所副所长段翔评论：1975年，在第33届世乒赛上，上海削球手陆元盛作为中国队主力，为赢得斯韦思林杯立下战功。自此以后，上海籍选手在世乒赛中国男团阵容中杳无人迹。昨晚，丁松作为中国队的奇兵出战，完胜瑞典卡尔松。丁松的胜利，结束了20年来中国男乒夺取世界男团冠军没有上海籍选手的历史。

5月11日

□ 上海籍选手丁松在男子单打比赛中，仅用38分钟直落三局，淘汰了世界排名第一的塞弗，再一次以胜绩证实了实力。赛场上，丁松多变的发球、连续的发球抢冲、低稳的削球和削中反攻，始终控制着场上的主动。塞弗始终没有找到突破丁松防线的感觉，三局比赛只领先过一次。

5月13日

□ 第43届世乒赛进入后期高潮之际，徐寅生接受记者采访，纵论世界乒坛新格局。

[注]徐寅生说：中国女队目前仍在各国女队中略占上风。尽管中国队夺回斯韦思林杯，无形中加重了亚洲在亚欧对抗中的力度，但欧洲诸强依然不可小觑，特别是他们采用的全攻型打法代表了当今乒乓球运动发展的潮流。中国选手取胜的关键在于信心和决心。徐寅生特别赞扬了丁松在与佩尔森争夺前八名席位一仗

中敢于起板的必胜信念。当有人请徐寅生预测一下中国选手在单项比赛中将有何作为时，他表示希望中国队的成绩好于自己先前"中国不会不拿，也不会全拿"的预言。

□ 国际乒联授予朱亦念先生终身荣誉奖章。据徐寅生介绍，朱亦念先生是上海人，30年前赴加纳，热心帮助和发展加纳和非洲的乒乓球运动，获得了加纳奥委会授予的最高荣誉的奖励。这是在海外的第一个华人获此殊荣。

5月25日

□ 下午，中共中央总书记、国家主席江泽民等党和国家领导人在人民大会堂会见了参加第43届世乒赛的中国乒乓球代表团全体成员，并举行了座谈。江泽民说：我国的乒乓球运动几十年来保持长盛不衰，并雄居世界乒坛的前列，这是全国乒乓球界勇于探索，追求不懈，不断认识和掌握乒乓球的发展规律，积极创新的结果；也是发扬爱国主义、集体主义、革命英雄主义精神和艰苦奋斗、实事求是、胜不骄败不馁精神的结晶。这种锐意进取、为国争光的精神和经验是个宝贵的财富。

6月4日

□《文汇报》报道：我国乒乓健儿在第43届世乒赛上囊括全部七项冠军，可喜可贺。却闻沪上一乒乓球爱好者三天走遍俱乐部、文化馆难觅一张乒乓球桌。乒乓室变成了卡拉OK室，体育馆变成了大商厦，运动场变成了娱乐场、停车场。究其原因，说白了就是有钱可赚。报道认为：体育场所本姓"体"。当然，发展大众体育事业需要政府投入，但更需要社会方方面面的扶助。要大众事业大众办，此举倘若有望，沪上球桌难觅之状也许就会有所改观。

□ 长宁区政府利用新实行的双休日制，为机关干部提供锻炼身体的机会，组织了首届"伟恒通杯"乒乓球大赛。共有31支基层队的300多名机关干部报名参赛，经过20多天角逐，长宁区司法局队获得团体冠军。

6月7日

□ 自1995年4月26日起，中国人民银行在全国发行第43届世乒赛纪念币一套（一枚），面值1元，发行量为1000万枚。这引起许多体育爱好者和集币爱好者的兴趣，奔走了许多银行，不见出售这种流通纪念币。日前，记者在肇嘉浜路钱币交换园地却见到一卷卷（每卷50枚）世乒赛纪念币，一枚面值1元的纪念币标价已达到3元；在一些个体经营商店，这种纪念币的售价高达4.5元、5元。

6月12日

□ 长期以来，"红双喜"乒乓球、球拍以及乒乓台、网分属于四家企业，难以形成整体优势。最近，上海文教体育用品总公司决定以上海乒乓球厂为"龙头"，组建集团化的上海红双喜体育用品总厂，将名牌优势与集团优势融为一体。新成立的上海红双喜体育用品总厂按现代企业制度模式构架。总厂具有经营决策中心、利润中心、开发中心、资产管理中心和信息中心的功能，下属四个分厂则成为生产中心、成本中心和质量中心。上海红双喜体育用品总厂的战略目标，是成为世界级的体育专业用品公司。总厂还组建了国际部，重点开拓国际市场，"红双喜"乒乓球的出口大幅度增长，目前处于供不应求状态。

6月21日

□ 上海市体委举行表彰大会，奖励在第43届世乒赛上为中国男队夺得团体冠军立下功劳的丁松一套住房，并申明如果丁松在明年奥运会上再取得优秀成绩，住房面积将再扩大。表彰会还向首次参加世乒赛战胜刘南奎等名将的冯喆和国家队上海籍教练陆元盛颁发了奖金，奖励对象还包括培养丁松有功的启蒙教练等。丁松表示：成绩已成为过去，我必须对自己高标准、严要求，树立更高的奋斗目标。

7月9日（至15日）

□ 上海市"海上世界杯"女子乒乓球精英邀请赛在新落成的海上世界乒乓球俱乐部七宝训练基地开幕。解放军队、浙江队、江苏队、安徽队、山东队及上海海上世界乒乓球俱乐部队、上海港务队、上海邮电队和上海武警队等16支女队参赛。团体赛采用"考比伦"杯赛制。比赛结果是，海上世界俱乐部一队以6胜1负战绩夺得团体冠军。解放军队王越古凭借快攻结合弧圈打法以全胜战绩夺得女单冠军。

7月12日（至24日）

□ "敏之-江宁（南京）杯"上海市中小学生乒乓球锦标赛在黄浦体育馆揭幕，共有198支男、女球队946名运动员参赛。本届比赛设男女团体和男女单打四个项目，分设高初中和小学三个组别（继续采取公开报名，自由组队，凡本市中专、技校、高初中学生及小学三年级至五年级学生均可报名），为本市最高级别的中小学生乒乓球赛事。开赛前，主办方邀请了乒坛名宿杨瑞华、郑怀颖等对中小学小选手进行辅导，黄浦体育馆则免费提供场地。赛后，比赛发起人、中国乒协副主席、敏之体育文化交流中心主任郑敏之发表了感想。

［注］郑敏之说：两次举办"敏之杯"乒乓球比赛了，水平有所提高，参加人数近千人，达到了我们要把冷冻的中小学乒乓球活动融化开来的目的。从比赛的全过程看，上海青少年的乒乓球水平比全国青少年的水平低，即使是冠、亚军决赛，球员在场上的气质不够，灵气欠缺，动作不够舒展，不是大刀阔斧主动上前。小学、初中组选手的动作规范性比高中组好，高中组选手大部分是业余爱好者，这也体现了重在参与的精神，有了普及才有提高。如何在竞赛上缩小高中、初中、小学之间的差距，缩小本市与全国水平的差距，希望有关职能部门重视起来，也希望行家、教练多到基层看看，好苗子往往是在普及中发现的。

7月19日（至22日）

□ 由中国大学生体育协会主办，来自全国的9个省、市15所大学共62名男、女乒乓球选手，云集华东理工大学，参加在该校体育馆举行的中国大学生（嘉善杯）乒乓球优秀选手比赛。这次比赛将充实调整中国大学生乒乓球代表队，并将组队参加全国乒乓球锦标赛。

8月6日

□ 上海男子乒乓球在中国乒协杯团体赛决赛中以3比2力克辽宁队，获得男子团体冠军，这是上海男子乒乓球队30年来首次获得冠军称号。

8月8日

□ 中国乒乓球队批准一批现役世界冠军前往德国、日本，加盟当地职业俱乐部队，并参加联赛。其中有第43届世乒赛男单冠军孔令辉以及王涛、马文革等三名男选手，乔红和乔云萍两名女选手。中国乒协此举是使现役国手有更多机会接触欧洲选手，实际上也有利于防止人才外流和延长运动员的运动寿命。根据规定，在世界重大比赛时，这些运动员仍将代表中国出战。

9月13日（至20日）

□ 1995年全国乒乓球锦标赛在武汉洪山体育馆拉开战幕，国家队名将均回队参赛。拥有丁松、冯喆、王励勤的上海炼东一队战胜江苏队进入团体前四强。上海海上世界女子乒乓球俱乐部一队负于四川队，失去了进四强的良机。上海男队在决赛中以2比3负于解放军队，获得全国亚军，其中17岁的王励勤以2比0胜刘国梁，1比2负于王涛，受到行家的称赞。在单项男子单打比赛中，两名上海籍选手丁松和王励勤进入决赛。丁松摘取了男单桂冠。上海队主教练史美盛说，这是30多年来上海队首次夺得男单冠军。

9月25日

□ 上海市梅龙镇（集团）公司元老、宿将乒乓球队成立，队员中有著名乒乓球专家、教练杨瑞华、于贻泽，前世乒赛女团冠军队员郑怀颖和女双冠、亚军沈剑萍、卜启娟等。

10月4日

□ 最近，国家体委副主任、中国乒协主席徐寅生在武汉举行的全国乒乓球训练工作会议上，就青少年的业余训练谈了看法和建议，在乒坛引起很大反响。徐寅生指出：青少年的业余训练不要扑在台子上练，多练正手，少练反手，多练步法，多打下降球，多练杀高球；同时，在训练中要加强对青少年的集体主义和爱国主义的教育。乒坛行家认为这是站在新的高度上，针对当前世界乒乓球运动发展潮流提出的改革方向。

［注］如何理解徐寅生的这些看法呢？行家段翔做了解读：对乒乓球速度要有全面的理解，不单是打得快，主要是打得重。打得重，球速就快。扑在台子上打借力球和发力打不一样，速度也不一样，看上去动作快，球速未必快。而要使球速快，必须击球力量大，相对动作幅度也要大。近台、中台甚至中远台，区域很广，适应强对抗必须有很强的跑动能力，才能在大范围内发力进攻，击出的球速度就快。多练正手，少练反手，不是说不要反手，这是强调正手攻，乒乓球中杀伤力最大的是正手攻，没有良好的正手就达不到高水平。下降球和杀高球，看上去两者不搭界，但从中体会就是都要求主动发力打，必须脚会跑，球速才快，这就要求少年运动员从小学会主动发力，在大范围的跑动中发力进攻。

10月16日

□ 上海集邮爱好者反映：就第43届世界乒乓球锦标赛小全张邮票（面值7元），集邮公司对新邮预订户（卡）采取摇号供应，十人中有一人可购到一枚。但此小全张尚未正式发行，一些邮贩却已以高出原价一倍以上的价格在邮市出售。许多预订户问：为什么对新邮订户不能保证供应这些紧俏邮票？邮贩手里的紧俏邮票又是从什么渠道搞到的？

［注］上海市邮电管理局邮票处回答如下：原定第43届世乒赛只出2枚一套纪念邮票，因中国乒乓健儿囊括七项冠军，邮电部决定增加发行"小全张"一枚，且发行数量极少。在市公证处

的监督下，上海采用公开摇号的办法销售，未发现违规事件。上海是全国性的邮票市场，也是全国邮品的集散地。至于上海发行前市场上已从其他途径流进了一批这种"小全张"邮票，并高价出售，欢迎集邮爱好者进行监督举报，我们已经并准备再次向上级和有关部门反映。

10月

□ 张燮林升任中国乒协副主席和乒羽中心副主任。陆元盛接任女队主教练。张燮林任教期间，率领中国女子乒乓球队夺得10次女团冠军、9次女单冠军、8次女双冠军、9次混双冠军。当记者提问张燮林有什么经验和法宝时，他回答有"二十八个心"。

［注］此"二十八个心"分为三大类。道德与修养方面：（1）对党和国家要忠心；（2）对父母长辈有孝心；（3）对社会公共事业有爱心；（4）做人要宽心；（5）待人要诚心；（6）对自己的事业有责任心；（7）对不义之财不能贪心。球队管理和纪律方面：（1）对自己所犯的错误和缺点感到痛心；（2）对队员经常犯的同样毛病做到苦口婆心；（3）同志间发生矛盾要谈心；（4）同志间有不同意见和看法要交心；（5）处理问题确定出国名单和大赛名单要出于公心。训练与比赛方面：（1）平时训练要专心；（2）备战训练要细心；（3）对新鲜事物和创造新的战术有好奇心；（4）制定计划和战术要用心；（5）赛前要静心；（6）比赛开始有自信心；（7）遇强者有挑战心；（8）遇弱者谨慎小心；（9）领先时不要存在侥幸心；（10）落后时不要灰心；（11）相持时要有恒心；（12）关键时有决心；（13）遇到困难有耐心；（14）打胜了要虚心；（15）打败了要有平常心；（16）完成任务大家要齐心。试

举数例：有段时间焦志敏打得不顺，气得用脚踩球。张燮林找焦志敏谈话：你知道生产一个乒乓球要多少工序吗？要四十几道啊！若把生产厂里的工人叫来，看着你踩，看你这脸往哪放。焦志敏懂了，这球来之不易，要珍惜。张燮林认为，运动员有些杂事总是难免的，但最不能接受的是说假话。张燮林在队里宣布：有事请假，凡正当理由，百分之九十九同意，百分之一就是不能在外面过夜。何智丽去日本比赛时请假与小山约会，张燮林准假，但规定十点钟前要回来。

11月27日

□ 在市场经济条件下，如何针对体育运动队伍出现的新情况、新问题抓好思想政治工作？全国体育系统思想政治工作研究会召开理事会。国家体委副主任刘吉作了题为"联系实际，深入研究，切实加强与改进体育战线思想政治工作"的报告。中国乒乓球队、体操队、射击队等介绍经验。

［注］刘吉在报告中提出：思想政治工作重在塑造精神、凝聚人心、群众参与和加强建设。当前，运动队伍以建立俱乐部为主要形式的体制改革已经开始。在这种新形势下，各级体委和党组织更要重视抓好运动队伍的思想政治工作，认真组织好学习邓小平同志的理论，深入进行爱国主义、集体主义和社会主义教育；对运动员加强敬业精神、职业意识教育，提高他们的整体素质。

11月

□ 黄锡萍、陈宝庆夫妇第三次赴南斯拉夫，先后加盟新泰隆俱乐部和伏伊伏丁那俱乐部执教。

上海乒乓球运动纪事录（1949—2024）

12月2日（至10日）

□ 由上海乒乓球协会、上海红双喜体育用品总厂主办的上海市"红双喜杯"小学基层乒乓球比赛在巨鹿路一小举行。参加甲组比赛的有10支传统学校队，获得后两名的将降为乙组队；参加乙组比赛的有54支非传统学校队，获得冠、亚军队可升为甲组队。

12月12日

□ 中国乒协主办的首届全国乒乓球俱乐部比赛在广东顺德举行，共有19个俱乐部的男女各12支代表队参赛。包括孔令辉、邓亚萍、乔红等世界冠军级选手云集。这次比赛奖金总额高达20万元，为我国乒乓球史上最高的一次。参赛各队费用自理，这种从国家统包到地方分担，直至利用社会资金组织比赛的尝试符合竞赛改革的思路，有利于推动乒乓球竞赛向科学方向发展。原中国乒乓球女队主教练，现任中国乒乓球管理中心副主任的张燮林发表了看法。

［注］张燮林说：这种全国性的俱乐部比赛，是乒乓球项目改革的重要组成部分，也是把乒乓球运动推向市场经济的重要一步。目的是调动社会各界的积极性，形成国家和社会双重力量的良性运行的管理体制，进一步加速提高我国乒乓球运动的整体水平。随着乒乓球项目进入奥运会，该项运动在世界范围内广泛社会化和高度职业化，运动员的流动日益增多，我国现行的体制已不适应当今世界乒坛发展的潮流，如资金跟不上需要，人才流动不便，积极性便难以调动。所以，根据乒乓球项目多年发展的经验和今后发展的需要，建立优秀运动队和俱乐部等多种形式并存的体制是完全必要的，也是可行的。今后，中国乒协要把俱乐部比赛纳

入乒协系列比赛中，加大投入，以争夺世界冠军为最终目标，多出人才，快出人才。

12月18日

□ 为提高我国乒乓球教练员的教学训练水平，上海体育学院先后在北京和上海举办了两期国家级教练员岗位培训班，对各省市少体校、中心体校、重点乒乓球城市业余教练员的中坚力量轮流培训，以更新观念，开阔眼界，跟上形势。本期有29位教练员拿到了合格证书。

中国乒乓球队总教练蔡振华（中）在结业典礼上讲话

12月20日

□ 陆元盛出任中国乒乓球女队主教练一个半月，就率一批小将王楠、李菊、杨影等出访欧洲，又带三员大将邓亚萍、乔红、刘伟来沪参加精英亚洲杯女子明星赛。面对明年的奥运会，陆元盛说：从零开始，再铸辉煌。

［注］陆元盛说：离亚特兰大奥运会还有200多天，我们全队上下都在积极准备，对老队员来说，她们都有不同程度的伤痛，首先要保持她们的良好状态，延长运动生命，这是最后一搏；同时，我们一定要让队伍增添新鲜血液，不能老的退了，新的接不上。我是从男队过来的，男子技术领导世界潮流，要想办法把女子技术男子化，积极主动的意识要贯彻在训练中。年轻队员一定要学习老队员的拼劲，具备技术上的超前意识。中国乒乓球的希望在年轻人身上。夺取冠军并不容易，保持冠军更难，我希望家乡的父老兄弟一如既往地支持中国乒乓球队。

12月23日（至25日）

□ 第二届精英亚洲杯乒乓球团体赛在上海静安体育馆开打。经过两天的比赛，中国男女队在决赛中战胜韩国队夺冠。上海籍选手丁松和王励勤代表国家队出战。

12月24日

□ 国家体委召开全国训练工作会议，国家体委副主任徐寅生出席会议，并发表讲话，提出：要贯彻"三从一大"的原则（即从难、从严、从实战出发，科学地大运动量训练），积极备战亚特兰大奥运会。

［注］徐寅生说：这几年，在训练中对贯彻这一原则有所减弱，现在有必要理解"三从一大"的含义，再次把它喊得更响，真正落实到亚特兰大奥运会集训中去。"三从一大"有其丰富的内

涵，训练是为了比赛。在新形势下，备战奥运会要以赛带练、赛练结合。训练方法、训练手段、训练器材都可以有所创新，只有创新才有生命力。备战奥运会不仅仅是国家体委的事，要充分发挥"举国体制"的优越性，各省、市、自治区体委和解放军等有关单位要切实加强对奥运会集训队伍的领导，关心支持集训队的训练和管理，把主要精力放到训练中去，同心协力，振奋精神，共同做好备战奥运会的工作。

12月25日

□ 刚在亚洲杯乒乓球团体赛上双双夺冠的中国乒乓球队，携带第43届世乒赛夺得的七只金杯来到上海红双喜体育用品总厂，与该厂职工一起分享胜利的喜悦。李富荣、张燮林、蔡振华、陆元盛等新老教头以及邓亚萍、刘国梁等国手为球迷签名，并进行了表演赛。伴随中国乒乓球运动成长的"红双喜"乒乓系列产品已在国际上享有盛誉，年销售突破亿元。

12月26日

□ 为进一步落实全民健身计划，静安区乒乓球协会、区财贸办、正章洗染公司发起举办名特商店"正章杯"乒乓球比赛。该区32家名特商店的职工组成32支球队共300多人参赛。比赛分男、女团体和单打。该区还组织了啦啦队到场助威。

本年

□ 在天津世乒赛召开的国际乒联理事会上，徐寅生提名姚振绪当选国际乒联技术委员会主席。

［注］此后，奥运会团体竞赛、世界锦标赛团体赛的竞赛办

法，都是姚振绪任技术委员会主席时的产物。因他工作出色，国际乒联主席沙拉拉评价：姚是不可替代的竞赛组织技术人才。2009年，由中国乒协提名，国际乒联授予姚振绪乒乓球运动"贡献奖"。

□ 在长宁区周家桥街道的支持下，郑敏之在上海发起"敏之杯"社区乒乓球比赛，并延续至今。

［注］郑敏之自述：回上海后，我还曾三次去日本访问，其中一次是应创价协会池田大作先生的邀请，一次是和上海教委的领导夏秀蓉一起去的。访日中，我以个人的名义去后藤钾二家里拜访。我没有任何目的，就是记住周总理讲的，对老朋友要做友好工作。正是后藤顶住压力，使中国乒乓球顺利参加名古屋第31届世乒赛。以前中国队访日总要到他家拜访，我就随队去过七八次，后来很长一段时间中断了。所以他们对我的到来感到很惊讶，问我是不是为了做生意顺道来的。我说是专门看他们来的。我还注意跟日本老运动员进行交流。我见过江口富，在创价大学见过小和田敏子，为此，大学里还拉出了"欢迎中国选手郑敏之"的横幅。这所大学与周总理关系很深，里面还有周总理和邓颖超大姐种的樱花树。

1996年

1月15日

□ 上海市第六届乒乓球协会举行换届大会。

1月17日

□ 中国乒乓球运动管理中心副主任张燮林接受记者采访,再谈"海外兵团"和训练方法的创新。

[注] 张燮林说:今年7月亚特兰大奥运会,中国女选手的最大难题仍是"海外兵团"。据目前所知,中国台北的陈静、徐竞,日本的小山智丽,卢森堡的倪夏莲,新加坡的井浚泓,加拿大的耿丽娟等将参赛。这些原中国队的选手,对我们的技战术研究得透透的,掌握了我们技战术的精髓,还在世界各地传播。如果没有新的训练方法和手段,那等于是无效劳动。保住冠军比夺取冠军更难。我们的后备力量还没有很好地接上,尤其是现在一些基层运动队的训练方法还在沿用过去的一套,已不适应世界潮流的发展方向了。现在领导给了我一个好机会,我要好好地琢磨一套新的训练和新的技战术,为中国的乒乓球事业多培养和输送优秀的后备人才。新接班的陆元盛教练,既勤奋又肯动脑筋,希望他不断创新,让中国女队更上一层楼,因为这是我们共同的目标。

2月15日

□ 上海大众男子乒乓球俱乐部宣布成立,国家体委副主任、国际乒联主席徐寅生和上海市副市长龚学平为俱乐部揭牌。这是由大众出租汽车股份有限公司出资，与上海体育运动技术学院共同组建的俱乐部。现在的上海男乒拥有丁松、冯喆、王励勤等一批优秀的国手，但在市场经济和体育机制的改革转换过程中，也碰到资金不足等问题。大众出租汽车公司先期投资100万元人民币，作为启动资金，用于训练、比赛和奖励的资金，以增强球队的凝聚力。

2月27日

□ 由原中国教练李振恃（上海籍）和张立夫妇执教的美国队，将参加在加拿大举行的北美锦标赛，然后前往亚特兰大进行集训。

3月4日

□ 据新华社消息，CCTV杯乒乓球擂台赛将于9日在北京大学体育馆开战。首场男子比赛由攻擂手、广东的李静向擂主丁松挑战；女子比赛由攻擂手、北京的朱芳向擂主邓亚萍挑战。其他男子擂主是孔令辉、王涛、马文革、刘国梁，女子擂主为乔红、刘伟、乔云萍、杨影。攻擂手有男、女各10名。中央电视台体育频道将在每周六十四点至十六点现场直播比赛，还有参与的观众与擂主让分挑战赛和乒乓球知识有奖竞猜等活动。

3月20日

□ 经与湖北省体委协商，并经中国乒协和国家体委乒乓球管理中心同意，多次获得奥运会、世乒赛和世界杯赛冠军的世界第二号选手乔红，转会上海海上世界乒乓球俱乐部。上海海上世界乒乓球俱乐部支付5万元人民币的转会费。乔红将赴日本松下电器公司打球，上海要求参加国际或国内的俱乐部比赛时，她招之即来。

4月20日

□ 经国家体委批准，由国家体委乒乓球管理中心和上海体院合办的集科研、教学和训练于一体的培训基地"中国乒乓球协会培训中心"在上海体院成立。专程来沪的国际乒联主席、国家体委副主任、中国乒协主席徐寅生和上海市副市长龚学平为该培训中心揭牌。

龚学平、徐寅生和李富荣等领导同志在中国乒乓球协会培训中心揭牌仪式上交谈

4月22日

□ 国际乒乓球联合会公布了乒乓球选手的最新世界排名。名列前十位的女选手（附积分）中，六位为中国队的现职选手，四位为前中国队的选手（即"海外兵团"）。

[注]名单如下：女子单打：(1)邓亚萍(中国),1870分；(2)乔红(中国),1740分；(3)刘伟(中国),1662分；(4)陈静(中国台北),1651分；(5)杨影(中国),1628分；(6)齐宝华(中国香港),1583分；(7)王楠(中国),1579分；(8)耿丽娟(加拿大),1578分；(9)李菊(中国),1570分；(10)小山智丽(日本),1569分。

5月31日

□ 为迎接亚特兰大奥运会，中国乒乓球"白丽杯"热身对抗赛将在沪举行。国家体委副主任徐寅生在新闻发布会上发表讲话，告诫男女乒乓运动员要摘金夺银，不要"挂金戴银"。

[注]徐寅生说：现在运动员的赛场形象比我们那一代好多了，加上比赛奖金高，大家有钱用得起高级化妆品，人漂亮了。注意赛场形象是好事，但有的乒乓球运动员上场喜欢戴项链、戒指，一蹦一晃的，你侧身本来就不快，项链还给你钩住了。有人说这是"信物"，戴了就能赢球。不要迷信。运动员要靠本身技艺和平时苦练，否则不要说戴那玩意儿，你就是烧香磕头也不行。所以，中国男女乒乓球运动员一律不要"挂金戴银"。

6月4日

□ 新任中国乒乓球女队教练陆元盛率队30余人来到河北正定乒乓球训练基地，进行奥运会前的最后一次封闭式训练。陆元盛表示"一切为了奥运，一切服从奥运"。

[注]陆元盛说：中国乒乓球女队虽然只能有4名选手出征亚特兰大奥运会，但大部分队员甘当配角、甘当陪练，这种精神令人感动。通过前一阶段的训练和比赛，也发现了一些问题，比如双打

的配合仍欠默契,有的主力队员状态不佳等,这次集训的最主要目的就是要把主力队员的竞技状态调整到最佳水平。参加奥运会的中国球员名单还没有最后确定,要看各位队员的近期表现和对手情况而定。中国女队到时肯定会拿出新的东西,推出最佳人选。

1996年,为备战亚特兰大奥运会,陆元盛(右侧)和教练乔晓卫一起讨论训练计划

6月5日

□ 上海市体委和大众乒乓球俱乐部为迎战明年的八运会,加强教练队伍,特聘请已定居德国九年的施之皓出任"大众"教练。施之皓接受聘请,欣然回国。施之皓表示:过去当运动员时,大多代表八一队打球。如今家乡需要,义不容辞。

6月12日

□ 据新华社消息,中国乒协执行副主席李富荣就中国乒乓球队备战奥运会发表谈话,强调中国乒乓球队的"人梯"依然坚固。参加亚特兰大奥运会的中国乒乓球选手,正踩着陪练队员搭起的"人梯",向冠军领奖台攀登。

[注] 李富荣说:中国的乒乓球"人梯"出现在第26届世乒赛之前,几十年来,一茬又一茬陪练队员送一代又一代尖子选手夺得世界冠军。这一"人梯"经受着商品经济大潮的冲击,依然十分坚固。如有4名男选手陪中国女队的主力队员训练,据统计,每名陪练半天至少拉弧圈球7筐,每筐200个,任汗水湿透衣衫。商品经济大潮涌起之后,许多乒乓球运动员跨出国门,有些人的

收入比在役的世界冠军高出数十倍。这给中国队造成巨大的冲击，但队里作为重要训练内容的陪练并未因此而中断。不同国度，人们的价值观往往差异很大。西方有人曾视陪练为"不道德"，而中国队却视陪练为集体主义和爱国主义的表现，称陪练者为"无名英雄"。陪练员也可得到回报：有主力选手分出的奖金和被安排出国执教的机会。但他们看重的并非金钱。当过多年陪练的黄飚说：钱虽然有诱惑力，但这个集体的吸引力更大。前年中国队请正在日本执教的黄飚当"管家"，他放弃高薪，拒绝了另一俱乐部的邀请，毅然踏上归程。中国乒乓球队几十年长盛不衰，集体主义和爱国主义是最重要的精神财富。

6月18日

□ 正在河北正定训练基地备战奥运会的中国乒乓球女队赴

张燮林（领队，左四）带领邓亚萍、刘伟、乔云萍和乔红等准备参加亚特兰大奥运会的女队员参观朱德同志旧居

革命圣地平山县西柏坡村参观学习。主教练陆元盛说，队员们已进行了半个月的封闭式集训，特别是主力队员需要调整。把全队带到西柏坡，一来让队员了解、学习党的光荣历史；二来这里山清水秀，空气新鲜，有利于队员放松、休息。

6月29日

□ 庄则栋夫妇在《羊城晚报·港澳海外版》谈与"海外兵团"的关系，其中有他点拨何智丽的故事。

［注］庄则栋认为，外界的传说有曲解。庄的夫人佐佐木敦子说：我们是为祭奠父亲去了日本。何智丽专程来我家两次，请求给她指教。对何智丽的经历和敏感程度，我们多少知道些，曾一再婉言推托。后来何智丽的公公来了，言辞恳切，庄则栋觉得实在不好再拒绝了，这才去了一次，连看带指点三个小时。后来人家又来请，就又去了一趟，还是三个小时。情谊难却占很大的成分；但还有一个因素，就是体育技术是无国界的。运动的最高追求，是技艺的进步和完美，而不在乎胜负。

7月1日（至3日）

□ 由上海制皂有限公司出资的"白丽杯"迎奥运乒乓热身赛在上海静安体育馆揭幕。中国乒乓球队派出参加奥运会的最强阵容参战。一俟赛事结束，奥运国手将飞赴亚特兰大。结果，孔令辉、邓亚萍分获男女单打冠军；孔令辉、刘国梁和刘伟、乔云萍分别夺得男双和女双冠军。国家体委副主任、中国乒协主席徐寅生等给优胜者颁奖。静安体育馆免费请参加"敏之杯"中小学乒乓球赛的各运动队观看决赛。

7月2日

□ 中国乒乓球队到上海参加"白丽杯"迎奥运乒乓球热身赛,女队主教练陆元盛有家不能回,还是妻子带着孩子来住地看望。陆教练接受记者的采访,谈冲刺阶段的训练。

[注]陆元盛说:我们这个目标大,人家都在拼命研究如何对付我们,所以,夺冠难,保持冠军更难。要想保持冠军,首先要在技术、战术上有所创新,像电脑程序一样,要有所变化,虽然这次参加奥运会的都是老将,但也要力争做到老面孔有新东西。徐寅生要求我们女队的风格要向"凶狠"方向发展,要动脑筋创新意,现在邓亚萍等几位老将都正尝试新的发球技术,在打球的线路上争取多变。我们的队员不要背上保冠军的包袱,心理上要进行自我调整,特别对"海外兵团"要有一颗平常心才能轻装上阵。

7月17日

□ 中国乒乓球女队主教练陆元盛在亚特兰大赛场上说:我们不怕"海外兵团"。

[注]陆元盛说:综观这批"更换参赛代表国和地区"女乒选手,陈静目前的状态较为突出,今年她在多项国际比赛中战绩不俗,并曾打败过小山智丽。现在我们对海外这批选手的招法了如指掌,其打法特点并不陌生,她们至今仍执球拍,很大程度上只是为谋生而已,往日功力大多也已呈减退之势,能保持

中国队在亚特兰大奥运会的乒乓球赛场进行训练,图为陆元盛教练帮助邓亚萍调节网高

原有水准已相当不易。中国女队由邓亚萍、乔红、刘伟、乔云萍四位世界冠军组成"钢铁阵容"角逐奥运,争夺金牌乃题中应有之义。

7月30日

□ 第26届奥运会乒乓球女子四分之一决赛乔红对小山智丽之战,引起全场的注意。陆元盛教练指着对面看台上30来名挥着日本国旗的拉拉队告诉记者:中间那个是位"巫婆",是专门来替小山智丽临场"发功"的。结果,小山智丽以0比3败北。徐寅生对记者说:"怎么样,没有新闻了吧……"

[注]赛前,教练陆元盛对记者说:小山智丽是中国队奥运大赛的重点研究对象之一,尽管她的技术是由中国培养的,但全队还是反复观看了在广岛亚运会上的比赛录像,发现她的致命弱点是在接发近网短球时,处理球比较简单,往往回得比较高,此为"突破口";其次,要通过节奏来调动她;再者,针对小山智丽侧击球手臂幅度较大的特点,要充分利用速度落点快拨快压。而且前两天小山智丽同朝鲜选手比赛时,就打得很吃力,技术上没有新的东西,只是球路熟一点而已。

□ 中国女子乒乓球队在上半区已有邓亚萍、刘伟进入半决赛。下半区则由乔红面对中国台北选手陈静。陈静的状态甚佳,其反手弹拍技术娴熟,速度极快。一旦乔红挡不住陈静,究竟是由邓亚萍还是刘伟出战陈静,成为值得研究的问题。

[注]教练陆元盛表示:对女单金牌,不存在谁让谁的问题。在这种大赛上,谁让谁都是说不清楚的事。我们现在提倡竞争,比赛实战即是对选手状态的最好检验。当然,从个人实力来看,邓亚萍取胜的机会相对大些。

上海乒乓球运动纪事录（1949—2024）

7月31日

□ 亚特兰大奥运会女子乒乓球单打中邓亚萍与陈静的对决，属于中国队选手与"海外兵团"选手的交手。那天，奥委会主席萨马兰奇来现场观战，时任国际乒联主席徐寅生专程陪同。当时的情况比较复杂，徐寅生需处理场内外的问题。比赛结果是，邓亚萍以3比2胜出。

［注1］徐寅生口述：我陪萨马兰奇进场时，发现球场内有国民党的旗帜，便立即向萨马兰奇指出，这是在搞两个"中国"，不允许的。萨马兰奇糊涂了，以为观众的事不大好弄。我径直走下了主席台，跟在场的何振梁说，电视传播前，赶紧找组委会交涉处理。组委会先派便衣前去阻止，后派警察将持旗的人架出现场。比赛是邓亚萍以2比0领先，随后陈静连扳两局，第五局的胜负关系颁奖升旗仪式，我那时紧张得身体某一部位莫名其妙地痛了起来。好在这时整个形势变了，邓亚萍以21比5的压倒优势获胜。陈静是很聪明的，输球后也表现得很大度。后来，陈静到广东，广东省委的领导帮了她很多忙，如办陈静俱乐部，还有做生意等。

［注2］在亚特兰大奥运会夺取冠军接受采访时，邓亚萍对记者说：我的成绩是集体主义的胜利。这是我发自内心的感慨，一点也不夸张。这次奥运会前，小山智丽请了南斯拉夫选手，陈静请了匈牙利选手进行针对性训练。但她们没法跟我们相比，陪我们训练的有30多名队员，各种打法都有。很多技术已经定型的队员要临时改变打法，有的队员把胶皮都换了，内行人都明白，这等于放弃和牺牲自己。我们还带了三名选手到亚特兰大陪练。模仿陈静打法的选手谭瑞午只有15岁，每次比赛之前他陪我们练球，我们让他怎么练，他就怎么练，总是乐呵呵的。我们比赛时

他要拍技术录像。有时我脾气急躁,他没有怨言。他说:"她们发脾气我不能顶嘴,因为她们心里着急!"男队的张勇和王飞主要陪男选手练球,但是我们女队想练球,只要说一声,他们不管多累,都会马上拿起拍子陪我们练。这一切只有我们中国队能够做到!为了夺取奥运会冠军,不仅是我一个人付出太多,很多人都为这两枚奥运金牌付出了太多太多,是中国乒乓球队这个集体把我培养成乒坛的强者。所以,当我流着眼泪站在奥运会那高高的领奖台上,聆听雄壮的国歌,仰望五星红旗冉冉升起的时候,我由衷地感谢培育我成长的集体和帮助我成功的教练和队友们。

8月2日

□ 中国乒乓球队在本届奥运会上全线告捷,包揽四枚金牌。刘国梁、邓亚萍获男女单打冠军,孔令辉、刘国梁和邓亚萍、乔红获得双打冠军。

孙麒麟在亚特兰大奥运会男子双打决赛现场执裁

□ 作为亚特兰大奥运会中国派出的技术官员，上海交通大学教授孙麒麟担任乒乓球项目裁判工作。孙麒麟曾执裁三届奥运会。在2008年国际乒乓球联合会代表大会上，他荣获"国际乒联贡献奖"。他为全球第一位获得该项荣誉的裁判员。

8月28日

□ 由国家体委、中国乒乓球协会举办的"京、津、沪、鲁全民健身"乒乓球比赛结束。在男、女共八个组别的比赛中，上海梅龙镇队夺得老年组男子团体冠军、中年组女子团体亚军，浦东队获青年组男子团体亚军。

8月29日

□ "敏之杯"上海市中小学乒乓球锦标赛闭幕。本届参赛的球队有211支，选手1118名，说明该球赛在青少年中受到了欢迎。郑敏之认为，跟全国比较，上海的青少年的乒乓球水平属于中等，所以希望市体委有关职能部门进一步重视基础工作，既要重视后备力量的培养，又要抓好培训教练员，灌输先进的经验等，上海这个"乒乓球摇篮"才能真正"摇"起来。

9月14日

□ 中国乒协副主席、国家体委乒乓球运动管理中心副主任姚振绪接受记者采访，谈中国乒乓球队的现状。

［注］姚振绪说：从年轻选手刘国梁、孔令辉包揽男单、男双两枚奥运会金牌看，中国男队已基本上度过了新老交替的时期。而女队的新秀还欠火候。从技术上讲，她们都有一定的实力，但在大赛的经验上尚缺乏。这样水平接近的年轻新秀至少有20人，

问题是缺少尖子。主教练陆元盛表示，宁可输掉一些小比赛，也要让她们多挑重担，如今年底前欧洲还有几个公开赛，包括在香港的世界杯赛，将派更多的新秀参加，让她们在各种大赛中锻炼。目前有一些国手到国外打球是经过国家体委批准的，他们不转会，只是为当地的俱乐部打球，所以他们中绝大多数不会成为"海外兵团"的一员。明年的第八届全运会，将欢迎在国外打球、没有加入别国国籍的球员回国参赛。

9月13日（至21日）

□ 全国乒乓球锦标赛在上海嘉定体育馆揭开战幕，这是时隔20年后，上海首次作为东道主举办乒坛最高级别的赛事，共有28支代表队225名运动员参赛，包括奥运会摘金夺银的刘国梁、孔令辉、王涛等。中国乒协领导徐寅生、李富荣、张燮林及国家乒乓球队蔡振华、陆元盛等25名高级教练观摩比赛。待赛事结束，将召开全国乒乓界高层会议，探讨我国乒乓球发展前景。比赛结果是，广东、江苏队分获男女团体冠军。上海男女队分获第五名，进入全国甲级队行列。

9月19日

□ 全国乒乓球锦标赛四分之一比赛中，上海队小将王励勤以3比0淘汰了世界冠军孔令辉，进入前四名。上海选手龚跃春、何琳在女子双打比赛中也进入前四名。

11月24日

□ 法国国际乒乓球公开赛结束。中国选手王励勤和闫森在男双决赛中获胜，登上冠军领奖台。

11月

国际乒联授予张燮林杰出贡献奖

□ 国际乒联授予张燮林杰出贡献奖。

［注］张燮林，20世纪60年代是上海汽轮机厂车间工人，出于对乒乓球的热爱，刻苦钻研直拍削球技战术，成为中国队夺得第27、28届世乒赛男子团体冠军的"秘密武器"。他与上海籍女运动员林慧卿合作，为中国队荣获第一个世乒赛混双冠军；与王志良合作，为中国队荣获第一个男子双打冠军。退役后，他执教中国女子乒乓球队主教练数十年，与教练组一起培养了邓亚萍、乔红、陈静、焦志敏等成就卓越的世界冠军。

12月3日

□ 新任国际乒联主席、国家体委副主任徐寅生在沪举行的"红双喜成套乒乓器材被指定为'96高路华国际乒联职业巡回赛总决赛比赛用器材"新闻发布会上，谈国际乒联的目标：希望乒乓球成为世界上最受欢迎的项目之一。

［注］徐寅生说：国际乒联今年推出一项新赛事，在世界各国和地区举办10个水平高、奖金高的巡回赛。规定获得男女单打前16名、双打前8名选手才有资格参加本月中旬在天津举行的总决赛。国际乒联有意将此办成一年一度乒坛最高水平的单项比赛，所以奖金高达20万美元。早在80年代初期，国际乒联就提出把乒乓球加大，但一直没有形成统一的意见。为了增强比赛的观赏性，赢得观众，赢得市场，国际乒联经讨论，准备先做改革的试验。难能可贵的是，上海红双喜公司率先接受了这个试制"大球"

的任务,而且在短时间内生产出一批高质量的直径 40 毫米的乒乓"大球"。明年春在英国曼彻斯特举行的第 44 届世乒赛期间,国际乒联将举行一次试验性的"大球"比赛,让一些较早被淘汰的选手参加。"红双喜"乒乓球多次被指定为世界大赛的比赛用器材,这是中国民族工业的骄傲。

12月12日(至15日)

□ 在天津举办的'96 高路华国际乒联职业巡回赛历经 4 天的较量,中国选手包揽 4 项冠军。其中王励勤、闫森获得男子双打冠军。

12月15日

□ 国际乒联授予张燮林"优秀教练员特别荣誉奖",旨在表彰他 20 多年来"在发展世界和奥林匹克乒乓球运动,及推动世界乒乓球运动的普及方面所做出的特殊贡献"。

12月21日

□ 中国乒乓球俱乐部赛男女单打决赛在东莞长安镇进行,上海选手王励勤以 3 比 1 战胜孔令辉夺得冠军。

12月22日

□ 中国乒乓球协会培训中心举行"浦东 01 杯"新型乒乓球比赛。此为我国乒坛首次采用直径 40 毫米大球的正式比赛,参赛的队员是第三批全国高级教练员岗位培训班的教练员。赛后,队员们说,第一次打"大球",感觉旋转弱、速度偏慢,用力必须加强,但增加了来回球,对观众来说增添了观赏性。

[注]专程来沪观看"大球"比赛的国际乒联主席徐寅生说：体育竞赛的生命力在于观众，现在乒乓球比赛正经历着"观众危机"，为了把观众请回乒乓球馆，国际乒联正在采取很多措施，推广"大球"是其中一个重要手段。到明年第44届世乒赛期间，将组织前几轮淘汰的选手参加"大球"比赛，让运动员逐渐认识它、熟悉它、推广它。为乒乓球事业做出卓越贡献的上海红双喜公司最近正在赶制六万只"大球"送给国际乒联，让国际乒联到各国和地区乒协去推广。

全国第三批高级教练岗位培训班学员与上海体育学院领导、乒乓球教研室老师在赛场合影

12月25日

□ 国际乒联授予中国乒协裁判委员会副主任、上海交通大学体育系主任孙麒麟教授"国际裁判长"银质证章。

12月28日

□ 据《消费报》消息,乒乓球是上海市民喜爱的体育项目。现在的情况是:学校里的乒乓球台越来越少,一些中档的娱乐场所虽摆起了球桌,但每小时收费起码20元,不要说学童,就连成年爱好者都有点望而却步。早些年,工人俱乐部都设有这项活动,收费低廉,甚至不收费,如今成了一项中高档的娱乐消费。

本年

□ 时隔25年之后,曾获1971年第31届世乒赛女子单打、女子双打和混合双打三项冠军的林慧卿,作为中国纪念乒乓外交25周年代表团成员访美,会见了美国乒乓球界的老朋友,为推动中美外交关系再立新功。

□ 应《中国时报》的邀请,郑敏之组织六男六女上海优秀

1996年暑假代表团访台交流时的合影。前排右三郑敏之,前排左三张钧汉
(原中国乒乓球队领队)

青少年乒乓球选手赴台交流比赛。

［注］郑敏之认为此行代表上海的形象，不仅要求小选手技术优秀，还要看综合素养。她用自己赞助的钱为小选手定制了服装。每位小选手还要画一幅图，在新闻发布会上演说这张画的意义是什么。国乒老领队张钧汉向郑敏之提出，自己跑遍世界各地，就是没去过祖国宝岛台湾，退休了想借此机会去一次。郑敏之通过何振梁的帮助，了却了老领队的心愿。此后，郑敏之还受上海市教委的委托，与书法家张森一起组织青少年书法、绘画的赴台交流活动。

□ 对现职的中国乒乓球运动员来说，原来的奖金是打统账的。后政策规定国际比赛中获得的奖金可以提成，运动队可拿到总奖金的30%，大约27%给运动员，3%给教练和陪练等。年底，姚振绪领队制订分配方案，与许绍发、张燮林三人商量。许绍发和张燮林都很大度。蔡振华接任后，男女队的奖金分开了。

1997年

1月10日

□ 为表彰乒乓健儿为我国体育事业做出的成绩，中国乒协新闻委员会与上海曹燕华实业公司联合举办海滨杯"1996年全国乒乓球十佳运动员"评选活动，即在中国乒协推选的15名候选人中选出10名最佳运动员，其中上海籍的运动员是丁松、王励勤。

［注］为此，曹燕华实业公司还邀请了历届世界冠军和元老们共几百位乒坛新老健儿欢聚一堂。宿将王传耀、邱钟惠等说：这样的聚会太少了，以后，若能每年搞一两次该有多好！

1月31日（至2月2日）

□ 由亚洲乒联授权、中国乒乓球协会主办的亚洲杯乒乓球团体赛在静安体育馆揭幕。来自伊朗、日本、印度、新加坡、中国台北、中国香港和东道主中国七个国家和地区的运动员将角逐男、女团体冠军的锦标。中国男队由丁松、王励勤、马琳组成。本次比赛奖金共设4万美元。结果，中国女队夺冠，中国男子负于日本队，屈居亚军。

2月1日

□ 中国乒乓球女队主教练陆元盛在沪参加亚洲女子明

星赛和亚洲杯团体赛,接受记者采访,谈运动员的"新老交替"。

　　[注]陆元盛说：这次中国队出场的是杨影、李菊、王楠等一批新手。我们队伍交替已晚了一些,而韩国从第43届世乒赛和去年的奥运会起,新秀提前两年进入主要角色。参加大赛对邓亚萍等一批老队员而言,是要保住冠军,而对一批年轻新秀来说,是要去夺冠军。这种夺冠欲望特别强时,往往把握不住自己,所以尽量让她们多参加大赛。我们将在今年的冬训中,结合实战锻炼意志和毅力,在打法上更向男子化发展,提高她们的心理承受能力,不轻易放弃一个球,顶着困难上,才能全面提高年轻新手的球技水平。

2月3日

　　□ 历时三天的欧洲乒乓球男女单打鸣金收锣,卢森堡的原中国女队队员、上海老将倪夏莲在女单的决赛中以3比1击败德国的原河北队女将、削球手施捷,再次夺得女子单打冠军。去年,倪夏莲就在比利时夏洛瓦市首次摘取欧洲女子十二强之冠。

3月3日

　　□ 由中国乒协监制,广东广发金银珠宝有限公司制作了一套"中国乒乓球队囊括一九九六年第廿六届奥林匹克运动会乒乓球比赛四枚金牌纪念"纯金纪念品。徐寅生在签字仪式上对在座的中国乒乓球队运动员和教练发表了讲话,强调："国际乒坛强手如林,要把困难想得多些。"

　　[注1]徐寅生说：中国选手在天津世乒赛、奥运会和国际乒

1997年

第26届奥运会中国乒乓球队囊括乒乓球比赛四枚金牌纪念品

联巡回赛总决赛中包揽冠军,并不等于到英国曼彻斯特就一定能拿冠军。中国队特别是男队没有绝对优势。第44届世乒赛的训练场地、时间和食宿、拉拉队等条件不如天津世乒赛的。中国队在曼彻斯特世乒赛上的目标是夺取三至四项冠军。中国男队在刚结束的卡塔尔公开赛上未得一项冠军,已敲起了警钟,成绩不佳可能与近期比赛太多、身体疲劳有关,但关键是精神状态不如过去。

[注2] 这套黄金重量共12克的纪念品由9枚带齿邮票形状的金片和1枚金牌组成,其中8枚金片是中国乒乓球队各年代优秀运动员代表和获亚特兰大奥运会金牌运动员头像,1枚是中国奥委会的标志,重3克的金奖牌是第26届奥运会奖牌的图案。

3月22日

□ CCTV杯中国乒乓球擂台赛画上了句号。河南籍女选手邓亚萍和上海籍男选手丁松在擂台赛最后决赛中,分别战胜江苏队的李菊和解放军队的王涛夺得冠军,成为这一比赛的男、女总擂主,并分别获得价值30万元的新型切诺基车一辆。

4月2日

□ 即将出征曼彻斯特参加第44届世乒赛的男、女队主教练专程从河北正定训练基地赶回北京，向媒体通报备战世乒赛的情况。

[注]女队主教练陆元盛说，对中国女队的要求是：不是保冠军，而是夺冠军。中国女队以邓亚萍挂帅，将排出"一老带四新"的团体阵容。现在几名年轻选手争打团体、争拿冠军欲望强烈。从这批年轻选手参加国际比赛的成绩看，赢多输少，但她们打硬仗、打恶战的能力不如韩国队和朝鲜队。所以，我们在最后一次封闭训练中在抓前三板技术、抓个人特长技术的同时，对思想工作抓得很紧，希望年轻选手在大赛中承受住压力，正常发挥水平。

□ 中国乒乓球代表团团长李富荣公布了中国队参赛的选手名单。中国代表团共有25名选手，其中男选手有12名，上海籍运动员有丁松、王励勤。女选手13名，没有上海籍运动员。

CCTV杯中国乒乓球擂台赛经过一年多50场的角逐，在北京海淀体育馆降下帷幕。上海选手丁松以3比2的比分战胜解放军选手王涛夺冠。图为丁松在比赛中

4月18日

□ 国际乒乓球联合会公布了男女乒乓球选手世界排名。丁松（上海）列男选手第七位。女选手中无上海籍运动员。

4月23日（至5月5日）

□ 第44届世界乒乓球锦标赛将在曼彻斯特展览中心开幕，国际乒联主席徐寅生在致词中说，从1926年在英国伦敦举行的

第一届世乒赛起,至今已70年了。现代乒乓球运动又回到了发源地,小球联系着五大洲,成为一项颇受人们喜爱的运动。在团体赛中,中国女队以3比0击败朝鲜队,中国男队以3比1战胜法国队,双双第12次分别夺得考比伦杯和斯韦思林杯。单项比赛中,瑞典选手瓦尔德内尔夺得男子单打冠军。其余四项为中国队员所得。

中国队获得第44届世乒赛女单、男双、女双、男团、女团和混双六项冠军。图为陆元盛率领女队员登上团体冠军的领奖台

5月2日

□ 通过选举,徐寅生连任国际乒联主席。徐寅生在新闻发布会上宣布:经国际乒联讨论,1999年第45届世界乒乓球锦标赛将在南斯拉夫贝尔格莱德市举行。国际乒联将在器材上进行改革,在本届世乒赛期间将举行40毫米直径的"大球"比赛,让被淘汰下来的运动员组队参赛。

5月3日

□ 在本届世乒赛获得团体第13名的意大利队主力、原上海乒乓球队的杨敏表示：打完比赛后，准备退出意大利队，此后只打俱乐部队，并继续在撒丁岛训练中心当教练。

5月5日

□ 原中国乒乓球女队主教练、现任国家体委乒乓球管理中心副主任张燮林接受记者访谈，认为"海外兵团"风光不再。

［注］张燮林说：最早时，我称她们为"海外特工队"，后来叫惯了"兵团"。本届比赛中，陈静、王晶、耿丽娟、倪夏莲、童飞鸣、施捷等虽进入了女单32名，但越打到后面，越显得力不从心，何智丽索性弃权。备战时，中国队还是做好多方面准备，我们把"海外兵团"作为一个重要的部分，如按比例，也得花60%—70%的精力去抓，30%的精力放在亚洲强队和欧洲几个主要队员身上。"海外兵团"风光不再，其原因是多方面的，一是这些选手年龄偏大，打法落后，现在的弧圈球力量和速度均已加大力度，她们仅靠过去的基本功"吃老本"，不能适应了；二是训练手段上不如在国内那样打法齐全、教练多、训练有系统，"海外兵团"成员只能通过俱乐部形式以赛代练；三是她们除了打球，还要身兼别的职业。估计在下一届世乒赛上，"海外兵团"还要衰落。但从另一面看，由于她们的不懈努力，也促进了当地乒乓球水平的提高，过不了多久，欧亚的选手将替代她们。

5月6日

□ 第44届世乒赛降下帷幕之际，国际乒联主席徐寅生接受记者的采访，谈乒乓球运动的前景。徐寅生认为：当前面临的最大问题是乒乓球要跟其他体育项目竞争,相对而言,乒乓球要比网球、足球、篮球弱,所以,摆在国际乒联面前的任务,既要对乒乓球做一些改革,增加其观赏性,还要在世界各地普及乒乓球运动,让更多的人来参与、喜欢。

中国乒乓球队纪念卡

5月22日

□ 中国乒乓球队参加第44届世乒赛后凯旋,李富荣、蔡振华、陆元盛等向上海红双喜公司表示感谢。因为该公司根据国手们的打法特点"度身制衣",邓亚萍、王涛、孔令辉等均采用上海红双喜公司的球拍。大赛前,上海红双喜公司还专门赶制了25副与英国比赛用台相似的乒乓台和一批乒乓球,供队员们适应训练。

[注] 据报道,红双喜乒乓球年销售达1亿只,占了全球60%的份额。现在,重组后的上海红双喜体育用品总厂已与香港冠都公司合资,成立上海红双喜冠都体育用品有限公司。同时,加大技术改造的力度,使乒乓球台外观和性能得到大幅度的提高,共推出6种新款式,乒乓球拍有100多种新品。上海红双喜公司还与上海一百集团现代体育用品公司实行强强联合,成立销售有限责任公司,在全国各地广布销售网络。

6月22日

□ 第八届全运会乒乓球单项预赛结束。上海男、女队继在团体预赛中双双出线后，又分别有5名选手和4对选手杀进男、女单打24强和双打16强。按预赛规则，获得第26届奥运会、第44届世乒赛的金、银、铜牌者及国际乒联最新排名前10名单打选手均可直接进入全运会决赛，所以，上海男队除丁松直接进入决赛外，冯喆、王励勤、席敏杰杀进24强。冯喆、王励勤进入男双16强。上海女队的龚跃春和张琴跻身女单24强，龚跃春、何琳进入女双16强。进入混双16强的两对选手是徐飞龙与张琴、席敏杰与龚跃春。

6月28日

□ 由曹燕华实业公司和上海大康（集团）有限公司联合组建，以曹燕华名字命名并执教的"曹燕华国际乒乓球交流中心"举行签字仪式。国际乒联主席、国家体委副主任徐寅生，中国乒乓球队总教练蔡振华，上海市体委主任金永昌出席签字仪式。"曹燕华国际乒乓球交流中心"的宗旨是聘请一流教练、利用一流设施，培养一流人才，并将组织和承办国内外各类乒乓球比赛，为提高我国乒乓球水平和普及全民健身运动做出贡献。

6月30日

□ 上海市乒乓球协会和明敏乒乓球俱乐部主办的上海市第一届"明敏杯"基层小学乒乓球邀请赛结束。塘沽学校队和巨鹿路一小队分获三年级组男、女团体冠军。明强小学队包揽二年级组男、女团体冠军。

7月5日（至14日）

□ 由上海市体委、市教委、敏之体育文化交流中心和顶新国际集团等联合主办的第四届"敏之杯"上海市中小学生乒乓球锦标赛在黄浦体育馆开幕。本届比赛仍是公开报名，自由组队，共有284支男女队1434名选手参加，参赛人数之多超过前三届。参赛组分高中男、女组，初中男、女组，小学男、女组，并各设业余体校组和普通中、小学组。为期9天的比赛将决出男、女团体、单打四个项目的名次。在这次比赛中，崇明县利农小学派出3支男队、2支女队参加小学普通组比赛，夺得了男团前三名、女团冠亚军，又在个人赛中夺得普通组男、女单打冠军。

7月18日（至21日）

□ 华东地区第六届"幸福杯"小学生乒乓球比赛暨浦东新区第一业余乒乓球学校揭牌仪式，在北蔡镇莲溪小学举行。这次比赛的参赛队均来自全国、省、市和地区的乒乓球项目重点小学，来自青岛、徐州、合肥、黄山、新余及上海等14支代表队近300名小选手参赛，将按不同年龄组进行男、女团体和男、女单打比赛。

7月19日

□ 为进一步加强乒乓球运动国家间的技术交流，推动我国乒乓球竞赛市场的社会化进程，同时也为广大乒乓球爱好者提供观赏高水平比赛的机会。由中国乒协和中央电视台联合主办的国际乒乓球挑战赛正式开战。世界冠军丁松、李菊、王晨将率先迎战欧亚强手科贝尔、柳智慧、朴海晶。国际乒乓球挑战赛在此后的六周里连续举行，每场比赛分周六下午和周日上午进行一场男女对抗赛。中央电视台均作现场直播。

7月22日

□ 为纪念"乒乓外交"25周年,应美中关系委员会邀请,以张燮林为团长的中国乒乓球协会代表团启程去美国。代表团成员有林慧卿、李富荣、郑敏之等。24日,代表团参加了在联合国总部举行的庆祝活动,并进行了乒乓球表演赛。基辛格博士、中国驻联合国代表出席活动。

1997年7月23日,中国乒乓球协会代表团访问纽约,参加中美"乒乓外交"25周年纪念活动。图为纽约市议长彼得·瓦隆在市政厅欢迎由中国新老乒乓球运动员组成的代表团,并赠送了表彰文告

8月2日

□ 近年,上海红双喜公司看准了市场新热点,生产了新颖的家用乒乓球桌。此桌采用国际标准型球台的生产工艺、一样的板材和漆面。台面比标准赛用台缩小一半。一般家庭的客厅都能摆放,且可以折叠。不仅可满足一家人同享打乒乓球的乐

趣，还能一物多用，可成为孩子的书桌、成人的牌桌，若来客人时，铺上台布便成餐桌。

8月7日

□ 中国乒乓球协会在北京人民大会堂举行中美"乒乓外交"纪念招待会。中国国际友好联络会会长黄华、国家体委主任伍绍祖、国际乒联主席徐寅生会见了来访的美国客人。大家一致认为："乒乓外交"留给我们真正的遗产就是交流，有了交流，才使中美两国人民之间的关系越来越好。

8月17日

□ 澳大利亚乒乓球公开赛进入男女单打和男女双打的决赛。中国选手包揽了四个项目的冠军。丁松取得男子单打冠军，邓亚萍为女子单打冠军。

8月29日

□ 由解放日报社、文汇报社、新民晚报社、上海电视台、青年报社等单位的好手组成的上海新闻界乒乓球队，启程前往山西省参加全国新闻界乒乓球比赛。

8月31日

□ 国际乒乓球电视挑战赛在江苏南通进行最后一场比赛，中国上海选手丁松与日本的涩谷浩展开了削球手的对战，丁松苦战5局险胜，决胜局打到32比30才见分晓，创造了挑战赛比分的最高纪录。

9月9日

□ 上海红双喜公司向上海市教育发展基金会捐赠仪式在上海市教育会堂举行。市政协副主席、市教育发展基金会会长谢丽娟和国家体委副主任徐寅生出席捐赠仪式。据不完全统计，从去年至今年上半年，上海红双喜公司在这方面的支出已达数百万人民币。此次是向本市福利院、学校、幼儿园、少年宫、敬老院、老干部活动室等共计200多家社会团体，捐赠500台"家家乐迷你型乒乓球台"。

9月11日（至14日）

□ 由中国乒乓球协会及上海市体委主办、宏碁电脑集团赞助的宏碁电脑世界杯女子乒乓球赛举行抽签仪式。上届冠军邓亚萍因伤病未愈不参加本届比赛。16名参赛选手中有11名是华人选手，其中有中国国手李菊、王楠、王晨，还有来自加拿大的耿丽娟、中国台北的陈静、德国的施捷、卢森堡的倪夏莲、中国香港的齐宝华和陈丹蕾等。结果，中国选手王楠以2比1战胜李菊获得冠军。

10月9日

□ 第八届全国运动会在上海举行。红双喜产品被国家体委指定为比赛用球和比赛器材。上海红双喜公司的员工们为"光大品牌，扬我国威"，组成一支20人的质量宣传志愿者小组，从几百万只优级品中再精心筛选，直至备足所需的几千只优质乒乓球；红双喜乒乓球台通过一整套先进工艺制作而成，其质量水平已进入国际先进行列，质检人员仍不放过每一个细微之处，直至挑不出任何毛病，以确保运动员得心应手地用上高质量的产品。

□ 上海交通大学孙麒麟教授被推选为裁判员代表,在第八届全国运动会上宣誓。

□ 第八届全运会"波司登"杯乒乓球决赛在嘉定开赛,至17日结束。赛后,张燮林撰写文章《期盼新秀更加耀眼》,称赞北京队15岁小将张怡宁连胜李菊、乔红、杨影等名将,且打法先进。单项比赛中,上海选手无胜绩。

10月17日

□ 第八届全运会乒乓球决赛期间,记者走访了上海红双喜冠都体育用品有限公司,听取副总经理楼世和讲述"红双喜"的故事:"红双喜"是怎么命名的?为什么"红双喜"连续18次被国际乒联批准为国际比赛用球,却只是在1961年的第26届和1996年的第43届世乒赛上才被指定为比赛用球?目前"红双喜"的生产和销售情况如何?

[注] 楼世和副总经理说:"红双喜"是由周总理亲自命名的。1959年,容国团获男单金牌后,曾向周总理表示,希望在北京举行的第26届世乒赛上使用国产乒乓球。周总理把任务交给上海。于是,以上海华联乒乓球厂为主体,会同泸州化工厂、上海赛璐珞厂、上海塑料研究所进行试制。国际比赛用球有重量、圆度、软硬度、偏心度等十项质量标准。试制人员从英国"海力克斯"乒乓球上测得了各项指标,并通过200多次的试验,掌握了合适的原料配方。继而对试制出的乒乓球进行反复修整,再经国际乒乓球检验机构评定,终于达到国际标准,并被国际乒联批准为第26届世乒赛比赛用球。周总理得知消息后,为庆贺新中国成立十周年国庆和纪念容国团荣获我国第一块体育金牌,便称该乒乓球

为"红双喜"。

至于 30 多年后"红双喜"乒乓球为第 43 届世乒赛所用,是因为国际乒联实行有偿推荐使用制度,即主办国按常规要赞助 20 万美金,并无偿提供乒乓球和乒乓球台。在初期由于体制和财力的因素,此事就此搁浅。其实,确定比赛用品蕴含着极大的商机,不仅能提高品牌的国际声誉,各参赛国为适应球和球台,会到指定用品的厂家订货,这是一批很大业务量。我们当时放弃了申请,国际上的体育厂商却乘机购买"红双喜"乒乓球,再印上他们的商标供世乒赛使用。1995 年,上海红双喜体育用品总厂成立。获悉第 43 届世乒赛在中国天津举行,红双喜公司当仁不让,以新的生产工艺和产品质量,同包括日本"尼塔库"等 8 家世界著名制造商竞争而一举中标。1999 年,第 45 届世乒赛将在南斯拉夫举行,上海红双喜公司将以 50 万美金赞助,向世界乒联提出全套器材使用中国的名牌,决心全力夺标,使"红双喜"振威世界乒坛。

目前,"红双喜"乒乓球的年产量上升到 1 亿多只,超过了日本名牌"尼塔库",生产规模与产量雄踞世界第一位。世界乒联组织每两年进行市场抽查,"红双喜"乒乓球的指标均排在世界同行前列。据统计,"红双喜"高档球年销 2000 万只,占全国市场的 80%,球拍占 30% 以上,球台占 40%,乒乓球出口占产量的 70% 以上。日本、瑞典等体育器材商纷纷订货,仅德国订货就占整厂出口总数的五分之一。上海红双喜公司 1995 年的销售额达到 5000 万元,1996 年年销售额近 1 亿元。正如国家体委副主任徐寅生所说,中国乒乓球队取得这样的骄人成绩,这成绩和荣誉有一半应该属于"红双喜"。

10月24日

□ 上海举办第八届全运会闭幕式时，邀请具有代表性的冠军参加。林慧卿接到通知即放下手中的事务赶来。东方电视台曾答应给每人一盘闭幕式的录像带，但迟迟不落实。回港后的林慧卿知道邱钟惠弄到了录像带，便请邱钟惠翻录一盘。林慧卿说："我实在很需要这个，这对我来说太重要了。"

11月16日

□ 中国乒乓球选手在南斯拉夫乒乓球公开赛上包揽了四个单项的冠军，其中王励勤与闫森合作夺得男子双打冠军。王励勤还获得单打亚军。

11月22日

□ 由上海市乒乓球协会、可口可乐中国公司携手主办的"芬达杯"上海市小学生乒乓球基层赛，在巨鹿路第一小学揭开战幕。全市有38所小学106支队伍报名参赛，比赛分男、女团体A、B共四个组别，安排在每周双休日进行。

11月

□ 施之皓去国家队报到，出任国家女二队教练，队员有张怡宁、丁宁等。

12月12日

□ 广州东方市场研究公司发布《中国城市市民参与运动与欣赏运动的调查报告》，称：广州、上海、成都三城市，分别有46.4%、68.1%、70%的市民将"甲A足球赛"列为喜欢看的体育比赛。而乒乓球、羽毛球则在参与运动项目的前列，有37.1%的市民喜欢。报告得出结论：城市市民最爱看足球，最喜打乒乓球。

12月29日

□ 全国业余体育训练工作研讨会在湖北黄石召开，李富荣到会发表讲话，强调业余体育训练工作应着重打好基础，为国家输送更多的优秀人才。

［注］李富荣说：青少年体育训练，其实是基础问题。基础不过硬，就很难提高。此外，影响中国运动员提高的很重要的一条就是文化素质。教练不光要教技术，还要教运动员怎么做人，这是替运动员的一辈子负责。运动员在国际比赛中拿到奖金，65%要上缴国家，作为对国家培养的回报。思想基础打好了，境界也会越来越高。如邓亚萍，拿奖金捐款希望小学，救助失学儿童，做了不少有益的工作。提高身体素质要从青少年抓起，训练比重要适当加大。要注意青少年训练和比赛的结合问题，合理安排比赛。我们过去有些经验，如搞乒乓球青少年训练营等，搞大型集训、内部测试，效果很好。

1998年

1月4日

□ 全国乒乓球科学论文报告会在上海体育学院中国乒协培训中心举行。来自全国各地的从事乒乓球工作的科研人员、教练员及体育教师提交了论文,其中30篇参加报告交流。开幕式后,姚振绪分别就有关问题作了报告。

□ 国家体委乒羽管理中心副主任张燮林在全国乒乓球科学论文报告会上作了题为"二十八个心"的发言。徐寅生在现场听后认为:张燮林没有长篇大论,更没有吹捧自己,讲得那么实在,看得出来是用心悟出来的道理。

国家体委副主任徐寅生、训练局局长李富荣、乒羽管理中心副主任张燮林等与上海体育学院负责人以及部分与会科研人员的合影

［注］徐寅生说：在做人做事方面，张燮林也按照"二十八个心"的标准要求自己。有人提议以他的名字办一所乒乓球学校，他没有答应。理由是不能做到常去学校指导，挂名拿钱的事不干。有人出高价邀请他到国外执教，他说先把自己该干的事情干好。当年庄则栋与邱钟惠合办乒乓球俱乐部，我和张燮林、李富荣三个上海人应邀去参加开馆仪式。因第26届世乒赛男子单打进入最后比赛的，就是我们和小庄四个人，新闻界拍了照片，称为"四巨头相聚"。因"文革"后期庄则栋上当受骗犯了错误，我们四人一握手，又被称为"一笑泯恩仇"。

1月10日

□ 闸北体育场是八运会38个新建场馆中的一个，承担了足球比赛的任务。八运会后，闸北体育场辟出1500平方米室内场地，投资15万元，开出了有20张标准乒乓球台的活动场地，从早上8点到晚上8点供爱好者操练。爱好者每月购60元的红卡，可随时进场打球。体育场对零星客人开放，每小时收费5元，比一般的市面价25元实惠很多。

1月24日

□ 为丰富市民节假日期间的健身娱乐生活，上海国际体操中心羽毛球、乒乓球馆即日起至2月6日免费向社会开放。该馆拥有8片羽毛球场地和8张乒乓球台，填补了虹桥开发区羽毛球、乒乓球运动场所的空白。

1月25日

□ 在卢湾区政府和上海天育实业发展有限公司支持下，经过半年的筹划，以乒乓球世界冠军张德英名字命名的"张德英乒乓中心"宣告成立。该中心设在卢湾体育馆内，占地1600平方米，有33张乒乓桌和6间高、中档的乒乓包房。

1月26日

□ 由上海市乒乓球协会主办、曹燕华国际乒乓球交流中心承办的大康杯上海青少年乒乓邀请赛落幕。本次比赛共有来自本市各级业余体校、乒乓传统学校以及乒乓球爱好者200余名选手，分小学组、初中组、高中组进行角逐。

2月10日

□ 由上海体育运动技术学院和上海曹燕华国际乒乓球交流中心共同组建的上海"大康"乒乓球俱乐部女子乒乓球队宣告成立。在签约仪式上，宣布曹燕华担任上海市乒协副主席。

3月25日

□ 为重振上海乒乓球雄风，海上世界乒乓球俱乐部重建一支上海地区一线运动队。国家乒乓球羽毛球管理中心主任李富荣称：这是目前国内乒坛首支由企业独资组建的一线运动队，并赞扬该俱乐部的难能可贵，给上海乒坛带来生机。这支重建的一线运动队由乒坛名宿杨瑞华挂帅，本市市少体及各业余体校的19名15—17岁的男、女选手加盟。据悉，今后参加全国锦标赛的上海队将在大康、海上世界、华东理工大学、邮电、港务、浦东新区等6个俱乐部中通过比赛选拔。

上海乒乓球运动纪事录(1949—2024)

3月28日

□ 由上海市教委、中国大学生乒乓球协会、市大学生体协主办的首届上海市高校"校长杯"乒乓球比赛在上海交通大学体育馆举行。国家有关部门的数据表明,中年知识分子群体的健康状况令人忧虑,校长们参加体育运动,具有重要的表率作用和象征意义。本市31所高校120多位在职校级领导组队参赛。结果,特邀来沪参赛的教育部队获得团体冠军,上海市教委队获得亚军,华东师大队和上海体院队并列第三名。上海红双喜冠都体育用品有限公司为比赛提供了全套比赛用品。

4月4日

□ 为降低乒乓球比赛中球的速度和旋转性,增加比赛中的来回球,提高球赛的观赏性,中国乒协赞同并支持国际乒联试用40毫米大乒乓球的举措。中国乒协副主席姚振绪表示:对于擅长快攻的中国运动员来说,使用大球会带来一些困难。中国乒协首先考虑的是整个乒乓球运动的发展,只有乒乓球运动发展壮大了,在世界体坛上位置巩固了,中国乒乓健将也才有发挥自己才能的舞台。

时任国际乒乓球联合会主席徐寅生(前排右二)与上海体育学院多位专家共同研讨"小球改大球"的方案

4月5日

□ 为加快乒乓球运动市场化、职业化步伐,国家乒乓球羽毛球管理中心决定,全国乒乓球俱乐部甲级联赛男女各8队，各分2组，每周一轮进行主客场循环比赛。第八名降为乙级队。上海共有1支男队、2支女队参赛，2支女队分别为大康俱乐部队和东方队（即华东理工大学队）。

□ 中国乒协副主席姚振绪透露：各省、市、区乒协将陆续与运动员签订协议书。今后，中国乒协将通过协议书来管理运动员。协议书由中国乒协统一拟订并已下发。各省级乒协可以在此基础上结合当地情况补充修改。协议书既包括对运动员训练、竞赛、生活等方面的管理规范，也包括运动队应给予球员的工资、奖金、保险等各项待遇条款。在运动员与省级乒协签订协议书的基础上，被选进国家队的球员，还要再次签订协议书。

4月26日

□ 为搞活虹口区青少年乒乓球业余训练，为上海和国家培养后备人才，虹口区体校联合企业组建的上海尼赛拉-树德乒乓球俱乐部挂牌成立。新成立的乒乓球俱乐部面向全市招生，恢复本市二线队伍，进行半训半读的强化训练。俱乐部总教练由高级教练丁树德担任。国家体育总局乒羽管理中心副主任张燮林被聘为俱乐部技术顾问。

4月28日

□ 上海体育运动技术学院与圣雪绒上海总公司签约，共同组建上海圣雪绒男子乒乓球俱乐部。中国乒协副主席、国家乒羽管理中心主任李富荣及中国乒乓球队总教练蔡振华专程来沪出席签约仪式。新组建的上海圣雪绒男子乒乓球俱乐部拥有王励勤、丁松、冯喆等。

图为签约仪式场景,二排左一为上海圣雪绒俱乐部总经理袁海路
(袁海路作为上海队教练员曾被派往宁夏乒乓球队援教)

5月16日

□ 据报道,中国首届主客场制的乒乓球俱乐部杯赛不到一个月就要开幕了。迄今这项赛事的"冠名权"还没有找到买主,经费缺口很大。文章分析了内外的诸多原因。

[注] 在亚洲其他国家,金融危机波及体育等各种社会活动早有传闻。据汉城一家报纸的信息,韩国乒坛名将安宰亨本来掌印著名的"东亚证券"乒乓队,为全国冠军,去年年底该乒乓队被突然宣布解散,弄得安宰亨四处寻找新东家,却没有人愿意接收。在国内,由于外商资助中断,第二年的排球主客场制比赛迟迟得不到经济支持,只好由主办单位承担开支。还有篮球界,第一年搞得红火的CNBA比赛就停办了!过去,在计划经济年代里,运动员和教练员"两耳不闻窗外事,一心就想练和赛"。市场经济大环境下,有些比赛是按商家赞助设计而成的;情况发生变化,不

适时采取应变措施就会碰到麻烦。如果乒乓球界能够研究排球界碰到的困难，可能就会推迟开支成倍增加的主客场制比赛了。其实，有些省市乒乓球队难找婆家，责任在于有些乒乓球队教练、球员要价太高，又不考虑给企业必要的回报，在讲究"投入"和"产出"匹配的市场经济社会里，谁还愿意当"赞助商"！前不久，圣雪绒上海总公司"雪中送炭"，支持上海的男子乒乓球，无非是因为公司的几位企业家对"国球"的特殊感情，没有忘记多年前上海体育界对宁夏体育的支持。上海乒乓名将真该好好理解宁夏企业家的这份深情厚谊，用自己的实际行动作出应有的答谢反馈！体育界要向市场经济转轨，寻找赞助商应该转变观念、思路和做法，做到"随行就市"，才能把商家一个个请回来。同时，应该双管齐下，把庞大的开支压缩下来。开高价，多索取，迟早要被商家抛弃！有的赞助商远离体育，是嫌比赛"人气"不足，广告效应大打折扣。乒乓球赛事值得思考。解铃还须系铃人！这个"系铃人"正是体育界诸位！

5月17日

　　□ 集奥运会、世乒赛、世界杯三项冠军于一身的瓦尔德内尔来沪，尝试用上海常见的三轮"黄鱼车"为客户送冰箱，作为形象大使为著名的电器品牌伊莱克斯做广告。上午，瓦尔德内尔访问了曹燕华国际乒乓球交流中心，并与伊莱克斯电器赞助的上海大学生乒乓球挑战赛冠军、上海交通大学的张英杰交手。当瓦尔德内尔与曹燕华走向球台挥拍时，引起全场观众轰动。33岁的瓦尔德内尔说，他还准备参加明年第45届的世乒赛。

6月6日

□ 据报道,上海红双喜公司在国内乒乓器材行业中堪称榜首。随着激烈的市场竞争,红双喜产品也受到国内外厂商的冲击。红双喜公司在竞争中明白只有在研发上下功夫,才会有好产品。为此,公司创立科研基地,与国家队乒乓球队的技术专家组成产品开发小组。时下,"红双喜"系列的"狂飙""雷电""云雾"等型号的球拍,充分显示出各具个性的特点。这些球拍是通过对五代乒乓球世界冠军、几百名优秀选手长期的技术跟踪,采集一万多个技术数据,经电脑分析、筛选、配对,寻求最佳组合精心设计制作而成。同时,上海红双喜公司投入数十万资金,采集大量技术数据,研制成功已被国际乒联定为比赛用球的40毫米乒乓球。

6月8日

□ 上午,萨马兰奇在洛桑国际奥委会总部的办公室会见教练张燮林(中国乒协副主席)和邓亚萍。萨马兰奇询问了邓亚萍在英国剑桥学习的情况和身体健康状况,鼓励她继续为发展世界乒乓球事业做贡献。下午,萨马兰奇和邓亚萍在国际奥运会博物馆大厅里打了一场乒乓球。萨翁还是使用当年的木板,打起来咔咔作响,技术真不错,能送出大角度的球,引得围观者热烈鼓掌。

7月7日(至9月20日)

□ 为使全民健身深入社区,进入家庭,市体委群体处等单位联合举办的上海市首届"力波杯"家庭乒乓球大奖赛,每逢双休日进行比赛。比赛在各区、县设立赛场。近千户家庭报名参赛，赛程长达两个月，共进行了3449场比赛。

7月18日

□ 红双喜中国乒乓球俱乐部甲级联赛小组赛结束，男、女四强全部产生。上海圣雪绒队以2比1战胜积分领先的广东大豪队进入四强。王励勤先胜广东老将林志刚，又与冯喆搭档赢下双打，为全队功臣。因解放军队、上海队、广东队同为四胜二负，经计算胜负局比率，广东队被挤出四强。

7月19日（至26日）

□ 第五届"敏之杯"上海市中小学生乒乓球锦标赛在黄浦体育馆揭幕。本次比赛继续采取公开报名、自由组队的形式，共有197支队参赛，比赛设高中男、女组、初中男、女组、小学男、女组，各级别均设业余体校组和普通中、小学组。

8月1日

□ 红双喜中国乒乓球俱乐部甲级联赛团体半决赛首回合比赛打响。上海圣雪绒队由王励勤、冯喆和郭瑾浩出战，以1比2不敌孔令辉领衔的黑龙江队。上海男队为感谢圣雪绒公司的支持，特意将半决赛的主场安排在宁夏银川。

8月8日

□ 红双喜中国乒乓球甲级俱乐部联赛半决赛第二回合在哈尔滨举行，上海圣雪绒队以2比1战胜由孔令辉领衔的黑龙江队。冯喆为上海队进入决赛立下大功。

8月10日

□ 红双喜中国乒乓球俱乐部甲级联赛女子团体赛在北京进行，上海大康队在保级战中，以1比2败于中国大学生东方时代队，落至第八名遭降级。现任国家二队主教练施之皓认为，上海大康队临场思想包袱沉重是输球的原因。

8月15日、22日

□ 红双喜中国乒乓球俱乐部甲级联赛第一回合比赛，八一（工商银行）男队以3比0完胜上海圣雪绒队，比赛在宁夏银川举行。第二回合比赛在八一（工商银行）队的主场广东佛山市举行。八一（工商银行）队再次获胜，获得男子团体冠军。

8月20日

□ 为培养更多的乒乓球后备人才，由上海市乒协主办的"敏之意中杯"华东地区业余体校少年乒乓球邀请赛揭幕。来自福建、浙江、江西、安徽、山东、江苏和上海等地区的近百名小运动员参赛。本届邀请赛进行男女团体、单打四个项目的角逐。

8月26日

□ 红双喜中国乒乓球俱乐部甲级联赛首推主客场赛制，历经两个半月，电视收视率和观众上座率都超出预期。中国乒羽管理中心副主任、联赛组委会秘书长姚振绪说：一炮打响！

［注］姚振绪认为，首先，这与近三年的俱乐部赛制和这两年的乒乓球擂台赛打下的基础分不开。乒乓球作为传统的优势项目，与市场经济寻找结合点非常重要。现在跨出了第一步。其次，各俱乐部积极承办主场比赛，再加上中央电视台和地方报纸的传播，

效果很好。最后,开展俱乐部赛既有集体荣誉,又有个人利益,老将、新秀全身心投入,使比赛更加激烈精彩。下一步将探讨如何更好地利用市场经济办法,争取得到企业和社会更广泛的支持。在运动员流通问题上,将采取更妥善的措施。

8月

□ 丁松去德国俱乐部打球(时年27岁)。所在的俱乐部有丁毅等多人,只有丁松一人持中国护照。德国乒乓球甲级俱乐部有十二个左右,丁松的球技是上乘的,第二年就获总积分第一。丁松在德国打球,只与俱乐部签约,没有加入"海外兵团"。

9月9日

□ 由华东理工大学的帖雅娜等组成的中国大学生女队,由上海交通大学的郭谨浩等组成的中国大学生男队,在第12届世界大学生乒乓球锦标赛团体决赛中分别战胜韩国队和波兰队,双双夺得冠军。

9月19日(至24日)

□ 全国乒乓球锦标赛在江西宜春体育中心开战。男子团体半决赛中,上海队以3比2战胜黑龙江队。第二天,上海队在团体冠军争夺战中负于汕头队,再次屈居亚军。在男子单打决赛中,上海的王励勤苦战五局惜败于黑龙江的孔令辉,亦屈居亚军。

10月3日

□ 今年36岁的曹燕华撰写的自传《属虎的女人》一书,

由上海文艺出版社出版，并在曹燕华国际乒乓球交流中心举行首发式。该书记录了一个世界冠军的成长历程，以及她对人生的感悟。国际乒联主席徐寅生为该书写序。

10月4日

□ 第14届亚洲乒乓球锦标赛落幕。中国队获得男、女团体冠军。在单项比赛中，上海籍选手王励勤获得单打冠军，他还与王楠合作，获得混合双打冠军。

10月20日

□ 曹燕华乒乓培训学校（简称"曹乒校"）建立。该校以个人投资办学的方式，选择城乡接合部的上海市宝山区杨泰实验学校为基地。学校拥有一支优秀的师资队伍和一座4000平方米的训练比赛馆、一幢3000平的学生公寓。曹燕华任校长和法人代表。

上海曹燕华乒乓培训学校成立揭牌仪式

[注1] 曹乒校建校20多年来，已形成集"三线启蒙、二线提高、一线专业队"的人才培养输送体系。学校输送专业运动员18名，向上海队及外省市队输送球员10余名。值得一提的是，2017年由曹乒校输送的许昕、尚坤、赵子豪等核心队员组成的上海男子乒乓球队，在天津举行的第13届全运会上勇夺冠军。徐寅生说："这是一枚上海失去了整整52年的全运会男团金牌。为了这枚中国乃至世界城市比赛水平最高、分量最重的团体金牌，这几年上海男队确实不容易啊！"尤其主力队员许昕荣获世界杯、世乒赛、奥运会冠军，为曹乒校和上海，乃至国家做出了贡献，赢得了荣誉。

[注2] 与此同时，曹乒校秉持训练比赛与文化学习"两项一起抓，两项都要硬"的宗旨，近年来，学生的文化考试及格率达100%，优良率保持在95%以上。并凭借杨泰实验学校（小学）—杨泰实验学校（初中）—上海大学附中（高中）——上海交通大学、上海体育大学等高校"一条龙"就学的体系优势，使历年高考升学率达100%。现有69人考入北京大学、上海交通大学、华东师范大学和上海体育大学等国内高校，另有24名学生远赴日本、新加坡和欧美等国留学。曹乒校先后被国家有关部门授予全国体育事业突出贡献奖、上海市奥运后备人才培训基地、全国乒乓球重点训练单位、全国社会组织规范化管理5A级单位等殊荣。

11月7日

□ 爱立信中国乒乓球擂台赛第二轮淘汰赛的男子半决赛在安徽省合肥市举行。上海选手王励勤以3比2战胜了黑龙江选手孔令辉取得决赛权。

12月12日

□ 由王励勤、孔令辉和刘国梁组成的中国男队，在曼谷亚运会乒乓球决赛中以3比1战胜韩国队取得冠军。徐寅生和李富荣两位副团长观看比赛后认为：比赛如此激烈，韩国队打得如此顽强，尤其金泽洙打出了多年未见的高水平，值得称赞。中国的强项受到挑战是好事，对手强才有压力，有压力才会变成动力。我们的优势项目想要长盛不衰，就必须有不断进取和创新的境界。

12月14日

□ 王励勤、王楠在亚运会乒乓球混合双打决赛中，以2比1战胜韩国的吴尚垠、金茂校，为中国乒乓球队夺得本届亚运会的第三枚金牌。

12月17日

□ 韩国选手金泽洙在亚运会乒乓球男子单打决赛中以3比0战胜中国队的刘国梁，摘取了亚运会乒乓球男单金牌。此前在半决赛中，金泽洙就以3比1力克孔令辉。徐寅生就此发表评论。

［注］徐寅生说：自从乒乓球进入奥运会之后，各国和地区投入了很大的力量，水平提高得很快，尤其是男子单打处于较高的水准，世界排名前10位的选手实力相近，往往是欧亚选手混战一团，要夺得冠军非常困难。中国男乒要保持一定的优势，必须加倍努力，关键要在技术上创新，拿出新招、绝招，才能立于不败之地。

12月27日

□ 为贯彻《全民健身计划纲要》,中国乒协推出业余运动员等级制,其最高级别是业余运动健将,需在全国性或跨省市更高级别的比赛中产生。

上海市十名高手名列全国首批乒乓球业余运动健将榜单

12月

□ 施之皓调国家女一队,分管李菊、杨影等。

1999年

1月2日

□ 张德英乒乓中心举办上海市永达杯乒乓球公开赛的消息在报上刊出后,1000多名爱好者赶往卢湾体育馆报名。年龄最大的70岁,最小的8岁,还有残疾人,最远的来自崇明。限于场地原因,最终报名人数只能有700人。张德英对未能被安排比赛的乒乓球爱好者表示歉意。开赛第一天,副市长周慕尧特意赶来观战。

1月8日(至11日)

□ 国际乒乓球职业巡回赛总决赛在巴黎拉开战幕,在去年12站比赛中总积分排在前16名的男女选手参加角逐。王励勤首战以3比0战胜排名世界第一的白俄罗斯名将萨姆索诺夫,接着又战胜孔令辉。在男子双打半决赛中,王励勤、闫森战胜法国的加蒂安、希拉。王励勤在两个单项中均进入决赛,最终获得男子单打、双打冠军。

1月9日

□ 国际乒联执行局决定,2000年奥运会之后,乒乓球比赛开始使用直径为40毫米的大球,以增加乒乓球比赛的观赏性。

1月13日

□ 据报道,因俱乐部老板大康集团经营不景气,今年1月起中止对上海女子乒乓球队的投入。俱乐部赛注册的日期为3月中旬。届时上海女乒找不到新东家,将失去全国俱乐部比赛的资格。上海女队去年从甲级掉入乙级也是原因之一。上海女乒"断炊"引出的问题,究其原因是体育项目被动地接受赞助,而自身缺乏造血功能。乒乓球队应重新审视自身的资源状况,想方设法开拓市场。

2月9日

□ 中国乒乓球队总教练蔡振华表示,第45届世乒赛的参赛阵容将通过公开竞争的方式产生,名单将于4月份确定并公布。"公开竞争"就是实行多方面标准的综合衡量,除了考虑运动员参加国内外大赛的成绩外,还要将其在国内、队内等小型比赛的成绩以及在训练中的表现考虑进去;同时也要从全队发展需要出发,综合考虑参赛运动员的年龄衔接和潜力等因素。

3月2日

□《文汇报》刊登文章《中国乒乓球擂台赛引出的话题》,指出,此为成功的创意和策划。1996年,前中国乒乓球队总教练许绍发提议举办CCTV擂台赛,采用中国传统的擂台赛制,终于使乒乓球赛的面貌焕然一新。

[注] 据统计,三年来,中国乒乓球擂台赛共进行了115场比赛,转战60余个城镇,吸引了23万现场观众和数亿人次的电视观众。中央电视台的投入,使更多的人通过电视关注乒乓球,认识了乒乓球明星。收视率的提高吸引了赞助商,爱立信买断杯名

使比赛扭亏为盈。举办者精选赛地,主动将更多的比赛"送"到中小城市和边远地区。"送比赛下基层"拉近了世界冠军与观众的距离,举办方并先后向陕西延安、甘肃舟曲等地捐款,资助失学的儿童重返校园。刘国梁、王楠等说,擂台赛增强了训练比赛的责任感,不仅是技战术上的锻炼,更是思想上的洗礼。擂台赛效应促进了群众性的乒乓球活动的开展,乒乓球器材旺销。近年"红双喜"产品销售额增长20%—30%。

3月9日

□ 晚,作为上海和瑞典哥德堡市友好交流周的活动内容,上海王励勤与世界冠军瓦尔德内尔在上海静安体育馆进行了一场友谊赛。国家队教练李晓东说:王励勤基本功扎实,中台对攻尤为突出,稍有欠缺的是小球技术和临场经验。国家队第一阶段集训中,对王励勤特别加强了小球技术训练;队里还专门根据欧洲"三虎"的特点,对他进行了针对性训练。"只要不出现起伏,没什么人能赢他。"

3月16日

□ 据中国乒协消息,由于科索沃危机尚未解除,第45届世乒赛能否如期在南斯拉夫贝尔格莱德举行,有待国际乒联执委会决定。目前,德国、瑞典和美国都因赛地安全问题不派队参赛,瑞典允许球员以个人名义参赛。中国乒乓球队正在河北正定进行封闭集训。

3月20日

□ 中国乒乓球擂台赛在河北石家庄进行了最后一场男单半

决赛，上海选手王励勤战胜江苏选手闫森。王励勤将与孔令辉争夺擂台赛男单总冠军。

3月22日

□ 国际乒联技术委员会主席、中国乒羽管理中心副主任姚振绪到达贝尔格莱德，筹备主持"大维第45届乒乓球锦标赛"团体赛抽签工作。因北约与南斯拉夫联盟共和国（以下简称南联盟）处在战争状态中，事态紧张。姚振绪向中国乒协、国际乒联（徐寅生任主席）报告：韩国男女队报名参赛，参赛队已增加到男86支、女66支。

□ 中国乒乓球队正式公布了参加第45届世乒赛的名单。上海选手王励勤参加团体和所有单项比赛，冯喆和郭谨浩将参加男单、男双的比赛。上海无女队员入选。

3月23日

□ 姚振绪去诺维萨德会见中国援外教练陈宝庆、黄锡萍夫妇。陈、黄夫妇没有离开的打算，决意率南联盟的运动员继续训练。

3月24日

□ 姚振绪返回贝尔格莱德，检查抽签现场。调试由上海红双喜公司制作的鼓风吹球式抽签机器。当晚，北约的空袭开始了，电视播放着空袭的场面。黄锡萍趴在家中三楼的窗口张望，看着飞机俯冲轰炸桥梁、石油化工厂、军营，以及地面高射炮的还击。警报一响，家人聚在一起；警报解除则恢复训练，还外出参加联赛。但当地经济情况渐渐不行了。

上海乒乓球运动纪事录（1949—2024）

3月25日

□ 中国乒羽管理中心外联部终于接通了洲际大饭店的总机，国际乒联主席徐寅生告诉姚振绪：国际乒联执委已召开电话会议，根据目前的局势，第45届世乒赛无法如期举行，做好不抽签的准备。因南乒协为本届世乒赛做了很大努力，仍希望按预定计划举行抽签仪式，以表达"要世乒赛，不要战争"的决心。最后，姚振绪联通正在开记者招待会的徐寅生，徐寅生说：由于不可抗拒的原因，国际乒联执委会决定世乒赛改期易地。国际乒联非常感谢南斯拉夫政府和乒协为世乒赛所做的大量工作。姚振绪将国际乒联的决定传达给南乒协。

3月26日

□ 因贝尔格莱德的机场被炸关闭，南乒协与匈牙利乒协联络后，姚振绪连夜坐大巴前往布达佩斯，搭乘回北京的航班。

［注］姚振绪自述：出发前，我把可能遇到的情况预想了一遍，脑子里尽是战争电影的镜头。我把护照放在贴身的衬衣口袋里，钱分开装在安全的地方，临行前还特意带上了矿泉水、巧克力和饼干，万一遇上空袭，在地上一趴几个小时，得有点东西充饥，以保持体力。凌晨2点半，我搭上大巴上路了。车没上高速公路，走两旁有居民住房的慢道。大约早上6点，从南斯拉夫出境只用了两分钟，而过匈牙利边境却花了两个小时，还把我随身带的行李翻个遍，后当官的说：别查了，放行！事后知道，司机给了当官的50马克。下午，匈牙利乒协的秘书长来旅馆，送来第二天从布达佩斯直飞北京的机票。她说南乒协已给她1500马克，用于机票和食宿开销。这1500马克是南乒协的工作人员先掏腰包凑起来的。他们正处在最困难的时候，还考虑得这么周到，让我

很感动。27日下午,我坐上了回国的班机,9个多小时后回到了北京。

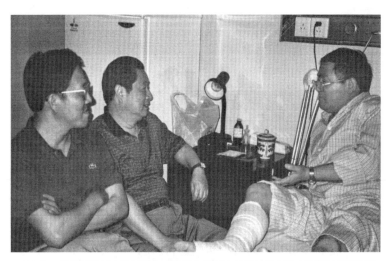

1999年,姚振绪陪同中国乒协主席徐寅生探望在美国飞机轰炸中腿部被炸断的驻南斯拉夫大使馆文化参赞刘鑫泉

3月28日

□ 上午,姚振绪搭乘的匈牙利航空公司航班安全抵达北京首都机场。

4月8日

□ 由国际乒联主席徐寅生提议和倡导,经国际乒联确认,由中国乒乓球协会主办的第一届世界男子乒乓球俱乐部锦标赛将在中国举行,来自欧亚两洲8个协会的12支乒乓球俱乐部男队将参加角逐。国际乒联规定:参加世界俱乐部比赛的运动员,不受国籍和转会的限制,只代表应聘的俱乐部。

4月10日

□ 本年度中国乒乓球擂台赛在北京决出最后的总冠军，王励勤以3比1将上届擂主孔令辉拉下马来，成为总冠军。第三次进入擂台赛总决赛的李菊战胜孙晋卫卫冕成功。

5月18日

□ 中国乒乓球俱乐部超级联赛由去年前八名的队竞争。因转会政策放宽和比赛规程的改革，将增强悬念和观赏性。比如八一队有刘国梁、王涛，还有马琳的加盟；拥有世界冠军孔令辉的黑龙江队，又引进了江苏的张勇。上海圣雪绒男子乒乓球俱乐部队则未能引进"内援"。比赛规程更显紧凑，如四盘比赛若双方战成2比2后则不再打下去，而是比局分，如局分相同，最终由小分定胜负。另外，每一盘打到决胜局采取11分制。同时，为了增加观众人数，中国乒协允许俱乐部更换主场，在本省（市）范围内可以有4次变更，跨省市举办的允许有3次。

5月19日

□ 上海市体委"九运办"做出决定，聘任杨瑞华为上海海上世界女子乒乓球俱乐部队教练。

5月21日

□ 国际乒联主席徐寅生在上海正式宣布，国际乒联执委会会议决定，第45届世界乒乓球锦标赛团体赛将于2000年2月12日至2月20日在马来西亚首都吉隆坡举行。本届世乒赛的单项比赛定于今年8月2日至8月8日在荷兰举行。这是世乒赛首次将团体赛和单项赛分开举行。

5月27日

□ 经市体委批准，曹燕华乒乓培训学校将在现有的三线队伍基础上，再建二线运动队。该校组建的二线队伍，将面向全国招收男女各10名小选手。二线运动员可参加全国比赛，其中优秀选手将向一线队输送。

5月29日（至6月10日）

□ 中国乒乓球俱乐部超级联赛开赛，上海圣雪绒乒乓球队出师不利，客场与广东战成2比2平后，因新赛制规定的胜局数，以4比6落后而失利。继而，在主场与黑龙江队的对阵中以1比3败北，又在客场以0比4输给山东队。上海队本有意招募汕头选手刘国正，但因种种原因难以实现，山东队正是招募来了刘国正才得以击败上海队。乔云萍加盟的上海大学生东方时代队，客场与由王楠领衔的辽宁本钢队战成2比2平，最后以5比4的局分胜出。6月10日，上海圣雪绒男子乒乓球队在主场以3比1力克辽队，终于赢得本赛季的首场胜利。

5月

□ 国务院任命李富荣为国家体育总局副局长。

6月10日

□ 首届阿尔卡特杯世界乒乓球俱乐部锦标赛开幕之际，国家体育总局副局长李富荣宣布：中国乒乓球队在过去的40年中一共夺得了104个世界冠军。在上海举办"辉煌的历程"的中国乒乓球运动成就展上，首次公开展出了世乒赛的七座奖杯。

□ 经国际乒联确认，阿尔卡特杯世界男子乒乓球俱乐部赛在上海举行（此为首次世界性职业俱乐部比赛）。此次参赛的运动员不受国籍和转会的限制，只代表应聘的俱乐部。国际乒联指定瑞典、德国、法国、比利时、韩国、日本、中国台北和中国大陆的乒乓球协会各选派一个俱乐部参赛。另外还设4张外卡，分别给德国、法国、日本和中国的一个俱乐部。总共将有来自欧亚两洲的8个协会12支乒乓球俱乐部男队参加角逐。上海圣雪绒俱乐部和八一（工商银行）俱乐部将代表中国参加本届比赛。此次赛事在东方电视大厦内的东视剧场举行，至13日结束。结果，中国八一（工商银行）队以3比1力克上海圣雪绒队夺得冠军。国际乒联主席徐寅生向八一（工商银行）队颁发了刻有他名字的国际乒联主席杯。刘国梁当选本次比赛最有价值球员。

6月25日

□ 徐寅生致信国家体育总局领导，表示不再竞选国际乒联主席，并准备协助国家队教练抓好训练，力争乒乓球项目在奥运会、世乒赛上保持荣誉。徐的报告得到国家体育总局领导的理解和同意。

7月16日

□ 中国乒乓球队总教练蔡振华在第45届世乒赛新闻发布会上表示：中国乒乓球队要向国庆50周年和中国乒乓球队1959年容国团夺得第一个世界冠军40周年，献上一份厚礼！具体就是要把男子单打金牌夺回来。同时，蔡振华认为：这块金牌仅有五成把握，还是要依靠队员们爱国、爱队的精神。为此，中国国家队还举行了一场特殊的出征仪式。训练馆正面的

中国乒乓球队五位主力队员和中国乒协两名工作人员,在总教练蔡振华的带领下宣誓成为中国共产党的预备党员。右起:王楠、杨影、李菊、两位工作人员、阎森、王励勤

墙上挂上了一面鲜艳的党旗,庄严的《国际歌》响彻整个正定训练基地,王励勤、阎森、王楠、李菊、杨影和中国乒协的两名工作人员光荣地成为中国共产党预备党员。加上已经入党的孔令辉和刘国梁,国家队共有7名党员。

☐ 国家队总教练蔡振华和女队主教练陆元盛谈出征世乒赛的态势:男队最大的威胁还是白俄罗斯的萨姆索诺夫、瑞典的瓦尔德内尔、克罗地亚的普里莫拉兹这"欧洲三虎";女队仍要提防"海外兵团"。

[注] 女队主教练陆元盛说:女队一半是年轻选手,面对"海外兵团"和韩、朝两国的选手显得稚嫩。在训练馆女队对手的主要名单上,第一号是中国台北选手陈静,还有第九位代表德国队的田静以及排在第十位的原八一队的何千红。何智丽被排在了第十一位。经过大量的资料分析表明,我们选手的技战术明显高于海外兵团。一些队员反映:对方都是从中国出去的,对阵时心里

不是味儿。所以,我们要闯过"海外兵团"这关,最重要的是要在心理上战胜对手。要把她们当世界强手来拼,但不要背上包袱。

7月30日(至10月17日)

□ 由市体委群体处、市委宣传部《班组学习与生活》杂志社联合主办,上海市举行"华联超市杯"社区、店堂"迷你"乒乓擂台大赛,全市共有60个街道的6400多名选手参加比赛。历时两个多月,共产生了25个社区的单项"擂主"。决赛安排在上海国际体操中心举行,各级别的擂主们悉数登场,男女老少同时在100张"迷你"球台上角逐,产生了"金冠擂主"和"银冠擂主"。

8月2日

□ 国际乒乓球联合会公布了乒乓球选手的最新排名。王励勤列男选手第六位,倪夏莲列女选手第七位。

□ 第45届世界乒乓球锦标赛单项比赛在荷兰埃因霍温举行,至8日结束。中国乒乓球队在全部单项赛中囊括了五金五银,实现了全队向国庆50周年献厚礼的愿望。

8月3日

□ 国际乒联代表大会在埃因霍温埃沃伦会议中心举行。本届是国际乒联换届选举,因徐寅生提出不再谋求连任。现国际乒联第一副主席、加拿大的沙拉拉在无人竞争的情况下当选新一届国际乒联主席。现年47岁的沙拉拉曾是一名乒乓球运动员,1995年出任国际乒联执行副主席,两年后担任国际乒联第一副主席兼总干事。

1999年

1999年8月6日，在荷兰举行的第45届世界乒乓球锦标赛混合双打比赛中，中国选手包揽了前三名。图为获得冠军的马琳、张莹莹，第二名冯喆（上海籍）、孙晋，第三名王楠、王励勤（上海籍）和杨影、秦志戬在领奖台上

[注]沙拉拉说：徐寅生是我的老师。我从他那里不仅学到了政治方面的经验，也学到了技术、管理上的知识。徐寅生曾对我说，你必须牢记你的角色，如果你是一名运动员，你可以不管媒体、观众，只要打好球就行，而如果你是国际乒联主席，那你就必须照顾各方面，更重要的就是媒体和观众，才能做到对这项运动负责。沙拉拉还表示，前不久在上海举行的首届世界男子乒乓球俱乐部锦标赛非常成功，他准备将来吸收女运动员参加，杯名就叫"徐寅生杯"，也算一种纪念。

8月20日（至24日）

□ 中国乒乓球协会主办，上海市体委、市乒协协办，浦东新区北蔡镇人民政府和浦东乒协共同承办的第四届"双鱼杯"京、津、沪、鲁全民健身乒乓球公开赛今起挥拍,来自三市一省的45支球队参加角逐,比赛分设老年、中年、少年等9个组别,年龄最大的运动员为65岁,最小的仅9岁,以增进四省市群众乒乓球运动的交流。

中国乒乓年纪念专题晚会节目单

8月21日

□ 中国乒协为纪念容国团夺得世界冠军40周年,在广州举行了以"祖国荣誉高于一切"为主题的系列纪念活动,有36位新老世界冠军到会。中国乒协还向省市乒乓球队、宣传部门、科研单位训练基地等方面的18个单位颁发了"杰出贡献奖"。

10月12日(至13日)

□ 全国乒乓球教练员会议在合肥举行,中国乒协推出改革设想:从明年起,将全力推出超级俱乐部联赛和甲A、甲B俱乐部联赛;同时全国锦标赛参赛运动员年龄限制在20岁以下,即全国锦标赛将成为青年锦标赛。此举目的有二。首先,进一步推动乒乓球俱乐部的建设进程,开拓国内乒乓球市场。其次,减少国家队主力成员的比赛任务,培育后备人才梯队。在训练体制方面,国家一队队员表现欠佳将降到二队,二队队员表现出色会升到一队;二队则更多的与省级队一起训练,增加选拔次数,优胜劣汰。中国乒协指出:提升俱乐部赛的地位,绝不意味放弃我国固有的乒乓球"举国体制",将实行以职业联赛和大集训相结合的双轨制,此为中国乒乓球改革的立足之本。

10月28日(至31日)

□ 经国际乒联批准,世界杯男子乒乓球赛在广东中山市小榄镇举行。此为国际乒联的传统赛事,国际乒联颁布的最新世界排名前十名的运动员瓦尔德内尔、萨姆索诺夫、罗斯科夫、施拉格等齐聚参赛。王励勤和刘国梁、孔令辉等中国选手迎接挑战。

11月21日

□ 王励勤在瑞典公开赛决赛中以3比0战胜孔令辉摘取了金牌。中国选手还夺得本次公开赛其他项目的三个冠军。

12月7日

□ 邓亚萍将在亚特兰大奥运会获得两项冠军所使用的红双喜球拍捐赠给国际奥委会奥林匹克博物馆。国际奥委会主席萨马兰奇、国际乒联主席沙拉拉和国际乒联执行副主席杨树安出席捐赠仪式。

本年

□ "国际乒联名人堂"是国际乒联为表彰技艺超群的乒乓球运动员和为推动世界乒乓球运动发展做出杰出贡献的人士而设立。庄则栋、林慧卿、李富荣等三位中国运动员最先成为名人堂的成员。

[注1]为纪念新中国体育运动50周年,中央电视台采访王

1965年4月，第28届世界乒乓球锦标赛在南斯拉夫的卢布尔雅那举行。中国乒乓球队首次获得了男、女团体双冠军的殊荣。图为教练、领队和团体赛参赛队员与国家体委领导的合影。我国首批入选国际乒联名人堂的三位选手恰巧同框：林慧卿（前排右二）、李富荣（二排左一）和庄则栋（二排左二）

猛，其中提及"文革"时期的故事。王猛说：我是当事人，最有发言权。我始终认为，庄则栋为我们国家乒乓球运动做出了重大贡献，是对人民有功勋的运动员。他当时很年轻，在那种极"左"的政治历史背景下，从某一个层次上讲，他也是个受害者，应当正确认识他犯错误的客观原因……对这样一个年轻人，一个对国家有贡献的人，处理上宽容一点，是在情理之中的。

[注2]迄今已有32位中国运动员进入"名人堂",约占总人数的一半。名单如下:徐寅生、庄则栋、林慧卿、李富荣、郭跃华、江嘉良、张燮林、梁戈亮、曹燕华、王涛、邓亚萍、王楠、葛新爱、刘伟、刘国梁、王励勤、李菊、乔红、张怡宁、蔡振华、张德英、孔令辉、马琳、陈玘、王皓、郭跃、李晓霞、张继科、马龙、丁宁、刘诗雯、许昕。

2000年

1月31日

□ 创办一年多的上海曹燕华乒乓培训学校招了60多名学生。徐寅生任名誉校长并题写了校名,上海红双喜公司给学校送来了数万元的器材。经市体委批准,该校可面向全国招收二线队员。该校聘用优质的师资,以实现向省市球队以至国家队输送后备力量,重振上海乒坛雄风。

[注]4月,徐寅生来上海曹燕华乒乓培训学校视察时建议:学校不但要面向全市和全国,更要上台阶,面向国际,招收国外青少年乒乓球选手来校接受训练,这对促进我国乒乓球事业的发展及国际体育文化交流都是有利的。

2月24日

□ 国际乒联主席沙拉拉向上海红双喜公司颁发银质奖盘,以表彰该公司为研制40毫米乒乓球所做的贡献。上海红双喜公司总经理黄勇武说:"我们将把一千万只40毫米'大球'推上市场,同时加大开发适应新比赛用球的球拍、胶皮等。"

[注]国际乒联宣布,从2000年10月1日起正式使用40毫米重2.7克的乒乓球。40毫米球比38毫米球旋转减弱23%,速度减慢13%,弹力也有所下降,这对增加比赛回合、提高比赛的观赏性影响深远。

4月19日

□ 两年前曾同上海男乒联手的圣雪绒上海总公司,又与上海共建上海女乒俱乐部,中国乒协主席徐寅生、上海乒协主席陈一平等出席签约仪式。

6月9日

□ 上海市体育局将向在悉尼奥运会上夺得冠军选手的二三线输送单位和业余教练发放100万元奖金。奖励细则已分发至区县少体校等单位,其中,培养出奥运会冠军的业余教练和有关人员分得60万元奖金,另外40万元用于获奖体校改善训练设施。奥运会冠军获得者和市队教练的奖金不包括在这100万奖金之内。

［注］中国乒协副主席姚振绪说:随着体育走向市场化,运动员收入提高了,但有一部分人反而不珍惜,打好了拿奖金,打砸了也没有损失。乒协将改革,即运动员将自费承担有些比赛的费用,从而同国际接轨,使比赛成绩同自身利益挂钩。

6月16日

□ 由市体育局和市教委联合主办的"振良杯"上海市首届青少年运动会颁奖仪式举行。这届比赛共有23个代表团的6191名青少年运动员参加了乒乓球等项目的角逐。

7月15日

□ 由市体育局、市教委、敏之体育文化交流中心等主办的上海市第七届"敏之杯"中小学生乒乓球锦标赛在上海交通大学开幕。共有173支队778名青少年运动员(包括南京、无锡、连云港三市的业余体校的选手)参赛。

7月29日

□ 浦东张德英乒乓中心在源深体育中心开张。市委副书记龚学平题写了馆名。该中心从开张日起免费向市民开放3天。

8月9日

□ 崇明县新河镇利农小学自1990年开展乒乓球活动以来,连年获得市小学生郊县组、浦东组男女团体和单打冠军,并向曹燕华乒乓培训学校输送多名二线队员。

8月13日

□ 2000年第三届全国中学生"希望杯"乒乓球赛在沪收拍,上海中学队在所有12个项目的比赛中夺得了男女高初中团体、单打及女子高中双打的9项冠军。本次比赛对选手首次进行文化考核。组委会决定,今后凡在赛前文化考核不合格者将只计比分,不计名次。

10月4日

□ 在悉尼奥运会乒乓球男子双打决赛中,王励勤、闫森与队友孔令辉、刘国梁相遇。比赛过程十分胶着。王励勤、闫森无论比分领先,还是相持或落后,都坚持执行既定战术,最终以3比1获胜,赢得奥运金牌。中华全国总工会授予王励勤全国"五一劳动奖章"。据统计,王励勤两次获奥运会冠军,3次获世乒赛男单冠军。

王励勤（右一）和闫森获得奥运会金牌

10月18日

□ 中共上海市委、市政府在锦江小礼堂举行上海市欢迎奥运健儿凯旋大会。市委书记黄菊、市长徐匡迪和体育总局领导徐寅生、李富荣参会。会上宣读了市政府对王励勤等3人的嘉奖令。

10月30日

□ 第13届世界大学生乒乓球锦标赛在华东理工大学落幕，以上海交通大学男生、华东理工大学女生分别组成的中国队共获得男女单打、女子团体、女子双打、男女混合双打5枚金牌。

12月1日

□ "浦东新世纪杯"千人乒乓球业余公开赛将在浦东张德英乒乓中心举行，参赛人数达2001人，共分5个年龄组别，采用男女混合编组。另外还设立情侣、明星、家庭三个组别。本市居民、外地来沪人士、外国乒乓球爱好者均可参赛。

12月2日

□ 中国国际乒乓球擂台赛在重庆开打,这是我国首次举行的 11 分制的比赛,中国选手王励勤以 4 比 1 战胜了前世界冠军、瑞典的佩尔森。

12月

□ 国家乒羽管理中心副主任姚振绪近日宣布,中国乒乓球队将组成新班子:总教练为蔡振华,副总教练为陆元盛(上海籍)。

本年

□ "红双喜"乒乓球成为第 27 届悉尼奥运会指定用球。这是奥运会第一次采用中国制造的体育器材。

"红双喜"悉尼奥运会专用球

□ 新华社体育部评出 2000 年中国体育十大新闻,其中,中国乒乓球选手在悉尼奥运会上包揽 4 块金牌、国际乒联决定在奥运会后使用大球入选。

2001年

2月11日

□ 由市记协等组织的"新世界杯"上海体坛世纪之星十位优秀运动员评选活动揭晓,乒乓球世界冠军曹燕华、王励勤分列第六、第七位。在评选揭晓仪式上,市政府领导还向上海籍乒坛名宿徐寅生、李富荣和张燮林颁发了"突出贡献奖"和"贡献奖"。

5月6日

□ 第46届世乒赛在日本大阪落幕,中国队囊括7项冠军。其中,王励勤获得男团、男单冠军,还与闫森合作获得男双冠军。市体育局向王励勤颁发了上海体育运动荣誉奖章。

6月28日

□ 近日,一些媒体在传播这样一条消息:排名世界第一的第46届世乒赛男单冠军王励勤将赴克罗地亚萨格勒布俱乐部打球,参加欧洲冠军联赛等。国乒主帅蔡振华从北京打电话到上海询问此事。王励勤说:"我正在上海备战九运会,并代表上海参加中超联赛,从未接到去欧洲打球的邀请,也根本没有这一打算。此消息纯属谣传。"

8月29日

□ 上海市少体校与曹燕华乒乓培训学校联手创办的上海曹燕华乒乓球俱乐部成立,总教练由曹燕华担任。俱乐部利用市少体校先进的体育设施,从外省市引进了4名资深教练员担任教练。

□ 以上海交通大学男队和华东理工大学女队为班底的中国大学生乒乓球队,在世界大学生运动会乒乓球比赛中包揽了7枚金牌。

[注] 上海交通大学体育系主任孙麒麟宣布:把"教室"搬到国家乒乓队,学生有王励勤、刘国正等。此举的目的是给不能中断训练和比赛的队员"开小灶",并制定了相应的课程安排。

2002年

1月10日

□ 在天津召开的全国乒乓球工作会议产生了新一届中国乒协领导班子。全国政协主席李瑞环任名誉主席,徐寅生连任主席,另有李富荣等17名副主席。

1月11日

□ 国际乒联主席沙拉拉与上海红双喜公司总经理黄勇武在天津签订了红双喜公司提供2004年雅典奥运会和2003年巴黎世乒赛器材赞助的协议。

[注]"红双喜"去年年产2亿只乒乓球,加上球拍、球台等器材,年销售人民币达3亿。在亚洲,"红双喜"产品已经进入日本、韩国等国家,本次签约是"红双喜"开辟欧洲市场的开始。徐寅生、李富荣出席了签约仪式。

3月20日

□ 2001年"大红鹰"杯全国十佳运动员评选揭晓,上海乒乓球选手王励勤获得十佳称号。

4月6日

□ 国际乒联主席沙拉拉宣布:中国上海以78票比31票的

得票击败瑞士洛桑，获得 2005 年第 48 届世乒赛的主办权。

4月12日

□ 由前世界冠军张德英组建智力障碍少年参赛的爱心乒乓队，在亚太地区特奥会上获得了男女单打冠军。张德英请老队友曹燕华率一班小运动员，给爱心乒乓队"开小灶"，使队员的水平大有提高。

9月6日

□ 中国乒乓球队一行 54 人移师上海，在新建成的"东方绿洲"进行釜山亚运会的备战训练。上海红双喜公司送来 12 张为世乒赛研制的新球台。

9月16日

□ 第 14 届世界大学生乒乓球锦标赛在波兰落幕，来自 25 个国家和地区的数百名选手参赛。代表中国男队参赛的上海交通大学男队获得男团、男单、男双、混双 4 块金牌。代表中国女队参赛的华东理工大学女队夺得了女团、女单两块金牌。

10月10日

□ 在釜山亚运会乒乓球男单决赛中，中国上海选手王励勤战胜中国台北名将庄智渊获得冠军。

10月25日

□ 广东籍的前乒乓球世界冠军江嘉良退役后携全家定居浦东，并在浦东新区浦三路小学挂牌成立"江嘉良乒乓球学校"。

中国乒协主席徐寅生为其揭牌，上海红双喜公司送来了最新研制的彩虹牌球台。浦三路小学是一所乒乓球传统学校，在今年上海基层小学生乒乓球比赛中获得女团和女单冠军。江嘉良说："我很喜欢这里。特别是看到有这么多小孩喜欢打乒乓球，我很开心。"

12月6日

□ 国家体育总局公布了中国群众体育现状调查结果，体育人口活动的主要内容前10项排名，乒乓球排第五位。

12月22日

□ 近300位乒乓界的新老明星相聚在北京大观园酒店，庆祝中国乒乓球队建队50周年。上海籍世界冠军徐寅生、李富荣、张燮林、林慧卿、郑敏之、李赫男、张德英、陆元盛、曹燕华和上海籍教练梁友能等应邀出席。中国乒协主席徐寅生说："50年来，中国乒乓球队走过了一条从小到大、从弱到强的拼搏之路。这是党中央和全国人民关怀支持的结果。"国家体育总局副局长李富荣说："我们建队50周年的庆祝会，也是中国乒乓球队第二次创业的誓师大会。"

2003年

3月5日

□ 2005年第48届世乒赛筹委会在上海市体育竞赛管理中心成立,上海市副市长杨晓渡、中国乒协主席徐寅生任筹委会顾问,中国乒协副主席陈一平和姚振绪任秘书长。筹委会成立后的第一项工作就是向社会公开征集第48届世乒赛会徽和吉祥物。

3月28日

□ 根据教育部等六部委有关文件精神,上海交通大学将乒乓球全满贯得主刘国梁免试收入管理学院人力资源管理专业学习。同时,上海交通大学成立了乒乓球国际交流中心,以便利用其乒乓球项目的优势,在国际大学生乒乓球运动交往中发挥作用。

6月10日

□ 由三块运动中的乒乓球板叠成的"白玉兰"与取名为"迎迎"的海豚,成为2005年上海第48届世界乒乓球锦标赛的会徽和吉祥物,其设计者是上海第二工业大学教师钱原平。市乒协主席陈一平介绍说,此会徽和吉祥物是从全国各地11个省市和地区200余幅的来稿中选出的,并已得到国际乒联的正式批准。

7月5日

□ 据《新民晚报》讯，在上海东方绿舟乒乓球馆，副市长杨晓渡与上海籍国手王励勤进行了一场乒乓球比赛，从而正式揭开了迎接上海第48届世乒赛"人人运动计划"的序幕。最近国家男乒正在上海封闭集训，杨副市长前来看望大家时说，上海是中国乒乓球运动的摇篮，为祖国培养了许多世界冠军，乒乓球运动也深受上海人民的喜爱，我们要借国家队本次在上海集训的东风，在全市掀起全民打乒乓球的热潮，通过"人人运动计划"的活动，为2005年上海第48届世乒赛大造声势。中国乒协主席徐寅生说，中国曾经主办北京第26届世乒赛和天津第43届世乒赛；这次在上海，要争取办一届历史上最好的世乒赛。

9月4日

□ 据《新民晚报》讯，国际乒联主席沙拉拉在贵都大酒店与上海世乒赛组委会签订合作协议。沙拉拉说，国际乒联将在上海建立亚洲办事处，在2005年前，将把一些国际上有影响的比赛安排到上海进行，如年底的中德对抗赛、明年的上海公开赛等。沙拉拉宣布：2005年上海世乒赛冠名赞助商是德国大众公司，主要赞助商是利渤海尔，器材赞助商是上海红双喜公司。

9月28日

□ 据《新民晚报》讯，"红双喜杯"上海市民千台万人乒乓球大赛在本市19个区县举行。当中共上海市委副书记殷一璀在主赛场宣布比赛开始时，标志着迎接上海第48届世乒赛的活动正式展开。在上海体育馆火炬台主会场摆开了150张球台，副市长杨晓渡、中国乒协主席徐寅生，乒坛名将郑敏之、曹燕华、张德英、江嘉良、卜启娟、沈剑萍等参加,并与市民选手同台竞技。同时,在东方明珠塔下,在上海展览中心,在许多校园里、弄堂内,都摆下了比赛的乒乓球台。据统计,参加比赛的市民有一万多人,年龄最大的是一位 77 岁的老太太,年龄最小的是一名 5 岁小男孩。为此,上海大世界吉尼斯总部宣布:千台万人乒乓赛的参赛人数和规模已创下了一项新的大世界吉尼斯世界纪录。

千台万人打乒乓,参赛人数创吉尼斯世界纪录

［注］千台万人乒乓球赛拉开了以"世乒赛向我们走来"为主题的系列活动序幕。在倒计时一周年、100天、50天、30天、20天、10天等每一个重要时间节点，组委会都精心设计了对应的群众性乒乓球比赛和活动。上海市民还以东道主的姿态发出"当好世乒赛文明观众"的倡议。

本年

　　□ 许昕入选上海队。

2004年

7月27日

□ "新民晚报杯"乒乓赛闭幕之际，本次比赛的优胜者都获得一块由奥运冠军王励勤签名的红双喜乒乓球拍。这是上海红双喜公司常务副总经理楼世和专程到河北正定基地，请王励勤在他带去的20多块球拍上签名后，带回来的有特殊意义的球拍。本届"新民晚报杯"设有高中、初中、小学等组别比赛，共有20多人获奖。

10月1日

□ "十一"国庆节上海红双喜公司的员工们拿到了两笔奖金——一笔是国庆节奖金，另一笔是公司生日奖金。员工们说："公司业绩年年在增长，我们工作也有干劲。"公司总经理黄勇武说："每年的国庆节，对我们公司来说，都是'双喜临门'。'红双喜'公司的成长，与中国体育的飞速发展密不可分。"副总经理楼世和说："乒乓球是中国的优势项目，这使得我们走向世界有了底气，使得我们的员工始终有奋发向上的企业精神。在悉尼奥运会和巴黎世乒赛上，红双喜品牌深受欢迎。"

12月14日（至15日）

□ 由国际乒联授权中国乒协主办、湖南卫视承办的"尖峰

对决 国球大典"在长沙揭幕。中国和世界排名靠前的十名选手分队打团体赛,即中国男队对阵世界联队。中国队派出王皓、王励勤、马琳、陈玘和孔令辉组成一线阵容,世界联队集中了柳承敏、波尔、萨姆索诺夫、施拉格和瓦尔德内尔五位名将。首回合上海籍选手王励勤以 3 比 1 战胜德国名将波尔,为中国队"开门红"。第二回合前四盘中国队与世界联队鏖战成 2 比 2。第五盘王励勤以 3 比 2 险胜雅典奥运会男单冠军、韩国名将柳承敏,最终使中国队以 3 比 2 取胜。

2005年

1月30日

□ 上海第48届世乒赛门票价格公布，考虑到乒乓球是我国的"国球"受众面广这一特点，最低票价仅为10元，这是近年来我国举办的国际大赛最低的票价。申豪控股集团成为世乒赛票证赞助商，并为第48届世乒赛门票制作、销售提供支持。

4月15日

□ 国际乒联技术委员会主任姚振绪说：改革开放以来，中国赴海外打球教球的人数超过300人，他们为传播文化、教授技艺、促进友谊做出了贡献。另外，在20世纪70年代末，瓦尔德内尔与林德来到上海，与上海队、国家集训队一起训练了3个月，水平得到很大的提高。同时，我们还无偿帮教一些经济困难的亚非拉国家选手。这次上海世乒赛组委会就决定，邀请30个经费紧张的国家与地区的乒乓球队来上海参加世乒赛，上海方面将负担他们的所有费用。上海世乒赛副秘书长陈一平说："这是上海组委会在推动世界乒乓球运动的发展上做出的贡献。"

4月21日

□ 第48届世乒赛大型慈善义拍活动在文新报业大厦进行。

由上海红双喜公司为本届世乒赛创意制作的水晶球台和世界冠军巨型签名乒乓球板，都被以48万元的价格拍走。"48"，讨了一次第48届世乒赛的口彩。中国乒协主席徐寅生捐出了在1995年天津第43届世乒赛前撰写的《我与乒乓球》一书，该书被拍出了24800元。徐寅生说："我正打算再出一本书献给上海世乒赛，要把上海承办世乒赛的前前后后好好说一番，没准以后还能参加慈善竞拍呢！"

4月27日

□ 第48届世乒赛志愿者有7000多名大学生报名，经过培训选拔出600多名志愿者，其中80%以上通过了大学英语六级和中高级口译考试。他们将弘扬"奉献、友爱、互助、进步"的志愿者精神，持证为第48届世乒赛服务。

4月30日（至5月4日）

□ 晚，第48届世界乒乓球锦标赛开幕式《乒坛畅想》在上海东方明珠塔下举行。电视塔体上的11个圆球正好与乒乓球11分记分制天然契合，这是组委会的创意之举。1180名参演者表演了歌舞、武术、杂技、乒乓球等节目。七天比赛期间，一票难求。据统计，本届世乒赛现场观众总数突破10万，门票收入达1180万元。比赛结果是，王励勤、郭跃夺得混双冠军，王励勤在男子单打决赛中以4比2战胜马琳，第二次捧得圣·勃莱德杯。国际乒乓球联合会主席沙拉拉盛赞本届大赛"应授予第六个奖杯"。

［注］第48届世乒赛由国际乒联主办，上海市人民政府和中国乒协承办，共有147个国家（地区）的1500多名运动员、教练

员和官员参赛，不仅创下了世乒赛历史上参赛国家（地区）和人数最多的纪录，也是上海开埠以来举办的参加国家（地区）和人数最多的国际大赛。上海世乒赛是北京奥运会前最重要的世界单项大赛，市委、市政府把办好世乒赛作为服务全国、服务北京奥运会的具体体现。

第48届世乒赛开幕式现场

第48届世乒赛赛场

5月1日（至5月3日）

□ 世界冠军团成员庄则栋、邱钟惠、梁戈亮等在沪期间参观上海红双喜公司，并向公司赠送签名的球拍；还来到上海巨鹿路一小辅导乒乓幼苗。

□ 上午，第48届世乒赛组委会主任，时任上海市委副书记、市长韩正，时任上海市委副书记殷一璀，组委会副主任、时任上海市副市长杨晓渡，在锦江小礼堂会见了齐聚上海的50位乒乓球世界冠军，并交谈、合影留念。此为上海世乒赛的重要活动之一。冠军们在上海期间观看了比赛，游览了市容，还深入企业、学校辅导市民和乒乓新苗等。

□ 上海康桥半岛集团公司向曹燕华乒乓培训学校捐资50万元。中国乒协主席徐寅生在捐赠仪式上说:"曹燕华乒乓培训学校从开始只有七八个学员,发展到现在有200多名学员,并且还向国家队输送了3名小队员。中国乒乓球运动长盛不衰,全国人民支持是重要的原因。"

5月5日

□ 上海体育学院聘任国际乒联主席沙拉拉为名誉教授,上海体育学院院长为沙拉拉颁授了名誉教授证书,并为他戴上上海体育学院校徽。

5月

□ 在第48届世乒赛男单决赛上,上海选手王励勤夺得冠军,并与郭跃合作荣获混双冠军。而后,上海市体育局在莘庄

王励勤(左四)、郭跃在颁奖仪式上

基地举行表彰大会,授予王励勤"体育运动荣誉奖章",颁发奖金10万元。王励勤在会上说:"今后将继续努力,勇攀高峰。力争在即将举行的十运会上为上海争光。"又因王励勤家住闸北区,区政府也通报表彰,奖励人民币10万元。王励勤捐款2万元,作为资助该区少体校乒乓队家庭困难小队员和奖励获得优异成绩小队员的资金。

7月27日

□ 第48届世乒赛总结表彰大会在上海国际会议中心举行。上海市副市长、第48届世乒赛组委会副主任杨晓渡出席会议并发表讲话:上海世乒赛被国际乒联主席沙拉拉誉为有史以来办得最好的一届世乒赛,特别是上海全民参与,市民热情高涨,由此所体现的上海城市精神,将载入世乒赛的史册。中国乒协主席徐寅生在会上说:世乒赛前,有200万市民参与了乒乓球全民健身活动,有约10万人(次)到现场观看比赛。特别是上海选手王励勤夺得含金量最高的男单冠军,是一个完满的结局。本市安保、交运、宾馆接待、器材供应等单位获得嘉奖。

[注]上海世乒赛门票实际收入1180万元,比预期收入高出1倍多,成为世乒赛历史上最赚钱的一届。为此,《乒乓世界》杂志将"上海世乒赛门票收入逾千万"评为年度事件。在世乒赛男单决赛中,王励勤与马琳在第五局的精彩交锋被评为年度回合。

10月19日

□ 在十运会乒乓球男单决赛中,王励勤只用了24分钟,分别以11比3、11比1、11比6、11比5四局横扫八一队的王皓,荣获冠军。对于这场摧枯拉朽般的胜利,王励勤在赛后接受记者采访时说:"一是自己今天战术准备比较充分,第二是心理上的准备也还是不错的。"八一队教练王涛说:"王励勤今天打得太完美了。"

王励勤轻松获得十运会冠军

11月17日

□ 在中国乒乓球队首次竞聘会议上,施之皓与乔红竞争女一队主教练。施之皓说:"从男一队转到女一队任教,可以更好地体现女子技术男性化的发展趋势。"10年间率队取得优异成绩的主教练陆元盛说:"我不是放弃而是主动让位,我不怕竞聘,因为我有我的优势。我觉得自己主动让位给年轻教练是对竞聘的最大支持。"

〔注〕12月7日,国家体育总局局长助理蔡振华在北京宣布:刘国梁和施之皓分别担任中国乒乓球男女一队主教练,任期到2008年北京奥运会结束。

12月26日

□ 第二届国球大典在长沙揭幕,赛制改成了擂台赛。第一回合世界联队以1比4失利。第二回合的较量可谓国球大典历史上的经典之战。王励勤上场,以五个3比0接连战胜德国波尔、白俄罗斯萨姆索诺夫、韩国吴尚垠、希腊格林卡和奥地利施拉格五位世界乒坛高手,不仅为中国队取得一场大胜,个人还获得了国球大典"最佳球员"荣誉称号。赛后队友陈玘"抱怨"王励勤:"五个人的活你一人包了,也不让我们上场过过瘾啊!"

2006年

4月25日

□ 第48届世乒赛团体赛在德国不来梅落幕。中国女队第16次在世乒赛上取得团体冠军,中国男队第15次在世乒赛上取得团体冠军。王励勤在决赛中以3比2战胜奥运冠军柳承敏,为中国男队夺冠立功。

6月2日

□ 上海交通大学迎来新生王励勤、秦志戬和李菊。已任国家队教练的秦志戬说:前两天教授讲的是孙子兵法,还有心理学课程,这些知识对教练工作很有帮助。王励勤一边参加乒超联赛,一边坚持到上海交通大学上课。上海交通大学体育系主任孙麒麟介绍,上海交通大学目前专门安排了专职教授为世界冠军讲课及辅导。

9月9日

□ 由前乒乓球世界冠军林慧卿等倡议,上海海上世界乒乓球俱乐部发起并主办的第四届沪港台元老乒乓球友谊赛在上海奥林匹克运动城举行。中国乒协主席徐寅生、上海乒协主席陈一平与中国香港、中国台北等70多位元老级球员欢聚交流。

10月

□ 许昕进入国家一队。

12月22日

□ 世界乒乓球总冠军赛男单决赛在长沙落幕,王励勤以4比2力克马琳夺冠,将首座男单"大王者杯"收入囊中。

2007年

5月3日

□ 国家体育总局乒羽管理中心公布了中国队参加第49届世乒赛的名单。上海选手王励勤将参加男单、男双、混双3项比赛，上海男乒的许昕将与郭焱合作参加混双比赛；上海的姚彦将参加女单、混双比赛。最终，王励勤在男单决赛中和马琳相遇，在大比分1比3落后、第五局1比7落后的情况下连赢三局，以4比3逆转战胜马琳完成卫冕，并追平前辈庄则栋，第三次夺得世乒赛男单冠军。此外，王励勤搭档王皓收获男双亚军，和郭跃合作获得混双冠军。

7月6日

□ 为纪念中日邦交正常化35周年，上海市乒协在卢湾体育馆举行了"中日乒乓群英会"。上海电视台"中日之桥"制片人、乒乓球爱好者吴四海全程主持。中日乒坛的31位世界冠军聚会亮相，上演了世界乒坛曾经的经典对局：徐寅生扣星野的12大板，庄则栋与木村的快攻和弧圈，张燮林对三木的魔幻削球对强攻……而松崎君代与曹燕华乒乓培训学校的小队员同台挥拍，代表了中日友好代代相传。中日乒坛群英在沪期间还在东方绿舟共植"友谊树"。

徐寅生与松崎君代为"中日乒坛友谊树"揭幕

10月19日

□ 在宝山区及杨行镇政府的支持下,集训练、比赛、食宿和文化教育于一体的曹燕华乒乓培训学校新校落成。国际乒联副主席木村兴治、亚洲乒联主席李富荣、中国乒协主席徐寅生,以及市教委、市体育局和宝山区的领导前来道贺。看到学校优质的硬件设施,木村兴治说:我回去后要广泛宣传,让全世界的人都知道这个学校,也会邀请更多的国际乒坛的优秀人才到这里来训练、比赛。李富荣说:曹燕华是世界冠军,退役后仍为乒乓事业的发展担起责任。

11月26日

□ 李宁体育用品有限公司宣布,将以3.05亿元人民币收购上海红双喜股份有限公司57.5%股权。这一收购,被认为是国产体育品牌的强强联合。上海红双喜公司董事长黄勇武说:

因为"红双喜"和"李宁"一样,都想打造世界品牌。按照双方的合作计划,奥运会期间,李宁公司在6个奥运城市的旗舰店将出售"红双喜"产品。在一些城市,将有"李宁"与"红双喜"品牌的大篷车巡演。

2008年

8月17日（至18日）

□ 北京奥运会将男、女双打变更为男、女团体项目。中国女队在施之皓教练的率领下，决赛力克新加坡队夺得团体金牌。同时，在女子单打项目中，中国队的张怡宁、王楠和郭跃包揽了金、银、铜三块奖牌。翌日，在男子团体项目决赛时，王励勤与王皓配合拿下关键一分，中国队以3比0战胜德国队夺得金牌。据统计，参加本届奥运会的王励勤、王皓、马琳、张怡

王励勤在比赛中

宁、王楠和郭跃等均使用红双喜"狂飙"套胶。

2月29日

□ 为表彰中国裁判孙麒麟担任国际大赛裁判长任务完成出色，国际乒联主席沙拉拉将"国际乒联贡献奖"颁给了中国裁判孙麒麟。值得一提的是，孙麒麟是国际乒联历史上首个获此殊荣的裁判员。

国际乒联主席沙拉拉与孙麒麟

8月

□ 姚振绪率领北京奥运会乒乓球竞赛部和北京大学奥运会志愿团队，顺利完成了北京奥运会和残奥会的乒乓球比赛。两项赛事创造了历届奥运会参赛运动员人数最多、比赛单元最多、电视转播率最高、收视率最高、票房收入最高等纪录。

[注] 2009 年，国际乒乓球联合会授予姚振绪"国际乒联贡献奖"奖牌。

姚振绪在上海参加北京奥运会火炬传递活动

姚振绪获得"国际乒联贡献奖"奖牌

9月13日

□ 上海体育学院举行欢迎2008级上海体育学院硕士研究生仪式,中国女子乒乓球队教练施之皓、孔令辉作为新生参加。

12月21日

□ 上海冠生园乒乓球俱乐部男队,以王励勤、许昕、尚坤的"一老带二新"阵容,在主场以3比1战胜浙商银行队赢下决赛,首次夺得乒超联赛男团冠军。

王励勤、许昕、尚坤等庆贺夺冠

2009年

3月7日

□ 中国男乒参加下月在日本横滨举行的第50届世乒赛单打的7个名额,通过"直通选拔赛",王皓、张超和上海的许昕已获得了其中3个名额,剩下的4个名额将由马琳、王励勤、马龙、张继科、郝帅、陈玘等6人竞争产生。刘国梁主教练说:"王励勤在第一阶段比赛时持续低热仍坚持比赛,相信他能继续打下去。"

5月14日(至17日)

□ 全国第十一届运动会乒乓球预赛在呼和浩特收拍,上海队取得了男女团体、男女单打、男双和混双共6个项目的参赛资格。

6月12日

□ 国际乒联主席沙拉拉与上海市体育局签署了国际乒联与上海体育博物馆合作协议。协议规定:2011年,上海国际乒联博物馆将正式落户上海体育博物馆。这是国际乒联成立洛桑总部博物馆之后,设立的第一家总部外的博物馆。上海市体育局副局长、上海体育博物馆筹委会副主任陈一平表示,这一举措是对上海重视乒乓文化建设的一种肯定,该博物馆也将是在世界范围内弘扬乒乓球文化的一个新载体。

6月17日

□ 据统计,已有1万只"红双喜"乒乓球和200套"红双喜"记分牌运抵悉尼,并通过了组委会的验收。中国品牌"红双喜"终于第一次被记录在百年奥运史册上。

7月16日

□ 晚,为迎接上海世博会,由上海市乒协承办的"迎世博世界乒乓球群英会"在闵行体育馆举行。20位来自日本、韩国、瑞典、匈牙利和中国的老中青三代乒乓球奥运冠军、世界冠军集聚一堂,围绕"乒乓连接你我,携手共迎世博"的主题,为上海观众献上了"巨星对撞""经典回放""宝刀重现"等对局。他们是日本的松崎君代、木村兴治,韩国的刘南奎,瑞典的瓦尔德内尔、佩尔森,中国的徐寅生、李富荣、张燮林、郑敏之、

迎世博世界乒乓球群英会现场

曹燕华、张德英、丁松、王励勤等。

10月12日

□ 在全国第十一届运动会乒乓球男双比赛中，上海男乒的王励勤、许昕以全胜的战绩荣获冠军。

12月29日

□ 曹燕华乒乓培训学校举行校庆十周年活动。徐寅生和国家体育总局副局长、中国乒协主席蔡振华，国乒男女队主帅刘国梁、施之皓，前世界冠军张德英、丁松到场祝贺，新世界冠军、曹燕华乒乓培训学校学子许昕载誉归来。十年来，曹燕华乒乓培训学校向国家队输送了5名选手，向上海和其他省市专业队输送了20多名选手。

12月

□ 第五届东亚运动会乒乓球比赛在香港伊丽莎白体育馆落幕。中国男队以3比2险胜日本队，上海19岁的小将许昕独得两分。许昕和姚彦分获男单、女单金牌。许昕还与张继科合作获得男双金牌。中国乒协名誉主席徐寅生说：上海选手这次表现很不错，尤其是许昕，不仅得了3块金牌，更主要他是一名左手将，这点对今后很有利，希望日后挑起中国男队的大梁。

2010年

9月17日

□ 上海市政府积极推进"体教融合"人才培养创新模式,在上海体育学院率先建成全国第一个以单项体育运动命名的高校院系,也是至今世界唯一的乒乓球专业院系——中国乒乓球学院。9月17日,国家体育总局和上海市政府举行共建中国乒乓球学院的签约仪式。

[注] 十多年来,中国乒乓球学院在国际交流、科学研究、青少年训练等方面形成了一系列办学成果,并被国际乒乓球联合会定为最高学院级附属培训基地和亚洲乒乓球联合会的培训基地。

2011年

6月24日

□ 国际乒联主席沙拉拉致信《新民晚报》：我希望大家继续支持乒乓球运动。沙拉拉表示：我非常高兴来到上海，上海是一座充满吸引力和现代化的城市。我期待能再次观摩你们的迎新春乒乓球赛。

8月

□ 由上海交通大学孙麒麟教授为领队、教师丁松为教练组成的中国大学生乒乓球男队，在深圳举行的第26届世界大学生运动会上获得男团、男单、男双金牌，男队员尚坤与华东理工大学女队员饶静文合作获得混双金牌。

11月

□ 首届发展中国家乒乓球教练员研修班在中国乒乓球学院举行，近20位来自非洲、东南亚和南美洲的学员参加了培训。就此，中国乒乓球学院定期举办国际性乒乓球训练营，培训人员来自新西兰、埃及、马来西亚、印度尼西亚、越南、斯洛文尼亚、英国等28个国家和地区。

发展中国家乒乓球教练研修班学员合影

本年

□ 王励勤出任上海乒羽中心副主任，逐渐淡出国乒核心阵容。

2012年

4月25日

□ 作为第四次进入奥运会的中国乒乓球品牌，上海红双喜公司除了为中国乒乓球队奥运参赛选手准备各项器材外，60多张新款奥运乒乓球台、2000余块乒乓赛事挡板，以及电子暂停牌等多个品种的400多箱场地器材也已正式启运伦敦奥运赛场。公司还派出了15人的专业器材保障团队，确保伦敦奥运会胜利进行。

5月29日

□ 国际乒联主席沙拉拉在沪参观了上海体育博物馆陈列室世界乒乓球精品展。沙拉拉表示：上海籍乒乓球名将王励勤当选为国际乒联运动员委员会委员，能继续为乒乓球的普及和推广贡献一份力量。他还说："红双喜器材是最好的，明年将继续为巴黎世乒赛服务。"

8月

□ 施之皓率领李晓霞、丁宁和郭跃出征伦敦奥运会。在女子团体比赛中，"一老带二新"的中国女队以3比0战胜日本女队荣获金牌。中国女队队员还夺得伦敦奥运会的单打金牌和银牌。

中国女队庆祝夺冠，左起：丁宁、施之皓、郭跃、李晓霞

10月7日

□ 由市委组织部、市级机关工作委员会和市体育局共同主办，上海市乒协承办的首届市民运动会"电信杯"公务员乒乓球比赛在东方体育中心举行。全市830名公务员参加了混合团体赛和单打两项比赛。参赛队伍中，有市管干部及以上领导干部组43支队伍、市级机关公务员组48支队伍、17个区县机关公务员组55支队伍，体现了公务员队伍在全民健身中做好表率的作用。市委常委、市纪委书记杨晓渡与国际乒联终身名誉主席徐寅生共同为比赛开球，多位市领导挥拍上阵参加比赛。

2013年

1月25日

□ 为了给更多的孩子搭建全新的乒乓球普及舞台,并给专业教练提供更多选材的途径。新民晚报红双喜杯迎新春乒乓球公开赛第一次设立15岁以下组别,共有339个孩子报名,超过总报名人数的16%。

8月13日

□ 上海开放大学实行乒乓球段位同级赛,沪上10名乒乓球爱好者获得首批全民终身学习乒乓球测评段位证书。其中有机关干部、退休工人,年龄从18岁到65岁不等。上海市终身教育研究会秘书长杨平教授介绍:从本月起至年底,测评将推出理论考试。上海社会科学院历史研究所金大陆教授提议:"群众性与权威性应当挂钩,希望这一测评办赛模式能与体育相关部门联手。"此建议也得到了国际乒联终身名誉主席徐寅生的赞同。

12月3日

□ 由共青团中央主办、以"体育精神,体教结合"为主题的"奋斗的青春最美丽——国乒上海交大行"活动成功举行。国乒总教练刘国梁等率领队员王励勤、马琳、王皓、张继科、马龙、陈玘、许昕、尚坤、李晓霞、丁宁、刘诗雯、郭焱、范瑛、武杨等出席。上海交通大学党委书记马德秀、常务副校长林忠钦、校体委副主任孙麒麟、校体育系主任毛丽娟等领导与篮球明星姚明（上海交通大学安泰经济与管理学院学生）及数千名师生参加活动。国乒冠军参观了上海交通大学校史馆，与师生们分享夺冠心路，并展示精湛球艺，与师生互动辅导交流，赢得现场师生的掌声与喝彩。

刘国梁率队员参观校史馆

刘国梁与校友姚明切磋球技

12月5日

□ 由国家体育总局和上海市人民政府共建共管的中国乒乓球学院举行"冠军班"新生入学仪式，马琳、李晓霞、陈玘、郭焱等9名国乒运动员和教练作为新生参加仪式。今年年初，卸任中国女乒主教练的施之皓出任中乒院院长（施之皓为国际乒联副主席，是国际乒联执委会中唯一的中国人），前世界冠军张怡宁担任院长助理。中乒院还宣布，国际乒联博物馆明年将从瑞士洛桑迁址上海黄浦江畔的世博园区，中乒院明年将在卢森堡建立第一个海外分院。

［注］当年，施之皓在瑞士洛桑履新时，就向国际乒联主席提出：把国际乒联博物馆"搬"到中国去。2014年国际乒联正式决定将国际乒联博物馆整体搬迁至上海。2018年3月，国际乒联博物馆和中国乒乓球博物馆正式开馆，并免费向市民开放。

12月

□ 王励勤出任上海乒羽中心主任，表示："为了上海的体育事业，尤其是乒乓球和羽毛球，希望能够培养一批优秀的运动员输送到国家队。"

2014年

2月28日

□ 在镇江举行的"直通东京"世乒赛选拔赛期间,世界冠军上海籍选手王励勤、马琳等11位乒乓名将正式宣布从国家队退役。这是国乒历史上第一次举行公开的退役仪式。

4月1日

□ 上海首次举办乒乓球"光板"个人争霸赛,百余名中外选手参赛。国际乒联终身名誉主席徐寅生到场挥拍助兴。他说:"上世纪50年代,我们在弄堂里打乒乓使用的就是这种光板乒乓拍,今天看比赛勾起很多回忆。"

5月5日(至11日)

□ 上海电视台"中日之桥"节目创办人吴四海策划组成的"中日之桥乒乓团"赴日本,为参加第52届世乒赛团体赛的中国队喝彩,并开展一周的"中日乒乓缘"民间交流活动。代表团阵容强大,有国际乒联终身名誉主席徐寅生和世界冠军邓亚萍、曹燕华等。该团访问期间,与日本业余运动员进行友谊比赛,切磋交流了球技。该团前往名古屋,受到了前日本乒协会长、中国人民的老朋友后藤钾二(已故)先生儿子的迎候。徐寅生说:1971年初,正是后藤钾二先生顶着国内压力,专程

"中日乒乓缘"民间交流活动

来华邀请中国乒乓队参加在名古屋举行的第31届世乒赛。

11月5日

□ 在湖北省黄石市举行的2014年全国乒乓球锦标赛男子团体决赛中，上海队以3比2战胜解放军队，夺得冠军。

11月29日（至12月6日）

□ 由国际乒联授权的青少年年龄段最高级别的乒乓赛事——"智美杯"世界青少年乒乓球锦标赛在闵行体育馆举行，

卢森堡首相和中国驻卢森堡大使前来参观考察集训。
中国乒乓球学院院长助理张怡宁（右二）欢迎卢森堡首相贝泰尔（左一）的到来

来自41个国家和地区的192名年龄为18周岁以下的运动员参加了男女团体、男女单打、男女双打和混合双打七个项目的争夺。中国队包揽了全部金牌。比赛的开幕式在黄浦江游艇上举行。

11月

　　□ 上海体育学院中国乒乓球学院欧洲分院成立,并与卢森堡体育部、高等教育部、奥林匹克委员会、乒乓球协会合作共建。

　　[注]近年来,该分院已举办了国际乒乓球联合会希望之星、Rough Diamonds等22个训练营,来自各大洲69个国家和地区的497名球员(702人次)和264名教练(450人次)从中受益。

2015年

8月8日

　　□ 为给"草根"乒乓球爱好者创造与上海乒坛高手同台竞技交流的机会,由市乒协联合五星体育传媒发起"挑战王励勤——上海市民乒乓球擂台赛"。比赛由市乒协指定的教练员从数百名报名参赛的业余爱好者中,层层选拔出5名民间高手组成草根队,于全民健身日在环球港商场挑战由王励勤挂帅的上海队。比赛以上海队队员让分的方式进行,尽管比赛未能引出王励勤最后披挂上场,但王励勤仍和"草根"选手一一进行了互动。上海市副市长赵雯向19位上海籍世界冠军的代表颁发了"全民健身乒乓球推广大使"的证书。

8月15日(至25日)

　　□ 为庆祝中丹建交65周年,经丹麦华人乒乓球教练刘茂(上海籍)等引荐,以国际乒联终身名誉主席徐寅生率领的世界冠军郭跃华、陈新华、马琳和上海乒乓球业余高手左华荣等应邀前往丹麦访问,并与丹麦国手梅兹、乔纳森等进行了友谊赛和表演赛。丹麦国家电视台进行了现场实况转播。徐寅生主席发表感言:"乒乓球作为一项竞技体育运动,比赛的输赢固然重要,但切磋交流增进友谊更重要。中国是礼仪之邦,中国乒乓人始终秉持切磋交流、共同提高的宗旨来发展与世界各国运动员和人民之间的友谊。"徐老还欣然写下题词:"快乐乒乓,增进友谊。祝贺丹麦华人乒乓球总会成立!"

徐寅生的题词

8月19日

□ 中国乒乓球队一行前往滇南普洱,与上海红双喜公司联合进行捐资助学。上海红双喜公司向普洱市捐献103.4万元资金和价值50万元的运动器材。

10月12日

□ 2015年全国乒乓球锦标赛在黑龙江大学落下帷幕,许昕率领上海男队以3比0战胜山东男队,卫冕男团冠军。同时,许昕战胜张继科获得男单冠军,这是上海乒乓队时隔11年后夺得的一枚男单金牌。许昕还与北京选手马龙合作获得男双金牌。上海男子乒乓球队在本届全国锦标赛上的成绩,显示出他们是能打硬仗的团队。

2016年

1月25日

□ 新民晚报"红双喜杯"乒乓球团体赛中,由知名导演滕俊杰率队、主持人吴四海当教练的SMG队众多主持人、记者参赛,引来球迷喝彩。滕俊杰说:"乒乓是我一生的爱好。无论是当兵,还是执导,我的身上都有一股永不放弃的乒乓球运动员的精神。"

[注] 滕导从小在少体校打乒乓,乒乓球成了他一生的热爱。他曾在"飞越太平洋"节目中,率主持人在新加坡同前国手井浚泓交手;他执导在上海举行的第48届世乒赛开幕式,尝试将开幕式放到户外的东方明珠电视塔下,使东方明珠的11个圆球与新赛制11分制巧妙吻合,令国际乒联主席沙拉拉连连称赞;在劳伦斯颁奖典礼上,他又策划了邓亚萍用锅铲同影星"卷福"一起打乒乓的场景,创意十足。

8月12日(至18日)

□ 在里约热内卢奥运会上,许昕作为中国乒乓球队男子团体项目成员,与队友合作连克日本队和德国队等劲旅,夺得男子团体项目金牌。许昕在继承中国特色直拍弧圈球打法的基础上,实现了在中远台能进行防御、相持和反攻的技术升级。

8月28日

□ 位于黄浦江畔世博园区的国际乒联博物馆和中国乒乓球博物馆破土动工。一年后,一座拥有10000多平方米总建筑面积、7610平方米陈列面积的世界乒乓文化新地标将在这里矗立。建成后的乒博馆是非营利性、唯一性、永久性机构,是第一个引入中国的国际级体育类专业博物馆。该馆将在世界范围内征集、收藏与乒乓球历史和文化相关的物品,并进行整理与展示,同时将开展与乒乓球相关的学术研讨等活动。国际乒联主席托马斯·维克特专门发来贺信。

9月23日

□ 在辽宁鞍山举行的2016年全国乒乓球锦标赛上,由许昕、尚坤、赵子豪组成的上海男队以3比2战胜山东男队夺冠,并实现了全国锦标赛团体三连冠。上海乒羽中心主任王励勤现场督战,对上海男队在本次男团比赛中的表现满意。

蝉联三届全锦赛冠军的上海男乒队员,将所有奖牌挂在王励勤身上

10月

□ 上海市第二届市民运动会乒乓球总决赛在虹口体育馆举行。全市共有104支队伍、800多人分别参加了机关事业组（48支队）、企业组（25支队）、街道社区组（31支队）等三个组别的混合团体赛，并由三个组别的前四名进行交流赛。

11月15日（至18日）

□ "李宁·红双喜杯"中国乒协会员联赛总决赛在上海浦东源深体育馆举行，来自全国业余乒乓球俱乐部的900余名运动员报名参赛。经过四天的较量，产生了11个组别的21个项目冠军。

［注］中国乒协会员联赛自2007年创办已连续举办了10届，成为全国性规模最大的业余乒乓球赛。本年度的总决赛共进行了15站分站赛，分站赛遍布全国16个省、市、自治区，约1万人参加。

12月16日

□ 国际乒联主席托马斯·维克特专程来到上海红双喜股份有限公司，对公司研制并将在2017年德国杜塞尔多夫世乒赛上使用的黑色新球台表示赞赏。

12月20日

□ 由快乐乒乓网主办的"超威电池杯"中国砂板乒乓球总决赛在虹口体育馆落幕，俄罗斯的马克西姆夺得中国砂板乒乓球总决赛冠军，并得到了15万元的"超威电池杯"冠军奖金。国际乒联终身名誉主席徐寅生到现场观摩，对新兴砂板乒乓球运动表示支持。

2017年

1月

□ 经上海市乒协倡议,并牵头联络华东地区六省市乒协正式成立了"华东地区乒乓球协会联盟"。这是国内首次以区域联动的方式,交流经验,相互学习,推动乒乓球普及健身活动。联盟采用轮值主席方式,上海市乒协担任了首届轮值主席。

华东地区乒乓球协会联盟成立仪式

3月9日

□ 中国乒乓球学院首创的青少年乒乓球技能标准——"三等九级制"课题成果评审鉴定会在上海体育学院举行。来自上海的乒乓球运动教授、专家陆小聪、柯元忻、卞直祺、陈思义、孙培初、周毅、沈洁等参会。中乒院院长施之皓说：该项成果凝聚了上海乒乓球行家和广大教师们的智慧和心血，我们要以这一成果为契机，为振兴校园乒乓球运动和培养体育后备人才而努力。该项成果经上海市教育委员会认定，并率先向全国推广应用。

上海体育学院院长陈佩杰向课题组黄文文老师颁发证书

5月7日

□ 由市体育局主办、市乒协承办的上海城市业余联赛"张德英杯"老知青乒乓球赛，在卢湾体育中心张德英乒乓中心举行，300名上海知青参赛。国际乒联终身名誉主席徐寅生应邀观赛，并向优胜运动员颁奖。

5月

□ 天津第十三届全运会首次设立业余组乒乓球比赛。上海乒协组织"我要上全运"的选拔赛,通过公开、公平、公正的选拔,组建了各年龄组别业余高手的上海代表队。上海女队的周月敏、张云娣分获银牌,上海代表团中年龄最大的沃霞芬获得铜牌,受到上海市人民政府的表彰。

入选各年龄组上海代表队的队员

6月25日

□ 据《新民晚报》报道,中国乒乓球队向全国人民发致歉信:在成都举行的国际乒联世界巡回赛中国乒乓球公开赛男单的比赛中,教练员秦志戬、马琳,运动员马龙、许昕、樊振东意气用事,擅自退赛,带来较坏影响,我们已认识到错误的严重性,损害了中国乒乓球队秉承爱国主义光荣传统、为国争光的良好社会形象。对此,我们痛心并自责,我们将吸取教训,切实加强队伍的思想作风和组织纪律建设,以实际行动和优异的成绩向全国人民汇报。

8月11日

□ 应日本乒协邀请,受上海市乒协委托,由市乒协副主席陈志龙率领的悦龙乒乓球俱乐部队访问日本。在日本期间，俱乐部与早稻田大学乒乓队进行了多场友谊赛。中日业余乒乓球运动员通过切磋球技增进了友谊。

上海悦龙乒乓球俱乐部队与早稻田大学乒乓队合影

8月

□ 由上海交通大学孙麒麟教授为领队、教师丁松为教练组成的中国大学生乒乓球男队，获得在中国台北举行的第29届世界大学生运动会乒乓球男团冠军。

9月1日

□ 第13届全国运动会乒乓球男子团体决赛在天津举行。以许昕、尚坤、赵子豪组成的上海队连克八一队和四川队夺得冠军。2014年，世界冠军王励勤退役后，就全面负责上海男子乒乓球队的训练和比赛，从制定周密的团队行动计划，到明确教练、队员、医务、体能、科研、营养、后勤各部门人员的岗位职责。夺冠后，队员们将奖牌挂在王励勤的胸前。对此，国际乒联终身名誉主席徐寅生发表感言:"本届全运会北京队、山东队、解放军队分别拥有马龙、王楚钦,张继科、方博,樊振东、周雨、徐晨皓等高手,实力都很强。但上海队团结一致、敢打敢拼、斗智斗勇,从各路强队手中夺回失去了52年的全运会冠军,可喜可贺!"

时隔52年,王励勤率上海队再次夺得全运会乒乓球比赛男子团体金牌

12月15日

□ 中国乒协、中国乒乓球队与上海红双喜公司联手的贫困地区助学活动来到广西百色,共同向百色市50所学校捐赠了价值30万元的红双喜体育设施,并拿出30万元成立学子扶贫基金。

〔注〕从2014年开始,上海红双喜公司联手国乒先后赴云南普洱、江西崇义和广西百色举行资助活动。资金的筹集获得了上

海红双喜公司在中国各地合作伙伴们的支持。四年来,"红双喜"助学基金已累计达到300多万元,贫困学校体育设施捐赠超过200万元。

2018年

3月10日

□ 据《新民晚报》报道,全国政协十三届一次会议举行第三次全体会议前,乒乓球世界冠军、上海乒羽中心主任王励勤等委员走上"委员通道",回答记者提问。在谈到竞技体育经验对开展群众运动有什么启发时,王励勤表示:有群众运动为基础,竞技体育才能持续发展;建设体育强国应该用乒乓精神、女排精神来激励青少年。

王励勤在"委员通道"接受记者提问

3月31日

□ 由国际乒联、国家体育总局、上海市人民政府共建的国际乒联博物馆和中国乒乓球博物馆正式开馆。国际乒联副主席、乒博馆馆长施之皓向国际乒联博物馆前馆长查克·霍伊先生颁发"荣誉馆长"证书。国际乒联终身名誉主席徐寅生、亚乒联终身名誉主席李富荣等出席开幕式。

[注] 国际乒乓球联合会博物馆2003年首建于瑞士洛桑,藏有大量乒乓球运动早期的珍贵文物,完整展示了乒乓球运动的起源和发展历史。新落成的乒博馆位于上海市黄浦区世博园区,占地面积5000平方米。馆内设置陈列展览区、公众服务区、体验互动区、藏品技术区、教育研究区等区域。馆内有藏品12000余件,还配有先进的VR互动体验区、多媒体互动区和3D影院。

国际乒联博物馆和中国乒乓球博物馆外景

4月29日

□ 为实施全民健身国家战略,推进健康中国、体育强国建设,乒博馆作为国家体育科普基地,第一期"国球大讲坛"在乒博馆冠军堂开讲,世界冠军郑敏之和丁松担任主讲人。迄今,已有曹臻、刘国正等多名世界冠军担任过"国球大讲坛"主讲人。

参加"国球大讲坛"的巨鹿路第一小学师生与世界冠军丁松(右五)合影

7月7日

□ 新生基金杯"见证辉煌,挑战冠军——2018乒乓球冠军擂主挑战赛"启动仪式暨CTTC乒乓球技能等级测试考点揭牌仪式,在国际乒联博物馆和中国乒乓球博物馆冠军堂举行。中国乒协副主席、上海市乒协主席陈一平等为世界冠军范瑛、全运会冠军尚坤颁发挑战赛擂主聘书,世界冠军曹燕华为挑战赛开球。此为普及乒乓球运动的创新活动，为草根乒乓选手提供与世界冠军、全国冠军过招的机会。

11月16日（至18日）

□ 为纪念中日缔结和平友好条约40周年，上海市乒协主办了中日民间乒乓球友好交流活动。日本乒协名誉副会长木村兴治、顾问松崎君代率团来访。上海的业余乒乓球爱好者与日本民间乒乓人士进行了友谊赛，徐寅生与日本松崎君代为比赛开球。在沪期间，日本友人还参观了国际乒联博物馆和中国乒乓球博物馆。

12月1日

□ 中国乒协假座北京天坛饭店进行换届选举。刘国梁当选为新一届乒协主席，王励勤等5位同志当选为副主席。

2019年

5月（至2020年9月）

□ 为规范乒乓球业余教练员职业培训市场，上海乒协和中乒院合作，先后举办了三期业余乒乓球教练员的等级考核培训（C级班）。193名学员经过20个课时的理论和实践课教学，并通过考核，取得了合格证书，成为市乒协首批注册C级教练员，并获得了市乒协的执教优先推荐权。这项改革举措已在长三角和全国各地引起了积极的反响。

［注］上海市业余乒乓球教练员C级合格证书的有效期为两年。有效期截止后，须进行换证考核，同时还可参加B级业余乒乓球教练员的培训，在职业执教资质上最高为A级。市乒协主席陈一平表示：我们将为等级培训考核常态化创造条件，从而在上海乒乓界形成"没培训不上岗，无证书不执教"的氛围。

6月16日

□ 据《新民晚报》报道，中国首位奥运会乒乓球男子单打冠军、中国乒协主席刘国梁说：每当国乒队员夺得世界冠军后，他都要向常年为国乒选手提供球拍器材的上海红双喜公司的员工致谢。因为国乒每一名冠军的背后，都离不开"红双喜"的保障。"红双喜"几代人和国乒几代人建立了良好的友谊，始终能以国家的利益为发展的大方向。

8月16日

□ 由朱国顺、李宁主编，文汇出版社出版的乒乓风云人物专访《小球大乾坤》在上海展览中心大厅举行首发仪式。世界冠军徐寅生、曹燕华、张德英等出席，并给读者签名。81岁的徐寅生说：乒乓球的发展，离不开人民的支持，离不开红双喜这样的民族企业的发展。希望通过这本书的出版，能让更多人了解乒乓、爱上乒乓、传承乒乓运动的精神。

9月19日

□ 为庆祝中华人民共和国成立七十周年，中国乒乓球博物馆举办"我与国球乒乓的情怀"主题座谈会。50余位上海乒乓界的代表以及与新中国同龄的乒乓球爱好者在会上畅谈对"国球"的热爱，并参加了"同龄杯"乒乓球邀请赛。

参赛运动员的合影

9月21日

□ 由上海市乒协、黄浦区体育总会、张德英乒乓中心联合主办的"张德英杯"老知青乒乓球友谊赛在卢湾体育馆举行。国际乒联终身名誉主席徐寅生、亚乒联终身名誉主席李富荣到场祝贺。32支老知青乒乓队的200余名选手参赛。上海农场知青Z队、黄浦区乒协知青一队分获混合团体冠亚军。黄浦区区委书记向张德英颁发了"老知青乒乓球世界冠军"的荣誉奖牌。

"张德英杯"老知青乒乓球友谊赛开幕式

9月

□ 从2014年至2016年许昕曾率上海队在全国乒乓球锦标赛中连续三年获得男团冠军。因战功卓著,被授予"上海市青年五四奖章"和"上海市劳动模范"。

10月19日

□ 第三届"ZGL 杯"砂板乒乓球世界杯直通赛（上海站）在上海交通大学徐汇校区体育馆举行。来自全国各地的 120 名选手参赛。夺得男子前 16 名和女子前 8 名的选手将获得在南京举行的砂板乒乓球世界杯比赛资格。

［注］砂板乒乓球运动作为乒乓球运动的衍生项目，相比传统乒乓球运动，乒乓球的速度和旋转都不如后者，相对回合多，易上手，观赏性也大大提高。上海市乒协推出这项创新赛事，旨在吸引更多的爱好者参加有益健康的乒乓球运动。

11月5日

□ 牙买加总理安德鲁·霍尔尼斯于第二届中国国际进口博览会期间，访问国际乒联博物馆和中国乒乓球博物馆。霍尔尼斯总理在一张 20 世纪 70 年代中国乒乓球代表团访问牙买加时留下的图片资料前伫立许久。他说，未来希望够继续加强两国之间体育、人文方面的交流。中国乒乓球学院院长施之皓院长向霍尔尼斯总理发出邀请，欢迎牙买加乒乓球运动员来到中国乒乓球学院训练与学习。

11月16日（至17日）

□ 为缅怀容国团、傅其芳、姜永宁而创立的"三英杯"乒乓球邀请赛，第 29 届赛事由中国乒协和上海市乒协联合主办，在上海曹燕华乒乓球培训基地举行。来自北京、广东、香港、澳门、宁波和上海六个省、市、特别行政区的近百名运动员、教练员参赛。广东明园队和上海队分获男、女团体冠军。国际乒联终身名誉主席徐寅生、市乒协主席陈一平等为优胜者颁奖。

其间，参赛的各代表团还参观了国际乒联世界乒乓球博物馆和中国乒乓球博物馆。

本年

□ 自2017年上海市举行城市业余联赛以来，上海市乒协坚持以改革为导向，以服务为宗旨，设计了三级层层选拔、竞争晋级的赛制，同时降低参赛门槛，拉长比赛周期，对参赛者年龄进行划分，使得这项赛事屡创上海乒乓史上参赛人数的新纪录。据统计，2017年29601人，2018年35104人，2019年36760人参赛，三年共有101465人次参赛。

2020年

3月30日

□ 奥运冠军、上海体育局竞技体育处长王励勤向防疫期间的广大市民发出倡议：在家也要保持科学、适度的锻炼。此前他还拍摄视频带领大家一起居家健身。国际乒联终身名誉主席徐寅生亲身体验上海红双喜公司开发的居家锻炼"神器"——乒乓球回弹训练器，因感觉很棒便录制视频，向乒乓球爱好者推荐。徐老说：不管你乒乓打得好不好，哪怕是初学者也可以练习，球不会飞出去，还可以拿手机、锅铲打乒乓，很有趣味性。这段时期，上海乒乓球队在基地封闭训练，他们的口号是"防疫情、保备战"。

［注］上海红双喜公司总经理楼世和说：疫情期间，各企业停工停产。但只要乒乓球行业有需要，上海的乒乓球器材生产商、供应商、销售商总能全力满足各方需求。上海红双喜公司不仅在疫情期间向武汉捐赠了100万元现金和价值100万元的运动器材，用于医护人员抗疫期间的锻炼，还在国乒集训过程中加班加点为中国乒乓球队"保驾护航"。

4月6日

□ 今天是第六个世界乒乓球日。正值疫情期间，国际乒联汇聚专业选手上传创新的击球视频，经剪辑推出"史上最长乒乓回合"，在网络上被各国球迷转发。中国乒协主席刘国梁领衔国乒主力参与演出，负责开球和结尾的是中国男乒大满贯选手马龙，其他出演的名将还有瑞典的佩尔森，德国的波尔、奥恰洛夫等。其中有用手机、锅铲、电熨斗击球的，只要你想得到，宅家就能享受乒乓运动的快乐。

8月9日

□ 高考揭榜，曹燕华乒乓球培训学校球员、上海大学附中高三学生段蕾被北京大学录取。这是继2019年被北大国际关系学院国际政治学专业录取的张誉文之后，曹乒校被北大录取的第二名球员。迄今为止，从曹乒校输送到上大附中的学生，高考本科录取率达到了100%。

8月14日

□ 由上海社会科学院历史研究所金大陆教授和上海电视台吴四海主播采编的《国球之"摇篮"：上海乒乓名将访谈录》在上海书展举行首发式。该书收录了新中国成立以来为国家获得荣誉的21位上海籍乒乓球运动员的口述史料，其中有徐寅生、张燮林、李富荣、林慧卿、郑敏之、李赫男、曹燕华、张德英、李振恃、王励勤等，通过他们的成长和奋斗经历，展现了中国乒乓球运动的辉煌历程以及上海社会生活的发展变迁。出席首发式的乒坛名将有徐寅生、郑敏之、于贻泽、郑怀颖、施之皓、丁松等。现场的球迷读者和乒乓国手进行了互动。徐寅生、施之皓、丁松等三代世界冠军与上海业余"球王"左华荣等示范了"手机乒乓"趣味赛。复旦大学出版社带来现场的签名本销售一空。

[注] 该书为上海通志馆和中国乒乓球学院项目,由复旦大学出版社出版。复旦大学原党委书记、上海市社会科学界联合会主席秦绍德教授和上海市历史学会会长熊月之教授为本书作序。上海体院党委书记李鉴在致词中评价该书对中国乒乓球运动史的研究做出了贡献;上海市地方志办公室主任洪民荣教授说:记载上海历史、讲述上海故事、传承上海精彩是上海各界人士的职责,上海乒乓的故事正是上海城市精神的折射。

徐寅生在上海书展首发式上讲话

新书发布揭晓时刻

徐寅生与秦绍德打起了"手机乒乓"

现场签名售书排起了长队

9月19日（至20日）

□ 经中国乒协授权,由上海市乒协主办的国家青年队、国家少年集训队选拔赛在曹燕华乒乓球培训学校举行。来自中乒院、曹乒校、华东理工大学俱乐部、上海队等团队,以及巨鹿路一小、树德小学等以个人名义报名的7—14岁的461名选手，分别参加4个年龄组的选拔。国际乒联终身名誉主席徐寅生，上海乒协主席陈一平，世界冠军施之皓、王励勤、曹燕华等为优胜者颁奖。

[注]8月，中国乒协宣布组建国家乒乓球青少年集训队（国青队：11—14岁男女各32名队员）和国家乒乓球少儿集训队（国少队：7—10岁男女各32名队员）。每年举行不少于两次的集训，入选运动员将代表中国队参加同年龄段国际赛事。中国乒协主席刘国梁表示，7—10岁少儿选手的培育，我们有所缺失，日本走在了前面。在日本，很多孩子三四岁就由父母带着辗转各个球馆打球，参加各种级别、范围的青少年公开赛。

11月22日

□ 以"创新与智慧同行"为主题的上海首届手机乒乓球挑

徐寅生与曹燕华演习手机乒乓球比赛

战赛在中国乒乓球博物馆举行，来自全市各区乒协及长三角地区的125名选手组成的32支代表队参赛。比赛以手机为球拍，采用上海红双喜股份有限公司特制的长2.2米、宽1.2米的手机专用乒乓球台进行比赛。此项比赛时尚、有趣味、简便易行，也具推广价值。今年疫情期间，市乒协还推出了由千余名乒乓球爱好者参与的手机颠球线上比赛。颁奖仪式上，6岁的陈佳钰是年龄最小的优胜奖获得者，她在1分钟里用手机颠了135个球。

2021年

1月上旬

□ 上海体育学院的派乐乒乓俱乐部队员接受了上海红双喜公司总代理的庞伯特机器人("庞教练")多球训练机器人的免费一对一辅导。"庞教练"通过设定好的参数连续稳定发球,在大屏幕上的延时系统中可以看到打球的各项实时数据。由上海体育学院自主研发的"全球领先的人工智能机器人方案"课题获得了第六届中国国际"互联网+"大学生创新创业大赛银奖,这是大赛唯一获奖的体育类课题。

4月10日

□ 由上海市人民对外友好协会、上海市体育总会、上海体育学院等联合主办的"上海纪念中美乒乓外交50周年"系列活

纪念活动开幕式嘉宾合影

中美选手联合组队进行乒乓球友谊赛

动在中国乒乓球博物馆开幕。系列活动包括主题展、友谊赛等。国际乒联终身名誉主席徐寅生、上海市人民对外友好协会会长沙海林和乒乓球名宿张燮林、郑敏之、姚振绪等出席了开幕活动。中美选手组成的四支队伍举行了乒乓球友谊赛。

□ 据《新民晚报》报道，新民晚报红双喜杯迎新春乒乓球公开赛正式开幕，《新民晚报》全媒体视频直播开幕式和比赛。赛程规定：当天参赛运动员须携带有效身份证件，提前半小时至场馆进行防疫登记，谢绝一切与赛事无关人员进入赛场。

［注］同时禁止赛前14天内有中、高风险地区旅行或有相关症状的人员参赛。所有参赛人员除比赛时外一律佩戴口罩，进入场馆时须配合工作人员测量体温，出示随申码（绿码），递交或现场填写纸质防疫参赛承诺书后方可进入比赛场地。

4月18日

□ 《新民晚报》报道了台籍乒乓球爱好者谢国群在上海的生活。1990年，谢国群随台湾青少年乒乓球队访问上海（此为1949年后首个到大陆访问的台湾体育团体）。他父亲说："上海值得你来生活。"1992年，16岁的谢国群白天在南洋模范中学读书，晚上骑自行车去万体馆训练。他考入上海交通大学读书，曾连续四届夺得上海市大学生运动会乒乓球男单冠军。毕业后，谢国群进入岳阳医院，成为首位在上海三甲医院工作的台胞。组建家庭后，谢国群带着两个孩子参加新民晚报红双喜杯乒乓球比赛。他说："在上海，在晚报杯的赛场上，陪着孩子们一起长大。"

5月6日

□ 下午，上海闵行江川路街道举行中共党课活动，特邀国际乒联终身名誉主席徐寅生为百余位社区党员带来"乒乓党课"第一讲。徐寅生讲述了容国团夺得第25届世乒赛男单冠军的故事，并通过回顾新中国体育事业的奋进之路，展示新中国从站起来、富起来到强起来的飞跃。演讲结束后，徐寅生还指导了双江小学的乒乓球队员的练习。

10月30日

□ 2021"ZGL杯"砂板乒乓球世界杯直通赛在上海开打，徐寅生、郑敏之等前世界冠军与运动员交流切磋。砂板乒乓球是近几年兴起的乒乓球项目，正得到越来越多的乒乓爱好者青睐。

11月23日

□ 国际乒联公布了参加韩国釜山世乒赛的中美跨国混双组合名单。中国乒协派出世界冠军林高远、王曼昱与美国乒协最好的两名运动员分别搭档，体现了中国乒协主席刘国梁提出"中国乒乓、世界共享"的理念。国际乒联终身名誉主席徐寅生说："中国乒协始终秉持通过乒乓球比赛，让友谊的接力棒一代传一代，只有世界各国大家好，才是真的好。"

12月28日

□ 前乒乓球世界冠军王励勤出任上海市竞技体育训练管理中心主任。

2022年

7月11日

□ 据《新民晚报》报道，近期，日本乒乓球队宣布成立新教练组，邀请原上海籍退役乒乓选手董崎岷担任张本智和的主管教练。此事引起了部分国人的非议。对此，董崎岷说，事实上，所有的外国球员都以能胜中国队球员为荣。我反而觉得，这是对中国队的一种尊重。各国之间既需要竞争，又需要交流。当一个国家的运动员水平提高了，打球的人多了，能同中国队抗衡了，悬念出来了，这个项目才更吸引人。

活动开幕式的照片

12月3日

□ 上海市乒乓球协会假座中国乒乓球博物馆会议厅召开第十一届会员代表大会，国际乒联终身名誉主席徐寅生，市体育局党组书记、局长、市体育总会主席徐彬参会并讲话。大会选举结果：中国乒协副主席、上海市竞技体育训练管理中心主任王励勤当选为上海市乒乓球协会新一届会长，孙洪林、吴四海、何刚强、张德英、陈志龙、曹燕华、楼世和、颜忠标为副会长，李备为秘书长，于海平为监事长。

［注］会议充分肯定了以陈一平为会长的市乒协第十届理事会为上海乒乓球运动发展所做出的努力和贡献。会议指出，各方对最受上海市民欢迎、有着最广泛群众基础的乒乓球项目寄予了很高的期望，希望新一届市乒协在王励勤会长的带领下，团结一致，攻坚克难，努力创新，开创上海乒乓球运动发展的新局面。大会授予原会长陈一平、原副会长孙麒麟"杰出贡献奖"，授予原副会长王辉、原常务副秘书长刘志娟"突出贡献奖"。

徐寅生、徐彬、王励勤、陈一平等领导参加代表大会

12月4日

□ 为进一步发挥"体育外交"作用,由上海市人民对外友好协会、国际乒乓球联合会博物馆和中国乒乓球博物馆主办的"乒乓传友情,国际友人再聚首"活动在沪举行。共有8位外国友人与中国选手搭档,分成两个小组进行小组赛、半决赛和决赛,最终决出冠亚军。其中有几位是去年参加"上海纪念中美乒乓外交50周年"系列活动的朋友。

2023年

1月19日

□ 中国乒协发布消息：中国乒协主席刘国梁担任新一届全国政协委员，副主席王励勤连任全国政协委员。希望他们在体育领域尤其是乒乓球领域建言献策，更好地推动乒乓球运动和全民健身体育事业向前发展。

2月8日

□ 乒乓球奥运冠军许昕的乒乓球馆在上海浦东新区金湘路1288号开张。许昕说："上海培养了我，我现在有义务去推广乒乓球，只是我的方式不太一样，希望用一种耳目一新的方式。"

3月7日

□ 第75届全日本乒乓公开赛在东京落幕。来自中国上海的吴四海作为唯一受邀参赛的外国选手，在初赛中均以3比0淘汰对手；半决赛以3比1赢下2号种子、前五十岁组的日本冠军；决赛又以3比2战胜1号种子、现六十岁组的全日本及亚太地区元老赛的冠军。前世界冠军、日本乒协会长木村兴治在观看决赛后说："吴四海的球艺传承了中国乒乓球风格，发球技术好，推挡速度快，综合能力强，获得本届公开赛六十岁组冠军名副其实。"

日本乒协会长木村兴治与吴四海夺冠后的合影

4月6日

□ 中国乒协在北京国家体育总局会议厅召开代表选举大会。经过无记名投票选举,刘国梁继续当选为中国乒协主席,王励勤、张雷等连任副主席。

中国乒协主席刘国梁向王励勤颁发聘书

8月6日

□ 为深入推进全民健身、激发群众参与乒乓运动热情，上海市乒协组织的2023年上海市"全民健身日"乒乓球主题活动在仁恒滨江园社区举行。中国乒协副主席、上海市乒协会长、上海市竞技体育训练管理中心主任王励勤，奥运冠军许昕，以及上海市乒乓球队运动员和数百名社区居民参加了活动。王励勤在开幕式上讲话：希望通过举办市民大众喜闻乐见的乒乓球活动，打通全民健身的最后一公里。活动举行了捐赠仪式，上海乒协向社区捐赠了乒乓球运动器材。

王励勤在全民健身日活动开幕式上致词

许昕在社区与居民打球互动

8月19日

□ 据《新民晚报》报道，近些年，国内外兴起了一种匹克球，就是用乒乓球拍在羽毛球场地上打网球。尤其是新冠疫情期间，美国参加匹克球的活动人数超过3650万。2024年巴黎奥运会上，匹克球被列为表演项目，未来它有望成为奥运会正式比赛项目。

8月27日

□ 由上海市体育局主办的李宁·2023年上海市青少年乒

乓球锦标赛暨上海市青少年体育精英系列赛乒乓球比赛总决赛，在上海中学体育馆举行。上海市体育局副局长宋慧，中国乒乓球协会副主席、上海市乒乓球协会会长王励勤等出席活动。

［注］王励勤在开幕式上致词：本次比赛是上海青少年中水平最高的赛事。我就是从这个赛事起步的，它对我的乒乓球之路有非凡的意义。乒乓球是国球，对竞技体育后备人才的储备来说，乒乓球需要从青少年开始抓起。市乒协将跟教育部门合作，不断学习和研究青训规律，多举办学生乒乓球活动。另外，各区之间也可以搞乒乓球联赛。通过科学训练和选拔，发现一些好苗子，纳入专业的培训体系，为上海和国家培养优秀的乒乓球人才。

王励勤在2023上海市青少年锦标赛现场致词

上海市青少年乒乓球锦标赛现场

9月16日（至18日）

□ 上午，新民晚报红双喜杯"迎亚运"乒乓球公开赛在上海市体育宫开赛，国际乒联终身名誉主席徐寅生，中国乒协副主席、上海市乒协会长王励勤等出席。新民晚报红双喜乒乓球公开赛是上海市乒协联合媒体、企业自主创办的群众性乒乓球品牌赛事，自2005年创办至今，已走过十八年。今年增设男女单打的比赛，共计9个组别。徐寅生宣布开赛，王励勤向新民晚报社、闵行区体育局、上海红双喜公司颁发贡献奖。

徐寅生为比赛开球

9月

□ 为深化乒乓文化全国科普工作,上海市对口支援新疆工作前方指挥部、上海体育大学作为指导单位,国际乒联博物馆和中国乒乓球博物馆精心挑选展藏内容,将"体育润疆,健

乒乓文化专题展览会进校园

康喀什"乒乓文化专题展览带进新疆喀什地区。乒乓文化专题展览开幕式在泽普县第二小学举行，受到了广泛的好评。该场专题展览暨"乒乓校园行"入选2023年"全国科普日"优秀活动。

10月23日

□ 由上海乒协副会长、上海电视台首席节目主持人吴四海策划的"五湖四海杯"上海老友乒乓赛在卢湾体育馆举行。本赛事专为六十岁以上退休人群设定，为全国首创，故吸引了沪上百余名乒乓老友前来参赛。组织者很有创意地以一曲京剧名段《打虎上山》的"快闪开幕式"，把乒乓赛场的气氛推向高潮。国球与国剧的互动，吉他与京剧的交融，让人耳目一新。原市人大常委会主任龚学平与国际乒联终身名誉主席徐寅生为比赛开球。随后，由王励勤带领的世界冠军队——张燮林、郑敏之、郑怀颖、于贻泽、张德英、曹燕华、丁松，与乒乓老友们的互动，令在场的老年球友们大呼过瘾。结果，吴四海以独创的"翻手铲式发球"和反手暴力推挡优势，夺得60—64岁组冠军。观战的徐寅生说：吴四海夺冠的最后赛点，在连续被对

徐寅生题写"五湖四海杯"

比赛现场

手强攻 7 板退台的情况下，顽强防守，主动迎前，快速运动中猛推直线成功，若评选年度十佳好球，该球当之无愧。

12月26日

□ 国际乒联终身名誉主席徐寅生率上海体育大学青年教师前往复旦大学，与该校老龄研究院院长、发展研究院常务副院长彭希哲教授团队探讨乒乓球运动在促进老年人健康方面的作用。徐寅生讲述了乒乓球运动的特点及相关"适老化"的器材与活动方式，还介绍了国际上将乒乓球作为预防帕金森病和老年认知障碍的"运动处方"。彭希哲教授介绍了"健康中国"作为国家战略的地位，并指出当下的研究多侧重于医学的角度，体育的参与是很重要的方向。双方有意组织专家团队，开展乒乓球运动对老年人健康的研究，并制定出一套科学的方案，同时在社区、养老院等场所推广乒乓球运动，为老年人提供便捷的锻炼环境。

2024年

1月1日

□ 元旦迎新之际，由中国共产主义青年团上海市体育局委员会、上海市乒乓球协会、上海市体育科学学会共同主办的2024年"战帕·趣味乒乓"迎新联谊活动在中国乒乓球博物馆举行，国际乒乓球联合会联终身名誉主席徐寅生，中国乒乓球协会副主席、上海市乒乓球协会会长王励勤，上海体育大学中国乒乓球学院院长、国际乒联博物馆和中国乒乓球博物馆馆长施之皓等领导和嘉宾出席开幕仪式。在开幕仪式上，王励勤鼓励"帕友"乒乓球爱好者：爱拼才会赢，要树立信心，积极治疗，坚持参加乒乓锻炼，在恢复健康的道路上取得优异的成绩。

王励勤在活动中与"帕"友挥拍

1月9日

□ 为促进国际友谊与理解，增进体育文化交流互鉴，"重温乒乓外交，再续青年友谊"活动在国际乒联博物馆与中国乒乓球博物馆开幕。参与者分别参观了乒博馆一楼的国际馆和二楼的中国馆，对乒乓球的运动起源、赛事背景和技术演革等有所了解，并体会到乒乓球运动作为世界和平使者的作用。"友谊赛"在乒博馆二楼冠军堂启动。国际乒联终身名誉主席徐寅生、上海体育大学校长毛丽娟、复旦大学副校长陈志敏，以及世界冠军施之皓、王励勤、张怡宁等出席活动。

1月16日

□ 据《新民晚报》报道，2022年11月，许女士给10岁的儿子购买"乐旋"乒乓球培训机构60节的课程，支付了10080元。2023年"双十一"期间，"乐旋"搞"10节课"优惠活动，她又续费了1111元。近日，许女士突然发现"乐旋"于2023年12月26日已关门，其儿子还有27节课没上。同时，家长沈先生给儿子在闵行的"乐旋"购买的学时，也剩31节课没上，而"乐旋"在上海27家门店大多已关闭。针对家长们关心孩子未上课时的退款问题，相关部门正联系约谈企业处理。

1月20日

□ 新民晚报"红双喜杯"乒乓球公开赛开赛了，来自全市专业和业余的84支球队、420名运动员，分别在甲、乙、丙三个组别的混合团体赛中角逐。此为该赛事举办的第十九个年头，国际乒联终身名誉主席徐寅生说：很开心看到赛场上的新面孔和老面孔，我喜欢看草根选手打球，有很多新奇的打法，祝愿新民晚报红双喜杯常办常新。上海市体育局副局长宋慧、上海市乒乓球协会长王励勤、上海红双喜公司总经理楼世和等到现场祝贺。

2月16日（至25日）

□ 随着樊振东2022年成为上海队的一员，上海市竞体中心主任、上海市乒乓球协会长王励勤带领上海男乒主教练张洋、队医黄盟组成的保障团队前往釜山世乒赛现场，为樊振东提供技术指导及心理疏导，保障生活、饮食、医务等需求，助力樊振东完成了世乒赛中国队夺冠的任务，又为即将到来的巴黎奥运会做好了赛前准备工作。此举得到了中国乒协的高度赞扬。

4月10日

□ "帕金森与乒乓·体医论坛"在国际乒联博物馆和中国乒乓球博物馆举行。来自体育、医疗等学科的近30名专家、学者共话体医结合，以乒乓赋能，防"帕"战"帕"。国际乒联终身名誉主席徐寅生应邀参会，并介绍了帕金森国际乒乓球锦标赛举办的情况。他说，全球大约有450万名帕金森病患者，近一半在中国，且每年新发病例近10万人；如果中老年朋友能坚持每周打3—4次乒乓球，每次30分钟，通过大脑带动手脚运动促使人体全身血液循环，进而可减少帕金森病的发病概率。上海市乒乓球协会长王励勤就共同推动乒乓球助力帕金森病康复发起倡议，表示市乒协将邀请运动医学领域专家，开展论坛、讲座、座谈等多种形式，联系相关部门和热心企业，探索打造帕金森乒乓社区、帕金森友好型运动场馆等，为"帕友"参与乒乓运动提供场地、乒乓器材等方面支持，让更多"帕友"通过科学参与乒乓运动，改善和减缓病症，提高生活质量。

徐寅生致辞

论坛会场

5月25日

□ "绘青春，迎奥运——2024年沪台大学生乒乓球友谊赛"在上海交通大学举行。来自上海交通大学、华东理工大学、台湾清华大学、台湾成功大学、台湾中兴大学、台湾淡江大学等大学的球队和2000多名师生共同参与。国际乒联终生名誉主席徐寅生、上海市台办、市乒协、上海体育大学、上海社会科学院相关教授、专家和世界冠军王励勤、施之皓、曹燕华、丁松、许昕等到现场指导。赛前，徐寅生和六位乒坛名将不仅与参赛大学生进行了互动教学，还亲自向两岸高校乒乓球选手代表赠送了签名球拍，以示鼓励与祝福。同时，国际乒联博物馆和中国乒乓球博物馆组织的"国球文化校园行"展览在上海交通大学揭幕。1973年首届世界大学生乒乓球锦标赛纪念奖牌、世乒赛的7个奖杯和上海红双喜公司提供巴黎奥运会的球台等80件珍品，不仅见证了乒乓球运动的辉煌历程，也让参观者感受到了中国乒乓文化的深厚底蕴与中国"乒乓精神"的无限魅力。比赛结果是，上海交通大学、华东理工大学分获冠、亚军。赛前赛后大学生球员的切磋互动，展现了两岸青年的深厚情谊。

许昕成为全场最受欢迎的运动员

专家在讨论乒乓球历史中的有趣问题

6月10日

□ 据《新民晚报》报道，前乒乓球世界冠军郑敏之组织了"乒爱心"义工队，每周去长宁区周桥街道教"自闭症"孩童打乒乓。去年的"敏之杯"社区比赛的开幕式上，由自闭症儿童组成的"天使知音沙龙"演员带来了音乐表演。市乒乓球协会长王励勤等来到现场，为自闭症儿童、社区困难儿童带来了乒乓球公益教学。

［注］18年前，郑敏之和周家桥街道联手搞起了社区乒乓球赛。本月初，上海市第四届市民运动会"敏之杯"第十六届社区乒乓球比赛在延安中学开打。参赛群体扩大到了在长宁工作、学习的港澳台同胞及外国友人。现场，举行了"'乒'然心动"摄影作品展。国际乒联终身名誉主席徐寅生为郑敏之等4位"敏之杯"赛事组织者颁发荣誉纪念证。

7月15日

□ 下午，"'国球兴，庆奥运——上海乒乓球运动成就展'

开幕式"在上海通志展示馆举行。国际乒联终身名誉主席徐寅生，上海体育大学党委书记李崟，上海市地方志办公室党组书记、主任王玉梅，上海市乒乓球协会会长王励勤等出席并致辞。上海市乒乓球协会副会长、上海电视台首席主持人吴四海主持活动。上海交通大学凯原法学院讲席教授、上海市社联原党组书记沈国明、中国乒乓球学院院长施之皓、乒乓球国际裁判孙麒麟教授等高度评价了跨界的文史机构和历史学家来组织以乒乓球为主题的展览会，这不仅是上海乒乓球运动的幸运，更成为上海创建全球著名体育城市的一笔财富。到会的200多名观众观看了成就展，现场目睹了世乒赛的七座奖杯和上海红双喜公司提供巴黎奥运会的崭新球台，纷纷表示图片内容丰富，实物展品珍贵，呈现了上海几代乒乓人励精图治、开拓创新、为

"'国球兴，庆奥运'——上海乒乓球运动成就展"开幕式

展览会进门处　　　　　　徐寅生在审阅展览的内容

国争光的历程,为上海的城市发展增光添彩。国际体育仲裁院上海听证中心理事长陈一平、上海红双喜股份有限公司总经理楼世和等多名文化与体育界嘉宾出席了开幕式。

7月19日(至20日)

□ 7月20日是全国特奥日。今年特奥日的主题为"促进特奥融合,共享美好生活"。上海市第四届市民运动会、上海残健融合运动会——"上海外服杯"上海市特奥融合乒乓球比赛在中国乒乓球博物馆举行。国际乒联终身名誉主席徐寅生、上海体育大学党委书记李崟、上海市乒乓球协会会长王励勤和特奥运动员代表谈笑儒、严峻珊一同宣布活动启动。该活动期待能有更多的人来关注和参与特奥赛事,更加关心和爱护残障人士,共同构建一个更加包容和谐的社会。

7月27日(至8月10日)

□ 第33届夏季奥运会乒乓球比赛在巴黎举行。中国乒乓球队首次包揽五枚金牌。其中,上海交通大学安泰经济与管理学院2019年级学生孙颖莎、王曼昱获得女子团体金牌,孙颖莎并与王楚钦合作获得混合双打金牌。上海交通大学安泰经济与管理学院2017届本科毕业生马龙获得男子团体金牌。上海交通大学媒体与传播学院2022年级学生并于同年入户上海杨浦、注册成为上海市乒乓球队队员的樊振东获得男子单打和男子团体两枚金牌。

8月6日

□ 上午,"人生能有几回搏——容国团为中国夺得第一个世界冠军 65 周年纪念展"开幕式在国际乒联博物馆和中国乒乓球博物馆举行。国际乒联终身名誉主席徐寅生、乒博馆馆长施之皓和容国团家乡珠海市的有关领导出席。徐寅生以亲历者的身份讲述了第 25 届世乒赛容国团为新中国体育夺得第一个世界冠军的经历，讲述了当年国乒前辈团结拼搏、为国争光的岁月。本次纪念展共有 181 套经典藏品。

8月17日（至18日）

□ 据报道，近日夺得巴黎奥运会乒乓球两枚金牌的上海籍选手樊振东，在接受央视记者采访时坦言：多年来，自己取得的成绩离不开教练、队友的帮助和全国广大球迷朋友的支持。谈起四分之一决赛对阵张本智和一战时，他说："现在回想起来，其实是有一些后怕的。因为前八里就剩下我一个人了，如果我也输了，很多纪录，或者说队伍的光荣历史，可能就要在我手上葬送了。"巴黎奥运会后，不少网友有许多揣测，樊振东表示："打完这届后确实非常累，我需要好好休息。目前还没考虑下届奥运会，未来会怎么样，还是交给时间吧。"樊振东现任上海市青年联合会常委、体育界别副主任。

8月19日（至22日）

□ 2024 海峡两岸青年活力嘉年华分活动之"玩转乒乓·青春有约——两岸青少年乒乓球夏令营"在上海市七宝中学举行。来自台湾台中市忠明高中、彰化县艺术高中的 30 位师生相聚上海，切磋球技，以球会友。台盟上海市委会主委刘艳表示，上海台盟已 18 次举办两岸青少年主题夏令营活动，在两岸青少年间架起沟通与交流的桥梁，帮助他们认识上海、了解大陆。

8月25日

□ 中国乒协首届"国球进公园"户外乒乓球系列赛事活动（上海金山赛区）"李宁·金山城市沙滩"亲子沙地乒乓球趣味赛在金山城市沙滩揭幕，来自全市各区近50组家庭参赛。中国乒协副主席、市乒协会长、市竞技体育训练管理中心主任王励勤，金山区副区长潘恩华出席开幕式。比赛分为家庭团体赛，包括儿童单打、亲子双打和成人单打三个环节，采用三场二胜制的规则。本次比赛共设置小组循环和淘汰赛两个阶段，最终按总分为前八名家庭颁奖。接着，还将举办国球进社区的街镇争霸赛，以及进园区的运动会，希望吸引更多的市民感受和体验国球的魅力和激情。

中国乒协举办的首届"国球进公园"比赛现场

8月

□ 上海体育大学中国乒乓球学院教师、国际裁判朱玲担任第33届夏季奥运会乒乓球裁判员工作。

9月6日

□ 第33届巴黎夏季奥运会上海市总结大会在上海展览中心举行。会前，市委书记陈吉宁，市委副书记、市长龚正会见了上海参赛的运动员、教练员、裁判员、保障人员代表。陈吉宁书记说，新征程上，上海要当好改革开放排头兵，充分发挥龙头带动和示范引领作用，尤其需要拿出敢闯敢试、先行先试的锐气胆魄，拿出敢打敢拼、善作善成的必胜信念。我们要在全社会讲好奥运健儿的精彩故事，弘扬拼搏精神，努力把上海现代化建设的各项事业不断推向前进。会上，龚正市长为奥运冠军樊振东等颁授"上海市体育事业白玉兰杰出成就奖"。

[注] 樊振东在表彰大会上发言谈备战巴黎奥运会："备战的日日夜夜确实艰辛、确实难熬，但通过领导、教练的悉心指教，使我各方面得到提升，使我学会享受孤独，学会和自己和解，相信胜利一定到来……"

9月13日

□ 根据全国人大常委会关于在中华人民共和国成立七十五周年之际授予国家勋章和国家荣誉称号的决定，共15人被授予国家勋章、国家荣誉称号。其中，张燮林被授予"体育工作杰出贡献者"国家荣誉称号。9月29日颁授仪式在人民大会堂隆重举行。面对荣誉，84岁的张老说：党和国家一直惦记着我们这批老运动员、老教练员，我非常荣幸和激动，这个荣誉是对自己一生的肯定。

10月19日

□ 在内蒙古鄂尔多斯举行的2024年全国乒乓球锦标赛中，

由上海市乒乓球协会会长王励勤率领，优秀运动员樊振东、许昕、周恺组成的上海队以 3 比 1 战胜劲旅黑龙江队，连续三届夺得全国锦标赛男团冠军。同时，上海女子乒乓球队获得 2024 年全国乒乓球锦标赛女团亚军。

10月30日

□ 20 世纪 60 年代中国男子乒乓球队主力选手，前国家乒乓球队总教练、国家体育总局副局长、亚乒联终身名誉主席李富荣向国际乒联博物馆和中国乒乓球博物馆捐赠奥林匹克勋章（银质）仪式在沪举行。国际乒联终身名誉主席徐寅生，上海市教委、上海体育大学、上海市乒乓球协会、上海红双喜股份有限公司等领导和乒乓球世界冠军等嘉宾出席捐赠仪式。

附录

一、上海市培养输送的乒乓球世界冠军列表

序号	姓名	性别	首次夺冠时间	夺冠项目	输送渠道		
					传统学校	业余体校	专业训练队
1	徐寅生	男	1961	第26、27、28届世乒赛团体,第28届世乒赛男双			上海队
2	李富荣	男	1961	第26、27、28、31届世乒赛团体		市体育宫	上海队
3	王传耀	男	1961	第26届世乒赛团体			邮电队、北京队
4	张燮林	男	1963	第27、28届世乒赛团体,第27届世乒赛男双,第31届世乒赛混双			上海队
5	林慧卿	女	1965	第28届世乒赛团体、女双,第31届世乒赛单打、混双、女双			上海队
6	郑敏之	女	1965	第28届世乒赛团体、女双,第31届世乒赛女双		静安、市体育宫	上海队
7	李赫男	女	1965	第28届世乒赛团体			上海队
8	李振恃	男	1975	第33、34届世乒赛团体、第34、36届世乒赛男双		黄浦	空四军队、邮电队
9	陆元盛	男	1975	第33届世乒赛团体	巨鹿路一小	卢湾	空四军队
10	张德英	女	1977	第34、35、36届世乒赛团体,第35、36届世乒赛女双		静安、市少体	黑龙江队
11	曹燕华	女	1979	第35、36、37届世乒赛团体,第36届世乒赛女双,第37、38届世乒赛单打,第38届世乒赛混双	幸福村小学	虹口	上海队

上海乒乓球运动纪事录（1949—2024）

(续表)

序号	姓名	性别	首次夺冠时间	夺冠项目	输送渠道		
					传统学校	业余体校	专业训练队
12	施之皓	男	1981	第36届世乒赛团体		体育宫	铁道兵队
13	沈剑萍	女	1983	第37届世乒赛女双		江湾体育馆	工程兵队
14	倪夏莲	女	1983	第37届世乒赛团体、混双		江湾少体校、市少体	上海队
15	何智丽	女	1985	第38届世乒赛团体，第39届世乒赛单打	巨鹿路一小	卢湾、市少体	上海队
16	丁松	男	1994	第3届团体世界杯，第43、44届世乒赛团体		徐汇、市少体	上海队
17	王励勤	男	2000	2000年悉尼奥运会男双，北京奥运会男团 第46、47届世乒赛男双， 第46、47、48、49届世乒赛团体， 第46、48、49届世乒赛单打， 第48、49届世乒赛混双。 第5、8、9届团体世界杯		闸北	上海队
18	许昕	男	2009	第6、7、8、9、10、11、12届团体世界杯， 第34届世界杯单打 第50、51、52、53、54届世乒赛团体， 第51、53届世乒赛男双， 第53、55届世乒赛混双， 2016年里约热内卢奥运会、 2020年东京奥运会团体		上海曹燕华乒乓培训学校	上海队
19	樊振东	男	2022（户口迁入上海后）	第57届世乒赛单打， 第58届世乒赛团体，2024巴黎奥运会单打、团体			2022年成为上海队一员

二、上海"红双喜"向奥运会乒乓球项目提供器材列表

年　份	届　别	举办地	器　材
2000	第27届奥运会	悉尼	38毫米乒乓球
2004	第28届奥运会	雅典	40毫米乒乓球
2008	第29届奥运会	北京	水晶彩虹球台
2012	第30届奥运会	伦敦	五环彩虹球台
2016	第31届奥运会	里约热内卢	醋酸纤维材质的"赛福"40毫米乒乓球
2020	第32届奥运会	东京	DJ40+"赛顶"40毫米乒乓球
2024	第33届奥运会	巴黎	"黑+粉"彩虹球台

三、新民晚报"红双喜杯"迎新春乒乓球公开赛历届冠军

2007年

A组冠军	男子：顾名炜	女子：张恨波
B组冠军	男子：倪水雄	女子：徐梅君
C组冠军	男子：李灵波	女子：糜慧琴
D组冠军	男子：朱　毅	女子：马越斐
E组冠军	男子：孙健豪	女子：邓　悦
F组冠军	男子：赵子豪	女子：陈千里

2008年

A组冠军	男子：伍荣华	女子：吴小莺
B组冠军	男子：倪水雄	女子：徐梅君
C组冠军	男子：叶旻初	女子：赵伟英

D 组冠军	男子：李灵波	女子：糜慧琴
E 组冠军	男子：祁振宇	女子：邓　悦
F 组冠军	男子：慈　玺	女子：饶乔扬
G 组冠军	男子：耿　鑫	女子：王　姝

2009 年

A 组冠军	男子：杨宗熹	女子：吴小莺
B 组冠军	男子：吴佳蓬	女子：徐梅君
C 组冠军	男子：叶旻初	女子：周英玲
D 组冠军	男子：郭德贤	女子：糜慧琴
E 组冠军	男子：陈　前	女子：陈晓芸
F 组冠军	男子：郝　维	女子：杜培妍
G 组冠军	男子：关子恒	女子：刘杨子

2010 年

混合团体赛冠军	曹燕华乒乓球俱乐部一队
男子组总决赛冠军	杨　啸
女子组总决赛冠军	李馥荃

A 组冠军	男子：吴佳蓬	女子：沃霞芬
B 组冠军	男子：章文骥	女子：徐梅君
C 组冠军	男子：周　平	女子：周秋珍
D 组冠军	男子：陈晓亮	女子：李馥荃
E 组冠军	男子：杨　啸	女子：朱晓燕
F 组冠军	男子：赵子豪	女子：林依阳
G 组冠军	男子：董阳阳	女子：周　桢

2011 年

混合团体赛中老年组冠军		红双喜久事巴士
混合团体赛成年组冠军		夏恩队
混合团体赛青少年组冠军		曹燕华乒乓球俱乐部
A 组冠军	男子：王自强	女子：沃霞芬
B 组冠军	男子：徐小锐	女子：徐梅君
C 组冠军	男子：周广伟	女子：张云娣
D 组冠军	男子：罗　胤	女子：宋佳琦
E 组冠军	男子：慈　玺	女子：祁奋捷
F 组冠军	男子：耿　鑫	女子：王　姝
G 组冠军	男子：高俊杰	女子：戴艺璇

2012 年

混合团体赛四星组冠军		上海久事强生乒乓球俱乐部
混合团体赛三星组冠军		游击队
混合团体赛二星组冠军		上海曹燕华
四星 A 组冠军	男子：周　平	女子：周秋珍
四星 B 组冠军	男子：罗　胤	女子：祁　蓉
三星 A 组冠军	男子：蒋振明	女子：李　敏
三星 B 组冠军	男子：秦光磊	女子：赖美伊
二星 A 组冠军	男子：王忠良	女子：徐梅君
二星 B 组冠军	男子：高俊杰	女子：曹露昕
一星 A 组冠军	男子：王云中	女子：杨湘珍
一星 B 组冠军	男子：吴文豪	女子：许　悦

2013 年

混合团体赛高级组冠军		久事强生
混合团体赛中级组冠军		CEO 俱乐部
混合团体赛初级组冠军		超人队
高级 A 组冠军	男子：黄　敏	女子：秦建红
高级 B 组冠军	男子：王麒凯	女子：熊欣芸
高级 C 组冠军	男子：唐嘉濠	女子：王　姝
中级 A 组冠军	男子：尹跃申	
中级 B 组冠军	男子：王　炎	女子：陈诗婷
中级 C 组冠军	男子：张育铭	女子：杨霁雯
初级 A 组冠军	男子：陆剑影	女子：杜雪琴
初级 B 组冠军	男子：叶　城	女子：杨丽君
初级 C 组冠军	男子：孟　元	女子：王怡凡

2014 年

混合团体赛高级组冠军		联洋俱乐部
混合团体赛中级组冠军		久事强生俱乐部
混合团体赛初级组冠军		沿浦俱乐部
总冠军争霸赛冠军	男子：李灵波	女子：秦建红
高级 A 组冠军	男子：周　敏	女子：秦建红
高级 B 组冠军	男子：李灵波	女子：糜慧琴
高级 C 组冠军	男子：费　卓	女子：岳京京
中级 A 组冠军	男子：吴觉良	女子：赵伟英
中级 B 组冠军	男子：贾　烽	女子：耿亚宁
中级 C 组冠军	男子：段亚东	女子：刘杨子
初级 A 组冠军	男子：李　俊	女子：黄德娟

初级 B 组冠军	男子：沈毅敏	女子：李骏艳
初级 C 组冠军	男子：李闻天	女子：杭伯宇
肢残组冠军		王志强
外国友人组冠军		马　骏
孪生双打组冠军		赵婧彤 / 赵梓皓

2015 年

混合团体赛高级组冠军		瑞迪体育·联洋
混合团体赛中级组冠军		红　厦
混合团体赛初级组冠军		沿浦俱乐部
总冠军争霸赛冠军	男子：朱　毅	女子：王　姝
高级 A 组冠军	男子：黄　敏	
高级 B 组冠军	男子：朱　毅	女子：王　姝
高级 C 组冠军	男子：高俊杰	女子：倪浙卿
中级 A 组冠军	男子：谢　平	女子：李　平
中级 B 组冠军	男子：张英杰	女子：黄文倩
中级 C 组冠军	男子：董阳阳	女子：杨霁雯
初级 A 组冠军	男子：史胜耕	女子：成六爱
初级 B 组冠军	男子：季嘉骏	女子：周　韵
初级 C 组冠军	男子：李　昊	女子：李　凡
外国友人组冠军	男子：Avi-tal Omer	女子：阿尼莎
家庭双打组冠军	姜平平 / 王　萍	

2016 年

| 混合团体赛高级组冠军 | | 悦隆酒店乒乓球俱乐部一队 |

混合团体赛中级组冠军		华东理工七队	
混合团体赛初级组冠军		悦隆酒店乒乓球俱乐部二队	

总冠军争霸赛冠军	男子：朱　毅	女子：黄文倩
高级 A 组冠军	男子：左华荣	女子：李　敏
高级 B 组冠军	男子：朱　毅	女子：黄文倩
高级 C 组冠军	男子：毛品力	女子：蒯　曼
中级 A 组冠军	男子：吴觉良	女子：杜雪琴
中级 B 组冠军	男子：亚　瑟	女子：林依阳
中级 C 组冠军	男子：徐天宇	女子：吴奕昕
初级 A 组冠军	男子：施　鸿	女子：宓继红
初级 B 组冠军	男子：王文渊	女子：严嘉琪
初级 C 组冠军	男子：陈泽伟	女子：杭伯宇
孪生双打组冠军	周国忠/周国强	
家庭双打组冠军	申力尘/王靓元	
光板组冠军	男子：邓建民	女子：孙　瑜

2017 年

混合团体赛高级组冠军		悦隆酒店乒乓球俱乐部一队	
混合团体赛中级组冠军		曹燕华乒乓球俱乐部一队	
混合团体赛初级组冠军		悦隆酒店乒乓球俱乐部二队	

总冠军争霸赛冠军	男子：李灵波	女子：蒯　曼
高级 A 组冠军	男子：唐文俊	女子：张云娣

高级 B 组冠军	男子：李灵波	女子：林依阳
高级 C 组冠军	男子：张玮州	女子：蒯 曼
中级 A 组冠军	男子：汪洪国	女子：许 蓉
中级 B 组冠军	男子：王新阳	女子：杨雯雯
中级 C 组冠军	男子：朱国祯	女子：侯苏恒
初级 A 组冠军	男子：杨 非	女子：王小萍
初级 B 组冠军	男子：章军亮	女子：段 蕾
初级 C 组冠军	男子：王佳楠	女子：雷鋆鋆
孪生双打组冠军	项奕敏 / 项奕琛	
家庭双打组冠军	申力尘 / 王靓元	
光板组冠军	男子：陈 灏	女子：何晓红

2018 年

混合团体赛甲级组冠军	上海悦隆乒乓球俱乐部一队	
混合团体赛乙级组冠军	江西乒协	
混合团体赛丙级组冠军	沿浦一队	
甲级 A 组冠军	男子：叶旻初	女子：李 敏
甲级 B 组冠军	男子：朱 毅	女子：杨霁雯
甲级 C 组冠军	男子：耿旭玮	女子：马小惠
乙级 A 组冠军	男子：蒋振明	女子：李 平
乙级 B 组冠军	男子：吴旻皓	女子：陈雯雯
乙级 C 组冠军	男子：林 然	女子：郭小帆
丙级 A 组冠军	男子：张纪富	女子：张咏梅
丙级 B 组冠军	男子：仇超凡	女子：郑 宁
丙级 C 组冠军	男子：何振羽	女子：钱乙澄

家庭双打组冠军	李灵波 / 邓　悦	
光板组冠军	男子：黄日亮	女子：何晓红

2019 年

混合团体赛甲级组冠军	悦隆俱乐部一队
混合团体赛乙级组冠军	上海泰昌队
混合团体赛丙级组冠军	俪缘青漫化妆品队

2020 年

混合团体赛甲级组冠军	悦隆一队
混合团体赛乙级组冠军	徐鸿飞小鲜蛋二队
混合团体赛丙级组冠军	静安 ZLM 乒乓俱乐部 A 队

甲级 A 组冠军	男子：汤　兵	女子：沈继萍
甲级 B 组冠军	男子：刘家良	女子：王　姝
甲级 C 组冠军	男子：张　涵	女子：易爱川
乙级 A 组冠军	男子：诸国清	女子：宓继红
乙级 B 组冠军	男子：王嘉南	女子：周雅婷
乙级 C 组冠军	男子：周锦泉	女子：袁佳宜
丙级 A 组冠军	男子：张　骏	女子：李玉妹
丙级 B 组冠军	男子：吴卓奇	女子：马梦艳
丙级 C 组冠军	男子：王子阳	女子：史欣雨
双打组冠军	男子：李灵波 / 慈　玺	女子：沈继萍 / 周倩倩
光板组冠军	男子：曹似振	女子：张凯宁

2021 年

混合团体赛甲级组冠军		沿浦一队
混合团体赛乙级组冠军		蚂蚁技工、新华保险队
混合团体赛丙级组冠军		杨浦老年一队
甲级 A 组冠军	男子：汤　兵	女子：张晓菁
甲级 B 组冠军	男子：费　卓	
甲级 C 组冠军	男子：沈珈熠	女子：钱乙澄
乙级 A 组冠军	男子：吴觉良	女子：张咏梅
乙级 B 组冠军	男子：王常羽	女子：曹依芸
乙级 C 组冠军	男子：邓明昊	女子：白思文
丙级 A 组冠军	男子：左厚民	女子：杨震赟
丙级 B 组冠军	男子：汤石峰	女子：沈　颖

2023 年

混合团体赛甲级组冠军		沿浦一队
混合团体赛乙级组冠军		佰健队
混合团体赛丙级组冠军		HPT 四队
公开组甲组冠军	男子：赵钊彦	女子：刘佳琪
公开组乙组冠军	男子：吴昱皓	
业余组甲组冠军	男子：俞　挺	女子：孙　颖
业余组乙组冠军	男子：张兆轩	女子：潘雪芹
业余组丙组冠军	男子：凌　朗	女子：俞　悦

2024 年

混合团体赛甲级组冠军	上海沿浦一队

混合团体赛乙级组冠军		上海沿浦三队
混合团体赛丙级组冠军		家新双冠二队
公开组单打冠军	男子：王新阳	女子：秦晓策
中老年单打冠军	男子：陈　磊	女子：杨震赟
中青年单打冠军	男子：曹峻华	女子：沈　楠
青少年单打冠军	男子：张于楷	女子：巫佩恩

参考文献

一、档案
上海市档案馆馆藏档案
上海市若干区档案馆馆藏档案

二、报刊
《人民日报》
《北京晚报》
《解放军报》
《解放日报》
《今晚报》
《劳动报》
《南方周末》
《乒乓世界》
《青年报》
《上海法苑》
《上海体育》
《体坛周报》
《体育报》
《体育文化导刊》

《体育与科学》

《文汇报》

《新民晚报》

《新体育》

《羊城晚报》

《中国档案报》

《中国青年报》

《中国体育报》

三、图书

梁焊辉、袁卓编：《从胜利走向胜利：谈谈新中国的乒乓球运动》，人民体育出版社1959年版。

《乒乓群英》，中国青年出版社1965年版。

徐寅生、李仁苏、张彩珍、吴重远：《乒乓运动的春天——记中国乒乓球选手在二十八届锦标赛中》，人民文学出版1966年版。

《亚洲乒坛史的新篇章》，人民体育出版社1972年版。

关鸿、黄伟康：《乒乓启示录——庄则栋在"文革"中》，江苏文艺出版社1986年版。

《贺龙年谱》编写组编：《贺龙年谱》中共中央党校版社1988年版。

中华人民共和国外交部外交史研究室编：《周恩来外交活动大事记1949—1975》，世界知识出版社1993年版。

刘树发主编：《陈毅年谱》，人民出版社1995年版。

高山、刘福智：《邓亚萍》，河南教育出版社1995年版。

钱江：《"乒乓外交"幕后》，东方出版社1997年版。

中共中央文献研究室编，金冲及主编：《周恩来传》，中央文献出版社1998年版。

曹燕华：《属虎的女人》，上海文艺出版社1998年版。

邱钟惠：《笑对人生：中国第一个女子世界冠军邱钟惠自述》，广东经济出版社1999年版。

王鼎华：《品读国球》，人民体育出版社2005年版。

李玲修、周铭共：《体育之子荣高棠》，新华出版社2002年版。

章重：《梅岭——毛泽东在东湖客舍》，中央文献出版社2003年版。

陈一平主编：《第6座奖杯：第48届世界乒乓球锦标赛回眸》，学林出版社2006年版。

中共中央文献研究室编：《周恩来年谱》，中央文献出版社1997年版。

刘秉荣：《建国后的贺龙》，当代中国出版社2007年版。

袁伟：《猛志常在——王猛将军传》，香港北星出版社2008年版。

顾铁林：《乒乓大使倪夏莲》，江苏文艺出版社2008年版。

《彭真传》编写组：《彭真年谱》，中央文献出版社2012年版。

庄家富：《国家乒乓球队：世界冠军教练的乒乓情缘》，人民体育出版社2012年版。

逄先知主编：《毛泽东年谱》，中央文献出版社2013年版。

欧阳淞、曲青山主编：《红色往事：党史人物忆党史》，济南出版社2012年版。

关俨：《国球的"秘密"：队医眼中的世界冠军》，中国社会科学出版社 2000 年版。

贺晓明、谢武申、王鼎华编著：《共和国体育的奠基人——贺龙》，上海锦绣文章出版社 2014 年版。

庄则栋：《庄则栋自述》，新华出版社 2014 年版。

鲁光：《沉浮庄则栋》，人民文学出版社 2014 年版。

顾侍民编：《世界乒坛百年记事》，古吴轩出版社 2015 年版。

梁英明：《拼搏与奉献：印度尼西亚归侨林慧卿的乒乓球人生》，中国华侨出版社 2015 年版。

金大陆、吴四海编：《国球之"摇篮"：上海乒乓名将访谈录》，复旦大学出版社 2020 年版。

一切由历史来记载（代后记）

金大陆

一

今夏巴黎奥运会陈梦与孙颖莎的决赛，引发了场内、场外的轩然大波，竟然有数起视频直指陈梦的赢球是抵制了让球给孙颖莎的指令，所以非常了不起。明明是两者的心态定位反转的结果，偏偏拉扯上竞技外的诬捏。此类极其不负责任、极其不懂中国乒乓球运动历史的"饭圈"言论，凭空臆测，胡编乱造，具有相当的迷惑性。

正值巴黎奥运会的乒乓球比赛进行之时，中国乒乓球博物馆举办了"人生能有几回搏——容国团为中国夺得第一个世界冠军65周年纪念展"，容国团家乡珠海的文博专家带来了181套经典藏品。笔者在与珠海文博专家的交流中，得知一条中国乒乓球运动史极其重要的信息，且有正式的出版物为证。以下是何志毅著《冠军的尊严——容国团传》（广东人民出版社2009年版）的一段记载：

这天，中国乒乓球女队的办公室响起一串"铃铃——"

的电话铃声,女队教练孙梅英接过这个电话。

"你们这里是乒乓球女队吗?"话筒里传来一把深厚的男音。

"是啊。"孙梅英一下听出是毛泽东主席打来的电话,差一点以为自己听错了。

"你是谁呀?"

"我是孙梅英。"

"啊,孙梅英同志呀,我正好想找你,你们女队要打翻身仗,应该找容国团同志担任女队主教练嘛,我看他能行!"

"谢谢毛主席!"孙梅英接过这个近乎"圣旨"的"最高指示"之后,掩藏不住内心的激动,立刻便向上级汇报了。

这段文字令人惊讶,伟大领袖毛主席竟然如此关心国家乒乓球队的重大决策,那么中央文献研究室编撰的《毛泽东年谱》中怎么会没有相关记载呢?大量关于中国乒乓球队史的书刊怎么会没有点滴的信息呢?况且当事人孙梅英已于1994年去世,十五年后才有容国团的研究者披露这个情节,却又不见准确的出处来源。珠海文博专家确认该书作者曾于20世纪80年代采访孙梅英,是孙亲口说的。笔者深感历史研究工作者的责任,便向59年前的亲历者寻求真相。结果,当时的中国男子乒乓队主力队员、其在女队的讲话《关于如何打乒乓球》获毛主席批示的徐寅生,在容国团主教练的带领下参加第28届世乒赛团体赛打"翻身仗"的主力队员林慧卿、郑敏之、李赫男(主力队员梁丽珍已去世)均回复:没有听说过此事。

因此,这则信息乃"向壁虚构",且"孤证不立",却出现在正式出版物中,无疑牵涉中国的乒乓球运动史。恰因本书中

| 一切由历史来记载（代后记）|

许多上海籍运动员的经历与国乒史息息相关，且本书虽以上海为中心，仍有意识地联通国乒史的大方向。所以，笔者准备借此机会就一些多面性、复杂性的问题，从历史学人的角度进行一些初步的探究，比如：中国体育为什么是乒乓球项目第一个进入国际体坛，其机缘何在？为什么中国乒乓球队总是背负着"让球"的揣度和猜忌，却不便亮亮堂堂地说个明白？上海曾是中国乒乓球运动的"摇篮"，为什么近些年却少见上海本土户籍的运动员驰骋乒坛？……

二

相较于驰誉国际体坛的各类竞技项目，在中国，乒乓球运动是幸运的。1950年元旦，国际乒联创始主席、英国共产党党员伊沃·蒙塔古致函朱德与中国体育文化部，希望将中国吸纳进国际乒联宪章和国际乒乓球组织；即使截止日期已过，他仍然通融中国球员参加在印度孟买举行的1952年第19届世乒赛（在此，值得提及的是从上海移居香港的薛绪初、傅其芳和本地球员姜永宁组成的香港队，在该届大赛上获得男子团体季军）。其目的是使国际乒联"成为第一个欢迎共产主义中国加入的国际体育组织"。

据英文版著作《乒乓外交：一个改变世界的运动背后的隐秘历史》称，蒙塔古困惑于"为什么中国人迟迟不接受他的邀请"，他猜测其原因是当时的中国人"不确定自己的技能水平如何"，若出现在世乒赛上"被美国人和英国人击败，那么将如何反映新中国的荣耀呢？"其实，当时中国还没有建立国家乒乓球队，却正在思考"将乒乓球作为向世界展示自己的绝佳方式"。于是，中华全国体育总会向各大行政区发出通知，决定

1952年10月在北京举行全国乒乓球比赛大会。由此，中国虽也曾关注足球、游泳、排球，但"很快就把精力集中在'小球运动'上"。

1952年10月12日，蒙塔古来到全国乒乓球比赛大会现场，并发表了鼓舞性的讲话。比赛结果，由中南区邀请的香港籍姜永宁和上海籍孙梅英分别获得男女冠军，第一支国家乒乓球队也宣布组建。蒙塔古观看比赛后，一方面担忧"在朝鲜战场上与美国僵持不下的中国"能不能在比赛中取得胜利；另一方面于11月给朱德写信，正式邀请中国参加在罗马尼亚举办的第20届世乒赛。不料，同月已完成报名参加新加坡首届亚洲乒乓球锦标赛的中国队，却遭遇英国政府拒发入境新加坡的签证。中华全国体育总会发表了抗议声明。

由此可见，乒乓球是中国体育史上第一个迈上世界体坛的运动项目。这个机缘得益于蒙塔古的臂助。然而，其所处的时代和背景，却是杜鲁门主义风靡与朝鲜战争爆发的冷战时期，一切被裹挟在政治的板荡中，不只蒙塔古担心中国乒乓球队能否承担起国家的荣耀，国家乒乓球队的管理层更是强调国家利益至高无上。中国乒乓队参加第20届世乒赛前去天津、上海、广州作表演比赛，其领队在上海的欢迎仪式上致词：我们反对与政治脱节的体育，在提高技术当中，必须提高政治思想认识，发扬爱国主义和集体主义的战斗意志，为开展祖国人民体育而欢呼。

1953年3月20日至4月6日，中国乒乓队参加了第20届世乒赛，综合成绩，男队一级第十名，女队二级第三名，并成为国际乒联的正式成员。遗憾的是，此时的中国乒乓球队在亚洲乒坛却深受羁绊。这种奇崛的生态和格局，在相当长

| 一切由历史来记载（代后记） |

的时期内，不仅是中国乒乓球队必须面对的，且是要谋求改变的。

三

关于国家乒乓球队"让球"的问题，当年的许多当事人都已说出了自己的看法，今年9月3日，"澎湃新闻"发出了倪夏莲的现场专访，其中倪夏莲说，1983年第37届世乒赛，"我拿了混双冠军、女单季军，女单八进四的时候让掉了，当时是服从组织安排，我没有后悔过。我以前从来不说的，这是国家队的秘密，现在不是了"。确实，关于让球问题，民间有很多议论，甚至是对峙性、撕裂性的，加上部分媒体故意遮掩，反而泼墨画煤，不利于人们客观地看待这一问题。

早在1989年，时任国家体委主任伍绍祖就在上海《新民晚报》上发表谈话，提出"让球"问题值得研究。那么，如何展开研究呢？笔者以为，第一是要回到时代背景中去考察，第二是要分阶段进行考察。其理念是：把握在"场"之"近"与在"理"之"远"的关系。此间的"场"是指现场、实况，"近"是贴近当时的需要和处理方式；此间的"理"是指原理、道理，"远"是指远离、背离。基于此解析中国乒乓球运动史中的"让球"问题，大致而言，1959年至1978年为"让球"的第一阶段，1978年至1993年为第二阶段，1993年之后为第三阶段。

中国乒乓球队是一支由国家出资组建和管理的队伍，但在1959年之前并未在竞技中发生"让球"的故事。1959年，容国团夺得中华人民共和国成立以来中国乒乓球界乃至中国体育界的第一个世界冠军后，在回国途经苏联参加当地举办的国际比赛中，相遇杨瑞华，杨瑞华之前在多次比赛中曾赢过容国团，领队特地跟他打招呼,这次不能再赢容,否则容成"隔夜冠军"了。如果说这只是一场"面子"的讨情的话,那么,国乒真正的让球是发生在1961年的第26届世乒赛中。

第26届世乒赛是中国第一次举办国际比赛(且是蒙塔古出面劝说原主办国埃及放弃,并相信中国"能造一个标准比赛场地"而促成的)。世界的冷战局势对中国的挤迫(如美国政府"拒绝允许美国队到共产党中国去")、国内遭遇自然灾害的困境等种种因素的交织和错杂,促使中国政府倾全力打一场"国运"之仗。除了北京工人体育馆破土动工,开始兴建基础设施外,国家体委通过大区集训汇聚了"108将"进行大会战,干部、教练、后勤面面俱到。此时恰逢日本人发明了"秘密武器"弧圈球,打反胶的薛伟初向组织提交了"我来模仿日本人"的请战报告,在队里形成了为一线主力队员陪练的保驾机制。徐寅生抄了一份薛的报告张贴在墙上,并认为"中国乒乓球队为国家荣誉而团结战斗的精神就是从这里开始建立的"。

大赛伊始,薛伟初连胜波兰、苏联和南斯拉夫的冠军,跻身十六强。领队对薛伟初说:"你要和李富荣比赛啊!"薛伟初脱口而出:"我明白了。"事后,他表示:我们的目标是让中国人拿冠军,自己是其中的一分子。杨瑞华战胜欧洲冠军后相遇张燮林,领导认为下一轮打日本的三木张燮林更有把握,杨瑞华为保证张燮林的体力宣布弃权。

进入决胜阶段的四名中国选手,先是徐寅生让庄则栋,张燮林让李富荣,后是李富荣让庄则栋,庄则栋最终获得冠军。李富荣自述:"我觉得选庄则栋是对的。……其实,我让给庄则栋三次,湖北的胡道本也曾让给我三次……我们个人的成绩都离不开队友的帮助。因为我们那个时代所受的教育就是集体荣誉至上。"徐寅生也说：我们就怕输给外国人，更怕输在自己手里，队内也不是郑重其事地开会讨论，就教练事先通知一下，大家就明白怎么做了，也不太会有个人情绪。

领导根据比赛的进程和大势，决定最有利于取得成绩的选手胜出，这成为国家乒乓球队多年的传统。现在看来，这既是历史原因造就的，也有历史的局限性。但当时整个国内外的环境和形势，决定了国家和人民需要乒乓球队去争取这个胜利。

国乒第一阶段的"让球"史，为20世纪五六十年代的国家体制、战略和利益所决定。其在"场"之"近"的合理性，正是在这种决定中被推演成了教练员、运动员乃至广大观众的集体理念、意志和行动。所以，承认这种历史性的存在，恰是研究国乒史的基础。若是以颠覆性的观点来评判此阶段的让球，即放大在"理"之"远"的局限性，不仅有失公允，更缺乏"同情之理解"的历史理性。

至于为什么将国乒让球史的第二、三阶段定于1978年至1993年和1993年之后，从大局的角度看，是中国社会进入了改革开放时期，一切都在变化之中。尽管在国际比赛中仍然会时时发生通过让球选派有胜算的选手上场，以及非主力队员为保证主力队员的位置而下场的情况，但此时所面对的人选、所遇到的境况，毕竟与之前迥然不同了，甚或更复杂、更特殊、更难以预料，从而促使一些新的规则和举措的产生。

其间也有几个标志性的事例。1978年，林慧卿任女队主教练，率新老结合的队伍参加第四届亚乒赛。在单打中，新手曹燕华淘汰了世界冠军朝鲜的朴英顺，与队友会师半决赛。按队内的常规，新队员在大赛中遇上老队员要"让路"。林慧卿却宣布按竞赛规则"真打"，最终曹燕华夺冠。尽管回国后的总结会开成了"新队员是否让老队员"的辩论会，此举终究是破局了。1983年第37届世乒赛中，沈剑萍、戴丽丽组战胜韩国选手进入女子双打前四名，教练组开会后，由郑敏之通知沈、戴组要真打："看你们本事了！"沈、戴组连续以两个3比2在激战中夺得世界冠军。

1993年的故事是蔡振华教练开创的"直通车"选拔机制。当年，第42届世乒赛中国男队可报七个名额。冬训时主力队员缺乏紧迫感，一般队员则稀稀拉拉。蔡振华研究后认为是参赛人员基本已定所致，便决定拿出一个名额由队内大循环赛的名次来竞争，训练场的散漫由此一扫而光。春节放假一天，仍有队员去球馆"加班"。虽然只是一个名额，终究在性质上是一个开创之举。此后，"直通车"的模式不断升级，还在央视体育频道公开转播比赛实况。国乒队也完善了一系列选派队员的措施。如全国少年比赛前两名、青年比赛的前四名可进国家二队；每半年国家一队积分后三名与国家二队积分前三名进行六人循环升降赛。上海选手王励勤就是通过这个机制打进国家一队的。

综上，1978年，林慧卿指定新老运动员在国际比赛中"真打"，其中包含着对运动员个人才华和能力的肯定，是针对"让球"的破局；1993年，蔡振华拿出一个名额供竞争上位，其中包含着对运动员个人利益和前途的首肯，是针对"让球"的创局。一个"破"，一个"创"，不仅渐渐地将沿袭多年的"让球"消解成了历史的记忆，更在本质上紧紧地追随着奥林匹克运动的原则（"公开、公平、公正"）和精神（"更快、更高、更强"），以至于在"理"之"远"成为逐渐接近的目标。中国国乒"让球"史的三个阶段是可以切割的，同时又是必须联通的。

因为没有在理论上对第一阶段在"场"之"近"与在"理"之"远"关系的认同,即对第一阶段国乒所获成绩的认可,就不能整体而全面地读懂中国的乒乓球运动。

四

上海作为中国乒乓球运动的"摇篮",曾培养大量优秀的运动员、教练员,一时间盛传国家队里多讲"上海话"。同时,上海红双喜公司在器材研发制作方面做出了独特的贡献。然而,至20世纪80年代后期,乒乓球运动准备进入奥运会之际,上海的这个"摇篮"却只是在架子上晃荡着。1986年7月,《文汇报》发表文章《给"乒乓摇篮"敲警钟》,当时不仅上海男女乒乓球队成绩跌落,"目前国家队里的上海队员剩男、女各一人",青少年"乒乓人口"更是大幅度下滑,"全市四百所中学几乎没有一个坚持长期训练的校队",巨鹿路第一小学所在地的卢湾区举办小学乒乓球比赛"只有男队三所学校、女队四所学校参加"。就此,中国乒乓球运动的战略重心由南方向北方转移。

为此,上海的主管部门召集全市教练员会议,成立全市乒乓球领导小组。研讨的结论是:上海的教练员队伍较强,应打破市队"独家经营"的训练体制,实行多渠道竞争。经过较长时间的调研、决策和筹备,1990年初,上海市体委与市邮电管理局签订协议,组建上海邮电乒乓球俱乐部,该俱乐部可向全市各业余体校招生,可与上海队平等竞争,择优组成上海代表队,参加全国和国际比赛。但是,此后并没见到很有起色的报道。

进入21世纪,按徐寅生的看法,上海乒乓球运动的走势和定位,幸亏"王励勤、许昕横空出世"。先是上海闸北区少体校培养了本土户籍的王励勤,他在2001年第46届至2007年第49届世乒赛中获得了四个团体冠军和三个男单冠军,并在悉尼奥运会、北京奥运会上夺得两块金牌。后是曹燕华创办的乒乓球培训学校招揽了外地户籍的"苗子",精心打造出了乒乓球的"人民艺术家"许昕,他在2009年第50届至2018年第54届世乒赛团体赛中夺冠,并获得里约热内卢奥运会、东京奥运会两块金牌。在2024年巴黎奥运会上,引进入沪的樊振东手握男单、男团金牌,续写了上海乒乓的荣誉。

然而,近四十年前《文汇报》为"乒乓摇篮"敲响的警钟,是否有了根本性改变呢?固然,海纳百川的上海可汇聚各地豪杰,但长期以来,上海这块曾孕育了大批优秀乒乓球运动员的福地,其环境、资源和传统的优势,面对数百万的青少年人口,如何发挥作用呢?起码当下国家队一线队员中已很少见到上海籍的本土运动员,反倒是上海籍的倪夏莲连战七届奥运会,引发了巨大关注。有人说上海的孩童吃不起苦,有人说上海的家长不愿孩子走专业的"独木桥",还有人说青少年训练体制已被金钱糊弄了。或许是多方面因素的结果,值得深入探究和提出应对之策。

展开上海乒乓球运动史的画卷,这些年也有精彩的篇章:中国乒乓球学院在上海体育大学建成;国际乒联博物馆、中国乒乓球博物馆落户上海;上海成功举办了第48届世乒赛;"红双喜"器材进军奥运会声誉鹊起;上海地方志办公室、上海通志馆跨界举办"上海乒乓球运动成就展";上海社会科学院历史研究所专家撰写乒乓球运动史的著述,等等。

罗马的归罗马,恺撒的归恺撒——

一切由历史来记载（代后记）

　　成绩归成绩，问题归问题，时代在变化，社会在发展，历史会记载一切。

　　说明：本书原定编撰年份的下限为1999年，上海地方志办公室、上海通志馆主办的"上海乒乓球运动成就展"开幕式上，大家建议应将此书编撰至2024年。上海乒乓球界的王励勤、陈一平、孙麒麟、李拓恒，杨浦图书馆的金祖人，上海图书馆的陈果嘉，以及张景军、罗惟德、郑玉梅、倪爱民、金丹、李嘉庆、黄宜平等人对增加的内容提供了线索和照片，一并致谢。

　　感谢上海红双喜股份有限公司对国球研究的大力支持！

2024年9月9日

图书在版编目(CIP)数据

上海乒乓球运动纪事录:1949—2024/上海通志馆主编;金大陆,孙培初编著. -- 上海:复旦大学出版社,2024.11. -- ISBN 978-7-309-17549-3

Ⅰ. G846.92

中国国家版本馆 CIP 数据核字第 20247ER728 号

上海乒乓球运动纪事录:1949—2024
上海通志馆　主编
金大陆　孙培初　编著

责任编辑/史立丽

复旦大学出版社有限公司出版发行
上海市国权路 579 号　邮编:200433
网址:fupnet@fudanpress.com　http://www.fudanpress.com
门市零售:86-21-65102580　团体订购:86-21-65104505
出版部电话:86-21-65642845
常熟市华顺印刷有限公司

开本 890 毫米×1240 毫米　1/32　印张 29.25　字数 657 千字
2024 年 11 月第 1 版
2024 年 11 月第 1 版第 1 次印刷

ISBN 978-7-309-17549-3/G·2610
定价:118.00 元

如有印装质量问题,请向复旦大学出版社有限公司出版部调换。
版权所有　侵权必究